安溪年鉴

ANXI YEARBOOK

2023

（总第18卷）

中共安溪县委党史和地方志研究室　编

方志出版社
Publishing House of Local Records

图书在版编目（CIP）数据

安溪年鉴．2023 / 中共安溪县委党史和地方志研究室编．-- 北京：方志出版社，2023.12
ISBN 978-7-5144-6014-8

Ⅰ．①安… Ⅱ．①中… Ⅲ．①安溪县－2023－年鉴Ⅳ．① Z525.74

中国国家版本馆 CIP 数据核字 (2023) 第 253182 号

责任编辑：王　娜
责任校对：张玉霞
责任印制：梅中英
出 版 者：方志出版社
地　　址：北京市朝阳区潘家园东里 9 号（国家方志馆 4 层）
邮　　编：100021
网　　址：http://www.zgfzcb.cn
发　　行：方志出版社图书营销中心（010–67110500）
印　　刷：福州力人彩印有限公司
开　　本：889 毫米 ×1194 毫米 1/16
印　　张：25.25
字　　数：835 千字
版　　次：2023 年 12 月第 1 版
印　　次：2023 年 12 月第 1 次印刷
定　　价：278.00 元

《安溪年鉴（2023）》编纂委员会

《安溪年鉴（2023）》编辑部

编辑说明

一、《安溪年鉴》是由中共安溪县委、安溪县人民政府主办，中共安溪县委党史和地方志研究室编纂的年度资料性文献。《安溪年鉴》于1999年首次出版，2023卷为第18卷。

二、《安溪年鉴（2023）》以马克思列宁主义、毛泽东思想、邓小平理论、“三个代表”重要思想、科学发展观、习近平新时代中国特色社会主义思想为指导，坚持辩证唯物主义和历史唯物主义的立场、观点和方法，实事求是地记载2022年安溪县自然、政治、经济、文化、社会、生态等方面的基本情况和发展成就，展示具有茶乡特色的现代化中等城市的崭新风貌。

三、《安溪年鉴（2023）》记述时限为2022年1月1日至2022年12月31日，个别事项因记述需要适当上溯或下延。

四、《安溪年鉴（2023）》采用分类编辑法，类目、分目、条目组成主体部分，部分分目下设次分目，以条目为基本记述单元。全书设专记、大事记、县情概貌、中国共产党安溪县委员会、安溪县人民代表大会、安溪县人民政府、中国人民政治协商会议安溪县委员会、纪检监察、群众团体、法治、军事、外事·侨务·台港澳事务、经济管理、产业园区、金融业、农业农村·水利、茶产业、工业、商贸服务·民营经济、交通·邮政·通信、城乡建设、应急管理、生态环境、科学技术、教育、文化、旅游业、体育、卫生健康、社会民生、乡镇概览、人物·荣誉、文献选录、统计资料、附录、索引等内容。在《安溪年鉴（2022）》的框架基础上，将“教育科技”类目析分为“教育”“科学技术”两个类目。

五、《安溪年鉴（2023）》采用规范现代汉语记述。数字用法、标点符号用法分别采用《出版物上数字用法》（GB/T 15835—2011）、《标点符号用法》（GB/T 15834—2011），计量单位采用国家技术监督局1993年12月发布的《量和单位》系列国家标准。除引文外，一律用第三人称记述。

六、《安溪年鉴（2023）》资料由各承编单位领导审核后提供，统计数据由各相关单位和安溪县统计局提供。

安溪县地图

编制单位：福建省地图出版社　截至时间：2022年12月　审图号：泉S〔2024〕001号

安溪数字

（2022年）

总面积：3057.28平方千米

户籍人口：1200024人

地区生产总值：907.17亿元

人均地区生产总值：90672元

规模以上工业产值：1328.53亿元

第一产业增加值：61.19亿元

第二产业增加值：470.86亿元

第三产业增加值：375.12亿元

工业总产值：395.74亿元

外贸出口总额：41.11亿元

农林牧渔业总产值：100.74亿元

茶园面积：4万公顷

涉茶总产值：320亿元

安溪铁观音品牌价值：1430亿元

家居工艺企业总产值：265亿元

采矿业产值：14.65亿元

旅游总收入：62亿元

一般公共预算总收入：45.87亿元

税收收入：37.17亿元

一般公共预算支出：69.94亿元

社会消费品零售总额：683.16亿元

实际利用外资（验资口径）：550万美元

金融机构贷款余额：678.65亿元

城镇居民人均可支配收入：40472元

农村居民人均可支配收入：22341元

公路通车里程：5457.29千米

在校学生数：233651人

教职员工数：13486人

医院床位数：5444张

卫生技术人员：5369人

全县用电量：45.37亿千瓦时

全县供水总量：3009.26万吨

数字产业化发展

2022 年，安溪县依托数字福建（安溪）产业园，培育发展空天大数据、影视大数据、电子商务等三大数据产业链，加快推进安溪全球商业遥感卫星地面接收站网福建站及空天大数据产业园等项目建设。全年数字福建（安溪）产业园完成固定资产投资 3.34 亿元，比上年增长 213.9%。2 月 27 日 11 时 6 分，“安溪铁观音一号”卫星搭载长征八号遥二运载火箭在中国文昌卫星发射中心发射升空。4 月 30 日 11 时 30 分，在中国东海海域的海上发射平台，长征十一号运载火箭将“安溪铁观音二号”卫星送入预定轨道，发射获得成功。这两颗卫星的成功发射实现福建省高分辨率商业遥感卫星零的突破。

◆ 2021 年 12 月 13 日，长光卫星技术有限公司在吉林长春航天信息产业园举行“安溪铁观音一号”卫星出征仪式

（图 /EC 产业园）

◆ 2022年2月27日11时6分，“安溪铁观音一号”卫星搭载长征八号遥二运载火箭在中国文昌卫星发射中心发射升空

（图 / 县委宣传部 ）

◆ 2022年4月30日11时30分，在中国东海海域的海上发射平台，长征十一号运载火箭将“安溪铁观音二号”卫星送入预定轨道，发射获得成功。图为“安溪铁观音二号”卫星等待发射

（图/EC产业园）

◆ 数字福建（安溪）产业园卫星数据接收基地

（摄于 2022 年 5 月　图 /EC 产业园）

◆ 数字福建（安溪）产业园中关村信息谷创新中心　（摄于 2022 年 5 月　图 /EC 产业园）

◆ 2022 年 6 月 30 日，2022 数字中国创新大赛区块链赛道（泉州·安溪）决赛举办。此次区块链大赛由数字中国建设峰会组委会主办，福建省数字福建建设领导小组办公室、泉州市人民政府承办，泉州市数字泉州建设办公室、安溪县人民政府协办。图为参赛队伍合影

（图 /EC 产业园）

◆ 2022 年 9 月 6 日，2022 年国家网络安全宣传周福建省活动开幕式在厦门举行。数字福建（安溪）产业园等 4 家单位获得“福建省网络安全产业示范园”称号。图为中共福建省委常委、省政府常务副省长郭宁宁（左二）为入选单位授牌

（图 /EC 产业园）

经济社会发展

2022年，安溪县统筹抓好常态化疫情防控和经济社会发展，坚持“强产业、兴城市”双轮驱动，经济运行在承压中平稳向好，各项主要经济指标完成情况良好。全县实现地区生产总值907.17亿元，比上年增长4.3%。安溪县位列全国经济综合实力百强县市第53位、全国绿色发展百强县市第51位、全国投资潜力百强县市第11位、全国科技创新百强县市第73位，获评省经济发展“十佳”县（市）。

◆ 2022年1月10日，三州晶舟盒项目投产仪式举行 （图／泉州半导体高新技术产业园区安溪分园区）

◆ 2022年11月24日，“蓝田伏击战遗址”暨“史志学习园”揭牌仪式在蓝田乡举行。图为仪式后，与会领导、嘉宾参观蓝田伏击战遗址 （图／县委史志室）

◆ 2022 年 1 月 10 日，“安溪芯园”标准化示范园区开工仪式举行　　（图 / 刘伯怡）

◆ 2022 年 1 月 13 日，在泉州白濑水利枢纽工程大坝主体工程左岸坝底施工现场，随着指挥员一声令下，大坝主体工程首仓混凝土开浇。图为大坝主体工程混凝土浇筑现场　　（图 / 刘伯怡）

◆ 2022 年 2 月 17—18 日，华为技术有限公司、合肥工业大学、中电科机器人有限公司等人工智能及机器人研发专家，到安溪云岭茶庄园、EC 产业园和安溪茶学院等地考察，并出席“中国好茶 科技赋能”茶园人工智能技术应用研讨论坛。图为 2 月 17 日举办的茶园人工智能技术应用研讨论坛现场 （图 / 章艺涵）

◆ 2022 年 2 月 17 日，华为技术有限公司、合肥工业大学、中电科机器人有限公司等人工智能及机器人研发专家现场演示茶园机械使用技术 （图 / 林水源）

◆ 2022年2月21日，安溪县制茶大师到茶园为冬春茶园管理支招现场　（图 / 安溪报社）

◆ 2022年5月23日，省道217（联四线）安溪雅兴至东坑公路工程清水岩隧道（右洞）贯通仪式举行　（图 / 刘伯怡）

◆ 2022年8月8日，福建省泉州市安溪县与四川省乐山市马边彝族自治县结成友好县城协议签订仪式举行

（图/刘伯怡）

◆ 兴泉铁路安溪东站市政附属设施工程　（摄于2022年8月　图/刘伯怡）

◆ 2022 年，溪禾山铁观音文化园获评国家 AAAA 级旅游景区。图为溪禾山铁观音文化园景区一角

（摄于 2022 年 11 月　图 / 参内镇）

◆ 2022 年 1 月 10 日，安溪县行政服务中心第二中心竣工揭牌仪式举行　（图 / 刘伯怡）

安溪铁观音被列为“双世遗”

2022年5月20日，安溪铁观音茶文化系统被联合国粮农组织认定为全球重要农业文化遗产。7月28日至29日，首届全球农遗·安溪铁观音茶文化系统保护与发展论坛在安溪县举行。11月，安溪铁观音参与申报的中国传统制茶技术及相关习俗被列入联合国教科文组织人类非物质文化遗产代表作名录，安溪铁观音成为“双世遗”。

◆ 2022年5月6日，联合国粮农组织对安溪铁观音茶文化系统进行线上考察。图为安溪县领导在云岭茶庄园参加线上考察活动（图/县农业农村局）

◆ 2022年5月6日，联合国粮农组织对安溪铁观音茶文化系统进行线上考察。图为全球重要农业文化遗产线上迎检场景（图/县农业农村局）

◆ 2022 年 7 月 29 日，安溪铁观音茶文化系统保护与发展阶段性研究成果发布及系列项目启动仪式举行 （图 / 刘伯怡）

◆ 2022 年 7 月 29 日，泉州师范学院泉州文化遗产研究院副教授孙静发布“安溪铁观音茶文化系统”课题研究成果 （图 / 刘伯怡）

◆ 2022 年 7 月 29 日，首届全球农遗·安溪铁观音茶文化系统保护与发展论坛活动现场 （图 / 刘伯怡）

◆ 2022 年 7 月 29 日，安溪铁观音茶文化系统申遗成功总结暨表彰大会召开。图为安溪县领导为申遗工作中表现优异的单位代表颁奖 （图 / 县农业农村局）

安溪藤铁工艺创新发展

2022年，安溪藤铁家居工艺产业加快集群发展和创新转型，藤铁工艺产业园规划建设启动，安溪藤铁工艺创新发展研究院成立，安溪县获评中国藤铁产业基地。2022年，安溪家居工艺产业总产值265亿元，成为安溪县继茶产业之后的第二大民生支柱产业。

◆ 2022年3月3日，安溪县藤铁工艺文化产业发展中心揭牌仪式在县青少年宫举行，中共安溪县委书记吴毓舟（右）、安溪县人民政府县长刘永强（左）共同为中心揭牌 （图/刘伯怡）

◆ 2022年6月30日，“古技今艺——中国·安溪藤铁艺术展”在晋江五店市传统街区泰华宸美术馆开幕。图为参加开幕式活动的领导在参观展区 （图/龚学智）

◆ 2022 年 6 月 30 日，“古技今艺——中国 · 安溪藤铁艺术展”在晋江五店市传统街区开幕。图为“古技今艺——中国 · 安溪藤铁艺术展”之“生活艺术化、艺术生活化”研讨会现场　（图 / 龚学智）

◆ 2022 年 6 月 30 日，“古技今艺——中国 · 安溪藤铁艺术展”竹藤编技艺展示　（图 / 龚学智）

◆ 2022年11月25日，安溪藤铁家居工艺供采对接拓市场活动启动仪式举行

（图/苏世钦）

◆ 尚卿乡灶美村的一个物流点里，工人正把藤铁工艺品包裹分拣装车

（摄于2022年4月 图/刘伯怡）

◆ 尚卿乡灶美村藤编制作现场

（摄于2022年4月 图/刘伯怡）

目 录

专 记

大事记

县情概貌

·自然地理·

·建置区划·

·人文历史·

·经济社会发展·

中国共产党安溪县委员会

·综述·

纪检监察

群众团体

产业园区

金融业

农业农村·水利

工　业

·综述·

·工艺美术工业·

·电力工业·

商贸服务·民营经济

·国内贸易·

·对台港澳贸易·

·对外经贸·

·电子商务·

·粮油经营·

·供销合作·

·物资流通·

·烟草专卖·

文 化

乡镇概览

统计资料

附 录

索 引

安溪铁观音茶文化系统被列入全球重要农业文化遗产

2022年5月20日，联合国粮食及农业组织公布，“中国安溪铁观音茶文化系统”被正式认定为全球重要农业文化遗产（GIAHS）。自此，中国有了第三处茶叶类重要农业文化遗产，泉州市再添一张世界级名片，福建全球重要农业文化遗产增至3项。截至12月底，中国有19项全球重要农业文化遗产，数量居世界首位。

安溪是中国乌龙茶之乡、世界名茶铁观音的发源地。安溪铁观音茶文化系统是以传统铁观音品种选育、种植栽培、采制工艺和茶文化等为核心的农业生产系统，涵盖该系统在生产过程中孕育的生物多样性、发挥的生态系统功能、呈现的人文和自然景观特征，成为中国茶产业的突出代表和符号。

安溪铁观音茶文化系统具有显著的全球重要性，主要体现在它首创“半发酵”乌龙茶制作技艺，丰富世界茶叶种类；发明茶树“短穗扦插”繁殖技术，保持茶树品种的优良特性；发现铁观音茶树品种，至今仍保留有铁观音母树，丰富世界茶树基因库。安溪铁观音茶文化系统的生态种植管理模式，对全球山区生态农业建设具有示范作用；茶文化传承模式为重要农业文化遗产保护与传承提供借鉴。

安溪县挖掘和保护农业文化遗产价值，推动茶产业升级与发展。2013年，安溪县委、县政府启动申遗工作，成立申遗专班并由农业农村局牵头，邀请中国科学院专家团队编制申报文本；2014年5月，“安溪铁观音茶文化系统”被农业部认定为第二批中国重要农业文化遗产；2015年，省农业厅推荐申报全球重要农业文化遗产，申报文本、影像等资料由省农业厅转报农业部；2016年，遴选为申报全球重要农业文化遗产国际品牌预备名单；2017年，安溪铁观音入选“中国十大茶叶区域公用品牌”评选结果；2018年，应中国农业博物馆和农业农村部的要求，参展“中国重要农业文化遗产主题展”。

2019年1月，安溪县委、县政府成立安溪铁观音茶文化系统申报全球重要农业文化遗产工作领导小组，启动并推进申报工作，邀请专家团队开展系统性调研，为申遗提供高效、专业的技术支持。1月30日，福建省农业农村厅推荐安溪铁观音茶文化系统及福鼎白茶文化系统申报全球重要农业文化遗产候选项目，申报文本、影像等资料由省农业农村厅转报农业农村部。3—5月，中国农业科学院农业经济与发展研究所李先德3次带队调研安溪铁观音茶文化系统。6月上旬，参加在山东省夏津县会议中心举办的“以全球重要农业文化遗产促进乡村振兴保护与发展国际研讨会”，在会上作发言介绍、交流。6月，“安溪铁观音茶文化系统”入选第二批中国“全球重要农业文化遗产预备名单”。7月，安溪县政府县长刘林霜带队到北京参加农业农村部举办的第二批全球重要农业文化遗产候选项目陈述报告会，获得有关领导和专家的好评。7月29—31日，举办第六届全球重要农业文化遗产（中国）工作交流会，农业农村部副司长马洪涛、省农业农村厅副厅长李岱一及中国15个全球重要农业文化遗产所在地及相关候选地主管部门的代表和部分农业农村部GIAHS专家委员会专家150多人参加会议，实地考察安溪铁观音茶文化系统。9月，承办第六届“南南合作”全球重要农业文化遗产高级别培训班，联合国粮农组织全球重要农业遗产科学咨询小组专家、联合国粮农组织全球重要农业遗产秘书处顾问、联合国粮农组织水土资源司，项目官员、国内专家、学者，以及来自塔吉克斯坦、津巴布韦、赞比亚、坦桑尼亚、

安溪铁观音发源地，图为铁观音母树采摘活动　　（摄于2022年4月　图/颜雪黎）

白俄罗斯、格鲁吉亚等16个国家的16名学员和2名遗产地代表，到安溪铁观音茶文化系统开展实地调研并举行结业仪式。10月，“安溪铁观音茶文化系统”被农业农村部推荐为申报“全球重要农业文化遗产”正式名单。

2020年1月，申报文本通过联合国粮农组织农业遗产专家初步评审；9月底，申报文本经过申遗团队的数次修改和粮农组织专家的反复论证，通过最终审核；11月，“海丝茶源・茶旅圣地”线路（安溪中国茶都—飘香虎邱—芦田云岭茶庄园—西坪铁观音发源地）被农业农村部评选为2020年全国50条中国美丽乡村休闲旅游行（秋季）精品线路之一。

2021年4月，配合农业农村部国际交流服务中心举办国际茶日“茶香农遗——驻华使节走进遗产地”活动，来自联合国粮农组织（FAO）、联合国世界粮食计划署（WFP），以及法国、斯里兰卡、巴西、希腊等12个驻华国际组织和使馆的16名外交官，走进“中国乌龙茶之乡”、名茶“铁观音”发源地——安溪，体验历史悠久的中国茶文化，了解茶背后的悠久历史、农耕文化与生态价值，交流相关农业文化遗产系统的保护和发展经验。

2020—2022年，安溪县多次派出代表到农业农村部，与部里有关领导沟通，提出采用视频连线和驻华代表评审的方式进行考察验收，得到农业农村部的认可。最终在农业农村部国际合作司、国际交流服务中心、农遗专家组和安溪县委县政府的共同推动下，2022年5月6日，安溪创新全球重要农业文化遗产线上考评方式，迎来“云考察”。采取“线上汇报、直播采访、景观航拍、现场交流”等方式，全面展示安溪铁观音茶文化系统特征和丰富内涵，取得成功。5月17—19日，联合国粮农组织GIAHS专家组在意大利罗马召开评审会；20日，在国际茶日的前一天，联合国粮农组织官方网站正式公布“安溪铁观音茶文化系统”等3个中国项目获评全球重要农业文化遗产。

“安溪铁观音茶文化系统”被列入全球重要农业文化遗产，得到中央广播电视总台《新闻联播》、《人民日报》、《光明日报》、《经济日报》、新华社等中央、省级主流媒体持续关注报道，报道100多篇，总阅读量超8000万人次。“安溪铁观音申遗办”入选“农遗良品”全国十佳传承团体名单；“海丝茶源・乌龙圣地”农遗旅游线路获评“农遗良品”全国十佳旅游线路；“安溪铁观音茶文化系统保护发展案例”入选“第三届全球减贫最佳案例”；“泉州安溪：统筹做好三茶文章　全面推进乡村振兴”改革创新项目在全省各地市评选中获团体第二名。

（陈程南　张长水）

兴泉铁路全线通车运营

2022年12月30日8时15分，随着第一列列车驶出泉州站，兴国至泉州铁路（以下简称“兴泉铁路”）实现全线贯通运营。兴泉铁路起自京九铁路兴国站，经江西省赣州市，福建省三明市、泉州市，终至福厦铁路泉州站，全长464千米，设计时速160千米，为国家I级单线电气化铁路。兴泉铁路全线开通运营初期，安排开行南昌、赣州至泉州旅客列车3对，货物列车7对，后续根据运营情况和市场需求，优化列车开行方案。

安溪东站地处安溪县参内镇洋乌内村、田底村、罗内村交界处，通过参岭隧道与茶博汇相连，为县级客货两用中间站，车站按2台5线布置，设计为三等站。安溪东站是中国铁路南昌局集团有限公司管辖的客货兼顾三等站，以“一叶一世界”为设计理念，空间设计以藤编纹路造型和色彩为主要元素，内中以茶叶嫩芽造型进行点缀贯穿，极具安溪特色，是兴泉铁路沿线车站。安溪东站站房占地面积6963.5平方米，站房可容纳客流量800人，站房配套总用地面积26423平方米。其中，地上配套服务建筑面积7416平方米，地下社会停车库建设面积19007平方米。安溪东站计划打造集交通、商业、休闲功能为一体的复合型区域。

兴泉铁路作为东南沿海通往内陆地区铁路通道的重要组成部分，是一条以开发沿线国土资源，服务闽、赣两省老区苏区为主的区域客货共线铁路。兴泉铁路全线的建成通车，形成连接福建与华中及西南、西北等内陆地区的铁路通道，对赣州、闽西革命老区开发沿线资源、服务革命老区经济社会发展起到重要作用。

（苏木林　苏剑雄　黄伟福）

泉州白濑水利枢纽工程大坝主体进入碾压混凝土施工阶段

泉州白濑水利枢纽工程位于福建省泉州市晋江西溪干流上游，是国务院加快推进的全国172项全局性、战略性节水供水重大水利工程之一，也是福建省“十三五”期间投资最大、库容量最大、大坝最高的水利枢纽工程。装机容量为57兆瓦，大坝为碾压混凝土重力坝。

泉州白濑水利枢纽工程的大坝主体工程于2021年3月开工，中国电建水电十六局工程项目部克服用地征迁、工程报建、涉铁涉路交叉作业及疫情防控等种种困难，先后完成左岸1号—12号坝段土石方开挖52万立方米，弃渣场防护混凝土2万立方米，完成砂石及拌和系统建设具备投产运行，完成投资8000多万元，超额完成年度投资计划，被工程业主和泉州地方各级政府誉为“白濑速度”，为2022年1月大坝主体混凝土开浇奠定了坚实的基础。

2022年1月13日，由中国电建水电十六局承建的泉州白濑水利枢纽大坝首仓混凝土开盘浇筑，标志着大坝主体全面进入混凝土施工阶段。9月，泉州白濑水利枢纽工程的大坝主体工程首仓碾压混凝土顺利开仓浇筑，标志着大坝工程正式进入碾压混凝土施工阶段。

泉州白濑水利枢纽工程拦河坝为碾压混凝土重力坝，分成26个坝段。项目法人单位泉州水务集团权属企业白濑公司副总经理马栋表示，经过碾压砼工艺试验，已确定各项碾压技术参数、施工工艺，验证碾压砼质量控制措施符合相关行业规范要求，工程已具备全面推开进行大坝碾压混凝土浇筑的条件。首仓碾压混凝土的顺利开仓浇筑有助于进一步提速建设大坝工程，确保白濑工程按照总体建设规划推进实施。

泉州白濑水利枢纽工程是福建单体投资最大的水利工程，概算总投资142.7亿元，其中大坝主体工程投资13亿元。

（苏锦生　谢柏坚）

大事记

1月

2日，省委常委、泉州市委书记刘建洋到安溪县调研特色化发展情况。

10日，安溪县组织开展重点项目集中开（竣）工活动。吴毓舟、刘永强、梁金良、陈剑宾等县四套班子领导分成7组，分别到项目所在乡镇参加开竣工仪式。

19日，市委常委、宣传部部长、统战部部长陈辉宗一行到安溪县走访慰问贫困归侨、台胞。

20日，县委农村工作会议召开，回顾总结全县“三农”工作，研究部署下一阶段工作，推动安溪县“三农”工作全面提质提效。

24日，县委书记吴毓舟、县长刘永强会见获第七届泉州市道德模范、第六届安溪县道德模范的10名代表。

2月

2日，县委书记吴毓舟到白濑、湖头等乡镇部分春节期间“不停工”的重大项目、“不停产”的重点企业调研，看望慰问坚守岗位的一线工作人员。

11日，2022年三级干部会议召开，贯彻落实省委“提高效率、提升效能、提增效益”行动和全市2022年民营经济发展大会、“强产业、兴城市”双轮驱动动员大会精神，总结回顾2021年工作，安排部署2022年工作任务，持续推动全县经济社会高质量发展。

21日，县委、县政府召开全县“强产业、兴城市”双轮驱动动员大会，深入贯彻落实省委、省政府“提高效率、提升效能、提增效益”专项行动和市委、市政府“强产业、兴城市”双轮驱动部署要求，动员全县上下以实施“强产业、兴城市”双轮驱动战略为路径，扎实推进“项目攻坚2022”“抓城建提品质”“抓开放招商促项目落地”“加快工业（产业）园区标准化建设”等系列专项行动，不断开创安溪高质量发展超越新局面。

23日，省农业农村厅党组成员、副厅长黄书荣一行到安溪县开展农业生产“开门红”、现代农业重点项目等主题调研。

同日，市委副书记宿利南带领市直有关部门负责人到安溪县调研深化医改工作。

25日，华侨大学校长吴剑平一行到安溪县开展校地合作考察调研。

3月

1日，安溪青年企业家“溪引力·创新研修班”正式开班。

1日，副市长苏耿聪带队到安溪县调研农业农村工作。

1日，院线电影《双美寻梦》在安溪县大坪乡双美村举行开机仪式。

2日，省水利厅厅长刘琳带队到安溪县调研白濑水利枢纽工程建设情况。

3日，中共安溪县国有企业工作委员会揭牌仪式举行。

3日，安溪县藤铁工艺文化产业发展中心揭牌仪式在县青少年宫举行。

3日，安溪县召开“万企兴万村”行动启动仪式暨现场推进会。会议以视频形式召开，各乡镇设分会场。

3日，水利部稽查泉州白濑水利枢纽工程见面会在安溪县召开。省水利厅党组成员、副厅长陈水树等出席会议。

7日，市慈善总会会长沈耀钦、市委统战部常务副部长陈晓玉一行到安溪县考察回访香港仁善产业扶贫项目——金谷镇大润山生态农业园。

10日，市委常委、市委组织部部长、市绿色经济产业发展小组组长卢秀萍带队到安溪县开展绿色经济产业发展专题调研。

11日，“提高效率、提升效能、提增效益”行动部署会召开。

11日，省委统战部部务会议成员，省社会主义学院党组书记、副院长章正样带队到安溪县调研《中国共产党统一战线工作条例》贯彻落实情况。

4月

1日，举行“安溪青商·安溪礼物”捐赠仪式，安溪县青年商会和福建业晋集团有限公司向在安溪县域隔离的人员捐赠一批“安溪礼物”。

9日，全县开放招商工作推进会召开。

12日，省发改委党组成员、副主任张文洋带队到安溪县调研疫情防控和经济社会发展工作。

14日，泉州白濑水利枢纽工程移民安置工作推进会召开。

19日，全县金融工作专题会议召开。

22日，年度春茶产销对接大会举行。

28日，泉州市2022年重大项目集中“云签约”仪式举行，安溪县3个项目签约。

29日，安溪县组织开展重点项目集中开（竣）工活动。吴毓舟、刘永强、梁金良、陈剑宾等县四套班子领导分成5组，分别到项目所在乡镇参加开竣工仪式。

5月

2日，安溪县召开视频会议，就深入开展房屋结构安全隐患排查整治“回头看”工作进行安排部署。

6日，联合国粮农组织对安溪铁观音茶文化系统进行线上考察。

11日，省人大常委会副主任梁建勇、周联清一行到安溪县开展传承弘扬“晋江经验”学习调研。

12日，市政协副主席蔡萌芽一行到安溪县调研“挖掘祖庭文化资源 促进泉州对外交流交往”课题。

14日，安溪县开展“雨前行动”疫情应急处置演练。

16日，市人大常委会副主任赖清正一行到安溪县调研应急管理体系建设情况。

17日，福建北电南送特高压交流线路工程泉州段首基塔开工仪式在西坪镇举行。

17日，厦门市思明区副区长何毅伟带队到安溪县调研厦门泉州（安溪）经济合作区思明园建设情况。

19日，厦门市湖里区区长黄颖带队到安溪县调研厦门泉州（安溪）经济合作区湖里园建设情况。

20日，联合国粮食及农业组织（FAO）网站对外公布，“安溪铁观音茶文化系统”被正式认定为全球重要农业文化遗产（GIAHS）。

23日，省道217线（联四线）安溪雅兴至东坑公路工程清水岩隧道右洞贯通。

24日，2022年春季安溪铁观音清香型茶王赛在县茶叶协会职业培训学校举行。

25日，中央、省、市媒体记者采访团到安溪县开展集中采访活动。

26—27日，携程集团副总裁、途家CBO（首席品牌官）兼执行副总裁李珍妮一行到安溪县考察乡村旅游，商洽建设携程度假农庄事宜。

31日，副市长陈小辉带队到安溪县检查高考安全工作。

31日，市政协副主席黄世界带队到安溪县调研“加快工业园区标准化建设 推动泉州制造业高质量发展”课题。

31日，市人大常委会副主任樊美清带队到安溪县检查《中华人民共和国森林法》和《福建省森林条例》实施情况。

6月

1日，福建农林大学校长兰思仁带队到安溪茶学院调研。

1日，蓝田乡莲花明欣希望小学举行落成仪式。

8日，市委常委、宣传部部长、统战部部长陈辉宗带队到安溪县调研宣传文化和统战工作。

8—9日，2022年泉州市全域年鉴精品工作点评会在安溪县召开。

9日，安溪藤铁工艺行业高级工美设计及电商培训班在华侨职校正式开班。

12日，“传承红色基因 助力乡村振兴暨纪念红二支队成立90周年泉州书法名家采风”活动在革命老区基点村、中央红军村——魁斗镇贞洋村举行。

13日，副市长苏耿聪带队到安溪县考察调研茶产业工作。

13日，市政协主席肖汉辉带队调研白濑水利枢纽工程建设情况。

15日，“海峡两岸交流基地”授牌仪式在清水岩景区弘法广场举行，中共中央台办、国务院台办副主任龙明彪，中共中央台办、国务院台办交流局局长黄文涛，省台港澳办副主任刘良辉，省台港澳办交流处处长翁云萍，市委常委、宣传部部长、统战部部长陈辉宗参加活动。

16日，安溪县2022年“茶乡购·大师说茶”茶文化推广暨直播活动（线上）正式启动。

16日，广西壮族自治区政协副主席费志荣一行到安溪县考察茶产业发展情况。

24日，县管干部学习贯彻党的十九届六中全会精神暨“强产业、兴城市”双轮驱动专题研讨班开班。

24日，省农业农村厅党组成员、副厅长钟昌华一行到安溪县调研茶产业和乡村治理开展情况。

29日，市委常委、常务副市长黄景春带队到安溪县调研防汛抗旱、疫情防控、综合医改等工作。

30日，县文化体育和旅游局与县藤铁工艺文化产业发展中心联合主办的“古技今艺——中国（安溪）藤铁艺术展”在晋江五店市泰华宸美术馆开幕。

7月

1日，安溪县政治生态教育馆揭牌仪式在县金融行政服务中心举行。

1日，省农业农村厅在安溪县开展乡村振兴贷（安溪专场）宣讲对接活动。

5日，省政协民宗委主任杨江帆带队到安溪县调研“加快生态茶产业高质量发展”课题。

5日，省安办副主任、省应急厅二级巡视员谢秀桐一行到安溪县调研安全应急产业发展情况。

6日，市人大常委会副主任樊美清一行到安溪县调研乡村振兴工作开展情况。

6日，市政协副主席肖惠中带队到安溪县调研“加快生态茶产业高质量发展”课题。

7日，省政协农业和农村委员会主任刘宏伟带队到安溪县调研“提升农村医疗保障水平”课题。

8日，省科技厅党组成员、副厅长黄舒一行到安溪县调研对外科技创新合作工作。

11日，城市精细化管理暨2022年创建省级文明城市和新时代文明实践工作推进会召开。

12日，中国气象局党组成员、副局长毕宝贵一行到安溪县考察气象局基层台站建设并听取乡村振兴气象服务情况。

12日，第一届“安溪青年五四奖章”颁发仪式在县青少年宫举行。

12—13日，民政部基层政权建设和社区治理司司长陈越良一行到安溪县调研社区治理工作和茶产业发展情况。

13日，龙涓乡水云波乡村振兴文化广场开工仪式举行。

14日，副市长汪志红一行到安溪县重点项目施工现场调研，看望慰问奋战在项目建设现场的一线职工。

15日，安溪县组织开展新冠肺炎疫情应急处置演练。

18日，北京大学2022年优秀中学生暑期课堂（考古学）开课仪式在安溪县举行。

18日，全球重要农业文化遗产大会在浙江省青田县召开，县领导刘永强、肖印章以农业文化遗产地政府代表身份出席大会活动。

20日，市人大常委会党组成员、副主任黄阳春带队到安溪县调研“万名干部进万企、一企一策促发展”挂钩帮扶重点企业情况。

22日，市人大常委会党组书记、主任李建辉带队到安溪县开展项目调研。

27日，县茶史迹调查工作领导小组办公室揭牌仪式举行。

27日，福建粒量科技有限公司奠基仪式在安溪高端装备制造产业园（龙门园）举行，项目总投资10亿元。

27日，国家发展改革委营商环境发展促进中心、财金司、法规司、国际合作中心咨询研究处、城市和小城镇中心、国家信息中心、培训中心等部门相关负责人到安溪县开展“民营企业发展面临的突出问题及政策建议”专题调研。

28日，国家广电总局无线电台管理局局长黄晓兵带队到安溪县检查广播电视安全播出保障工作。

28—29日，以“在发掘中保护在利用中传承”为主题的首届全球农遗·安溪铁观音茶文化系统保护与发展论坛在安溪县举行。

29日，论坛主题活动之一——安溪铁观音茶文化系统申遗成功总结大会召开。

29日，“观音韵·茶乡美”全国著名摄影家茶乡采风暨“行走茶乡大地 书写故事安溪”文学采风活动正式启动。

29日至8月1日，县长刘永强带队赴江苏参加第三届中国天然氧吧产业发展大会，并开展招商考察、对接洽谈。

是月，参内镇湾美社区、凤城镇城东社区、长卿镇“党建+”邻里中心先后揭牌。

8月

2日，市人大常委会副主任高向荣率调研组到安溪县实地察看大三环沿线片区发展空间情况。

3日，安徽省政府参事室党组成员、副主任王兰带队到安溪县围绕“加快茶旅融合 助力乡村振兴”课题进行考察。

3日，省民政厅党组成员、副厅长赵荣生一行到安溪县调研民政工作。

4日，副省长林文斌一行到安溪县调研农村公路建设。

5日，副省长李建成一行到安溪县调研茶产业发展情况。

8日，安溪县与四川省乐山市马边彝族自治县结成友好县城协议签订仪式在泉州迎宾馆举行。

8日，国防科技大学原副校长、教授庄钊文一行到安溪县开展调研活动。

9—10日，致公党中央农委会调研组到安溪县调研数字赋能农业产业平台与数据链建设。

12日，安溪县首个基层“大众茶馆”暨经兜村“同心驿站”揭牌仪式在经兜村初心公园举行。

16日，市委、市政府举办“晋江经验”20周年招商签约大会，安溪县16个项目参加签约。

17日，市人大常委会党组成员、副主任黄阳春带队到安溪县走访联系挂钩年度重点项目。

17日，省水利厅党组成员、总工程师林捷一行到安溪县调研白濑水利枢纽工程和部分在建水利项目。

19日，中国侨联副主席、中央和国家机关侨联主席邵旭军一行到安溪县调研。

23日，泉州白濑水利枢纽工程移民安置工作推进会召开。

23日，县委书记吴毓舟、县长刘永强带队调研县综合立体大交通（大三环）项目建设进展情况。

25日，福建炼化公司党委书记、董事长刘向东一行到安溪县驻点村龙门镇洋坑村调研。

27日，省委常委、泉州市委书记刘建洋到桃舟乡调研考察“晋江源”生态保护、桃舟会场旧址、（桃舟古街）和舟岛文化广场建设情况。

30日，全国“人民满意的公务员”和“人民满意的公务员集体”表彰大会在北京举行。县交通运输局党组书记、局长黄伟福获评全国“人民满意的公务员”。

31日，省工商联副主席林龙金一行到安溪县开展“传承创新‘晋江经验’，做大做强做优民营经济”“完善政策服务体系，推动民营制造业数字化转型”“惠企纾困政策落实情况”等民主监督考察调研。

9月

1日，县委书记吴毓舟、县长刘永强会见从北京载誉归来的全国“人民满意的公务员”黄伟福。

1日，省人大常委会副主任梁建勇带队到安溪县开展《中华人民共和国社区矫正法》执法检查。

1日，国家医保局党组成员、副局长施子海一行到安溪县调研医疗保障信息化、标准化工作。

1日，厦门海关党委委员、泉州海关关长叶云一行到湖头镇开展主题党日活动。

1—2日，市委副书记宿利南一行到安溪县调研“三农”工作。

3日，县委书记吴毓舟带队到北京安溪商会调研商会建设情况。

7日，南平市委书记林瑞良率南平市党政考察团到安溪县考察。

8日，庆祝第38个教师节座谈会暨“安溪好先生·十百千万”培养工程启动仪式在县文庙明伦堂举行。

9日，“清溪新城”（原“万城壹号”）项目一期业主“交房即办证”仪式举行。

16日，国家卫健委调研组到安溪县调研婴幼儿照护托育工作。

18日，云南省西双版纳傣族自治州政协主席张兴率考察团到安溪县考察茶文旅融合发展工作。

20—23日，2022年泉州市（安溪）铁观音茶叶制作技能竞赛在安溪县云岭茶庄园举办。

23日，2022年泉州市中国农民丰收节暨京东农特产购物节安溪铁观音分会场活动在安溪县溪禾山铁观音文化园启动。

25—26日，中小城市研究院执行院长张央青带领调研组到安溪县调研城市高质量发展情况。

27日，泉州市开展工业（产业）园区标准化建设第三季度拉练活动，并在安溪县召开汇报会。

28日，省老促会常务副会长、省民政厅原巡视员罗万荷带队到安溪县调研红色文化遗存保护利用和革命老区乡村振兴政策执行情况。

10月

10日，首届中国茶科技创新大赛初赛评审工作在中国国际信息技术（福建）产业园正式启动。

10日，祥华乡举办2022年“祥大师杯”秋季安溪铁观音毛茶大赛。

10—11日，省人民政府参事室参事李宝银、李金算一行到安溪县调研“‘双减’政策背景下，基础教育高质量均衡发展”和“高校毕业生就业问题”课题。

11—12日，市委副书记宿利南带队到安溪县调研粮食安全、茶产业发展、乡村振兴等工作。

11—12日，副省长林文斌一行到安溪县调研。

13日，安徽省政协副主席郑永飞一行到安溪县调研“工业互联网和数字经济发展”情况。

17日，省政协农业和农村委专职副主任涂书宝一行到安溪县调研茶产业发展情况。

19—20日，副市长苏耿聪带队到安溪县调研茶产业发展、乡村振兴等工作。

20日，省委省直机关工委副书记沈燕雄一行到安溪县调研实现机关党建“新、活、实”工作。

23日，2022年秋季“铁观音发源地杯”浓香型茶王赛在西坪镇茶禅寺举行。

24日，锦汉家居礼品采购对接会福建专场暨藤铁家居工艺品供采对接会在厦门举行，安溪县20家工艺品企业组团参加。

31日，市委常委、常务副市长黄景春一行到安溪县检查疫情防控、安全生产和社区管理工作。

11月

2日，市人大常委会副主任高向荣一行到安溪县调研大安高速泉州段工程推进情况。

4日，“福小宣·‘泉’民讲·福满清溪——学习宣传贯彻党的二十大精神”主题宣讲在安溪文庙明伦堂举行。

7日，市人大常委会党组书记、主任李建辉到安溪县企业、社区宣讲党的二十大精神，并开展“双联”活动。

13日，省委常委、省纪委书记、省监委代理主任迟耀云到安溪，围绕乡村振兴、村级小微权力监督等开展调研，到城厢镇经兜村、八马茶业公司走访，就学习把握落实党的二十大精神，推动纪检监察工作发展提出要求。

14—15日，市委副书记宿利南带队到安溪县调研乡村振兴、茶产业发展等工作，并向基层党员干部、群众代表等宣讲党的二十大精神。

15日，第四批“泉州市党史教育基地”公布，安溪4处入选。

17日，副市长苏耿聪带队到安溪县调研乡村振兴、茶产业等工作。

22日，市政协副主席庄灿霞一行到安溪县宣讲党的二十大精神，并调研家居工艺产业发展。

23日，副市长苏耿聪带队到安溪县征求2023年泉州市政府工作报告（征求意见稿）意见。

23日，省农业农村厅党组成员、副厅长梁全顺一行到安溪县调研安溪铁观音茶文化、茶旅融合、退茶还耕等工作。

23—24日，省农业农村厅党组成员、副厅长袁忠贤带领省食安办专项督导检查组到安溪县开展食品安全专项督导检查。

24日，第三批“泉州市党史教育基地”——蓝田伏击战遗址、安溪“史志学习园”揭牌。

28日，省委常委、市委书记刘建洋到安溪县调研“1+3”专项行动、疫情防控、安全生产等工作，推动学习宣传贯彻党的二十大精神走深走实。

29日，包含安溪铁观音制作技艺在内的“中国传统制茶技艺及其相关习俗”被列入联合国教科文组织《人类非物质文化遗产代表作名录》。

12月

2日，安溪藤铁工艺创新发展研究院成立仪式暨“设计驱动 数字赋能”主题沙龙活动在县金融行政服务中心举行。

8—9日，市委副书记宿利南到安溪县调研乡村振兴、农村人居环境整治提升、疫情防控等工作。

13日，市人大常委会党组成员、副主任黄阳春一行到安溪县走访联系挂钩的2022年重点项目，征求泉州市人大常委会工作报告（征求意见稿）的修改意见。

21日，首届中国茶科技创新大赛决赛在溪禾山铁观音文化园正式启动，从初赛中脱颖而出的37个项目角逐大赛各类奖项。

28日，以“地标庆丰收·淮山振乡村”为主题的第八届安溪淮山文化节暨淮山助农共富活动在县人民广场启动。

29日，“‘泉’民开讲”之“学习贯彻党的二十大精神”安溪专场宣讲开讲。

（陈喜娟　谢柏坚）

自然地理

【地理位置】 安溪县隶属福建省泉州市，地处福建省东南部，北纬24° 50′ —25° 26′ 、东经117° 36′ —118° 17′ 。东西长74千米，南北宽63千米，总面积3057.28平方千米，是泉州市县域面积最大的县份。位于晋江西溪上游，闽南“金三角”（泉州、厦门、漳州）中间接合部，东接南安市，西连华安县，南毗厦门市同安区，北邻永春县，西南与漳州市长泰区接壤，西北与漳平市交界。居山而近海，县境呈圆形，俗称“一块碟”。

【地形】 安溪县域属戴云山脉西南端的主体部分，北部地势较高，海拔500—1600米；南部地势相对平缓，海拔32—579米。自湖头镇与湖上乡的交界线开始，经五阆山（海拔1256.7米），过尚卿乡的科洋，转南经虎邱镇的福井，至龙门镇洋坑的跌死虎（海拔1044.4米）西缘，为天然分界线。线以东称外安溪，线以西称内安溪。外安溪地势较为平缓，平均海拔300—400米，以低山、丘陵、串珠状河谷盆地为主，面积978.33平方千米，占全县总面积的32%。内安溪地势较为高峻，平均海拔600—700米，以山地为主，山峦陡峭，河谷狭窄，山脉走向各异，面积2078.95平方千米，占全县总面积的68%。

【水系】 安溪境内主要为晋江水系和九龙江水系。东部属晋江水系，境内河流段流程320千米。在桃舟乡达新村云中山梯仔岭东南坡谷海拔893米处，为福建省第三大河晋江水系之正源。自源头至泉州入海口全长182千米。西部属九龙江水系，境内河流段流程160千米。

【气候】 2022年，安溪县气候总体平稳，年景较好。年内经历3次低温过程、11次高温、14场强对流、6场暴雨过程。全年出现霾3天（1月14日、1月15日和10月10日），雾26天，大风1天（7月31日18.8米/秒，东北偏北风）。年平均气温正常、降水量偏少，日照偏多。全年35℃以上高温56天。夏季局地短时强降雨强度大，台风季台风影响偏轻。

气温 2022年，安溪县年平均气温21.7℃，较历年平均值21.6℃偏高0.1℃，异常度0.2，为正常。5月、12月气温异常偏低，2月气温偏低，1月气温偏高，3月气温显著偏高，其余月份正常。年极端最高气温39.4℃，出现在7月23日；年极端最低气温3.0℃，出现在12月19日。

降水 2022年，安溪县年降水量1425.7毫米，与历年平均值偏少248.1毫米，降水距平百分率-14.2%，属偏少。其中冬季显著偏多、春季正常、夏季和秋季偏少。全年大雨及以上日数19天，其中暴雨日数2天。最大日降水量为2月3日55.1毫米。

日照 2022年，安溪县年日照时数1851.3小时，与常年均值相比偏多182.9小时，偏多11%，属显著偏多；日照距平百分率42%。从各月的日照时数来看，11月偏少，1月、2月、5月、6月、7月、10月、12月正常，3月、8月、9月显著偏多，4月异常偏多。冬、春、夏、秋季的日照时数依次为327.2小时、447.3小时、605.0小时、508.5小时。

【森林资源】 安溪县森林面积广大，森林资源丰富。截至2022年底，全县林业用地面积21.84万公顷，占全县辖区面积的72.9%，其中生态公益林面积8.73万公顷，商品林面积13.11万公顷。有林地面积21.16万公顷，森林蓄积量953万立方米，森林覆盖率稳定在65.77%。有省级自然保护区1个（云中山省级自然保护区），面积4164.5公顷；自然保护小区26个，面积5043.3公顷；省级森林公园11个（含4个在建），面积7920.6公顷；县级森林公园4个；面积3305公顷。湿地保有量3743.58公顷。县域内有丰田、半林2个国有林场，经营面积1.66万公顷。

【野生动植物资源】 安溪县域内发现并在册陆生脊椎野生动物24目68科258种。其中，兽类7目18科38

种，鸟类13目34科155种，两栖爬行类4目16科65种。国家一级、国家二级重点保护野生动物31种，省级重点保护野生动物21种。木本植物资源116科411属1005种，其中野生木本植物102科323属835种。拥有珍稀濒危或特有植物21种，其中国家一级、国家二级保护植物5种，省级重点保护植物8种，极小种群、地方特有树种8种。

【矿产资源】 截至2022年底，安溪县发现各类矿产资源30种，勘查程度达到普查以上，求得资源储量的矿产有22种。其中，金属矿产6种（铁、锰、铅、锌、铜、银）；非金属矿产13种（水泥用石灰岩、水泥用大理岩、高岭土、陶瓷土、萤石、硅灰石、硫铁、石墨、叶蜡石、饰面用花岗岩、建筑用辉绿岩、建筑用花岗岩、建筑用凝灰岩）；能源矿产2种（煤、地热）；水气矿产1种（矿泉水）。优势矿产种类较多，保有资源储量居全省前列的矿种有建筑用石料、水泥用石灰岩、饰面用花岗岩、铁、高岭土、地热等，其中饰面用花岗岩矿关闭不再开发。

建置区划

【建置沿革】 五代后周显德二年（南唐保大十三年，955年），以小溪场和增割南安属地正式置县。取境内“溪水清澈”之意，命名清溪县。

北宋宣和三年（1121年），方腊率领农民起义军于睦州青溪（今浙江淳安）起义，为避清溪县与青溪同音，故另取“溪水安流”之意，改清溪为安溪，后一直沿用。自其时至元、明、清，境域属泉州。

民国2年（1913年），福建置南路道，境域属之。民国3年（1914年），南路道改为厦门道，安溪县属之。民国16年（1927年），废道，实行省、县二级地方政制，安溪县直属福建省。民国22年（1933年）11月20日，福建划分为4个省和2个特别市，安溪县隶属兴泉省。民国23年（1934年）1月，4个省取消，安溪县仍属福建省；同年7月，福建省划分为10个行政督察区，安溪县属第五行政督察区。民国24年（1935年）10月，安溪县隶属第四行政督察区。

1949年8月31日，安溪县城解放，9月正式成立安溪县人民政府，隶属第五行政督察专员公署。之后行署名称略有更改，安溪县先后隶属泉州行署、晋江区专员公署、晋江公署、晋江地区行政公署。

1986年1月6日，晋江地区行政公署改为泉州市，安溪县隶属泉州市，至2022年底未变。

【政区划分】 安溪置县之初，析为4个乡，统16个里、18个都。五代至清900多年间，基本上为里、乡制。两宋全县有4个乡、16个里、18个都。明万历十一年（1583年），全县有18个里、424个乡。清仍之。民国初期沿用清制，之后改为区、乡（镇）、保、甲制。1945年，全县有19个乡镇、155个保、2297个甲。

中华人民共和国成立后，初为区、乡制，1952年7月，全县有14个区、4个镇、156个乡。1958年11月，改为社、队制，全县有9个人民公社、231个大队。1984年7月，实行政社分开后，原公社改建乡人民政府，生产大队改为村委会，并析城厢公社辖的罗内等10个大队建立参内乡。

1991年9月，全县设24个乡镇，即凤城镇、蓬莱镇、湖头镇、剑斗镇、官桥镇5个镇，城厢乡、参内乡、魁斗乡、金谷乡、龙门乡、虎邱乡、西坪乡、芦田乡、龙涓乡、尚卿乡、大坪乡、湖上乡、白濑乡、感德乡、长坑乡、祥华乡、蓝田乡、桃舟乡、丰田乡19个乡。10月，经省民政厅报省政府批准，城厢乡、金谷乡、感德乡、龙门乡、虎邱乡、芦田乡撤乡建镇。全县设11个镇、13个乡。

1992年8月，经省民政厅报省政府批准，魁斗乡、西坪乡撤乡建镇。全县设13个镇、11个乡。

1996年10月，经省民政厅报省政府批准，丰田乡更名为福田乡，福前农场隶属福田乡，实行一乡带两场（丰田林场、福前农场），驻地从庵兜迁至场前。

2020年6月，省政府同意撤销参内乡、长坑乡，设参内镇、长卿镇。

截至2022年底，全县设15个镇、9个乡，443个村民委员会、45个社区居委会。

人文历史

【人口婚姻】 2022年底，安溪县总人口1200024人。办理国内居民结婚登记4390对，涉外婚姻结婚登记14对。初婚2491对，初婚率1.97‰，比2021年下降0.41个千分点。出生10993人，出生率9.13‰，比2021年下降2.53个千分点；出生总性别比115（以女性为100）。死亡人数6352人，死亡率5.29‰。

【历史名人】 安溪是千年古县，人文大县，自古山水秀丽，素有“龙凤名区”之称，人杰地灵，名流俊彦相继登场。唐银青光禄大夫廖俨、首任县令詹敦仁先后入场垦殖，唐末诗人周朴、南宋理学大师朱熹到境游历，南宋抗金名将刘锜墓葬安溪。名儒高士在安溪布施教化，惠政于民，儒家精神和中原文化在自古山多林密、相对封闭的安溪落地生根、熏陶浸染，衍化形成具有安溪特质的茶乡文化，孕育安溪人豪爽、豁达、大气、包容的民风，濡养安溪人质朴、敦厚、谦恭、刚毅的性格，锤炼安溪人逢山开路、遇水架桥、敢为人先、百折不挠的意志，培育自强不息、开拓奋进的安溪人精神。自宋至清，安溪人才辈出，代有才俊，先后有武状元1人、榜眼1人、武进士4人、文进士93人、武举人76人、文举人308人。宋有理学家张读入朝编修《国朝会典》；明有刑部侍郎詹仰庇；清有名相李光地官至文渊阁大学士兼吏部尚书，贤吏林嗣环挥就《口技》名篇，《四书制义》作者著名数学家陈万策。现代有全国政协原副主席庄希泉、罗豪才，全国侨联原主席庄炎林、林军等杰出人物代表。

【红色苏区】 安溪是土地革命战争时期泉州唯一苏区——安南永德苏区的中心区域。土地革命战争时期，中共安溪中心县委领导安南永德四县开展游击战争，掀起打土豪、分田地的土地革命。1933年8月，安南永德苏维埃政府成立，形成一个范围近7000平方千米的红色区域。在土地革命战争中，郭节、李实、陈凤伍等数百位革命烈士和人民群众的鲜血染红安溪土地。在中国共产党的领导下，安溪人民不屈不挠，前仆后继，坚持斗争，为推翻“三座大山”、建立中华人民共和国做出牺牲和贡献。保存的大量文献资料和史实表明，安南永德苏区是在闽西苏区的中共福建省委和福建省苏维埃政府领导下创建的，隶属中央苏区。安南永德苏区被中央确定为视同中央苏区，纳入《赣闽粤原中央苏区振兴发展规划》的实施范围。

【“三铁”名片】 “三铁”即安溪铁观音、藤铁工艺和青阳冶铁遗址。

名茶铁观音发源地 安溪是中国乌龙茶（名茶）之乡，世界名茶铁观音的发源地。2022 年，安溪铁观音茶文化系统被联合国粮农组织认定为全球重要农业文化遗产，铁观音制作技艺作为“中国传统制茶技艺及其相关习俗”被列入联合国教科文组织人类非物质文化遗产代表作名录。2022 年，安溪县茶园面积稳定在 4 万公顷，涉茶总产值 320 亿元。安溪铁观音以 1430 亿元的品牌价值连续 7 年名列全国区域品牌价值茶叶类首位。

世界藤铁工艺之都 2019 年，安溪县获“世界手工艺理事会手工艺城市——藤铁工艺之都”称号。“藤铁工艺”是安溪县家居工艺的创新和特色，发展成为融现代家居饰品、公园花园用品、茶文化工艺品、LED（发光二极管）应用工艺品、实木工艺家具五大系列为一体的多元化家居工艺文化产业，成为安溪县继茶产业之后的第二大民生支柱产业。2022 年，藤铁家居工艺产业加快集群发展和创新转型，获评中国藤铁产业基地；启动藤铁工艺产业园规划建设，成立安溪藤铁工艺创新发展研究院。截至 2022 年底，安溪家居工艺企业 2200 多家，其中有 66 家规模以上企业。加工点 3000 多个，从业人员 15 万人，总产值 265 亿元。安溪县成为全国“家居工艺”重点出口生产基地之一，产品销往世界五大洲多个国家和地区。

青阳下草埔冶铁遗址被列入世界遗产名录 1966 年，发现青阳冶铁遗址，面积约 100 万平方米，下草埔遗址是青阳冶铁遗址群中最为典型的遗址。1985 年，青阳冶铁遗址被列为首批县级文物保护单位。2019 年 10 月至 2020 年 8 月，国家文物局统筹对下草埔冶铁遗址进行第一阶段的考古发掘。2021 年 7 月 25 日，在第 44 届世界遗产大会上，青阳下草埔冶铁遗址作为“泉州：宋元中国的世界海洋商贸中心”22 处代表性古迹遗址之一，被列入《世界遗产名录》。

【侨台大县】 截至2022年底，安溪县有旅外侨、台港澳同胞400多万人，其中台湾安溪籍乡亲248万人，占台湾地区总人口的10.6%左右。

【民族宗教】 截至2022年底，安溪县少数民族人口15844人（大部分是畲族），占全县人口的1.32%。居住在凤城镇祥云社区（高山族），官桥镇善坛村（畲族），湖上乡（畲族）盛富村、横坪村、长林村，白濑乡（畲族）长基村、寨坂村，剑斗镇（畲族）潮碧村等5个乡镇7个行政村1个社区。少数民族较集中居住在善坛村、盛富村、横坪村3个少数民族村。少数民族村以“一村一品”带动特色产业发展，善坛村主要发展旅游业，盛富村主要发展竹制品加工业，横坪村主要发展生态农业。全年投入少数民族村基础设施、经济建设、民生工程有204万元。加快民族特色村建设，开展安溪县“铸牢中华民族共同体意识主题月”活动及安溪县第十五个民族团结进步宣传月活动。

2022 年底，安溪县登记宗教活动场所 28 处，民间信仰场所 1200 多处，其中民间信仰活动场所联系点 33 处。坚持宗教中国化方向，开展国旗、宪法、法律法规、社会主义核心价值观、中华优秀传统文化进场所的“四进”活动，增强宗教界人士和信教群众对伟大祖国、中国共产党、中国特色社会主义、中华民族、中华文化的认同。完善县、乡、村宗教工作三级网联和乡村两级责任制。以安溪普陀寺、清水岩为示范，推动文明敬香，建设生态和谐寺观。

经济社会发展

【经济建设】　2022年，安溪县实现地区生产总值907.17亿元，其中第一产业增加值61.19亿元，第二产业增加值470.86亿元，第三产业增加值375.12亿元。全年农林牧渔总产值100.74亿元，工业总产值395.74亿元，一般公共预算总收入45.87亿元，一般公共预算支出69.94亿元。社会消费品零售总额683.16亿元。网络零售额达282.39亿元。

2022年，安溪县新引进新兴产业项目51个，总投资378.35亿元。光电产业“衬底—（外延/芯片）—封装—应用”产业格局夯实，凸显产业集群效应，光电产业产值152亿元；信息技术产业引进中科数遥、中国电影资料馆、中关村信息谷、中科曙光等头部企业，初步形成“三中心、三链条”（数据中心、超算中心、创新中心及空天大数据、影视大数据、电商链条）产业发展格局；装备制造产业加快集聚，以工业园区标准化建设为载体，精准实施强链补链建链，推动装备制造产业向高端化、智能化发展，全年装备制造产业产值120亿元。溪禾山铁观音文化园创建国家AAAA级旅游景区，国心绿谷茶庄园获评国家AAA级旅游景区；“安溪旅游”数字文旅平台上线，打造“三铁三世遗”文旅品牌，全年接待旅客超520万人次，旅游收入62亿元。

2022年，安溪县扶持“一叶五金五银”特色农业发展壮大，山格淮山被列为国家地理标志农产品保护工程，安溪县创建省级国际标准农产品示范基地1个，培育新型农业经营主体示范社（场）34个，登全国“农产品数字化百强县”榜首。在全省首创“多网融合+客货邮融合”发展模式，安溪县获评“全国农村物流服务品牌县”。祥华乡入选全国“一村一品”示范村镇名单。建成高标准农田2933.33公顷，完成撂荒地整治826.67公顷、退茶还耕860公顷，创建粮食生产示范区5553.33公顷；启动粮食加工厂建设，完成中心粮库二期扩建工程，实现24个乡镇应急供应网点全覆盖。推进镇区改造，长卿镇乡村振兴服务中心项目主体完工，西坪、金谷、龙涓等乡镇镇区改造项目动工建设。试点整村推进土地经营权“预流转”，分类建设26个强村公司。实施乡村建设行动，抓好2个省级特色镇、6条市级示范线和5个整镇推进试点镇、62个试点村建设，完成裸房整治5333栋；蓝田乡乌土村入选第六批中国传统村落名录。新改建农村公路134千米，改造危桥10座，安溪县被确定为“四好农村路”全国示范县创建单位；完成全省首个以茶命名的高速服务区——槐植铁观音服务区改造升级。建成7个乡村电气化示范工程。

【文化建设】　2022年，安溪县乡镇综合文化站23个、行政村（社区）综合文化服务中心448个。全县建设提升新型公共文化空间等文体活动场所67个，开展文化下乡活动120余场次。实施文化体育惠民工程，推进公共文化服务设施建设、文化遗产保护、城乡文化振兴、体育健身设施建设等，推动图书馆、博物馆、文化馆与凤山书院融合使用，戏曲中心主体工程封顶，青阳冶铁考古遗址公园获省级立项。推进陈文令“金谷溪岸”艺术园建设。创编茶文化主题舞台剧《铁观音》，现代高甲戏《莫耶·延安颂》获第28届全省戏剧会演优秀剧目奖。

【社会建设】　2022年，安溪县推进社会各项事业发展。加强社会保障，完成为民办实事项目19件，总投资40818万元。完成凤山幼儿园、龙涓下洋幼儿园等8个扩容改薄项目，支持西坪中心小学等42所农村学校校舍、运动场等改造提升，新增学位3200个。新增普惠性民办幼儿园67所，学前教育普惠率96.8%。43所学校通过义务教育管理标准化学校评估，安溪一中入选首批省级示范性高中名单，教师进修学校通过省级标准化评估验收。启动“安溪好先生·十百千万”培养工程。福建农林大学安溪茶学院在籍学生4458人。安溪县推进大学生创新创业工程，利用好“三茶统筹大讲堂”和“经济学茶座”2个实践平台，助力学生提升创新创业能力，2022届毕业生就业率90.04%。

【生态文明建设】　2022年，安溪县加强环保宣传教育、环境监察执法、环境审批服务，做好污染物减排，医疗废物安全处理、存在问题整改等各项生态环境保护重点工作，实现空气质量综合指数2.17，全年二级以上达标天数362天，优良率为99.2%。国省控河流断面水质年度均值达到或优于Ⅲ类标准。水土流失治理面积6866.67公顷。完成造林绿化169.2公顷，创建省级森林城镇1个、省级森林村庄7个。8月2日，泉州市安溪生态环境局与安溪县气象局举行战略合作协议签署仪式。根据协议，双方在生态环境保护、应对气候变化、信息资源共享、科学研究等领域开展研究合作，推进污染防治攻坚战和碳达峰、碳中和行动，提升安溪生态文明建设服务保障能力，推动生态环境保护和气象事业高质量发展。

（苏锦生　谢柏坚）

综述

【经济社会发展统筹】 2022年，中共安溪县委落实“疫情要防住、经济要稳住、发展要安全”重要要求，紧扣“稳增长、稳市场主体、保就业、防风险”，实施省“提高效率、提升效能、提增效益”行动和市“强产业、兴城市”双轮驱动战略，统筹疫情防控和经济社会发展，统筹发展和安全，全县呈现经济运行稳中向好、民生福祉不断增进、社会大局和谐稳定、党的建设全面加强的良好态势。全年实现地区生产总值907.17亿元，比上年增长4.3%，规模以上工业增加值增长9.5%，一般公共预算总收入45.87亿元，一般公共预算收入31.53亿元，限额以上消费品零售额增长14%。

【基层党建】 2022年，安溪县落实“第一议题”制度，学习贯彻习近平总书记重要讲话重要指示批示精神，引导广大党员干部深学细研、笃信笃行。开展基层党建“抓乡促村、全域提升”专项行动，加强近邻党建，推进全县1016家“三有”（有固定的经营场所、有10名以上员工、有生产经营活动）非公有制企业落实“党建入章”。开展“先锋带富、村财共富”“百万村财”攻坚等行动，创新组建26家强村公司，推进村集体经济“倍增提升”，全县所有村村集体经济收入均超20万元，新增18个村级集体经济收入超百万元村。推进微网格精细化治理，精细划分微网格3364个，助力疫情防控、提升善治水平。定期组织人大、政府、政协、法检两院党组、基层党组织书记开展党建工作述职，定期召开县委人大工作会议、县委与县政协专题议政性常委会等，增强全县各级党组织抓主业、管党建的责任意识。

【全面从严治党】 2022年，安溪县开展“提高效率、提升效能、提增效益”行动，巩固政法队伍教育整顿和“提士气、抓落实、见成效”作风整顿成果，引导全县上下弘扬“马上就办、真抓实干”作风。聚焦政治监督，加强对“一把手”和领导班子的监督，以“关键少数”带动“绝大多数”。抓好省委、市委主体责任检查反馈问题整改，做好“后半篇文章”。发挥巡察利剑作用，对3个县直机关、9个乡镇、116个村级党组织支部开展常规巡察。推进村级“小微权力”监督信息平台建设，开展“点题整治”，查处群众身边腐败和不正之风问题16件28人。强化正风肃纪，落实中央八项规定精神，查处“四风”问题9件14人。坚持“三不腐”一体推进，立案118件148人，给予党纪政务处分110人，组织处理8人。安溪县政治生态教育馆建成开馆，开展各类警示教育活动1700余场次，参观8.75万人次。

【全县三级干部会议】 2022年2月11日，安溪县召开2022年全县三级干部会，回顾总结2021年工作，安排部署2022年及下一个时期经济社会发展任务。县委书记吴毓舟，县委副书记、县长刘永强作讲话。会上，对2021年纳税功勋企业、明星企业、优秀企业，在2021年度重点项目建设、招商选资、乡村振兴、安全生产等工作中表现优异的单位和个人，以及文明村镇、单位、学校、社区等737家单位和320名个人予以通报表扬，颁发乡镇平安建设、生态环境保护等工作责任书。

（李汉平　黄汉阳）

重要会议

【概况】 2022年，中共安溪县委召开全体会议2次、常委会会议29次、常委（扩大）会议2次，研究推进全县政治、经济、文化、社会、生态等工作。

【县委工作会议】 2022年3月3日，县委工作会议召开，总结部署全县组织、宣传思想文化、统战、政法等工作。县四套班子领导，县法院院长、县检察院检察长，各乡镇党委书记、乡镇长，县直各单位负责人，县直各系统党委书记，泉州芯谷安溪分园区党委等参加会议。县委副书记、县长刘永强主持会议，县委书记吴毓舟讲话；县委常委、宣传部部长吕宝贝总结部署全县宣传思想文化工作；县委常委、统战部部长肖印章总结部署全县统战工作；县委常委、政法委书记叶文德总结部署全县政法工作；县委常委、组织部部长邱志民总结部署全县组织工作。

【中共安溪县委十四届四次全体会议】 2022年11月7日，中共安溪县委十四届四次全体会议召开。十四届县委委员、候补委员参加会议。县委书记吴毓舟主持会议并讲话。会议学习贯彻习近平总书记关于行政区划工作的重要指示批示精神，把握党中央和省委、市委关于行政区划调整的相关要求。审议通过《安溪县龙涓乡、尚卿乡、蓝田乡行政区划撤乡设镇调整方案（草案）》和《中共安溪县委十四届四次全体会议决议（草案）》。

【中共安溪县委十四届五次全体会议】 2022年12月9日，中共安溪县委十四届五次全体会议召开。十四届县委委员、候补委员，县人大常委会、县政府、县政协班子党员领导，县法院院长、县检察院检察长，县纪委常委、县监委委员，各乡镇党委书记、乡镇长，部分县直单位党员负责人，在安溪的中共中央二十大代表，省第十一次党代会代表，市第十三次党代会代表中的部分代表参加会议；县人大常委会、县政府、县政协班子非中共党员领导列席会议。县委书记吴毓舟主持会议并讲话。会议学习贯彻党的二十大精神，落实省委十一届三次全会和市委十三届四次全会部署。审议通过《中共安溪县委关于认真学习宣传贯彻党的二十大精神全面建设具有茶乡特色的现代化中等城市的决定（草案）》和《中共安溪县委十四届五次全体会议决议（草案）》。

【县委常委会会议】 2022年1月4日，县委常委会（扩大）会议召开，传达贯彻习近平总书记近期系列重要讲话重要指示批示精神，以及省委常委、市委书记刘建洋到安溪调研精神。

4月8日，县委常委会（扩大）会议召开，传达贯彻习近平总书记关于安全生产的重要指示精神和李克强总理的批示精神，以及3月31日国家、省、市会议精神。

7月12日，县委常委会（扩大）会议召开，传达贯彻中央政治局常委、国务院总理李克强到福建、到泉州考察和在东南沿海省份政府主要负责人经济形势视频座谈会上的讲话精神。

9月16日，县委常委会（扩大）会议召开，传达贯彻全国、省、市扫黑除恶常态化推进会等有关会议精神，以及省委副书记、政法委书记罗东川、省检察院检察长霍敏到安溪调研精神。

12月6日，县委常委会（扩大）会议召开，传达贯彻党中央、全国人大常委会、国务院、全国政协、中央军事委员会告全党全军全国各族人民书和省委、市委常委会会议精神，以及省委、市委通知要求。

（李汉平　黄汉阳）

组织工作

【概况】 2022年，安溪县委组织部门推进干部队伍建设、基层党组织建设、党员队伍建设、人才队伍建设。全年招录公务员100人，动态调整储备市管优秀年轻干部9人、县管优秀年轻干部238人，建成“党建+”邻里中心33个。

【领导干部队伍建设】 2022年，安溪县树立崇尚实干、注重实绩的选任导向，为公安、法院、检察院等部门配备一批专业素质好、政治素质过硬的领导干部，交流调整2名乡镇主要领导，选派15名领导干部和国企人员到县属国有企业领导班子挂职任职。为退出领导岗位县管干部搭建干事创业平台，全年抽调320余人次参与督察巡察、疫情防控、项目攻坚、乡村振兴等专项工作。建立“平时共建、战时支援”挂钩联系基层机制，推动1458名干部常态化下沉乡镇、村（社区），增强基层工作力量。

【领导干部考评考察制度建设】 2022年，安溪县完善考核考评体系，建立实干担当、关心关爱的正向激励机制。采取分级分类、差异化考核方式，开展换届（调整）后领导班子运行情况评估和县管干部2021年度考核。通过考核了解全县81个县管领导班子运行情况和1193名考核对象综合表现，掌握一批表现优秀的领导干部。结合职级公务员专题调研开展一线考察，疫情防控期间，联合县委编办、老干部局、县委党校等单位成立5个应急处突一线考察工作组，分赴24个乡镇考察识别干部，落实走访慰问、健康体检、带薪休假、挂职锻炼、谈心谈话等激励关怀措施。

【年轻干部培养选拔】 2022年，安溪县组织开展优秀年轻干部人选推荐工作，建立优进绌退的优秀年轻干部动态储备库，储备市管优秀年轻干部9人、县管优秀年轻干部238人。贯彻落实“选调生推优”工作制度，按照正科级、副科级、科员级三个层次，推荐储备优秀选调生27人。以学习贯彻党的十九届六中全会精神、党的二十大精神为主线，举办1期优秀年轻干部示范培训班、1场选调生履职情况汇报会、1场国情调研汇报会，推动年轻干部提升干事创业本领。先后选派144名优秀年轻干部、85名新录（聘）用公务员和事业干部到重点高速卡口轮值，选派2名年轻乡镇长到晋江挂职、1名具有规划专业背景的干部到市规划局挂职，强化实践锻炼。

【干部监督管理】 2022年，安溪县推动干部严格按照制度履行职责、行使权力、开展工作。落实县管干部个人重大事项请示报告制度，2022年收集个人报告事项83件。联合县纪委监委、县公安局开展干部因私出境专项清理行动，实时更新登记备案信息3600余条。将考核结果作为加强干部日常管理监督的落脚点，与42名年度考核靠后的干部谈心谈话。

【公务员宏观管理】 2022年，安溪县严格执行公务员法及配套政策法规，发挥公务员主管部门牵头抓总作用，建立健全多方联动机制，保持与编制、人社、财政等部门的常态化沟通。建立公务员基本信息动态调整机制，结合公务员管理信息系统建设，推进公务员管理信息化，为加强公务员队伍建设提供可靠数据支撑。编印《安溪县公务员管理工作服务指南》，实行“样板式”服务，从“入口”到“出口”，整合成录用、任职定级、登记、辞职、辞退、退休等10个方面业务流程，编制更具直观效果工作流程图和文书材料模板汇编，在制度法规的执行操作层面做好指导服务工作，让基层单位一次性提交申请材料、一次性领取审批结果，减轻负担、提高办事效率。

【公务员结构优化】 2022年，安溪县坚持考录进入主渠道，将公务员招录逐步从单位岗位向县域统筹指引转变，从单位各自为战向县域结构调整转变，到用人单位开展调研，科学制定招录计划，合理设置公务员招录资格条件。全年全县招录公务员100人，其中省考统招96人、选调生4人。完成公务员登记105人、参公人员登记7人。探索建立公务员有序流动机制，开展竞争性选调工作，结合县直部门用人需求，坚持优秀优先，选拔40周岁以下的乡镇干部到县直机关单位任职，推动干部从内安溪向外安溪、从乡镇往县直有序流动、良性循环。全年有34名乡镇干部选调至县直单位或外安溪乡镇工作。

【公务员能力素质提升】 2022年，安溪县推进新录用公务员跟踪培养，构建试用期公务员“成长链”。分5期组织近两年新招录的154名公务员参加线上、线下初任培训班，举办2期“县情培训班”，将安溪风土人情和经济社会发展情况列入培训课程，促进新录用公务员融入安溪大局。开展“结对帮带、青蓝接续”行动，指导用人单位挑选政治素质高、表达能力强、工作经验丰富的领导班子成员和中层干部作为帮带导师，采取“1对1”或“2对1”结对帮扶方式，帮助96名试用期人员提高政治素质和履职能力。开展听一堂廉政讲座、观看一部警示教育片、参观一处党风廉政教育馆等系列活动，提升新录用人员综合素质。将新录用人员纳入平时考核管理平台，接受民主测评，召开新录用公务员履职情况汇报交流会，试用期满人员以PPT形式分享工作心得，按规定做好期满考核及任职定级。安溪县抓实新录用公务员“关键期”管理培养的相关做法在《福建组工信息》刊载。

【公务员考评管理】 2022年，安溪县依托泉州市公务员考评管理系统，实现平时考核全覆盖，有71家县直单位、24个乡镇参与线上考核，参与干部4900多人。落实年度考核优秀须平时季度考核2次以上“好”等次原则；重视干部在急难险重任务的表现，单列参与疫情防控一线工作人员年度考核等次比例，最高不超30%，激励干部冲锋在前、担当作为。根据不同主体人员类型、单位绩效、岗位职责等因素差异，差异化核定优秀等次比例，规定单位绩效考评结果为优秀等次的可提高优秀比例。综合考量，全县评定392名非县管工作人员2021年度考核结果为优秀等次，确定9名受处分公务员为不定等次。运用考核结果，推动形成优者奖的正确导向。依托年度考核和平时考核结果，推荐多名考核优秀的干部获市级及以上表彰，县交通局局长黄伟福获评“全国人民满意的公务员”。

【村干部队伍建设】 2022年，安溪县出台《关于加强对村（社区）干部特别是“一肩挑”人员管理监督的通知》，制定6项23条管理监督措施，推动村（社区）干部履职尽责、担当作为、廉洁奉公。制发《关于进一步提升村级组织建设保障水平强化抓基层强基础固基本工作的通知》，推行“基本报酬+业绩考核奖励+集体经济创收激励”的村（社区）干部报酬制度，其中村（社区）主干的基本报酬不低于全县上年度农村居民人均可支配收入的2倍，其他村（社区）干部基本报酬为村（社区）主干基本报酬70%左右；村（社区）主干基本报酬的财政补助标准由每人每月3000元调整为每人每月3500元，其中县财政补助标准由每人每月2700元调整为每人每月3000元，乡镇财政补助标准由每人每月300元调整为每人每月500元。将城市基层党建工作保障纳入县财政预算，在省财政每年补助每个社区办公经费4万元的基础上，县财政每年补助每个社区工作经费及服务群众专项经费11万元。制定《安溪县发展壮大村（社区）集体经济激励办法（试行）》，允许满足条件的村提取不超过1/3的增收部分作为干部绩效激励，提升干事创业动力。实施“善治头雁”培育计划，择优选聘一批乡村振兴导师，帮带168名“新手书记”，开展“季度拉练”“擂台比武”，全面提升村（社区）干部队伍素质。建立驻村第一书记“组团式”“片区化”工作机制，设立县级驻村干部联络服务中心，下设24个乡镇联络服务站，成立驻村工作队临时党委和7个片区临时党支部，举办驻村第一书记“抓党建促乡村振兴”专题培训班，推动驻村干部经验互谈、发展互促。全县驻村干部筹集资金1.5亿多元，落实帮扶项目136个。《乡村振兴背景下有效发挥驻村第一书记作用的实践与思考》调研研究报告获得全市党建重点课题优秀成果三等奖和机关创新案例一等奖。

【“强村富民”精品项目建设】 2022年，安溪县开展“百万村财”攻坚行动，引导141个村联合入股国有企业3989.5万元，年收益率达8%。分级分类组建强村公司26家，探索资源开发、物业经营、劳务服务、土地流转等差异化发展路径，带动84个村村均增收8.5万元。推动村党支部领办合作社92家，通过股份经营、合作经营等方式，发展乡村旅游、特色农业等增收项目136个，带动村集体增收600多万元。开展党员“带富先锋”培育行动，建成山格淮山产业技术研究会、感德铁观音制作技术研究会、御品龙涓乡村振兴发展中心等示范基地，培育党员致富能手800多人，帮扶农户1.2万户，实现培育一批先锋、带富一方百姓。开展“万企兴万村”行动，出台《关于动员引导社会组织参与乡村振兴的实施意见》，动员50多家民营企业、社会组织与73个村结成“对子”，助力集体经济发展。全年全县所有村村集体经济收入均超20万元，有26个村村集体经济收入超百万（新增18个）。扶持发展壮大村级集体经济、农村党员带富先锋等相关做法在《组织人事报》《中国乡村振兴》《福建支部生活》上刊发报道。

【党建引领网格管理】 2022年，安溪县细分3364个工作网格，开展“清盲强基”行动，将“插花地”等11个治理盲区纳入网格管理。做实“挂图亮格”，在街头巷尾、楼道楼梯、电梯门厅等醒目区域张贴5000多个网格公示牌，发放6万多张网格联系卡。探索开发“三维云平台”，运用遥感影像及三维云技术精准绘制“两张图”，实现“以图管房、以房管人”。开展网格党组织集中覆盖行动，组建网格党支部326个、党小组1568个，网格党组织覆盖率100%。组建一支专兼职网格员队伍，储备志愿者8758人，出台县直单位挂钩联系、结对帮扶机制，推动74家县直单位、1458名党员干部下沉担任网格指导员，组织开展业务培训、应急演练等90多场，统一配备红马甲、红帽子，将63名表现优秀的网格员纳入社区后备力量。推行社区“大党委”制度，定期召开联席会、网格议事会，引导驻区单位、业委会、物业公司等各类主体共商共议、合力化解治理难题。强化网格员队伍能力素质提升，对网格员开展疫情防控、安全生产等业务培训、应急演练，提高网格员应急处突能力和服务群众工作水平。实施“八个一”（开展一次集中报到行动、组织一次队伍定人定责、激活一个网络工作群、制发一张网格公示牌、开展一次业务培训、开展一次“精准敲门”行动、进行一次关心关爱活动、选树一批先进典型）网格激活赋能行动，组建“邻里社群”3364个，成立3364个“微网格帮帮团”，实行“六个一”（开展一次网格全面走访活动、健全一套重点对象台账、发出一份防疫常识宣传单、发放一张网格便民服务联系卡、送出一个健康防护爱心包、组建一个网格“共享药箱”）网格运行机制，按照“快捷哨、攻坚哨、应急哨”三个类别，分级响应、穿透处置、闭环管理，提升基层精细化治理水平。全年收集社情民意3.36万条，解答群众疑问1.28万条。疫情防控期间，动员3.2万余名党员进网入格，开展“六个一”暖心服务行动，提供用药、物资配送等服务6.8万次。

【党员教育管理体系构建】 2022年，安溪县推动农村发展党员违规违纪问题排查整顿工作，认定违规违纪问题党员181人，给予党员除名处分4人，移交纪检监察机关给予开除党籍处分1人，问责324人次；总结运用农村发展党员违规违纪问题排查整顿工作经验，在全市率先建立发展党员县级联合审查制度，杜绝“带病入党”，全年发展党员412人；探索农村“党员地图”，将党员年龄、性别、学历、区位分布等信息布建到微信小程序上，设置预警功能，破解农村宗族、角落意识干扰问题；举办全县党务干部发展党员专题培训视频会，邀请省委组织部专家授课，培训1200余人次，提升党务干部业务能力。强化党员教育管理，为274名符合条件的老党员颁发“光荣在党50年”纪念章，温文溪当选党的二十大代表；开展“田间党课”，组织带富能人、农民讲师等到田间地头讲理论、传技术，开展180多场，受众5000余人次；采取“代表讲堂”“二十大代表进直播间”“代表心声”等形式，聚焦党的二十大精神，其中党的二十大代表宣讲直播单场观览达5万余人次；采取现场授课、观看视频、专题研讨等方式，学习宣传贯彻党的二十大精神。落实党内关怀机制，在两节、“七一”建党节前夕走访慰问2200多名生活困难党员，为100名困难党员定额补助对象下发补助资金30万元；组织申报省、市、县关心关爱资金304人次，下拨关爱资金93.35万余元。城厢镇经兜村、八马茶业等被市委组织部挂牌认定泉州市基层党建工作实训点。撰写《基层建议加强临时党组织管理》，被中组部《组工参阅》（2022年第5期）刊用，《安溪县开展庆“七一”系列主题活动》《安溪县各级党组织和广大党员干部对党的二十大报告的反响反应》《安溪县“15分钟”田间党课传递最强音》等被《福建组工信息》《八闽快讯》刊发。

【“党建+”邻里中心建设】 2022年，安溪县乡两级投入超6000万元，建成33个“党建+”邻里中心，其中获市总星级指标9个（市五星级1个、四星级3个、三星级5个）、县总星级指标27个（县五星级4个、四星级11个、三星级12个）。采取“三图”集中会审、梳理7个大类41项“能融尽融”清单、清退村（社区）干部单独办公区域、融合各级各类部门服务空间等措施，统一整合归集为养老、托幼、医疗等六大服务功能。拓展乡村振兴驿站、暖“蜂”爱心之家、邻里文化节等“X”特色功能。城厢镇“党建+”邻里中心引进第三方机构建成国家级标准化示范托育园、星级健身中心、嵌入式老年学校、全功能医疗服务站等，搭建“笔架学堂”推动名师进邻里，打造一站式、高品质、全品类的优质服务。虎邱镇湖西村“党建+”邻里中心推行强村富民“四众”（组织众强、产业众筹、乡村众治、红利众享）模式，整合资源拓展乡村旅游、民宿、非遗传承等特色功能，变“农村古厝”为“乡村学堂”，实现村集体经济收入突破100万元。官桥镇官桥村“党建+”邻里中心打造农产品带货直播间、零工市场、就业服务中心、相亲角、中医理疗馆等，解决群众创业就业难、婚姻康养难等问题。推动县直单位下沉资源资金、服务项目120个，设置政务服务自助一体机和便民服务代办点，推行错时延时服务、全程代办等方式，1100多个县、乡、村三级审批事项实现家门口“一站式”办理。建立“时间银行”志愿服务激励机制，推动7225名在职党员、公职人员和2000多名新就业群体到邻里中心报到服务，壮大服务力量。采取社区自营、合作共营、委托运营等多种方式，开展第三方机构路演PK活动，聘请优秀离任村（社区）主干担任“邻里中心专员”，确保常态长效运行。推出“笔架学堂”巡回志愿服务、24小时爱心药房、“幸福乐购”供需对接平台、家政服务站等优质服务，开展活动1800多场次，覆盖居民群众20多万人次。

【人才政策体系优化】 2022年，安溪县召开县委人才工作会议，出台《关于新时代人才强县的战略意见》，提出加快人才梯队建设的“七大行动”。调整充实县委人才工作领导小组，制定《县委人才工作领导小组工作规则》《县委人才工作领导小组办公室工作细则》，县委、县政府主要领导带头抓“第一资源”，通过定期召开领导小组会议、高层次人才座谈会等，抓政策、抓项目、抓协调，以上率下构建更加科学、顺畅、高效的运行机制。用好考核指挥棒，“点对点”分级分类制定人才工作目标责任制考评办法，细化项目指标，压实责任链条，靶向推动各乡镇、各成员单位落实落细工作要求，构建“大人才”工作格局。修订出台《加快建设人才强县服务安溪高质量发展的若干措施（试行）》，整合提出23条政策含金量更高、受惠面更广的惠才措施，在人民网、新华网刊载报道，阅读量30多万人次。紧扣八大产业链发展需求，按照“一业一策”制定第六、七层次人才认定标准，分领域分系统在“安溪组工”微信公众号进行宣传解读，认定2批次451人。

【人才增量指标】 2022年，安溪县采取“分解指标、量化比拼”的方式，将人才增量指标细化分解至各乡镇和有关单位，全县新增市级以上高层次人才734人。指导安溪铁观音集团入选2022年第一批国家级博士后科研工作站（全市仅4家），晶安光电成功创建博士后创新实践基地，中科生物入选省级新型研发机构，天电光电、晶安光电、五洲建设入选省级企业技术中心，创建4家市级技能大师工作室，中科生物入选省工程研究中心（全省8家，全市唯一一家），李绍华工作室被确定为第二批国务院政府特殊津贴专家工作室，实现该领域“零”的突破。召开“涌泉行动”专题推进会、协调会6场次。全县“扬帆计划”正式上岗实习生763人，完成下达任务数的190.75%。更新安溪籍在外优秀人才信息库，发布《致广大高校毕业生的一封信》，重申高校毕业生就业补贴、安居补助等专项政策，兑现高校毕业生安居补助及社保补贴327.75万元、就业补贴83.31万元、一次性生活补贴16万元。指导安溪茶学院等5家单位创建公益性创业学院，承办全市“校园引才大使茶乡行”活动，举办“泉涌清溪正当时”等大学生暑期研学拓展活动25场，推介茶乡人才政策，吸引210名高校毕业生到安溪创业就业。

【人才培育】 2022年，安溪县围绕产业链部署创新链、人才链，推进各类人才队伍建设。茶产业方面，举办中国茶产业人工智能应用论坛，与中国科学院、浙江大学等开展课题研究，3项研究成果落地转化。推动八马茶业与省农科院、安溪茶学院开展产学研深度合作，邀请研究员陈常颂、教授杨如兴等专家团队到企业进行技术培训。家居工艺方面，启动藤铁工艺产业园规划建设，成立全球首个藤铁工艺创新发展研究院，签约来自德国、荷兰等5个国家的专业设计师，提升品牌效应和产品附加值，加快集群发展和创新转型。弘扬工匠精神，推荐家居工艺人才参加各级各类评选大赛，5人入选为省级工艺美术大师。光电产业方面，引进灏谷（北京）科技产业集团，筹建光电产业科创中心，打造光电人才培育平台，指导晶安光电和天电光电成功创建市级工业设计中心，助力科研项目成果转化，其中宝石衬底项目和EMC（电磁兼容性）系列LED项目分别获国家、省制造业单项冠军产品。信息产业方面，依托中国电影资料馆，建设忆库喜马拉雅内容研发基地，举办首期影视人才技能实训班，从学员中择优入职，储备一批影视和数字传媒人才。推动司雷植保与福建农林大学签订产教融合战略协议，联合设立科教实践基地，通过“学生入企、企业入校”模式培训学生1000余人，促进人才培养与企业发展合作共赢。指导中科星桥刘嘉麒院士专家工作站获评2022年福建省院士专家工作站（全市仅2家），为引进和培养一批科技创新人才提供重要支撑。乡村振兴方面，开展第四届优秀农村实用人才评选活动，树立先进典型12人，激励一批农村实用人才更好地发挥示范带头作用；举办首届龙涓大饼非遗传承制作技艺大赛，评出县级技术能手3人，传承非遗技艺，助力乡村振兴。

【人才环境营造】 2022年，安溪县建立四套班子领导挂钩联系服务高层次人才工作机制，推动31名县领导挂钩联系62名高层次人才，解决16名高层次人才相关诉求。开展“一月一主题，月月有精彩”“走乡村·话发展 喜迎二十大”等高层次人才系列活动，开展“春茶品鉴沙龙”“月圆中秋·安台连芯”等主题活动15场次，扩大人才“朋友圈”。选址县城中心城区，建设人才大厦，建筑面积13347.88平方米，成立人才公寓建设工作领导小组，召开专题会议协调解决有关问题，明确装修方案等事项，打造集人才服务、安居、休闲、交流于一体的人才工作新样板。做优台湾人才之家，投入500多万元将闽南古大厝提级改造为台湾人才协会新会址，融入安溪台湾“五缘”元素、台湾风俗文化，打造台湾人才活动阵地。发挥“一中心、一专窗、多站点”人才服务网络作用，实行三个“Dai”办服务（等待办结、代为办理、带领办理），完善“智汇安溪”云平台，为人才、企业提供政策咨询、平台申报、项目申请、活动报名等全方位贴心服务。全年受理人才相关业务1365件，完成人才体检823人次，发放人才津贴348.64万元。

【组织部门自身建设】 2022年，安溪县委组织部出台《“争做‘五型’组工干部 推动模范机关创建走前头作表率”暨“提高效率、提升效能、提增效益”行动实施方案》，为组织工作高质量发展提供坚强保证。锻造政治型组工干部，举办习近平总书记重要讲话精神、各级组织部长会议精神、党史学习教育等专题研讨10场次，开展机关支部主题党日活动、“组工讲坛”“青茶π”等活动30余场次。选送的题为《铁韵党建铸铁军》特色党建项目，在全市机关特色党建项目评展县（市、区）系列中获一等奖。锻造专业型组工干部，抓好信息、网评工作，开展12期“青茶π”信息网宣集中大研讨活动，各类信息被中组部和省委办、省委组织部采用28条次，其中《基层建议加强临时党组织管理》《政治素质考察内容“四化”难题待解》等被中组部、省委组织部《领导参阅》采刊，连续4年获评全国组织系统信息报送先进单位，连续4年信息工作位居全省第三位，连续4年收到省委组织部感谢信，表示对安溪信息工作的肯定。网评文章被市级以上平台作为重点影响力文章推荐27篇次。锻造落实型组工干部，推行常规提升项目、重点突破项目、难点创新项目，确定8个重点选题和10个重点项目。锻造创新型组工干部，确定2022年度的重点调研课题，提升组织工作、打造组工品牌。形成调研文章4篇，其中《乡村振兴背景下有效发挥驻村第一书记作用的实践与思考》获全市机关党建调研课题一等奖，《关于乡镇年轻干部职业认同和发展的调查研究》获市委组织部三等奖。锻造抗压型组工干部，构建“成长关怀”“健康关怀”“人文关怀”机制，开展释纪说法、上门家访、谈心谈话、文体保健等40余人次，激发团队活力。组建“青茶π”兴趣小组，形成舞蹈、篮球、唱歌、茶文化、书法等分组，组织部机关干部利用业余时间开展活动。建立部务会议成员挂钩联系乡镇、村（社区）工作制度，将县委编办、老干部局、团县委等10家单位纳入挂钩联系工作组，形成全县120名组工干部挂钩联系488个村（社区）全覆盖格局。结合“我为群众办实事”实践活动，走进基层，领办重点事项，实现全员参与县乡村换届、干部考核、疫情防控等蹲苗拉练。下派1名35岁以下的正股级干部任“第一书记”，带领村“两委”和驻村工作队推动乡村振兴政策落地。

【非公有制经济党建】 2022年，安溪县推动全县961家已组建党组织的“三有”非公有制企业实现“党建入章”。落实“双培养”制度和“双向进入、交叉任职”制度，增加党员在决策层、管理层中的占比，推动“重要岗位有党员、主要骨干是党员、关键时刻见党员”落实。试点探索民营企业党建融入公司治理“三议一表”议事规则（即企业党组织提议、董事会商议、股东会审议、监事会/职工代表会表决），为企业党组织参与企业决策、处理与企业各代表层关系提供制度保障。弘扬“支部建在连上”光荣传统，建设“红色车间”，全县成立8个车间党支部、53个车间党小组，培育“红色车间”27个。针对新就业群体规模小、人员散、流动快等行业问题，创新“党建+协会”工作机制，通过“行业建会、党建入会、党务知会”等措施，帮助解决该领域党建基础薄弱、运行缓慢等问题，推动组建电商行业协会2个，成立新业态企业党组织29个，选派13名干部到韵达快递、和平茶叶等13家新业态企业担任党建指导员。打造“暖蜂爱心之家”28个，统筹配置各类便利设备和免费服务项目，帮助解决“喝水难、热饭难、休息难、补给难”等现实问题。联合涉企部门、商协会等组建党建联盟，提供托幼托教、就业咨询等43项“暖蜂爱心”服务，协调解决保险救助、老人照看等生活难题422件，解决新就业群体后顾之忧。推动新就业群体融入基层治理，梳理文明创城、网格服务等15项志愿服务清单，开展代办跑腿服务1800余人次、反馈城市管理问题381件，发挥基层治理“前哨”功能。推动24名党员处级领导干部兼任41家非公有制企业党建工作指导员，建立“三个一”常态化联系服务机制（即一季度一调研、一年一次谈心谈话、一年一次走访慰问），全年帮助解决企业难题和职工人才生活困难169个。建立党建直通车制度，推动42家县直单位与28家非公有制企业建立对接联系，依托微信群建立“三级书记”对话直通机制，选派29名部门党员领导、业务骨干驻企轮值，听取解决非公有制企业党组织反映问题诉求，推动政策落地见效。全年帮助企业解决群团组建、证件审批、人才引进等急难问题656件，助力企业高质量发展。

（苏松达　姚其谅）

宣传工作

【概况】 2022年，安溪县宣传思想文化战线坚持稳中求进、守正创新，突出学习贯彻习近平新时代中国特色社会主义思想这一首要政治任务，以迎接宣传贯彻党的二十大为主线，围绕举旗帜、聚民心、育新人、兴文化、展形象的使命任务，完成各项工作任务。安溪县电影服务中心获评“第九届全国服务农民、服务基层文化建设先进集体”，被省电影局授予2021年度福建省红色电影展映活动优秀放映单位称号；高甲戏《莫耶·延安颂》获第二十八届全省戏剧会演剧目一等奖；在2022年国家网络安全宣传周福建省活动中，数字福建（安溪）产业园被授予省网络安全产业示范园称号；县委宣传部(网信办)获评2022年国家网络安全宣传周福建省活动先进集体；县融媒体中心获评2022年度全国优秀区域融媒综合创新力TOP10，“安溪融媒”获评全国优秀区域融媒体抖音号综合影响力TOP10等。

【理论学习】 2022年，安溪县下发《中共安溪县委党史学习教育领导小组关于认真做好党史学习教育总结工作的通知》《中共安溪县委党史学习教育领导小组关于安溪县党史学习教育开展情况总结的报告》《中共安溪县委党史学习教育领导小组办公室关于开展党史学习教育县委巡回指导组巡回指导工作的通知》《中共安溪县委党史学习教育领导小组办公室转发关于组织学习使用〈百年初心成大道——党史学习教育案例选编〉的通知》《关于推动党史学习教育常态化长效化的实施方案》等文件，深化拓展党史学习教育工作。下发《2022年全县党委（党组）理论学习中心组专题学习重点内容安排》《关于做好近期重点内容学习的提醒通知》《中共安溪县委宣传部 中共安溪县委组织部关于开展学习闽山闽水物华新——习近平福建足迹等四部系统记述习近平同志地方工作经历图书的通知》《中共安溪县委办公室关于认真组织学习闽山闽水物华新——习近平福建足迹等四部图书的通知》、中共安溪县委办公室转发《县委宣传部、县委组织部关于认真组织学习〈习近平谈治国理政〉第四卷的通知》等文件。开展《闽山闽水物华新——习近平福建足迹》图书征订，督促党员领导干部每天坚持在“学习强国”学习平台进行理论学习。开展每期“泉”民开讲的收听收看，12月29日，举办“泉”民开讲（安溪专场）——学习贯彻党的二十大精神活动，易曙峰、李佳胜、叶继超、郭海良、谢斌晖5名宣讲嘉宾宣讲。

【理论宣讲】 2022年，安溪县下发《中共安溪县委宣传部关于印发学习贯彻党的二十大精神县委宣讲团宣讲工作方案的通知》《关于县四套班子领导赴基层宣讲党的二十大精神的通知》等文件。县四套班子领导发挥“头雁效应”，带头深入挂钩乡镇或分管领域开展宣讲活动。组建学习贯彻党的二十大精神县委宣讲团，从县直有关部门和党校老师抽调骨干组成县委宣讲团，宣讲团下设乡村讲师团（农民讲师团），通过邀请老师前来授课、学员撰写宣讲稿、教师指导修改宣讲稿、学员试讲并点评等方式，到各乡镇、县直单位、村居、企业、机关、团体、社会组织、学校及基层站（所）开展宣讲。

【文化产业项目建设】 2022年，安溪县充实文化产业项目库，推动项目重点跟踪服务管理和培育。推进尚卿藤云工艺园一期工程、湖头历史文化名镇、安溪领秀云城等10个在建重大文化产业项目建设，总投资95.1亿元。2022年度省级竞争性分配文化产业发展专项资金，重点扶持安溪溪禾山铁观音文化园、清水岩创建国家AAAAA级旅游景区和西坪农业文化遗产保护核心区3个重点文化产业项目建设。制定《推进安溪县文旅经济高质量发展行动方案（2022—2025年）》，虎邱镇入选全省全域生态旅游小镇，青阳冶铁考古遗址公园获省级考古遗址公园立项。

【意识形态工作】 2022年，安溪县调整充实中共安溪县委宣传思想工作领导小组（意识形态工作领导小组）成员，制定下发《安溪县党委（党组）意识形态工作责任制实施细则》（简称《实施细则》），对学习贯彻落实中央关于宣传工作的重大方针政策和省委、市委、县委有关工作要求进行研究部署和协调指导。安溪县分两轮对安溪宣传工作机构设置和人员的配备情况进行调查登记，查漏补缺，建立健全结构合理、职责明晰的全县宣传工作队伍台账。组织遴选意识形态工作巡察预备人才48人，纳入人才库管理，为落实《中国共产党宣传工作条例》规定的“四个纳入”和《实施细则》规定的“八个纳入”、规范专项巡察提供人才储备。将落实意识形态工作责任制和《中国共产党宣传工作条例》作为乡镇季度绩效评估的重要内容，检查、指导、督促各乡镇党委认真抓好意识形态工作。7月19—26日，开展意识形态工作检查，对照《实施细则》及上级有关规定，了解各党委（党组）和有关单位落实意识形态和网络意识形态工作责任制的做法、成效和存在的问题。

【舆论宣传】 2022年，安溪县在中央、省、市主流媒体刊发安溪重要新闻6000条以上，数量位居全市前列，其中《人民日报》9条，《新华每日电讯》3条，中央广播电视总台47条，人民日报客户端79条，央视新闻客户端53条，人民网88条，新华网97条，“学习强国”学习平台 326条，《福建日报》93条，福建广播电视台98条。与新华社、中央广播电视总台、中新社、福建日报社等媒体合作，开展“安溪铁观音作为官方指定用茶亮相‘2022中国企业家博鳌论坛’”“二十大系列报道《中国经济是怎样炼成的》之安溪的转型之路”“‘中国茶’申遗成功！寻茗六城看茶香何来？”“我在安溪修电影”等宣传活动，提高安溪国际知名度和美誉度。

【社会宣传】 2022年，安溪县围绕“喜迎二十大”“学习宣传贯彻党的二十大精神”主题，启动“万屏联动”机制，利用LED（发光二极管）屏1000余块、小区楼宇梯视600余台和宣传栏1000余个，广泛刊播宣传标语和主题海报，布设标语横幅1000余条，县融媒体中心刊播新闻186条、公益广告1150条、微信推文242条，营造学习宣传贯彻党的二十大精神浓厚社会氛围。

2022年，安溪县结合“福”文化品牌，创新设计富有茶乡特色的卡通人物动漫形象，把社会主义核心价值观、文明城市创建、常态化疫情防控和健康科普知识宣传、未成年人思想道德建设、普法诚信教育、健康绿色生活等重大主题融合设计推出系列主题公益广告通稿31幅，利用大型户外广告牌、常设宣传栏、灯杆道旗、公交站台广告、建筑工地围挡、多媒体平台等公共宣传载体刊播展示，助力文明城市创建。

【文艺社科发展专项资金设立】 2022年，安溪县制定出台《安溪县文艺社科发展基金资助管理办法（试行）》，启动2021—2022年文艺社科发展基金资助项目申报工作，确定27个资助项目143万元。围绕安溪铁观音茶文化系统申报全球重要农业文化遗产开展铁观音茶文化系统课题研究，完成安溪历代茶叶文献整理20万字，辑录民国时期全文数据库（上海图书馆）馆藏安溪涉茶文献、历年《安溪文史资料》16.5万字，拍摄时长45分钟的纪录片《以茶敬天地：安溪茶人生活史》，做好茶文化系统调研报告和安溪涉茶地图等工作；开展“命运与人情：福文化与安溪人‘美好生活’观研究”课题研究；成立安溪县首个文艺人才培养基地（美术类）。

（张锦川　陈　星　吴圣超　谢景林　王丹凤　苏双欣　徐朝根）

统战工作

【概况】 2022年，安溪县做好新时代党的统一战线工作，完善大统战格局，突出“聚心、聚智、聚力”，加强非公有制经济、宗教人士的思想政治引领，夯实共同思想基础。县委统战部获评第十四届省级文明单位、省红十字会“99公益日”爱心单位，在全市统战工作会议上作典型工作发言，统战工作经验做法被省和市媒体刊发。

【共同思想政治基础巩固】 2022年，安溪县召开全县统战工作推进会3次，组织召开全县统战干部培训会2次。坚持定期召开部务扩大会部署统战工作，集中学习统战政策理论。10月12日，县委召开统战工作会议，落实中央和省委、市委统战工作会议精神，部署推进新时代全县统战工作。开展主题宣传教育活动35场，开展党的二十大精神宣讲活动15场，“线上+线下”参与活动9000多人次，编印党员学习教育材料12期，编发“安溪统战”微信公众号166期。巩固拓展党史学习教育成果，开展“喜迎二十大、同心谱新篇”主题宣传教育活动，组织收听收看党的二十大开幕会，推动党的二十大精神进机关、进商协会、进少数民族村、进宗教活动场所、进新的社会阶层人士联谊会和党外知识分子联谊会、进无党派人士、进台港澳同胞和海外侨胞、进侨眷台属。组织召开纪念“晋江经验”提出二十周年企业家座谈会，组织部分党外优秀年轻干部代表召开座谈会。落实统一战线意识形态工作责任制，组织统一战线各领域学习宣传贯彻《中国共产党统一战线工作条例》、中央和省委市委县委统战工作会议精神，防范化解统一战线各领域重大风险隐患。举办全县乡镇统战委员和统战系统领导干部业务培训会2次，组织统战系统干部专题学习3场次。

【大统战格局完善】 2022年，安溪县对海内外社会贤达、技术人才、能人志士进行摸底造册，建立人才库、信息库，加强联谊互动，做好政策宣传、联谊服务、牵线搭桥服务，引导海内外安溪人、宗教团体、工商联、无党派人士、新的社会阶层人士凝心聚力，助推安溪经济社会高质量发展。开展“壮实体、强产业、兴乡村、聚合力、促融合”五大专项助力行动，发动安溪在外乡贤将资金、技术、人才、项目等引入安溪，鼓励支持在外安溪商人返乡创业。

【民族团结工作】 2022年，安溪县加强少数民族特色村寨建设，投入各级资金93万元支持民族村产业经济建设，盛富畲族村发展特色竹编产业，引进“大学生+农户”模式，推动“一村一品 竹编产业”发展，配套建设竹编体验中心、竹编文化展示馆。完成畲竹园一期、二期主体建设，2022年竹编产业总产值近300万元，为村民增加收入1万多元；善坛畲族村加大乡村旅游建设投入力度，建设空中自行车项目；白濑乡寨坂村建设白濑畲香油茶基地配套项目。2022年，安溪县3个民族村开展善坛畲族村畲家寨项目、盛富畲族村对歌台、善坛村畲族文化展示馆项目、盛富村畲竹园木栈道、盛富村畲竹园景观台5个文化项目建设，湖上横坪畲族村被确定为第四批少数民族特色村寨建设试点村。2022年7月，“石榴籽之家”在湖头镇揭牌成立。

【宗教事务管理】 2022年，安溪县组织学习贯彻党的二十大精神和全国全省宗教工作会议精神，召开全县宗教工作会议。组织县宗教界深入学习习近平总书记关于宗教工作方面的重要论述，开展“四进”宗教场所活动，开展“安全生态和谐”寺观教堂创建活动。以安溪普陀寺、清水岩等场所为示范，推动文明敬香、建设生态寺观工作，完成28处宗教活动场所安全标准化提升创建工作。推动宗教界崇俭戒奢及教风建设，以宗教活动场所的日常管理为抓手，强化国家法规制度的落实。2022年，安溪县宗教界慈善捐款捐物价值近200万元。

【华侨统战工作】 2022年，安溪县发挥侨乡独特优势，打造新生代创新创业服务平台。举办“跨境连线迎新春 云端共叙家乡情”活动、“亲情中华·为你讲故事”网上夏令营。注重关心关爱归侨侨眷工作，慰问归侨、侨眷、贫困侨、老侨工作者等230人次，投入资金约28万元。依托安溪爱尔眼科医院开展“侨爱心·光明行”活动，开展眼健康科普活动37场，服务1100人，开展白内障复明公益手术75例。

【非公有制经济人士统战工作】 2022年，安溪县结合省“三提三效”专项行动和市“强产业、兴城市”双轮驱动战略，聚焦发展壮大“四种经济”，构建亲清政商关系，为民营企业纾困解难、指导服务。讲好安商故事，鼓励引导在外乡贤回乡创业。发挥港澳台及异地商会招商工作组作用，鼓励引导各地商协会以商招商，备案项目32个，拟投资109.1亿元，涉及中医药、新材料、跨境电商、机械工程、超高清视频技术等产业。组织召开安溪县商协会会长新春恳谈会，会上签订项目合作协议，总投资12亿元。3月，启动“万企兴万村”行动，全县86家商协会和民营企业与87个村结对共建，助力乡村振兴。疫情期间，发动近40家商协会和龙头企业、指导新联会和知联会，举办30余场产销对接活动，解决茶叶销量1万余吨。

推进异地安溪商会建设，筹备成立海南、青岛、武汉、江西、株洲、龙岩等异地商会；推动行业商协会发展，指导成立人工智能应用协会，外烩餐饮行业协会完成换届，着手成立美容康养行业协会、物流行业协会，建筑行业协会获评福建省“四好”商会，厦门市安溪商会、县服装箱包鞋帽同业商会获评全国“四好”商会；加强乡镇商会建设，指导龙涓、蓬莱、蓝田、芦田等商会召开成立大会。

【党外人士统战工作】 2022年，安溪县组织知联会理事参加泉州市党外知识分子代表人士培训班，参加“溪引力·创新研修班”开班仪式，安溪知联会学习贯彻党的二十大精神宣讲报告会召开。组织知联会会员聚焦茶产业，形成《安溪知联会关于加快以电商配套为优先方向建设茶业园区和在茶叶主产乡镇建设茶叶初制加工园区的建议》《安溪县党外知识分子联谊会关于打造中国乌龙茶大道的建议》等调研成果，获县主要领导批示肯定，部分建议被纳入相关产业链发展规划。建立健全县管党外干部数据库。举办第四期党外科级干部和优秀年轻干部培训班，组织40名党外科级干部和优秀年轻干部在县委党校学习并前往沙县区开展异地培训。

【新的社会阶层人士统战工作】 2022年，安溪县新联会开展“喜迎二十大 同心跟党走”暨“迎七一 感党恩”主题党日活动；开展“汲取精神养分 赋能担当作为”主题党日活动暨观影活动；组织开展“学习榜样汲取力量、以案为鉴警钟长鸣”主题党日活动暨党风廉洁教育活动；组织新的社会阶层人士研讨党的二十大报告；举办学习贯彻党的二十大精神宣讲报告会，邀请党的二十大代表温文溪作宣讲报告。举行“民族杯”茶王赛颁奖典礼；协办“品观音铁韵·庆国际茶日”高层次人才春茶品鉴沙龙活动；组织新联会参加2022年春茶产销对接大会签约订购；承办“茶乡购·大师说茶”茶文化推广暨直播带货系列活动（春秋茶2次）；主办“中国茶，抖起来”抖茶节之安溪站直播培训交流活动；承办2022年“同心杯”秋季清香型安溪铁观音茶王赛。创新活动载体，做好新联会八大工作要点，发挥新联会4个实践创新基地和15个联络站作用，借助5G、抖音等新媒体载体，制订“人才创服联盟计划”。

【公益事业开展】 2022年，安溪县做好“同心助学”“同心图书室”“同心林”“同心安居工程”等系列同心活动，资助14名困难大学生就学，帮扶23户困难户实施危房改造。发动商协会捐赠慈善和助力乡村振兴资金1.32亿元。发动广大统一战线成员捐赠抗疫物资和现金价值1000余万元。打造同心驿站品牌，8月，安溪县首个基层大众茶馆暨同心驿站在城厢镇经兜村揭牌建立。

（高培钦　赵郭峰）

机构编制工作

【概况】　2022年，安溪县委机构编制工作持续优化机构编制资源配置，推进重点领域体制机制改革，规范事业单位登记管理。完成693份事业单位年度报告公示。

【乡镇机构改革】　2022年，安溪县根据省、市关于赋予乡镇执法权工作的要求，对照省级指导目录，结合安溪县实际进行梳理，经合法性审查后，印发《安溪县人民政府关于公布赋予乡镇人民政府部分行政执法事项清单的通知》，公布首批赋予24个乡镇的93个执法事项，涵盖农业农村领域16个、水利领域29个、城市管理领域48个。

【机构设置调整】　2022年，安溪县整合县茶叶科学研究所、茶叶技术推广站，县茶叶技术推广站连人带编划入县茶叶科学研究所；安溪县茶叶科学研究所加挂“安溪县茶叶技术推广站”牌子，安溪县卫生健康局加挂“安溪县疾病预防控制局”牌子；撤销24个乡镇广播电视站；安溪县书记县长专线电话和互联网投诉受理中心更名为安溪县网上信访服务中心。

【机构规格和隶属关系调整】　2022年，安溪县应急管理综合执法大队由原来不定规格提升为相当副科级。安溪铁观音研究院由隶属县农业农村局调整为隶属县茶业发展中心，安溪县环境卫生考评中心由隶属县城市管理局调整为隶属安溪县委精神文明建设办公室。

【事业单位增设】　2022年，安溪县设立县直机关党员教育服务中心，核定事业编制2人，隶属安溪县委县直机关工作委员会；设立安溪县“12345”政务服务便民热线中心，核定事业编制5人，隶属安溪县人民政府办公室；设立安溪县双拥保障服务中心，核定事业编制8人，隶属安溪县退役军人事务局；设立安溪县招商服务中心，核定事业编制5人，隶属安溪县人民政府办公室。

【重点领域编制保障】　2022年，安溪县增加行政服务保障中心4名事业编制，增加安溪县疾病预防控制中心36名事业编制，增加安溪县防汛抗旱和防灭火调度中心2名事业编制；审批使用72名行政编制、24名参公事业编制、549名事业编制招考工作人员（其中教职工507名，医技人员42名）；使用事业编制安置军转干部；按照城乡统一的标准，依标足额核定安溪县公办中小学教职工编制。8月，根据省、市公安规定要求，调整规范安溪县公安局内设机构人员编制，核定股级职数；12月，开展机构编制统计和核查工作。

【重点领域机构改革】　2022年，安溪县明确人民政府统一行使行政复议职责，安溪县司法局作为县人民政府行政复议机构，依法办理本级人民政府行政复议事项；整合应急管理综合行政执法职能，由安溪县应急管理综合执法大队依法统一行使。

【事业单位登记管理】　2022年，安溪县事业单位年度报告应公示693份，按要求公示693份，公示率100%。办理事业单位法人设立登记30个、变更登记114个、注销登记28个，办理机关统一社会信用代码证书变更事项79个。11月15日至12月15日，开展全县事业单位“双随机”抽查，按照10%比例从事业单位法人名录库中随机抽取26个事业单位法人进行核查，向社会公示抽查结果。

（陈贵涌　郑紫文）

县直机关党建

【概况】　2022年，中共安溪县委县直机关工作委员会（简称“县委县直机关工委”）管理县直党委18个、二级党委5个、党总支部17个、党支部426个、党员8150人。县委县直机关工委聚焦“提高效率、提升效能、提增效益”，实施机关党建提升工程，打造安溪机关党建特色品牌。

【思想政治建设】　2022年，县委县直机关工委举办理论学习中心组学习12期、集中专题学习4场，开展主题党日活动12次。邀请市委市直机关工委委员、组织部部长王志强作“贯彻‘7·9’重要讲话精神推进机关党建高质量发展”专题辅导，推进机关党建高质量发展。把学习宣传贯彻落实党的二十大精神作为首要政治任务，举办党的二十大精神专题学习交流会和党的二十大报告知识抢答，邀请党的二十大代表温文溪讲授党的二十大精神，党群、宣传系统党委等7名党员代表围绕“奋进新征程，建功新时代”分享学习心得。在安溪县法治文化公园（湾美市民广场）设置学习解读党的二十大精神和党章修改内容宣传专栏。

【模范机关创建】 2022年，县委县直机关工委制定安溪县创建模范机关工作方案，呈请县委向市委申请创建模范机关活动项目，制定《安溪县模范机关考评细则》。在《安溪报》开设《创建模范机关 争当出彩先锋》专栏，刊发模范机关创建活动报道10期。

【组织建设】 2022年，县委县直机关工委开展党支部规范化标准化建设，落实“三会一课”、领导干部双重组织生活、民主评议党员、谈心谈话等制度。督促指导县直机关各基层党组织换届，及时提醒6个党（总）支部按期换届。把好入党关口，全年预审发展对象93人。联合组织部等7个部门加强机关单位党组织和在职党员“双报到”制度建设，推行“在职党员到社区报到”，县直机关有党员10756人次参与社区、小区各项活动。

【作风建设】 2022年，县委县直机关工委开展“提士气、抓落实、见成效”干部队伍作风整顿，查摆问题2条，分析原因3条。开展“说道·做到”党员政治生日活动，组织观看廉政教育宣传片《良好家风 廉政向善——湖头李氏、城厢经兜孙氏家风》，邀请龙涓乡新民村原党组织书记陈荣吾讲授《陈乃昌——修炼防腐寸心红》，组织参观清廉家训、安溪县模范家庭家风故事展览。

【落实主体责任】 2022年，县委县直机关工委建立工委挂钩党委、党委挂钩支部的挂钩联系制度，推行“集中落实周”制度，到系统党委和党支部调研了解工作开展情况，压实全面从严治党主体责任。完善机关党委书记、党支部书记抓党建述职评议制度，开展述职评议，督促党组织书记履行好“第一责任人”职责，将评议结果纳入领导班子及干部目标管理内容。

【党建项目化管理】 2022年，县委县直机关工委以“勇当主力军、机关我先行”为主题实施党建项目化管理，引导机关党组织和党员干部围绕县委中心工作，融合党建与业务，策划生成“铁韵党建铸铁军”“党业融合·标兵领航”等24个党建工作重点项目。在泉州市机关特色党建展评活动中，县委县直机关工委获一等奖1个、二等奖1个，同时获特别成就奖、优秀组织奖。

【机关体制机制创新优秀案例征集评选】 2022年，县委县直机关工委联合安溪县委改革办、安溪县发改局、安溪县效能办，在县直机关开展第五届“推进机制活、建设新福建”机关体制机制创新优秀案例征集评选活动，征集案例28篇，择优向省、市推荐参评，获省级三等奖1个，市级一等奖1个、二等奖2个、三等奖3个，县委县直机关工委、县委改革办、县发改局、县效能办获优秀组织奖。

【党员政治生日活动】 2022年，县委县直机关工委开展以“说道·做到”为主题的党员政治生日活动7期，向当月入党的党员代表赠送政治生日礼包420份，组织380名党员代表重温入党誓词。在中共安溪中心县委旧址举办党的二十大精神专题学习交流会和党的二十大报告知识抢答，邀请党的二十大代表温文溪讲授党的二十大精神，党群、宣传系统党委等7名党员代表围绕“奋进新征程，建功新时代”分享学习心得。开展以“永葆忠诚本色，铸就铁心向党”为主题的政治生日活动，邀请县政协原主席、县关工委主任苏宇霖上“闽山闽水物华新——习近平福建足迹”主题党课，组织观看忠诚教育纪录片《榜样5——火神山雷神山医院施工单位党组织：最美建设者英雄的团队》，组织县政法、政府、公安、交通等系统党委党员代表作“坚定理想信念，永远对党忠诚”主题交流发言。

（陈冬瑜　陈友智）

老干部工作

【概况】 2022年，安溪县有离退休干部6386人，离休干部（含“5·12”干部）27人，处级退休干部41人，党员3185人。落实老干部政治、生活待遇，抓实党建与业务的融合。安溪县以党建引领推动新时代离退休干部工作在全国推广；县老干部局被授予“全省老干部工作先进集体”称号，获评全省信息、宣传工作先进单位；被中国老年报社授予“喜迎二十大”宣传报道工作优秀单位称号；2部微视频获评全省离退休干部最喜爱的主题十佳微视频；中共安溪中心县委旧址（长卿党史馆）被列为省级离退休干部党员传承红色基因学习教育基地。

【老干部政治待遇落实】 2022年，安溪县办好离休干部学习班，重点学习党的二十大精神和《关于加强新时代离退休干部党的建设工作的意见》。利用县、乡（镇）、村（社区）三级老年学校、老年远程教育平台和党建教育网，为离退休干部学习创造条件。征订《中国老年报》120份、《福建老年报》575份、《泉州晚报》53份，按时送到老干部手中。线上线下相结合，召开学习会、研讨会、主题报告会等120多场次，6000多人次参加。开展专题调研24场次，撰写心得体会150多篇。邀请党的二十大代表、安溪铁观音制作技艺传习所主任温文溪为离休、处级退休干部，各离退休干部党支部委员、老党员、党务工作者作专题宣讲。县委、县政府召开2次工作通报会，向离退休干部通报全县上半年和全年经济社会发展情况。4月29日，组织老干部到长卿镇考察乡村振兴、淮山产业发展情况，接受党性教育。12月8日组织老干部到蓝田乡伏击战遗址参观考察，了解乡村振兴、产业发展等情况。坚持组织老干部参加重要会议。组织老干部参加三级干部会等重要会议10场，300多人次参加。

2022年11月18日，安溪县举办全县离退休干部党员学习宣传贯彻党的二十大精神主题报告会，邀请党的二十大代表、安溪铁观音制作技艺传习所主任温文溪（主席台右）作专题宣讲　（图／黄明钊）

【老干部生活待遇落实】 2022年，安溪县领导分别挂钩联系若干名离退休干部；在春节、重阳节等节日，县领导带队走访慰问离休干部、处级退休干部；为70岁、80岁、90岁、100岁的离退休干部祝寿，共7人次。春节、重阳节，老干部局领导分组到县域医院慰问住院离退休干部152人；组织人员赴厦门等地慰问异地安置老干部。联合县委组织部、县人社局印发《关于做好2023年元旦春节期间机关事业单位离退休人员和困难干部职工慰问工作的通知》，下发《关于下达2023年机关事业单位退休人员元旦春节慰问金的通知》，下拨慰问金128.27万元，要求各单位将走访慰问活动落到实处。健全完善特困老干部帮扶机制，落实帮扶资金，开展亲情化、个性化、智能化等服务，提高老干部服务保障水平，研究更新困难老干部名单。全年帮扶困难的离休、处级退休人员53人次。与安置在外地的老干部保持联系，及时汇给公务费、特需费。将2名外来安置的离休干部纳入安溪县老干部管理范畴，同等对待。

【老干部服务管理】 2022年，安溪县针对离休及处级退休干部，聘请8个医疗机构医生定期上门“一对一”为27名离休干部提供服务，支出服务费11.06万元；结算报销老干部医药费69.77万元；定制专属就诊卡，享受医疗VIP服务保障；落实困难帮扶资金10万元；每月开展“义务理发”“家政服务”等志愿服务；5月，组织老干部到县医院进行体检。元旦、春节期间，做好全县6386名退休人员的慰问和困难帮扶工作，发放慰问金560多万元；在春节、重阳节慰问离休、处级退休干部及住院退休干部300多人；吊唁科级及以上离退休干部并慰问亲属22人；为336人办理高龄补贴，为9人发放护理费。做好社区“四就近”服务工作，开展各类服务活动90多场次。下拨东岳、东北、城东、小东、湾美及清水湾6个社区12万元服务老干部经费补助。推动老干部信息化工作，印制8000张“两微一端”宣传卡片，委托原单位发放至老干部手中；用好云支部、网上关工委、老干部网校、老年学校等微平台，实施在线学习、远程教育、多元交流等活动。向全县离退休干部发送节日问候。激活“福建老干部”APP 5395人，关注微信公众号5331人次。4月21日，安溪县疫情防控期间做好老干部服务工作，获得市委组织部副部长、老干部局局长、离退休干部工委书记陈恬波批示肯定。处理好老干部来信来访，对老干部的合理诉求，按照政策给予解决；对特殊的困难和问题，本着“特事特办”的原则，力所能及地给予解决；对不符合政策规定的做好思想工作。

【离退休干部活动中心建设】 2022年，安溪县巩固“省级示范性老干部活动中心”创建成果，从硬件改善、软件提升和内涵拓展3个方面推进离退休干部活动中心的提级建设。依托县离退休干部活动中心和东岳社区、旧城隍庙，开展文体活动。2022年，举办“喜迎二十大、奋进新征程”庆祝“五一”国际劳动节主题活动、“喜迎二十大 银辉绽风采”迎“七一”主题活动、“庆中秋 喜迎二十大”活动、“奋进新征程 银辉绽风采——学习宣传贯彻党的二十大精神”系列活动，开展疫情防控劝导、垃圾分类等文明志愿服务20多场次。

2022年8月26日，中共安溪县虎邱镇离退休干部支部委员会老党员工作室揭牌仪式举行（图／黄明钊）

【离退休干部党建工作】 2022年，安溪县参内镇、祥华乡、尚卿乡、桃舟乡、官桥镇、大坪乡、蓬莱镇、金谷镇、魁斗镇、芦田镇、县卫健系统11个离退休干部党支部被命名为第三批省级离退休干部示范党支部；城东社区、湾美社区、长卿镇等获评泉州市先锋老党员工作室。年内，全县共培育26个示范老党员服务站；培育5个市级老年远程教育平台示范点，给予补助经费25万元。把每人每年不少于200元的活动经费、支部委员每人每月不少于300元的经费列入财政预算，全额下拨2020年离退休党员上交党费29.4万元，每年下拨活动补助经费74万元。

结合党史学习教育抓好红色党建项目，中共安溪中心县委旧址（长卿党史馆）被列为省级离退休干部党员传承红色基因学习教育基地。针对全县退休党员90%组织关系迁到村居的特点，构建县乡村离退休干部“三级联动”党建机制，在各党委成立离退休干部党支部36个，支部根据“退休人员多、中心村居、涉老设施完善”等3个原则因地制宜设立老党员服务站63个、老党员工作室52个，实现党建有形有效覆盖。通过全县各老党员服务站、老党员工作室，推选有能力、有威望的干部担任村、社区、小区、企业支部书记，发挥老党员榜样表率作用。举办培训会4期，对全县各支部、服务站人员等2000多人次开展业务培训。1月，县老干局局长陈全守在全省老干部局长会上作经验交流。3月，在全县抓党建经验会上作题为《情真意切做服务 打造“小”支部党建“大”效应》的发言。7月，省委省直机关工委副书记沈燕雄到安溪县调研，对“三级联动”模式给予肯定。7月15日，举行福建省离退休干部党员传承红色基因学习教育基地——中共安溪中心县委旧址揭牌仪式，市委组织部副部长、离退休干部工委书记、老干部局局长陈恬波，县委常委、组织部部长李安辉出席揭牌仪式，共同为基地揭牌。10月20日，省委省直机关工委副书记沈燕雄，市委市直机关工委常务副书记史思泉，市委市直机关工委委员、组织部部长王志强，市委市直机关工委委员傅鑫等一行9人到县委老干部局调研机关党建和离退休干部党建工作。11月15日，市委离退休干部工委副书记、老干部局副局长周中华等一行3人到安溪县调研老党员工作室建设情况。

【老党员工作室建设】 2022年，安溪县老干部局指导各单位成立老党员工作室52个。探索“时间银行”互助式养老志愿服务模式，吸纳退休干部609人，组建38支桑榆志愿队，参与志愿服务，存储2.4万时长积分的做法在《中国组织人事报》刊发。谢联进成立“调解工作室”，调处各类矛盾纠纷284件，形成法律文书；林瑞温成立“酒瓶盆景艺术工作室”，打造“艺术文化园”，带动旅游业及相关产业发展。疫情期间，千名老同志带头捐款捐物近10万元。组织引导1000多名离退休干部在基层治理、疫情防控、乡村振兴等方面参与各类活动400多场次。依托老党员服务站用好“银发人才之家”，组织理论宣讲、医疗卫生等6类“银发人才”138人对接项目30多个，开展培训10多场次，参训人员2000多人次。组织茶叶加工检验高级工程师苏兴茂、淮山种植能手陈星辉等老党员到田头地间为群众进行现场教学，助力群众增收。将关心下一代工作融入“党建+”邻里中心。做好捐资助学工作，募集助学资金153.05万元，资助困难学生410人；对特殊群体青少年进行精准关爱帮扶；虎邱镇关工委、龙涓乡福黎村青少年社会教育活动中心被确定为第二批全省基层“五好”关工委创建活动示范点；县关工委主任苏宇霖在全县开展8场宣讲。

【老干部培训】 2022年，安溪县举办4期培训班，对全县各离退休支部、服务站人员等开展业务培训2000多人次。办好离休干部班、科级退休干部班和退休教师党政研修班3个特色班次。

【老干部信息宣传】 2022年，安溪县委老干部局在省级及以上刊物刊发工作信息18篇，在省级及以上媒体刊播视频、图文新闻180多条。中组部《组工信息》刊发《福建安溪县采取务实举措加强新时代离退休干部党建工作》；《八闽快讯》刊发《安溪县为银发人才全方位保驾护航》《安溪县“三个结合”开展多彩活动庆祝党的生日》等7篇；中国网、央广网、《中国老年报》刊发《银发微网格员 织牢群众幸福网》《林瑞温老党员工作室吸引千余人“打卡”》等18篇。通过拍摄微视频等形式丰富宣传载体，扩大宣传效果。拍摄的微视频《茶园里的梦》《退休不褪色 带富显本色——从退休教师到村支书的初心之路》获评全省离退休干部最喜爱的主题十佳微视频，在“学习强国”学习平台、东南网、“福建老干部”APP等媒体刊播，浏览量30多万人次。

（林小清　陈全守）

党校工作

【概况】 2022年，安溪县委党校开展干部培训、理论宣传、教研科研等工作，指导安溪县农民讲师团开展宣讲工作。指导乡镇党校建设，“党校开到家门口”的经验做法得到《人民日报》、新华社等媒体点赞报道。

【干部培训】 2022年，安溪县委党校按照“组织需求、岗位需求、干部需求”的原则，科学规划和落实年度干部教育培训计划。全年举办各级各类主体班、研讨班、专题班15期。其中，安溪县第30期县管干部进修班1期、安溪县2022年优秀年轻干部培训班1期、安溪县县情专题培训班2期、泉州市2022年应届选调生岗前培训班1期、县管干部学习贯彻党的十九届六中全会精神暨“强产业、兴城市”双轮驱动战略专题研讨班2期、安溪县“学习宣传贯彻党的二十大精神”宣讲专题培训班1期、安溪县事业单位新聘用人员岗前培训班2期、全县驻村第一书记“抓党建促乡村振兴”专题培训班暨驻村帮扶工作会1期、全县统战干部培训班1期、2022年安溪县粮储系统廉政教育及职业技术培训班1期、安溪县第四期党外干部和少数民族干部培训班1期、2022年全国新录用公务员初任培训班1期等，培训轮训党员领导干部近2000人次。

【理论宣传】 2022年，安溪县委党校组织党校教师和农民讲师到各乡镇、各部门深入田间地头、社区楼栋、工厂车间、学校医院等，讲解、阐释习近平新时代中国特色社会主义思想和党的十九届六中全会精神、党的二十大精神，创新开展粮食安全、乡村振兴、生态文明建设等主题宣讲。开展宣讲服务70余场，培训基层干部群众约3000人次。

2022年11月，2022年安溪县优秀年轻干部培训班开班，图为安溪县政治生态教育馆教学现场
（图／县委党校）

【教研科研】 2022年，安溪县委党校聚焦县委、县政府重大决策部署以及社会热点难点问题，主动对接相关职能部门，参与重大问题的调研，形成一批具有决策参考价值的调研成果，为党委、政府决策提供参考。《多措并举落实办学治校主体责任》《创新三项机制 打好强师“组合拳”》《发挥党校锤炼党性的阵地熔炉作用》3篇咨政成果刊发在中共中央党校（国家行政学院）主办的《学习时报》；《公务员职务与职级并行制度的实施现状与对策建议——以安溪县为例》《完善村主干“一肩挑”管理监督的问题研究》2个课题分别为泉州市党校系统二级、三级结项课题，3个课题被列为2022年安溪县重点党建课题；《新时代“晋江经验”的三种力量——“晋江经验”在安溪的实践启示》一文获泉州市党校系统“新阶段传承和发展‘晋江经验’主题征文活动”三等奖；参加泉州市党校系统第六届精品课评选活动，以“习近平生态文明思想”一课获得二等奖以及优秀组织奖。

【异地干部培训】 2022年，安溪县委党校坚持开放性办学和“大党校”理念。依托安溪产业特色，重新梳理整合现场教学主题路线，更新对外培训宣传册，向全国各地宣传推介。更新招待所大堂“茶文化大厅”，宣传推介安溪茶文化、茶品牌、茶科技，邀请茶专家到校与学员“品茶论道”，展演安溪茶艺。全年对接外来培训班12期。

【安溪县农民讲师团】 2022年，安溪县委党校根据市委常委、宣传部部长、统战部部长陈辉宗调研相关指示精神，指导安溪县农民讲师团开展切块式宣讲，创新“拉家常+聊政策+送技术”三位一体的“15分钟微宣讲”模式，打造基层理论宣讲“3.0升级版”。在全省跨村联建现场会暨抓党建促乡村振兴调度会上，省委组织部肯定安溪县探索建立“农民讲师团”的做法，市委组织部总结组建“农民讲师团”助力乡村振兴的经验做法，印发给全市各地学习借鉴。

【乡镇党校】 2022年，安溪县委党校落实《泉州市加强乡镇（街道）党校建设的指导意见》文件要求，指导24个乡镇党校建设，创新成立村级党校2个，定期举办乡村干部、党群工作者、党员和入党积极分子等培训班，破解乡村党员干部点多线长面广、培训覆盖难、常态化难等问题，形成县乡党校联动互补工作格局。龙门镇党校和湖头镇党校被评为市级乡镇党校示范校。

（林丽梅　柯诏晖）

网络安全和信息化管理

【概况】 2022年，在省委网信办牵头组织开展的省级数字乡村试点工作中，安溪县获评首批福建省数字乡村试点县（全市唯一）；在2022年国家网络安全宣传周福建省活动开幕式上，数字福建（安溪）产业园被授予福建省网络安全产业示范园称号（全市唯一），中共安溪县委宣传部(网信办)获评2022年国家网络安全宣传周福建省活动先进单位、2022年泉州市网信工作先进单位，在泉州市“海丝时评”网络作品征集大赛中获优秀组织奖。

【网络宣传】 2022年，安溪县打造“凤山文学”专栏，集纳稿件72篇，择优向“刺桐锐评”“海丝时评”等专栏同步推送。策划举办“2022安溪铁观音短视频大赛”“安溪首届航拍短视频大赛”“2022福前芦柑短视频大赛”等系列主题宣传活动。推出《安溪真美》《藤铁工艺遇上新潮Rap》《申遗之路》《电信诈骗防范》等系列短视频产品，其中，《安溪真美》被新华社、《福建日报》等媒体平台转发转载，全网阅读量超1亿人次。

【网络安全保障】 2022年，安溪县对全县各单位所属网络资产开展网络安全实战演练工作，完成漏洞扫描报告116份，渗透测试报告75份，发出相关整改通知书53份，清除网络安全隐患97个。开展全县网络资产信息排查，摸排全县网络资产98个、重要网站和信息系统53个，发出《网络安全问题整改通报》15份、《网络安全限期整改通知书》35份和网络安全相关问题62项，督促有关单位整改到位、及时反馈，夯实安溪网络安全基础防线。

【数字平台建设】 2022年，安溪县推进5G网络建设，截至2022年底有5G基站数1030个；建设安溪县政务云2期，推进政务业务系统上云服务，实现21家单位、44套业务系统分批上云。县联防联控一体化协同办公软件申请三级等保认证；提出县域政务应用安全加固方案并落实部署。建设智慧安溪实景三维云平台，导入数据，实现安溪县实景三维建模、基础数据汇聚展示、网格划分社区管控治理等功能。整合县域农资监管平台、物流追踪平台、安溪铁观音数字地标监管平台、茶都市场一品一码溯源平台、安溪铁观音官网等平台，建设安溪“数字茶业”云平台，构建茶业单品种数据采集监测体系。依托建设农业智慧园、农业物联网示范点等项目，先行先试智慧农业技术集成应用解决方案和产业化模式。

【数字乡村建设】 2022年，安溪县推动省级数字乡村试点县工作，全县438个行政村4G覆盖率、光纤覆盖率、光纤接入用户占比、固定宽带接入能力（100兆以上）均比到100%，移动宽带普及率基本实现100%，广电4K高清应用户数占全县广播电视用户达68.5%。以虎邱镇石山村、金谷镇山岭村、尚卿灶坑村为试点，实现乡村数字化管理。

【网络安全宣传】 2022年，安溪县综合运用“集中宣传+常态宣传”“线上+线下”传播模式，组织网络安全宣传活动。开展“万屏共闪”活动，举办“网络安全进蓝湖社区”“网络安全进校园”“网络安全进世遗点”等各类活动14场次，分发网络安全宣传材料5100余份，发送网络安全主题短信27.5万条，推动形成全社会尊法学法守法用法的良好氛围。邀请“网络大V”制作网络安全主题短视频《“V”说网络安全》，24小时内相关阅读量超10万人次，转发量2400余次。打造“青青护苗园”宣教基地，综合运用巡回讲座、益智游戏、互动体验等线下方式，开展网络安全科普宣教活动。

（张锦川　苏双欣　徐朝根）

党史和地方志工作

【概况】 2022年，安溪县委党史和地方志研究室（简称“县委史志室”）推进党史编研、志鉴编纂、史志文化宣传工作，启动红色书籍编纂工作，擦亮“安溪红”品牌。启动安溪历届党代会、全委会、大事记等重要文献资料选编编印工作。《安溪年鉴（2022）》入选第七批中国年鉴精品工程，《中国“差生”逆袭——一个山区县的发展求索》入选2022年全国农家书屋重点出版物推荐目录，获福建省新闻出版局2022年“八闽好书”提名奖。中共安溪中心县委丽山军政干部训练班旧址、安溪县VR/AR党性教育基地、安溪县政治生态教育馆、长卿党史馆被确定第四批“泉州市党史教育基地”。

【红色书籍编纂】 2022年，安溪县编纂《红色印迹》《安溪党史人物》等红色书籍，介绍安溪革命遗址和革命先辈故事，12月送出版社审核。

【年鉴编纂】 2022年，县委史志室组织编纂《安溪年鉴（2022）》工作。树立年鉴精品工程意识，提升年鉴编纂水平，《安溪年鉴（2022）》被列为泉州市全域精品年鉴首批试点，入选第七批中国年鉴精品工程，为福建省年度唯一入选的县级年鉴。做好相关内容资料核校及资料补充工作。《安溪年鉴（2022）》经过中国年鉴精品工程专家组的多次审核，县委史志室对接中指办、省市史志部门及方志出版社，按照中指办专家、省年鉴专家及出版社专家对鉴稿的评审意见，主要采用“总—分—总”批次修改法，即编辑部收到评审专家意见后，先总体讨论评审意见，再分由类目编辑修改，归总到主编进行统稿。

【乡镇志、行业志编修】 2022年，安溪县设立专项资金，鼓励支持各乡镇、村居推进乡镇志、村史村（社区）志编纂出版工作，对公开出版的每部乡镇志、村志，给予专项资金补助5万元。指导督促《湖头镇志》编修工作。按照《中国名镇志文化工程实施方案（2022年修订）》要求，从湖头镇作为中国历史文化名镇、中国特色小镇、全国综合实力千强镇等自身特质出发，体现名镇特色，初稿通过市委史志室审校，做好排版、配图及图片资料补充工作。指导有特色的村编修村志，推动《珍山村志》《经岭村志》等编修工作。

【红色阵地建设】 2022年，安溪县筹建安溪县政治生态教育馆、长卿党建馆、丽山军政干部培训班展馆、中国工农红军闽南游击队第二支队陈列馆等近10个红色展馆。以各类红色展厅为载体，丰富党员干部、群众党史学习教育形式。

【史志服务“党建+”邻里中心】 2022年，安溪县委史志室印发《“建设‘党建+’邻里中心　安溪史志在行动”活动方案》，以“1+3+X”（“1”即坚持党建引领史志工作为主线，“3”即集成指导村史村志编修、党史宣传教育、共建“安溪史志学习园”等3项服务功能，“X”即因地制宜拓展群众所需所盼的史志文化服务）模式，传承红色基因，弘扬史志文化，共建“安溪史志学习园”品牌，为全面建设具有茶乡特色的现代化中等城市提供史志镜鉴、贡献史志力量。依托“安溪史志学习园”、清溪讲坛、组工讲坛、党校讲堂等阵地，根据不同对象确定宣讲内容，到各县直单位、邻里中心、乡镇、企业宣讲。组建红色宣讲队，到全县重要革命遗址开展义务讲解。

【安溪史志学习园创设】 2022年，安溪县委史志室与虎邱湖西村、龙涓下洋村、安溪一中等近20个（家、所）社区、乡镇邻里中心、学校、企业共建“安溪史志学习园”品牌，设立专区（柜），统一标识，凸显史志特色，投放系列党史类、志书类、地情类书籍，方便干部群众学习史志知识。11月24日，第三批“泉州市党史教育基地”——蓝田伏击战遗址、安溪史志学习园揭牌仪式举行。

2022年11月24日，县委史志室主任谢柏坚（左）、蓝田乡党委书记陈永忠（前排右）共同为蓝田乡史志学习园揭牌 （图／县委史志室）

【史志文化宣传】 2022年，安溪县举办“学党史、强信念、跟党走”青年理论宣讲大赛，组建青年学习联盟社定期开讲，通过以赛促学、以赛促讲、共读分享等形式，推进党史学习教育走深、走实。在魁斗镇贞洋村举办“传承红色基因，助力乡村振兴”泉州书法名家采风活动，致敬英烈、铭记历史。

【史志服务项目建设】 2022年，县委史志室联合省考古研究所、县博物馆等单位，开展安溪土楼、古桥梁、古寨堡专项调查，服务乡村振兴和文化旅游。做好“乡村记忆传承人”“乡村记忆传习所”“乡村记忆名特产”推荐申报工作，筹划一批有潜力的乡村建设乡村记忆展示馆，引导群众和社会力量共同参与文化遗址保护和乡村记忆文化建设，让文化“有传承”，乡村“有韵味”，守好、用好、发扬好属于安溪的“乡愁”。发挥史志文化的优势，挖掘安溪“三铁”文化内涵，参与策划和协助实施系列相关文化宣传活动，助力茶产业、藤铁工艺业等支柱产业发展。县委史志室联合茶管办开展安溪茶史迹专项调查，挖掘安溪千年产茶历史的史料和史迹，为安溪茶叶博物馆布馆提供基础资料，丰富安溪铁观音茶文化系统内涵。联合海内外学者推动“新加坡白三春茶庄侨批与20世纪初中国茶叶贸易”专题研究，反映安溪与海上茶路的密切关系。

（陈喜娟 谢柏坚）

安溪县人民代表大会

综述

【重大事项决定】 2022年6月23日，安溪县十八届人大常委会第三次会议审议通过《安溪县人民代表大会常务委员会关于加强检察公益诉讼工作的决定》。依法作出《安溪县人大常委会关于加强检察公益诉讼工作的决定》，为检察履职提供保障。

【党的二十大精神学习贯彻】 2022年，安溪县人大常委会党组领导班子分别到挂钩乡镇开展学习宣传贯彻党的二十大精神宣讲，并开设专题党课，推动新思想在基层落地生根。在县乡人大系统召开“学习贯彻党的二十大精神，做好新时代人大工作”主题务虚会，推动各委办负责人和乡镇人大主席读原著、学原文、悟原理，畅谈学习心得。开设“学习宣传贯彻党的二十大精神”专栏，陆续刊登全县各级人大代表、人大系统干部的学习感悟。

【履职规范】 2022年，安溪县人大制定安溪县人大常委会规范性文件备案审查工作流程图，健全备案审查衔接联动工作机制。出台《安溪县人大常委会关于代表建议、批评和意见办理情况满意度测评的暂行规定》，加强代表建议办理的刚性监督。组织常委会组成人员、乡镇人大主席和人大干部参加省、市人大常委会组织的履职培训，提高人大干部队伍的政治站位和履职能力。召开县乡人大工作务虚会，形成上下联动、平面互通、整体协同推进的工作效应。

【理论研究和宣传】 2022年，安溪县人大加入市人大制度研究会，组织开展人大工作理论与实践研究，《关于民众参与人大监督的若干思考》获市人大常委会课题调研一等奖。在“安溪人大”微信公众号开设“新征程新使命”党的二十大宣传专栏和“听民声、察民情、暖民心”抗疫宣传特刊，塑造典型示范、发好人大声音、凝聚人大力量。向省、市人大宣传媒体报送信息和文章78篇，多篇获得采用转发。《“辣”味问答出实效　绘就发展新亮色》获市“宣传人大制度好新闻”二等奖。

（沈秋菊　陈瑞龙　廖小宏　郑植阳）

2022年6月23日，安溪县十八届人大常委会第三次会议在县公务大楼召开

（图／县人大办）

重要会议

【概况】 2022年，安溪县人大常委会贯彻落实党的二十大精神和党的十九届六中、七中全会精神，围绕“提高效率、提升效能、提增效益”行动和“强产业、兴城市”双轮驱动战略，聚焦发展献智出力、民生务实重行、法治担当尽责。全

年召开人民代表大会1次、常委会会议8次、主任会议11次。

【县人民代表大会】 2022年12月20—22日，安溪县第十八届人民代表大会第二次会议在县影剧院召开。大会听取和审议县政府县长刘永强所作的《安溪县人民政府工作报告》；书面审查和批准《关于安溪县2022年国民经济和社会发展计划执行情况与2023年国民经济和社会发展计划草案的报告》《关于安溪县2022年预算执行情况及2023年预算草案的报告》；听取和审议县人大常委会主任梁金良所作的《安溪县人大常委会工作报告》；听取和审议县人民法院院长黄小丹所作的《安溪县人民法院工作报告》、县人民检察院检察长施文凭所作的《安溪县人民检察院工作报告》。

【县人大常委会会议】 2022年，县人大常委会主任梁金良主持召开安溪县十八届人大常委会会议8次。

2月25日，县十八届人大常委会第一次会议召开。会议听取和审议《关于2021年规范性文件备案审查工作情况的报告》；审议、表决主任会议关于提请审议安溪县人大常委会关于设立安溪县第十八届人大常委会代表资格审查委员会的决定（草案）的议案；审议、表决通过有关人事任免事项。

4月28日，县十八届人大常委会第二次会议召开。会议进行宪法宣誓；审议、表决通过有关人事任免事项；听取和审议县政府关于“十四五”教育布局规划与城区扩容情况专项工作报告；听取和审议县政府关于中央生态环境保护督察反馈问题整改情况专项工作报告；审议、表决增加选举安溪县第十八届人民代表大会代表有关事项。

6月23日，县十八届人大常委会第三次会议召开。会议审议、表决代表资格审查委员会关于安溪县第十八届人民代表大会增选代表的代表资格审查报告（草案）；审议、表决安溪县人民代表大会常务委员会关于加强检察公益诉讼工作的决定（草案）；听取和审议县政府关于安溪县乡村振兴工作情况的报告；听取和审议县政府关于安溪县铸牢中华民族共同体意识、推动新时代民族工作高质量发展情况的报告；听取和审议县人大常委会执法检查组关于贯彻实施《中华人民共和国环境保护法》情况的检查报告。

8月30日，县十八届人大常委会第四次会议召开。会议审议、表决通过有关人事任免事项；听取和审议县监委关于整治群众反映强烈的问题工作情况的报告；听取和审议县政府关于减轻义务教育阶段学生作业负担和校外培训负担工作情况的报告；听取和审议县政府关于2021年安溪县财政收支决算草案的报告、关于2021年预算执行和其他财政收支情况的审计工作报告，审

2022年12月20日，安溪县第十八届人民代表大会第二次会议在县影剧院开幕（图／刘伯怡）

查和批准2021年县级财政收支决算；听取和审议县政府关于2022年上半年国民经济和社会发展计划及预算执行情况的报告。

10月14日，县十八届人大常委会第五次会议召开。会议审议、表决通过有关人事任免事项；审议、表决个别市十七届人大代表辞职事项；听取和审议县政府关于县十八届人大一次会议以来代表建议办理情况专项工作报告；听取和审议县政府关于安溪县2021年度金融企业国有资产管理情况专项工作报告；听取和审议县人大常委会执法检查组关于检查贯彻实施《中华人民共和国道路交通安全法》情况的报告。

11月24日，县十八届人大常委会第六次会议召开。会议传达学习贯彻党的二十大精神；审议、表决《安溪县人大常委会关于补选安溪县第十八届人民代表大会代表及选举日的决定（草案）》；审议、表决《安溪县人大常委会关于代表建议、批评和意见办理情况满意度测评的暂行规定（草案）》；听取和审议县政府2022年度环境状况和环境保护目标完成情况的报告；审议、表决安溪县人大常委会关于召开安溪县第十八届人民代表大会第二次会议的决定（草案）。

12月12日，县十八届人大常委会第七次会议召开。审查和批准县政府2022年地方政府债务限额及新增债务资金安排使用方案（草案）；审查和批准县政府2022年县财政预算调整方案（草案）；审查和批准安溪县2022年国民经济和社会发展计划主要经济发展预期目标调整方案（草案）；讨论县人民政府工作报告；讨论县2022年国民经济和社会发展计划执行情况与2023年计划草案的报告；讨论县2022年预算执行情况及2023年预算草案；讨论县人民法院工作报告；讨论县人民检察院工作报告；审议、表决代表资格审查委员会《关于县十八届人大一次会议以来代表变动及代表资格情况的审查报告（草案）》；审议、表决议案审查委员会《关于安溪县第十八届人民代表大会第一次会议代表建议、批评和意见办理情况的报告（草案）》；审议、表决县人大常委会工作报告；审议、决定县十八届人大二次会议有关事项。

12月21日，县十八届人大常委会第八次会议召开。会议补选泉州市第十七届人民代表大会代表。

【县人大常委会主任会议】 2022年，安溪县人大常委会召开主任会议11次，会议讨论决定有关事项。

（沈秋菊　陈瑞龙　廖小宏　郑植阳）

人事任免

【概况】 2022年，安溪县十八届人大常委会任免地方国家机关工作人员74人次。

【县十八届人大常委会第一次会议人事任免】 2022年2月25日，县十八届人大常委会第一次会议召开。任命王刚刚为安溪县人民政府副县长，任命白世杰为安溪县人民政府办公室主任，任命魏中南为安溪县发展和改革局局长，任命高志强为安溪县教育局局长，任命林丽艳为安溪县科学技术局局长，任命王辉荣为安溪县工业信息化和商务局局长，任命陈建煌为安溪县公安局局长，任命李宝花为安溪县民政局局长，任命谢日钦为安溪县司法局局长，任命李森有为安溪县财政局局长，任命马向阳为安溪县人力资源和社会保障局局长，任命白文扁为安溪县自然资源局局长，任命谢秦楚为安溪县住房和城乡建设局局长，任命黄伟福为安溪县交通运输局局长，任命王小鹏为安溪县农业农村局局长，任命王焘宗为安溪县林业局局长，任命谢志锋为安溪县水利局局长，任命林清杰为安溪县文化体育和旅游局局长，任命柯荣钦为安溪县卫生健康局局长，任命黄永岗为安溪县退役军人事务局局长，任命杨南山为安溪县应急管理局局长，任命谢祥明为安溪县审计局局长，任命许锦斌为安溪县市场监督管理局局长，任命陈思臻为安溪县统计局局长，任命杨炳福为安溪县人民政府信访局局长，任命刘艺锋为安溪县城市管理局局长。

【县十八届人大常委会第二次会议人事任免】 2022年4月28日，县十八届人大常委会第二次会议召开。免去陈秀环安溪县人民法院审判员职务；免去许文红安溪县人民法院审判员职务；免去傅朝清安溪县人民法院审判员职务；免去施纯兴安溪县人民法院感德人民法庭副庭长、审判员职务。

【县十八届人大常委会第四次会议人事任免】 2022年8月30日，县十八届人大常委会第四次会议召开。任命刘孙明为安溪县人民法院副院长、审判委员会委员；任命王丁仕为安溪县人民法院审判委员会委员；任命王志杰为安溪县人民法院审判员；任命郭艳娜为安溪县人民检察院副检察长；任命吴聚宾为安溪县人民检察院副检察长。免去白崇斌的安溪县人民法院副院长、审判委员会委员职务；免去李婉红的安溪县人民法院审判员职务；免去谢明智的安溪县人民检察院副检察长职务。

【县十八届人大常委会第五次会议人事任免】 2022年10月14日，县十八届人大常委会第五次会议召开。接受陈建煌辞去安溪县人民政府副县长职务的请求，报下一次县人民代表大会备案。任命杨剑扬为安溪县人民政府副县长、安溪县公安局局长；免去陈建煌的安溪县公安局局长职务；任命高清良为安溪县人民法院审判委员会委员；任命苏荣杰为安溪县人民法院审判委员会委员、刑事审判庭庭长；任命钟辉煌为安溪县人民法院审判委员会委员、民事审判一庭庭长；任命谢坤特为安溪县人民法院湖头人民法庭庭长；任命林懿娴为安溪县人民法院蓬莱人民法庭庭长；任命王秋琼为安溪县人民法院官桥人民法庭庭长；任命陈瑜芳为安溪县人民法院刑事审判庭副庭长；任命李珍珍为安溪县人民法院湖头人民法庭副庭长；任命苏亚东为安溪县人民法院感德人民法庭副庭长；任命施路云为安溪县人民法院西坪人民法庭副庭长；任命黄田中为安溪县人民法院简易案件审判庭庭长；任命张晓娟为安溪县人民法院城关人民法庭庭长；任命陈秋香为安溪县人民法院刑事审判庭副庭长；任命黄月治为安溪县人民法院民事审判一庭副庭长；任命林建全为安溪县人民法院民事审判二庭副庭长；任命谢晓凤为安溪县人民法院民事审判二庭副庭长。免去高清良的安溪县人民法院湖头人民法庭庭长职务；免去苏荣杰的安溪县人民法院简易案件审判庭庭长职务；免去钟辉煌的安溪县人民法院官桥人民法庭庭长职务；免去谢坤特的安溪县人民法院西坪人民法庭副庭长职务；免去林懿娴的安溪县人民法院刑事审判庭副庭长职务；免去黄田中的安溪县人民法院城关人民法庭庭长职务；免去张晓娟的安溪县人民法院蓬莱人民法庭庭长职务；免去黄月治的安溪县人民法院民事审判二庭副庭长职务；免去林建全的安溪县人民法院民事审判一庭副庭长职务；免去谢晓凤的安溪县人民法院湖头人民法庭副庭长职务；免去王丁仕的安溪县人民法院刑事审判庭庭长职务；免去白荣南的安溪县人民法院民事审判一庭副庭长职务；免去林建军的安溪县人民法院民事审判二庭副庭长职务；免去王铁军的安溪县人民法院简易案件审判庭副庭长职务；免去陈琳冰的安溪县人民法院立案庭副庭长职务；免去吴瑜虹的安溪县人民法院官桥人民法庭副庭长职务。任命陈德艺为安溪县人民检察院检察委员会委员；任命胡巧娜为安溪县人民检察院检察委员会委员。

（沈秋菊　陈瑞龙　廖小宏　郑植阳）

调研视察和检查监督

【概况】 2022年，安溪县人大常委会听取审议“一府一委两院”专项工作报告10项，发出审议意见12份；组织开展视察、调研和执法检查16次，与省、市人大常委会联动或配合开展视察、调研和代表活动13次。

【专题调研】 2022年4月26—27日，安溪县人大常委会调研全县林长制工作情况。5月24—25日，调研镇村两级退役军人服务体系建设情况。5月30—31日，调研藤铁家居工艺产业发展情况。8月9—10日，跟踪调研部分县十七届人大代表建议办理情况。9月20日，调研农村生活垃圾治理工作情况。9月27日，专题调研县政府关于国有资产管理情况。11月29—30日，调研全县乡镇卫生院医疗服务水平情况。

【专题视察】 2022年4月13—14日，安溪县人大常委会视察全县“十四五”教育布局规划和城区扩容工作情况。5月19日，视察全县“铸牢中华民族共同体意识　推动新时代民族工作高质量发展”情况。5月25—26日，视察全县乡村振兴工作情况。7月20—21日，视察全县减轻义务教育阶段学生作业负担和校外培训负担工作情况。9月27—29日，视察县十八届人大一次会议代表建议办理情况。

【执法检查】 2022年5月11—12日，安溪县人大常委会对《中华人民共和国环境保护法》实施情况进行检查。9月21—23日，对《中华人民共和国道路交通安全法》实施情况进行检查。12月14日，对县政府落实《县人大常委会关于贯彻实施〈中华人民共和国消防法〉情况的审议意见》情况进行跟踪检查。

【预决算监督】 2022年8月30日，安溪县十八届人大常委会第四次会议期间，听取县财政局局长李森有、县审计局局长谢祥明受县人民政府委托分别作《2021年安溪县财政收支决算草案》的报告、《安溪县审计局关于2021年预算执行和其他财政收支情况的审计工作报告》。对2021年县财政收支决算草案进行审查，表决通过《安溪县人大常委会关于批准2021年安溪县财政收支决算的决议》。听取县发改局《关于安溪县2022年上半年国民经济和社会发展计划执行情况的报告》、县财政局《关于安溪县2022年上半年预算执行情况的报告》。

（沈秋菊　陈瑞龙　廖小宏　郑植阳）

议案和建议

【概况】　2022年，安溪县十八届人大一次会议以来，县人大代表依法对“一府一委两院”工作提出建议188件（含议案转建议3件），主要涵盖经济发展、城市管理、道路交通、农业农村、教育文化、社会民生等方面。

【议案和建议办理】　2022年，187件建议已办理完成并回复代表，1件《关于在中心城区中小学逐步推行学生上下学“定制公交”接送的建议》办理中（10月12日交办）。在已办理完成的187件代表建议中，代表对办理结果表示满意的有175件，占已办理完成件数的93.58%；表示基本满意的有12件，占已办理完成件数的6.42%。总体满意率100%。关于“加快推进福建安溪铁观音茶文化系统核心区建设”“加快建设养老服务机构，完善养老服务体系”“在中心城区中小学逐步推行学生上下学‘定制公交’接送”等建议，县政府将其与重大产业布局、重点工作推进和民生保障工作相结合，促进建议高质量办理。

【代表建议重点督办】　2022年4月25日，安溪县人大常委会第四次主任会议讨论研究，确定代表建议作为重点督办件有9件，分别是张海峰代表提出的《关于对凤城镇闽商投资区垃圾中转站进行扩容的建议》、汪建体代表提出的《关于组建云中山森林灭火队的建议》、张剑明代表提出的《关于居住小区消防通道列入交警监控范围的建议》、谢庆丰代表提出的《关于婚姻登记历史档案数字化的建议》、陈赫森代表提出的《关于支持尚卿乡高速发展建设共同富裕示范乡的建议》、黄庆发代表提出的《关于原址重建或改造中国（安溪）家居工艺城的建议》、林小雅代表提出的《关于选派城区优秀教师到乡村学校支援农村教育的建议》、陈彩凤代表提出的《关于加大投入、合理分流，切实提高初中教育教学质量的建议》、陈翠芬代表提出的《关于妥善解决全县山区学校师资问题的建议》。重点督办件由常委会领导牵头、各工作委联系，邀请领衔代表参加，强化跟踪问效。

（沈秋菊　陈瑞龙　廖小宏　郑植阳）

代表工作与专门委员会工作

【履职平台】　2022年，安溪县推进建设“党建+”邻里中心人大代表工作室38个，凤城镇城东社区、虎邱镇湖西村等18个工作室建成运行。配合市人大常委会做好《民情专报》信息采集工作，收集社情民意，上报意见建议44条。

【双联工作】　2022年，安溪县人大开展“为民办实事，人大代表在行动”双联活动，拓展“人大代表+”履职模式，收集代表和群众提出的意见建议38条，交办转办，推动人大代表联系群众与社区治理、城市管理、纠纷调解等工作融合叠加。

【服务管理】　2022年，安溪县人大邀请代表列席常委会会议27人次，参加执法检查、视察调研等履职活动216人次，向代表通报常委会工作，支持“一府一委两院”邀请代表参加相关会议和活动，扩大代表政治参与度。组织市人大代表开展年中调研和年终视察活动，推动闭会期间代表活动常态化、制度化。运用“福建省三级人大代表履职服务平台”，为完善履职档案、议案建议办理、代表学习培训提供数字化服务。加强代表管理，依法增选、补选县人大代表2名，接受市人大代表辞职1名。

【“三好”评选】　2022年，安溪县人大评选“积极履职好代表”15名、“好议案好建议”10件、“议案建议办理好单位”5家，激发人大代表履职热情，激励办理单位作为。

【监察和司法委员会工作】　2022年7月27—28日，安溪县人大常委会对全县整治群众反映强烈的问题工作情况进行调研。8月30日，县十八届人大常委会第四次会议听取县监委关于整治群众反映强烈的问题工作情况的报告。这是县人大常委会首次听取县监委专项工作报告。监委向本级人大常委会报告专项工作，是贯彻党中央决策部署、落实宪法和监察法要求、运用法治思维法治方式开展反腐败工作并依法接受监督的举措。

（沈秋菊　陈瑞龙　廖小宏　郑植阳）

安溪县人民政府

综述

【主要经济指标】 2022年，安溪县统筹抓好常态化疫情防控和经济社会发展，坚持“强产业、兴城市”双轮驱动，推动安溪经济社会发展，经济运行在承压中平稳向好，各项主要经济指标完成情况良好。全年生产总值907.17亿元，比上年增长4.3%；规模以上工业产值1328.53亿元，比上年增长9.5%；规模以上工业增加值增长7.2%；一般公共预算总收入45.87亿元，比上年增长-4.7%；一般公共预算收入31.53亿元，比上年增长-1.5%；限额以上消费品零售额增长14%。2022年，安溪县位列全国经济综合实力百强县市第53、全国绿色发展百强县市第51、全国投资潜力百强县市第11、全国科技创新百强县市第73，获评省经济发展“十佳”县（市）。

【实体经济发展】 2022年，安溪县开展“重龙头、强品牌、铸链条”系列专项行动，实施产业链链长制，培优育强光电、信息技术、装备制造、茶业等八大产业链，新增产业链项目86个，完成投资452.41亿元。推进“工业（产业）园区标准化建设”专项行动，新增厂房面积57.65万平方米。推进市第一批“四个一批”项目建设，安溪芯园首批4幢标准厂房主体封顶，引进灏谷科技，对接项目25个，四美酒店项目动工建设；领秀云城产业园运营中心主体封顶；高端装备制造产业园完善供电、市政等生产性配套设施，入驻企业增至30家，大成智能等6家企业投产；藤云工艺园推进新材料应用标准厂房建设，入驻企业20家，美尔惠等6家企业投产。开展“抓创新促应用”专项行动，57个县级以上重点技改项目完成投资62.78亿元，比上年增长25.7%。实施省、市级科技计划项目28个，组织申报“揭榜挂帅”项目4个；新增国家级制造业单项冠军企业（产品）1家、国家知识产权优势企业1家。开展“涌泉”行动，新增院士（专家）工作站1个、博士后科研工作站1个；认定省级科技特派员30人、团队8个。组建城建、茶都、文旅3家集团公司。开展出口市场突围拓展行动，出台外贸扶持政策，落实消费需求激活扩张行动，开展“双品网购节”等线上促销活动16场次，全县网络零售额突破280亿元，位列全国县（市）电商竞争力百佳样本第17。

藤铁家居工艺产业加快集群发展和创新转型，安溪县获评中国藤铁产业基地；启动藤铁工艺产业园规划建设，成立安溪藤铁工艺创新发展研究院；建设信和水性漆专家工作站，指导推广“油改水”工艺；举办“古技今艺——安溪藤铁艺术展”等展示展销活动8场次，行业产值265亿元。光电产业引进粒量科技、三荣科技等8个产业链项目。推进信息技术产业融合应用，“安溪铁观音一号”卫星、“安溪铁观音二号”卫星升空入轨，实现对地组网观测，全球商业遥感卫星地面接收站网福建站一号、二号接收天线完成数据接收调试；引进航天科技教育华东南区域总部等13个项目；建成中国电影资料馆安溪数字资源中心，联合修复的老电影《劳工之爱情》在意大利博洛尼亚探佚电影节首映。数字福建（安溪）产业园获评省网络安全产业示范园区。高端装备制造、建材、冶炼、建筑、食品、健康卫品等重点产业集群规模和业态能级稳步提升。18家企业获评省、市级工业龙头企业，新增“四上”（规模以上工业企业、资质等级建筑业企业、限额以上批零住餐企业、国家重点服务业企业）企业142家。旅游业引进中闽百汇商业综合体项目，加快佰乐国际酒店、珍珠酒店建设。虎邱镇被评为全省全域生态旅游小镇，溪禾山铁观音文化园、国心绿谷茶庄园分别获评国家AAAA级旅游景区、国家AAA级旅游景区。“安溪旅游”数字文旅平台上线服务，整合推介精品旅游线路6条，接待游客超610万人次，旅游收入62亿元。

【茶业发展】 2022年，安溪铁观

音茶文化系统被联合国粮农组织认定为全球重要农业文化遗产，铁观音制作技艺作为“中国传统制茶技艺及其相关习俗”被列入联合国教科文组织人类非物质文化遗产代表作名录，“联合国粮农组织支持福建省安溪铁观音茶文化系统发展案例”获评第三届全球减贫最佳案例。举办首届全球农遗·安溪铁观音茶文化系统保护与发展论坛等大型活动6场次，以福建安溪铁观音农业文化遗产乡村游为主题的茶旅线路被确定为“农遗良品”十佳旅游线路。启动茶史迹专项调查。安溪茶厂被确定为全国首批“大思政课”工业文化专题实践教学基地。实施茶叶非遗技艺师带徒“长青计划”。举办“商会+茶王赛”“茶乡购·大师说茶”等茶文化宣传推介活动50场次，创评星级“安溪茶空间”10家。

2022年，安溪县提升茶山生态4066.67公顷，建成高标准生态茶园3466.67公顷，新增绿色食品茶叶认证373.33公顷、茶叶气候品质认证13家。推进安溪铁观音国家地理标志产品保护示范区、全国绿色食品原料（茶叶）标准化生产基地创建工作。举办大宗茶、毛茶等专项比赛5场次，举行春茶产销对接会、秋茶订购会等9场次。数字福茶项目落地运营，中国福茶数字科创园启动规划建设。全县涉茶总产值320亿元，安溪铁观音品牌价值1430亿元，位列中国区域品牌（地理标志）价值第一。设立百万奖金，举办首届中国茶科技创新大赛，评选出优质创新成果37项，乌龙茶智能加工等10个项目落地转化；举办中国茶产业人工智能应用论坛，与中国科学院、浙江大学等科研机构、高校开展茶产业课题研究，发布研究成果3项。《地理标志产品 安溪铁观音》国家标准修订通过立项。

【社会民生】 2022年，安溪县完成19个为民办实事项目。完成凤山幼儿园、龙涓下洋幼儿园等8个扩容改薄项目，改造西坪中心小学等42所农村学校校舍、运动场，新增学位3200个。新增普惠性民办幼儿园67所，学前教育普惠率96.8%。43所学校通过义务教育管理标准化学校评估，安溪一中被评为首批省级示范性高中，教师进修学校通过省级标准化评估验收。启动“安溪好先生·十百千万”培养工程。推进中小学课后服务、校外培训机构规范管理等工作。推进县公共卫生应急暨健康培训中心、芦田卫生院等项目建设。深化综合医改，全省首创药品、医疗器械监管“三医联盟”；推动湖头、官桥医疗次中心二级达标建设，基层诊疗人次占比61%，双向转诊患者3536名。采取柔性、全职等方式引进人才33名，创建名医工作站12个。完善“一老一小”服务体系，新增普惠托位350个，老年人健康管理率74.82%；创建农村儿童早期发展试点工作示范乡镇5个、示范村5个。建设6个未成年人关爱服务站，推进“福蕾行动计划”。推进龙门等4家敬老院建设，建成15个长者食堂；推行失能老年人护理保险和困难老年人家庭适老化改造。县殡仪馆综合服务功能区扩建项目主体工程完工。发放城乡低保、特困供养等各类保障金1.6亿元。启用乡镇基层医保经办服务窗口，推进多元复合型医保支付方式改革，提高群众报销比例。城镇新增就业3500人。深化“平安安溪”建设，推进常态化扫黑除恶斗争、防范治理境外涉诈暨非法出入境违法犯罪专项整治行动。实施“八五”普法。创新矛盾纠纷排查化解机制，开展信访积案化解攻坚；归并优化“12345”政务服务便民热线，受理群众诉求1.4万个。推进38个“党建+”邻里中心、513个新时代文明实践中心（所、站）建设。建成2个市级职工疗休养基地。完成1636条道路命名工作。推进国防动员、退役军人事务等工作，实现省级双拥模范县“四连冠”。安溪县入选福建省高质量气象现代化建设先行试点县。

（刘婉芳 白世杰）

重要会议

【概况】 2022年，安溪县召开县政府全体会议1次、县政府常务会议18次，研究讨论有关政治、经济、社会、文化、生态等方面的问题，提出具体解决方案。

【县政府全体会议】 2022年12月22日，安溪县县长刘永强主持召开县政府全体成员（扩大）会议，贯彻落实县两会精神，动员全县抓落实、抓发展。县领导王礼藕、林曙铭、林毅敏、李树明、卢荣斌、洪天阳、谢建新、杨剑扬、王刚刚、郑清花、丁建铭、彭俊强、戴庆加出席会议。

【县政府常务会议】 2022年，安溪县政府常务会议举行18次，即县政府第1次至第18次常务会议。

1月14日，县政府第1次常务会议召开，研究《安溪县人民政府工作规则》、《安溪县“十四五”水土保持规划》以及泉州白濑水利枢纽工程参内C地块安置区项目变更、安溪县340县道剑斗新镇区路段迁移复建工程建设项目、安溪县350524-CQ-B-51地块、湖头镇光电

D-3 地块（工业）、安溪县路英片区 12-P-02 地块公开出让等事宜。

1 月 25 日，县政府第 2 次常务会议召开，研究《法治安溪建设规划（2022—2025 年）》《安溪县“项目攻坚 2022”专项行动计划》《2022 年安溪县“抓招商要落地”行动方案》《2022 年招商工作考评细则》《安溪县高质量气象现代化建设先行试点方案》《福建北部向南部新增输电通道（福州—厦门）工程安溪段项目用地及房屋征收安置补偿工作实施方案》《安溪县有关部门生态环境保护责任清单》《南安市仑苍镇饮用水水源地保护区安溪境内环境整治方案》，以及 2022 年全县三级干部会议拟通报表扬事项、肇庆合林立业科技有限公司投资、乡村振兴大厦项目、安溪县餐厨垃圾（含大件垃圾、园林垃圾）处理厂项目建设等事宜。

2 月 9 日，县政府第 3 次常务会议召开，研究《安溪县加快工业（产业）园区标准化建设实施方案》《安溪领 SHOW 天地投资协议书》及福建省安溪县龙门安华木制工艺品厂安置地等事宜。

2 月 16 日，县政府第 4 次常务会议召开，研究《安溪县“抓城建 提品质”2022 年专项行动方案》《安溪县养老领域惠民生补短板专项行动方案（2022—2025 年）》《南安市仑苍镇饮用水水源地保护区安溪境内环境整治项目征收补偿实施方案》及泉州白濑水利枢纽工程参内安置区 G 地块工程招标等事宜。

3 月 7 日，县政府第 5 次常务会议召开，听取 2022 年“四上”企业培育入库工作汇报，研究《安溪县农村生活污水提升治理五年行动方案（2021—2025 年）》《安溪·中关村领创信息产业园项目投资协议》《泉州一加兴综合农业科技有限公司一加兴水果深加工项目投资协议书》《泉州市名安农业科技有限公司名安淮山科研中心项目投资协议书》《厦门康沃机电设备有限公司发动机再制造项目投资协议书》《福建省安溪县华兴铸造有限公司矿山机械配件生产项目投资协议书》《安溪县忠达机械厂高端矿山智能设备制造基地项目投资协议书》《灏谷（安溪）光电产业科创中心项目合作协议书》，以及加强村级组织建设，泉州白濑水利枢纽工程参内安置区 A-02 地块、B 地块、E 地块工程招标等事宜。

白濑水库参内安置区建设　（摄于 2022 年 8 月　图 / 刘伯怡）

4 月 7 日，县政府第 6 次常务会议召开，听取学法课题“依法带娃，做一个合格家长”，研究《关于做好 2022 年全面推进乡村振兴重点工作的实施意见》《安溪县扶持特色现代农业发展暂行规定》《正泰隆（安溪）机械信息产业基地项目投资协议书》《国瑞能太阳能光伏追踪支架项目投资协议书》《安溪高端装备制造产业园 A-17-01 地块二次平整项目渣土综合利用权出让方案》《安溪高端装备制造产业园春田智能空调及智能果蔬烘干机、鑫荣精工精密零部件、国泰达鸣精密五金等三个项目建设用地地块二次平整项目渣土综合利用权出让方案》《广州松兴电气股份有限公司福建海西轨道智能检测设备制造（安溪）产业园投资协议书》《海佳智能显示产业园项目投资协议书》，以及泉州白濑水利枢纽工程参内安置区 A-01 地块、F 地块、H 地块工程招标，授予安溪水务集团有限公司农村生活污水治理项目特许经营权等事宜。

4 月 26 日，县政府第 7 次常务会议召开，研究《安溪县乡村振兴专项行动方案（2022—2025 年）》《安溪县进一步推进生活垃圾分类工作实施方案》《安溪县招商选资项目投资协议书（2022 年版）》《安溪县招商选资项目履约管理暂行规定》《安溪县中心城区消防专项规划（2021—2035）》《关于进一步加强安溪县教师进修学校建设的意见》，以及福建安溪安盈环保科技有限公司关于安溪县煤矸石发电有限公司所属房屋建筑物、构筑物和土地使用权处置、方舱医学观察点二期工程等 3 个项目建设、安溪县高端装备制造产业园 B-59-01 地块

（工业）、B-59 地块（工业）、安溪县德苑片区 03-B-02 地块、安溪县湖头镇光电 A-38 地块公开出让等事宜。

5 月 23 日，县政府第 8 次常务会议召开，听取全县“项目攻坚 2022”、工业（产业）园区标准化建设、抓城建提品质、抓开放招商促项目落地推进情况及安溪县综合立体大交通（大三环）规划建设、泉州白濑水利枢纽工程建设征地移民安置工作进展等情况汇报，研究《安溪县“十四五”卫生健康事业发展规划》《安溪县妇女发展纲要（2021—2030 年）》《安溪县儿童发展纲要（2021—2030 年）》《安溪一中城东校区片区项目用地和房屋征收安置补偿实施方案》《安溪县标准化园区供电配套及用户红线外部公共电力设施建设实施方案》，以及《安溪县抓创新促应用专项行动方案》修订，安溪县集中式光伏电站试点和分布式光伏发电项目，安溪县第八批命名道路名称，茶博园 D 地块（珍珠酒店项目）建设，参内安置区 BD-02 地块、BD-04 地块出让等事宜。

6 月 23 日，县政府第 9 次常务会议召开，研究《安溪县贯彻落实国务院、福建省、泉州市扎实稳住经济一揽子政策措施实施方案》《安溪县深化应急管理综合行政执法改革实施方案》《整县分布式光伏项目合作协议书》《安溪县科技馆展教工程特许经营项目实施方案》《安溪县城区声环境功能区划》《博毅手板模型生产项目投资协议书》，以及泉州白濑水利枢纽建设配套工程采购煤矸石烧结砖生产设备；尚卿乡 5 家企业入驻藤云工艺园；安溪县龙门镇洋坑片区 F-58、F-59 地块，安溪高端装备制造产业园 A-31 地块（工业），安溪县中寮片区 TM-A-12 地块，安溪县城南片区 12-p-26 地块（工业），安溪县桃舟乡康随 A1-1、2 地块（工业）公开出让等事宜。

6 月 29 日，县政府第 10 次常务会议召开，研究安溪县小城镇建设投资有限公司等 6 家企业划入安溪城建集团有限公司事宜。

7 月 20 日，县政府第 11 次常务会议召开，研究《安溪县农村人居环境整治提升行动实施方案（2022—2025 年）》《赋予乡镇人民政府行政执法事项清单》《关于贯彻落实〈基础设施和公用事业特许经营管理办法〉的意见》《中国福茶数字科创园合作框架协议》《福茶网安溪运营项目合作协议书》《“安溪藤铁工艺创新发展研究院”项目建设合作协议》，以及安溪县城区道路提升改造工程（一期）施工和监理招标、安溪县中小学校计算机网络教室桌面云建设采购、安溪县玉田墩坂片区 D-1 地块（工业）公开出让等事宜。

8 月 19 日，县政府第 12 次常务会议召开，听取全县食品安全工作汇报，研究《安溪县法治政府建设实施方案（2022—2025 年）》《安溪县法治社会建设实施方案（2022—2025 年）》《中共安溪县委全面依法治县委员会 2022 年工作要点》《安溪县贯彻落实“提高效率、提升效能、提增效益”优化营商环境攻坚行动方案》《安溪县城污水处理提质增效实施方案（2022—2025 年）》《日昇数码科技有限公司创展力智能音响研发中心和生产基地项目投资协议书》，以及国道 358 线安溪城厢至官桥段公路工程及市政配套工程（第Ⅴ标段）施工招标和国道 358 线安溪城厢至官桥段公路工程及市政配套工程（第Ⅳ、Ⅴ标段）施工监理招标，后垵小学、凤山幼儿园 2 所新建学校确认为县直学校，安溪高端装备制造产业园 A-14 地块（工业）、A-47-01-01 地块（工业）、A-47-01-02 地块（工业），古山片区 B3 地块，泉州白濑水利枢纽工程参内安置区 BD-01 地块、BD-03 地块、BD-05 地块，安溪县藤云工艺园 SQ-A-45-1 地块（工业）、SQ-A-45-2 地块（工业）、SQ-A-45-3 地块、SQ-A-46-1 地块（工业）、SQ-A-46-2 地块，感德镇 B-11-01 地块公开出让等事宜。

9 月 2 日，县政府第 13 次常务会议召开，专题学习《中华人民共和国传染病防治法》，听取 2021—2022 年专项债券资金使用情况汇报，研究安溪县 2022 年农村生活污水提升治理项目建设招标、安盈环保科技产业园 1 号厂房及消防水池建设施工、建设监理及生产设备安装监理招标等事宜。

9 月 16 日，县政府第 14 次常务会议召开，专题学习《中华人民共和国乡村振兴促进法》，听取全县“项目攻坚 2022”、工业（产业）园区标准化建设、抓城建提品质、抓开放招商促项目落地推进情况汇报，研究下一步工作措施；传达全国、省、市扫黑除恶常态化推进会等有关会议及省委副书记、省委政法委书记罗东川、省检察院检察长霍敏到安溪调研精神，听取全县信访工作情况汇报，研究下一步工作措施；传达学习全国、全省、全市气象高质量发展会议精神，研究安溪县贯彻落实意见；研究《安溪县进一步加强农村自建房质量安全管理工作方案》。

10 月 14 日，县政府第 15 次常务会议召开，传达学习《中共福建省委、福建省人民政府关于传承弘扬“晋江经验”支持泉州建设 21 世纪“海丝名城”的意见》，研究安溪县贯彻落实意见；听取安溪县综合立体大交通（大三环）规划建设、泉州白濑水利枢纽工程建设征地移民安置等工作进展情况汇报，研究有关事宜；研究《苏州智胜模型科技有限公司精密零部件制造基地投资协议书》《厦门市启盛恒辉科技体育有限公司启盛恒辉体育科技产业园项目投资协议书》《关于规范安溪县属国有企业人员招聘与流动管理工作的意见》，以及泉州白濑水利枢纽工程参内安置区 BD-01 地块出让方案局部调整，安溪县德苑片区 04-F-02b 地块、安溪高端装备制造产业园 A-23-01 地块（工业）、安溪县龙涓乡下洋片区 LJ-01 地块公开出让等事宜。

11 月 17 日，县政府第 16 次常务会议召开，听取地区生产总值核算指标情况解读和相关部门工作情况汇报，听取 2022 年“四上”企业培育入库工作情况汇报，研究《关于建立安溪县城区市政公用设施管护维修快速反应机制的工作方案》《深入推进科技特派员制度服务乡村振兴和助力产业转型的实施方案》《福建傲牧——泉州圣农年产 30 万吨现代化智能猪饲料厂项目投资协议书》《福建省泉州市瑞星汽车销售服务有限公司瑞星奔驰 4S 店项目投资协议书》，以及魁星大厦土地划拨及建设，安溪县南翼新城莲峰片区 A-24 地块（工业）、安溪县原天纶纺织地块二期 A-13 地块公开出让事宜。

11 月 30 日，县政府第 17 次常务会议召开，听取 2022 年度行政规范性文件清理、安溪县综合立体大交通（大三环）规划建设、泉州白濑水利枢纽工程建设征地移民安置、安溪县“静夜守护”城市夜间噪声污染整治专项行动等工作情况汇报，研究有关事宜；研究《安溪县 2022 年国民经济和社会发展计划主要经济发展预期目标调整方案（草案）》《2022 年县财政预算调整方案（草案）》《安溪县政府工作报告（讨论稿）》《安溪县 2022 年国民经济和社会发展计划执行情况与 2023 年国民经济和社会发展计划草案（讨论稿）》《安溪县 2022 年预算执行情况及 2023 年预算草案（讨论稿）》《安溪县 2023 年重点建设项目安排表（讨论稿）》《安溪铁观音茶文化系统保护管理办法（暂行）（送审稿）》《安溪铁观音茶文化系统保护与发展规划（送审稿）》，以及 2023 年安溪县委、县政府为民办实事项目征集，泉州白濑水利枢纽工程公路迁移复建工程（省道以下部分）施工、监理招标，官桥镇四海明商贸中心至莲兜美路面提升工程（龙桥园连接线）增补、变更，收购福建安溪城市建设发展有限公司 100% 股权等事宜。

12 月 8 日，县政府第 18 次常务会议召开，研究《关于进一步加强社会工作专业人才队伍建设 提升基层服务能力的实施意见》《关于城市既有住宅增设电梯的指导意见》《稻兴光启（泉州）制造中心项目投资协议书》《金斯达键合线生产基地项目投资协议书》《施博尔远程智能电动阀门项目投资协议书》《闽华通讯和数据中心备用电源锂离子电池项目投资协议书》《沃德镁合金汽车轮毂产业基地项目投资协议书》《恒信食品类金属罐生产项目投资协议书》《安溪绿色建筑装配式产业园项目投资协议书》《国电高科福建卫星物联网总部基地项目投资协议书》《航天主题研学文旅产业项目投资协议书》《如意航空通航飞机制造基地项目投资协议书》《安溪中闽百汇商业综合体（城市广场）项目投资协议书》《安溪县尚卿乡万树“三铁荟萃”文旅产业园项目投资协议书》《复弘国际医院项目投资协议书》，以及安溪县第九批拟命名道路名称、安溪县感德镇 B-16 地块公开出让等事宜。

【县政府专题会议】 2022年1月4日，县委常委、常务副县长王礼藕召集县发改局、资源局、住建局、城区开发区管委会、小城投公司等有关单位领导及业务股室负责人召开专题会议，听取城区开发区管委会关于泉州白濑水利枢纽工程参内安置区项目建设进展情况汇报，协调解决有关事宜。

1 月 4 日，副县长卢荣斌召集县文物管理委员会成员单位，召开全县文物安全百日攻坚专项行动工作部署暨文物消防安全知识培训会。

1 月 5 日，副县长李树明召集县住建局、资源局、法院、公安局、信访局、人社局和参内镇等单位相关人员，研究恒大项目建设维稳相关事宜。

1 月 6 日，副县长李树明、洪天阳召集县纪委监委、资源局、农业农村局等有关单位领导召开土地执法专题会议，听取农村乱占耕地建房执法过程中需协调解决事项，讨论研究确定农村乱占耕地建房执法查处主体和查处流程等相关事宜。

1 月 17 日，县领导洪金城、卢荣斌、洪天阳、彭俊强，召集县双拥共建工作领导小组成员单位以及相关县直单位，各乡镇党委书记，双拥和退役军人、扶贫和乡村振兴分管领导，武装部部长，退役军人服务站工作人员召开会议，部署全县创建省级双拥模范城（县）和退役军人服务保障体系建设、巩固扶贫成果和乡村振兴考核迎检，以及省两会期间社会稳定工作。

2 月 10 日，县委常委、常务副县长王礼藕召集县发改局、工信商局、资源局、兴铁办、供电公司等单位，以及凤城、城厢、参内、湖头等乡镇主要负责人召开专题会议，听取关于2022年一季度重点项目建设情况、兴泉铁路安溪段项目安置地交地拖延、福建北部向内部新增输电通道特高压线路工程线路影响等事项汇报，协调解决有关问题。

2月14日，县长刘永强，县领导李树明、黄明哲带领县直有关单位负责人到参内镇现场办公，实地察看泰高寨、深垅、罗内大人底、小路尾、田底村、洋乌内、安溪一中城东校区等安置区规划建设及美塘村村部周边改造情况，在参内镇政府会议室召开座谈会，协调解决有关问题。

2月14日，县委常委、常务副县长王礼藕召集县兴铁办、城区开发区管委会、城管局、小城投公司、福建融旗建设有限公司、福建佰胜达建设有限公司等有关单位负责人，实地调研兴泉铁路安溪东站站前广场及站前大道，召开专题会议，听取项目建设进展情况汇报，协调解决有关问题。

2月17日，副县长李树明召集县城区开发区管委会、发改局、财政局、审计局、税务局，清遗办、原改建办、新景地集团公司、安溪县兴粮投资有限公司等有关单位领导和业务人员召开专题会议，协调解决大同路西侧改建项目历史遗留问题。

2月18日，县委常委、常务副县长王礼藕召集县兴铁办、财政局、交通局、住建局等部门，以及参内、魁斗镇等乡镇有关负责人召开专题会议，听取县兴铁办关于兴泉铁路（安溪段）建设工程进展情况，协调解决有关问题。

2月25日，副县长林毅敏召集县民政局、财政局、剑斗镇、尚卿乡、官桥镇、龙门镇等相关单位，召开乡镇敬老院建设相关工作推进部署会，协调解决有关事宜。

2月28日，县委常委、常务副县长王礼藕带领安溪生态环境局、县农业农村局等单位负责人前往龙涓乡，实地调研检查高层溪（龙涓溪）流域生态环境问题整治进展情况，在乡政府会议室召开专题会议，听取龙涓乡关于开展生猪养殖等畜禽养殖污染专项整治工作情况汇报，对下阶段工作作进一步协调、明确。

3月16日，县委常委、常务副县长王礼藕召集安溪生态环境局、县卫健局、城管局、环卫中心、瀚蓝（安溪）固废处理有限公司[以下简称“瀚蓝（安溪）公司”]等单位负责人召开专题会议，传达全市新冠肺炎疫情会议精神，研究部署安溪县近期医疗废物规范管理处置各项工作。

4月9日，县长刘永强带领县直有关单位负责人到官桥镇现场办公，实地察看厦沙高速官桥出口规划产业用地、原洲豪（福建）再生资源材料有限公司项目用地、官桥产城融合示范区及健为医疗卫生用品产业园项目规划建设情况，在官桥镇政府会议室召开座谈会，协调解决有关问题。

4月12日，县委常委、县人武部部长赵超群、县政府副县长李树明、县人武部政委彭俊强召集县人武部、财政局、住建局、自然资源局、城区开发区管委会、凤城镇等有关单位领导和业务人员召开专题会议，协调安溪县人民武装部新营区暨安溪县民兵综合训练基地项目建设推进工作。

4月13日，县长刘永强带领县直有关单位负责人到龙门镇调研，实地察看高端装备制造产业园园区扩容及洋坑片区建设用地规划等情况，在龙门镇政府会议室召开现场办公会，协调解决官桥镇、龙门镇有关问题。

4月18日，副县长洪天阳带领县大三环办、水利、交通等部门相关负责人调研大三环项目建设进展情况，协调解决有关问题。

4月19日，县委常委、常务副县长王礼藕召集县发改局、住建局、自然资源局、财政局、税务局、工信商局、城投委、湖头镇政府、安盈环保公司等有关单位负责人召开专题会议，听取城投委关于福建安溪安盈环保科技有限公司拟参与竞买福建省安溪煤矸石发电有限公司所属房屋建筑物、构筑物和土地使用权相关事项的汇报，协调解决有关问题。

4月19日，副县长谢建新召集县工信商局、贸促会、藤铁工艺中心、茶业发展中心等有关单位领导及业务股室负责人召开专题会议，研究“设置海外仓＋海外电商”的创新推广模式相关事宜。

4月19日，县长刘永强带领县直有关单位负责人到湖头镇现场办公，实地察看三钢集团产能置换（泉州闽光部分）及配套、安溪芯园、湖头环城路、湖头小吃工厂化等项目规划建设情况，在湖头镇政府会议室召开现场办公会，协调解决有关问题。

4月26日，副县长林毅敏召集县民政局、公安局、城管局、卫健局、凤城镇、城厢镇、参内镇、官桥镇、龙门镇、湖头镇等相关单位，召开流浪乞讨人员救助管理工作协调推进会，协调解决有关事宜。

5月26日，副县长卢荣斌召集县文体旅局主要领导、分管领导，龙门镇1名主要领导，县文旅公司主要领导及相关负责人，县发改局、财政局、审计局1名领导，召开会议，与南昌水投集团有限公司洽谈龙门温泉项目合作事宜。

5月26日，副县长谢建新召集各乡镇党委、政府，县直各单位，各工业园区管委会等单位分管领导召开全县招商工作推进会。

5月30日，副县长李树明、谢建新召集县工信商局、科技局、发改局、自然资源局、住建局、城管局、生态环境局、城区开发区管委会、招商办、城厢镇等单位有关负责人员召开专题会议，听取安溪领秀天地产业园项目的建筑设计方案汇报，结合投资协议书内容进行深入讨论研究，形成一致意见。

6月1日，安溪县人民政府与福建农林大学在安溪县公务大楼1118会议室召开校地合作办学座谈会。安溪县县长刘永强、副书记洪金城、常委、组织部部长李安辉、副县长谢建新和县政府办、教育局、财政局、参内镇等相关单位主要负责人，以及福建农林大学校长兰思仁、副校长黄炎和和相关负责人参加会议。会议就福建农林大学安溪茶学院校园扩容、校园功能提升、办好“十周年”校庆等事宜进行认真细致的讨论，达成一致意见。

6月20日，副县长卢荣斌召集安溪医保分局主要领导、分管领导及相关股室负责人，县税务局分管领导及相关股室负责人，县卫健局、教育局、公安局分管领导，工商银行安溪支行分管领导，各乡镇分管领导和医保经办专员，召开安溪县2022年度城乡居民医保参保扩面暨基层医保经办服务体系建设工作推进会，通报安溪县2022年度城乡居民医保参保缴费和基层医保经办服务体系建设进展情况及下阶段相关工作安排。

6月27日，县长刘永强带领县直有关单位负责人到“安溪芯园”项目现场办公，实地察看项目规划建设情况，在芯谷安溪办事处二楼会议室召开项目推进会，协调解决有关问题。

6月27日，副县长卢荣斌召集县卫健局主要领导、分管领导，县教育局、疾控中心主要领导；县委宣传部（网信办）、融媒体中心，县市监局、医保分局等各1位领导；县医院、中医院、妇幼保健院、第三医院院长；各乡镇分管领导、卫健办主任和卫生院院长，召开全县流感防控工作视频会议，部署近期相关工作。

7月6日，县委常委、县政府副县长林曙铭召集县教育局、财政局、城管局、交警大队、凤城镇及凤山风景旅游区管委会等单位相关负责人，到凤山幼儿园（暂名）实地调研建设施工情况，召开专题会议，协调解决有关问题。

7月8日，副县长卢荣斌召集县卫健局领导班子成员，县级公立医院、疾控中心、卫校党政主要负责人，县医院总院、县中医院总院纪委书记，县计生协会常务副会长，红十字会专职副会长，召开卫健系统党风廉政建设工作会议，部署相关工作。

7月8日，副县长卢荣斌召集县文体旅局主要领导、分管领导及相关业务负责人，县公安局、市监局、人社局等单位分管领导，召开关于安溪县歌舞娱乐场所超时营业工作会，通报安溪县歌舞娱乐场所超时营业情况，听取相关工作开展情况汇报，部署相关工作。

7月12日，县委常委、常务副县长王礼藕会同泉州市农发行副行长周丽明，召集县发改局、农业农村局、交通局、财政局、国企党工委、县农发行等有关单位负责人召开专题会议，研究协调国道358线安溪县城厢至官桥段公路工程（S4、S5标段），县域农地提升及规模化经营，全县农林资源及林下经济开发利用、停车位综合利用（一期）4个项目建设有关事宜。

7月29日，根据县委、县政府主要领导批示精神，县委常委、县政府副县长林曙铭主持召开会议，就筹建安溪开放大学有关事宜进行研究会商，协调解决有关问题。

8月2日，县长刘永强召集县领导王礼藕及县直相关部门、有关乡镇及业主单位主要负责人，召开专题会议，传达全市政府专项债券管理推进会议精神，特别是蔡战胜市长重要讲话要求，听取全县专项债券支出情况汇报，协调解决有关事项。

8月4日，副县长谢建新召集县发改局、科技局、工信商局、公安局、民政局、财政局、人社局、自然资源局、交通局、农业农村局（以及乡村振兴局）、市监局、统计局、生态环境局、税务局、金融办、供销联社、邮政安溪分公司、电商协会等单位负责人召开专题会议，研究推进创建农村电商快递协调发展示范县工作。

8月15日，县长刘永强带领县政府办、城管局、交警大队、道安办等有关单位主要负责人，调研渣土运输安全生产工作，实地察看渣土车监管平台运行情况，召开协调会，分析全县渣土运输领域安全生产形势，研究协调进一步加强和规范渣土车安全监管工作。

8月15日，副县长洪天阳召集县水利局、发改局、财政局、生态环境局、资源局、林业局、工信商局等部门相关人员召开全县水电站清理整治工作推进会，听取县水电站清理整治工作联席会议办公室工作汇报，协调相关工作事宜。

8月23日，县长刘永强召集县领导林曙铭、李树明及县直相关部门主要负责人、第三方技术审查服务机构负责人，召开工程建设项目审批工作协调会，分别听取县行政服务中心管委会、资源局等单位关于工程建设项目审批改革、工程规划许可证办理情况汇报，研究部署工程建设项目审批工作，协调解决有关问题。

8月23日，县委常委、组织部部长李安辉和县政府副县长卢荣斌召集县纪委、法院、检察院、文体旅局、公安局、应急局、城管局、住建局、财政局、消防救援大队、文化市场综合执法大队、博物馆及湖头镇等有关单位相关负责人，召开湖头镇文物保护工作协调会，听取县文体旅局、湖头镇政府对湖头文物保护有关工作的情况汇报，就湖头镇文物保护工作进行研究部署，协调解决有关事宜。

8月25日，县领导吕宝贝、卢荣斌召集县文体旅局、蓬莱镇主要领导和相关负责人，县发改局、财政局、自然资源局、住建局、交通局、林业局、水利局、文体旅局、城管局、供电公司、文旅公司1名领导，召开“东方大港——中国宋元海丝演艺城邦”项目推进议事会，协调研究有关事宜。

8月31日，县委常委、县政府常务副县长王礼藕召集县发改局、财政局、自然资源局、交通局、兴粮公司以及西坪镇政府等有关负责人召开专题会议，听取西坪镇政府关于西坪粮站、食品厂片区改造有关情况汇报，协调解决有关事宜。

9月5日，县委常委、组织部部长李安辉和县政府副县长卢荣斌召集县文体旅局、文化市场综合执法大队、博物馆及湖头镇等单位相关负责人召开湖头镇文物安全综合整治工作推进会，会议分别听取县文体旅局、湖头镇政府关于湖头文物保护工作推进情况汇报，研究部署文物保护工作，协调解决有关事项。

9月9日，县长刘永强召集县领导王礼藕、李树明及县直有关部门、参内镇主要负责人召开专题会议，听取安溪县城东污水处理厂选址分析报告，研究部署选址事宜。

9月14日，副县长洪天阳带领县直有关单位及有关国有企业负责人到祥华乡调研，实地察看祥华乡祥华溪安全生态水系、镇域集镇整治、镇区裸房整治百日攻坚、镇区沥青路面改造等情况，召开工作协调会，听取祥华乡整镇推进乡村振兴工作情况汇报，协调解决有关事宜。

9月15日，县委常委、常务副县长王礼藕，县政府副县长谢建新召集县财政局、审计局、人社局、工信商局、工业联社等单位负责人及相关法律顾问，召开专题会议，听取县工业联社关于县胶合板厂、二轻造纸厂安置工作有关情况汇报，协调解决安置过程中存在的问题、困难。

9月19日，县政府副县长、县文物管理委员会主任卢荣斌召集县文体旅局、博物馆主要领导、分管领导，召开文物保护工作专题会议，听取县文体旅局关于云林云岭堂等3处文物点擅自拆除违规重建的情况汇报，对县文体旅局通过文物安全常规检查等方式发现不可移动文物福田丰田福寿堂、湖头云林云岭堂和官桥石岩石盘宫等3处暂未定级不可移动文物存在未经报批擅自拆除违规修缮行为作分析、研判，部署相关工作。

9月20日，县政府副县长、县文物管理委员会主任卢荣斌召集县文体旅局、龙门镇党委政府、县文化市场综合执法大队、县文保中心等有关人员，实地踏勘县级文物保护单位龙门红色地下交通站旧址（林降祥故居），召开现场会，就电气线路套管敷设等文物安全问题进行协调。

9月26日，县委常委、常务副县长王礼藕、副县长李树明、县委二级调研员林荣超召集县财政局、住建局、国企党工委、金融办、安溪城建集团、兴泉公司等单位负责人召开专题会议，听取兴泉公司关于万城壹号及天将御园项目专项借款事项汇报，协调解决专项借款有关事宜。

10月9日，县委常委、县政府常务副县长王礼藕会同县政府洪天阳副县长，召集县农业农村局、财政局、自然资源局、水利局、茶都集团等有关部门负责人召开专题会议，听取县农业农村局关于县域农地提升及规模化经营项目的工作情况汇报，协调、解决工作中存在的困难、问题，提出下阶段工作措施。

10月10日，受县政府县长、县凤山书院建设领导小组组长刘永强委托，县政府副县长、县凤山书院建设领导小组常务副组长李树明召集凤城镇主要负责人，县发改局、住建局、财政局、文旅公司分管领导以及县凤山书院建设领导小组办公室相关人员召开协调会，听取凤山书院主体工程建设工期确认和创评市级优质工程有关问题汇报，研究部署相关事宜。

10月11日，县政府副县长谢建新召集县科技局、茶业发展中心、福建农林大学安溪分校区等单位主要负责人召开专题会议，部署“首届中国茶科技创新大赛”相关筹备工作。

11月7日，县政府副县长卢荣斌在县公务大楼会议室主持召开文物保护工作联席会议，县委组织部、政法委(综治办)、统战部(民宗局)、文明办、县文体旅局、公安局、财政局、自然资源局、住建局、应急局、退役军人事务局、生态环境局、消防大队、效能办、博物馆及各乡镇党委政府等有关单位相关负责人参加会议。会议听取县文体旅局关于2022年度文物保护工作情况汇报，传达学习《中共福建省纪委办公厅关于加强文化遗产保护领域监督执纪问责工作的通知》文件精神，部署文物保护工作。

11月24日，县委常委、县政府常务副县长、县兴泉铁路建设工程指挥部总指挥王礼藕召集县发改局、自然资源局、兴铁办、参内镇、魁斗镇、金谷镇等主要负责人、业务人员召开专题会议，研究修订《安溪县兴泉铁路工程建设项目用地及房屋征收安置补偿工作实施方案》等事宜，协调推动兴泉铁路安溪段结算等后续扫尾工作。

11月30日，副县长洪天阳召集县农业农村局、工信商局、发改局、自然资源局、生态环境局、财政局、水利局、林业局、城建集团等单位领导，召开全县畜牧屠宰加工项目推进会，讨论研究安溪县畜牧屠宰加工项目等相关事宜。

12月12日，县领导刘永强、卢荣斌、陈振仕，召集县政府办、卫健局、教育局、工信商局、市监局、民政局、医保分局、数字办、疾控中心主要负责人，县公安局1名负责人，县疫情应急指挥部办公室、疫情防控组、医疗救治组、督查检查组、物资保障组、社区（社会）管理组、“三公一大”协同机制、疫苗接种专班各1位负责人，县医院总院、中医院总院主要负责人，各乡镇领导班子成员、业务人员，卫生院院长，召开全县疫情防控调度会议，研究部署疫苗接种有关工作。

12月16日，副县长林毅敏召集县社会救助工作协调小组成员单位全体组成人员召开专题协调会。听取临时性救助政策解读和社会救助工作开展情况汇报，协调解决有关事宜。

12月16日，县领导叶睿葆、卢荣斌召集市医保局安溪分局主要领导，县税务局、公安局、卫健局、财政局、教育局、民政局、效能办各1名领导，各乡镇1名主要领导及分管领导、业务骨干，召开全县城乡居民医保基金征缴工作调度会议，研究部署城乡居民医保基金征缴有关工作。

12月19日，受县长刘永强委托，县委常委、县政府副县长王礼藕召集县纪委监委，县教育局、财政局、自然资源局等有关单位负责人召开专题会议，听取凤城中学关于该校运动场及架空层项目的情况汇报，就依法依规解决遗留问题、统筹做好社会安定稳定工作等进行研究协调。

（王佳雯　白世杰）

重要活动

【工业园区标准化建设专项活动】 2022年，安溪县落实市委、市政府部署要求，坚持把工业（产业）园区标准化建设作为“一把手”工程，新增厂房面积45.75万平方米，全县规模以上工业企业入园率50.5%，园区内规模以上工业增加值占比68%。推进市第一批“四个一批”项目建设，安溪芯园首批4幢标准厂房主体封顶，引进灏谷科技，对接项目25个，四美酒店项目动工建设；领秀云城产业园运营中心主体封顶；高端装备制造产业园完善供电、市政等生产性配套，入驻企业增至30家，大成智能等6家企业投产；藤云工艺园推进新材料应用标准厂房建设，入驻企业20家，美尔惠等6家企业投产。

【“抓创新促应用”专项行动】 2022年，安溪县开展“抓创新促应用”专项行动，R&D（科学研究与试验发展）经费投入强度提升。县级以上重点技改项目57个，完成投资55.9亿元，比上年增长11.9%。实施省、市级科技计划项目28个，组织申报“揭榜挂帅”项目4个；新增国家级制造业单项冠军企业（产品）1家、国家知识产权优势企业1家；开展“涌泉”行动，新增院士（专家）工作站1个、博士后科研工作站1个；认定省级科技特派员30人、团队8个。组建城建、茶都、文旅3个集团公司。

【“抓开放招商促项目落地”专项行动】 2022年，安溪县推进“抓开放招商促项目落地”专项行动，组建招商中心，成立异地商会招商工作联络处30个，开展以链招商、以商招商、以情招商，引进星座计划总部基地、稻兴光启等项目230个，总投资1485.3亿元，其中超20亿元项目18个、超亿元项目211个。出台招商激励、项目履约管理等办法，建立重点项目梯度供地机制，项目履约率、开工率分别达92%、47%以上。

（王佳雯　白世杰）

县政府综合政务

【项目建设】 2022年，安溪县开展“项目攻坚2022”活动，创新项目服务员、问题调度单等推进机制，县级重点项目523个，完成投资501.63亿元。泉州白濑水利枢纽工程大坝主体进入碾压混凝土施工阶段，剑斗新集镇幼儿园等7个先行工程进入收尾阶段，官桥安置区主体工程封顶，参内安置区开工，统规统建安置区建设推进。综合立体大交通（大三环）东三环罗内段建成通车，清水岩隧道双向贯通，高速安溪出口路网工程等项目推进，国道358线城厢至官桥段开工建设；兴泉铁路安溪段通车运营；大安高速进行施工图设计；安翔高速可研报告上报省发改委审查；福建“北电南送”特高压工程开工。开展安征迁拔钉清障“春季攻坚”行动，完成房屋征迁4.8万平方米、土地征收146.6公顷。推进盘活利用低效用地试点工作，完成城镇低效工业用地调查评价，推进白濑乡全省全域土地综合整治试点；全县处置批而未供土地64.4公顷、闲置土地104.4公顷。做好重点项目资金拼盘，争取各类债券资金16.98亿元；银行业金融机构各项贷款余额678.65亿元，增长7.07%。

【城乡建设】 2022年，安溪县坚持城乡统筹、建管并重，构建“一核一辅多带”县域发展新格局。实施“抓城建提品质”项目83个，完成投资98亿元。加快解放路西等片区改造及33个老旧小区改造提升，推进炭坑溪片区治涝工程、高速安溪出口路网景观提升、河滨南岸精品步道等市政工程，新增口袋公园15个、智慧停车位904个、公共充电桩35个，完成大同路等4条城区道路“白改黑”，打通断头路3条。建立城区市政公用设施管护维修快速反应机制；开展“八化”（序化、优化、净化、美化、亮化、绿化、智化、规范化）专项行动，新增绿化12万平方米，拆除“两违”2.04万平方米。加快南翼新城污水管网等市政配套设施建设，推进仁桥花园安置房续建、官桥中山路老街危旧房改造等项目建设。湖头辅城环城路第Ⅰ、Ⅱ标段建成通车，立体停车场投入使用，李光地宅和祠修缮工程推进。湖头、龙门、城厢、官桥、凤城入选全国综合实力千强镇名单。巩固拓展脱贫攻坚成果同乡村振兴有效衔接。扶持发展壮大“一叶五金五银”特色农业，山格淮山被列为国家地理标志农产品保护工程，创建省级国际标准农产品示范基地1个，培育新型农业经营主体示范社（场）34个，安溪县登全国“农产品数字化百强县”榜首。在全省首创“多网融合+客货邮融合”发展模式，安溪县获评“全国农村物流服务品牌县”。祥华乡被评为全国“一村一品”示范村镇。建成高标准农田2933.33公顷，完成撂荒地整治8266.67公顷、退茶还耕8600公顷，创建粮食生产示范区5553.33公顷。启动粮食加工厂建设，完成中心粮库二期扩建工程，实现24个乡镇应急供应网点全覆盖，夯实粮食安全保障基础。推进镇区改造，长卿镇乡村振兴服务中心项目主体完工，西坪、金谷、龙涓等乡镇镇区改造项目动工建设。试点整村推进土地经营权“预流转”，分类建设强村公司26家。实施乡村建设行动，建设省级特色镇2个、市级示范线6条和整镇推进试点镇5个、试点村62个，完成裸房整治5333栋；蓝田乡乌土村入选第六批中国传统村落名录。新改建农村公路134千米，改造危桥10座，安溪县被确定为“四好农村路”全国示范县创建单位；完成全省首个以茶命名的高速服务区——槐植铁观音服务区改造升级。建成乡村电气化示范工程7个。推进陈文令“金谷溪岸”艺术园建设。建立“五长”协作共治机制，推进山水林田湖系统治理。推进空气污染综合治理，空气优良天数比例达99%。深化河湖长制，完成河道治理14千米，建成安全生态水系15千米，推进40个农村生活污水提升治理项目；完成水电站清理整治销号工作；推进仑苍饮用水水源地安溪境内环境整治和龙涓溪里口大桥、罗内桥断面水质提升工作，主要流域水质达到或优于Ⅲ类标准。落实林长制，造林绿化8600公顷，治理水土流失面积6866.67公顷；推进国家级森林城市创建，

“四好农村公路”——虎邱帽山村段　（摄于2022年5月　图/刘伯怡）

打造省级森林城镇1个、森林村庄7个，建成全省首个林长制主题公园。推进“静夜守护”城市夜间噪声污染整治专项行动。做好省生态环境保护例行督察相关工作。

（刘婉芳　白世杰）

【效能督查】 2022年，安溪县围绕全县中心工作，做好责任分解、台账式监督、项目化管理、专项督查、分类督查、跟踪督查、定期不定期督查等。创新运用督查周报、专报等载体，传导落实压力。组织、参与或配合大型督查活动50余次，下发督办通知、交办通知、领导批示3000余件，形成《督查周报》45期、《督查专报》15期。推行乡镇季度绩效评估，对绩效评估结果实行绩效奖惩，将绩效评估结果作为评价乡镇领导班子运行和班子成员履职情况，以及评先评优、班子调配、干部任用、表彰奖励和惩戒问责的重要依据。整合优化“12345”便民服务平台运行机制，受理群众诉求13520件，办理群众诉求的及时查阅率为100%、按时办结率100%、群众满意率99.9%、诉求事项沟通率100%。加强作风建设，推进“提士气、抓落实、见成效”干部队伍作风整顿专项行动。加大效能问责力度，被效能问责的干部有4人，被约谈的机关工作人员有5人。

（刘义标　廖志川　白世杰）

【为民办实事】 2022年，安溪县委、县政府为民办实事项目19个46件，主要涉及医疗卫生、教育文化、社会保障等方面，总投资40818万元。其中，省、市投入3831万元，县级财政投入18930万元，乡镇及项目单位自筹18057万元。

（刘义标　白世杰）

信访工作

【概况】 2022年，安溪县统筹协调各乡镇、各职能部门共同创新民意诉求回应机制，排查化解矛盾纠纷，推进案件化解攻坚，加大治重化积信访案件化解力度，维护群众合法权益。县委、县政府主要领导就信访工作作出批示14件次，接待信访群众、阅批来信、过问重要访情。市信访联席会议发来感谢信2次，授予安溪县“党的二十大信访安全保障工作成绩突出集体”称号。全年信访总量3792件，比上年上升4.6%，其中初信初访1890件，信访事项及时受理率和按期办结率均为100%，重复件1902件，重复信访率50.2%。

【治重化积信访案件化解】 2022年，安溪县坚持每件积案都由县、乡两级领导包案，落实“双包双挂”责任制，一案一专班，包片分工、挂图作战，确保诉求合理的解决问题到位、诉求无理的解释引导到位、生活困难的帮扶救助到位。强化跟踪调度，开展信访事项办结“回头看”，严防案件“倒流”。截至年底，中央信访联席办交办的2批220件“治重化积”案件，全部汇报办结化解。县领导挂钩乡镇和分管领域挂钩包案重点信访事项19件，推动治重化积等专项工作。

【领导干部接访】 2022年，安溪县领导接访群众40批，受理信访事项40件；乡镇领导接待群众294批，化解信访问题446件。加强信访案件分析，对信访反映的苗头性、倾向性问题，及时梳理汇总，形成专题分析报告。化解芦田茶厂合同工退休保险金、沼涛片区安置房办证以及汇中财富、凤城中学停车场投资受损等问题。

【信访业务办理规范】 2022年，安溪县信访局重新梳理来信、来访、网上投诉、复查复核、督查督办等信访事项流程图和时间表，规范信访业务办理。落实诉访分离，依法分类处理信访诉求，推行依法信访导引图，健全信访、政法和行政部门分流处理、协调化解机制。推进“最多投一次”，落实初信初访事项首办责任制等机制，做好信访基础业务工作，集中开展信访事项办理抽查评议活动，指导督促群众初次信访事项办理工作。

【乡镇信访工作联席会议成立】 2022年，安溪县推动全县24个乡镇成立信访工作联席会议，乡镇党委书记担任总召集人，乡镇长担任联席办主任，健全重大信访问题协调处理、信访态势研判等制度，衔接“党建+”社区邻里中心、“综治+”社区治理中心、党建引领基层网格管理等群众工作平台，做到矛盾联调、问题联治、风险联控。

（苏朝英　杨炳福）

行政服务

【概况】 2022年，安溪县政务服务中心以深化“放管服”改革为抓手，围绕创建“规范、便民、高效、廉洁”中心目标，推进政务服务标准化、规范化、便利化和工程建设项目审批制度改革工作，优化营商环境。全年政务服务中心受理办件885371件，其中即办件840315件，即办率94.91%。

【规范管理】 2022年，安溪县政务服务中心根据省级标准变化，对全县所有行政审批服务事项15个方面要素标准实行动态调整，公开办事标准情况，实现县级事项1724个、镇村级事项5014个，全省无差别受理、同标准办理。县、镇、村三级政务服务场所全部规范名称，自2022年11月1日起统一对外服务时间，实行“朝九晚五”（上午9：00—12：00；下午1：30—5：00）工作制度。推广告知承诺和容缺受理办理方式，公布告知承诺事项120个和容缺受理事项清单19个。推进政务服务事项“跨省通办”“省内通办”，2022年新增事项30个。行政许可事项“一趟不用跑”占比91.80%，“全流程网办”占比88.85%，“即办件”占比67.29%，承诺时限压缩比88.21%。

【便民服务】 2022年，安溪县政务服务中心启用第二中心，可受理98%以上县级事项，辐射县域北线约40万人，全年受理办件91458件。开展“近邻”党建工作，37个“党建+”邻里中心“事有所办”窗口、4个水气电网银“共享营业厅”投入使用。推行市场主体歇业备案制度，缓解市场主体经营压力，降低市场主体维持成本。推出“不见面审批（服务）”，公布政务服务“不见面审批”实施方案及首批24个事项清单，实现从材料提交到办结、领证全流程“不见面”，全年受理办件超12万件。新增7件“一件事”集成套餐，方便群众办理高频热点民生事项。开展行政审批“局长走流程”活动，“走流程”事项516项，发现并整改106个“问题清单”，畅通审批流程，增强群众体验感。

【工建审批改革】 2022年，安溪县政务服务中心推进工程建设项目审批制度改革，工程报建各类报批手续平均可提前3个月完成。8月10日，启动工程建设项目审批服务中心，涉工改部门和审查机构全部实行“一站式”集中办公，工建项目审批时限压缩至15个工作日。截至12月31日，受理277个项目554个申报件的申请、审查与决定。推行“模拟审批”，对6个项目启动模拟审批（2个审批完成），实现项目“拿地即开工”。推行极简审批，方便企业同步进行施工图设计与审查，截至12月31日，落实极简审批的项目有30个。推行技审分离改革，已受理112个审查项目，平均审查时效压缩至6.1个工作日，提速50%以上。优化审批流程，改批前公示为批后公示，审批跨度用时节约12个工作日。优化城市建设配套费缴纳流程，避免群众住建、资源“多头跑”。调整用林报批流程，缩短用林审批时间。优化竣工联合验收流程，实行“预验收”，缩短整改时间。强化闭环管理，确保项目全流程不断链、不脱节。

【审批服务平台建设】 2022年，安溪县政务服务中心优化“智慧服务·一网通办”审批服务平台，将平台嫁接至“党建+”邻里中心试点村（社区）“事有所办”自助一体机、“党建+”便民服务联创联建共享营业厅以及“安溪报”微信公众号，宣传引导企业群众通过审批服务平台“网上”办事。全年平台受理办件4318件，群众通过平台办事占比从14.29%提升至27.19%。

（何松芳　陈建安）

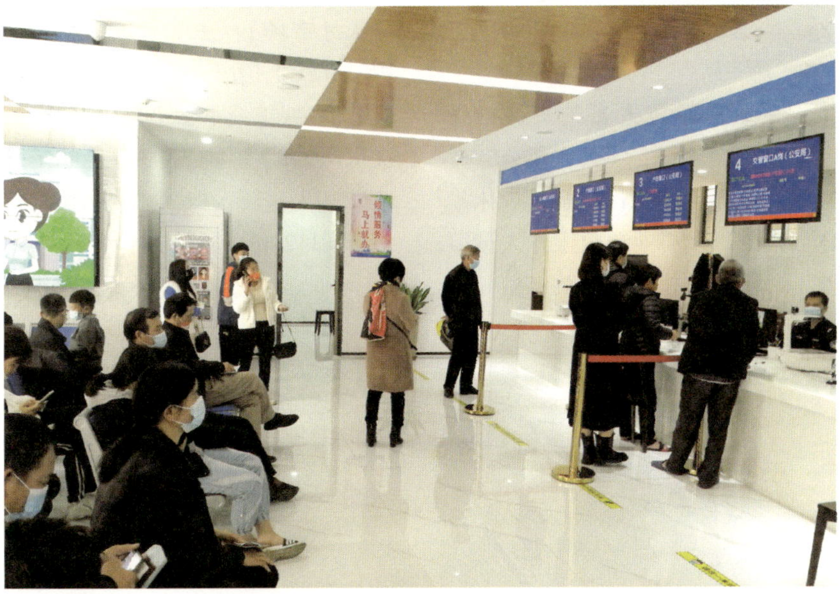

2022年2月10日，群众到县政务服务中心公安窗口办理业务（图/苏燕红）

县直机关事务管理

【概况】 2022年，安溪县机关事务管理中心保障公车出行需求，做好会务服务，做好县公务大楼的安保维稳工作，推动公共机构节能工作。全年公务出行17779次，保障会务805场次。

【公车平台保障】 2022年，安溪县公务用车平台实行信息化、智能化管理，全县公务出行17779次。疫情防控期间，公车平台优化车辆调度，增强公车出行保障能力，保障防疫工作用车需求。

【会务保障】 2022年，安溪县机关事务管理中心保障会务服务805场次，完成党代会、县两会等大型会议保障工作。承担会场布置、卫生、音响等工作。

【安保维稳】 2022年，安溪县根据疫情常态化防控需要，加强县公务大楼人脸识别闸口机控制系统的管理与使用，发放通行证，把控县公务大楼人员进出。加强对公务大楼车辆进出管理，指引车辆按规定进出、停放。制订处突维稳方案，提高安保队伍应急能力，引导妥善处置突发事件。

【公共机构节能工作】 2022年，安溪县利用宣传栏、电子显示屏、宣传海报及新媒体线上平台等开展节能宣传，组织12名工作人员参加公共机构节能培训。

【办公用房管理】 2022年，安溪县强化对全县党政机关办公用房的规范管理，要求各级党政机关单位开展本级及下属单位办公用房使用情况自查自纠工作，对3家单位办公用房情况进行实地核查，对发现的问题督促其整改到位。

（林木德　白世杰）

人力资源管理

【概况】 2022年，安溪县加强人才管理引进，推进技能培训、转产转业、就业创业扶持。截至年底，有各类人才213760人。其中，党政机关管理人才3651人，专业技术人才41312人，企业经营管理人才79084人，其他各类专业技术人才89713人。专业技术人才高级职称2096人，占专业技术人才总量的5.07%；中级职称9418人，占专业技术人才总量的22.8%；初级职称16865人，占专业技术人才总量的40.8%。组织到企业开展人才平台建设指导申报工作，新增国务院政府特殊津贴专家工作室1个、省级博士后创新实践基地1个、国家级博士后科研工作站1个。

【专技评聘】 2022年，安溪县做好专业技术职务评聘工作，批准确认全日制大中专毕业生试用期满专业技术助理级职务294人，推荐申报评审通过专业技术职务任职资格636人（其中高级233人、中级255人、助理级148人）。

【机关事业单位人员工资待遇管理】 2022年，安溪县完成公务员2021年度年终一次性奖金、未休年休假报酬以及事业单位工作人员绩效工资增量的核定和发放；做好机关事业单位工作人员考核晋升薪级工资、职务（职级、岗位、等级）变动、军转安置、见习期人员待遇、农林一线科技人员待遇、转正定级、津补贴、学历变更、工作调动、工龄计算以及处分处罚等日常工资待遇核定。完成2021年度机关事业单位工资统计工作，全县有机关事业单位工作人员17011人，其中，公务员（含参公管理）2648人、事业单位14363人。人均年收入18.36万元，其中，公务员（含参公管理）人均年收入21.82万元、事业单位人均年收入17.72万元，全县年支出31.23亿元。

2022年，审批办理机关事业单位工作人员退休手续354人。审批办理机关事业单位工作人员和退休人员亡故抚恤81人，发放抚恤金931.25万元；核定遗属补助36人，月增生活补助费29400元。

【企业职工退休审批】 2022年，安溪县按照企业职工退休审批制度，加强对审批工作的规范管理，办理职工退休807人。

【人才市场】 2022年，安溪县组织举办线上招聘会44场、现场招聘会4场，线上线下参会单位562家，提供岗位1.7万个，帮助企业招工引才5239人。转入档案4000余份，转出档案1128份。

（陈世泽　马向阳）

中国人民政治协商会议安溪县委员会

综述

【政协沟通联谊】　2022年，安溪县政协深化同党外委员的谈心谈话、同参加单位的工作互动、同各界人士的沟通联谊、同各地政协的交流往来，组织委员开展专题宣讲7场，发布“委员学堂”内刊26期，开展党外委员专题视察3次，开展异地政协工作交流31次，走访老委员、老干部30多人次，巩固群策群力谋发展的局面。

【政协委员构成】　2022年，安溪县第十三届政协委员规模353名，设置界别20个，政协安溪县十三届二次会议安排348名，预留机动名额5名。委员平均年龄46岁。其中留任103名，占29%；非中共党员219名，占62%；女性48名，占14%；少数民族10名，占3%；港澳委员14名，占4%；大专及以上学历260名，占74%；中高级专业职称132名，占38%。从委员构成情况看，第十三届委员跟上届对比，呈现总体高学历、高职称特点，大专以上学历比上届提高22%，中高级职称比上届提高20%；委员界别代表性更突出，行业布局和区域分布安溪县主导产业、新兴产业、纳税重点企业、八大产业链和24个乡镇全覆盖。注重推荐脱贫攻坚等重大任务中表现突出的社会各界优秀分子，脱贫攻坚表现突出的34名，占9.63%。委员结构符合政协章程规定和上级有关要求。

【文史工作】　2022年，安溪县政协组织文化界委员和文史爱好者做好“安溪古桥梁”等主题的文史资料征编工作。将《安溪文史资料》40年文献资料分期分批在政协微信公众号登载，提升民众对政协文史工作的知晓率和关注度。

(王智腾　潘江明)

重要会议

【概况】　2022年，政协安溪县委员会及其常务委员会围绕县委、县政府工作中心任务，发挥政协重要阵地、重要平台、重要渠道作用，召开全体会议1次、常委会会议4次。

【政协安溪县十三届二次会议】　2022年12月19—21日，政协第十三届安溪县委员会第二次会议召开，会期3天。听取和审议政协第十三届安溪县委员会常务委员会工作报告，听取和审议政协第十三届安溪县委员会第一次会议以来提案工作情况的报告，列席安溪县第十八届人民代表大会第二次会议，听取和审议政协第十三届安溪县委员会第二次会议提案初审情况报告，审议通过政协第十三届安溪县委员会第二次会议各项决议（草案）。

【县政协常委会会议】　2022年4月22日，政协第十三届安溪县委员会常务委员会第一次会议召开，县政协主席陈剑宾主持会议并讲话。县委常委、统战部部长肖印章，县政协副主席黄明哲、陈振仕、李瑞谦出席会议。会议传达学习习近平总书记在全国两会期间的重要讲话和全国两会精神，集中收看全国两会精神专题辅导讲座，审议通过《政协安溪县委员会常务委员会工作规则》《政协安溪县委员会专门委员会工作通则》、县政协专委会及其办公室组成人员调整名单、政协委员联络处工作规则及其组成人员名单、县政协常委会2022年工作要点，通报《县政协2022年协商工作计划》，审议通过有关人事事项。

8月26日，政协第十三届安溪县委员会常务委员会第二次会议召开，县长刘永强出席会议并讲话，县政协主席陈剑宾主持会议。县委常委、统战部部长肖印章，副县长林毅敏，县政协副主席黄明哲、陈振仕、李瑞谦出席会议。会议听取“‘后申遗时代’茶乡特色文旅融合发展”协商议题主题发言；围绕协商议题，从“规划为笔，画好坐标轴”“项目为基，构建新格局”“品牌为魂，增强竞争力”3个方面讲话；听取主旨发言和议政建言；传达学习贯彻习近平总书记重要讲话重要指示批示精神和《中国共产党政治协商工作条例》，听取全县上半年经济社会运行情况通报，部署常委会下阶段工作。

12月2日，政协第十三届安溪县委员会常务委员会第三次会议召开，县委书记吴毓舟出席会议并讲话，县政协主席陈剑宾主持会议。县委副书记叶睿葆，县委常委、统战部部长肖印章，副县长林毅敏，县政协副主席黄明哲、陈振仕、李瑞谦出席会议。会议听取“碳达峰碳中和背景下我县未来产业培育”协商议题主题发言；围绕“碳达峰碳中和背景下我县未来产业培育”协商议题，从“准备上、组织上、产业上、实施上”4个方面讲话；听取主旨发言、议政建言；传达学习贯彻党的二十大精神，听取县政府关于十三届县政协一次会议以来提案办理工作情况通报，听取县政协有关协商议题开展情况通报，部署常委会下阶段工作。

2022年12月14日，政协第十三届安溪县委员会常务委员会第四次会议召开，县政协主席陈剑宾主持会议。县政协副主席黄明哲、陈振仕、李瑞谦出席会议。副县长王刚刚应邀列席会议有关议程。会议听取和讨论县政府、县法院、县检察院工作报告和安溪县2022年计划执行情况及2023年计划草案报告、2022年财政预算执行情况及2023年预算草案报告等征求意见稿，讨论修改《十三届县政协常委会工作报告》和《十三届县政协一次会议以来提案工作情况的报告》的讨论稿；协商通过关于召开中国人民政治协商会议第十三届安溪县委员会第二次会议的决定（草案）等有关建议事项。会议表彰2022年度优秀提案、提案办理先进单位和提案办理先进工作者。县科协、县妇联，郭海良、林玉辉、林丽艳、王英铭、薛承者、李丽娟、吴炳辉、刘孙明等单位和委员领提的10件提案被评为2022年度优秀提案；县文体旅局、县教育局、县住建局、县民政局、县科技局、县侨联、城厢镇7家单位被评为2022年度提案办理工作先进单位；县政府督查室刘义标、县委史志室刘冬梅、县农业农村局詹敏华、县发改局吴思福、县公安局黄阳红、县茶业发展中心林松洲、县信息技术产业园管委会吴美珠7人被评为2022年度提案工作先进个人。县领导陈剑宾、黄明哲、陈振仕、李瑞谦共同为获奖代表颁奖。

（王智腾　潘江明）

协商议政

【概况】 2022年，安溪县政协围绕县委、县政府中心工作，以“六个政协”建设为抓手，开展全体会议协商和专题协商5次，提案办理协商7次，对口协商8次，界别协商23次，多项履职成果被吸纳采用。

【全会协商】 2022年，政协第十三届安溪县委员会第二次全体会议期间，聚焦党政重点、社会焦点和民生热点，形成大会发言材料50多篇。分组讨论中，县领导与全体政协委员围绕“一府两院”工作、县财政预算等报告，协商建言，参与协商的县领导、委员250多人次，形成讨论建议227条，为县委、县政府决策和施策提供参考。

【专题协商】 2022年，安溪县政协发挥专门协商机构作用，加强议政协商活动的组织协调。围绕“碳达峰碳中和背景下未来安溪县产业培育”“‘后申遗时代’茶乡特色文旅融合发展”议题，县委、县政府召开专题议政性常委会会议，为实施“双碳”目标、打造文旅强县提供重要决策参考。到挂钩乡镇政协委员联络处召开“惠企强企”协商议政会31次，走访调研挂钩企业53家，现场协调解决企业反映问题72个，助推全县“重龙头、强品牌、铸链条”专项行动。

【对口协商和界别协商】 2022年，安溪县政协组织各专委会加强与对口联系部门的联系沟通。围绕“强化二产、三产属性融合，赋能茶产业高质量发展”“‘大三环’周边产业布局及民生配套”“探索医养康养结合新模式”“打好‘侨牌’，做好华裔新生代工作”“加强少数民族村乡村振兴”等议题，开展联合调研、考察视察和座谈交流。围绕民生改善实事、社会治理难事，引导委员融入茶乡民俗和群众习惯，探索举办“茶桌恳谈会”基层协商活动13场，为多个基层村居的文明建设、医保征缴、物业管理、厕所革命、公路提级改造、未成年人托管等工作建言献策。开通县政协委员在线建言平台，引导委员开展各类民生专题“小微协商”活动620余场次。

（王智腾　潘江明）

民主监督

【概况】 2022年，安溪县政协注重将民主监督寓于协商工作全局，统筹布局、协同推进、创新举措、提质增效，完善“议题征集+年度计划+组织实施+成果报送+助推落实”一整套工作制度体系，为发挥政协民主监督效能提供保障。

【委员监督】 2022年，安溪县政协针对社会救助和学生心理辅导工作存在的不足，围绕“校园心理咨询室建设情况”“加强社会救助机构建设”开展民主监督协商，形成专项意见建议。围绕“‘大三环’周边产业布局及民生配套”议题，深化一线视察调研，在产业布局定位、强链补链、产城融合等方面集中献策。围绕“松材线虫病防治情况”开展民主监督协商，形成专项意见。

【民意监督】 2022年，安溪县政协围绕“抓城建提品质”项目实施、乡村振兴整镇推进、生态环境保护治理等领域，开展民主监督协商，组织多场专题座谈进行交流，提出监督意见及工作建议，推动相关工作落实。围绕关于解决全县青年职工“婚恋难”、加强物业管理、推动婚姻登记历史档案数字化等方面重点提案，开展民主监督协商，助推相关民生工作办理落实。

(王智腾　潘江明)

政协提案

【概况】 2022年，安溪县政协拓宽社情民意信息反映渠道，发挥专门协商机构效能，围绕经济发展、政治建设、文化创新、社会和谐、生态文明等方面，审查立案的176件提案均办理答复，满意率100%。发挥提案在助推民生改善中的作用，办理民生提案78件，占提案总数的44.3%。

【《关于加强安溪县青少年科技教育工作的建议》提案】 2022年，安溪县政协提案《关于加强安溪县青少年科技教育工作的建议》的案由是学校专职科技辅导教师人数偏少且城乡师资分布不均，学校开展科技教育实践活动较少，科技教育工作经费投入不足，不利于安溪县青少年科技教育健康发展。建议加强科技辅导教师师资队伍建设，以职称晋升为导向提升科技辅导教师积极性，发挥学科课程载体作用，开展科技教育实践活动，加大科技教育工作经费投入力度，提高青少年的科技素质和创新能力。截至年底，该提案办理情况：将中小学科技教育经费纳入年度预算，加强社区青少年科学工作室、校园创新工作室、校园创客工作室建设，建强用好县级科普教育基地，举办青少年科技创新大赛等县级赛事活动，举办科普专题讲座，推动开展青少年科技教育工作。

【《关于在安溪县大学生新生中开展乡土文化培训的建议》提案】 2022年，安溪县政协提案《关于在安溪县大学生新生中开展乡土文化培训的建议》的案由是安溪县大学生新生对“三铁”文化等本土文化了解较少，不利于乡土文化的传播和弘扬。建议利用高中毕业后的暑期开展乡土文化教育，遴选组建一支推介“三铁”文化的青年志愿队，增强青年学生宣传推介安溪文化的责任感、使命感。截至年底，该提案办理情况：依托安溪县特色文化研学教育基地、中小学生社会实践基地，推动全县各级各类学校开展乡土文化研学实践教育，创造条件开展大学新生暑期短期培训，推广普及茶乡乡土文化。

【《关于加快数字安溪建设、培育数字经济产业集群的建议》提案】 2022年，安溪县政协提案《关于加快数字安溪建设、培育数字经济产业集群的建议》的案由是抢抓新一轮科技革命和产业变革机遇，释放地方数据经济发展势能，对加快地方经济转型升级、实现高质量发展具有重大战略意义。建议加快落实安溪县“十四五”数据经济专项产业规划，制定数字经济应用产业专项的人才、税收等优惠政策，打造数字经济应用产业示范工程和安溪特色数字茶园示范区、空天大数据示范产业区，推动数字乡村振兴建设。截至年底，该提案办理情况：编制《安溪县“十四五”数字安溪专项规划》，加大财政贡献奖励、人才扶持政策等的支持力度，加强数字茶园、数字乡村振兴、空天产业园区建设等示范工程（园区）建设，打造茶乡特色数字经济产业集群。

【《关于助力安溪茶产业再次腾飞的几点建议》提案】 2022年，安溪县政协提案《关于助力安溪茶产业再次腾飞的几点建议》的案由是茶叶市场日渐呈现出品类多元化、信息碎片化、消费者选择多样化的局面，安溪茶产业高质量发展迎来巨大挑战。建议继续推广合作社模式，发展“农户+合作社+龙头企业”产业链条，发挥茶庄园示范效应，提升茶产品品质。在宣传营销方面重新精准定位、统一宣传口径、实行推拉策略（推茶商，拉消费者），让安溪茶名贯世界、香飘世界。截至年底，该提案办理情况：围绕“三茶统筹”重新定位、精准发力，培植二产，实现工业强茶，文化赋能助推茶旅发展，厚植生态提升茶业品质，强化营销巩固前沿市场，提升行业话语权、品牌美誉度、市场占有率，助力安溪茶产业再次腾飞。

【《关于进一步推动铁观音茶衍生品研发，提升茶产业能级的建议》提案】 2022年，安溪县政协提案《关于进一步推动铁观音茶衍生品研发，提升茶产业能级的建议》的案由是延伸开发茶衍生品，对于突破消费疲劳、提升茶产业能级、增加居民收入具有重要意义。建议定期举办铁观音茶衍生品研发创新大赛，设立铁观音茶衍生品研发技术转移机构，拓展铁观音茶应用领域。截至年底，该提案办理情况：承办“首届茶科技创新大赛”，开展前期碳中和试验研究与科技创新工作，落地一批推动茶产业高质量发展的共性、关键、可落地技术及创新成果。

【《关于尽快推进中小学教师“县管校聘”改革的建议》提案】 2022年，安溪县政协提案《关于尽快推进中小学教师“县管校聘”改革的建议》的案由是教师绩效评价体系不够完善，教师队伍缺乏生机活力。建议推进中小学教师“县管校聘”改革，破除教师区域流动的壁垒，重点引导优秀校长教师向薄弱校流动，逐步实现中高级教师、骨干教师、不同年龄结构的教师均衡配置。截至年底，该提案办理情况：探索建立“一管理两竞聘”（县级统一管理、技术职称和工作岗位两个竞聘）的教师管理体制机制，依法履行中小学教师资格定期注册、招考聘用、职务评聘、培养培训和考核等职能，激发教师队伍活力、提升综合素质。

【《关于加强安溪县居家和社区养老服务的建议》提案】 2022年，安溪县政协提案《关于加强安溪县居家和社区养老服务的建议》的案由是养老服务需求更加多样化，居家和社区养老服务问题日益凸显。建议把居家和社区养老服务工作纳入基础民生工程，进一步完善资金投入机制，加快社区养老设施建设，全面推行服务清单制，加强护理人才队伍建设，全面提升居家和社区养老服务质量水平。截至年底，该提案办理情况：加大居家养老服务设施资金投入力度，创建村居家养老服务示范点，集中社会力量投身养老服务事业，全面铺开智慧化养老服务，促进居家和社区养老服务事业发展。

【《关于实行婚姻登记历史档案数字化管理的建议》提案】 2022年，安溪县政协提案《关于实行婚姻登记历史档案数字化管理的建议》的案由是婚姻登记档案实施数字化管理，能降低档案工作者的劳动强度，提高档案检索的速度及查准率、查全率，方便当事人查阅和使用，是一项贴近群众的民生工程。建议将现存纸质婚姻登记档案进行数字化加工并形成数字化档案副本，挂接婚姻登记信息管理系统将电子文件生成电子档案并归档，实现婚姻登记档案电子化的全面采集和共享。截至年底，该提案办理情况：推进现存纸质婚姻登记档案数字化采集、建档和管理工作，群众可在全国婚姻登记机关或婚姻登记档案自助终端机查阅婚姻登记档案。

【《关于“构建碳达峰、碳中和绿色智慧园区优化营商环境”的建议》提案】 2022年，安溪县政协提案《关于“构建碳达峰、碳中和绿色智慧园区优化营商环境”的建议》的案由是明确工业园区碳减排路径并推广行之有效的碳减排措施，有重要的战略意义。建议以全生命周期气体排放为依据核算制定碳达峰路径规划，推进绿色低碳优势产业数字化、网络化、智能化发展，鼓励扶持全县节能环保中小企业，营造支持绿色低碳优势产业发展的环境。截至年底，该提案办理情况：抢抓国家实施“碳达峰、碳中和”的重要战略机遇期，探索能源领域碳达峰工作措施，推动节能降碳行动，推进新能源和可再生能源项目建设，促进工业绿色低碳转型发展。

【《关于加强高层次教育人才引进工作的建议》提案】 2022年，安溪县政协提案《关于加强高层次教育人才引进工作的建议》的案由是高层次教育人才引进政策措施吸引力不强，高层次师范类院校毕业生到安溪就业意愿较低，且本地培养的优秀教育人才呈外流态势，制约全县教育工作的高质量发展。建议成立县级教育人才工程领导小组，实施教育人才“柔性引进”措施，面向全国引进高端教育管理人才，采取灵活有效的毕业生招录政策，实施高层次教育人才梯次培育，加大名师工作室建设力度，改进教师职称评聘制度，设立教育人才基金，提高高层次教育人才待遇，推动高层次教育人才引进工作。截至年底，该提案办理情况：建立健全教育人才工作领导机构和工作机构，出台实施系列人才政策，制定人才考核评价奖励机制，面向全国公开选聘校长，加强名师工作室和名师队伍建设，完善改进教师职称评聘制度。

（王智腾　潘江明）

调研视察

【概况】 2022年，安溪县政协走访委员和委员企业，邀请工商联和人民团体成员参加政协组织的有关会议，围绕重要议题联合开展调研视察活动27次。坚持“党政关注、群众关心、政协所能”原则，反映和报送社情民意信息，办好《安溪县政协专报》、“安溪政协”微信公众号等。

【参观考察】 2022年，安溪县政协对接省内外政协考察团组织专题调研视察、外出考察学习，加强与在外安溪商会的联络联谊，宣传推介安溪开发开放、优化营商环境和招商选资政策措施，为招商选资牵线搭桥，积聚力量共促安溪发展。为港澳台同胞、海外侨胞回乡考察、寻根谒祖提供服务，加强与海内外同胞、侨胞的联系。宣传民族宗教政策，引导少数民族界、宗教界代表人士开展慈善募捐、捐资助学、送医送教等社会公益活动，致力于维护民族团结与宗教和谐。

【专题视察】 2022年，安溪县政协组织民宗委委员及有关部门到湖上乡盛富村等开展“加强少数民族村乡村振兴”专题调研，就大力发展特色产业、弘扬民族传统文化等方面开展调研视察，形成专题报告。组织宗教界委员赴红色教育基地考察，就宗教活动及场所管理等方面议政建言、反映社情民意。开展党外委员专题视察3次。

(王智腾　潘江明)

专门委员会工作

【概况】 2022年，依照《中国人民政治协商会议章程》第五十七条、第六十条的规定，参照省、市政协做法，经十三届县政协常委会第一次会议审议通过，十三届县政协设置提案法制委员会、文化文史和学习委员会、港澳台侨联络委员会、农业和农村委员会、教科卫体委员会、经济委员会、人口资源环境委员会、民族和宗教委员会8个专门委员会，对应专委会下设办公室，具体负责组织管理、服务保障。

【专题议政性常委会协商议题】 2022年，安溪县委与县政协专题协商议题：碳达峰、碳中和背景下未来安溪县产业培育，由县政协提案法制委、经济委承办。县政府与县政协专题协商议题：“后申遗时代”茶乡特色文旅融合发展，由县政协文化文史和学习委、教科卫体委、人口资源环境委承办。

【民主监督协商议题】 2022年，安溪县政协对“产业链”链长制推行情况进行专项监督，由县政协提案法制委承办；对县级国有集团企业运行情况进行专项监督，由县政协经济委承办；对校园心理咨询室建设情况进行专项监督，由县政协教科卫体委承办；对松材线虫病防治情况进行专项监督，由县政协人口资源环境委承办；对加强社会救助机构建设工作进行视察监督，由县政协农业和农村委承办。

【重点提案督办协商议题】 2022年，安溪县政协重点督办关于推动解决全县青年职工“婚恋难”的建议，由县政协人口资源环境委承办；督办关于加强巾帼志愿者队伍建设的建议，由县政协文化文史和学习委承办；督办关于加强基层侨联组织建设的建议，由县政协港澳台侨联络委承办；督办关于切实发挥业主委员会作用，加强物业管理工作的建议，由县政协提案法制委承办；督办关于实行婚姻登记历史档案数字化管理的建议，由县政协经济委承办。

【对口协商和界别协商议题】 2022年，安溪县政协开展“强化二产、三产属性融合，赋能茶产业高质量发展”议题对口、界别协商，由县政协农业和农村委承办，开展“‘大三环’周边产业布局及民生配套”议题对口、界别协商，由县政协提案法制委承办；开展“探索医养康养结合新模式”议题对口、界别协商，由县政协教科卫体委承办；开展“打好‘侨牌’，做好华裔新生代工作”议题对口、界别协商，由县政协港澳台侨联络委承办；开展“加强少数民族村乡村振兴”议题对口、界别协商，由县政协民族和宗教委承办。

【“党建+”邻里中心委员工作室组建】 2022年，安溪县政协建成“党建+”邻里中心委员工作室30个，进驻委员351人，委员参与基层治理协商54场，集中开展民生主题调研走访3轮，协助解决5类30多个具体问题，助推便民利民措施落到实处。

(王智腾　潘江明)

综述

【政治监督】 2022年，安溪县纪委监委做实做细政治监督，推进政治监督具体化、精准化、常态化。建立“清单+台账”监督机制，“点面结合”开展监督，与48名科级干部开展“一对一”政治谈话，开列问题清单16份，发现并督促整改问题9类257个。制定《关于加强对“一把手”和领导班子监督的实施办法》，加强对“一把手”、同级领导班子、下级领导班子的监督。落实省委“提高效率、提升效能、提增效益”行动，紧扣市委、县委“强产业、兴城市”双轮驱动发展战略，组建5个专项监督专班，聚焦产业链发展、项目攻坚、园区标准化、抓城建提品质、要素保障等监督重点，细化5个方面37项监督任务，开展专项监督。着眼优化营商环境，开展“局长走流程、纪委督整改”“访链主问需求、督难点通堵点”等活动，定期对10家宜商环境观察点企业进行走访调研，推动建立惠企政策免申即享、工程建设项目一站式“模拟审批”等8项制度。针对“大三环”交通项目、“大白濑”水利项目等重点工程的要素保障、施工进度、工程质量等各个环节，开展监督检查38次，发现并督促整改问题32个。

【廉政教育整顿】 2022年，安溪县纪委监委把握“惩、治、防”辩证统一关系，全年立案审查调查127件157人，涉及县管干部9件11人，给予党纪政务处分149人。运用“四种形态”处理476人，其中前两种形态410人，占比86.1%。发出纪检监察建议书3份、督办函12份、提示提醒函16份，推动建章立制46项。建成政治生态教育馆，分层分类组织17批次党员干部开展集中式教育。采取廉政教育课“三进”（进新录用人员培训班、进党校主题培训班、进任前集体谈话会）模式，加强年轻干部教育管理监督。在安溪报开设《监督在一线》专栏。参加全市纪检监察系统学习教育整顿提升活动，开展巡察机构“能力作风建设年”活动。

【纪检监察体制建设】 2022年8月30日，安溪县监委向县十八届人大常委会第四次会议作题为《安溪县监察委员会关于整治群众反映强烈的问题工作情况的报告》的专项工作报告。制定出台《关于推进县管企业纪检监察体制改革的实施意见》，全面落实县管企业党的纪律检查工作双重领导体制。

【纪检监察队伍建设】 2022年，安溪县纪委监委倡导“事经我手请放心”“事经我手求卓越”的机关文化，开展“比担当、比作为、比贡献”活动，2名纪检监察干部推荐上报省纪委表彰。开展乡镇纪委书记履职交流活动，官桥镇纪委作为全市唯一代表到省纪委进行履职汇报。加大全员分级分类培训力

2022年7月1日，安溪县政治生态教育馆揭牌仪式举行（图/县纪委监委）

度，举办和参加上级履职能力培训班18场次，受训1117人次。执行重大事项请示报告、线索处置、审查审理、涉案款物管理、个人有关事项报告及“十严禁”“八不饮酒”等制度，建立纪检监察干部廉政档案，不定期开展谈心谈话、走访家访。抽调干部参与审查调查、巡视巡察、疫情督查、一线防控132人次。

（陈宝福　叶锦灿　黄炳杰　刘金顺）

重要会议

【概况】 2022年，中共安溪县纪律检查委员会召开全体会议1次、常委会会议26次。

【县纪委全体会议】 2022年1月28日，中国共产党安溪县第十四届纪律检查委员会第二次全体会议召开，县四套班子领导，县法院院长、县检察院代检察长，县纪委委员、监委委员，各乡镇党委书记、乡镇长，县直有关单位负责人，县委巡察办正、副主任，县委巡察组正、副组长，县监委特约监察员，以及县纪委监委机关内设机构负责人，乡镇纪委书记监察组组长，县纪委监委各派驻纪检监察组组长，县直纪工委书记参加会议。各乡镇领导班子成员、专职纪检监察干部在乡镇分会场同步收听收看会议。县委书记吴毓舟作强调讲话，县委常委、县纪委书记、县监委主任曾惠彬作题为《弘扬伟大建党精神勇于伟大自我革命为全面建设具有茶乡特色的现代化中等城市提供坚强保障》的工作报告。

【县纪委常委会会议】 2022年1月12日，安溪县纪委常委会暨县监委委务会会议召开，专题学习《中国共产党纪律检查委员会工作条例》。

4月7日，县纪委常委会暨县监委委务会会议召开，传达学习习近平总书记在中央党校（国家行政学院）中青年干部培训班开班式上重要讲话精神，在中央全面深化改革委员会第二十四次会议上重要讲话精神，在2月25日中央政治局会议及第三十六次、三十七次集体学习时的重要讲话精神以及给武警上海市总队执勤第四支队十中队全体官兵的回信精神，学习领会习近平总书记重要文章《坚持走中国特色社会主义法治道路，更好推进中国特色社会主义法治体系建设》精神。

5月7日，县纪委常委会暨县监委委务会会议召开，传达学习习近平总书记在中央全面深化改革委员会第二十五次会议上重要讲话精神，在中共中央政治局会议和在中共中央政治局常务委员会会议上重要讲话精神。

5月31日，县纪委常委会暨县监委委务会会议召开，传达学习习近平总书记在5月27日中央政治局会议上的重要讲话精神，在庆祝中国贸促会建会70周年大会暨全球贸易投资促进峰会上的视频致辞精神，以及向金砖国家政党、智库和民间社会组织论坛致贺信精神、给南京大学留学归国青年学者的回信精神，学习领会习近平总书记重要文章《正确认识和把握我国发展重大理论和实践问题》精神。

6月24日，县纪委常委会暨县监委委务会会议召开，传达学习习近平总书记在6月17日中央政治局会议上，在中央政治局第三十九次、第四十次集体学习时和在四川考察时的重要讲话精神，学习领会习近平总书记重要文章《努力建设人与自然和谐共生的现代化》《坚定不移走中国人权发展道路 更好推动我国人权事业发展》精神。

7月14日，县纪委常委会暨县监委委务会会议召开，传达学习习近平总书记在庆祝香港回归祖国25周年大会暨香港特别行政区第六届就职典礼上重要讲话精神，在中央全面深化改革委员会第二十六次会议上的重要讲话精神，以及给予中国国家博物馆的老专家回信精神、给种粮大户的回信精神，学习领会习近平总书记重要文章《更好把握和运用党的百年奋斗历史经验》精神。

8月4日，县纪委常委会暨县监委委务会会议召开，传达学习习近平总书记在新疆考察时的重要讲话精神，以及给世界青年发展论坛、全球重要农业文化遗产大会、世界互联网大会国际组织成立的贺信精神，给参加海峡两岸青年论坛的台湾青年的回信精神，学习领会习近平总书记重要文章《把中国文明历史研究引向深入，增强历史自觉坚定文化自信》精神。

8月19日，县纪委常委会暨县监委委务会会议召开，传达学习习近平总书记在中央统战工作会议上重要讲话精神，在省部级主要领导干部“学习习近平总书记重要讲话精神、迎接党的二十大”专题研讨班上的重要讲话精神，以及向中国共产党与世界马克思主义政党论坛的贺信精神，学习领会习近平总书记重要文章《在庆祝中国人民解放军建军90周年大会上的讲话》精神。

9月8日，县纪委常委会暨县监委委务会会议召开，传达学习习近平总书记在辽宁考察时的重要讲话精神，以及向世界职业技术教育发展大会、国际民间社会共同落实全球发展倡议交流大会的贺信精神和给“中国好人”李培生、胡晓春的回信精神，学习领会习近平总书记重要文章《全党必须完整、准确、全面贯彻新发展理念》精神。

9月28日，县纪委常委会暨县监委委务会会议召开，传达学习习近平总书记在中央全面深化改革委员会第二十七次会议上的重要讲话精神，以及致2022年全国专精特新中小企业发展大会、2022年中国国际服务贸易交易会的贺信精神，给北京师范大学“优师计划”师范生的回信精神，学习领会习近平总书记重要文章《新发展阶段贯彻新发展理念必然要求构建新发展格局》精神。

10月14日，县纪委常委会暨县监委委务会会议召开，传达学习习近平总书记在参观“奋进新时代”主题成就展时的重要讲话精神，对国防和军队改革研讨会作出的重要指示精神，致中国新闻社建社70周年的贺信精神，向全国广大农民和工作在“三农”战线上的同志们致以节日祝贺和诚挚慰问精神，重要文章《坚持和发展中国特色社会主义要一以贯之》精神，为《复兴文库》作的序言《在复兴之路上坚定向前行》精神。

10月25日，县纪委常委会暨县监委委务会（扩大）会议召开，传达学习党的十九届七中全会和党的二十大精神。

11月8日，县纪委常委会暨县监委委务会会议召开，传达学习习近平总书记在陕西延安和河南安阳考察时重要讲话精神，在出席军队领导干部会议时的重要讲话精神，以及在第五届中国国际进口博览会开幕式上的视频致辞精神，学习领会习近平总书记重要文章《坚持人民至上》精神。

12月8日，县纪委常委会暨县监委委务会会议召开，传达学习习近平总书记在江泽民同志追悼大会上的悼词、在12月6日中共中央政治局会议上的重要讲话精神，在出席亚太经合组织第二十九次领导人非正式会议时的重要讲话精神，在11月10日中共中央政治局常委会会议上的重要讲话精神，在视察军委联合作战指挥中心时的重要讲话精神，对河南安阳市凯信达商贸有限公司火灾事故作出的重要指示精神，在亚太经合组织工商领导人峰会上的书面演讲精神，向发展中国家科学院第16届学术大会暨第30届院士大会致贺信精神，向联合国/中国空间探索与创新全球伙伴关系研讨会致贺信精神，向第6届中国——南亚博览会致贺信精神，向国际竹藤组织成立二十五周年志庆暨第二届世界竹藤大会致贺信精神，向2022年世界互联网大会乌镇峰会致贺信精神，向“杂交水稻援外与世界粮食安全”国际论坛发表书面致辞精神，给中国航空工业集团沈飞“罗阳青年突击队”队员的回信精神和重要文章《在二十届中央政治局常委同中外记者见面时的讲话》精神。

（陈宝福　叶锦灿　黄炳杰　刘金顺）

纪律检查和案件审理

【主体责任检查】　2022年，安溪县纪委监委协助县委制定《落实全面从严治党“两个责任”任务分解方案》，明确8个大方面49项具体任务，配合县委做好省委、市委主体责任检查反馈的4个方面32个具体问题、2个个性问题和2条问责建议的整改、处置工作。

【“四风”纠治】　2022年，安溪县纪委监委分地域、分领域、分层级纠“四风”树新风，整治“吃公函”“酒杯中的奢靡之风”等问题，全年查处违反中央八项规定精神问题11件14人，给予党纪政务处分12人。整治形式主义官僚主义5件8人，给予党纪政务处分7人。

【点题整治】　2022年，安溪县纪委监委聚焦教育、医疗、食品药品安全等群众关注、反映集中的重点领域、突出问题，确定24个年度“点题整治”项目，督促13个牵头部门细化整治措施126项，受理解决群众反映问题363个，追责问责相关责任人员23名。针对反映最为集中的农村建房需求以及审批不作为、乱收费等问题开展专项治理，推动审批部门审批宅基地2649宗，审批量位居全市前列；查处农村建房审批乱收费问题11件，督促退还违规收取的土地补偿款等不合理收费32.38万元。

【专项整治】　2022年，安溪县纪委监委开展粮食购销领域腐败问题专项整治，立案8件8人，给予党纪政务处分7人，移送司法机关1人，挽回经济损失125.75万元。巩固政法队伍教育整顿成果，查处政法系统干部违纪违法问题7件，给予党纪政务处分7 人。运用扫黑除恶“一线索双研判”工作机制，对2名公安干警涉黑恶腐败和充当“保护伞”问题进行立案查处。督促开展困难群众救助补助领域专项治理工作，追责问责22人，建立困难群众信息化数据比对审核机制。运用“室地”联动机制开展安全生产专项监督活动，发现并督促整改问题73个。

【村级小微权力监督微信群推行】2022年，安溪县纪委监委推行村级小微权力监督微信群的做法在全市范围推广，依托市纪委监委构建的信息监督平台，做好“三务”公开、群众诉求、纪检监察干部“访民情”等工作，开展村民议事微信群同步直播、重大村务微信群征集民意等延伸实践，建立职能部门线上巡群线下督查、县直纪检监察干部挂钩监督、纪巡联动监督等配套制度。该做法7月在全市推广，发现并查处问题线索11条，处理9人，其中给予党纪政务处分3人，收集群众急难愁盼问题1837个，办结1716个。

（陈宇鹏　章添才）

巡察工作

【概况】　2022年，安溪县委巡察工作坚守政治巡察定位，加强政治监督，把落实好县第十四次党代会、2022年三级干部会议和“强产业、兴城市”双轮驱动动员部署会等会议精神作为县委巡察工作的聚焦重点，围绕支持民营经济发展、“强产业、兴城市”双轮驱动、“党建+”社区邻里中心等工作要求，制定巡察实施方案，列明巡察监督重点。

【常规巡察】　2022年，安溪县委巡察办统筹安排常规巡察，组织开展2轮4批次巡察。第一轮第1批巡察县工信商局、县城管局和县林业局等3个党组，围绕疫情防控、安全生产、营商环境、加强“一把手”监督、干部队伍作风整顿等，发现问题191个。第一轮第2批、第二轮第2批巡察尚卿乡、西坪镇和虎邱镇等9个乡镇，采取巡乡镇带村（社区）方式，对116个所辖村（社区）党组织同步进行全覆盖巡察，围绕工程项目、专项资金、打击偷私渡等，发现问题1669个。适时调整巡察时长，根据被巡察单位工作性质和大起底情况，调整巡察进驻时长。把被巡察单位“一把手”作为监督重点对象，了解和反映其履行第一责任人职责和廉洁自律等情况，在巡察报告中单独列出，提出意见和整改要求。

【对村巡察】　2022年，安溪县委巡察工作贯彻落实《关于加强巡视巡察上下联动的意见》，构建对村巡察“联勤监督”模块。巡察组提出“1+N”巡察监督清单建议，与被巡察乡镇党委会商，逐村梳理潜在重点问题，列明村级问题检查项目，督促乡镇党委组建1—2个对村巡察配合行动小组，在巡察组统一指挥下开展监督检查。压实乡镇党委主体责任，建立乡镇党委整改落实情况通报和约谈机制，落实村级党组织直接责任，督促被巡察村级党组织边巡边改。巡察期间实行集中办公、统一食宿，保障巡察氛围。

【整改督查】　2022年，安溪县委巡察工作坚持从完善机制制度入手，从问题线索处置、巡察反馈问题整改的日常监督等方面，贯通纪律监督、监察监督、巡察监督、派驻监督以及有关职能监督。传导整改主体责任压力，完善“一对一”反馈问题机制，强化过程督导，对被巡察党组织提交的整改落实情况提出书面审核意见。配合市委巡察办、市纪委第二纪检监察室，针对市委专项巡察十组对安溪开展涉粮问题专项巡察反馈的32条问题，进行整改跟踪督导。规范问题线索移送处置，制定《关于建立健全安溪县纪委监委机关和县委巡察机构问题线索移送处置工作制度》，实行巡察后问题线索三方移交制度，加强问题线索处置工作的跟进，建立每月一跟进台账。全年向纪检监察机关移送问题线索22条，推动查处违纪违法案件19件28人。推动整改监督责任落实，建立《关于加强巡察整改日常监督协同协作机制的工作措施（试行）》，把日常监督贯穿被巡察党组织整改全过程各环节。建立《关于建立健全巡察整改质效评估工作机制的实施办法（试行）》，对质效评估得分“差”的党组织适时启动巡察“回头看”，强化巡察监督综合成效。

【巡察作风建设】　2022年，安溪县委巡察落实保密纪律、廉洁纪律等规定。加强对巡察干部的日常考核，制发安溪县委巡察组抽调干部现实表现评价表，规范巡察人才库使用。安溪县委巡察办作风建设相关做法，在《福建巡视巡察参考》等有关媒体刊发。

（陈宇鹏　章添才）

群众团体

安溪县总工会

【概况】 2022年，安溪县总工会（简称“县总工会”）下属事业单位2家（职工服务中心、工人俱乐部），产业、乡镇级工会24个，村级工会175个（当年新建工会58家），会员总数14.7万人。全年全县新建工会58家，新增会员2734人。县总工会获评福建省“安康杯”组织工作优秀单位、省县级和基层工会资产工作先进单位、省县级工会经费审计工作规范化建设一等奖单位，获泉州市（安溪）铁观音茶叶制作技能竞赛“优秀组织奖”。

【职工先进推荐评选】 2022年，安溪县总工会开展全国“五一劳动奖章”、省“五一劳动奖章”、省工人（五一）先锋号、市工人（五一）先锋号和泉州工匠的推荐评选工作，陈佳友当选八闽工匠年度人物。陈红萍、林进旺、林淑珠获福建省“五一劳动奖章”，县市场监督管理局行政审批股、县新奥燃气有限公司燃气抢修班、移动安溪分公司政企部获评福建省工人（五一）先锋号。李金登等4人获评第五批“泉州工匠”，陈秉怀等18人获县级“五一劳动奖章”。选送叶淑琛参加省总工会主办的“强国复兴有我——喜迎二十大 建功新福建”全省青年职工演讲比赛并获银奖。面向全县职工征集65个职工创新项目参加2022年福建省百万职工“五小”创新大赛活动，职工创新项目中5个项目获一等奖、8个项目获二等奖、12个项目获三等奖。

【职工技能提升】 2022年，安溪县陈利职业中专学校成功申报泉州市产业工人技能培训基地，依托陈利职校、华侨职校（市产业工人技能培训基地），开展培训52场，受益职工4588人次。在新冠疫情期间，运用“八闽工匠学堂”，组织引导65家企业开展线上民营企业职工技能培训1200人次。开展“当好民营经济先锋 助力全方位高质量发展超越”职业技能提升主题活动，全县促成师徒结对1000对，推荐命名“泉州市好师傅”22人。

【女职工关爱】 2022年2月13日，安溪县总工会联合团县委等单位举办“缘在工会·牵手茶乡”单身青年职工新春联谊活动，全县企事业单位50人参加，促成5对青年职工成功牵手。在“三八”国际劳动妇女节之际，联合妇联组织女性高层次人才、女职工代表开展安溪县“巾帼绽风采·一起向未来”妇女节主题沙龙活动，参与100人。组织22名一线职工代表参加由市总工会举办的“奋斗新征程 当好主力军”——泉州市职工庆祝“三八”国际劳动妇女节健身操比赛。“六一”国际儿童节之际，县总工会组织慰问困难、单亲、外来工等子女、关爱留守儿童20人。在城东社区“党建+”邻里中心举办亲子DIY蛋糕、儿童绘本阅读“六一”等系列活动。新创建1家“妈妈小屋”（安溪县尚卿乡灶坑村第六选区），培育的安溪妇幼保健院获评全国爱心托育用人单位。

【企事业民主管理】 2022年，安溪县组织全县企业职工开展集体协商行动，推进职工集体协商，截至年底，发出工资集体协商要约企业60家，涉及职工21020人，其中百人以上企业42家，涉及职工16595人；发出区域性集体合同2份，覆盖企业312家，涉及职工10625人；发出行业性集体合同3份，覆盖企业110家，涉及职工6500人，签订率88%，建立工资集体协商常态化运行机制。

【职工劳动竞赛】 2022年，安溪县在重点工程、重点项目以及“双铁”产业中，举办“建功‘十四五’·奋进新征程”主题系列技能竞赛12场次。9月20—22日，2022年泉州市（安溪）铁观音茶叶制作技能竞赛在云岭茶庄园茶叶加工技术研发基地举办，泉州各地从事乌龙茶制作的职工及从业者30人参加此次竞赛，县总工会获优秀组织奖，林阿鹏获一等奖、泉州市“五一劳动奖章”，并被授予泉州市技术能手称号；吴友德、陈少训、肖福音获二等奖并被授予泉州市金牌工人称号。

【工会普惠服务】 2022年，安溪县总工会实施提素、建功、护航、暖心、纾困、强基六大系列“抗疫助企”服务行动，减轻中小微企业负担，全额返还66家小微企业上缴的工会经费近85万元。设立基层工会疫情防控特殊消费券，引导职工会员积极消费，助力茶乡优品销售。全年举办职工子女暑托班12个，覆盖职工子女236人。提升助学标准，筹集助学金35.3万元帮扶困难职工子女63人。职工医疗互助活动提档升级，有511家机关企事业单位33201名职工参加，补助金额241万元，超额完成年度任务数35.7%。先后举办外来务工人员免费游安溪、“情暖五一·致敬劳动”等系列主题活动。

【工会人才建设】 2022年，安溪县总工会做好基层工会建设。推动10个县直“近邻党建”联系点依托党群服务（活动）阵地增添工会服务项目，补助资金20万元。培育省非公有制企业党建带工建示范点2个。促成晶安光电、凯鹰电源等10家民营企业，结成5对模范职工之家。培育市级“职工书屋”示范点2家。创建省级“职工之家”1家、市级“职工之家”5家。开展“新就业形态群体入会”活动，加大货车司机、网约车司机、快递员、外卖配送员等新就业形态劳动者建会、入会工作力度。举办“工会相伴万里行”货车司机关爱活动、新就业形态劳动者入会及购赠保险启动仪式、“共话二十大‘驿’起向未

2022年5月6日，安溪县总工会走进槐植服务区开展“劳模送福袋，暖心高速行”活动 （图/县总工会）

来”学习贯彻党的二十大精神劳模宣讲等系列活动。全县新建工会58家、新增会员2734人。至年底，全县基层工会1149家，会员14.7万人。2022年，县本级工会经费支出的60%以上用于服务基层，下拨基层工会经费150万元。通过“1+X”季度督查、年度审计和专项审计，对47家基层工会开展审计督查，100%完成整改。

2022年，安溪县总工会做好县级工会建设。安溪县总工会实施“县级工会加强年”专项行动，部署8项重点工作任务，推进县级工会规范化建设。举办全县工会业务培训班，提升工会业务素养。组织6名机关干部赴基层蹲点，促进年轻干部在基层“墩苗”成长。县总工会5人次获评全县经济社会工作表现优异个人。

【乡村振兴助力】 2022年，安溪县总工会推进工会组织向村（社区）延伸。截至年底，全县成立178家村（社区）工会，另有24家规模较大的涉农经济组织、专业合作社、家庭农场也成立工会组织，全县农民工会员39031人。发挥工会的传统优势开展帮扶服务，先后对5个村、6家合作社给予经费补助24万元，助力乡村振兴。促进乡村旅游消费提质扩面。建成1家市级职工疗休养示范基地（溪禾山文化园）、1家县级职工疗休养示范基地（国心绿谷）。全年安排县级职工疗休养20期，其中一线防疫抗疫专班6期，每期50人，共约1000人，投入145万元。鼓励基层工会开展就地休闲游、乡村民宿游、周边生态游、乡村振兴游等各种形式的微旅游，逐步走上以职工疗休养产业促进城乡互动、带动旅游消费、助推乡村振兴的特色发展之路。

（谢章王　李小强）

共青团安溪县委员会

【概况】 2022年，共青团安溪县委员会（简称“安溪团县委”）提升组织力、引领力、服务力和大局贡献度。年度人才工作目标责任制考评工作在全市位列第一梯队，安溪团县委获评泉州市2022年疫情防

控优秀志愿服务组织、安溪县省级文明城市创建工作表现优异单位、疫情防控工作表现优异单位、征兵工作先进单位，多项工作经验做法、活动信息刊发于人民网、央广网、《中国青年报》《八闽快讯》《侨区快讯》。

【青少年理想教育】 2022年，安溪团县委抓好思想教育，开展“青年大学习”专题网上主题团课35期、“红领巾爱学习”网上主题队课25期，举办入队入团仪式、主题团队日等活动30余场，以“沉浸式”仪式教育激发青年爱国、爱党、爱团热情；复办少年军校夏令营活动2期，组织公安、消防等专业人员为144名少先队员授课，学训结合加强青少年革命传统教育和国防教育；组建全县青年学习社联盟，在税务、供电、法院、农商行等领域轮办学习社活动4期，凝聚各界青年，推动青年交流互动、成长互促。推报评选优秀青年、团属集体、少先队参评青年五四奖章、“两红两优”、少先队“三优”、红领巾奖章、青年文明号、“台湾百人计划”等各级各类团属荣誉，1人获评全国优秀共青团员，近600人、180家集体获奖，更好发挥青年榜样作用。建好用好“安溪青年之家”“安溪青少年宫”等新媒体，推送各类学习资料、原创作品、活动信息等752篇，阅读量48万人次。

【安溪青商活动】 2022年，安溪团县委提升安溪青商“溪引力”，县委书记吴毓舟多次到安溪青商会调研指导；举办安溪青年企业家“溪引力·创新研修班”，走进厦门、成都开设4个班，县委书记吴毓舟等四套班子领导出席开班仪式；开展“安溪青商·情融茶乡”“青商学习日”“青商大讲堂”等学习活动20余场，发布“创茶礼、跑茗山、访大师、知茶事、话茶业”宣言，为安溪铁观音代言；组织赴晋江、鲤城、洛江、德化、泉港等商会企业参访学习；推选26名理事为各级人大代表、政协委员，6家理事企业获评县级纳税优秀企业。

【青年人才工作】 2022年，安溪团县委推进暑期大学生实习“扬帆计划”，发动217家用人单位发布岗位1991个，确认实习802人；推报获评省市“扬帆之星”50人、“扬帆导师”8人、“扬帆实习基地”10个；建立安溪籍学子信息库1183名，其中“双一流”学生94名。组织开展大学生返乡政策宣讲活动、“三铁”研学营、“河小禹”护河宣传等“安溪少年家”返家乡系列活动25场次，推报安溪籍学子17名入选为2022年泉州市“校园引才大使”，聘任安溪县校园引才大使30名，增强青年学子对家乡的认同感和归属感。

2022年7月29日，安溪县组织大学生“返家乡”暑期研学拓展活动，图为走进青阳下草埔冶铁遗址 （图/团县委）

【青少年公益事业】 2022年，安溪团县委举办暑期公益支教活动，组织152名大学生志愿者赴12所乡村小学开展支教活动，为1300余名留守儿童带去知识和陪伴，倡导“知识改变命运”“教育改变安溪”；依托6个“党建+邻里中心”团建示范点、“复兴少年宫”等阵地，走进东北、城东等6个社区开展“七彩课堂”暑期陪伴活动，帮助450多名少年儿童度过快乐暑假。争取省青少年发展基金30万元，助力蓝一小学教学楼建设；争取省市“希望工程”帮扶，帮助27名受疫情影响及乡村贫困学子获得助学金18万元。开展“青商筑梦”2.0行动，资助42名困难大学生完成学业。

【青少年权益维护】 2022年，安溪团县委走进学校、社区举办公益九月——“扬帆起航 从‘心’出发”心理健康辅导讲座、“喜迎二十大 同心护未来”关爱未成年人公益讲座、“守住青春的底色”青少年防性侵主题讲座等28场次，覆盖4600余人次，引导未成年人“扣好人生第一粒扣子”。组织开展“12·4”国家宪法日法治宣传教育活动、“崇德长卿·普法先行”

暨打击偷私渡主题宣传活动、“予爱童心·与法同行”“六一”国际儿童节活动等，增强青少年法治观念，预防和减少青少年违法犯罪。

【青年参政议政】 2022年，安溪团县委联合安溪青商会提交人大议案1条、政协提案5条，为推动安溪高质量发展贡献智慧。安溪青商会会长杨江勇、秘书长李淑云当选福建省人大代表，积极建言献策，发出青年之声。开展2022年安溪县青少年模拟政协提案征集活动，引导广大青少年了解并参与国家政治生活。

【青年志愿服务】 2022年，安溪团县委推进青年志愿服务工作，开展2022年学雷锋志愿服务月活动，组织青年志愿者参与“喜迎二十大 助乡村振兴”义务植树活动、少年军校、“河小禹”护河宣传等活动。开展疫情防控志愿者培训，评选疫情防控优秀志愿者100名。全县推广使用“志愿汇”系统组织开展志愿服务，2022年在系统中注册志愿者10.2万人，活跃志愿者1.6万人次。

【县域共青团组织改革】 2022年，安溪县委常委会专题听取全县共青团和少先队工作汇报，研究县域共青团基层组织改革，以县委名义出台《安溪县共青团基层组织改革实施方案》，推动基层组织改革落地见效；推广运用“智慧团建”系统，做好星级团组织创建、星级团员评定、社会领域建团等工作；严格推优入团，新发展团员1620人，新建团组织190家，团组织力明显提升。完善青年工作联席会议，召开全县青年工作联席会议第二次全体会议，形成青年常态化联系机制。

【少先队工作】 2022年，安溪团县委深化“全团带队”“全团抓学校”，全年新增入队16697人，团队衔接率90%以上；搭建辅导员成长平台，举办首届安溪县少先队辅导员职业技能大赛，推送的5名辅导员在市级技能大赛中获奖；开展“红领巾奖章”争章培训，覆盖大、中队辅导员500余人，提升少先队辅导员专业素养和职业荣誉感、归属感；推动安溪国心绿谷茶业实践基地被全国少工委等部门评为第一批全国农耕文化实践营地。

【建团100周年活动】 2022年，安溪团县委召开安溪县“庆建团百年”优秀青年代表座谈会，传达学习习近平总书记在庆祝中国共产主义青年团成立100周年大会上的重要讲话精神，县委书记吴毓舟，县委常委、组织部部长李安辉，县政协副主席陈振仕出席座谈会。策划开展“庆建团百年 传五四薪火”青春火炬接力活动、“承百年薪火　立青春之志”庆祝建团百年灯谜竞猜活动，举办“百年团史青年说”微团课比赛、“迎建团百年　扬青春风采”主题演讲比赛，覆盖1万余人次；评选出第一届安溪县青年五四奖章获得者70人、集体30个。

【喜迎党的二十大和学习党的二十大精神系列活动】 2022年，安溪团县委以“喜迎二十大、永远跟党走、奋进新征程”主题教育实践活动为载体，推出“喜迎二十大 争做好队员”主题队日、成立安溪县“红领巾宣讲团”、主题灯谜竞猜等工作项目5个，举办喜迎党的二十大和学习党的二十大精神系列活动30余场；组织全县各界团员青年收看党的二十大报告，邀请党的二十大代表温文溪为基层团干作专题宣讲，教育引导广大团员青年、少先队员听党话、跟党走。

【18岁成人礼教育活动】 2022年，安溪团县委深入学习贯彻落实习近平总书记关于青年工作的重要思想，树牢“全团抓学校”工作理念，以共青团中央《全国中学生18岁成人仪式规范（试行）》为抓手，联合县教育局、司法局印发《关于规范和深化中学生18岁成人仪式的通知》，推动全县完中（中职）渐进式全覆盖式开展18岁成人系列活动。2月27日在安溪一中举

2022年2月27日，安溪一中举办2022届高三毕业班18岁成人礼仪式
（图／刘伯怡）

办2022届高三毕业班18岁成人礼仪式，县长刘永强到场鼓励讲话，活动相关做法得到《中国青年报》《中国共青团杂志》“共青团福建省委”头条号等团属主流媒体报道，线上直播平台吸引1.8万人次观看。

【青少年宫阵地建设】 2022年，安溪团县委完善校外教育工作。配合“双减”政策，做好县青少年宫校外教育各科目基础培训工作，在原有开设书法、国画、经典诵读及闽南语、木偶戏、蓝印花布、绘本阅读、象棋、乒乓球等公益班基础上，新增加中国武术、创意美术、少儿体能训练、乐高编程等课程，开设3期49次，年培训学员1000余人次；联合清水湾“党建+”邻里中心举办暑期流动少年宫公益培训班，以“线上+线下”形式举办丰子恺儿童图画书奖获奖作品展，丰富少年儿童精神文化生活。举办第二期安溪县大学生茶文化研学班，帮助大学生更好地了解农遗、感受农遗、推介农遗。12月，安溪团县委召开中国少年先锋队安溪县青少年宫第一次代表大会暨青少年宫少工委成立大会，聘请校外辅导员15人，巩固拓展青少年宫少先队组织基础。

（王小萍　李娜峰）

安溪县妇女联合会

【概况】 2022年，安溪县妇女联合会（简称“县妇联”）做好“巾帼心向党 出彩新安溪”主题实践活动。全年被评为全县三八红旗手50名、三八红旗集体22个，被评为市级以上三八红旗手11名、三八红旗集体16个。维权工作获全县机关体制机制创新优秀案例征集评选活动三等奖，县妇联获评2022年度全省妇联系统先进集体、全市巾帼志愿服务优秀单位、2022年度全县优秀提案单位等。安溪县龙门镇妇联、参内镇妇联、长卿镇妇联获评“福建省达标的乡镇（街道）妇联”，城厢镇茗城社区妇联、凤城镇蓝湖社区妇联、剑斗镇尚山坑村妇联获评“福建省达标的村（社区）妇联”，大坪乡妇联主席孙惠惠，安溪县参内镇湾美社区党支部书记、居委会主任、妇联主席钟秋英，感德镇龙通村妇联主席许贵凤，县新的社会阶层人士联谊会妇联主席李丽娟获评“福建省优秀妇联主席”。9月28—29日，安溪县妇联参与市妇联“我履职我创新·巾帼红在行动”基层妇联组织特色项目展评送3个项目，其中龙门镇妇联荣获镇级妇联项目一等奖，安溪县新联会妇联荣获新领域妇联项目二等奖，剑斗镇尚山坑村妇联荣获村级妇联项目三等奖。

【妇联组织建设】 2022年，安溪县妇联在“党建+”邻里中心成立8个茶乡妇女微家、3个执委工作室，涵盖家教、科普、茶艺等领域。成立泉州市中天成包装用品有限公司妇联等“三新”组织妇联8家，建设“语之秀美”等茶乡妇女微家25个，成立谢翠菊等执委工作室10个，出台执委学习制度，举办“争做领头雁 喜迎二十大”2022年基层执委培训班3期，培训5000多人次。

6月20日，泉州市中天成包装用品有限公司召开妇女第一次代表大会。县妇联副主席苏蓉蓉，县委非公办负责人陈伟铭，县市监局非公党建办主任王长洪，参内镇党委秘书、妇联主席范丽华等参加会议。选举产生妇联执委7名，其中主席1名，副主席1名。选举黄水莺为泉州市中天成包装用品有限公司妇联主席，王亚龙为泉州市中天成包装用品有限公司妇联副主席。6月21日，安溪县唯尚心青年志愿者协会妇女第一次代表大会在安溪县唯尚心志愿者协会会议室召开，县妇联副主席苏蓉蓉、镇志愿协会分管领导易自立主任等出席会议。

【家风家教行动】 2022年，安溪县妇联开展“茶乡好家风”创建活动，促进41个乡村家风家教学堂转型升级，围绕“红色元素”建设家风家教学堂10个，举办“清正廉洁铸忠诚·言传身教传家风”清廉家风故事分享会、“我与父母之间最感动的故事”亲子沙龙等家庭家教家风活动60多场次。整合本地家庭教育资源，实施家庭教育指导服务村（社区）挂钩联系制度，举办巡回家教讲座30多场。

【巾帼建功行动】 2022年3月7日，安溪县妇联授予白韵茹等50人安溪县三八红旗手、城厢镇妇联等22家单位安溪县三八红旗集体称号。针对贫困妇女、女党员、创业女性、机关女性等对象，举办“茶香月嫂”、茶艺茶礼等培训班及讲座11期，培训2000多人次。

【妇女儿童关爱】 2022年，安溪县妇联建成2个市级“儿童之家”、15个县级“儿童之家”并投入使用。募集母亲健康“1+1”公益资金264942.95元，通过加强宣传等形式开展免费妇女病筛查。举办“喜迎二十大·共同护未来”“母亲圆梦行动”“关爱女性健康”“圆梦女大学生”等活动，发放慰问资金22万元；举办“童心向党 喜迎二十大”暨“情暖童心·我们和留守流动儿童在一起”活动，组织30名爱心妈妈与留守流动儿童结对活动。投入75万元，在“党建+”邻里中心建设15个“儿童之家”，成立“泉家福”安溪县未成年人校外心理辅导站、福建少儿图书馆龙津蒙养书院站等家教机构7个，把家庭教育与社会教育、学校教育紧密结合起来。1月18日，安溪县妇联携手团县委、县民政局等单位在参内镇湾美社区联合举办“把爱带回家——送法到家 让孩子健康成长”2022寒假儿童关爱服务系列活动。活动包括观看“家家幸福安康”微视频、《中华人民共和国家庭教育促进法》主题宣传、义务书赠春联、关爱帮扶儿童等环节。

【庆祝“三八”国际妇女节112周年活动】 2022年3月7日，安溪县庆祝“三八”国际妇女节112周年暨“巾帼绽风采·一起向未来”主题分享活动在县妇女儿童活动中心一楼400人多功能厅（县三馆）举行。县委常委、组织部部长李安辉出席活动并讲话，县妇联主席林艺娟主持会议。县三八红旗手、县三八红旗集体代表，各乡镇妇联主席，县妇联全体干部职工等参加活动。举行安溪县三八红旗手、安溪县三八集体颁奖活动。

【女企业家成长主题活动】 2022年3月9日，安溪县妇联在城厢镇芳鑫雅苑开展“汇聚女企力量 助力强产兴城”户外采风暨女企业家成长主题沙龙联谊活动。县妇联班子成员、县女企业家联谊会理事等参加活动。活动包括女企业家成长主题沙龙联谊活动、户外采风、团建等。

【新“两纲”征求意见座谈会】 2022年4月12日，安溪县妇儿工委在县妇女儿童活动中心召开新“两纲”征求意见座谈会，就新“两纲”（讨论稿）征求意见并讨论。会议由县妇儿工委副主任、县妇联主席林艺娟主持。

【安溪县妇女儿童工作委员会全体会议】 2022年4月19日，安溪县在县公务大楼召开县妇女儿童工作委员会全体会议。县委常委、常务副县长、县妇儿工委主任王礼藕出席会议并讲话。县妇女儿童工作委员会副主任、委员等参加会议。会议由县妇联主席、县妇儿工委副主任林艺娟主持。县妇联主席、妇儿工委副主任林艺娟作安溪县新一轮妇女儿童发展纲要（新两纲）编制情况说明；研究审议《安溪县妇女发展纲要（2021—2030年）》和《安溪县儿童发展纲要（2021—2030年）（审议稿）》，与会人员提出修改意见。

【市妇联领导到安溪调研指导工作】 2022年，市妇联党组书记、主席骆春玲先后到安溪铁观音女茶师非遗传习所、福建安溪佳胜针织服装有限公司、安溪县妇女儿童活动中心、茶乡妇女微家“国家级非遗安溪竹藤编传习”等地，通过听取汇报、召开座谈会及实地走访等形式对基层妇联工作开展情况进行了解，提出指导意见。为“全省最美基层妇联执委”获奖者——安溪铁观音女茶师非遗传习所妇联主席何环珠颁奖。

【家庭教育宣传】 2022年5月11日，县妇联携手县委文明办等部门举办“送法进万家 家教伴成长”家庭教育宣传周启动仪式暨家庭教育进社区“家长学校”宣传活动，活动在凤城镇蓝湖社区三楼“家长学校”举行。活动包括安溪县“家庭教育宣传周”启动仪式、2021年度泉州市家庭教育论文获奖者和2021年度安溪县“最美家庭”代表颁发证书及赠书仪式、安溪县家庭教育指导工作讲师聘书颁发仪式、安溪县家庭教育指导公益协会会长刘俊宇举办题为《家校社共育促成长》的讲座等。

【女性健康关爱】 2022年7月19日，安溪县妇联联合中国人寿保险安溪支公司在龙门镇一楼会议室举办女性安康保险赠送仪式暨关爱女性健康知识讲座。县妇联主席林艺娟，以及中国人寿安溪支公司、龙门镇分管领导，各乡镇负责女性安康保险工作负责人等参加活动。活动包括签订女性安康保险协议，举办女性安康保险赠送仪式、关爱女性健康知识讲座等。

【春蕾助学】 2022年9月2日，安溪县妇联在妇女儿童活动中心举行“春蕾计划”助学金发放仪式。县妇联主席林艺娟、副主席苏蓉蓉，部分乡镇妇联主席，福建省泉州沁鸿缘茶叶有限公司总经理李丽娟，部分春蕾女童等参加活动。

【清廉家风故事分享会】 2022年9月22日，安溪县妇联携手县纪委监委、县委办、县委组织部、县委县直机关工委、县委宣传部、县委文明办等单位在凤城镇东北社区家风家教学堂举办“清正廉洁铸忠诚 言传身教传家风”清廉家风故事分享会。县直有关部门领导以及家庭典范代表、各联办单位干部职工代表以及部分家属代表等参加活动。活动包括组织观看廉政教育宣传片《良好家风廉政向善——湖头李氏、城厢经兜孙氏家风》，邀请革命先辈陈乃昌侄儿陈荣吾讲授《陈乃昌——修炼防腐寸心红》，城乡建设、行政服务中心、供电公司系统等3名党委党员代表分享各自家风故事，“安溪县‘泉家福’家庭教育指导中心凤城镇东北社区站”授牌仪式，现场参观清廉家训、安溪县模范家庭家风故事展览等。

【安溪县妇联第十四届执行委员会第六次全体会议】 2022年11月16日，安溪县妇联第十四届执行委员会第六次全体会议在县妇女儿童活动中心三楼会议室召开。会议由县妇联主席林艺娟主持。会议包括学习传达党的二十大精神、选举出席泉州市妇女第十五次代表大会代表两项议程。会上，县妇联主席林艺娟传达党的二十大总体情况、大会报告主要精神、党章修正案和党的二十届一中全会精神。在随后选举议程中，一致选举同意林艺娟等52人为安溪县出席泉州市妇女第十五次代表大会代表。

【“山海共建妇女之家”授牌仪式】 2022年6月28日，“巾帼喜迎二十大，山海共建妇女家”暨文明创建、家风家教主题活动在厦门市思明区文化馆举行。安溪县妇联主席林艺娟、厦门市思明区妇联主席陈学颖等参加活动。活动中，举行“山海共建妇女之家”授牌仪式。安溪县妇联主席林艺娟和厦门市思明区妇联主席陈学颖分别代表两地妇联，共同为厦门市安溪商会妇女之家授牌“山海共建妇女之家”，厦门市安溪商会妇联主席王淑贞代表商会妇联上台接受牌匾。

（陈双清　林艺娟）

安溪县科学技术协会

【概况】 2022年，安溪县被中国科协认定为“2021—2025年度第二批全国科普示范县”。县科协被中国科协办公厅评为2022年全国科普日活动优秀组织单位；被福建省科协评为2022年福建省全民科学素质网络竞赛优秀组织单位；被市科协评为2022年度县（市、区）科协创先争优绩效评估综合优秀单位，位列泉州市各县（市、区）第一。

【科普宣传】 2022年，安溪县科协开展科普日系列活动。安溪县全国科普日活动主题为“喜迎二十大，科普向未来”。9月14日，县科协在溪禾山·铁观音文化园举办2022年安溪县全国科普日主题科普广场活动，县全民科学素质领导小组成员单位领导及部分县级学会、协会领导，参内镇200多名群众、学生参加此次活动。全国科普日期间，县科协发动全民科学素质成员单位、乡镇科协、县级学会、企业科协、学校科协等开展全国科普日活动150场。县科协联合参内镇政府举办的全国科普日主题科普广场活动、联合西坪镇政府举办的“送法下乡、法律服务‘五在场’活动”被省科协评为2022年福建省全国科普日优秀活动。

全国科技工作者日活动。县科协通过公交车、梯视和手机短信投放全国科技工作者日宣传标语，营造尊重科技、尊重人才浓厚氛围。县委常委、组织部部长李安辉带领县委人才办、县科协部分领导深入泉州芯谷（安溪）分园区走访慰问科技工作者代表。组织开展7场刺桐科学传播学者科普巡讲活动。组织开展“科协委员之家”调研活动。

2022年6月28日，“巾帼喜迎二十大　山海共建妇女家”暨文明创建、家风家教主题活动在厦门市思明区文化馆举行
（图／县妇联）

【科普进乡村、进社区、进校园】2022年1月25日，安溪县科协联合凤山社区等共建单位开展“我们的节日·春节”主题之“佳节尚文明·志愿关爱行”系列活动。2月15日，县科协联合县委宣传部、县委文明办等单位在凤城镇龙津公园开展“我们的节日·元宵”福文化社会宣传主题活动。3月4日，县科协联合县委宣传部、文明办等单位在安溪县新时代文明实践中心开展“弘扬雷锋精神　深化文明实践 助力双轮驱动”活动、全国第59个学雷锋纪念日主题活动。4月18日，县科协组织泉州市刺桐科学传播学者卓万生在西坪镇举办地质灾害防治知识宣传教育科普讲座。5月25日，县科协联合龙涓乡人民政府等单位举办2022年“茶产业转型升级”专题培训班。5月30日，县科协邀请陈传昌和卓万生2名泉州市刺桐科学传播学者为县第30期县管干部进修班学员举办科普讲座。5月30日，县科协联合凤山社区等共建单位开展“我们的节日·端午”系列活动。6月15日，县科协邀请泉州市刺桐科学传播学者白剑峰在安溪县中医院湖头分院举办“糖尿病防治健康知识讲座”公益科普讲座。7月19日，县科协联合湾美社区举办以“科技润童心　童心创未来”为主题的人工智能科普活动。9月8日，县科协联合凤山社区对空巢老人等群体开展“中秋慰问送真情，党建邻里促和谐”系列活动。9月16日，县科协邀请泉州市刺桐科学传播学者张泽坚在凤城镇东北社区“党建+邻里”中心为群众举办“脑卒中健康教育科普讲座”；9月26日，县科协在凤城镇蓝湖社区举办2022年“全国科普日”系列活动——科技小制作比赛；11月21日，县科协参与在龙涓乡举行2022年“奋进新征程，建功新时代”安溪县学习党的二十大精神暨文化科技卫生“三下乡”活动。在现场分发疾病预防、营养科学、科学健身18法等宣传资料，用通俗易懂的语言和生动的图片讲解和展示禁毒、反邪教、健康生活和疫情防控的科学知识。12月2日，县科协参与在安溪法治文化公园举办2022年“宪法宣传周”主题活动，围绕主题开展系列宣传活动。县科协在沼涛实验小学、第八小学、第十小学等3所小学举办校园科技节活动，活动包括航模比赛、科幻画比赛、科技实验表演、流动科技馆巡展等特色活动；湖头镇第三中心小学、第五小学开展青少年科学调查体验活动。

2022 年 9 月 14 日，2022 年安溪县全国科普日主题科普广场活动在溪禾山·铁观音文化园举办（图／县科协）

2022 年 8 月 16 日，安溪恒兴中学代表队在第六届全国青少年无人机大赛颁奖台上合影（图／县科协）

【科普阵地建设】2022年11月29日，安溪县科协在县科技馆会议室举办学习贯彻党的二十大精神宣讲报告会暨2022年基层科普骨干培训班。来自凤城镇、城厢镇、参内镇的基层科普骨干参加此次活动。5

月29日，县科协联合县教育局在恒兴中学举办2022年安溪县中小学校科技辅导教师培训班，有77名教师参加培训。县科协推荐的观音韵科普馆被纳入泉州市科技馆分馆；安溪县消防教育馆、观音韵科普馆、溪禾山·铁观音文化园和数字福建（安溪）产业园等4家单位入选第十批泉州市科普教育基地名单。

【青少年科技创新比赛】 2022年9月，安溪县科协联合教育局举办2022年安溪县青少年科技创新大赛，评选出优秀科幻画一等奖8幅、二等奖11幅、三等奖14幅。在第37届福建省青少年科技创新大赛中，安溪代表队获科技创新项目三等奖1项、优秀科幻画项目一等奖1项。2022年全县选送37个项目参加第十九届泉州市青少年科技创新大赛，选送的作品获市一等奖1项、二等奖3项、三等奖11项。

【青少年科技教育工作】 2022年，安溪县科协通过资金扶持和技术指导等方式，支持凤城镇朝凤社区创建青少年科学工作室；支持安溪县慈山学校、安溪县后垵小学创建校园创新工作室；支持湖头镇第三中心小学创建校园创客工作室。安溪县在第六届全国青少年无人机大赛中，获全国总冠军1项、一等奖2项、二等奖3项、三等奖1项、优秀奖1项；组织参与2022年泉州市青少年无人机大赛，获一等奖3项、二等奖5项、三等奖10项。推荐11篇论文参与第十八届市青少年科技教育论文评选活动，获一等奖1项、三等奖3项。组织20支队伍参加第二届泉州市创意编程与智能设计比赛，获二等奖2项、三等奖2项。选送优秀青少年科学影像作品参加第八届泉州市青少年科学影像作品竞赛，来自华侨职校的《“非遗”裂变新发展》获二等奖。

【流动科技馆科普巡展】 2022年，安溪县科协联合县教育局在蓝一小学、第八小学、第十一中学等6所中小学校举办县级流动科技馆巡展，受益师生8000多人次。联合蓝溪中学、尚卿中心小学等学校承办市级流动科技馆巡展，受众1500多人次，提升青少年学生科学文化素质和科技动手能力。

【科技馆展教工程特许经营】 2022年6月，安溪县政府常务会议研究通过《安溪县科技馆展教工程特许经营项目实施方案》，完成《安溪县科技馆展教工程项目特许经营协议》《安溪县科技馆展教工程特许经营项目投资合作协议》《安溪县科技馆展教工程特许经营招标文件》的编制，项目招投标稳步推进。

【基层科协组织工作】 2022年，安溪县医学会、县中医药学会、县护理学会、县预防医学会等学会承办各类研讨会、论坛、年会等。泉州中科星桥空天技术有限公司、泉州市圣能电源科技有限公司成立企业科协组织。

【医学会学术活动】 2022年6月18日，安溪县医院、县护理学会联合承办福建省肿瘤医院医疗联合体基层医疗行专题讲座在县医院举行。会上，福建省肿瘤医院多学科专家学者与参会人员先后作题为《肺磨玻璃结节》《晚期结直肠癌的分子分型及全程管理》《无充气经腋窝腔镜甲状腺癌根治术》《淋巴瘤的主要分型及治疗进展》等的学术报告。7月16日，由县医院、县护理学会联合举办的泉州市继续教育项目——“老年护理及安宁疗护新进展”培训班在安溪县医院多功能厅开班，福建医科大学附属第一医院护理部主任林蓉金、福建省老年医院护理部主任林慧珠、泉州市第一医院护理部主任吴碧瑜、厦门弘爱医院院长助理张锦辉、厦门市海沧医院肿瘤血液科护士长郭艺芳等专家应邀授课，安溪县医院院长陈鑫坛、副院长刘朝阳、护理部主任高月洪出席培训班，来自厦门、泉州各市（县）区及安溪县各医疗机构相关医务人员参加培训。11月5日，由县中医院、县中医药学会主办，福建省吴氏针灸流派传承工作室协办的市级继续教育项目“针药结合治疗脾胃病新进展研讨班”以线上培训的方式成功举办。会议有900余人报名参会，线上浏览量3000余人次。

【全国科普示范县】 2022年，安溪县被列入“2021—2025年度第二批全国科普示范县”创建名单。7月14日，安溪县召开2021—2025年度全国科普示范县创建工作推进会；9月23日，由省科协科普部二级调研员林玉火为组长的全国科普示范县（市、区）认定核验组一行到安溪开展认定核验工作；11月25日，作为福建省15个创建县（市、区）的两个代表县之一，安溪县接受中国科协第二批全国科普示范县创建认定线上抽查。

【全民科学素质工作】 2022年5月24日，安溪县在县公务大楼会议室召开县全民科学素质工作领导小组成员（扩大）会，县科协主席陈俊能主持会议，县政府副县长谢建新出席会议并作强调讲话，县全民科学素质工作领导小组成员单位分管领导30多人参加会议。会议现场，领导小组成员单位对《安溪县全民科学素质行动纲要实施方案（2021—2025）（审议稿）》进行研究审议。6月2日，安溪县人民政府办公室下发《安溪县人民政府办公室关于印发〈安溪县全民科学素质行动规划纲要实施方案（2021—2025）〉的通知》文件。7月1日，安溪县全民科学素质工作领导小组办公室下发《关于组织参加2022年福建省全民科学素质网络竞赛活动的通知》文件，发动各全民科学素质工作领导小组成员单位、乡镇科协、县级学会、企业（学校）科协参与2022年福建省全民科学素质网络竞赛，助力提升公民科学素质。

【创新驱动助力工程】 2022年，泉州中科星桥空天技术有限公司刘嘉麒院士工作站被省委组织部、省科协、省财政厅、省科技厅联合认定为2022年福建省院士专家工作站；指导泉州市凯鹰电源电器有限公司、安溪爱尔眼科医院有限责任公司2家企业创建泉州市专家工作站。福建年年香茶业股份公司和福建省农学会对接成立的学会服务站入选2022年泉州市“科创中国”服务站、福建省学会创新驱动服务站。

【刺桐科学传播学者】 2022年，安溪县张泽坚、张顺儒、陈传昌、卓万生、谢艺攀等5名第二批泉州市刺桐科学传播学者被续聘为第四批刺桐科学传播学者。组织各刺桐科学传播学者深入乡村、社区开展科普巡讲活动20场。

【农茶技术培训】 2022年，安溪县举办4期（2个班）农村实用技术培训重点班，参训500多人次。5月18日，县科协联合西坪镇党委政府等单位在西坪镇赤石村聚斯楼举办2022年安溪县“铁观音发源地”杯茶王赛（清香型），泉州市政府副市长苏耿聪、副秘书长潘华培、泉州市农业农村局副局长陈振荣、安溪县委副书记洪金城、县政府副县长洪天阳出席此次活动，并为金奖、银奖、铜奖及优质奖获奖者颁奖。5月25日，安溪县科协联合龙涓乡人民政府等单位组织2022年“茶产业转型升级”专题培训班。此次培训活动历时4天，邀请全国科普惠农兴村带头人苏兴茂进行授课，从课间到田间，以理论讲解与实操演练相结合的方式，对安溪铁观音茶叶晒青、做青、杀青、揉捻、包揉、烘干等制作环节进行细致讲解，并进行操作示范。9月15日，“茶香农遗·巾帼创业”女茶师技艺竞赛暨茶树种质资源保护与利用研讨会在安溪县茶叶协会职业培训学校成功举办。9月23日，安溪县开展感德镇铁观音技术研究会2022年秋季制茶技术科普交流活动，现场群众40多人。全国科普带头人苏兴茂受邀作为嘉宾，与茶农共同品鉴茶叶，进行制茶技术交流。

【科技考察交流】 2022年1月10日，福建省农技协理事长、中国农技协科技小院联盟副理事长吴瑞建，福州海关原副巡视员、高级工程师李今中等一行9人赴安溪县开展中国农技协“科技小院”选点调研活动。7月25—27日，福建省物理学会专家团一行30人到安溪县开展考察交流活动。专家团一行到泉州芯谷安溪分园区、数字福建（安溪）产业园考察，先后走访参观福建晶安光电有限公司、福建天电光电有限公司、福建省中科生物股份有限公司、中关村信息谷（安溪）创新中心、泉州中科星桥空天技术有限公司、八马茶业股份有限公司等企业，进行座谈交流，洽谈光电、数字等产业合作事宜。

【院士专家工作站建站】 2022年，安溪县科协协助推进院士专家工作站建站建设。8月18日，泉州市科协四级调研员陈永镇带领评审专家组一行对福建省中科生物股份有限公司院士工作站开展中期考核工作。9月26日，泉州市科协副主席王建生带队深入安溪县泉州中科星桥空天技术有限公司走访调研，指导该公司院士工作站申报建设工作。10月20日，泉州市科协副主席王建生等带领专家组一行到泉州中科星桥空天技术有限公司、安溪爱尔眼科医院有限责任公司、泉州市凯鹰电源电器有限公司3家企业开展院士专家工作站建站实地评审工作。

（康莲花　陈俊能）

安溪县归国华侨联合会

【概况】 2022年，安溪县归国华侨联合会（简称“县侨联”）发挥侨联作用，做好侨胞回乡的服务接待工作，加强引资引才服务，推荐侨界各条战线的优秀人士参政议政。截至年底，全县有县侨联和10个乡镇侨联、16个村级侨联被命名为省级“侨胞之家”；4个乡镇（蓬莱镇、官桥镇、西坪镇、尚卿乡）侨联被确定为省级“侨胞之家”示范点。

【侨联组织建设】 2022年，安溪县凤城镇侨联、培文学校侨联被命名为省级“侨胞之家”，促进全县侨务工作提档升级。加强基层侨联组织规范化建设，指导8个乡镇（湖头镇、参内镇、金谷镇、官桥镇、蓬莱镇、魁斗镇、尚卿乡、桃舟乡）侨联，变更申领由侨联系统颁发的基层侨联组织统一社会信用代码证。全县16个乡镇级侨联全部申领到由侨联系统颁发的基层侨联组织统一社会信用代码证，理顺侨联系统组织脉络。指导安溪县龙涓乡、安溪县培文学校侨联做好换证工作。配合做好泉州市南洋华裔族群寻根谒祖综合服务平台建设工作，征集族谱20册。

【侨界联络联谊】 2022年，安溪县采取电话、微信、邮件等联系方式，与海外侨胞联络，掌握其回乡动态，热情接待、贴心服务返乡重点团组。以走访、座谈、联谊、观摩等形式，向海外侨胞宣传推介安溪，使他们了解家乡发展，增强其关心支持参与家乡建设的热情。受疫情影响，全年接待8个团组130人次。创新采用“线上”方式开展活动，举办“跨境连线迎新春 云端共叙家乡情”活动、“亲情中华·为你讲故事”网上夏令营、“亲情中华·海外华裔青年（小语种国家）跨境电商培训——寻根之旅夏（冬）令营回营日活动”3期，有10多个国家超3000人次海外华裔青少年参加。拓宽传播渠道，推动更多文化艺术精品“走出去”。县侨联发挥侨联组织灵活性、涉外性、统战性等特点，深化服务内涵，做好侨务工作。举办“侨界巾帼齐欢聚　铿锵玫瑰绽盛妍”“三八”节系列活动等。县侨联加强与兄弟侨联的学习交流，先后组织基层侨联赴晋江市、石狮市、南安市等地开展学习考察活动，与南平市政和县侨联开展山海合作；将日常工作中遇到的困难和问题与兄弟单位进行交流探讨，相互借鉴、相互学习，共同寻求好的解决方法。

【为侨服务】 2022年，安溪县侨联关心关爱归侨侨眷。慰问归侨、侨眷、贫困侨、老侨工作者等约230人次，投入资金约28万元；依托安溪爱尔眼科医院开展“侨爱心·光明行”活动，开展眼健康科普活动37场，服务1100人，开展白内障复明公益手术75例。县侨联在海内外传播中华文化。3月，开展“侨台委员聚合力　同心抗疫传温暖”“侨台委员再聚力　助力环卫同抗疫”等爱心捐赠助力疫情防控活动；5月，组织培文系列学校开展“弘扬金城精神　凝聚侨校合力”系列活动；7月，开展“健康相伴 温暖同行”眼科义诊活动；9月23日，开展“剪纸传情暖人心，浓浓重阳敬老情”主题活动。

2022年，安溪县侨联指导安溪县凤城镇侨联与清水湾社区共建乡村振兴服务驿站，该驿站集“政府公共服务+邮政便民服务+社会民生服务”等功能于一体，打通基层便民服务“最后一公里”。安溪县桃舟乡侨联利用华侨事务预算专项经费，指导安溪吾培油茶专业合作社开展66.67公顷的油茶改造与种植，助推乡村振兴。打造安溪县蓬莱镇蓬溪村“党建+邻里中心+侨乡博物馆”，建设成村民共治共享的“家”。

【侨联引资引才服务】 2022年，安溪县侨联发挥与海内外侨商和侨商组织、侨企作用，在侨商的牵线搭桥下，分别与深圳联华懿盛科技有限公司代表签订尖端大健康医疗设备及专用耗材生产制造项目框架协议书，与浙江博秦精密工业有限公司代表签订创新型高端金属智造项目框架协议书，2个项目总投资额9亿元。在中国侨商投资(福建)大会上签约高可用云计算数据中心关键技术与应用项目，完成年度目标任务。安溪县通过“五个一活动”（提一件有质量的提案或议案、反映一条社会关注的社情民意、提一条有价值的建议、组织一次专题座谈会、开展一次调研活动），走访侨界委员80多人次，召开侨界委员座谈会，听取意见建议2场次，组织侨界委员参加调研活动2场次。坚持“着眼全局、围绕中心、抓住关键”原则，将政协提案办理列入重要议事日程，完成4件交办件办理工作，内容涉及基层组织建设、加强海外新一代侨亲联络联谊活动、建设爱国华侨教育基地一金城文化纪广场、在凤山书院设置“安溪县华侨文化展厅”等，办结率100%、回复率100%、满意率100%，县侨联获评县2022年度提案办理工作先进单位。

【乡镇侨联换届】 2022年9月6日，安溪县尚卿乡召开第五次归侨侨眷代表大会。大会审议通过尚卿乡侨联第四届委员会工作报告，选举产生第五届委员会委员，召开第五届委员会一次会议，选举产生正副主席及秘书长，聘请多名名誉主席及顾问。廖成林当选第五届侨联主席，黄志川、李万法当选副主席，黄志川兼任秘书长。9月8日，安溪县龙涓乡召开第八次归侨侨眷代表大会。大会审议通过龙涓乡侨联第七届委员会工作报告，选举产生乡侨联第八届委员会委员，并召开乡侨联第八届委员会一次会议，选举产生正副主席及秘书长，聘请多名名誉主席及顾问。李美中当选第八届侨联主席，李育林、李香粉、李宝玺、李文森当选副主席，李育林兼任秘书长。

11月29日，安溪县培文学校侨联召开第二次归侨侨眷代表大会。

2022 年 12 月 14 日，安溪县第十次归侨侨眷代表大会在溪禾山酒店茶王殿召开
（图 / 县侨联）

2022 年 8 月 19 日，中国侨联副主席、中央和国家机关侨联主席邵旭军（前排右一）一行到安溪开展调研活动。图为调研组到聚丰家居工艺有限公司参观
（图 / 县侨联）

大会审议通过安溪县培文学校侨联第一届委员会工作报告，选举产生第二届委员会委员，研第二届委员会一次会议，选举产生正副主席及秘书长。白志民当选为第二届侨联主席，姚锦程、郭淑彬、杨芳梅当选副主席，林伟鹏当选秘书长。

【安溪县第十次归侨侨眷代表大会】 12月14日，安溪县召开第十次归侨侨眷代表大会，归侨侨眷代表160人。大会听取和审议安溪县侨联第九届委员会工作报告，审议通过《关于安溪县侨联第九届委员会工作报告的决议》。会议采用等额选举办法、举手表决方式选举产生新一届县侨联领导班子，李宏鸣当选县侨联第十届委员会常委、主席，白慧雅当选县侨联第十届委员会常委、副主席、秘书长，王曼龙、汪智文、林荣煌、易尚碧、柯桂洪、黄种杰、廖成林当选县侨联第十届委员会常委、副主席（兼职）。

【侨界活动】 2022年1月27日，安溪县委统战部联合县侨联举办“跨境连线迎新春　云端共叙家乡情”活动。县领导吴毓舟、刘永强、梁金良、肖印章、黄汉阳、林毅敏、李瑞谦在云端与马来西亚安溪总会、新加坡安溪会馆、印度尼西亚安溪福利基金会、印度尼西亚安溪同乡会及泰中福建安溪总商会会长、秘书长、部分重点乡亲会面，通报安溪发展情况。2月24日，世界茶文化交流协会会长郭子剑带队到安溪考察洽谈招商引资项目。县侨联主席李宏鸣陪同。考察组一行先后走访溪禾山·铁观音文化园、福建省绿色黄金茶业有限公司参内镇及尚卿乡生产种植基地。2月25日，华侨大学校长吴剑平到华侨大学安溪校友会调研。安溪县人民政府副县长谢建新，县侨联主席李宏鸣陪同。调研组一行走访安溪溪禾山·铁观音文化园并召开座谈会。会上，调研组一行听取华侨大学安溪校友会工作情况汇报、“地方侨联+高校侨联+校友会”工作机制推进情况。3月4日，县侨联组织部分女性侨眷代表开展“侨界巾帼齐欢聚　铿锵玫瑰绽盛妍”庆祝“三八”国际妇女节系列活动。系列活动包括插花、竹藤编制技艺体验、侨法宣传、平安建设宣传、禁毒宣传、志愿服务等。3月22日，县侨联组织开展“侨台委员聚合力　同心抗疫传温暖”，活动为安溪县中医院及安溪县疫情防控指挥部办公室送去有机纯牛奶、矿泉水、盐典饮料、电解质水、红牛饮料等合计600件。3月31日，县侨联组织开展“侨台委员再聚力　助力环卫同抗疫”活动。活动向县环卫中心捐赠医用外科口罩3万个、免洗消毒液（凝胶型）600瓶防疫物资，总价值2万余元。4月25日，县侨联召开专题工作会，研究部署2022年侨联重点工作。县侨联全体干部，各乡镇侨联、安溪培文学校侨联、华大安溪校友会主要负责人参加会议。县侨联主席李宏鸣主持会议并部署相关工作。会议传达学习中国侨联十届五次全委会议精神及安溪县委工作会议精神后，各基层侨联结合实际情况汇报2022年工作计划并就侨联工作进行交流。5月，县侨联组织举办“弘扬金城精神　凝聚侨校合力”主题活动，内容包括征文比赛、绘画比赛、文艺会演暨颁奖典礼等。8月19日，中国侨联副主席、中央和国家机关侨联主席邵旭军一行到安溪开展调研活动，走访溪禾山铁观音文化园、聚丰家居工艺有限公司、健为医疗用品有限公司。8月19日，由县侨联主办的2022年世安联谊大厦发展公司暨旅新侨胞蔡龙海助学金颁发仪式举行，活动为15名学子颁发奖学金4.5万元。

（白慧雅　李宏鸣）

安溪县工商业联合会（总商会）

【概况】　2022年，安溪县工商业联合会（总商会）（简称“县工商联”）推进“壮实体、强产业、兴乡村、聚合力、促融合”统战五大助力专项行动，开展民营经济统战工作，推动民营经济发展。7月，安溪县工商联被福建省人力资源和社会保障厅、福建省工商业联合会表彰为全省工商联系统先进集体。截至12月底，县工商联（总商会）有会员2851个（团体会员47个，企业会员2407个，个人会员397个），下辖9个县级行业商（协）会（会员7780个）、7个乡（镇）商会（会员1286个）和30个异地安溪商会（其中7个为经济促进会），会员11052个；1个安溪异地商会（安溪县浙江商会），会员84个。

【营商环境优化】　2022年，安溪县工商联联合县人民检察院、司法局等九部门制定印发《关于成立安溪县涉案企业合规第三方监督评估机制管理委员会的通知》《安溪县涉案企业合规第三方监督评估机制实施细则（试行）》《涉案企业合规第三方监督评估机制专业人员选任管理办法(试行)》，召开涉案企业合规第三方监督评估机制管委会联席会议，选任刘大卫等50人为安溪县涉案企业合规第三方监督评估机制专业人员名录库成员，协调相关成员单位对行业协会、商会等组织在企业合规领域进行业务指导。结合“涉企纠纷诉非联动工作室”职能，引导广大民营企业家规避风险、堵塞漏洞、规范经营。

【职称评定工作】　2022年，安溪县工商联组织家居工艺行业企业、建筑行业企业初、中、高级职称的申报评审。完成60人次的材料收集与报送工作。

【非公有制经济助力经济发展】　2022年，安溪县工商联做好招商引资，推进“抓开放招商促项目落地”专项行动，成立30个异地安溪商会招商工作联络处，围绕八大产业链，引导各异地商会会员既当“红娘”，又当“新娘”，开展以链招商、以商招商、以情招商。举办座谈会、恳谈会7场，接待考察团6个。6月17日，安溪县港澳台侨商及异地商会招商工作签约活动在安溪举行，就八大产业链的招商工作走访异地商会、在外乡贤企业，牵线搭桥，推动更多客商到安溪投资。备案项目26个，拟投资90亿元。签订投资协议2个：鑫牛品牌营销中心、安溪县中医药文化产学园，总投资5.1亿元，签订框架协议5个：力美茶纤维复合新材料项目、朗能卫浴产品项目、协德装修建材生产研发基地、金华南跨境电商产业园、安溪聚典共创机械设备项目，总投资12.9亿元。利用稻兴集团董事长陈全炼返乡过节机会，面对面座谈，打“乡情牌”“同学牌”，主动对接，全程跟踪，引进稻兴光启（泉州）制造中心项目，完成工商联招商任务。召开团餐抱团发展座谈会，达成合作共识，注册中安供应链集团有限公司。

助推茶业产业发展。组织厦门、泉州、福州、成都商会等举办茶王赛，加强安溪铁观音、安溪茶叶的宣传

2022年6月17日，安溪县港澳台侨商及异地商会招商工作签约活动举行
（图／县工商联）

推介，提升安溪铁观音、安溪茶叶的品牌影响力与市场占有率。推进乡村振兴。举办安溪县“万企兴万村”行动启动仪式暨现场推进会，促进86家单位与87个村结对共建。组织农业农村局、金融办等相关部门召开推进会，针对村企落实难问题进行会商，找准共建项目。组成3个调研小组，实地走访各示范村了解“万企兴万村”实验项目开展情况，培育10个示范村。服务会员企业。聘请泉州师范学院民营经济发展研究院对安溪民营经济发展做专项研究，加强对民营经济运作趋势的分析研判及预测，为县委、县政府决策提供参考。组成5个调研小组对全县八大产业链部分会员企业进行实地走访调研，形成调研分析报告，呈送县主要领导。进企业解读纾困解难“1+1+8”（贯彻《泉州市全力抗疫助企保民生促发展若干措施》、安溪县促进工业经济平稳增长、服务业领域困难行业恢复发展的46条政策措施基础上，叠加实施8条政策措施：降低企业租金成本、减轻企业用电用气负担、鼓励企业稳产增效、支持商贸企业运营保供、加大企业信贷支持力度、强化企业保险保障支持、加大旅游行业纾困力度、加大客运企业扶持力度）惠企政策，推动各项惠企政策措施落地见效。做好公益事业。呼吁民营企业家为打赢疫情防控阻击战贡献力量，捐赠抗疫物资和现金价值近1000万元。做好挂钩社区应急处突支援工作，助力疫情防控。开展爱心助学光彩活动，发挥组织协调作用，做好牵线搭桥，组织非公有制人士参与爱心助学光彩活动。2022年县工商联牵线资助贫困学生384名，发放资金145万元。

【维权机制建设】 2022年，安溪县工商联到企业走访调研，发挥“诉讼调解+商会调解”纠纷解决平台功能，提升商会服务能力，促进商会调解工作规范化、法治化发展，为非公有制企业营造良好发展环境，合力服务保障民营经济健康发展。对被执行人为民营企业案件，在依法保障申请人合法权益同时，建议慎用强制措施，支持民营企业正常生产经营以增强履行能力。

【基层商会组织建设】 2022年7月15日，安溪县人工智能应用协会成立，会员55人，设正、副会长17人，吴志思为会长，每届5年。2月5日，安溪龙涓商会召开第一次会员大会，会员281人，设正、副会长151人，理事130人，陈明辉为会长，每届5年。7月3日，安溪蓬莱商会召开第一次会员大会，会员201人，设正、副会长44人，理事98人，林建益为会长，每届5年。7月17日，安溪县外烩餐饮行业协会第二届会员大会召开，会员154人，设正、副会长18人，理事43人，黄种源为会长；7月31日举行就职典礼，每届3年。8月5日，安溪县蓝田商会召开成立大会，会员195人，设正、副会长49人，理事90人，林清修为会长，每届5年。

【异地商会组织建设】 2022年1月9日，南京市安溪商会第二届第一次会员大会召开，会员205人，设正、副会长17人，执行会长3人，理事51人，陈振明为会长。每届4年。1月9日，成都市金牛区安溪商会召开第一次会员大会，会员244人，设正、副会长57人，执行会长6人，理事100人，苏明武为会长。每届5年。1月12日，重庆市九龙坡区安溪商会召开第一次会员大会，会员128人，设正、副会长40人，理事42人，李火地为会长。每届5年。

【团餐抱团发展座谈会】 2022年2月26日，安溪县工商联在溪禾山歇会茶文化馆组织召开团餐抱团发展座谈会。县长刘永强，县委常委、统战部部长肖印章，县工商联负责人，以及中国饭店协会秘书长何娟、深圳市茂雄集团董事长杨连成、中膳集团创始人、优链云供应链首席链主李力强等30多名行业代表座谈，整合安溪团餐产业资源，聚焦“物联网+”智慧团餐和餐厨食材加工配送全产业链，建设团餐供应链食材生产加工基地总部。

（陈　红　张金波）

安溪县文学艺术界联合会

【概况】 2022年，安溪县文学艺术界联合会（简称“县文联”）围绕县委、县政府中心工作，履行团结引导、联络协调、服务管理、自律维权基本职能，立足岗位实际，以文艺活动为抓手，打造系列主题文艺精品，夯实文艺基础，推动全县文艺高质量发展。2022年5月，县文联荣获泉州市宣传工作先进集体称号。

【文艺创作】 2022年，安溪县文联创作出版茶文化主题长篇小说《故香》，该书由县文联主席林筱聆撰写。编辑出版《茶乡正春风——安溪县中青年书法美术摄影作品集》，作品集以书法、美术、摄影艺术形式讴歌党、讴歌祖国、讴歌人民、讴歌新时代、讴歌茶乡。遴选书法、美术、摄影等3个门类各40件作品、120件艺术精品。

创作抗疫主题文艺精品，县文联组织全县文艺工作者创作疫情主题文艺作品，在县文联微信公众号开辟“‘艺’起抗疫”专栏20期、“茶乡防疫图鉴”5期，创作文学、摄影、美术、书法、楹联、灯谜主题文艺作品2000余件。组织创作抗疫诗朗诵《爱拼会赢是泉州》在央视频、福建文艺网、《泉州晚报》、泉媒体、《安溪报》微信公众号等平台展播。推出歌曲MV《安溪真美》，时长5分6秒，画面感和感染力强，清新典雅，融入茶乡元素，在新华社、人民网、《福建日报》等30余个媒体平台发布，引发社会热烈反响，全网阅读量过亿次。推出新版铁观音微信问候卡，从首届中国安溪国际摄影大赛获奖作品中遴选部分图片，重新设计制作新版铁观音微信问候卡，唯美雅致的画面，配上简洁温暖的文字，让铁观音微信问候卡成为茶乡百姓朋友圈新时尚，助力茶乡宣传。

【第四届铁观音文艺奖】 2022年，安溪县组织第四届铁观音文艺奖评选，铁观音文艺奖是安溪县人民政府设立的全县最高级别综合性文艺奖，每3年评选一届。该届评出获奖作品30件，其中，一等奖作品6件，二等奖作品11件，三等奖作品13件。文学类一等奖毕竟悦、李晋西、谢文哲、倪伏笙《中国差生逆袭》，二等奖黄炳坤《身在此山中》、吴东升《青山》、吴小猛《水的猜想》，三等奖林炳根《风斯在下》、上官青梅《路》、李志宏《李志宏作品四题》；美术类一等奖朱贵良《鱼之语续集2》（水彩），二等奖黄伟游《整装待发》（水彩）、苏伟良《海丝遗迹》（水彩）、李雪玲《艰苦岁月》（水彩），三等奖吴连集《万物皆牛》（水彩）、陈国瑞《王朝古梦》（漆画）、王燕芳《白濑溪声》（油画）；书法类一等奖林飞煌《寒石斋飞煌印痕》（篆刻），二等奖林炯宇《画禅室随笔五则》（册页）、叶青山《与周弘让书》（隶书），三等奖林回力《古文观止选抄》（楷书）、林婧娴《杜甫诗二首》（篆书）；摄影类一等奖陈国平《步步高》，二等奖周锦缎《天使十二时辰》，三等奖谢旭东《古雷之晨》；音乐舞蹈戏剧曲艺类一等奖安溪县高甲戏艺术保护传承中心《莫耶 延安颂》，二等奖林克龙《树立》，三等奖林毅坚《请你相信》、林学明《中国新诗篇》；广电综艺类一等奖李锦棍、杨伟艺、苏伟篇《一棵树的百年回味》（艺术片），二等奖苏伟篇、胡彩恋、汪连江、陈瑞聪、王晨《守艺》（纪录片），三等奖苏伟篇、陈耿贤、康晓萍《蜕变》（纪录片）及张毅、连丽萍、胡彩恋、司马良、谢鑫鑫《鲁迅：以笔代戈的“民族魂”》（广播剧）。

【文艺创作基地及文艺人才培养基地】 2022年，安溪县分别在虎邱镇酒瓶盆景艺术文化园、溪禾山铁观音文化园、安溪青阳下草埔冶铁遗址展示馆、康藉古雅藤铁工艺实践工作坊等创建“安溪县文艺创作基地”，在沼涛中学创建“安溪县文艺人才培养基地（美术类）”，聘请国际著名雕塑大师陈文令、中国摄影家协会副主席潘朝阳等为基地特聘导师。

【文艺活动】 2022年，安溪县人民政府、福建省摄影家协会联合主办，县文联承办，举办“观音韵·茶乡美”首届中国安溪国际摄影大赛暨安溪摄影群英会系列活动，活动包括授旗仪式、名家采风、颁奖典礼、作品展览等。大赛自2021年10月启动至2022年10月20日截稿，吸引全国各地88支摄影战队、近千名摄影家走进茶乡采风创作，收到参赛作品9831件。经专家筛选评审，194件作品获奖或入选，其中，一等奖作品3件，二等奖作品7件，三等奖作品18件。《中国摄影报》《海峡摄影》等推出《安溪：镜品观音韵 影绘茶乡美》获奖作品专版专栏，人民网、新华网、新福建、福建文艺网等新媒体纷纷转载。大赛期间，福建省摄影家协会分别授予安溪县和虎邱镇“摄影目的地”称号。12月15日，在安溪影剧院举行首届国际摄影大赛颁奖典礼。省文联党组书记、省文联副主席、书记处书记王秋梅，中国摄影家协会副主席、省文联副主席、省摄影家协会主席潘朝阳等出席活动。

“海丝泉州 茶韵安溪”泉州市2022年新人新作美术作品展。9月16日，在安溪文庙举行作品展开幕式，泉州市美协主席郭宁致辞并为“泉州市美术家协会水彩画（安溪）创研基地”授牌，泉州市文联主席夏丽清、县委常委吕宝贝共同为美术展揭幕。此次主题展，展览至2022年9月30日。收到作品150件，经评委严格评审，入选参展作品61件。参展作品涵盖国画、油画、水彩、粉画、漆画等画种。

“喜迎二十大 茶乡正春风”系列文艺活动。该活动包括文化遗产征文大赛、第十二届安溪县音乐舞蹈节、主题灯谜竞猜活动等。其中，文化遗产征文大赛，由省作协、县文联等单位联合主办。大赛收到稿件300余篇（首），评出17件获奖作品。作品为呈现多彩茶乡、讲好文化遗产故事起到积极推动作用。第十二届安溪县音乐舞蹈节。评选出35件获奖作品，其中创作类7件、器乐类16件、舞蹈类12件，评出优秀指导奖2名、组织奖2名。主题灯谜竞猜活动。创作150道谜题，统一印制海报、横幅、谜材、谜条、谜底，向全县38所灯谜基地校免费提供，有3万名师生参与展猜活动。

“福在安溪香满城”系列主题活动。该活动包括主题摄影展、书画活动、专题讲座等。其中主题摄影展，展出摄影作品100件，礼献党的二十大，展览从6月底至7月15日。举办迎祥纳福魁斗专场、福在城东参内专场主题文艺惠民活动，推出“迎春接福”送春联、拍摄“全家福”、送书送“福”等进农村、进社区，文艺轻骑兵小分队先后走进蓝田、祥华、福田、城厢、龙涓等乡镇，开展数十场活动。举办“福”文化专题书法展、美术展，组织创作一批主题文艺精品，讲好“福”文化故事，做好“福”文化推广。举办2场“百名作家讲百福”专题讲座，分别为黄志专“福在一杯茶——‘福’在品赏安溪茶中的具体呈现”讲座、李志宏“诗词里的福文化之美”专题讲座，探讨欣赏诗词中的福文化之美。

“美遇安溪”系列文艺采风活动。该活动包括3场大型摄影采风、4场文学采风、2场美术采风活动。其中摄影采风，邀请潘朝阳、吴寿华、洪宗洲、吴国群、王世民、邱太建等30多名全国知名摄影家走进安溪10余个乡镇，就茶乡美景、人文魅力等采风创作，还与当地就文化助力产业发展、乡村振兴、文化遗产保护等方面，用镜头讲好安溪故事，呈现大美安溪做深入交流。文学采风，开展“行走茶乡大地 书写故事安溪”主题采风、廖长官文化主题采风、世遗主题采风活动、乡村振兴主题采风等，引导作家深入茶乡，梳理安溪故事，助力茶乡发展。美术采风，举办“绘美丽乡村助乡村振兴”福建美术名家采风活动，邀请孙志纯、王尔义、金程斌、陈克、何万太、戴毅强、林建平等十余名画家走进高鼎茶庄园、陈乃昌故居、龙涓乡新岭、新民、庄灶村写生，勾勒大美安溪画卷。

《故事里的安溪》创作编写项目启动。安溪县文联组织集体创作编撰《故事里的安溪》作品集。7月，启动“行走茶乡大地 书写故事安溪”采风活动，聘任主创人员，组建创作专班，向全县24个乡镇征集故事线索并进行梳理。留下一批有深度、有温度、有广度的文学精品。

疫情防控主题文艺活动。疫情防控期间，通过网络云平台，组织各文艺家协会，以文学、美术、书法、摄影、楹联诗词、灯谜、戏剧、南音等文艺形式，推出系列专题活动，助力疫情防控。

【文艺成果】 2022年，安溪县文联在文学方面取得成果。林筱聆的长篇小说《故香》由百花洲文艺出版社出版，并在《人民文学》2022年第一期首发，《小说选刊》第3期全文转载，9月，获评第二届曹雪芹华语文学大奖中篇小说奖。中短篇作品集《佛跳墙》获评首届“朱自清文学奖”小说奖入围作品。长篇茶文化散文《嫁茶》发表于《广州文艺》，小说《树立》发表于《星火》，小说《不然》入选《中国好小说》中篇卷。吴奋勇的诗歌《给春天找几个真实的词》获“深圳文学杯”第六届“田青打工文学奖”诗歌奖。黄志专的散文《福在一杯茶》获“福在八闽”全国征文活动入围奖，散文《领略光芒》获“老泉洲”杯散文大赛一等奖，散文诗《刻刀落处便生花》获“惠艺·匠心”第四届诗歌大赛三等奖。唐荣河的《福泽山水的冶铁光影》获得“福在八闽”全国征文三等奖，《长津湖的丰碑》获得福建省“我与红色电影”征文活动入围奖，《在洛阳桥的那束光》获2022年“洛阳桥诗会”全国征文活动入围奖。林炳根的散文《福在安溪香满城》获“福在八闽”全国征文活动三等奖。

美术方面 朱贵良、黄伟游等4人的水彩作品入选市级以上作品展。汪振生、翁火枝等8人的国画作品入选市级以上作品展。李雪玲、周婷婷等8人的水彩作品入选市级以上作品展。聂闻华版画作品《新城》、许国华油画作品《奏唱友谊之光》入选市级以上作品展。李安阳等30余件美术作品获市级以上奖项或入展。许瑞端的《陈沼涛先生的教育情怀》入选“福建省第二届连环画作品展”并获优秀奖。汪振生等5人在泉州中小学师生抗疫主题美术书法作品展中获奖。2022年安溪县美术家协会入选市级展览53人次，入选省级展览49人次，加入市级会员4人、省级会员1人。

音乐舞蹈方面 安溪县举办“喜迎二十大 茶乡正春风”主题音乐舞蹈创作比赛暨第十二届安溪县音乐舞蹈节，以视频比赛的形式，评选出音乐舞蹈创作类一、二、三等奖各1名，器乐类演奏一等奖1名、二等奖2名、三等奖3名，舞蹈类表演一等奖1名、二等奖2名、三等奖3名，优秀指导奖2名、组织奖2名。举办“福在茶乡 茶歌飞扬”2022年安溪原生态茶歌邀请赛活动、“学习党的二十大精神 不忘初心唱党歌”主题活动、“炫风组合”成立7周年师生音乐会等系列活动，组织会员参加泉州市庆“五一”原创抗疫歌曲音乐会。王铭芬、林毅坚创作编排、指导的节目《台湾阿嬷回泉州》在第五届海峡两岸（泉州）闽南童谣集体项目幼儿组别比赛中获得二等奖。王铭芬、李玉华创作编排的闽南童谣《家传芬芳》获得小学组三等奖。叶兰玉、郑雅婷、苏彦灵在福建省第六届“金钟花奖”声乐比赛泉州地区选拔赛中，分别获得1枚铜奖和2枚优秀奖。安溪县音乐舞蹈家协会发展新会员80名。

摄影方面　在“观音韵·茶乡美”首届安溪国际摄影大赛中，安溪铁观音战队和安溪青协藤铁战队获团体冠亚军；“海丝茶源·茶旅圣地”安溪旅游摄影大赛，李雨杉的摄影作品获三等奖，林水源等4人的摄影作品获优秀奖；李子宏等8人的摄影作品获市级以上奖项或入展。李光重、吴朝安加入福建省摄影家协会。

书法方面　安溪县举办“学习宣传贯彻党的十九届六中全会精神主题刻字邀请展”“福在安溪香满城”主题书法展、“党的二十大报告金句”书法网络展、“艺”起抗疫主题书法作品网络展、2022年度安溪县书法临帖网络展、第三届安溪女子书法展等活动。组织“迎新春 送春联”系列文艺惠民活动，送出春联4000余副、“福”字4000多张。组织会员参与“茶乡正春风”安溪县中青年文艺家书画摄影作品展开幕式暨同名作品集首发式。组织书法家走进经兜、金谷、贞洋、国心绿谷采风。李诗珂等10余人次作品入展全国性书法展览，许涵宏等近20人次作品入展省级展览，推荐加入泉州市书法家协会会员10人，加入福建省书法家协会会员4人。

戏剧方面　《李光地·法办河官》获“李渔杯”首届全国清廉戏曲优秀作品展演活动优秀剧目奖，《妗婆打》入围第四届“梨花杯”全国青少年戏曲教育教学成果展示节目，《瞎检测》参加省“戏曲说健康”节目展演，创编茶文化主题舞台剧《铁观音》，排演《一股清香飘京城》《茶郎娶亲》等节目，创作打击偷私渡作品《甭偷渡》、高甲戏《穆桂英下山》、戏曲小品《定心丸》、红色经典剧目《沙家浜·奔袭》等，戏曲电影《玉珠串》获得国家电影局公映许可证，召开《林嗣环》剧本研讨会等。

楹联方面　安溪县楹联学会打造“临屏对句”品牌，组织100多次征主题征联对句活动，承办“喜迎二十大 茶乡正春风”主题楹联诗词比赛。陈坤玉联作获《2021年对联中国》年度最佳作品奖，谢志民等40余位联友获《2021年对联中国》年度佳作奖。谢志民、陈毓斌获“第五届中国对联甘棠奖入围年度联手”，学会获评第五届中国对联甘棠奖“年度优秀对联组织”。陈坤玉、谢志民、王荣瑞联作多次获第14届中国楹联彭玉麟奖优秀奖。谢志民联作获深圳全国征联十佳联作。胡炳才联作获晋江市主题楹联征集三等奖、霞浦第十三期全国有奖征联优秀奖，林明元联作获“怀德院子”征联活动优秀奖、“晋江经验”有奖征联优秀奖。

灯谜方面　安溪县灯谜协会参与开展“我们的节日”系列主题灯谜活动20余场，开办灯谜公益培训班4期，在金火中学、安溪第十七小学等开展的灯谜课题研究项目通过立项，编写《藤铁谜萃》收录秀谜作5000多件。举办“承百年薪火·立青春之志”主题灯谜竞猜活动、“喜迎二十大·科普向未来”网络在线灯谜有奖竞猜活动、“青春心向党·奋进新时代”主题灯谜竞猜活动。在龙海第五届“双第杯”暨“海丝杯”灯谜文化节上，安溪代表队林志添、陈巧才、林楷先获团体赛银奖。在厦门同安“食安杯”网络灯谜大赛上，林志添获“榜眼”奖，李水源获优胜奖。

（林炳根　林筱玲）

安溪县国际贸易促进委员会

【概况】　2022年，安溪县国际贸易促进委员会（简称“县贸促会”）发挥贸促系统对外联络资源优势，联系海外侨商及社团、商会，特别是中美洲等国家的外商，通过恳亲会及投资洽谈会，发布安溪县招商引资信息及销售信息，帮助安溪县藤铁工艺品、茶叶开拓世界各国贸易市场。

【市场拓展】　2022年，安溪县贸促会做好招商选资工作，对接优质招商资源，全年招引点动电子、凯姆西集团、华普压缩机3家公司的3个投资项目，总投资6.5亿元。5月12日和7月27日，副县长谢建新带队分别到厦门恒坤集团总部和苏州公司考察点动电子有限公司投资项目。6月17日，县贸促会与3家公司代表签订投资框架协议书。7月，县贸促会会同县工商联、感德镇等单位赴武汉开展调研及招商工作。12月，县贸促会对接并与山西顺势压缩云科技有限公司签订“5G+智慧双碳压缩动力系统机械设备生产项目”框架协议，该公司拟在龙门高端设备产业园投资建厂，生产和研发数控压缩机及设备配件、创建5G压缩云平台。该项目拟投资3.6亿元，拟申请用地3.33公顷。

【海外仓建设】 2022年，安溪县贸促会开展海外仓建设工作，探索“印尼海外仓+电商平台+线上采购商对接”项目。4月19日，召开企业代表座谈会，征求相关企业意见建议，截至5月底，报名参加意向企业32家。部分茶叶、藤铁工艺公司与福建世创展览公司合作，做到先行先试，为布局海外仓提供参考。

【展会参展和贸易对接】 2022年，安溪县贸促会创新开展会展和贸易对接方式，举办线上展会、对接会等，5月，组织福建泉州道道香茶业有限公司、安溪县虎邱香都茶叶专业合作社2家企业参加2022年莫斯科茶博会云展会。6月21—25日，组织福建省安溪县兴溪茶业有限责任公司、福建泉州道道香茶业有限公司、安溪县虎邱香都茶叶专业合作社3家企业参加2022年福建外贸云展会（茶产业专场），助力茶企通过线上云平台推广茶文化，开拓国际市场。10月10—14日，组织11家家居工艺企业参加“2022年全球家居工艺品、礼品云展会（泉州专场）”。11月25—27日，参加第八届海丝国际品牌博览会、第二届RCEP（《区域全面经济伙伴关系协定》）峰会开幕式、第二届RCEP青年侨商创新创业峰会论坛、中国国际品牌创新论坛系列经贸活动。

【商事法律服务】 2022年，安溪县贸促会为安溪县外贸出口企业出具一般原产地证书498份、优惠原产地证书24份，涉及出口金额约2032万美元。为企业提供自主打印、快递寄件等服务，帮助企业实现足不出户、“零接触”打印证书。开展法律培训，4月15日，组织企业参加“涉外商事法律服务八闽行——疫情下企业妥善运用法律条款减少合同损失”专题培训。开展信息服务，设立贸易摩擦监测点，发送《福建省贸促会经贸摩擦预警信息》，为出口企业采取相关措施应对有关国家和地区贸易摩擦提供参考。

（陈仕良　李文师）

安溪县残疾人联合会

【概况】 2022年，安溪县残疾人联合会（简称“县残联”）加强保障和改善残疾人康复、就业、教育等民生状况，推进残联自身建设，促进残疾人事业发展。城乡残疾人新增就业完成率、新毕业残疾大学生就业率、辅助性就业机构创建数、日间照料托养机构创建完成率等多项工作指标排名全市第一。安溪县在残疾人家庭无障碍改造工作中获评全省改造示范县。

【为民办实事项目】 2022年，安溪县残联为1241名低保和已脱贫重度肢体残疾人发放居家养护补助124.1万元；为全县2245户“一户多残”家庭4750名残疾人发放生活补贴421.995万元。完成30户“住房困难残疾人安居工程”建设，投入180万元；利用乡村长者食堂、社团组织站点等公共服务设施，创建8个县级“爱心助残驿站”，为每个站点补助建设经费5万元。

【省级专项助残项目】 2022年，安溪县残联组织实施5个省级专项助残项目。通过购买服务，投入48.4万元为242名省级居家托养补助对象提供上门护理服务；为74名在安溪县第三医院托养的智力、精神和重度肢体残疾人发放“福乐家园”机构托养补助59.2万元；为148名自主创业残疾人发放创业就业补助金59.6万元；“0—17周岁残疾儿童康复救助”620名，每人每年最高发放训练补助2万元，发放465.51万元；为37名肢体残疾人发放2022年度残疾人机动轮椅车燃油补贴9620元。

【残疾人家庭无障碍改造】 2022年，安溪县残联为全县420户残疾人家庭实施无障碍改造，补贴资金

2022年12月22日，县残联组织重度残疾人游览文贞公园　（图／县残联）

144.44万元。推动城厢镇、虎邱镇实施“整镇推进”方案，通过招投标方式，完成改造403户（城厢镇152户、虎邱镇251户），17户申请个人自行改造。

【康复工作】 2022年，安溪县残联组织实施“慈善助行”项目，为10名患者安装假肢；组织实施“慈善助听”项目，为30名听力残疾人安装助听器；为279人申请312件辅助器具发放补贴，补助资金62.01万元；投入12万元为100名（每人1200元）符合条件的精神残疾人，购买成年精神残疾人精神障碍作业疗法训练服务；投入13.85万元为53名住院精神残疾人提供住院补助。

【劳动就业工作】 2022年，安溪县残联推进残疾人就业创业。扶持残疾人就业创业政策落实，发放自主创业残疾人社保补贴101人42.07万元，补贴奖励按比例安排残疾人就业用人单位2家，奖补资金1.727万元；扶持残疾人辅助性就业机构，发放资金19.95万元；扶持11名自主创业残疾人创业运营，发放补助资金6.5万元；举办4期残疾人技能技术网络培训班，为587名残疾人进行就业技能技术培训，提高残疾人就业能力；推进按比例安置残疾人就业工作，审核认定23家企业安置93名残疾人就业，配合地税部门开展残疾人就业保障金征收工作，全年全县征收残保金1463.4万元。

【残疾人帮扶解困】 2022年，安溪县残联推进残疾人帮扶解困工作。协助民政部门做好残疾人“两项补贴”工作；投入84.05万元，为全县28676名持证残疾人购买意外伤害保险；残联联合县财政局开展扶助贫困残学生和残疾人家庭子女就学活动，投入64.7万元帮助358名困难残疾学生及残疾人家庭子女就学。

【残疾人文体活动】 2022年，安溪县残联选送5件作品参加“福见花开”福建省首届残疾人工艺美术文创作品（产品）展，其中郑明清作品《道德经佳句》获书法类二等奖。联合县唯尚心青年志愿者协会开展残疾人文化进家庭“五个一”活动。30名残疾人在助残志愿者的帮助下，参观历史文化重镇湖头镇阆湖博物馆，近距离体验湖头镇发展历程，感受湖头镇文化魅力；游览文贞公园，沐浴冬日暖阳，欣赏自然美景；参加“歌唱比赛”“套圈游戏”“飞镖比赛”等文体活动，获赠《文学的星空》等书籍。

【全国助残日活动】 2022年，安溪县残联在第三十二次全国助残日期间，邀请县政府副县长、残工委主任林毅敏参加慰问关怀第三医院、爱慧、星辰自闭症康复中心、国宇医院脑瘫儿童、特教学生及困难残疾人活动，慰问490人，发放慰问金计13.07万元。邀请副县长林毅敏到湖头镇“爱心助残驿站”参观调研，听取驿站各项公益活动情况汇报，给予政策照顾。

【残疾人信访维权】 2022年，安溪县残联建立健全信访各项工作制度。推行信访工作制度化、规范化，按照谁主管谁负责，明确分工，落实责任。严格按照信访“路线图”依法依规办理信访件3件，比上年下降66.67%，无重复信访件。信访件办理受理率和按期办结率100%、满意率均为100%。按时办结泉州市“12345”便民服务平台诉求件，受理妥善处理残疾人诉求件39件，满意率100%。加强残疾人法律救助，为4名残疾人提供法律咨询，举办4场法治宣传讲座，保障残疾人获得必要法律救助。

【安溪县爱慧自闭症康复中心运营管理】 2022年，安溪县残联下属安溪爱慧自闭症康复中心收训儿童110人，有10人经过训练进入普通幼儿园，7人上普通小学。

2022年5月16日，安溪县政府副县长林毅敏（左排右三）参观指导湖头镇“爱心助残驿站”（图／县残联）

【安溪县爱慧日间照料托养中心管理】 2022年，安溪县残联下属安溪县爱慧日间照料托养中心为全县30名14—45周岁年龄段的残疾人提供日间照料托养服务。中心内设评估室、功能康复室、辅具资源室、技能培训室、文体活动室、辅助性就业工作室、爱心超市等功能室，开展茶叶精加工、烘焙、包装、手工工艺品制作等代工项目及串珠、钻石画、沙画、丙烯油画等日间照料托养培训项目。

【残疾人托养中心运营管理】 2022年，安溪县残疾人托养中心完善“医养工结合、院联家协同”残疾人托养模式，为就业年龄段精神残疾和重度肢体残疾人提供托养及辅助性就业服务，全年发放托养对象劳动工资12.81万元。

【“爱心助残驿站”建设】 2022年，安溪县残联实施县委、县政府为民办实事“爱心助残驿站”建设项目，整合利用乡村长者食堂（老人助餐点）、社团组织站点等公共服务设施，创建8个县级“爱心助残驿站”，每个站点补助建设经费5万元，为残疾人提供惠残政策宣传、康复教育、日间照料、残疾人就业、文体活动等综合服务，并把金谷爱心助残驿站、龙门雨花斋爱心助残驿站作为省试点来推进建设。截至年底，全县爱心助残驿站服务残疾人1930人次。

【县残疾人联合会第六次代表大会】 2022年12月14日，安溪县残疾人联合会第六次代表大会召开。县委书记吴毓舟出席并发表讲话。县人大常委会主任梁金良，县委常委、组织部部长李安辉以及县政府副县长林毅敏等领导出席大会开幕式，泉州市残联党组书记、理事长白碧英应邀到会指导。会议听取并审议通过陈悦生代表第五届主席团向大会所作工作报告；选举产生县残联第六届主席团委员、主席、副主席和参加市残联第七次代表大会代表；推举产生执行理事会理事长、副理事长、挂职副理事长、兼职副理事长和参加市残联第七届主席团委员候选人；会议通过各专门协会主席、副主席。

（苏华岩　陈悦生）

安溪县红十字会

【概况】 2022年，安溪县红十字会弘扬“人道、博爱、奉献”红十字精神，紧抓“思想引领、应急救护、人道使命、组织建设”4项工作。县红十字会在全省红十字系统现场会就“99公益日”活动工作作典型发言。

【人道救助】 2022年，安溪县红十字会启动安溪县“救助光明行·走进安溪”，帮助各类大病患儿申请大病救助。联合关工委、工商联开展金秋助学活动，2020—2022年发放助学款397.90万元。组织疫情防控捐款捐物，2020—2022年为全县疫情防控捐款665万元，捐赠物资价值762万元。

【“红十字生命教育体验馆”建设】 2022年12月，安溪县建成红十字生命教育体验馆，位于安溪慈山农业学校，馆内面积约300平方米。该馆秉承“人道、博爱、奉献”红十字精神理念，涵盖红十字运动（国际红十字会百年发展历程）、地震安全、消防安全、心理健康、校园安全、应急救护、健康素养七部分内容，以图文展板方式配以声光电技术，向社会广泛宣传普及生命关爱理念。

【AED+群众性应急救护公益培训项目】 2022年，安溪县公共场所配置AED（自动体外除颤器）+群众性应急救护公益培训项目启动。截至年底，培训红十字救护员4200多名，完成采购并安装AED 44台。

【“防疫爱心健康包”发放】 2022年，安溪县红十字会向全县困难群众发放“防疫爱心健康包”，涉及全县特困对象、低保对象、明爱养老院（养老服务机构）人员17012人，每人一份。“防疫爱心健康包”含退热药6片、抗原试剂检测卡5人份等防疫物资，附爱心提示卡1张。

【“99公益日”网络募捐】 2022年，安溪县开展“99公益日”网络募捐（“爱·过年 情暖茶乡”一起捐）项目。全县有144个团队、6617人次参与捐赠，募集爱心款27.86万元。省红十字会筹资数额加上腾讯配捐，然后返付安溪县，用于开展2023年元旦、春节期间的“红十字博爱送万家”暨慰问贫困家庭活动，帮助困难家庭温暖过新年。

【防疫捐赠】 2022年3月30日，安溪县泉州立旺食品有限公司（旺旺集团）通过安溪县红十字会，捐赠价值12233.72元的旺仔巧克力奶、旺仔牛奶糖经济包、旺旺小小米虾片等用于疫情防控，支持安溪县红十字事业。

【水上安全教育】 2022年8月9日，安溪县红十字水上安全教育走进关爱农村留守（困境）儿童夏令营，为夏令营的学员们宣讲水上安全知识。县红十字水上安全宣讲志愿服务队成员林少岳围绕防溺水主题，采取理论讲解、案例分析、演示操作、互动交流等方式，为学员们讲解水上安全知识、遇意外溺水时正确的自救互救方法及事故发生后的救援措施。

【应急救护科普宣传】 2022年9月14日，安溪县“全国科普日”主场活动在参内镇溪禾山·铁观音文化园举行。安溪县红十字阳光应急救护志愿服务队采用理论讲解和实操互动相结合的教学形式，为大家普及急救知识。现场演示心肺复苏的要领，讲解现场环境评估、判断病患意识、胸外按压、人工呼吸等急救操作要点和注意事项，介绍自动体外除颤仪。县红十字会工作人员通过现场讲解、发放宣传资料等形式，向群众积极宣传无偿献血、造血干细胞捐献知识等应急救护知识、人道救助项目等内容，现场发放宣传资料和宣传品300余份。

2022年9月8日，安溪县红十字会在安溪一中城东校区开展“救在身边·校园守护”主题活动 （图／县红十字会）

【“救在身边·校园守护”主题活动】 2022年9月6日和9月8日，安溪县红十字会分别走进凤城中学和安溪一中城东校区，开展应急救护培训。志愿者们介绍红十字会起源，讲解心肺复苏的步骤及关键要领、AED的使用方法、创伤救护（止血、包扎、固定及转运）等急救知识，对参与培训师生进行模拟训练，对心肺复苏进行反复练习，确保操作规范准确。

【安溪县红十字阳光应急救护志愿服务队成立】 2022年，安溪县红十字会成立安溪县红十字阳光应急救护志愿服务队，开展应急救护、疫情防控、无偿献血、造干捐献、遗体（器官）捐献等宣传活动12场次。

（黄杏茹　刘锦斌）

法治

政法委与综治

【概况】 2022年，安溪县政法机关维护县域政治安全和社会稳定，推进扫黑除恶斗争、打击整治电信网络诈骗和养老诈骗、政法领域改革等重点工作，开展“平安安溪”“法治安溪”建设。严打侵害群众生命财产安全犯罪，全年破获各类刑事案件2450件，打掉9个犯罪团伙，破获八类严重暴力案件100件，涉枪爆、黄赌毒刑事案件328件。安溪县群众安全感率、扫黑除恶好评率、执法工作满意率均居全市、全省前列。

【社会稳定维护】 2022年，安溪县制定维护国家政治安全工作方案、重点工作清单，开展反颠覆、反间谍、反恐怖、反邪教斗争，推进“情指勤舆”一体化实战机制建设。开展夏季社会治安“百日行动”、“红盾·2022”和“战斧、净源、清零、磐石、雷霆”五大攻坚战，净化社会治安环境。健全多元化矛盾纠纷化解机制，开展房地产开发、集资融资、征地拆迁、劳资纠纷、教育“双减”等重点领域“大排查大起底”行动，排查化解各类矛盾纠纷6887件。加强诉源治理，诉前化解纠纷566件，推动万人成讼下降至80.81件，为全市最低，“一站式多元解纷茶乡模式”获泉州市机关体制机制创新案例三等奖。完成党的二十大、北京冬奥会等重大活动维稳安保政治任务。

【“平安安溪”建设】 2022年，安溪县推进“平安安溪”建设，健全平安建设责任体系，县、乡两级党政领导签订平安建设责任书，两级财政全额出资647.8万元，为全县群众购买“社会治安综合保险”。推进城市安全信息系统建设，基本实现全县重点单位和关键点位视频全覆盖。建设主城区接出警快速反应圈，推行“网格+警格”融合机制，提升快侦快破能力，先期处置各类警情1639件，三类可防性案件下降47.05%。加强娱乐场所、旅馆业的行业监管，推进治安管控系统信息采集率、信息完整率及监控视频接入率的“三个100%”。取缔无证旅馆14家。

【常态化开展扫黑除恶斗争】 2022年，安溪县常态化开展扫黑除恶斗争，定期召开查办涉黑涉恶案件联席会议，拓宽线索来源、集中分析研判，开展彻查重大案件和破案攻坚打击涉网黑恶犯罪行动，打掉黑社会性质组织1个、恶势力犯罪集团1个和恶势力犯罪团伙1个，破获典型九类涉恶案件314件，抓获犯罪嫌疑人563人、九类涉黑恶案件在逃人员354人。加强行业领域整治，重拳整治教育、金融放贷、市场流通3个行业领域乱象，完善未成年人学生内控外联“五个一”（建立一套分类学情档案、一套分类帮教管控措施、每月至少一次交流谈心互动、每月一次工作联席会、每月一次联合排查整治）安全管理机制，及时防范和化解学校安全风险；查处金融放贷问题，排查可疑银行账户64.26万户，采取分级管控措施34.09万户，斩断非法金融活动资金链条。

【电信诈骗打击】 2022年，安溪县推进打击治理电信诈骗、防范治理赴境外涉赌诈专项整治行动，建立定期调度、研究、通报制度，全年召开县委常委会、县政府常务会、专题工作会等会议33场，县、乡、村三级专项整治推进会2场，推进专项整治工作，集中打掉偷私渡团伙33个、组织者16人，收网一批全链条大案要案，抓获犯罪嫌疑人110人。创新包片督导机制，成立6个专项督导组，组建“劝返、拦截、核减、打击”4个工作专班，完善奖惩考评工作机制，出台专项整治行动激励办法，劝返滞留境外人员11091人，劝返成效得到国务院联席办通报肯定。开展宣导帮教，依托华侨职校、安溪茶叶职校等，开展职业技能培训，开展诚信教育进校园和反诈下乡活动。

【专项整治行动】 2022年，安溪

县开展打击整治养老诈骗专项行动，打掉养老诈骗团伙2个，破获案件26件，抓获嫌疑人14人，挽回经济损失593.7万元，打击震慑一批欺诈老年人的违法犯罪。牵头公安、民政、卫健、市监等13家成员单位，完成对全县18家养老服务机构、460个居家养老服务场所、近五年全部养老设施用地等风险隐患摸排，查处行业领域养老诈骗案件2件、罚没款20余万元。开展防范养老诈骗宣传，发送宣传短信120万余条，开展现场宣传活动646场，发放宣传手册9.3万余份，在市级以上媒体刊播新闻作品40篇，点击阅读量超百万次。

【经济社会发展服务和保障】 2022年，安溪县出台《2022年营商环境提升行动方案》和《司法服务保障“强产业、兴城市”促进民营经济发展工作方案》，推出司法服务保障经济社会发展措施，提升营商环境。推行“领导挂钩联系企业”“千名执行干警进千企”“百所联百会”机制，依托“司法服务民营企业工作室”，提供“订单式”“套餐式”司法服务。建立企业“红白黑”名单管理机制，强化企业信用修复，推进涉案企业合规试点工作，开展首例跨区域异地协作的涉案企业合规考察工作，降低诉讼对企业生产经营的不利影响。开展行政检察服务保障营商环境专项行动，加强对行政机关不当履职的监督，严防利用刑事手段干预经济纠纷，严惩破坏市场竞争秩序、侵害市场主体合法权益的违法犯罪。

【基层治理创新】 2022年，安溪县推进政法领域深化改革，试点推行派出所“一站式”综合服务窗口，“一窗通办”户政、交警、治安、出入境等104项公安政务服务。以数字赋能智慧政法，推行“掌上司法”新模式，创新推进破产案件智能化审判，实现债权人会议、破产协作等事项全流程线上完成。融合“互联网+法律援助”“互联网+公证服务”与异地受理协作机制，实现“全省通办”“一网通办”“一趟不用跑”“最多跑一趟”，办理法律援助案件1329件、各类公证1335件。联合17个相关职能部门，加强未成年人保护，织密家庭、学校、社会、网络、政府、司法“六大防护网”。全市首个制定密切接触未成年人单位工作人员从业查询实施细则，查询20568人、督促解聘18人。打造“司法救助+社会救助”新模式，推行“执行+慈善”“执行+保险”救助机制，创新设立刑事涉案家庭困境儿童救助机制，为8名刑事涉案困境儿童发放慈善救助金8.6万元，为困难群众发放救助金、保险金70.2万元。

（陈志敏　叶连芳）

法治政府建设

【行政执法制度建设】 2022年，安溪县司法局下发《安溪县司法局关于印发全面推行行政执法“三项制度”工作指引的通知》，推进行政执法公示制度、执法全过程记录制度、重大执法决定法制审核制度，规范行政执法行为。全年全县执法检查事前事中事后公示34868件、听证4件、录音录像2167件、法律审核1455件。县司法局与县委组织部、县委编办和县人社局联合下发《关于组织参加2022年度全市行政执法资格考试的通知》，全县报考847人，乡镇专业法律知识考试通过428人，综合法律知识考试通过314人。

【行政执法规范化管理】 2022年，安溪县加强行政执法内部监督，提高行政执法案卷质量，全面推进依法行政，县司法局出台《安溪县司法局关于开展2022年度行政执法案卷评查工作的通知》，组织开展2批次行政执法卷宗评查，抽取24家单位的55份卷宗进行评查，将评查结果进行通报，通过卷宗评查倒逼行政执法单位进一步规范行政执法，提高行政执法水平。邀请首届特邀执法监督员参与卷宗的评查，拓宽监督渠道，提升监督质效。

举办全县行政执法业务专题培训班，邀请专家学者授课。县司法局编印《中华人民共和国行政处罚法》（2021年修订）施行通用指引、《泉州市行政执法文书参考样本》（2022年版），下发到各执法单位。

【行政执法监管】 2022年，安溪县通过规范行政自由裁量权，推动落实行政执法责任制，杜绝违法裁量、随意裁量、滥用自由裁量权的现象，保障法律法规及规章实施。全县各执法部门按照《关于建立不予行政处罚、从轻或减轻行政处罚事项清单试点工作的通知》要求，梳理本系统行政执法涉及的法律法规和规章条款，细化违法行为情形，制定本系统内全县统一的行政执法“四张清单”，公布实施。截至2022年12月31日，有12个部门编制“四张清单”449项。其中，不予行政处罚清单317项，从轻处罚清单87项，减轻处罚清单36项，免予行政强制清单9项。县公安局、市监局、交通局3个部门在执法中运用“四张清单”，依据清单作出处理案件27670件。其中，不予行政处罚27664件，从轻处罚2件，减轻处罚4件，为当事人减轻经济负担487.49万元。

【规范性文件合法性审查】 2022年，安溪县审查规范性文件14件、合同52份，接收县直部门报备的规范性文件4件，报备及时率、通过率、合法率均100%。开展年度行政机关规范性文件清理工作，形成《安溪县人民政府关于公布2022年度行政机关规范性文件清理结果的通告》，依法向社会公布。开展涉及“水能资源开发利用权”、网约车驾驶员户籍限制、人口与计划生育内容的配套规范性文件集中专项清理工作。未发现违反法律法规规章和上级政策规定。

【行政复议】 2022年，安溪县行政复议机构新增事业编制1个，改革后安溪县行政复议股室1个，编制数2个。依法开展行政复议，维护公民合法权益，化解行政争议。全年全县接收行政复议申请163件，受理52件，完成办结54件（含上期结转11件），未审结9件。其中，维持19件，驳回8件，撤销5件，确认违法1件，调解（和解）21件。复议直接纠错率11.11%。

【行政应诉】 2022年，安溪县贯彻《中华人民共和国行政诉讼法》《福建省行政应诉办法》，加强全县行政机关涉诉工作，降低全县行政诉讼败诉率。落实行政机关负责人出庭应诉制度，提升行政机关负责人出庭应诉率。全年安溪县行政诉讼案件一审审结242件，一审败诉29件，败诉率11.98%，比上年下降18.11%。全年安溪县行政诉讼案件一审开庭79件，行政机关负责人出庭应诉73件，出庭应诉率92.41%，比上年上升29.12%。

（黄雅芬 谢日钦）

公安

【概况】 2022年，安溪县公安局全面统筹疫情防控、维稳、重点整治、治安防控和安全监管等工作。做好党的二十大安保维稳工作，以夏季治安打击整治“百日行动”“红盾·2022”行动为载体，立足实际，开展“战斧”“净源”“清零”“磐石”“雷霆”五大攻坚战。

【犯罪侦查打击】 2022年，安溪县公安局立各类刑事案件2805件，比上年同期下降22.9%；破获各类刑事案件2450件，比上年同期上升0.5%；破案率87.3%，比上年同期上升30.3%，抓获刑事作案嫌疑人5154名，比上年同期上升24.9%；抓获网上在逃人员1470人；提请逮捕825名，比上年同期下降34.3%；移送起诉2243名，比上年同期下降7.2%。打击电信网络诈骗犯罪工作。立电信网络诈骗案件591件，比上年同期下降41.6%；群众财产损失数3118.51万元，比上年同期下降40.88%；破案数346件，比上年同期下降36.63%；抓获2590人，比上年同期上升236.8%。常态化开展扫黑除恶斗争。打掉1个黑社会性质组织、1个恶势力犯罪集团和1个恶势力犯罪团伙；破获典型九类涉恶案件314件，比上年下降12.7%；抓获犯罪嫌疑人563人，比上年上升2.82%；刑拘280人，比上年下降28.9%；提请逮捕133人，比上年下降62.4%；公诉326人，比上年下降4.91%；抓获九类涉黑恶在逃人员354名，比上年上升17.8%。快侦快破现行命案等严重暴力犯罪工作。全县八类严重暴力犯罪案件立案107件（其中2件年前发案，2022年度案发的105件），破107件，破案率100%。以上107件中放火案4件，故意杀人案1件，故意伤害案35件，强奸案62件，抢劫案5件。破获3件命案积案。打拐工作。破获涉拐案件5件，抓获涉拐嫌疑人17名，提起涉拐公诉13名，采集疑似被拐儿童血样900份，打拐库比中26名被拐儿童，比中8对父母双亲。追逃工作。抓获各类在逃人员

2022年3月17日，安溪县公安局集结50名增援警力奔赴疫情前线
（图/县公安局）

1470名，其中抓获本地网上在逃人员666名（其中年前在逃人员29名）、福建省外县网上在逃人员84名（其中年前在逃人员5名）、外省网上在逃人员720名（其中年前在逃人员52名）；抓获公安部A级通缉令通缉在逃人员2名、公安部电诈目标在逃人员8名、本地库存在逃人员54名（其中18名境外在逃人员）。打击传统盗抢骗工作。立盗窃案件945件，比上年下降6.72%，破759件，比上年上升13.98%，破案率80.32%，比上年上升23.4%，立“两抢”（抢劫、抢夺）案件8件，全部破案，安溪县快侦率为107.95%，盗窃破案率为80.31%。

【打击经济犯罪专项行动】 2022年，安溪县公安局立经济犯罪案件100件，破案91件。其中，妨害信用卡管理50件，合同诈骗案11件，非法经营案9件，非法吸收公众存款6件，洗钱案3件，虚假广告案1件，持有、使用假币案2件，组织、领导传销案1件，销售假冒注册商标的商品案1件，职务侵占案3件，集资诈骗案1件，挪用资金罪2件，串通投标案1件，破案率91%。开展反走私综合治理工作。县打私办（挂靠安溪县公安局经侦大队）牵头开展加油站（含无证加油站点、企业内设加油点）清查行动4次，取缔13家非法私设加油站点，全面查处未经审批的加油站点和企业私设加油枪行为，发现问题隐患20处，整改问题20处；开展走私冻品清查、假冒抗疫战略物资清查行动8次，确保食品安全，杜绝假冒伪劣商品流入市场，确保战略物资安全。推进打击涉燃气安全违法犯罪工作，全年破获燃气非法经营案件1件，涉案金额7万多元。开展打击整治养老诈骗专项行动，全年破获14件涉老犯罪案件，其中非法吸收公众存款案5件、集资诈骗1件、合同诈骗8件。

【涉毒违法犯罪打击】 2022年，安溪县公安局动态分析最新毒情形势，完善禁毒情侦一体化工作机制，打击整治各类毒品违法犯罪活动。针对当前毒品犯罪活动向寄递网络贩毒发展的特点，线上严查网络贩毒线索、线下严查寄递渠道。侦破寄递贩毒、网络贩毒案件19件，摧毁犯罪团伙1个。针对外地毒品倒灌输入的风险隐患问题，将跨区打击作为缉毒执法工作重点，加强与外省公安机关的警务协作。破获省督目标案件1件，移送起诉毒品犯罪嫌疑人10人，获得外地移交的查处吸毒人员战果23人次。以夏季治安打击整治“百日行动”为主要载体，全面清查、打击隐匿于宾馆旅馆、KTV、酒吧等重点场所的涉毒违法犯罪行为，查获涉毒在逃人员2名。

【网络违法犯罪活动打击】 2022年，安溪县公安局破获主侦案件15件；录入主侦案件563件，强制措施1087人；完成部级精品案件2件，省级精品案件3件。

【偷私渡依法打击】 2022年，安溪县公安局融入“党政主导、公安主力、部门联动、群众参与”的全县治理格局，构建涉诈重点人员管控“安溪做法”，开展依法打击偷私渡工作。劝返滞留境外人员5423人；守好“海上”“陆路”两类通道，坚决遏制外流犯罪，核查、拦截劝阻边境及机场欲出境人员1756人；落实泉州市“市县一体化”打击思路，全力打金主、抓蛇头、斩链条、断通道，集中打掉偷私渡团伙34个、组织者16人，刑拘偷私渡嫌疑人143人。

【黄赌违法犯罪整治】 2022年，安溪县公安局在全县范围内集中组织开展6次打击黄赌违法犯罪专项行动，整治娱乐服务场所的黄赌现象。破获黄赌刑事案件286件，刑拘253人，提请逮捕161人，起诉218人；查处黄赌案件316件，抓获违法人员342人，其中拘留330人，罚款339人。

【“食药环”违法犯罪整治】 2022年，安溪县公安局制定下发《全县公安机关“昆仑2022”专项行动工作方案》，推进专项行动打击整治。查处受理42件刑事案件，其中涉嫌生产销售有毒有害食品案26件，涉嫌生产销售不符合安全标准的食品案1件，生产、销售假药、伪劣产品案案件10件，生猪屠宰案2件，环境污染案3件，刑事处罚48人。

【校园安全监管】 2022年，安溪县公安局涉校涉生警情608件（其中非警务65件，求助227件，行政案件125件，刑事案件62件，校园欺凌类案件13件，恶性案件4件，调解112件），案件223件，行政处罚28人，刑事处罚20人，回访案件33人。向学校发送告知函3个、提示函12个，向教育主管部门发送建议函2个。及时、严厉、优先打击性侵、猥亵未成年人、校园欺凌等犯罪，打击“黄赌毒”“校园贷”“裸贷”，以及用教唆、胁迫、诱骗等方式利用学生实施违法犯罪行为的活动，快侦快破，有效处置，未产生不良影响，刑事立案34件，破结案34件；受理行政案件52件，办结47件，行政处罚12件17人。指导、督促中小学、幼儿园健全完善内部安全管理，督促教育部门落实校园安全主体责任，督促学校建立健全物防、技防、人防、制度防等措施。实现保安配备率100%，校园封闭率100%，一键式紧急报警及视频监控系统等安装率100%，与公安联网100%，各校钢叉盾牌辣椒水等配备完整。全年日常检查出动警力1906人次，开展督导检查968次，发现隐患并督促整改234处，办理校园内保行政案件50件，行政处罚学校(警告)50次。举办法治、防性侵、防欺凌、防恐、防暴、防毒品、交通安全、消防安全等法治课565次，宣传744次，受众15.48万人，协助学校开展行为异常学生教育196次3659人。配合学校100%落实“三项教育”，组织师生开展以防恐、防暴、防火为主要内容的应急疏散演练153场次，提高师生的法律意识和自防自救能力。设立“护学岗”393个、“高峰勤务”点288个，定点值守校园进出口；派出所组织路面巡处警力57组547人在校园周边人流车流密集路口强化动态巡逻，提升校园安全指数。

2022 年 8 月 24 日，全市公安机关集中销毁枪支、管制刀具活动在安溪举行
（图 / 县公安局）

【危爆物品监管】 2022年，安溪县公安局结合非煤矿山安全检查百日大会战，联合县应急局、自然资源局等部门对集安矿业、感德镇新田矿业、潘田铁矿等5家矿区全面检查，发现隐患问题7个，限期整改，但未发现涉爆隐患问题。协同加强对加油站、烟花爆竹、易制爆危险化学品和剧毒化学品等单位的管控，检查涉枪涉爆重点单位75家次、爆破作业工地53场次，加油站45家次、剧毒化学品使用单位8家次，发现整改隐患问题11个；下发整改隐患通知书8份，无重大隐患与违规行为。强化打击方面，全县破获涉枪涉爆刑事案件42件，公诉23件、24人，查处涉枪涉爆行政案件（非法储存烟花爆竹）139件。清查收缴方面，针对重点场所、重点部位、重点人员，结合统一行动组织清查，排查涉枪涉爆重点部位345处，收缴枪支111把（其中火药枪61把），各类子弹7638发，黑火药1563.05千克（包含烟火剂含药量），索类160米，炮弹1个，手榴弹2个，管制刀具6把，非法烟花爆竹4200件。

【行业监管】 2022年，安溪县公安局查处旅馆业不实名登记352件，取缔无证旅馆14家；查处娱乐业违规行为56件，对娱乐场所超时营业及时移送县文体旅局13批次100家次；查处机修业不实名登记40件，加大按摩足浴、报废汽车回收业、典当及废旧金属收购业等行业场所检查力度，及时发现整改治安隐患。召开行业场所管理培训会，约谈问题场所，联合检察院对场所负责人召开法治培训会，联合检察院开展旅馆业落实未成年人入住报告制度联合检查，联合检察院下发未成年人保护宣传海报；开展全县旅馆业自建房安全隐患排查，复核132家旅馆卷宗；推进社会治安防控体系子系统娱乐场所和特种行业治安管控系统建设，信息采集率、信息完整率及监控视频接入率100%。配合行业主管部门及属地乡镇政府开展密闭空间经营场所专项整治。

【景区和非景区安全专项整治】 2022年，安溪县实地检查公共区域147处，发现隐患182个，全部整改完毕，发送建议函、报告30份。对排查发现的安全隐患，会同文体旅、市监、交通、应急等主管部门建立风险清单、措施清单、责任清单，滚动跟踪、整改销号，确保隐患100%整改。

【户政管理】 2022年，安溪县公安局开展户籍管理服务工作，完善全县户籍窗口软、硬件设施建设，落实便民利民措施。全县办理准迁证4464份，省内一站式受理审批2955份，二代身份证审核及分拣68869张，办理临时身份证2529张，港澳台居住证38张，异地办理身份证12648张，解决户口登记项目变更更正105份，解决出生未落户9367人，漏报补录户口信息137条，多报删除199人，受理微信业务262笔，出生证发函92份，非亲属公告157份，身份证鉴定4张，档案整理48卷，异地首次申领居民身份证957个，异地申请出生落户4人。截至年底，全县户籍人口1200024人，流动人口133198人。

【流动人口和出租房屋排查】 2022年，安溪县公安局开展全县人员信息数据“大摸排”“大起底”“大造册”“大追踪”工作，掌握流动人口、出租房屋及全县每一轮全民核酸等基础数据，提高清查清扫“覆盖面”。登记出租房屋20881户，其中2022年新增303户。

【出入境及往来港澳台管理】 2022年，安溪县公安局暂停签发内地居民往来香港地区旅游签注，自助机、网上服务平台等受理渠道同步关停。原则上不受理赴台团队旅游签注申请，暂停受理、审批、签发内地居民赴香港商务签注，同时从严审批、签发内地居民赴港澳探亲、逗留和其他类签注申请。对以旅游、探亲等非必要出国境理由申办普通护照的，暂不予受理；因特殊、紧急事由需出国境的人员申办证件的，予以受理并提供必要便利。出入境证件“全国”通办，推行“一窗”通办、“自助快办”、“预约办理”、“快递送达”，实现就近能办、异地可办。改进窗口服务，推行首问负责、一次性告知、一窗受理、限时办结等制度。11月初，完成智能签注设备实人认证功能改造工作，开放赴澳门旅游签注业务。开展打击妨害国（边）境管理犯罪“獴猎”行动——2022。开展整治重点地区“三非”外国人突出问题专项行动，落实“实名、实情、实数”要求，确保底数清、情况明、管得住。加强外国人签证管理工作，确保窗口咨询电话畅通，对外国人因疫情防控原因需要办理签证延期、加急办证的，提供便利服务。

【道路交通安全管理】 2022年，安溪县公安局加强道路隐患治理，预防道路交通事故，全县交通安全形势持续稳定。全县发生道路交通事故260件，死亡60人，受伤241人，直接经济损失3.57万元，比上年分别下降15.58%、9.09%、12.68%和12.88%，四项指数全面下降。8月，安溪县公安局交警大队被福建省公安厅授予“集体二等功”，在全市年度“县级公安机关考评”交通管理项目考评中位居全市第一位。

【道路隐患路段治理】 2022年，安溪县公安局加强湖泊河道临水临崖、国省道路口、农村道路路口等隐患点段及施工道路隐患、地质灾害隐患点段滚动摸排，全县排查各类交通安全隐患236处，完成整改234处，整改率99.15%。7处省为民办实事项目、14处工业园区、20处农村道路路口“五必上”、28处农村道路路段“三必上”、99处国省道路口“五有工程”全部完成，32处湖泊河道临水临崖完成31处，23处通寺道路完成22处。

【交通重点违法行为整治】 2022年，安溪县公安局实施“派出所管交通”模式，建立交警大队、派出所“优势互补、联动协作、高效管理”的工作格局，开展常态化路面巡逻，营造浓厚氛围。研判酒驾高发易发重点路段、时段，合理安排勤务，精准布警，持续开展“夜夜查酒驾”行动；强化娱乐场所酒驾源头管理，督促辖区KTV、酒吧等娱乐场所严格落实“凌晨2时至8时停止营业”规定，要求涉酒场所人员劝阻、举报酒后驾驶行为，从源头上减少涉酒驾驶的发生。查获、移交娱乐场所超时营业线索11条，受理、查实酒驾醉驾有奖举报6件。将警力集中向城郊接合部、镇区及农村主要地区延伸，提高农村酒驾醉驾、摩托车超员、未戴头盔等重点交通违法打击震慑力度。全县查处各类交通违法12.44万件，其中酒后驾驶1459件、醉驾驾驶460件、摩托车载人超员9487件、货车超载2075件、涉牌违法7647件、涉证违法10858件、未戴头盔65530件、未使用安全带26871件。

【车驾源头管理】 2022年，安溪县公安局围绕八类重点车辆逾期未检验、未报废、违法未处理及驾驶人逾期未审验、未换证等突出隐患，定期通报检查，督促落实整改。安溪辖区“两客一危”“营转非”大客车、校车、三轮摩托车检验率、注销率均100%；重中型货车检验率96.73%，注销率98.55%；重型挂车检验率98.58%，注销率100%；面包车检验率98.59%，注销率97.61%。

【城区交通管理】 2022年，安溪县公安局整合二环路中心缺口，封闭“御峰、古山、永隆、亿海、澳江”等7处中心缺口，增设钢护栏9.5千米，减少路口冲突，降低隐患；施划70组“分道行驶”提示标线、20处“摩托车待行区”、2处“大货车盲区危险警示带”，规范大货车和摩托车各行其道，改善大小车辆混行冲突，减少路口摩托车穿插、抢行现象。对城区3个拥堵路段路口实行“一点一策”，安溪一中至凤城中学路段放学高峰期，限制小型及以上汽车“只出不进”，进城车辆一律绕行河滨北路；城区二环南路17：00至20：00高峰期，禁止大型货车通行；吾都路段晚高峰期车流“潮汐”现象突出，进城多、出城少，采取“人工移动路中护栏、增设进城车道”措施，缓解交通拥堵问题。

【渣土车智能动态监管】 2022年，安溪县公安局布点建设抓拍枪机165处，升级电警识别算法，利用交警大队指挥中心，抽查运行的渣土车是否居中行驶，对未居中行驶的车辆，第一时间推送给基层中队传唤处罚。查处渣土车不按道行驶（未居中行驶）违法行为1549件。8月开始，将渣土车企业作为重点企业进行监管，抽调公安交警、城管、交通、住建4个部门的业务骨干6人，组建“渣土运输安全监管工作专班”，进驻“县渣土车动态监管中心”集中办公，实行“专班化”运作。

【交通管理智能化建设】 2022年，安溪县公安局开展摩托车违法抓拍、货车非法载人抓拍、来车预警系统应用、智慧交通广播建设等工作。建成摩托车违法抓拍点位165处，实现乡镇主要路口路段全覆盖，抓拍摩托车未戴头盔、超员、货车非法载人等违法行为。建成来车预警点位14处、智慧交通广播点位70处，提醒过往车辆注意安全。在友联灯控路段试点建设大货车右转盲区预警点位1处，检测右转盲区行人及非机动车、摩托车。流量采集系统、信号灯自适应系统、高空AR（增强现实）监控系统、货车进城抓拍等系统大量应用。建成流量采集点位20处，实现信号优化、自适应配时、干道绿波等功能。建成货车进城抓拍点位5处，与各路段路口电子警察形成闭环，构建大货车入城电警围栏，管控大货车违规入城。建成车辆噪声违法抓拍点位4处，实现对“炸街车”的精准快速打击。在河滨北路金龙时代广场、河滨南路木栈道建设人行横道激光安全警示装置2处、县政府灯控路段智慧斑马线1处，提高行人过街安全系数。建成高空AR监控点位，实现大场景道路监控、视频自动巡逻和高低联动等功能，提升城区交通管理智能化水平。

【野生动物安全保卫】 2022年，安溪县公安局开展“绿盾2022”专项行动、“五一”国际劳动节期间野生动物专项清理整治行动等专项行动，对辖区寄递物流站点及辖区餐馆、饭店等场所开展“地毯式”排查，实地核对场所内出售的动物品种，排查场所内的仓库、冰箱等非法存放野生动物行为。出动警力180余人次，检查旅馆、餐馆、寄递物流站点100余家，发放宣传单800份。

（张 芸 吴清河）

检察

【概况】 2022年，安溪县人民检察院依法履行刑事检察、民事行政检察、公益诉讼检察等法律监督职责，各项检察工作稳步推进。落实《关于建立“林长+检察长”协作机制的意见》，提出检察建议41件，督促相关部门开展专项整治5次。构建“党建+办案团队”的工作模式，打击非法出入境犯罪案件办案团队获评全省检察机关优秀办案团队。县检察院获评全市、全省先进基层检察院。

【刑事检察】 2022年，安溪县人民检察院与县公安局制定《侦查监督与协作配合办公室工作细则》及重大疑难复杂案件会商等4项配套机制，互推执法信息58次，引导侦查62件次，追诉27人，追漏18人，追捕26人；开展清理刑事“挂案”“未羁押案件”专项监督巡查等，立案监督18件；强化刑事审判监督，对确有错误的刑事裁判提出抗诉2件。提升刑事执行监督，以巡回检察方式对全县24个乡镇司法所、派出所开展监外执行专项检察；出台暂予监外执行社区矫正对象病情复查审核工作机制，督促对保外就医情形消失的罪犯提请收监3人。助力反腐败工作大局，起诉职务犯罪6人，协助市检察院立案侦查司法工作人员徇私枉法案1件1人。批捕各类刑事犯罪764人、起诉1735人。常态化开展扫黑除恶斗争，办理涉黑恶案件17人，参与案件会商6次，起诉涉黑恶“保护伞”1人。打击非法出入境犯罪，批捕58人、起诉284人，办理的廖某等人偷越国境案入选最高人民检察院典型案例。依法严惩电信网络及关联犯罪，批捕“两卡”（电话卡、信用卡）犯罪319人、起诉536人；督促追赃挽损1000余万元；办理安溪县首起“自洗钱”案。依法不捕205人，不起诉207人。依法规范适用认罪认罚从宽制度，办理认罪认罚案件1185件，适用率89.01%，一审服判率97.3%，量刑建议采纳率99.69%。

【民事行政检察】 2022年，安溪县人民检察院开展虚假诉讼监督，推进社会诚信体系建设，办理民事虚假诉讼监督案件20件，为当事人避免损失265万余元，相关工作经验被省检察院推介。强化民事执行监督，针对送达不规范、不当终结执行程序问题，提出检察建议62件。落实检察长列席审委会制度，对16件民事生效裁判监督案件发表检察意见。加强对弱势群体合法权益的保护，办理支持起诉案件4件，协助追索劳动报酬4.34万元。在办理民事检察监督案件中及时化解矛盾纠纷，促成2件追索劳动报酬申请民事执行监督当事人达成和解。做好行政检察监督，监督行政执行活动和行政机关不依法履行行政执行裁定案件66件，比上年上升73.68%，采纳率100%。对7件强制执行征收社会抚养费案件开展行政争议实质性化解工作，破解行政诉讼案件“程序空转”等问题。督促强化监管住宅专项维修资金，相关行政机关完成追缴8个项目1088万余元。推进行政机关不当履职行为监督，部署开展“断卡行动”关联违法行为行政处罚、强制隔离戒毒行政行为、婚姻登记行政行为等专项监督活动，解决以冒名顶替或弄虚作假方式办理婚姻登记、涉刑事诉讼活动未作出行政处罚等问题，监督行政机关依法履职案件58件。

【公益诉讼检察】 2022年，安溪县人民检察院办理生态环境和资源保护、食品药品安全、公共安全、无障碍环境建设等领域公益诉讼案件87件。其中，督促行政机关依法行政、严格执法的行政公益诉讼案件70件，追究损害民事公益侵权责任的刑事附带民事公益诉讼17件。向主管部门提出检察建议，督促推广使用与硼砂功能作用相近的合法食品添加剂。助推茶乡无障碍环境建设，对城区盲道建设不完善或被占用、无障碍通道建设缺失等问题提出检察建议9件。6月，县人大常委会出台《关于加强检察公益诉讼工作的决定》，为检察履职提供保障。

【未成年人检察】 2022年，安溪县人民检察院与县政府召开“加强未成年人权益保护与犯罪预防”专题联席会议，推动未成年人检察工作。联合公安、教育等9个部门制定密切接触未成年人单位工作人员从业查询实施细则，查询5批次20572人，督促解聘19人。与县卫健局召开全县医疗系统“深植‘强制报告制度’织密未成年人安全保护网”专题座谈会，向全县100余名儿童主任开展强制报告制度、家庭教育促进法等培训。

【社会治理创新参与】 2022年，安溪县人民检察院参与社会治理创新，院领导包案办理首次申诉信访案件4件，把矛盾化解在首办环节。开展司法救助，打造“司法救助+社会救助”的新模式，协调县慈善总会设立救助基金专户，为8名困境儿童发放慈善救助金6.1万元；开展“关注困难妇女群体，加强专项司法救助”活动等，审查办理司法救助9件，发放国家司法救助金15万元。优化法治营商环境，聚焦铁观音、藤铁工艺等行业，开展送法进企、座谈交流，了解企业关注的法律问题，发放普法材料，提供法律咨询。推进涉案企业合规试点工作，建立第三方监督评估机制专业人员名录库，开展全市首例跨省异地协作的涉案企业合规考察工作。推动涉台涉侨检察联络工作，走访县侨联、台企，建立安溪侨情台账清单，了解企业法律需求。设立检察护侨护宝联络点、观察点，助推尚卿青阳村将文物和文化遗产保护写入村规民约。

【检务监督】 2022年，安溪县人民检察院坚持“应听证、尽听证”，对重大争议或有影响性案件，邀请人大代表、政协委员、人民监督员等作为听证员。发出社会治理类检察建议5份。

（郭成龙　陈丽华）

法院

【概况】 2022年，安溪县人民法院坚持服务大局、司法为民、公正司法，加强便民诉讼体系建设，推进流动法院、司法文明研修、未成年人渗透性法治教育与救助、涉房地产破产司法处置等工作，打造“三叶芽”少年审判、生态司法等品牌亮点，受理案件15451件，审、执结15021件，一审服判息诉率、执行标的到位率、万人成讼率、陪审率、归档率等指标全市最优，诉讼服务质效和执行质效均居全省第2位。全院有8个集体、51人次获市级以上表彰，6项工作在全省、全市法院作经验介绍，10项工作获最高人民法院刊发点赞，“茶乡法庭”模式写入省法院工作报告。12月，安溪县人民法院联合县教育局拍摄的防范校园欺凌主题微电影《发声》获全国法院第九届“金法槌奖”征集评选三等奖。

【刑事审判】 2022年，安溪县人民法院审结刑事案件1104件1788人。落实《中华人民共和国反有组织犯罪法》、打击涉网黑恶犯罪专项行动、做好刑释人员安置帮教等“十件实事”，做好信息网络、交通运输、工程建设和自然资源等“四大行业领域整治”，常态化开展扫黑除恶斗争，审结涉黑恶案件1件1人，开展“打财断血”专项行动。审结群众反映强烈的“两抢一盗”“食药环”“黄赌毒”等犯罪案件243件353人，保障群众生命财产安全。严惩电信网络诈骗、养老诈骗、“两卡”犯罪280件456人。依法严惩偷越国（边）境犯罪139件322人。快审快结危险驾驶、交通肇事等犯罪案件197件201人，发出“道安劝导令”56份，保障群众出行安全。保持反腐高压态势，审结职务犯罪案件5件7人。落实认罪认罚从宽制度，审结认罪认罚案件706件983人。完善“未成年人渗透性法治教育与救助工作”机制，成立“三叶芽”少年审判法官工作室，审结涉少案件142件，撑起未成年人“保护伞”，相关经验做法被省高级人民法院、市委政法委简报刊发。

【民商事审判】 2022年，安溪县人民法院审结民商事案件6992件。施行民法典，审结“衣食住行、业教保医”等涉民生案件3104件，保障群众安居乐业。注重婚姻调解和家庭修复，妥善化解婚姻家庭、继承纠纷1169件。成立家庭教育指导联动服务中心、工作站，开展救助、心理辅导等帮教活动82人次，发出《家庭教育责任告知书》26份，引导“依法带娃”。坚持促发展与防风险并重，审结融资租赁、金融借款等案件792件，维护金融秩序。组建专业化买卖合同合议庭，创新开展“诉前鉴定+要素式审判”，买卖合同案件平均审理周期比上年同期缩短10.6天。化解劳动争议纠纷，帮助追讨劳动报酬67件125.6万元，化解工人“烦薪事”。把社会主义核心价值观融入审判，坚持小案件释放大道理，诉前调解支持悬赏广告应当“赏”，判决首例小区业委会协助业主安装充电桩。

【审判执行】 2022年，安溪县人民法院执结案件5629件，到位金额7.34亿元。加强执行案件前端源头防控，创新推进“执源治理”，设立“执前和解中心”，执行收案数比上年下降10.4%。贯彻“千名执行干警进千企”部署要求，完善院企常态化联络机制，聚焦“差异化”需求，提供“点对点”司法服务。开展“夏日攻坚”“秋日风暴”“暖冬执行”等常态化集中执行行动，查封房产240处，查扣车辆325部，失信曝光、限制高消费4216人次，司法拍卖45件6081.8万元。完善“公检法”联合惩戒机制，打击拒执犯罪合力，判处“拒执罪”7件7人。简化案款发放程序，通过“线上”发放执行款3.8亿元，第一时间兑现“真金白银”。推动司法救助与社会救助紧密衔接，完善“执行+慈善”“执行+保险”救助机制，为困难群众发放救助金、保险金70.2万元，彰显司法人文关怀。

【便民诉讼体系建设】 2022年，安溪县人民法院落实共建共治共享理念，健全完善诉讼服务大厅、在线服务平台、“12368”诉讼服务热线和茶乡巡回审判“四位一体”诉讼服务网络，立案、缴费、鉴定、开庭、执行和接访一站式全流程在线诉讼服务实现“闭环”，诉讼服务工作成效获泉州中级人民法院主要领导肯定，在全市法院推广。推

2022年10月24日，安溪县人民法院“两山”巡回法庭专门合议庭，到案发地城厢镇路英村巡回审理一起非法狩猎案件。图为审理现场 （图/县人民法院）

行“掌上司法”新模式，提供网上立案、远程开庭、在线调解4358件次，网上缴退费7968件，电子送达7666次，在线执行1567件。

【流动法庭】 2022年，安溪县人民法院以人民法庭为主体，创新“茶乡巡回审判”机制，打造集立案、调解、审理、执行、普法、宣传等于一体的“流动法庭”。选取“高空抛物”等典型案件开展巡回审判80余场次，第一时间在群众“家门口”化解纠纷130余件，借力“互联网+”，创新“线上线下一体化”诉讼服务体系，在新冠疫情防控期间，为群众提供“网上立案、在线送达、在线调解、在线执行”，确保诉讼服务不打烊。

【生态环境司法保护】 2022年，安溪县人民法院服务保障生态文明建设，服务环境治理，坚持惩治性和恢复性司法理念并重，发挥审判职能，揭牌成立全省首个“两山”巡回法庭，呵护好泉州“晋江源”、晋江西溪和九龙江北溪安溪段流域水生态环境。建立“林长+法院院长”协作机制，设立“生态修复性司法示范基地”，审结全市首例适用林业碳汇赔偿机制指引案件，开展补植复绿、增殖放流等生态修复12场，发出“护鸟令”“禁火令”，推动形成“破坏—惩罚—修复—回访”的生态修复闭环，“陈某金非法采矿刑事附带民事公益诉讼案”入选全市法院生态环境司法保护十大典型案例。

【司法文明研修】 2022年，安溪县人民法院以司法文明研修中心安溪实践基地为依托，在全省首创标准化“司法礼仪规范”，开展“纯雅礼和”司法文明研修实践，被列为全省法院2022年政治工作重点，作经验介绍。聚焦“诉讼服务再完善、营商环境再优化、审判质效再提升”，开展“为群众办实事示范法院”创建活动，办结民生实事132件。强化专业素养，55篇调研文章在市级以上刊物发表，7篇论文在省级以上学术讨论会上获奖，被省高院评为“组织工作先进奖”。开展案件质量评查和“四个精品”评选，2篇案例获评全国、全省法院“年度优秀案例”，2篇文书获评全市法院“优秀裁判文书”。部署“为干警办实事”十大项目，举办“少儿暑期学堂”，安溪县人民法院获评“泉州市模范职工之家”。

【未成年人渗透性法治教育与救助】 2022年，安溪县人民法院按照“专业化、制度化、社会化、精准化”标准，开展未成年人渗透性法治教育与救助工作，将安溪铁观音采摘“三叶一芽”的传统技艺精髓融入未成年人司法保护工作中，打造以“院家校”“三叶”为支撑，全社会共同关爱保护未成年人为基础的“三叶芽”少年审判司法品牌，维护未成年人合法权益，全年审结未成年人犯罪案件79件92人，民事案件61件，少年审判工作经验做法被“学习强国”学习平台、《人民法院报》等媒体宣传报道，相关经验做法被省高院、市委政法委简报刊发。

【涉房地产破产司法处置】 2022年，安溪县人民法院推进破产审判工作，发挥破产审判职能，坚持“清理+拯救”双管齐下，在全市率先试点“债权人推荐破产管理人”制度，做好破产清算重整“后半篇文章”，推进茶叶包装城破产清算，推动天将御园项目复工续建，清溪新城重整盘活、“交房即办证”等工作。9月9日，安溪县在清溪新城举行“清溪新城”项目（原“万城壹号”）一期业主交房即办证仪式。

【县文化遗产保护法官工作室工作】 2022年，安溪县人民法院通过文化遗产保护工作室，提高司法保护“泉州：宋元中国的世界海洋商贸中心”世界遗产以及辖区文化

2022年9月9日，安溪县举行“清溪新城”项目（原“万城壹号”）一期业主交房即办证仪式。图为在仪式上，该小区业主代表向县人民法院赠送锦旗

（图／县人民法院）

遗产的能力。树立全域遗产保护理念，发挥尚卿乡青阳下草埔冶铁遗址、安溪湖头李光地宅祠建筑、龙门桂窑、莫耶故居等重要文化遗产、重点文物乡镇的法官工作室、巡回服务点作用，打造集文物保护、旅游发展、生态环境保护于一体，共建、共治、共享的文化遗产司法保护体系新格局，安排法官轮值进驻，提供纠纷诉前调解、文物保护、法律咨询、知识宣讲等服务，加强文化遗产司法保护防护。

【县首个“共享法庭”成立】　2022年，安溪县人民法院在全市率先在“党建+”邻里中心设立“共享法庭”，以“一根网线、一台电脑”为标准配置，将“人民法院在线服务”“云晤”等线上司法服务平台推广到邻里中心，由法庭为社区调解员注册账号，对调解员开展线上立案、开庭、调解培训，指导调解员为辖区有诉讼需求的群众提供立案申请、调解、开庭等线上诉讼活动操作指导和法律咨询，通过“一屏一线”提供立案指导、法律咨询等诉讼服务160人次。法庭干警定期到“党建+”邻里中心，现场开展“法官门诊”“联动调解”“巡回审判”“法治宣传”等工作。

【崇军拥军司法服务中心揭牌】　2022年，安溪县人民法院完善司法拥军工作机制，成立崇军拥军司法服务中心和老兵调解室，维护军人军属合法权益。探索吸纳退役军人参与矛盾纠纷化解、推进创新基层社会治理，为辖区军人军属、退役军人提供司法服务。

【涉住建领域矛盾纠纷化解】　2022年，安溪县人民法院完善综合治理体系，开展涉住建领域矛盾纠纷化解专项工作，健全矛盾纠纷多元化解工作机制，开展深度解析、提炼凝练、实时监控及信息互通，利用共享在线调解平台、特邀调解员参与建设施工、逾期交房案件诉前调解，提升矛盾化解效率，加强类案同判，统一诉前调解标准，全年妥善审结房地产、建设工程等案件293件。

【法院机关党校成立】　2022年，安溪县人民法院在全省基层法院率先成立法院机关党校。利用县委党校和法院党校的师资力量，确定“半月一主题”培训计划，通过院领导讲党史、党校老师授课、干警讲堂、现场教学、观看红色电影等形式，把党校的教学工作和司法文明研修中心实践基地研修活动结合起来，开展党性教育、红色观影等教培活动9场次。

【乡村振兴法官服务站成立】　2022年，安溪县人民法院下沉司法资源，提供精准司法供给，在安溪县城厢镇经兜村“党建+”邻里中心成立全市首个“乡村振兴法官服务站”。“乡村振兴法官服务站”采取法官预约入驻服务站提供司法服务，群众通过服务站预约联系法官、登记咨询事项的“双预约”运行模式，通过巡回审判、共享法庭、精准提供立案、调解、开庭、咨询、普法等“线上线下”一体化诉讼服务，参与乡村产业布局与政策衔接中的法律论证，为乡村振兴提供优质司法服务和保障。

（苏明坡　黄小丹）

司法行政

【概况】　2022年，安溪县司法行政部门加强法治宣传教育，做好人民调解、法律服务、社区矫正、安置帮教和队伍教育管理等工作。全县各类民事纠纷225件，群众调解满意度100%；接收社区矫正对象。实现全县村（社区）法律顾问覆盖率100%。

【调解机制构建】　2022年，安溪县司法局完善矛盾纠纷排查机制。在县级层面，由县调解中心牵头诉前、医患、交调委等行业调委会，联合民政、市监、交通、环境、资源、公安、卫健、人社、住建、教育等部门，每月定期召开县级矛盾纠纷排查分析会。在乡镇层面，由司法所牵头各村（居）调委会和综治办、派出所、法庭、林业站、市监所、自然资源所等部门每半月排查矛盾纠纷隐患，建立工作台账。对排查出的矛盾纠纷，落实责任单位，实行挂账销号制度。完善“排调分离”工作机制，将矛盾纠纷排查主体和调解主体相对分开，发挥村“两委”、网格员、专调委会等行业组织在矛盾纠纷排查中的优势，实现排查全时空、全区域。完善“等级评定+绩效考核”激励机制。制定乡镇调委会、县级多元化解中心和医患纠纷调委会、交通事故调委会、诉前调委会5类专职调解员的考核办法，将矛盾纠纷排查化解工作考评结果与其绩效奖金挂钩。争取县财政支持，将矛盾纠纷排查化解等创建工作涉及的经费列入财政预算，每年不少于360万元给予保障。完善矛盾纠纷多元化解工作机制。开展“公调（警民联调）”“诉调”“访调”对接工作以及“12348”公共法律服务热线与公安“110”热线对接分流化解非警务警情工作，做好人民调解与行政调解的衔接联动。县调解中心分流指派、调处化解的家庭婚姻、邻里纠纷等各类民事纠纷225件，群众调解满意度100%。

【岗位练兵】 2022年，安溪县司法局组织各司法所撰写人民调解典型案例，报送各类调解典型案例83篇，有3篇案例被省司法厅采用，其中2篇人民调解典型案例入选司法部司法行政（法律服务）案例库，在中国法律服务网（“12348”中国法网）推广。各司法所报送人民调解纠纷案例信息106条、工作创新案例30篇。落实基层司法所社区矫正社会工作者到县社区矫正管理局跟班学习制度，加强社区矫正业务培训，组织社区矫正工作人员学习《中华人民共和国社区矫正法》及其相关法律法规文件，依法规范开展社区矫正工作。

【人民调解宣传】 2022年，安溪县司法局将人民调解与普法宣传、法律援助、基层公共法律服务有机融合，扩大调解宣传的覆盖面。开展人民调解“一法一条例”宣传活动，在“一村一法律顾问”微信群定期推送有关人民调解的知识和案例。利用传统媒介和“互联网+人民调解宣传”新媒体平台，宣传人民调解工作。加强对调解案例的深入剖析、宣传释理，配合福建电视台做好《调解有1套》栏目组到安溪县拍摄调解案例，全年报送《调解有1套》拍摄线索70条，拍摄播出调解案例5个。《福建日报》、“学习强国”福建学习平台、福建电视台、《泉州晚报》等省市主流媒体宣传报道安溪县人民调解工作。县司法局局长谢日钦获全省人民调解先进个人称号，安溪县医疗纠纷人民调解委员会获全省人民调解先进集体称号，安溪县司法局连续8年获全国人民调解宣传工作先进集体称号。在市司法所“强基础、展亮点、创品牌”评述会上，安溪县司法局蓬莱司法所、龙门司法所获二等奖。

【律师工作】 2022年，安溪县司法局发挥律师、公证等资源优势，开展“百所联百会”活动，依托与工商联联合设立的民营企业司法服务工作站，组织律所与有需求的企业签订法治共建协议书。开展“法律进企业”活动，为企业提供普法宣传12场次，开展“法治体检”26场次。

【公共法律服务】 2022年，安溪县司法局推进村（社区）法律顾问示范点创建工作，实现全县村（社区）法律顾问覆盖率100%，按村居40%的比例创建村（社区）法律顾问示范点。加快公共法律服务平台建设，推进公共法律服务实体平台规范化建设，各乡镇依托司法所成立公共法律服务工作站，逐步开展公共法律服务工作站规范化建设。做好“双随机、一公开”工作，对辖区内一律所开展调查，将调查结果录入系统。

【社区矫正】 2022年，安溪县司法局落实社区矫正委员会会议制度、社区矫正情况分析例会制度、社区矫正适用前社会调查评估合议制度、社区矫正重大事项报告和突发事件应急处置机制，加强矫正执行、重点管理、教育引导、帮扶转化，综合保障。8月8日，由县委政法委牵头，组织公安、检察、法院、司法等部门召开2022年度社区矫正委员会全体会议，研究部署社区矫正工作。9月1日，省人大常委会党组书记、副主任梁建勇带队赴安溪县开展《中华人民共和国社区矫正法》执法检查。在陈利职校入矫教育基地举办第一、二、三期社区矫正对象集中入矫教育活动。举办心理健康讲座、心理知识沙龙5场，教授社区矫正对象调节自我情绪及认知的正确方法及技巧。摄制社区矫正警示教育宣传片《“矫”幸的代价》在全县推广，在全县各乡镇司法所召开集中警示主题教育会30余场。举办“社区矫正开放日”活动、《中华人民共和国社区矫正法》实施2周年座谈会等活动，提高社区矫正社会知晓率和参与度。鼓励社会力量参与社区矫正工作，建设教育基地4个、公益活动基地9个和就业基地6个。组织村级社区矫正协管员、社会志愿者加入社区矫正对象矫正小组。加强社区矫正对象职业技能培训，在官桥镇弘桥智谷社区矫正对象培训创业基地举办社区矫正对象“电商+直播”就业技能培训活动4期；长卿司法所组织社区矫正对象开展淮山种植技能培训；西坪司法所依托辖区后格村蓬勃发展的家具加工业和电商产业，以后格村家具厂为据点，成立“西坪镇社区矫正创业基地”。引导社区矫正对象参加社会公益活动，魁斗司法所组织社区矫正对象参与无偿献血等活动。探索建立安溪县第一个社区矫正工作站——“城东社区社区矫正工作站”。落实司法所长副科级配置，社区矫正社会工作者队伍增至80人，实现基层司法行政工作组织网络全覆盖；全县持有社会工作者职业资格的社区矫正社工29人。保障社区矫正工作经费，将社区矫正经费纳入县级财政预算。2022年省级下拨社区矫正专项经费94.47万元，县级安排社区矫正经费654.16万元。

【安置帮教】 2022年，安溪县司法局建立健全信息核查比对机制。

县司法局与县公安局开展信息比对，根据差异数对登记在册的人员名单、基本信息等与辖区公安派出所进行比对。截至12月，各司法所完成比对12492人，补录1815条，抄送公安机关2165人。各司法所加强对有明显重新犯罪倾向、刑释前未核实姓名身份地址的、“三无”人员、患有严重精神障碍等各种严重疾病的、发生家庭重大变故的、曾有过吸毒史的等12类重点人员的排查。按“一人一案”方案实施管理。对符合政策的人员落实帮扶和救助工作。组织民政局、人社局等有关部门和社会各界组织，开展社会帮教活动，帮助刑满释放人员解决就业就学、医保社保、子女失学等家庭困难，动员社会力量参与做好服刑人员及未成年子女、刑满释放人员及其亲属的教育帮扶工作。全年开发公益性岗位20个，全县公益性岗位总数增加至289个，吸纳脱贫劳动力168人、残疾人员19人、低保户102人等就业困难人员就业。对生活困难的刑释人员，落实最低生活保障。

【“八五”普法】 2022年，安溪县司法局推动“八五”普法规划全面实施。开展进企业、进农村、进机关、进校园、进社区、进军营、进网络、进宗教场所等“法律八进”活动，教育引导群众养成自觉守法的意识。在宪法宣传周、民法典宣传月等开展主题宣传，在湾美法治公园突出宪法主题，增设党的二十大精神、党内法规等元素，在凤城、魁斗、芦田等乡镇打造法治文化阵地4个。成立安溪县“蒲公英”普法志愿者大队，培养普法志愿者332人、农村“法律明白人”6229人。

【法治宣传教育】 2022年，安溪县司法局开展送法治文化下乡，开展法治宣讲，放映法治题材影片，张贴法治宣传图片和漫画等普法宣传活动。开展民法典宣传月活动，开展“民法典进农村”“民法典进校园”“民法‘典’亮星空”等主题活动，扩大民法典的宣传覆盖面并提高知晓率。实施“法律明白人”培训工程，对农村普法依法治理工作骨干，分级负责，层层抓好法律培训工作。开展“学生带法回家”活动，在各级各类学校中加强对在校学生的普法工作，培养学生“宣传员”。创建特色品牌，打造地方特色法治文化阵地。各乡镇发掘地方特色文化资源，推进县、乡、村三级法治文化阵地建设。在芦田镇创建法治文化公园，在魁斗镇创建红色法治文化长廊，在凤城镇创建“青青护苗园”预防未成年人犯罪基地。

（黄雅芬　谢日钦）

军 事

安溪县人民武装部

【概况】 2022年，安溪县人民武装部（简称“县人武部”）把握稳中求进总基调，加强官兵思想教育和国防教育，做好军事训练和基础设施建设，推进民兵整组和双拥共建工作。增加投入，支持镇、村两级基层单位正规化建设。

【思想政治建设】 2022年，县人武部学习贯彻党的二十大精神，区分3个阶段、18个方面，组织专题学习、开展配套活动，研习党的二十大文件汇编和辅导读本，围绕“礼赞二十大”“深悟强军思想”等主题组织专题宣讲、主题党课、课题研究。开展党委理论学习中心组学习和“忠诚维护核心、矢志奋斗强军”主题教育，结合军事训练、民兵建设、兵员征集、国防教育等工作实际，区分4个专题组织实施。开展民兵思想政治教育，配合完成全区民兵思想政治教育试点任务，加强民兵政治教育精品课编撰，指导“五类人员”（现役干部、文职人员、基层武装部政治教导员、专武干部、民兵干部）参加福建省军区、泉州军分区民兵政治教员授课比武，参内镇人民武装部部长陈周能、大坪乡人民武装部部长孙惠惠在泉州军分区政治教员授课比武中分别获第二名和第六名，大坪乡人民武装部部长孙惠惠代表泉州军分区参加福建省军区比武获二等奖。开展人武部职工“爱岗敬业、遵规守纪”专题教育，组织授课辅导、学习交流和对照检视。

【正规化建设】 2022年，县人武部坚持抓建为战，树立备战打仗导向，对照“四个秩序”（战备秩序、训练秩序、工作秩序、生活秩序）建设规范，对作战值班室、战备器材室、集中文印室等场所完善建设，配置应急物资器材，夯实战备建设基础。推进基层武装部建设“评星挂牌”活动，加强镇、村两级31家基层单位正规化建设，下拨经费80万元。全年获评“三星级武装部”8家（城厢、参内、蓬莱、湖头、湖上、大坪、官桥、龙门），龙门镇人民武装部被推荐至福建省军区参评“四星级武装部”。

【军事训练】 2022年，县人武部组织首长机关训练、专武干部集训和“四会”教练员集训比武，完成基干民兵3批实战化军事训练，组织新任职民兵营（连）长基地轮训，融入无人机等新技术开展防汛骨干集训。军地联合下发《安溪县2022年度专武干部训练培训实施方案》，组织全县专武部部长集训和其他专武干部岗位轮训，夯实专武干部理论基础和业务技能。派员参

2022年6月13日，安溪县人武部组织民兵营连长集训 （图/陈进平）

加泉州军分区专武干部集训暨专武部长比武，城厢镇人民武装部部长黄荣章、参内镇人民武装部部长陈周能被评为泉州军分区“十佳专武部长”，城厢镇人民武装部副部长李高青被评为泉州军分区“十佳专武干事”。参加国防动员指挥演练，组织新域新质分队和政治动员专业队伍参加政治工作演练。紧急出动应急分队参与山体滑坡事故处置325人次，参与疫情防控50人次。

【民兵整组】 2022年，县人武部调整编组模式，完成基干民兵编兵任务，提升专业对口率，民兵工作实绩位列全区第一方阵。承办泉州军分区新域新质力量建设集结点验现场会，安溪县新域新质力量建设成效、民兵分队集结点验流程及基层人民武装部建设创新成果在现场演示展示。

【征兵工作】 2022年，县人武部举办大学毕业生专场宣讲会和“徒步行军+征兵宣传”活动，召开征兵工作会议、体检培训会和任务部署会。4月15日，安溪县在陈利职校举行2022春季新兵欢送活动。年内完成征兵工作任务，全县2家单位获评省级“征兵工作先进单位”，2人获评省级“征兵工作先进个人”，5家单位被评为市级“征兵工作先进单位”。

【国防动员潜力核查】 2022年，县人武部对接推进国防动员委员会机构改革，采取动员部署、业务培训、集中会审、实地核查、会议讲评、定期通报、分析评估等形式，调查统计8个领域113类国防动员潜力数质量和分布情况；调整编组政治动员专业队伍，完成拥军支前潜力核查，推动动员潜力向援战实力转化。

【营区迁建】 2022年，安溪县成立安溪人武部新营区暨安溪县民兵综合训练基地项目推进工作专班，召开专班会议。1月10日，安溪人武部新营区暨民兵综合训练基地建设项目完成奠基。4月，专题召开人武部新营区建设专题会议，听取相关部门工作汇报。5月，召开智能化设计方案碰头会，初步完成设计方案方向。7月，召开人武部景观方案设计协调会，初步完成景观方案设计。10月，召开各标段设计内容范围调整，明确二次装修及设备标准。12月，综合保障楼完成封顶。

2022 年 4 月 15 日，安溪县在陈利职校举行 2022 春季新兵欢送活动
（图 / 刘伯怡）

【后装保障】 2022年，县人武部启用军队财务信息系统2.0，做好接入资金收付中心准备。开展资产可视化和两年攻坚活动，对各类资产全面赋码标识，完成数据会审上报。开展“军车安全月”活动，做好军车和驾驶员年度审验工作，组织军车驾驶员理论集训和考核验收，对军车进行全面检查保养。

【国防教育】 2022年，县人武部在清明节、革命烈士纪念日组织人员到革命烈士纪念碑祭扫，缅怀革命先烈。以庆祝中国人民解放军建军95周年为主题，完善新安路国防双拥一条街宣展设置。联合县住建局（人防办）、教育局、城厢镇等部门，结合县第25次防空警报试鸣演练，举办第22个全民国防教育宣传日主题作品展活动，增强驻地社区民众、中小学生爱国拥军固防意识，普及人民防空知识技能。

【拥政爱民】 2022年，县人武部推进双拥共建，参与茶乡经济社会建设，协调成立安溪县双拥保障服务中心。联合县人民法院、退役军人事务局依托成立崇军拥军司法服务中心，组建“老兵调解员”队伍，突出解决军人“三后”（后院、后路、后代）问题。推进帮扶村脱贫攻坚和乡村振兴有效衔接，下拨经费、协调地方投入，支持福田乡双垵村乡村文化广场（家风家训馆）建设；投入经费支持魁斗镇凤山村道路应急抢险工程建设。军地携手2次举办新兵欢送大会暨慰问演出，开展“八一”助学兴教活动，资助驻地困难大学生2人，走访慰问共建学校1所，军地协力实现创建省级双拥模范县城“四连冠”。

【安全管理】 2022年，县人武部开展安全综合大检查和“百日安全”活动，组织保密工作专项整治活动，围绕“人、车、枪、弹、密”等17个重点要素，定期进行隐患排查和形势分析，协调地方部门排查问题隐患，整改到位。加强人员教育管理引导，组织“学法规、促正规”活动、“净化网络空间 严守保密纪律”教育整顿，常态组织法律条令学习和警示教育。

（谢耀生　赵超群）

武警安溪中队

【概况】 2022年，武警安溪中队强化练兵备战鲜明导向，抓中心练精兵，严战备强力量，提升部队执行任务能力。加强思想政治工作，做好部队管理，推进后勤队伍能力建设，提升中队战斗力。

【思想政治建设】 2022年，武警安溪中队坚持铸魂育人、教育先行，组织实施思想政治教育。举办“士兵讲堂”活动，分义务兵、警士不同层面到讲台交流发言。开展辩论赛、演讲赛、读好书等活动，让官兵“谈体会、讲认识、定目标”。将政治教育搬到训练场、图书室、网络室等场所，运用二维码、抖音短视频等教学手段，实行一堂课“双教员”模式运行，提升政治小教员教学能力，增强官兵动脑思考能力。

【战备执勤】 2022年，武警安溪中队开展实战化战备训练，增强官兵战备意识。落实武警部队新时代执勤安保规范化网上集训精神，对照网上集训精神内容认真修订哨位小方案和执勤方案，按要求更换兵力部署图，正规执勤，优化执勤模式。严格官兵遂行任务时的安全防护，中队与目标单位关注疫情防控形势，完善处置预案。与执勤目标单位及其上级主管部门健全疫情通报机制，第一时间掌握目标单位内部疫情，与卫健部门协调口罩、手套、防护服等防疫物资，保障官兵执勤。

【军事训练】 2022年，武警安溪中队规范训练养成、训练作风，严格执行大队下发的军事训练计划，强化单兵基础训练。发挥“五小练兵”作用，开展“龙虎榜”竞赛活动。做到军事训练“四个雷打不动”（每周教员集中备课学习大纲和军事训练指导法雷打不动、每月收集训练意见建议雷打不动、每月汇总数据研究分析雷打不动、每月评教评学雷打不动），提升整体训练水平。

【部队管理与保障】 2022年，武警安溪中队加强运用法治思维和法治方式管理部队，开展教育整顿活动，通过专题辅导、案件通报、观看录像，定期进行作风养成训练。做好条令法规、《武警部队人员行为手册》学习，让官兵讲心得体会，强化官兵法治观念，提升部队正规化水平。

（张懋霖　饶如翔）

人民防空

【概况】 2022年，安溪县做好人防工程建设、指挥通信建设、疏散基地建设、人防宣传教育等工作，推动人防事业发展。2022年在泉州市人民防空办公室年度平安建设（综治工作）考核中位于第一档次。

【人防宣传教育】 2022年，安溪县人防办加强人防知识宣传教育。通过安溪电视台、政府网站、政府内网等方式，发送“安溪县人民政府关于在全县组织防空警报试鸣暨人口疏散演练的公告”信息。通过手机彩信、微信朋友圈等平台向广大干部、市民发送防空警报试鸣信息20万余条。开展人防知识宣传活动，走进社区、学校、企业等单位发放人防知识宣传手册3000余份。将防空警报试鸣暨人员疏散演练相关内容制作成短视频，视频时长26秒，通过梯视广告等传媒平台，向市民宣传防空警报试鸣活动，合计1天播放量近10万次。

【人防工程建设】 2022年，安溪县人防办按照国家规定的人防工程防护标准，做好人防工程建设，做好项目审批、工程质量监督和竣工验收等工作。

【人防地面应急指挥中心建设】 2022年，安溪县按照省人防办的“八室一库一中心”（“八室”即正副指挥长室、值班室、指挥部各组作业室、办公室、文印室、档案资料室、电台室、总控室，“一库”即战备物资库，“一中心”即指挥中心）标准，推进人防地面应急指挥中心项目建设。6月2日，组织人防地面应急指挥中心信息系统验收、投入使用。

【防空警报试鸣暨人员疏散演练】 2022年9月18日上午，安溪县第25次防空警报试鸣演练暨第22个全民国防教育日活动在城厢镇五峰社区举行，10：00全县防空警报及移动警报同步发出信号，依次鸣放预先警报、空袭警报、解除警报，主场组织社区居民及部分师生按照演练流程参加演练活动。试鸣演练结束后，组织参观“庆祝中国人民解放军建军95周年系列活动之第22个全民国防教育日主题作品展”暨人防知识宣传展板。

（陈正海　谢秦楚）

退役军人事务

【概况】 2022年，安溪县退役军人事务局做好双拥优抚、退役士兵就业创业、军转干部及转业士官安置等工作。7月，安溪县被中共福建省委、福建省人民政府、福建省军区命名为“省级双拥模范县”。“福建省最美退役军人”温文溪当选福建省党的二十大代表。9月，泉州市退役军人事务局联合县退役军人事务局在龙津公园举行“喜迎二十大·助力老兵健康”暨送医、送药、送政策“三下乡”活动。12月，安溪华侨职业中专学校被省退役军人事务厅授予“福建省退役军人就业创业园地”称号。

【双拥优抚】 2022年，安溪县退役军人事务局发放慰问经费、立功受奖奖励金、全日制高等学校毕业生（在校生）应征入伍奖励金、义务兵优待金和预备消防士优待金。4月3日，开展“清明祭英烈”系列活动。9月30日，举行烈士纪念日向烈士敬献花篮仪式。

【退役士兵就业创业】 2022年，安溪县退役军人事务局做好年度退役士兵及退役士兵档案接收工作。2月8日，举办安溪县2022年“春风行动”人力资源新春线上招聘会，组织退役军人参加招聘，签订意向协议。5月20日，举办“安溪县民营企业招聘月”活动，20家单位参加招聘会，组织退役军人参加招聘，签订意向协议。

【军转干部及转业士官安置】 2022年，县退役军人事务局做好县转业士官择岗安置工作，统计符合由政府安排工作的转业士官数据。9月9日，组织县符合条件的转业士官公开选岗，安置事业单位岗。

【退役军人合法权益维护】 2022年，安溪县退役军人事务局开展一次性临时救助帮扶困难退役军人工作，有多名困难退役军人获得省级困难帮扶资金，多名困难退役军人获得市级困难帮扶资金。开展退役士兵返乡政策法规宣传、“三下乡”活动法律法规宣传、“宪法宣传周”宣传等活动，提高退役军人政策知晓率。6月23日，联合县法院、县人武部成立崇军拥军司法服务中心暨老兵调解室，由多名退役军人担任老兵调解员，为退役军人和社会公众常态化提供政策咨询、政策解读服务，维护退役军人合法权益。

（郭志宏　梁　燕　黄永岗）

外事·侨务·台港澳事务

外事

【概况】 2022年，安溪县完善外事工作体制机制，加强经贸合作交流，统筹协调资源整合，加强国际文化交流。

【外事资源发挥】 2022年，安溪县发挥地方涉外特色资源优势，助力企业“走出去”。6月1日，省外办党组成员、副主任黄劭蓉一行到安溪县EC产业园、悦泉行馆、魏荫名茶等，开展涉外接待点、外事礼品和外事参观点建设调研。

【对外文化交流】 2022年，安溪县协助上级外事部门对接“省外办用好涉外平台推介三茶”活动，向欧洲民众、媒体推介安溪铁观音。配合开展涉外接待点、外事礼品和外事参观点建设调研。制定第12届中国国际民间艺术节驻华使节接待工作细则，筹备涉外礼仪工作培训会。6月，意大利DG2CI项目经理杨思德带队到安溪交流参观。7月，日本爱媛县华侨华人联合总会会长林全南带队到安溪交流谒祖。12月，泰国泰中福建安溪总商会会长带队到安溪参观交流。

【外事服务】 2022年，安溪县外事部门为世珍车辆工程公司韩国工程技术人员申办邀请函，方便其入境维修公司生产机械设备。利用疫情窗口期加强APEC（亚太经合组织）商务旅行卡推介办理，全年发放2张新卡，办理2家企业（4人）。做好2023韩国河东世界茶博览会参展报名工作，7家企业报名参展。通过县政府网站、县融媒体中心视频号等平台，发布《2022年福建省领事保护宣传月》等短视频，处理境外涉安溪案（事）件5起。

（郑文峰　白世杰）

侨务

【概况】 2022年，安溪县发挥海外侨胞独特优势，凝聚各方友好力量，推进侨乡文化名镇名村创建工作，金谷镇获评泉州市侨乡文化名镇。

【联络联谊】 2022年，安溪县举办“跨境连线迎新春　云端共叙家乡情”线上视频活动，县主要领导及分管领导与部分海外社团领导、重点乡亲相约云端，共叙乡情。开设海外华裔青少年“亲情中华、为你讲故事”网上夏令营活动。协助新加坡安溪会馆做好成立百年庆典系列活动。保持与马来西亚、南非、新加坡、意大利等部分侨领、侨亲、留学生等的联络工作。

【对侨宣传】 2022年，安溪县加大对外宣传引导力度，服务招商引资引智。以新加坡安溪会馆成立百年庆典为契机，做好招商引资项目宣传推介。配合泉州市电视台做好湖头景新堂《番客楼里的侨心》专栏拍摄。

【为侨服务】 2022年，安溪县服务海外高层次人才引进，回归创业，做好海外留学生人数的调查摸底，了解海外安溪会馆青年团创设情况。走访海佳、聚丰、荣源茶行等部分侨资企业，开展跟踪服务。做好侨界民生，春节期间走访慰问归侨侨眷和基层侨务工作者29人次。落实国有企业改制后退休归侨职工生活补贴，发放补贴和慰问金3万余元。核定上报困难归侨大病大灾5人，每人补助5000元。协助省、市侨办寄发海外安溪重点侨胞春节祝福包50人。做好有关华侨捐赠确认、华侨回国定居审批、华侨归侨侨眷身份认定、“三侨生”升学身份证明等工作。强化为侨维权服务，做好侨法宣传贯彻和侨胞信访调处工作。

(高培钦　杨振阳)

台港澳事务

【概况】 2022年，安溪县发挥台胞重要祖籍地、民间信仰重要发祥地等优势，做好对台经贸、关爱台胞台属、服务台湾人才等方面工作。筹集调运连花清瘟胶囊3980盒，支持香港安溪同胞抗击疫情。做好港澳团组接待工作，接待回乡寻根谒祖、参观考察共7批次20余人，推动安溪县港澳工作发展。

【对台营商环境优化】 2022年，安溪县秉持“两岸一家亲，安台一家人”理念，落实惠台政策，优化对台营商环境，实施县领导挂钩服务重点台资企业机制，依托泉州芯谷安溪分园区、信息技术产业园、2025产业园，以及安溪县台湾人才协会、泉州市台资企业协会安溪联谊会和台湾青年就业创业基地，加大对台招商引资引智力度，促进安台产业链、创新链、供应链、价值链深度协作。在中国海峡人才网“台湾青年就业广场”专区上发布14个现代服务业工作岗位。协助旺旺集团泉州总厂举办“重温创旺历史忆初心，传承旺旺精神担使命”成立21周年庆典活动。协调县国土资源局、住建局等部门帮助台企泉州市安溪鑫兴亿鞋业有限公司解决不动产登记相关问题。

【台胞台属关爱】 2022年，安溪与台湾安溪同乡会、宗亲会及已建立联系的社团和民间组织，通过电话、微信等方式保持联系。2月8日，安溪大坪高姓大宗祠管委会主任高朝仁和台北高姓大宗祠管委会主委高朝国视频连线。2月14日，县委常委、统战部部长肖印章与台北市安溪同乡会会长蔡育德等人视频连线，传达安溪发展的情况，共谋发展的良策。安溪组织走访台资企业8家，慰问台胞代表、困难台胞代表、对台工作者代表和台联工作者代表68人次6.8万元。

【台湾人才服务】 2022年，安溪县台湾人才之家新会址正式投入使用，新会址由闽南古厝改造提升而成，集台湾人才服务、成果展示、宣传推介、创新创业、休闲娱乐于一体。走访台湾人才协会，进行交流座谈，了解台湾人才就业创业等情况。安溪县依托台湾人才协会，举办“问茶原乡 追源寻韵”交流活动、“两岸同‘粽’共迎端午”主题活动、“月满中秋 安台连‘芯’”主题活动。推荐台胞张峻斌、陈威荣、林岑珈为泉州市中级人民法院台胞特邀调解员，推荐福建农林大学安溪茶学院管理科学系副教授康煌易参加福建省海峡两岸人才交流合作协会主办的第三期在闽台湾人才历史文化研究营活动。

【港澳团组接待】 2022年，安溪县加强与港澳特区政府部门和社团的线上沟通联系，推动安溪县港澳工作发展。做好港澳专项工作，引导香港安溪社团和乡亲投入庆祝香港回归祖国25周年系列活动。1月，澳门安溪同乡会创会会长黄来生带队到安溪经贸考察。5月，澳门安溪同乡会秘书长白挺成到安溪交流谒祖；香港安溪同乡会副会长曾汉城到安溪参观考察。7月，香港安溪同乡会永远名誉会长王曼源到安溪参观谒祖。9月，澳门安溪同乡会理事长钟添鑫带队到安溪交流谒祖，考察乡村振兴相关事宜。10月，澳门安溪同乡会副会长王宗鹏到安溪考察交流。12月，香港安溪同乡会名誉会长陈国山到安溪交流谒祖。

【清水岩“海峡两岸交流基地”授牌仪式】 2022年6月15日，安溪清水岩“海峡两岸交流基地”授牌仪式在安溪清水岩举行。授牌仪式上，国台办交流局局长黄文涛宣读《关于同意在福建泉州安溪清水岩设立海峡两岸交流基地的批复》，国台办副主任龙明彪将“海峡两岸交流基地”牌匾授予安溪清水岩，安溪县委书记吴毓舟接牌。

(林国安　陈聪颖)

经济管理

宏观经济管理

【概况】 2022年，安溪县围绕“疫情要防住、经济要稳住、发展要安全”重要要求，实施“提高效率、提升效能、提增效益”行动和“强产业、兴城市”双轮驱动战略，推进项目建设、产业发展、营商环境优化、价格管理、粮食安全保障等工作。安溪县发改局荣获“安溪县2022年度工业（产业）园区标准化建设工作表现优异单位”“安溪县2022年度抓城建提品质工作表现优异单位”“安溪县2022年度招商选资工作表现优异单位”“安溪县2022年度安全生产工作表现优异单位”“安溪县2022年度‘三茶’统筹工作表现优异单位”称号。

【重点项目建设】 2022年，安溪县开展“项目攻坚2022”，全年实施重点项目523个，完成投资501.63亿元，完成年度计划的110.79%。其中，60个市级在建重点项目完成投资163.97亿元，完成年度计划的124.16%。加大“春季拔钉清障”“百日攻坚”等系列活动力度，破解项目建设要素瓶颈，完成房屋征收4.87万平方米，征地146.6公顷，促170个项目实质性开工建设。

2022年县级重点项目分行业完成情况：房地产项目55个，总投资398.31亿元，年度计划投资98.08亿元；1—12月完成投资115.15亿元，完成年度计划的117.41%，超时序进度17.41个百分点。城市基础设施项目25个，总投资21.61亿元，年度计划投资的10.09亿元；1—12月完成投资10.65亿元，完成年度计划的105.58%，超时序进度5.58个百分点。工业项目165个，总投资657.34亿元，年度计划投资165.69亿元；1—12月完成投资181.82亿元，完成年度计划的109.74%，超时序进度9.74个百分点。旅游项目33个，总投资131.69亿元，年度计划投资23.31亿元；1—12月完成投资25.69亿元，完成年度计划的110.2%，超时序进度10.2个百分点。商贸项目18个，总投资58.78亿元，年度计划投资11.90亿元；1—12月完成投资13.66亿元，完成年度计划的114.83%，超时序进度14.83个百分点。农林水项目30个，总投资159.31亿元，年度计划投资32.42亿元；1—12月完成投资33.47亿元，完成年度计划的103.24%，超时序进度3.24个百分点。交通项目36个，总投资240.87亿元，年度计划投资22.86亿元；1—12月完成投资24.04亿元，完成年度计划的105.2%，超时序进度5.2个百分点。社会事业项目161个，总投资338.65亿元，年度计划投资88.44亿元；1—12月完成投资97.13亿元，完成年度计划的109.83%，超时序进度9.83个百分点。

【行政审批制度改革】 2022年，安溪县深化“放管服”改革，推进流程再造和服务掌上办、网上办工作，提升政务服务效能、审批效率。启用安溪县行政服务中心第二中心。安溪县行政服务中心第二中心设置41个窗口，入驻14个部门和5家公共服务配套单位，可受理98%以上县级事项，辐射县域北线约40万人。2022年安溪县行政服务中心第二中心受理办件超10万件。探索推进工建项目“集中办公、统一管理”“模拟审批”模式改革。安溪县工程建设项目审批服务中心投入使用，涉及工建审批的职能部门和审查机构人、事、权全部到位，实行“一站式”集中办公；出台《安溪县工程建设项目一站式“模拟审批”管理办法》，明确申请用地与工程项目“模拟审批”同步启动的整个流程，推动流程再造、审批提速。推行“不见面服务”。安溪县审改办和安溪县行政服务中心推出首批24个政务服务事项清单，依托泉州市“一体化”审批服务平台及安溪县政务服务“一网通办”平台，推进“网上办、不见面”，全年受理“不见面审批（服务）”办件6万余件。推出新“一件事”套餐。安溪县审改办和安溪县行政服务中心推动高频事项集成办理，扩大“一件事一次办”服务范围，提供便利化服务，新增让企业群众高效办成“一件事”套餐8项，“一件事”套餐累计29项。强化“互联网+监管”工作。推动“互联网+监管”系统事项体系调整有关工作，完成“互联网+监管”监管事项认领3398条，无须认领登记710条。

【公共资源交易中心】 2022年，安溪县公共资源交易中心优化建设工程进场交易办理事项及流程，推出“一张表格上平台”创新举措，践行“窗口一趟不用跑，招标最多跑一趟”。完成工程招标投标远程异地评标系统建设，与南安、永春、德化等周边地区之间开展远程异地评标24宗；修订《安溪县小规模阳光交易平台暂行管理规定》，规范小规模建设工程的招标投标活动。加强对代理单位不良行为规范的监管，对福建省明信德工程咨询有限公司、泉州市立勤项目管理有限公司、福建超正招标有限公司及其从业人员在代理过程中出现的不规范行为作出了扣分处理。全年完成交易612宗，交易额78.57亿元，增值金额2.76亿元，节约4.74亿元。其中，建设工程项目成交122宗，交易总额50.35亿元，节约金额4.43亿元，资金节约率8.8%；政府采购项目成交173宗，成交金额为4.39亿元，节约财政资金0.31亿元，节约率7.06%；土地使用权出让成交34宗，成交总价23亿元，增值金额2.74亿元，增值率11.91%；国有产权交易项目成交283宗，交易总额0.82亿元，增值金额144万元，增值率1.76%。

（王清沂　魏中南）

国有资产管理

【概况】 2022年，安溪县级国有企业110户（含金融企业2户，即县振安融资担保有限公司，其中小企业贷款担保有限公司），资产总额311.36亿元，负债总额199.06亿元；负债率63.93%，所有者权益总额112.29亿元，营业收入25.58亿元，纳税0.86亿元，净利润-0.88亿元，从业人员1842人。

【安溪城建集团】 2022年4月26日，安溪城建集团注册完成，5月10日正式挂牌运行，规划“城建、园区开发运营、环保科技、建筑产业链、供应链、服务业、教育医疗”七大板块，整合涉及集团重组企业35家，完成集团报表、审计、评级等相关工作。安溪城建集团本部完成主体2A评级工作，实现“双2A”格局（安溪城建集团及小城投公司），成为全县实体经济新的增长点，推动安溪经济社会高质量发展。

【项目工程建设】 2022年，安溪城建集团通过购买房建、市政二级施工资质，组建福建安溪城市建设发展有限公司，大力发展园区开发运营板块及建筑产业链板块，直接参与玉田墩坂片区D-1地块智能阀门产业标准化园区、德苑片区07-A-01地块粮食加工生产园区等土地竞拍，在同步进行方案设计、实现“拿地即开工”的基础上，前瞻开展园区招商选资，既能有效管控园区建设的质量、安全、成本和进度，又能提前导入产业生态，做到“建成即开园”。此外，安溪城建集团融入重大项目建设，发挥国企资源集中、统一调度的优势，助力项目建设跑出“加速度”，参与“大三环”、大安高速、县中医院城东院区暨闽南康复医院等重大项目建设，承担东三环罗内段、国道638线（原联四线省道217）、国道358线安溪城厢至官桥段（南三环及铁观音隧道）公路工程等重点路段建设任务，带动“大三环”建设提速增效，为“大三环”经济核心经济圈加速成型起势奠定坚实基础。截至2022年，累计投入项目建设资金94.50亿元。

【国企优质资源重整】 2022年，安溪城建集团推动国企优质资源重整，解决历史遗留问题。兴泉公司担任重整投资人参与万城公司重整，保障各方债权人权益，采取“收储+兜底”模式，推进停工6年的万城壹号烂尾楼重整续建。该项目共涉及购房户1353户、面积18.71万平方米，2022年举行项目一期户业主“交房即交证”仪式，是泉州地区第一个重整案例，是全省首例房地产开发企业破产清算重整并同步实现“交房即交证”的项目。加快推进天将御园复工续建交房工作，实现经济和社会效益双丰收。

【资产管理】 2022年，安溪城建集团结合安溪县国有资本定位和发展目标，按照资产功能、产业优势及特点，通过资本重组、资源整合，化零为整、积小成大，在集团本部成立资产运营中心，负责集团及权属公司经营性资产管理，确保资产安全完整、保值增值。小城投公司作为安溪县国有资产处置主体，为最大限度降低疫情对企业的影响，帮助企业渡过难关，对符合规定的120家租户免除2022年度3—5月的租金612.28万元，免申即享，已缴交租金的可顺延免除。安溪城建集团依托小城投公司为服务安溪县实体经济发展，配合县政府为140家县中小企业的生产经营发展提供应急资金保障269笔27.70亿元。

【资金保障】 2022年，安溪城建集团在融资方面加强与各金融机构沟通对接，为安溪县重点项目建设及社会经济发展提供有力资金保障，促进国有资产实体发展。2022年各权属企业新增授信23.45亿元，新增贷款23.77亿元，新增对外担保20.79亿元。截至2022年12月31日，各权属企业融资余额为63.97亿元，其中小城投公司39.57亿元（含债券融资21亿元），安盈投资11.52亿元，安盈环保643.30万元，盛桥公司1.68亿元，兴泉公司11.14亿元（含保交楼贷款2.5亿元）；各权属企业对外担保余额37.91亿元，其中小城投公司36.91亿元，兴泉公司1亿元；按照县财政收支安排，上缴国库房产及租金处置收入达14.28亿元。

（谢萍娟　林艺瑜　陈小周　汪华山）

自然资源管理

【概况】　2022年，安溪县强化国土资源管理，做好耕地保护，国有建设用地使用权出让、自然资源审批、不动产统一确权登记、矿业管理等工作，开展国土资源执法监察，加强地质灾害防治。安溪县总面积3057.28平方千米，耕地面积1.22万公顷。

（易佳虹）

【耕地保护】　2022年，安溪县执行耕地保护制度，引导和鼓励建设项目利用荒地和空闲地，尽量不占耕地或少占耕地。根据2021年国土变更成果，安溪县耕地保有量12126.67公顷。在永久基本农田保护情况方面，运用“三调”成果，划定永久基本农田10326.67公顷；实行永久基本农田特殊保护制度，在合并办理选址意见和用地预审时，避让永久基本农田。国土空间用途管制方面，执行新增建设用地计划指标分配与存量建设用地消化“增存挂钩”制度，依法批准征转建设土地17批次2112.8公顷，其中耕地408.43公顷。耕地占补平衡落实方面，完成补充耕地25.79公顷，其中补充水田18.26公顷，超额的补充水田面积可冲抵旱地改水田提质改造任务。完成建设占用耕作层剥离再利用11.82公顷，完成市政府下达任务。高标准农田建设方面，2022年上级下达安溪县高标准农田建设任务2000公顷，实际完成高标准农田建设项目面积2000.6公顷。

（陈水晶）

【国土资源执法监察】　2022年，安溪县强化日常执法监管工作，完善网格化管理机制，严格违法用地管控，做到“露头就打、出土就拆”，制止各类自然资源违法违规行为。打击违法占地行为，2022年拆除各类违法占地194宗，面积30.81公顷。自然资源局开展2022年卫片图斑核查整改工作，核查上报自然资源部和省自然资源厅下发的图斑4271宗，查处整改属违法用地的违法图斑540宗。其中，依法立案查处16宗，拆除复耕24宗，完善手续75宗，移送其他职能部门和属地乡镇425宗。做好信访工作，办理群众来访来信信访件53件；沟通回复便民服务平台群众诉求件297件，沟通率100%；办结省、市、县各级转交办件296件，办结率100%。推进耕保护督察工作，推进90宗2021年耕保护督察反馈问题整改工作。做好2022年自然资源督察迎检工作，对督察下发的137宗涉及耕地保护问题线索，开展实地核查和上报，顺利通过督察组审核。自然资源局接收省生态环境保护例行督察信访工作组信访件4宗（3宗牵头办理、1宗配合办理），完成调查核实和上报工作。印发《安溪县2022年深化推进整治新增农村乱占耕地建房问题工作实施方案》，对2021年核查发现的26件新增乱占耕地建房问题，组织开展“回头看”，防止死灰复燃。对上级下发的45宗新增农村乱占耕地建房问题图斑，开展核查整改。

（陈荣彬）

【国有建设用地使用权出让】　2022年，安溪县出让土地34宗，面积56.43公顷，成交价款23.01亿元。其中，经营性用地16宗36.39公顷，成交价款22.36亿元；工业用地16宗19.73公顷，成交价款6396万元；其他用地2宗0.31公顷，成交价款86万元。划拨用地56宗，面积1739.49公顷，其中白濑水利枢纽工程用地面积1636.71公顷。

（李慧如）

2022年安溪县国有建设用地有偿出让情况统计表

表1

序号	出让编号	用地者	地块	用途	出让方式	面积（平方米）	成交价（万元）	出让日期
1	2021-12	陈志东	西坪镇安平A地块	商住	拍卖	3626.45	1570	2022年2月16日
2	AG2022-1	福建安溪产业园开发有限公司	安溪县湖头镇光电D-3地块	工业	挂牌	22583.37	934	2022年2月28日

续表1

序号	出让编号	用地者	地块	用途	出让方式	面积(平方米)	成交价(万元)	出让日期
3	2022-1	福建隆恩投资有限公司	路英片区12-P-02地块	商住	拍卖	46993.64	63700	2022年3月16日
4	2022-3	泉州正基房地产开发有限公司	解放路西片区改造建设项目二期地块	商住	拍卖	22994.28	23600	2022年4月13日
5	2022-2	王美镇	安溪县350524-CQ-B-51地块	商住	拍卖	4429.93	760	2022年5月11日
6	2022-4	福建四美投资开发有限公司	湖头镇光电A-38地块	商服	挂牌	5563.74	530	2022年6月8日
7	AG2022-2	泉州市德菱电梯有限公司	安溪高端装备制造产业园B-59地块	工业	挂牌	7559.78	258	2022年6月13日
8	AG2022-3	福建省安溪县龙门安华木制工艺品厂	安溪高端装备制造产业园B-59-01地块	工业	挂牌	3758.57	128	2022年6月13日
9	2022-5	安溪县新景地房地产有限公司	德苑片区03-B-02地块	商住	拍卖	27393.89	16000	2022年6月23日
10	2022-7	福建省同晟置业发展有限公司	泉州白濑水利枢纽工程参内安置区BD-04地块	商住	拍卖	14893.16	3140	2022年7月6日
11	2022-6	福建聚发置业有限公司	泉州白濑水利枢纽工程参内安置区BD-02地块	商住	拍卖	22824.89	2940	2022年7月22日
12	2022-8	泉州中科星桥空天技术有限公司	龙门镇洋坑片区F-58地块	公用设施用地-通信用地	挂牌	1575	43	2022年8月2日
13	2022-9	泉州中科星桥空天技术有限公司	龙门镇洋坑片区F-59地块	公用设施用地-通信用地	挂牌	1575	43	2022年8月2日
14	AG2022-7	安溪县龙门镇小城镇开发建设有限公司	安溪高端装备制造产业园A-31地块	工业	挂牌	10782.47	305	2022年8月3日
15	AG2022-10	泉州中博置业有限公司	安溪县城南片区12-p-26地块	工业	挂牌	52829.16	1683	2022年8月4日
16	AG2022-4	福建省添寿福地实业有限公司	安溪县桃舟乡康随A1-1地块	工业	挂牌	1735.11	27	2022年8月5日
17	AG2022-5	福建省添寿福地实业有限公司	安溪县桃舟乡康随A1-2地块	工业	挂牌	3361.95	52	2022年8月5日
18	2022-10	泉州绿牌发展有限公司	中寮片区TM-A-12地块	居住	拍卖	17992.28	23300	2022年8月17日
19	AG2022-11	安溪城建集团有限公司	安溪县玉田墩坂片区D-1地块	工业	挂牌	12923.65	564	2022年8月31日
20	2022-14	福建宇创置业有限公司	古山片区B3地块	商住	拍卖	25410.59	2050	2022年9月30日
21	AG2022-6	福建柒顶新能源科技有限公司	安溪高端装备制造产业园A-14地块	工业	挂牌	19927.56	564	2022年10月9日
22	AG2022-9	福建安溪智盛机械科技有限公司	安溪高端装备制造产业园A-47-01-02地块	工业	挂牌	18513.78	524	2022年10月9日
23	AG2022-12	福建安溪恒荣工艺品有限公司	安溪县藤云工艺园SQ-A-45-1地块	工业	挂牌	5402.75	179	2022年10月10日

续表1

序号	出让编号	用地者	地块	用途	出让方式	面积(平方米)	成交价(万元)	出让日期
24	AG2022-13	泉州安溪美嘉工艺品有限公司	安溪县藤云工艺园SQ-A-45-2地块	工业	挂牌	6404.59	213	2022年10月10日
25	AG2022-14	泉州市力创家具有限公司	安溪县藤云工艺园SQ-A-45-3地块	工业	挂牌	3492.92	116	2022年10月10日
26	AG2022-15	福建省安溪佳和工艺有限公司	安溪县藤云工艺园SQ-A-46-1地块	工业	挂牌	8724.72	290	2022年10月10日
27	AG2022-16	泉州腾益木业有限公司	安溪县藤云工艺园SQ-A-46-2地块	工业	挂牌	3507.97	116	2022年10月10日
28	2022-13	谢伟伟	泉州白濑水利枢纽工程参内安置区BD-05地块	商住	拍卖	23475.11	3340	2022年10月11日
29	2022-12	德化特融房地产开发有限公司	泉州白濑水利枢纽工程参内安置区BD-03地块	商住	拍卖	30622.94	2870	2022年10月14日
30	2022-11	厦门仙森园林景观工程有限公司	泉州白濑水利枢纽工程参内安置区BD-01地块	商住	拍卖	48009.15	12600	2022年11月10日
31	AG2022-17	福建省有润科技有限公司	安溪高端装备制造产业园A-23-01地块	工业	挂牌	15833.99	443	2022年12月1日
32	2022-16	泉州新景宇创房地产有限公司	德苑片区04-F-02b地块	商住	拍卖	6929.04	6100	2022年12月14日
33	2022-17	安溪县龙涓小城镇开发建设有限公司	龙涓乡下洋片区LJ-01地块	商住	拍卖	7116.87	980	2022年12月16日
34	2022-18	福建弘桥智谷投资集团有限公司	原天纶纺织地块二期A-13地块	商住	拍卖	55653.93	60100	2022年12月16日

（李慧如）

【自然资源审批】 2022年，安溪县提高自然资源审批成效，认领细化梳理成果，更新发布行政审批服务事项办事指南，做好权责清单和标准化目录的动态调整更新。公开办事标准，动态调整更新实体大厅办事指南，确保线上线下办事标准规范统一，通过手机掌上办、福建省网上办事大厅等方式可查询办事指南信息、提交办理申请，提高“一网通办”办件率。实行“首席审批官”制度，审批官对入驻窗口所有业务行使审批决定权，所有审批业务不超过3个审批环节，在法定时限事项的承诺时限压缩至法定时限的10%，实现行政许可事项“一趟不用跑”占比100%，行政许可事项“即办件”占比情况80%，行政许可事项“全程网办”占比95%，各项占比均高于福建省 “放管服”改革绩效考核标准。

（王艳冰）

【地质灾害防治】 2022年，安溪县通过技术核实认定，应列入管理的地灾点812处、高陡边坡隐患点2131处，受威胁群众5329户23271人。安溪县强化技术保障，建立全县地灾应急技术支撑单位（福建省197地质大队）。编制印发实施《安溪县2022年地质灾害防治方案》。开展安溪县2022年地质灾害汛前防御准备，完善县、乡两级风险预警系统，健全县、乡、村三级群测群防网络，编制发放安全转移预案、防灾明白卡和避险卡，全县编制24份乡镇安全转移预案，发放防灾“两卡”5759份。进行地灾气象会商，发布风险预警，发布一级预警12次、二级预警21次、三级预警48次、灾害性天气预警和上级工作指令等信息173次。在虎邱镇美亭村举办“福建省2022年地质灾害应急技术演练暨现场观摩会”，得到省、市主管部门的肯定。开展地灾隐患点技术核查，核销地灾隐患点39处，地灾点动态管理做到“双及时”（即新增点及时入库、核销点及时出库）。联合自然资源部丘陵山地地质灾害防治重点实验室、成都理工大学地质灾害与地质环境保护国家重点实验室、福州大学等院校机构，研究“东南沿海丘陵区地下水动力型滑坡致灾机理与防控关键技术”专项课题，并申请科技成果评价评审。实施龙涓乡重大地灾点治理工程，完成主体工程建设。推进地灾“技防”，完成18处重大地质灾害隐患点监控装置的安装调试、140处普适型自动化监测设备安装、7处重大地灾隐患点深部位移自动化监测装置安装。

（卓万生）

【不动产统一确权登记】 2022年，安溪县发放不动产权证书25204宗，不动产登记证明30111宗，登簿数量91209宗。开展农村地籍和房屋调查工作，全县437个行政村的农村地籍和房屋调查成果顺利验收，农村地籍房屋调查成果入库率100%。升级改造不动产登记“一证一码”服务，市委、市政府在“三提三效”行动方案中将该项做法在全市进行专项推广。优化商品房分户登记办理流程，实现商品房分户登记“全程网办”。聚力“指尖查、自助查、就近查”三个维度：手机查，人脸识别秒认证；自助查，24个乡镇全覆盖；银行查，就近查询享便利，满足不动产登记信息查询需求。完成农村集体土地和宅基地调查工作，颁发福建省更新任务布置以来第一本集体土地所有权证书。

（鲁　婷）

【矿业管理】 2022年，安溪县主要开发利用的矿种有铁矿、水泥用石灰岩（大理岩）、地热、建筑用石料（花岗岩、凝灰岩）等4种。截至2022年底，全县持有效采矿许可证矿山11家。其中，铁矿2家，水泥用石灰岩矿2家，地热2家，高岭土矿1家，硅灰石矿1家，建筑用石料矿山3家。开展安溪县2021年度采矿权人开采信息公示工作，全县应参与勘查开采信息公示矿业权17家，完成公示17家，完成率100%。完成西坪留山矿区建筑用凝灰岩矿山的新立登记手续，颁发采矿许可证。推进湖上矿区整合工作。完成安溪县第四轮矿产资源总体规划（2021—2025年）评审及修改。开展打击盗采矿产资源违法活动和全县矿山越界违法开采专项整治行动，查处无证非法采矿行为，全年立案查处4件非法采矿案件，进行矿产资源破坏价值鉴定4件，办结4件，罚没款22.27万元。聘请专家名录库专家，开展全县各在产、基建的非煤矿山专家会诊专项检查，对存在问题逐一整改、复查，形成闭环管理。2022年，上级下达废弃矿山治理任务6.53公顷，全年完成治理面积6.87公顷，超额完成年度治理任务。加强持证矿山生态修复治理监管，聘请省197地质大队对7处地采和7处露采矿山进行矿山GNSS（全球导航卫星系统）巡查，运用卫星遥感影像、无人机、GNSS等技术手段检查矿山及采矿活动影响区的地质环境生态恢复治理，实行“边开采边治理”的制度。

（赖传隆）

财政

【概况】 2022年，安溪县一般公共预算总收入45.87亿元，比上年50.14亿元减少4.27亿元，下降8.52%。其中，地方一般公共预算收入31.53亿元，比上年32.94亿元减少1.41亿元，下降4.28%。政府性基金预算收入18.41亿元，比上年下降43.3%。一般公共预算支出69.99亿元（含省市补助和上年结转支出），比上年65.79亿元增加4.2亿元，增长6.38%（剔除上年权责发生制核算支出数后，2022年实际支出数69.99亿元，增加4.2亿元，比上年增长6.38%，下同）。政府性基金预算支出36.60亿元，比上年增长33.47%。

【教育事业发展投入】 2022年，安溪县教育支出24.54亿元，增长2.0%。主要支持公办幼儿园、中小学校建设，实施城区扩容、薄弱校改造和提升工程，促进现代职业教育质量提升，提高办学条件，落实义务教育“两免一补”政策。

【文化旅游体育与传媒建设】 2022年，安溪县文化旅游体育与传媒支出0.99亿元，增长21.1%。推进公共文化服务体系建设，免费开放公共图书馆、博物馆、文化馆、体育馆和综合文化站，实施农村数字电影放映工程，支持文物保护、体育竞赛和全民健身活动，加快乡村旅游建设，推进文旅融合发展。

【社会保障水平提升】 2022年，安溪县社会保障和就业支出6.63亿元，增长18.8%。重点支持城乡低保、居民基本养老保险、优抚对象抚恤补助、残疾人“两项补贴”等方面支出，保障体系不断完善，社会保障全面覆盖全县城乡。

【医疗卫生事业发展支持】 2022年，安溪县卫生健康支出5.54亿元，增长6.8%。投入卫生专项资金0.87亿元，支持基本公共卫生服务体系、“中医馆”建设、妇幼保健、重大疾病和突发性传染病防控等；投入0.7亿元，支持疫情防控工作（“疫情防控应急贷款资金支付1.73亿元”）；投入0.97亿元，落实城乡居民基本医疗保险补助、医疗救助政策；深化医改工作，投入0.11亿元推进公立医院改革、药品耗材零差率补助等；投入0.4亿元，落实完善人口和计划生育利益导向政策；投入0.1亿元，支持老龄卫生健康事业发展。

【中小企业发展扶持】 2022年，安溪聚力“保主体、稳大盘、优环境、增动力”，系统集成运用各项财税政策工具，助企纾困，推动加快建设现代产业体系，减税降费赋能添活力。全链条流程即办，确保退税减税缓税快速落地，全年减税降费7.13亿元（主要是办理增值税留抵退税3.5亿元、落实制造业中小企业缓缴税费1.5亿元）。完善惠企专项资金直达机制，提高惠企资金兑现拨付效率，精简流程，办理惠企直达资金53笔0.19亿元。支持企业实施技术改造、转型升级等项目，主动会同企业主管部门争取上级惠企资金0.55亿元。稳定和扩大就业。实施就业稳岗暖心服务行动，采取一次性稳就业奖补、高校毕业生安居补助、“三支一扶”、公益性岗位补贴、职业技能培训等措施力保居民就业。扩大失业保险基金使用对象，返还不裁员、少裁员企业失业稳岗补贴0.05亿元，惠及1435家企业。设立企业应急保障周转专项资金。以安溪县小城镇建设投资有限公司（国企）为平台，设立企业应急保障周转专项资金0.43亿元，帮助企业正常解决生产经营企业转贷款过桥资金。全年实际帮助企业8家次，使用1.68亿元。优化提升营商环境“软实力”。推广运用惠企政策线上直达兑现平台，常态化梳理“免申即享”政策清单，提速提效精准兑现惠企资金。聚焦优化政府采购营商环境，制定落实攻坚行动方案，逐项巩强补弱促提升。开展“清隐去垒”整治行动，清除政府采购领域对企业设置的隐形门槛和壁垒障碍，提升政府采购监管质效。

【生态环保建设投入】 2022年，安溪县节能环保支出1.09亿元，同比增长66.8%。打好大气、水、土壤污染防治攻坚战，推行“河长制”，深化环保设施与能力建设，开展重点流域水环境综合治理、城乡污水处理整治、城乡污水管网改造和建设、城乡生活垃圾无害化收集处理，推进城乡公厕建设、改造和维护管理。

【农业农村建设支持】 2022年，安溪县农林水支出6.38亿元，同比增长13.9%。整合筹措乡村振兴项目资金1.52亿元，促进巩固拓展脱贫攻坚成果同实施乡村振兴有效衔接，支持乡村振兴试点村、“一村一品”示范村、农业新型经营主体培育、农业产业强镇等乡村振兴项目建设，提高乡村生产生活水平；投入3.52亿元，支持发展特色现代农业和生态绿色农业、水土流失综合治理、高标准农田建设、小流域和农村水环境整治、耕地地力保护、村级组织运转、村集体经济创收补助及农村公益事业“一事一议”奖补。

【产业科技发展支持】 2022年，安溪县科学技术支出0.24亿元，同比下降69.3%。支持重点产业科技创新、科技成果转移转化、科普活动、知识产权保护。

【保障住房建设】 2022年，安溪县住房保障支出0.48亿元，同比增长21.7%。支持保障性住房、安居工程建设，开展公租住房全面清查，发放住房租赁补贴37户。

【全面实施零基预算改革】 2022年起，安溪县全面实施零基预算改革，改变“基数+增长”的预算编制方式，每年均以零为基点，根据预算年度内各预算部门和单位承担的工作任务和支出项目的重要性、合理性、必要性，逐项审核各项费用内容和支出标准，结合财力承受状况，在综合平衡的基础上统筹编制预算。

【预算管理一体化系统】 2022年，安溪县以全国统一的业务规范和技术标准为依托，构建以预算编制、预算执行、决算管理等业务系统为核心，集中化部署为手段，大数据应用为途径，财政云平台为支撑的现代财政信息化体系。建立以项目为核心的预算项目全生命周期管理模式，实现从预算编制到预算执行事前、事中、事后全流程业务的管理和监督，实现财政资金动态可溯，促进上下级财政间的工作协同和数据共享，推进与预算单位联网对接，逐步实现同级预算单位会计核算信息的动态反映和集中存放，依托一体化构建财政数据资源池，开展财政大数据运用。

【预决算管理改革】 2022年，安溪县建立核心绩效指标和标准体系，完善常态化预算绩效管理机制，推进绩效管理和预算管理融合一体化，构建事前、事中、事后绩效贯通监管闭环系统，落实绩效评价结果与预算安排和政策调整挂钩机制，推动财政资金聚力增效。2022年重点评价4个民生项目涉及资金2.37亿元。

【预决算公开】 2022年，安溪县级部门及所属二级预算单位预算公开全覆盖，预决算信息100%及时公开，2020年度预决算公开工作获得全省第一名。

【政府采购总量扩大】 2022年，安溪县审批政府采购项目191个，预算金额4.60亿元，中标金额4.30亿元，节约金额0.3亿元，节约率6.52%。

【财政投资项目预算评审和投资工程竣工结算】 2022年，安溪县完成财政投资项目预算评审项目107个，送审金额66.46亿元，审定金额61.20亿元，审减5.26亿元，审减率达7.91%；全年完成结算项目29个，结算金额7.53亿元，审定金额7.29亿元，审减0.25亿元，审减率达3.32%。

【财政监督检查】 2022年，安溪县加强涉农、医疗卫生、文教科技、生态环保等社会关注度高的专项资金检查，落实检查线索移交规定，督促整改各类违规问题。

【政府债务风险防范化解】 2022年，安溪县落实政府债务限额管理，严格在人大批准的政府债务限额内举借新增债务，严禁在法定限额外违法违规举债，加快国有土地出让等方式多渠道筹集偿债资金，压减债务规模，降低债务风险水平。

（谢萍娟 林艺瑜 陈小周 汪华山）

税务

【概况】 2022年，国家税务总局安溪县税务局（简称“县税务局”）坚持依法治税，落实组合式税费支持政策，推进税收征管体制改革，提升纳税服务水平，优化营商环境。全年组织各项收入70.23亿元，比上年增长20.05%，其中税收收入37.17亿元，非税收入33.06亿元。

【依法治税】 2022年，安溪县税务局坚持依法行政，规范税收执法，推进精确执法。推行“行政执法公示、执法全过程记录、重大执法决定法治审核”三项制度，推进执法信息网上录入、执法程序网上流转、执法活动网上监督、执法结果网上查询。实行税务行政裁量权基准制度及全国统一的规范税务行政处罚裁量权行使规则，贯彻首违不法清单，探索运用柔性指导、疏导等方式，促进税收共治，提升税法遵从度。

【纳税服务】 2022年，安溪县税务局落实《优化营商环境条例》，开展“便民办税春风行动”。推广“闽捷办”，实行税收政策“不问即知”、涉税（费）事项“不见即办”、政策红利“不来即享”、部门信息“不跑即用”的“四不四即”服务快享新模式，实现从无差别服务向精细化、智能化、个性化服务转变，涉税事项网上办理率达98%以上。

【征管体制规范】 2022年，安溪县税务局落实《关于进一步深化税收征管改革的意见》，推动税务执法规范性、税费服务便捷性、税务监管精准性。推进发票电子化改革，精准辅导纳税人接收“全电发票”。强化5C+5R征管质量评价应用，提升工作质量和数据质量。国有土地使用权出让收入平稳划转，建立财政、税务、自然资源三方工作协调机制，实现土地招拍挂到费款征缴入库全信息共享和全流程跟踪，入库16.08亿元。

【减税降费】 2022年，安溪县新增减税降费规模7.04亿元。增值税留抵退税159户次，退税金额3.5亿元。推送“红利账单”，为纳税人算清算细退税减税红利账，增强市场主体获得感。优化出口退税服务，提高退税办理效率，整合完善业务传递流程，压缩各环节业务办理时间，一、二类出口企业正常退税业务平均办理时间压缩至3个工作日

2022年5月10日，县税务局领导干部到企业送达退税减税“红利账单”

（图／县税务局）

内。全年出口退税3.5亿元。

【纳税信用体系】 2022年，安溪县纳入信用管理户数17123户。其中，A级用户633户，占比3.70%；B级用户7375户，占比43.07%；M级用户7768户，占比45.37%；C级用户248户，占比1.45%；D级用户1098户，占比6.41%。实行纳税信用动态提醒服务，提醒纳税失信行为，提高信用分值。

（张哲华 黄炳昌）

2022年6月22日，2022年安溪县防范非法集资宣传月活动在龙津公园举办
（图/中国人寿保险股份有限公司安溪县支公司）

金融监管

【概况】 2022年，安溪县银行业机构各项存款余额637.29亿元，比年初新增28.43亿元，增长4.67%；各项贷款余额678.65亿元，比年初新增贷款投放44.77亿元，增长7.07%；不良贷款余额2.42亿元，贷款不良率0.35%。存贷比为106.48%。其中，制造业贷款余额33.61亿元，比年初增加0.17亿元，增长0.51%；小微企业贷款余额190.74亿元，比年初新增23.81亿元，增长14.26%。全县结汇56416.86万美元，比上年下降6.91%；售汇3876.80万美元，比上年下降5.02%，结售汇顺差52540.06万美元，比上年下降7.05%。

【金融风险防控】 截至2022年底，安溪县银行业金融机构贷款不良率0.36%，保持全市最低水平。完善风险预警机制，制定《安溪县人民政府办公室关于印发安溪县2022年各银行业机构信贷风险防范工作绩效考评办法的通知》，将市里下达给安溪县的信贷风险防控目标任务分解到各个银行业机构，继续实行清单管理，每周一统计，半月一通报，掌握不良贷款动态，预警，确保完成信贷风险防控目标任务。做好“控新化旧”，综合利用清收、核销等方法化解存量不良贷款，全年辖内银行业机构处置不良贷款30050.59万元。推进破产重整工作，完成“万城壹号”房地产项目及“天将御园”房地产项目重整工作并启动续建工作，推动茶叶包装城破产重整工作，处置县域“烂尾楼”风险。做好防范和处置非法集资工作，制定《安溪县防范和处置非法集资工作领导小组办公室关于开展养老领域非法集资专项整治工作的通知》和《安溪县防范和处置非法集资工作领导小组办公室关于印发2022年安溪县防范非法集资宣传月活动方案的通知》。做好处置非法集资的宣传、排查及整治工作，防控非法集资风险。印发非法集资宣传手册1万本，折页（农村领域篇、校园领域篇、养老领域篇、金融领域篇）4万份，张贴横幅标语150张，张贴非法集资宣传标语墙报110幅。

【金融服务实体经济发展模式】 2022年，人行安溪县支行开展金融服务实体经济专项行动。新增民营和小微企业法人首贷户347户，发放贷款 1.63亿元，截至年底，制造业贷款余额33.40亿元，比上年增长0.3%。涉农贷款余额484.27亿元，比上年增长6%。绿色贷款余额36.72亿元，比上年增长28.24%。全年辖内金融机构累计为11家科技企业发放科技贷4118万元，其中省定专精特新企业有1家。

【征信管理】 2022年，人行安溪县支行督促辖内法人机构开展个人信息安全管理风险专项自查工作，组织辖内4个自助查询网点开展征信自助查询服务自查，对自查发现的风险点，采取措施加以整改。联合四部门开展“征信修复”乱象治理“百日行动”，督促相关机构开展自查和整改。支行积极推广中征应收账款平台应用，为企业纾解资金困难，助力疫情期间复工复产，全年成交单4笔，成交单金额3620万元。支行成功指导应用中征应收账款融资服务平台，完成辖区首笔电费收益权质押贷款358万元。

【反洗钱工作】 2022年，人行安溪县支行要求金融机构利用反洗钱大额和可疑资金交易监测系统，加强监测排查分析，实施人机结合，开展线索摸排，报送发现的可疑线索并按照相关工作机制及时移送。通过《扫黑除恶合作备忘录》“警银相关线索快速协助调查机制”等长效机制，全年协查92次414人次，主动配合公安对公安部督办的涉嫌电信诈骗等在逃55人开立账户及资金交易情况进行协查。配合公安等部门做好大量交易资金、账户的梳理分析和分级处理，分析出交易模式，为案件的侦破提供支持，推动安溪县打赌办多起案件侦破进度。全年推动2起洗钱案判决，1起公安机关法治审核将移送检察院起诉。督促辖内2家法人金融机构完成洗钱风险自评估工作。组织全辖金融机构利用微信公众号、报纸等方式加大对《中华人民共和国反有组织犯罪法》宣传力度。派员参与总行反洗钱专项检查获人行福州中心支行发文表扬。

【人民币管理】 2022年，人行安溪县支行督促做好残损人民币兑换工作。以监督检查为手段，保障残损人民币兑换工作有效推进。督促辖区银行业金融机构加大现金处理设备的投入力度，提高流通中人民币的整洁度。落实假币收缴属地管理。支行将2021年辖内银行业金融机构、公安机关上缴的假币2256张，金额201065元，解缴市中心支行。按月收缴辖区银行业金融机构和公安机关缴获的假币，全年辖区收缴假币：银行业金融机构276张14925元、公安机关94张9400元、公安机关2022年破获案件2起，分别缴获假币895张、89500元和992张、99200元。对安溪农商行代理发行库开展4次查库检查，配合福州市中心支行开展1次突击查库检查，确保代理发行库发行基金安全。

【外汇管理】 2022年，安溪县辖区银行为3家诚信合规企业办理便利化外汇业务483笔、金额5425.16万美元。办理免于登记的退汇业务1笔、金额0.48万美元；办理放宽业务审核签注手续业务176笔、金额1647.1万美元；为9家外贸企业放宽出口收入待核查账户开立，直接通过经常项目外汇结算账户办理出口收汇入账；办理服务贸易付汇税务备案网上核验6笔2388.67万美元。

（颜大锋 陈明珠 林金灿 吴 宇）

审计

【概况】 2022年，安溪县完成审计项目38个。审计查出主要问题金额9060万元，其中违规金额593万元，管理不规范金额8467万元。审计发现非金额计量问题234个，提交审计信息74篇，省市采用64篇，提出审计建议132条。

【政策跟踪审计】 2022年，安溪县完成国家粮食储备政策落实情况跟踪审计、疫情防控惠企纾困政策落实情况专项审计调查、为民办实事项目落实情况学前教育和农村供水2个专题审计。审计发现存在着粮食风险基金管理规定出台不及时、稳就业政策资金支付偏慢、学前教育项目资金支出较少和个别项目建设进度较慢、农村供水个别项目建设进度滞后和未建立节约用水机制等问题。

【预算执行审计】 2022年，安溪县完成县财政局、人社局、农业农村局、工信商局、市监局、文联、县委党校等7家县直部门2021年度预算执行、决算草案等情况审计。重点关注县本级及部门预算执行和决算草案编制、预算管理和绩效、重点领域财力保障、贯彻落实中央八项规定及其实施细则精神和政府过紧日子要求、资产管理、政府采购和国库集中支付等情况。审计发现部分单位存在库存物品管理不到位、部分项目未开展，资金未发挥效益、部分项目预算安排不科学等问题。

【经济责任审计】 2022年，安溪县完成福田乡、祥华乡、蓝田乡原党政主官，县委文明办、县委党史和地方志研究室、县科协、县残联执行理事会、县计生协会、县工商联（总商会）、县贸促会、县文体旅局、县信访局原主要领导，县人社局、县市监局、县文联等15家单位18名领导干部经济责任审计。审计发现部分单位存在专项资金结余未发挥效益、部分项目预算未能执行、个别信息系统未能发挥其应有效益、资产卡片信息变动未及时更新、使用已废止的财政票据、违规摊派信访排查经费、租金未及时收取，国有资产收益存在损失风险等问题。对蓝田乡原书记、原乡长，祥华乡原书记、原乡长开展自然资源资产离任审计。审计发现个别单位存在河长制工作落实不够到位、农村水电站最小生态下泄流量不合格、个别林业专项资金未在规定时间内分解下达等问题。

【企事业单位审计】 2022年，安溪县完成县疾病预防控制中心、县妇幼保健院、第三医院、官桥医院、湖头医院、龙门中心卫生院、西坪中心卫生院、感德卫生院等8家事业单位2021年财务收支审计。揭示医院财务收支管理方面存在的共性问题，审计发现个别单位存在固定资产未及时入账、固定资产折旧未按规定计入成本、发放的工资总额突破“两条红线”、部分药品没有集中采购、固定资产未进行清查盘点等问题。

【专项资金审计】 2022年，安溪县完成2022年新冠疫情防控资金和物资审计、国有资产管理审计调查，把国有资产审计内嵌在预算执行和经责审计项目中同步开展。重点关注各单位计算机设备配置、使用、处置和效益情况，揭示计算机办公设备管理存在的问题，提出加强国有资产管理和监督的建议，避免固定资产闲置浪费。

【内部审计工作指导】 2022年，安溪县组织审计人员深入内审单位，指导内审单位按照《福建省内部审计工作规定》开展内部审计，进一步推动内部审计事业快速、健康发展。县卫健局、教育局、供销联社3家内审机构审结项目74个，审计发现问题219个，查纠各类违纪违规金额2975.10万元。审计发现非金额问题85个。

【审计整改】 2022年，安溪县审计局跟踪检查2021年度审计项目整改情况，共有22个审计项目涉及111个问题。至9月30日，完成整改97个，部分整改8个，未整改6个，整改完成率87.4%。

（吴希挺　谢祥明）

统计

【概况】 2022年，安溪县抓好疫情防控，加强全县统计基层基础规范化建设，开展省统计局入库退库专项纠治抽查迎检工作，提升统计监测预警能力，做好常规统计工作。安溪县入选全国经济综合实力百强县。

【常规统计】 2022年，安溪县按照国家统计调查制度和方法，组织农业、工业、能源、科技、建筑、投资、商贸、房地产、服务业、劳动工资、文化产业、妇女儿童“两纲”监测等常规统计调查工作。完成人口变动抽样调查、自然资源资产负债表编制、绩效评估公众评议调查等专项调查。

2022年，安溪县实现地区生产总值907.17亿元，按可比价格计算，比上年增长4.3%。其中，第一产业增加值61.19亿元，增长4.7%；第二产业增加值470.86亿元，增长4.9%；第三产业增加值375.12亿元，增长3.5%。全年农林牧渔业总产值100.74亿元，比上年增长5.3%；工业增加值395.74亿元，比上年增长5.5%，其中规模以上工业增加值增长7.2%；建筑业增加值75.29亿元，比上年增长1.9%；一般公共预算总收入45.87亿元，比上年下降4.7%；一般公共预算支出69.94亿元，比上年增长6.3%；社会消费品零售总额683.16亿元，比上年增长6.4%；固定资产投资（不含铁路数据）比上年增长1.1%。

【统计服务】 2022年，安溪县统计局探索完善经济运行分析研判机制，剖析疫情对经济社会影响等指标走向规律，预判经济发展的形势，分析运行存在的问题，加强对用电量、税收等指标匹配性不佳等重点领域的监测预警，提升统计监测分析研判能力，反映安溪县经济发展状态，发挥县委、县政府参谋助手作用。根据全县经济社会发展情况，改版编印《统计月报》《2021年统计公报》《2022年统计摘要》《安溪统计年鉴（2022）》等综合性统计资料，在安溪县政府网发布国民经济主要指标数据，方便社会各界和各有关部门查阅。全县配备综合统计人员444人，负责协调村（社区）内部、与乡镇统计机构之间的统计业务以及所在村统计数据的审核、对外报送等工作。将农村统计人员工作补贴纳入2022年度财政预算。

【统计法治建设】 2022年，安溪县开展“中国统计开放日”“国家宪法日”宣传活动，宣传《中华人民共和国统计法》《中华人民共和国统计法实施细则》等统计法律法规，加强统计法治宣传教育。2022年，安溪县印发《中共安溪县委办公室 安溪县人民政府办公室关于深入贯彻〈福建省防范和惩治统计造假弄虚作假责任制规定（试行）〉的通知》《中共安溪县委办公室 安溪县人民政府办公室关于印发〈安溪县贯彻落实国家统计督察反馈意见政府方案〉的通知》《安溪县统计局全面推行行政执法公示制度》《安溪县统计局执法全过程记录制度》《安溪县统计局重大执法决定法制审核制度》，为开展防范和惩治统计造假、弄虚作假工作提供依据。

【入选百强县】 2022年，安溪县入选全国经济综合实力百强县市第53位、全国绿色发展百强县市第51位、全国投资潜力百强县市第11位、全国科技创新百强县市第73位，安溪县获评福建省经济发展“十佳”县（市）。安溪县湖头镇、城厢镇、龙门镇、官桥镇、凤城镇获评“全国千强镇”。

（吴潇哲　陈思臻）

工商行政管理

【概况】 截至12月31日，安溪县有内资企业34793户，注册资本1198.95亿元，同期增长2.69%、14.99%；个体工商户86830户，资金数额64.2亿元，同期增长16.01%、33.06%；农民专业合作社1650家，成员出资总额23.94亿元。全县内资企业年报率为89.55%、外资企业年报率90.06%、农民专业合作社年报率为89.27%、个体工商户年报率为69.88%。发明专利拥有量484件，每万人口发明专利拥有量4.82件。

【市场主体登记】 2022年，安溪县新登记内资企业4769户，注册资本159.75亿元；新登记农民专业合作社120户，成员出资总额1.43亿元；新登记个体工商户16654户。

【服务流程优化】 2022年，安溪县试行市场监管领域8项许可（备案）简单变更事项可“免申即办”，实行“一窗受理，当场换发”。试行药品零售行业准营许可(备案)合办，实行“一次告知、一表申请、一同核查、一并审批”，放宽食品经营准入，将“食品经营备案(仅销售预包装食品)”纳入“多证合一”范围，放宽保留许可证号条件，提速食品生产许可现场核查效率。开展“局长走流程”活动，局领导以普通办事人身份到行政服务中心窗口、市监所窗口模拟办理注册登记，查找行政审批服务堵点，积极应对企业和群众需求，对行政审批流程提出新要求进一步优化。5月举办“局长—会长话营商”座谈会，通过“面对面”交流，精准对接企业需求完善举措，提升政务服务水平。8月，安溪县作为全市两个歇业备案试点县级局之一，在全市率先印发《安溪县市场主体歇业备案试行办法》，为经营困难而暂时无法开展经营活动的市场主体提供缓冲带，让其能够暂时“养精蓄锐”，福建省首家歇业备案登记在安溪落地。10月，与安溪农商银行签订为期3年的战略合作协议，银行单列10亿元信贷资金支持各类市场主体发展，并增设“企业待办便民服务点”，搭建市场主体“注册—开户—授信”全流程服务体系，打造“政府+金融+企业”的政银企特色联动模式。

【“双随机、一公开”抽查】 2022年，安溪县制定“双随机、一公开”抽查工作方案，全年，共组织5次“双随机、一公开”抽查工作。5月，开展2022年度二类医疗器械、化妆品、广告等经营单位“双随机、一公开”抽查工作，随机选派14名执法人员，随机抽取各类市场主体158户；7月，开展全县食品生产环节“双随机、一公开”抽查工作，随机选派2名执法人员，随机抽取各类市场主体25户；8月，开展全县企业年报和经营行为“双随机、一公开”联合抽查工作，县市监局、人社局、工信商局、统计局等跨部门联合，县市监局随机选派30组60位执法人员，共抽查各类市场主体875户；10月，开展流通领域电动车、家用电器及燃气器具产品质量“双随机、一公开”抽查工作，随机选派4名执法人员，随机抽取各类市场主体9户；11月，开展野生动物监管“双随机、一公开”抽查工作，随机选派2名执法人员，随机抽取各类市场主体3户；选派10人次执法人员配合公安局、农业农村局、海关、气象局、卫健局、住建局等行业主管部门开展联合“双随机”检查，检查各类市场主体38户，检查结果通过“国家企业信用信息公示系统”向社会公示，公示率100%。

（王贤龙　许锦斌）

质量技术监管

【产品质量检查】 2022年5月组织市监局监管人员参与为期5天的重要工业品质量安全监管业务网络培训。开展生产领域产品质量安全专项检查，排查生产领域燃气具2家、钢筋1家、水泥2家、电线电缆1家、化肥1家、食品相关产品20家。流通领域：危险化学品2家、钢筋1家、水泥3家、电线电缆13家、燃气具42家、烟花爆竹35家、电动自行车42家、电动自行车充电器和电池30家，约谈电线电缆生产企业1家。开展流通领域产品质量安全专项检查。开展2021年流通领域成品油质量抽检不合格商品的后处理工作，立案查处不合格油品案件5件，罚没款14.67万元，移送公安局处理2件；开展为期1年的流通领域燃气器具及配件产品专项检查行动，检查燃气器具及配件产品销售单位104家，立案查处销售不合格燃气灶具案件1起，罚没款0.028万元，印发“消费者燃气器具消费指引”宣传页3200份；检查瓶装液化石油气企业是否存在非法充装二甲醚，督促现有2家企业未完整建立进销台账进行整改，并安排第三方检测机构开展二甲醚检测；联合县消防救援大队开展消防产品销售点、商场等使用场所开展消防产品专项排查整治工作，强化消防器材经营行业的自律行为，形成齐抓共管的良好工作机制；开展学生用品和儿童玩具质量安全专项检查，检查经营户120余户，印发宣传页各

3200份；开展2022年电动车质量安全专项整治行动，检查电动车销售及维修单位196家次，立案调查未经CCC（中国强制认证）的电动三轮车的违法行为1起，罚没款5.1万元；开展2022年电器及附件产品专项检查行动，印发“电器产品选购和使用常识”宣传页3200份；开展流通领域产品质量抽检工作，完成配合省、市局开展的流通领域油漆抽检5批次、成品油抽检74批、坐便器抽检4批次、塑料购物袋抽检3批次、燃气灶具抽检2批次。

2022 年 8 月，安溪县市场监管局开展“电梯安全”进社区宣传活动（图 / 县市监局）

【质量提升管理培训】 2022年，安溪县于6月组织3家企业、3名人员参加福建省市场监督管理局组织的福建省企业首席质量官任职资格公益培训；6月，组织2家企业、2名人员参加福建省市场监督管理局组织的先进质量管理办法企业公益培训；9月，组织8家企业、8人参加泉州市市场监督管理局组织的企业首席质量官任职资格公益培训；8月17日，组织安溪县2022年小微企业质量管理体系认证提升试点企业10家、市监局质量监管人员共20人，赴南安市开展质量提升交流活动，并委托方圆标志认证集团福建有限公司深入企业进行“质量问诊”。

【标准化战略实施】 2022年，安溪县市场监管局在1月组织召开福建省地方标准《乌龙茶初制设备维护保养技术规范》和泉州市地方标准《乌龙茶加工机械化设计规范 第1部分：采摘机械》标准制定工作会，两项标准均已通过专家审定。3月，联合县茶业发展中心、农业农村局、国家茶检中心参加《地理标志产品 安溪铁观音》GB/T 19598—2006标准修订立项答辩会，项目已通过立项。6—8月，指导福建佳友茶叶机械智能科技股份有限公司申报“两岸茶叶机械标准共通试点”项目获批建设。6月指导《铁观音冲泡与品鉴办法》（DB35/T 1623—2016）、《红茶发酵设备通用技术条件》（DB35/T 1814—2018）2个标准项目申报第九届福建省标准贡献奖。6月，指导福建八马茶业有限公司、福建黑马阀门有限公司、安溪县桃源有机茶场有限公司、福建佳友茶叶机械智能科技股份有限公司等4家企业共5个标准项目申报2022年度福建省标准化工作专项补助。

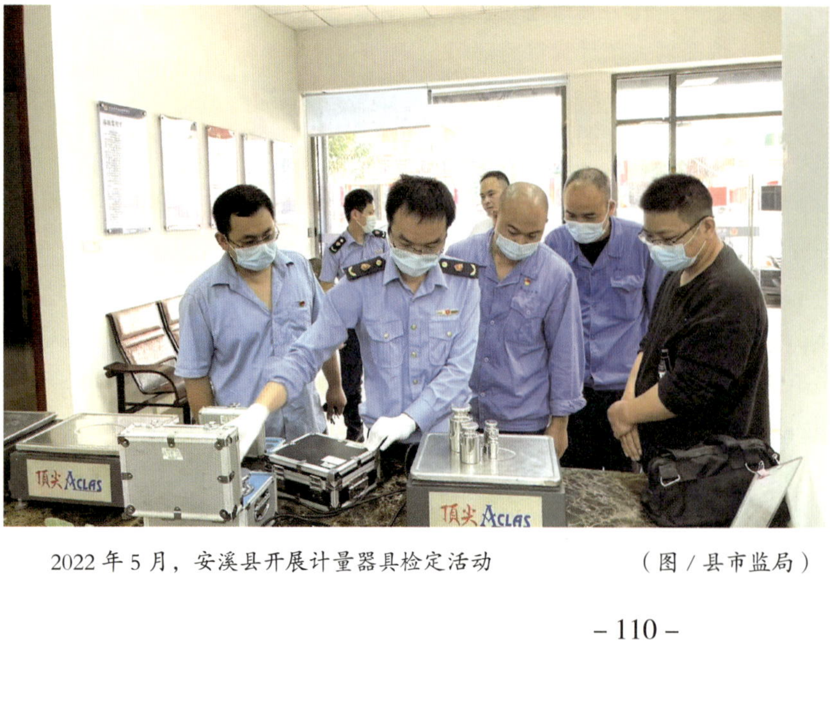

2022 年 5 月，安溪县开展计量器具检定活动（图 / 县市监局）

【计量器具监管】 2022年，安溪县市场监管局开展2022年计量监督检查专项行动，对加油机、眼镜配制场所、电子计价秤、能效水效标识、计量单位使用情况、计量器具型式批准证书等领域计量监督检查，规范计量器具使用。全年，共完成电子秤检定1023台（件）、动态汽车衡2台、检定加油机1655枪、压力表1120只、血压计（表）466台，共计检定各类强制检定计量器具6544台（件）。

【特种设备安全监察】 2022年，安溪县市场监管局明确监察重点，将学校、医院、商场、游乐场所等特种设备使用单位列入日常和重点使用单位名单（共91家），制定特种设备日常和重点使用单位监督检查目录，对重点使用单位开展全覆盖重点监察。开展为期一年的全县市场监管领域城镇燃气安全排查整治、压力管道整治、起重机隐患整治等专项行动，把宣传发动、自查自改、执法监督、隐患整改贯穿大排查大整治全过程。开展电梯安全提升行动，组织全县49家维保单位对全县4627台电梯进行排查摸底，排查率100%。重点时段、重点场所特种设备安全保障，共检查特种设备使用单位169家，立案查处5件。精准服务企业，协调解决4家企业特种设备需求。截至2022年12月31日，全县在册特种设备6252台，比2021年新增900台，全系统特种设备监察人员58名，全县特种设备使用登记达到率100%、定期检验合格率99.65%、隐患整改率100%，均稳居全市前列。

（王贤龙　许锦斌）

食品安全监管

【主体责任落实】 2022年11月，安溪县推进食品安全属地管理和企业主体“两个责任”落地落实，对全县1.5万家食品生产经营主体进行分级，建立县、乡、村三级包保干部分配方案。开展食品生产环节风险排查和食品安全监管，尤其是食品生产环节“两超一非”（含餐饮、销售环节）问题专项治理，共排查食品生产企业（含小作坊）598户次，责令整改13家，约谈企业7家，办理涉嫌“两超一非”案件15件，移送公安13件，完成食安员抽考387家次，累计参考415人，覆盖率100%。

【外卖乱象整治】 2022年，安溪县市场监管局制定《安溪县深化“整治脏乱差店家入驻外卖平台问题 强化外卖商家审核监管”工作方案》，强化外卖商家审核监管，检查网络订餐第三方平台和入网餐饮服务提供者3264家次，发现问题线索571条，开展网络餐饮专项抽检900批次，检出不合格食品8批次。督促第三方平台下线违法违规网店52家。责令整改444件，立案23件，罚没款204689元。

【示范点创建】 2022年，安溪新建成15家农村家宴中心，累计有36家已建成使用，投入财政资金370万元。

【食品安全“一品一码”】 截至12月31日，全县所有食品生产企业均注册使用福建省食品安全信息追溯平台，注册率100%，录入产品追溯信息128.83万余条；1088家食品流通企业录入上传追溯信息619.65万条；1012家学校食堂及社会餐饮录入上传追溯信息197.72万条；6654家食用农产品经营、使用企业注册使用泉州市食品安全信息追溯平台，上传食用农产品追溯信息368.82万条。

【食品市场专项治理】 2022年8—12月，安溪开展特殊食品经营者食品安全管理人员监督抽查考核工作，考核覆盖率达100%。开展重点食品专项整治，组织开展粮食食品安全监管、畜禽产品安全排查、农村假冒伪劣食品整治、进口冷链食品风险排查等专项整治行动，共检查食品生产主体（含小作坊）698户次，检查食品销售主体3232户次，检查批发市场、集贸市场等各类市场91个次，查处食品类案件180起。

【食品安全监督抽检】 2022年，安溪县制定实施2022年安溪县食品安全监督抽检方案，委托第三方权威机构对抽检产品进行检测。2022年，县级监督抽检食品258类、3966样次、26686项次，检出不合格99样次、102项次，样品和项目不合格率分别为2.5%、0.38%；开展食品安全专项监督抽检50批次，全部合格；开展非安溪产茶叶类食品安全专项监督抽检40批次，全部合格；开展茶叶抽检739批次，不合格5批次；开展食品安全快速检测工作，检测7.47万余批次，不合格18批次，对不合格食品均依法核查处置。

（王贤龙　许锦斌）

药品安全监管

【医疗器械监管】 2022年，安溪县制定安溪县医疗器械管理制度，提升医疗器械监管和服务水平。推进以县中医院总院为首的医疗器械UDI（唯一标识）建设，已完成招标和中标确认，总投入资金120多万元，覆盖中医院总院的所有13家分院。

【儿童化妆品整治】 2022年，安溪县对儿童化妆品进行监督抽检。全年完成化妆品国抽、省抽任务共15批次，联合第三方检验机构到母婴用品专卖店、婴幼儿洗浴中心、商场、化妆品专卖店开展化妆品快速抽样40批次，未发现不合格产品。

【药店哨点作用监管】 2022年，安溪县在全市药店行业率先建设“千里眼”智能监控云平台，督促各药店切实做好防疫措施，运用智能设备实现疫情防控“非现场监管”新模式。对全县药店进行多轮全覆盖检查，发出责令整改通知书35份，关停违反疫情防控措施药品经营单位31家次。

【监管水平提升】 2022年，安溪县成立药械化领导综合领导小组，整合市场监管中价格监督、知识产权及广告、网络监管职能，形成药械化监管合力，编制2022年药店必查八大项、医疗机构必查五大项的简要可行检查指南。在全省率先成立由安溪县市场监管局、县卫健局、泉州市医保局安溪分局组成的药品、医疗器械监管“三医联盟”，构建药械监管“一盘棋”格局，保障群众用药用械安全。6月开创以县医院为龙头的医疗器械应用知识宣讲基地，制订全县医疗器械管理使用人员培训规划。

【药械监管执法】 2022年，安溪县立案查处28件，罚没款83万元；2名执法人员办理医疗器械大要案，受到国家市场监督管理总局表彰；7月成功推荐1名药械干部担任安溪县首任药品安全助理监察官；在9月举办的泉州市市场监管系统执法稽查技能竞赛中，1名执法人员荣获模拟场景执法第一名，并获得市金牌工人、技术能手称号。加强药品化妆品抽验，抽样药品250批次（包含购买第三方快检200批次）、医疗器械3批次、化妆品15批次，全部合格。

【市场主体信用监管】 2022年，安溪县市场监管局强化涉企信息归集运用和信用监管，共归集公示信息17546条（不含工商数据），其中行政许可信息7706条、行政许可变更54条、行政处罚信息1721条、抽查检查4468条、联合惩戒469条、小微扶持3128条。强化经营异常名录和严重违法失信企业名单的管理和应用，把4213家企业列入经营异常名录，履行相关义务后申请移出及注销自动移出673家。把3家企业经营异常名录届满3年仍未履行相关义务列入严重违法失信名单，移出严重违法失信名单企业93家。对22102户因各种事由的个体工商户进行经营异常标注，履行相关义务后申请移出及注销自动移出8017家。对被列入经营异常名录和被列入严重违法失信企业名单的企业实施部门联合惩戒，依法依规进行信用修复。督促引导1600多家各类名存实亡企业办理注销登记（其中，简易注销记1200多家，一般注销记400多家），督促引导3400多家不再从事经营活动的个体工商户办理注销登记，对786家连续3年未参加年报被列入“严重违法失信名单”的各类企业按法定程序依法依规立案吊销营业执照。

（王贤龙 许锦斌）

知识产权保护

【商标保护】 2022年，安溪县商标申请件数10897件，新增注册件数9817件，共有有效注册商标件数67376件。地理标志证明商标6件，集体商标3件，马德里国际注册商标28件，单一国家（地区）注册20件，获得中国驰名商标7件（分别是“安溪铁观音”“八马”“凤山”“中闽魏氏”“三和”“魏氏红”“闽华”）。《全面实施商标品牌战略推进茶业富民工程》入选知识产权局商业品牌建设优秀案例。

【地理标志产品保护】 截至2022年12月，安溪县有地理标志证明商标6件（分别是安溪铁观音、安溪黄金桂、山格淮山、安溪龙门茭白、福前芦柑、湖头米粉），地理标志保护产品2件（分别是安溪铁观音、湖头米粉）。安溪铁观音地理标志证明商标获得专用标志企业51家，山格淮山地理标志证明商标获得地理标志专用标志企业4家；安溪铁观音地理标志保护产品获得专用标志企业95家，湖头米粉地理标志保护产品获得专用标志企业2家。

【专利保护】 发明专利拥有量484件，每万人口发明专利拥有量4.82件；高价值发明专利拥有量123件，每万人口高价值发明专利拥有量1.23件。新增授权发明专利82件，实用新型专利840件，外观设计专利1653件。

【“安溪铁观音”品牌价值提升】 2022年9月5日，在2022中国品牌价值评价信息发布会上，“安溪铁观音”在1056个品牌中脱颖而出，以1430亿元的品牌价值，连续3年位列区域品牌（地理标志产品）价值第一，连续7年名列全国茶叶类区域品牌价值第一，品牌价值较2021年净增1.54亿元。安溪县“安溪铁观音”成功入选由中国国家品牌网发起、中国品牌建设促进会联合新华社等部门共同举办的“点赞2022我喜爱的中国品牌”。

（王贤龙 许锦斌）

消费维权

【投诉举报受理】 2022年，安溪县市场监管局共受理消费者及群众投诉举报10200件。其中，“12315”投诉举报系统受理消费者投诉举报件9501件，“12345”市政热线平台受理各类诉求件407件，来信来访投诉举报292件，为消费者挽回经济损失157.86万元，办理“诉转案”案件158件。

【消费维权联动机制】 2022年，安溪县市场监管局优化健全与人民法院、行业协会、人民调解组织之间的消费争议多元化解机制，“12345”行政调解协议申请司法确认2件，挽回经济损失1万元。

【消费维权宣传】 2022年，安溪县市场监管局结合“3·15”国际消费者权益日宣传纪念活动、“4·26”世界知识产权保护日、食品安全宣传周、药品安全用药月等节点开展多种形式普法活动，组织普法活动6场次，开展咨询活动3场次，播放公益广告73条，印发各类宣传资料2万余份，营造良好的氛围。

【行业规范】 2022年，安溪县市场监管局运用移动平台办理业务，首次通过远程视频方式组织投诉双方在移动平台的“云端调解室”在线上进行调解，成功解决消费纠纷。完善消费维权网络建设，推进ODR（在线消费纠纷解决）企业建设，新增ODR企业2家，全县共通过ODR企业受理投诉举报62件，按时办结率98.39%，和解成功率95.16%。开展倡导线下“七天无理由退货”活动，全力打造安溪红星美凯龙店为质量高、效果好、引领性强的线下实体店无理由退货样板单位，鼓励和引导企业主动作出“30天无理由退货”的高质量服务承诺，全县有112家商家参与，退货数量22件，退货金额65.03万元。

【价格监督与检查】 2022年，安溪县市场监管局注重疫情相关价格监管，开展稳物价、保供应工作，严厉打击哄抬物价等行为。持续加强民生商品和防疫物资等重点领域价格监督检查，联合县教育局督促辖区462家教育收费主体对照检查重点全面开展自查自纠，联合县发改局、县教育局开展联合抽查，共抽查各类型学校50家次，推动规范教育收费管理工作。组织开展2022年涉企违规收费专项整治行动，抽查水、电、气等公共事业单位3家，政府及下属单位2家，行业协会商会2家。组织开展夏季粮油收购市场监管工作，检查各类粮食经营主体79户次，检查贸易结算强检计量器具52件次。依法组织查处各种价格违法违规行为，立案查处32件涉嫌价格违法案件，罚没款1.41万元。加强宣传引导，督促经营者严格执行明码标价制度，依法合规经营，确保辖区市场价格秩序总体平稳有序。

（王贤龙　许锦斌）

物价监管

【价格监测】 2022年，安溪县价格监测范围和品种为主副食品49种、常用药品25种，每日掌握居民生活消费（食）品价格冬季变化并按时发布相关信息。

【定价调整】 2022年，安溪县组织开展海西天然气管网德化支线管道燃气配气成本监审工作，核定居民用气和非居民用气终端销售价格，从2023年1月1日起，安溪县居民用气终端销售价格执行全市统一价每立方米 2.881元；非居民用气终端销售价格，安溪、永春、德化三县统一执行每立方米4.65元。

【收费公开】 2022年6月，安溪县公布本级行政事业性收费单位名单及收费项目，涉98家单位23个项目。11月，安溪县发展和改革局公布安溪县级实行政府定价经营服务性收费目录清单，共3类4项，其中涉企经营服务性收费项目2项。

【降费减负】 2022年，安溪县下达明确接入建设工程安装费，明确从用户建筑区划红线连接至公共管网发生的入网工程建设费。安溪县组织开展涉企违规收费专项整治行动、全县教育收费专项检查工作，规范收费行为。

【价格服务】 2022年1月17日至2月15日、3月24日至5月6日、9月27日至10月26日，安溪县3次启动平价商店，销售种类为粮油肉蛋菜水果，其中粮油肉蛋下降5%以上，蔬菜、水果下降15%以上，减少群众生活费用支出。落实社会救助和保障标准与物价上涨挂钩联动机制，春节期间、7—10月两次实施为困难群体发放一次性价格临时补贴方案，发放103319人次，发放金额711.69万元，缓解社会低收入群体的生活困难。

【农业水价综合改革】 2022年，安溪县组织实施蓝田水库灌区、官桥镇等12个乡镇高标准农田建设项目的农业水价综合改革，下达实施农业水价综合改革面积2001.73公顷。

（王清沂　魏中南）

海关

【概况】　2022年，泉州海关驻安溪办事处接受企业出口前申报4776份，总货值15712.8万美元（货物主要有食品、竹木草制品、化肥及危险品等）。完成出境货物属地查检291批次，签审各类原产地证书6838份，货值19778.04万美元，帮助企业享受关税优惠约807万美元。受理进出口收发货人备案107家，变更62家，注销41家。截至12月底，接受茶叶生产企业备案16家，茶叶种植基地备案53家，基地备案面积约5000公顷，全年新增备案茶叶基地4个，其中千亩级茶叶基地1个。

【监管执法】　2022年，泉州海关驻安溪办事处开展稽查计核2起，首次开具海关手工税款缴款书7份，补征关税4789.36元，增值税12992.05元，补缴滞纳金2736.68元。开展缉私局移交行政案件计核2起，计核案值61.21万元，涉嫌偷漏税款54513.74元。开展刑事案件计核1起，计核案值1108.68万元，涉嫌偷漏税款144.13万元。全年77条核查指令全部办结，查发整改58条，查发率75.32%。

【通关服务优化】　2022年，泉州海关驻安溪办事处联合安溪县政府为160余家企业开展RCEP专题宣讲，帮助企业用好用活RCEP政策。加强竹木藤草生产企业管理，为10余家出口企业调级，提高出口通关速度。培育安溪县首家AEO（经认证的经营者）高级认证企业，实现认证标准初步比核工作。

【国家茶叶检测重点实验室（福建）】　2022年，国家茶叶检测重点实验室（福建）隶属泉州海关，是安溪县政府指定的安溪县茶叶安全卫生质量抽查和食品安全监督抽检机构，为安溪食品安全和茶产业的发展提供检测技术支撑，为安溪出口茶叶、食品应对国外技术性贸易壁垒提供技术保障。实验室有30人，其中，高级工程师7人，硕士研究生6人。实验室认可检测能力覆盖茶叶、水果蔬菜、食用油、粮食产品等27类产品、1000多个项目，包括常规理化、重金属、药物残留、微生物、食品添加剂等检测类别。其中茶叶检测项目200多个，检测能力覆盖国家标准GB 2763—2021中茶叶相关的106项农药残留，标准涉及国家标准、有机茶标准、欧盟和日本等标准。2022年，承担安溪县22000余个茶叶样品、20万余个安全卫生项目的检测任务。

（纪少艺　叶春霖）

安溪经济开发区

【概况】 2022年，安溪经济开发区推进片区规划布局，实施基础设施建设，加快园区建设，优化营商环境，逐步形成以现代工业为主、以发展高新技术为导向的现代产业体系，注重发展茶叶加工、生物医药、绿色食品、机械电子、光电产业、新兴材料、金属加工等产业，同时配套发展商贸物流、房产物业、旅游休闲等第三产业。总规划面积826.22公顷，管辖面积1万公顷。园区有规模以上工业企业181家，地区生产总值约697亿元，增长8.7%；规模以上工业企业营业收入约813亿元，增长9.3%；全年税收收入约18.6亿元，增长3%；实际利用外资0.38亿元。

【项目建设】 2022年，安溪经济开发区城区工业园（简称“城区工业园”）实施项目带动，实行“时间倒排、任务倒逼、责任倒追”前期推进机制，开展前期报批、招商签约、征地拆迁、要素保障等工作。组织实施大白濑参内安置房项目建设，总建筑面积160万平方米的大白濑参内安置区各地块开工建设；古山花园安置小区完成综合验收并移交城厢镇政府统一安置；南华嘉园二期安置小区主体建筑完成内外装修。大白濑参内安置区排洪沟（J、N、H段）工程总投资5000万元，完成招投标，进场施工；完成兴泉铁路安溪东站市政附属设施工程项目，总投资1.92亿元，完成工程建设交付使用；县人民武装部新营区暨民兵综合训练基地项目完成主体部分；推进卫浴新城市政道路建设，完善园区基础配套。全年实施县级重点项目12个，总投资67亿元。

【基础设施建设】 2022年，城区工业园推进基础设施建设，做好项目成片开发、土地报批、用林报批、挂牌出让、安置项目建设、生产环境等工作。

项目成片开发　南坪村北部地块、祜水村地块、参山村中部地块、粮食加工厂及周边工业项目4个方案获得省政府批复；安溪县仙苑商住项目、参山村南部地块上报省自然资源厅审查。

土地报批　完成同美片区C–07地块、同美片区C–13地块16个项目共49.93公顷用地报批工作；城南片区11–G–09、11–G–15，参洋片区F–12–01地块等3个项目组件上报省自然资源厅待批。

用林报批　完成安溪县粮食和物资储备有限公司生产厂房及配套设施项目、福建泉州市宇龙佳建材有限公司生产厂房及配套项目、稻兴光启（泉州）制造中心项目、安溪岩岭文化园（一期）、安溪珍珠酒店项目、紫云山医院商住地块、炭坑综合体、十九小后侧商住地块等17个地块共33.13公顷林地报批工作。

挂牌出让　完成路英片区12–P–02地块、德苑片区03–B–02地块、城南片区12–P–26地块、古山片区B3地块、安溪县原天纶纺织地块二期A–13地块等13个项目30.87公顷用地挂牌出让工作，出让金额合计198287万元。

安置项目建设　配合园区所在凤城镇、城厢镇、参内镇开展中寮片区F–5地块、一园国际、安溪·中关村领创中心、炭坑内片区C–02地块、古山片区B3、炭坑内综合体、路英片区12–P–02地块、建安片区27A地块、城南片区12–P–26地块、同德大桥同美片区商住地块等23个项目安征迁工作，配合完成项目范围内涉及电力、电信、广电、联通、移动、铁塔等线杆光缆迁改工作，满足项目净地出让和“三通一平”条件。

生产环境　配合乡镇开展园区落户企业安全生产大检查大整治工作，消除隐患。集中开展12次安全生产大排查，督促辖区企业按时开展生产标准化提升专项行动。健全安全生产联动体系，推进“平安单位”创建工作。

【招商引资】 2022年，安溪县开

展“工业园区标准化建设”专项行动，加快园区标准化提升。签约中闽百汇零售集团、中关村等6个投资项目，项目总投资超60亿元。

（黄凯平　黄种钦）

泉州半导体高新技术产业园区安溪分园区

【概况】　泉州半导体高新技术产业园区安溪分园区（简称“泉州芯谷安溪分园区”）于2011年10月开工建设，是福建省最大最专业的LED高科技产业基地之一。截至2022年12月底，园区完成首期建设213.33公顷，总投资超200亿元。二期工程68.67公顷处于建设阶段。入驻企业12家，实现产值137.77亿元、税收1.065亿元。

【入驻项目】　截至2022年底，泉州芯谷安溪分园区入驻12家企业，其中福建晶安光电有限公司、福建省天电光电有限公司、福建省中科生物有限公司、福建北电新材料科技有限公司（注册地在晋江）4家为国家级高新技术企业。福建晶安光电有限公司、福建省天电光电有限公司、福建省信达光电科技有限公司入选市级产业龙头企业。福建晶安光电有限公司、福建省天电光电有限公司建成省级企业技术中心。园区形成集生产基地、研发检测、应用展示、商贸物流于一体的配套较齐全、产业链较完整的LED产业集群。

【招商选资】　截至2022年底，泉州芯谷安溪分园区在谈招商项目25个。园区推进招商引资工作，聘请泉州师范学院光子技术研究中心作为园区专家咨询指导机构；与国家级专家、博士廖廷俤达成“产业咨询+招商协作+落地服务”全流程合作；委托深圳投石信息科技有限公司为园区精准编制招商流程图。全年新签约灏谷科创中心、金斯达键合线、三州光电、祥福兴偏光片、翔一科技等5个项目，总投资60亿元。三州光电项目投产，灏谷科创中心项目开工。有5家完成入驻企业的上下游配套厂商意向入驻。

【基础设施建设】　截至2022年底，泉州芯谷安溪分园区建成包括自来水厂、污水处理厂、变电站、孵化基地、企业过渡办公用房等在内的生产配套设施，以及产业园食堂、职工公租房、职工休闲中心等生活配套设施，保障园区运转。2022年，“安溪芯园”标准化园区项目获评工业（产业）园区标准化建设表现优异项目，在全市第三季度工业（产业）园区标准化晾晒评比活动中获得“好”等级。项目用地总规模12.44公顷，预计投资5.45亿元，采用“园中园”模式，分期分阶段建设一批基础设施，建设内容包括三大地块。其中，A地块（2.78公顷）建设标准厂房及其办公配套6.5万平方米；B地块（3.79公顷）建设园区配套，包括酒店、公园、住宅等；C地块（4.48公顷）建设标准厂房及其办公配套11万平方米。园区与湖头镇政府协作，推进周边配套的办公、教育、商业、休闲等设施的规划与建设。

2022年9月8日，“月满中秋 安台连‘芯’”两岸人才中秋主题活动在安溪县台湾人才之家举行（图/泉州芯谷安溪分园区）

【人才引进和培育】　截至2022年底，泉州芯谷安溪分园区有各类高层次人才253人，包括省级高层次人才50人。全年引进、认定高层次人才27人次，引进台湾人才1人，引育人才总数达到县委下达任务数的79%。争取人才补助资金9514万元，其中2022年争取人才补助资金到位1390万元。搭建台湾人才交流互动平台。9月8日，以“月满中秋 安台连‘芯’”为主题的两岸人才中秋主题活动在安溪县台湾人才之家举行，来自全县的近50名两岸青年人才、职工参加活动。

【劳务招聘】　截至2022年底，泉州芯谷安溪分园区入驻企业有职工2710人，其中大专及以上学历职工952人。开展“涌泉行动”“扬帆计划”行动，企业通过“线上招聘会+线下宣讲会”的形式招工引才，引进中国台湾地区及马来西亚高层次人才各1名、高水平高校毕业生12人（其中硕士7人）。强化劳务招工，深化“二元制”合作办学，与泉州经贸职业技术学院合办的首届光电专业“二元制”毕业生34人于6月顺利毕业。与泉州电子信息工程学院、云南昭通学院共建实训基地，30名学生到园区各企业实习。

（陈胤晓　陈永坚）

中国国际信息技术（福建）产业园

【概况】　2022年，中国国际信息技术（福建）产业园（简称“EC产业园”）基本完成“三中心、三基地”（数据中心、国际交流中心、信息技术教育实训中心和信息技术服务外包基地、国际数字媒体产业基地、海西电子商务产业集群基地）建设，周边配套建设高尔夫球场、温泉山庄、茶叶庄园、森林公园等活动场所，成为安溪县加速产业聚集、培育产业集群的重要载体及实施数字产业化、产业数字化的重要平台。EC产业园纳税总额3416万元，全年完成固定资产投资3.34亿元，比上年增长213.9%。

【招商引资】　2022年，EC产业园等优势企业资源，数据中心、超算中心、空间信息、影视修复等特色产业资源，采取“强龙头、补链条、聚集群”招商思路，做好资产数字基建产业招商、新业态轻资产数字服务招商。全年外出精准招商4次、洽谈投资项目25个，参加专场签约2次、签约项目2个（忆库影院文化活动中心项目、中性高硼药用玻璃管零碳工厂及配套项目）、签约总金额29亿元。光谷云（安溪）备份中心项目、航天主题研学文旅产业项目、国电高科福建卫星物联网总部基地项目等重资产数字基建项目，财税知识产权类服务平台、供应链管理平台、安商电商平台等轻资产数字服务项目，延链补链强链项目落地。全年重点跟踪推进项目8个，计划总投资29.8亿元（不包括储备项目投资），完成投资12.4亿元。

EC产业园管委会对牵头负责的电子信息产业链和空天、影视产业链进行专题研究。对接北京致远慧城信息咨询有限公司、中国航天科技国际交流中心、中国电影资料馆等单位，编制完成《数字福建（安溪）产业园高质量发展研究》《空天大数据产业研究》《影视产业发展规划》，梳理产业链发展现状。与市县责任部门、链主企业对接，组织专班高质量编制实施方案，细化提出发展目标、重点任务、重点项目、推进措施及招商计划，配合县招商办推进相关重点产业培育。

【项目建设】　2022年，中国电影资料馆安溪数字资源中心、全球商业遥感卫星地面接收站网福建站、曙光先进计算中心一期项目等重点项目建成投产，推进艺术影院，服务外包基地7、8号楼等重点项目建设。

空天大数据　监测方面，2月27日、4月30日分别发射“安溪铁观音”一号星（分辨率达0.75米，是福建省首颗亚米级分辨率遥感卫星）、二号星（分辨率达0.5米，截至12月底最高分辨率的光学商业遥感卫星）并组网，是福建省具有商业价值的星座。接收方面，5月18日、7月22日分别完成卫星站一期1号、2号卫星塔数据接收调试；8月22日，完成一号塔保护罩安装工程。应用方面，申报省级院士专家工作站——刘嘉麒院士工作站，开展地质灾害监测、应急预警系统构建等工作。

曙光先进计算中心　完成数据中心机房专区物理安全改造，满足物理安全要求，初步建设核心超算平台；完成医疗云计算平台的整体部署、网络安全建设及业务测试，对接数字云谷、泉州电信进行业务和数据迁移；初步搭建信创云平台、市数据汇聚共享平台（二期）。

中关村信息谷创新中心　举办线上招商项目对接会，线下创业路演、人才沙龙等产业服务活动20多场；重点跟进项目77个，签约注册39家企业，17家入驻创新中心。

【基础设施建设】　2022年，EC产业园主要建设云谷山庄酒店、人才公寓4、5号楼和众创基地3、4号楼等基础配套，园区商业中心、休闲公园、休闲栈道、职工活动室等配套设施及派出所、市场监管所、卫生所和建行ATM（自动取款机）等服务机构均入驻，国家攀岩训练基地、职工练歌房基本完成建设，直连县城101公交车投入运营。园区建成办公场所面积8.5万平方米，人才公寓及云谷酒店客房近800间，职工休闲公园8公顷，爬山栈道2.5千米。服务外包基地7、8号办公楼完成主体结构封顶，完成外墙干挂、落架，可新增15798平方米办公区域；艺术影院（安溪店）进场施工，完成主体结构，竣工验收。

【人才服务】　2022年，EC产业园坚持“人才兴园”策略，以“人才大会聚”助力“产业大提升”。推动中科星桥空天技术有限公司刘嘉麒院士工作站申报，并入选2022年福建省院士专家工作站名单，为园区聚集高层次、专业化人才团队，引进和培养科技创新人才提供重要支撑，截至12月底，园区有高层次人才27人。利用科普资源和设施，做好开馆展示与各类接待工作，申报县市级科普教育基地、县市级研学基地。对接数字中国建设峰会组委会，举办2022数字中国创新大赛新大赛区块链赛道活动。

【省网络安全示范产业园建设】 2022年，EC产业园启动福建省网络安全示范产业园申报。制定详细创建方案和责任分工，组织办公室、技术部、招商部专业力量编制申报材料，加强与市数字办沟通，推进申报进度。9月6日，由省委宣传部、省委网信办等单位联合主办的2022年国家网络安全宣传周福建省活动开幕式在厦门举行，在开幕式上，EC产业园获评“福建省网络安全产业示范园”。

【机构与管理】 2022年，EC产业园主要通过“管委会+国有企业”运营模式，由信息产业园管委会负责总体统筹协调管理工作，由国富瑞（福建）信息技术产业园有限公司（即国有合资公司，注册资本5250.74万元，安溪县国有资产投资有限公司占股84.94%，中国国际电子商务有限公司占股15.06%）负责园区整体的投资、建设、融资、运营、服务等工作。

（吴美珠　李灿荣）

厦门泉州（安溪）经济合作区湖里园

【概况】 厦门泉州（安溪）经济合作区湖里园（简称“湖里园”）位于安溪县南翼新城规划区官桥镇仁峰村、莲美村，规划控制面积800公顷，首期规划建设371公顷，计划总投资20亿元以上。园区企业员工1040人。2022年，园区投产企业总产值3.19亿元，纳税1072.8万元。

【入驻企业】 2022年，安溪县引进企业42家，计划总投资91.71亿元以上。投产企业24家，其中规模以上企业有芸台科技、健为医疗、雅斯达智能、国缆电缆、君诺美等10家。

【基础设施】 截至2022年底，湖里园建成厂房总建筑面积41万平方米，商业配套及宿舍楼3万平方米。在建项目8个（欧叶、鸿贝德、小罐茶、祺亮、业盛、茂雄、秦北消防、尚茂），在建厂房面积32万平方米。

（陈威龙　郑凯宏）

雅斯达电器有限公司生产车间　（摄于2022年5月　图/刘伯怡）

厦门泉州（安溪）经济合作区思明园

【概况】 厦门泉州（安溪）经济合作区思明园（简称“思明园”）位于安溪县南翼新城规划区官桥镇内。2014年12月9日，厦门思明区、安溪县两地政府签订思明园合作区框架协议书，合作期限30年，并于当日正式动工建设。规划控制面积479.2公顷，首期规划建设约146.67公顷，总投资20亿元以上。园区企业员工407人。2022年，园区投产企业总产值1.87亿元，纳税440万元。

【入驻企业】 2022年，安溪县引进企业30家，计划总投资40.7亿元以上。投产企业27家，其中规模以上企业牡丹饲料、启邦食品2家。

【基础设施】 截至2022年底，思明园建成厂房总建筑面积27万平方米。在建项目3个(恒桥、智图、邻里中心)，在建厂房面积24.6万平方米。推进土地报批项目2个(海佳集团、特嘉恩)，规划用地面积约30公顷。

（陈威龙　郑凯宏）

弘桥智谷（泉州）电商产业园

【概况】 弘桥智谷（泉州）电商产业园，位于安溪官桥镇铁峰山下的官桥镇官郁村，建设前园区所在地有超过100家各类石材加工企业。2011年，安溪县实现石材行业全面退出，换来533.33公顷的土地。自2014年10月10日运营后至2021年底，园区先后获得国家电子商务示范基地、国家级星创天地、智慧物流配送示范单位、国家小型微型企业创业创新示范基地，中国电子商务产业园区20强、福建省现代服务业集聚示范区等称号。

【入驻企业】 2022年，安溪县入驻企业近百家，主要涉及茶叶、铁艺、家居、仓储物流等，年度交易额近10亿元，园区入驻率保持在90%左右。

【基础设施】 2022年，弘桥智谷（泉州）电商产业园由福建省弘桥智谷投资有限公司投建运营，项目规划总用地面积100公顷，计划总投资20亿元。一期供地26.2公顷，完成投资10亿元，建成总建筑面积25万平方米，包含大型仓储物流、电商运营中心、电商O2O展示体验、电商SOHO及仓储等，形成安溪电商产业聚集区。

（陈威龙　郑凯宏）

安溪高端装备制造产业园

【概况】 安溪高端装备制造产业园于2017年3月开始规划建设，属于县级园区、市级重点项目，规划用地面积234.4公顷，重点发展高端装备制造、智能制造、新能源、新材料等新兴产业，旨在打造生产、研发、生活、生态有机统一，具有上下游产业关联特色，具有较强竞争力的现代化产业园区。

【园区规划】 安溪高端装备制造产业园园区规划工业用地面积 150.4公顷，其中北侧、东侧延伸拓展区已编制土地征收成片开发方案，扩容工业用地 32公顷。优化生态公益林布局结构，园区北侧、东侧延伸拓展区2022年已获省政府批准调整生态公益林70.52公顷。截至12月底，园区报批林业用地106.67公顷、土地126.33公顷。其中，已供工业用地25宗计84.82公顷，投入资金44150万元。

【基础设施】 截至2022年底，安溪高端装备制造产业园市政道路、防洪排涝等基础设施基本完成。园区开闭所主体工程竣工验收，安装电力设备。该项目投用后，园区可形成由2座110千伏变电站、3回10千伏线路供电的高可靠性供电网架，华岭科技公司、臻璟科技公司等对供电可靠性要求较高的企业，以及后续新招商引资的重点企业，均可至开闭所内进行接电，完善产业用电配套。奇楷锂、德斯特、蓝海旺、科拓科技、春田科技、日安昌、康沃、瑞利、粒量科技等挡土墙工程推进主体工程建设。垃圾转运站已完成建设工程规划许可证办理，正在施工图设计和现场地勘。智慧安防系统竣工验收。

【入驻项目】 截至2022年底，安溪高端装备制造产业园有大成智能、臻璟新材料等33家知名企业入驻。其中尚品千艺、弘启实业、臻璟新材料、正丰数控、润田无人机等5家企业正式投产。德斯特汽车零部件、未来亚特机器人、剑桥阀门、铝塑膜产业化、蓝宝石加工基地、勃立纳机器人、大成智慧园、粒量MiniLed封装项目、春田智能空调及智能果蔬烘干机生产、优依风数控机器人、日安昌智能调光薄膜、瑞利实业、园区标准厂房、世创高端智能鞋机制造、冠峻高精密工业零部件生产、蓝海旺智慧幕墙等16个项目在建。国泰达鸣精密五金、博毅手板模型、华兴矿山机械配件、康沃发动机再制造、忠达高端矿山智能设备、合林立业新能源电池、上洋茶加工智能装备、创展力智能家庭音响生产、苏州智胜精密零部件制造基地、广州松兴轨道智能检测设备制造、莱尔斯特新能源光伏华东生产基地、安智创（安溪）新能源锂电装备、如意航空通航飞机制造基地、国瑞能太阳能光伏追踪支架等14个项目在办理报建手续。园区初步形成新材料产业链、新型显示产业链、新制造产业链、数控装备产业链、新能源产业链等5条特色的产业链。

（陈彩霞　谢艺登）

南方食品园

【概况】 南方食品园位于厦沙高速（官桥境内）龙桥服务区西侧，规划控制面积466.67公顷，计划总投资20亿元以上，打造食品深加工和冷链物流综合园区。

【入驻企业】 2022年，安溪县入驻企业10家，计划总投资20.15亿元以上。其中，开工建设企业有安恒、腾龙、万寿谷、港安等7家，在建厂房约36.43万平方米，进行挂牌手续企业2家。

【基础设施】 2022年，南方食品园区一期（启动区）规划控制面积78.53公顷，可利用土地31.86公顷，其中工业用地28.33公顷（已出让22.4公顷）、商住用地3.53公顷。推进在建项目9个（安恒、腾龙、万寿谷、港安等），在建厂房36万平方米。

（陈威龙　郑凯宏）

安溪县卫浴新城

【概况】 安溪县卫浴新城位于参内镇罗内片区，总规划用地面积66.66公顷，其中工业用地面积33.33公顷，商服用地1.53公顷，道路、安置区、污水处理厂等其他用地面积31.8公顷。规划打造集水暖卫浴、机电阀门研发生产、物流配送、产业配套于一体的专业园区。项目总投资10亿元，纳税1.5亿元以上，解决劳动就业2000人以上。

【基础设施】 2022年，安溪县卫浴新城基础设施工程纬一路、滨西路道路工程，总投资5282万元。纬一路道路北起站前大道南至卫浴新城纵一路，道路红线宽度为12米/16米，道路全长1621.964米；滨西路道路东起纵一路西至浦口大桥下，道路红线宽度为16米/24米，道路全长420米。

【入驻项目】 截至2022年底，安溪县卫浴新城已入驻企业23家。其中，供地且具备建设条件12家（特铝五金、智科五金、中创物流、盈发卫浴、辉腾卫浴、今宇卫浴、沃浪卫浴、泊尔卫浴、巴宝利卫浴、泊尔卫浴、高洁卫浴、尔约阀门）；完成厂区建设方案评审11家；开工建设特铝五金、智科五金、中创物流等3家。

【经济运行与效益】 2022年，安溪县卫浴新城特铝五金厂区、智科五金厂区相继投产。全年安溪县卫浴新城实现年产值2.5亿元以上，纳税300万元以上，解决劳动就业300人以上。

（林缘缘　范丽华）

安溪县藤云工艺园

【概况】 安溪县藤云工艺园项目位于尚卿乡新楼村月山自然村落，旨在结合水土流失治理，把该片区崩岗群及周边部分山地综合整理成工业用地，建设集材料供应、生产加工、包装运输、仓储物流于一体的多功能、全产业链的现代园区。该项目于2017年10月办理选址意见书和用地预审，2017年12月开工，2018年1月办理可行性研究报告立项并升级为县级工业园区。项目总投资20亿元，规划建设总面积80公顷，其中一期计划开发建设40公顷。

【基础设施】 截至2022年底，园区藤云路，工艺路等道路，污水处理站，自来水厂，45、46号地块平整，园区水源路，月山通勤路及道路亮化工程等建设陆续完成，污水处理站、自来水厂即将竣工验收并正式投入使用。一期步行道，45、46号地块道路硬化及挡土墙等工程全面展开。标准厂房周边挡土墙、15号地块西侧挡土墙完成前期流程，现挂网招标。

【入驻企业】 截至2022年底，安溪县藤云工艺园入驻企业20家，出让用地面积18.87公顷，开工建设厂房46栋，封顶42栋完成主体结构建设26万平方米。第一批6家入驻园区企业开工建设厂房26栋，封顶26栋，共完成主体结构建设11万平方米。第二批8家入驻园区企业开工建设厂房20栋，封顶16栋，完成主体结构建设约15万平方米。新材料应用标准厂房于2022年12月底完成全部封顶建设。新投产家居工艺木作、喷涂、真空镀等生产线7家企业。

（黄泽尧　吴东碧）

综述

【银行业机构存贷和结汇】 2022年，安溪县银行业机构各项存款余额637.29亿元，比年初新增28.43亿元，增长4.67%；各项贷款余额678.61亿元，比年初新增贷款投放44.77亿元，增长7.06%；不良贷款余额2.42亿元，贷款不良率0.35%。存贷比为106.48%。其中，制造业贷款余额33.61亿元，比年初增加0.17亿元，增长0.51%；小微企业贷款余额190.74亿元，比年初新增23.81亿元，增长14.26%。

全县结汇 56416.86 万美元，比上年下降 6.91%；售汇 3876.80 万美元，比上年下降 5.02%，结售汇顺差 52540.06 万美元，比上年下降 7.05%。

【金融“早春行动”】 2022年，安溪县落实《泉州市金融“早春行动”工作方案》，制定出台《安溪县金融工作办公室等五部门关于印发安溪县金融“早春行动”工作方案的通知》，从落实好两项货币政策直达工具接续转换、启动民营和中小微企业“首贷首办”行动、实施制造业贷款“双提升”工程、增强融资担保机构增信服务作用、拓宽直接融资渠道、推进风险投资、创新金融服务、维护金融生态环境8个方面推动全县金融工作开好局。

【金融助贷】 2022年，安溪县制定出台《安溪县银行业机构金融支持服务乡村振兴工作意见》，鼓励金融机构持续创新面向农村新产业新业态的金融产品，全县14家银行业机构生成36个金融创新产品，为“三农”领域提供金融支持，14家银行业机构分别挂钩1个试点村，助力乡村振兴。组织银行业机构深入乡村，做大普惠金融。截至年底，为24430家企业发放59.01亿元贷款。

支持企业信贷，推进复工复产。摸排全县企业融资需求情况，对有融资需求或贷款到期需转续贷的企业，采取“一企一策”帮助协调解决，包括但不限于协调银行对接、提供融资担保、协调银行无还本续贷、利用县企业应急周转专项资金帮助转续贷等措施。截至 12 月，新增贷款投放 44.77 亿元，比上年增长 7.07%。2022 年第 5、6、7、8 期共发放 8.42 亿元。组织振安融资担保公司走访企业 199 家次，为 167 家企业提供 38362 万元融资担保。县企业应急保障周转专项资金帮助 8 家次企业转续贷，使用资金 16825 万元（累计为 250 家次企业转续贷 31.54 亿元）。组织召开银企对接会 5 场（文旅行业银企对接会、尚卿工艺产业银企对接会、环保行业、官桥片区、城厢镇乡村振兴企业银企对接会），协调解决 62 家企业融资需求 4.74 亿元。组织金融服务小分队走访城区、湖头、龙门、官桥、尚卿企业 146 家次，帮助企业解决融资问题，涉及金额 7.91 亿元。降低融资成本，督促辖区各银行机构实施降低贷款利率政策，鼓励加强开展贷款展期、无还本续贷等业务，个体工商户贷款利率普遍下调 0.1%。

保障企业保险，协调中国人保安溪支公司等 4 家保险公司组成共保体，由县金融办牵头代表县政府为县辖区内 34811 家大中小微企业统一购买企业疫情防控综合险，保险期限从协议签订之日起为期 6 个月，统一保险费用 100 万元。

【金融消费权益保护】 2022年，人行安溪县支行加强法治消保建设。开展规范性文件清理。现有规范性文件《安溪县财政国库集中支付资金银行支付清算暂行办法（试行）》继续有效，同时涉及“取消代理资格”条款废止。做好政务公开工作。支行在一楼大厅设立公告栏，公布政务公开内容、张贴办事指南等，加大政务公开力度。银行账户开户许可在福州中心支行子网站上公示，全年处理账户许可655件。开展金融知识宣传工作。支行制定《安溪县支行2022年金融知识宣传普及工作方案》，明确全年金融知识宣传的方向和工作重点，推动辖区常态化、集中化的金融知识宣传机制逐步建立。深入开展“防范非法集资宣传月活动”“普及金融知识，守住‘钱袋子’”等集中性宣传活动。3月11日，人行安溪县支行联合平安财险安溪支公司到华侨职校开展“3·15”消费者权益保护教育宣传活动。组织辖内各银行业金融机构累计开展各类宣传活动332场次，受众消费者达46442人次，分发各类宣传资料75015份。加强投诉处理，处理涉及辖区相关金融机构的投诉17起、信访2件。上报消保案例8件。

（颜大锋　陈明珠　林金灿）

2022年3月11日，人行安溪县支行联合平安财险安溪支公司到华侨职校开展“3·15”消费者权益保护教育宣传活动　（图／中国人民银行安溪县支行）

银行业

中国人民银行安溪县支行

【概况】　2022年，中国人民银行安溪县支行（简称“人行安溪县支行”）新增支小再贷款51264万元，支农再贷款41450万元，精准支持1385户企业（含农户）获得优惠利率贷款，贷款加权利率低至4.4%，央行货币政策工具“精准滴灌”市场主体，降低融资成本，推动辖区实体经济社会发展。截至2022年12月，提供普惠小微企业贷款激励金4423.62万元，带动辖区2家法人金融机构普惠小微企业贷款余额比年初增加28.07亿元，比年初增长51%。

【货币政策】　2022年，人行安溪县支行加强货币信贷政策引导，先后召开两项直达货币政策工具转换和接续传导会、“一县一品、贷动闽生”金融支持新型农业经营主体座谈会、专班工作会、推进会、利率政策传导会、金融支持保经济发展货币政策传导座谈会等，研究部署金融扶持经济发展举措，引导各银行降低企业融资成本，减轻企业负担；对受疫情影响贷款到期无力偿还的，银行要为其办理延期还本付息，灵活采取展期、无还本续贷、调整还款方式等形式支持困难贷款客户的资金接续。截至年底，全县本外币各项贷款余额678.63亿元，比年初增加47.13亿元，比上年增长7.46%。全年辖内金融机构累计为1967家企业办理无还本续贷25.71亿元，为22家企业办理展期1122万元，辖区信贷总量稳定增长。

【普惠金融服务】　2022年，人行安溪县支行推进“一县一品、贷动闽生”专项行动。贯彻落实《“一县一品 贷动‘闽’生”专项行动工作方案》要求，以安溪入选国家首批创建农业现代化示范区为契机，聚焦新型农业经营主体多样化、多层次的金融需求，引导辖区金融机构创新信贷产品，改进服务方式，推进辖区新型农业经营主体普惠金融服务全覆盖。截至年底，全县新型农业经营主体贷款余额18.68亿元，比年初增加5.88亿元，增长45.94%，高于各项贷款增速38.48个百分点，加权平均利率低至4.34%，比年初下降29个基点。做好疫情防控和支持企业复工复产工作。出台多项金融支持疫情防控工作措施，夯实“六稳”“六保”工作基础，发挥再贷款和普惠小微支持工具等货币政策工具功能，减轻企业融资成本。

【支付结算服务】　2022年，人行安溪县支行提升支付结算服务水平。推进小微企业简易开户业务。探索电子证照开户落地路径，优化开户程序、提升账户服务效率、通畅服务咨询与投诉渠道。对所有银行网点进行3轮131家次暗访。推动小微企业和个体工商户支付减费让利工作深入开展。鼓励辖区金融机构采取支付减费措施，降低或减免企业账户管理费、年费和跨行转账手续费等，全年为辖区企业减免支付费用约333.78万元。推进新型移动支付场景建设。支行推动“云闪付”APP医保卡激活，加强与百姓衣食住行密切相关的移动场景建设，龙门镇作为移动支付推广示范乡镇。推动“云闪付”APP与“商业银行”APP双向共享和引流，互联互通，辖区银行APP移动支付笔数完成进度居全市第一位。

【国库运行】 2022年，人行安溪县支行提升基层国库履职能力。办理国库资金汇划业务。全年国库办理预算收入481686笔，金额77.69亿元，预算支出843笔，金额171.19亿元。推进集中支付工作。全年国库集中支付共办理授权支付38269笔，金额69.29亿元。做好各类退库工作。坚持准确、快速、便捷化办理留抵退税、出口退税等退库工作。全年办理各类退库30746笔，金额8.08亿元，其中办理留抵退税183笔，金额3.53亿元。做好国债下乡宣传工作。在剑斗镇商业街闹市入口开展以“国债送下乡”为主题的宣传活动，为国债发行、兑付做好宣传工作。

（陈明珠　吴　宇）

中国工商银行股份有限公司安溪支行

【概况】 2022年，中国工商银行股份有限公司安溪支行（简称“工行安溪支行”）各项存款余额51.67亿元，同业（工农中建，下同）占比18.59%，同业第三位，比年初增长2.31亿元，增长4.68%，增量同业占比11.5%，增量同业第二位；日均增量4.23亿元，日均增量同业第三位。其中储蓄存款余额32.21亿元，同业占比16.71%，同业第三位，较年初增加3.82亿元，增量同业第二位；储蓄存款日均增量2.97亿元，同业第二位；对公存款余额19.45亿元，同业占比22.85%，同业第三位，较年初下降1.51亿元，下降7.2%；对公存款日均增量1.26亿元，同业第二位。各项贷款（不含信用卡）余额87.09亿元，同业占比26.89%，同业第二位，比年初增加7.53亿元，增长9.46%，增量同业占比41.41%，增量同业第一位。其中公司贷款余额25.21亿元，同业占比26.98%，同业第二位，较年初增加1.79亿元，增长7.64%，增量同业第一位；个人贷款（不含信用卡）余额61.89亿元，同业占比27.87%，同业第三位，较年初增加5.74亿元，增长10.22%，增量同业第二位。普惠金融贷款余额7.41亿元，较年初增加2.95亿元，完成上级行下达任务的148%。中间业务收入完成3215.47万元，比上年增加352.83万元，增长12.33%。不良贷款余额1236.9万元，比年初增加294.21万元；不良率0.14%，比上年末上升0.02个百分点。拨备前利润21215.41万元，比上年增加1120.89万元，拨备后利润16840.19万元，净利润12385.63万元。

【信贷投放】 2022年，工行安溪支行投放贷款28.56亿元，其中基础设施贷款投放2.62亿元，个人贷款(含普惠个人)投放17.98亿元，国有、民营企业及普惠企业贷款投放7.96亿元。

【风险防控】 2022年，工行安溪支行按照“疫情要防住、经济要稳住、发展要安全”要求，紧盯合规风险，开展重点领域自查自纠、屡查屡犯问题集中整治、合规文化教育宣导等各项活动，加大员工套现、代客操作等异常行为排查力度，严防重大案件和各类风险问题发生，加强党风廉政建设、案件防控、业务管理、安全保卫、服务工作等方面管理，开展内控外防工作，提高内控管理水平，增强防范和控制风险能力，全年实现无案件、无安全责任事故、无违法违纪事件的“三无”目标。

【渠道建设】 2022年7月27日，工行安溪支行推动渠道建设，拓展业务，支持安溪城东、城西区域经济发展，在安溪县参内镇新设网点工行安溪参内支行，对外营业，优化网点配置。

（吴艺彬　潘吉恒）

中国农业银行股份有限公司安溪县支行

【概况】 截至2022年底，中国农业银行股份有限公司安溪县支行（简称“农行安溪支行”）本外币各项存款时点余额131.37亿元，比年初增加14.19亿元。其中，个人存款时点余额100.78亿元，比年初增加12.13亿元；对公存款时点余额30.59亿元，比年初增加2.06亿元。各项贷款余额112.18亿元，比年初增加5.98亿元，其中对公贷款余额42.05亿元，比年初增加1.33亿元。个人贷款余额70.13亿元，比年初增加4.65亿元。实现营业收入4.38亿元，拨备前利润3.55亿元，拨备后利润3.44亿元，净利润2.60亿元。

【实体经济服务】 2022年，农行安溪支行共审批项目贷款9个，授信金额14.95亿元，其中为福建省安溪县尚惠投资有限公司授信1.2亿元，为泉州市金安高速公路有限公司授信8亿元。普惠小微贷款比年初增加1.87亿元。“惠农e贷”余额32.56亿元，比年初增加3.88亿元。

【风险管理】 2022年，农行安溪支行加强信贷资金流向监测，严禁信贷资金违规流入股市、房市；强化到期贷款的监测和管理，采取展期、纾困、无还本续贷等措施帮助企业、个人渡过难关。为企业及个体工商户减免抵押费、评估费59.8万元。为27户客户办理无还本续贷业务，金额1996万元；为6户客户办理展期业务，金额122万元；为47家企业办理纾困贷款，金额2.5亿元。截至2022年底，农行安溪支行不良贷款余额2229万元，不良率0.2%。

【账户治理】 2022年，农行安溪支行开展账户治理，抓好个人账户涉案线索排查，做好个人账户风险管控与治理。配合公安机关、人民银行做好涉案账户查询、紧急止付和快速冻结等查控工作，协助公安机关堵截案件、抓捕犯罪嫌疑人，维护居民财产安全。全年排查个人账户4.94万户，管控3.94万户。配合安溪县公安局反诈中心查询涉案账户743笔；柜台协助查询262笔，冻结资金14笔，金额181.91万元；扣划资金47笔，金额301.63万元。配合异地公安查询79笔，冻结资金34笔，金额140.58万元；扣划资金29笔，金额169.04万元。

【渠道建设】 2022年，农行安溪支行在参内镇新增设1个网点，原北石支行搬迁至光德片区，支持安溪城东、城西区域经济发展；在乡镇增设2个惠农通综合服务点，保障乡镇居民基本金融服务需求。建设金融场景项目7个，其中投资1500万元建设的医保资金多点结算项目在全县公立医院和乡镇卫生院全面推广应用，推出的“码上就医、医保移动支付、窗口一码付、多点结算”等便捷就医应用，解决患者“带卡难、缴费难”等就医难题。

（詹昆鹏　朱大平）

中国农业发展银行安溪县支行

【概况】 2022年，中国农业发展银行安溪县支行（简称“农发行安溪支行”）各项贷款余额46.82亿元，各项存款余额5.08亿元，实现营业利润3215.35万元。做好客户营销，新审批中长期项目7个，金额20.49亿元。

【粮食安全保障服务】 2022年，农发行安溪支行支持安溪县粮食储备中心拍卖轮换粮食，发放县级储备粮贷款4976.5万元，截至年底，储备粮贷款余额13521.93万元，投放建仓二期扩建962.40万元，支持县级粮油储备、轮换工作及县中心粮库工程建设。

【项目建设服务】 2022年，农发行安溪支行投放贷款12.98亿元，其中中长期贷款12.48亿元，支持地方农业农村基础设施建设和地方民生领域重点项目。审批安溪县县域农地提升及规模化经营项目8.5亿元，为安溪县域乡镇高标准农田建设项目提供资金保障。推动安溪县农林资源高效利用，激活林场林下资源经济开发和农场经济作物有效种植，审批安溪县农林资源及林下经济开发利用项目5.94亿元，为盘活国有企业低效运营资产提供资金保障。支持县城市政排洪治涝工程建设，审批安溪县城炭坑溪片区治涝工程1.25亿元，全面提升东二环路市政道路防洪抗汛能力。支持县域城乡一体推进，审批安溪县凤山书院安置地块一建设项目0.9亿元、参内参山丽苑安置小区二期项目0.8亿元、参内洋中学苑安置区A区项目1.1亿元，支持乡村发展。推进藤铁产业与第三产业融合发展，结合区域内滕铁产业配套、交通区位好、后发优势强等优势，审批安溪码雅文化园项目2亿元，助推乡村振兴战略、发展乡村经济，推动“世界藤铁工艺之都”品牌宣传。

（姚佳颖　涂璟斓）

中国银行股份有限公司安溪支行

【概况】 2022年，中国银行股份有限公司安溪支行（简称“中行安溪支行”）各项存款余额37.43亿元，比上年增加3.63亿元；各项贷款余额为39.42亿元，比上年减少6.48亿元；全行五级分类口径不良贷款余额734.71万元，不良率为0.19%，资产质量保持系统及同业较高水平；实现营业收入1.39亿元，中间业务收入1446.73万元，税后利润11581.72万元。

【创新业务增长点】 2022年，中行安溪支行的国际贸易结算产品有“信用证”“托收”“汇款”等3个业务系列10项具体业务品种；国际贸易融资产品有进口押汇、协议融资、海外代付、出口贴现等9项具体业务品种。为企业续做远期结汇、期权、外汇掉期等外汇衍生品业务签约量1.04亿美元，拓展外汇衍生品“首办户”13户，为8家进出口企业提供贸易融资服务。截至2022年底，国际贸易结算量4.35亿美元，国际结算安溪县市场份额69.51%，国际结算市场份额安溪县金融机构排名第一位；跨境人民币结算量2.08亿元，跨境人民币结算市场份额安溪县金融机构排名第一位。

【中小企业服务新模式】 2022年，中行安溪支行普惠金融贷款余额9.1亿元，比上年初增加3亿元，增长49.18%；普惠金融贷款户数460户，比上年初增加88户，增长23.66%。普惠金融线上融资3.47亿元，比上年初增加2.09亿元，增长151.45%。

（廖剑文　吴友添）

中国邮政储蓄银行安溪县支行

【概况】 2022年，中国邮政储蓄银行安溪县支行（简称“邮储银行安溪支行”）各项存款结余45.5亿元，在县域金融机构排名第五，占比7.13%；各项贷款结余42.23亿元（不含公贷3.91亿元），在县域金融机构排名第五，占比6.22%；不良贷款2864万元，不良率0.68%，资产质量整体可控。

【存款业务】 2022年，邮储银行安溪支行通过平台合作拓宽市场、通过“邻里+”活动巩固基础客群，并进一步优化产品，满足市场的需求，如通过协定存款、客户定向资产配置、与商家合作、发放消费券的形式，在拉动消费的同时进一步巩固基础客群。截至2022年底，该支行各项存款结余45.5亿元，年增加3.2亿元。

【信贷业务】 2022年，邮储银行安溪支行小微企业贷款结余14.65亿元，贷款结余比年初增加2.27亿元，完成县政府下达指标的100.32%；创建信用镇4个、信用村406个，信用村覆盖全县24个乡镇，涉农贷款结余26.46亿元，年增加1.95亿元。

为金安高速安溪段提供4.92亿元授信额度，放款4.16亿元，为厦沙高速提供1.5亿元授信额度，放款6508万元；为大白濑项目授信10亿元、县医院授信6000万元。争取介入中医院医院贷、闽光钢铁项目、中电投新能源项目授信。针对科技型企业初创期纳税金额不高、技术专利发展较好的阶段性融资困境推出“科创e贷”，基于税务、科技特色数据的小微易贷信用产品模式，信用授信最高500万元。

【信用卡增值服务】 2022年，邮储银行安溪支行通过信用卡多样化活动，助推消费新需求，与中石化推出加油24期免息分期优惠活动、与百汇商场合作推出消费12期免息活动，助力消费增长；同时做好邮储信用卡增值服务，如10元洗车优惠活动、10元观影、加油满减、永隆自助餐联盟价等本地特色优惠活动，推出线上美团、京东等大平台商家满减活动。

【中小企业服务】 截至2022年底，邮储银行安溪支行小微企业贷款结余14.65亿元，贷款结余比年初增加2.27亿元，完成县政府下达指标的100.32%。

【“三农”服务】 2022年通过创新产品、优化流程等便捷茶乡人民的金融需求，如具有本地特色的福茶贷，为从事茶产业相关经营项目，包括茶农、茶厂加工企业主以及茶叶贸易商等群体提供信用支持，个人信用类授信额度最高100万元、法人信用类授信额度最高300万元；助力人才振兴，定位村支“两委”、商协会会长副会长、行业领军人才推出乡村人才贷，信用类授信额度最高100万元、抵押类授信额度可达1000万元。推出线上自助产品，利用移动展业设备，实现在田间地头收集信用户材料、现场认定信用户、在线测试信用户贷款，实现从窗口服务到门口服务。

（李清萍　吴振跃）

福建安溪农村商业银行股份有限公司

【概况】 2022年，福建安溪农村商业银行股份有限公司（简称“安溪农商银行”）资产总额296.78亿元，比年初增加33.20亿元，增长12.6%；各项存款余额230.34亿元，比年初增加21.18亿元，增长10.13%，存款市场份额36.42%，比年初提升1.57个百分点，存款增量占当地总增量的65.53%；各项贷款余额180.11亿元，比年初增加21.32亿元，增长13.43%，贷款市场份额26.55%，比年初提升1.40个百分点，贷款增量占当地总增量的45.32%，存贷款余额和市场份额连续12年保持全县银行业首位，2018—2022年连续5年获评福建农信“经营管理十强”“业务增长十佳”。

【经济发展支持】 截至2022年底，安溪农商银行涉农贷款余额171.23亿元，余额占各项贷款总额的95.07%；向农民专业合作社、农业专业大户及社员共1755户授信2.39亿元；小微企业贷款余额81.85亿元，比年初增长24.59亿元，增长42.94%；2022年度纳税1.02亿元。

【业务创新】 2022年度，安溪农商银行推出“业主贷”“建材贷”“新农直通贷”“福农直通贷”“乡村振兴贷”“职业农民贷”“公积金贷款”等贷款产品。与县行政服务中心机关党委等8个党支部联合签订“党建+”便民服务联建联创协议，在全市首创探索水、电、气、网、银等民生事项“一网申报、一张表单、一套材料”便民服务模式；开办住房公积金贷款、厦门市不动产抵押登记“省内通办”等业务，解决异地办事群众“多地跑”“折返跑”问题；与县市场监督管理局签订合作协议，在安溪农商银行各营业网点设立企业代办服务点3处，代办营业执照注册34户。截至2022年底，安溪农商银行发行第三代社保卡22.65万张，比年初增加21.29万张；拓展“智慧停车”“智慧商超”“智慧公交”“智慧云缴费”等13类智慧场景应用，其中，云缴费商户40户，交易35.03万笔，金额1.38亿元，笔数和金额分别排名全省第一、第二，实现校园缴费、生活缴费线上一站式办理。

【“福农驿站”运营】 2022年3月，安溪农商银行在三乡福农驿站、新林福农驿站联合当地卫生院每周定期开展“健康咨询·情暖驿站”公益活动，为当地村民提供免费咨询、号脉、测量血压等医疗服务，并根据村民的身体状况，从规范用药、合理膳食、健康生活等方面给予科学指导，向村民们科普健康生活知识、疫情防控常识。11月，揭牌启用清水湾社区福农驿站，实现安溪首个福农驿站入驻“党建+”邻里中心，安溪首个离行式自助银行入驻“党建+”邻里中心，为社区群众提供“金融+衣食住行”一体化、多功能服务。

【助学脱贫支持】 2022年，安溪农商银行通过福建农信“福万通”慈善基金会和县慈善总会爱心资助困难学子300名金额70万元，获安溪县慈善总会颁发“爱心助学，筑梦未来”荣誉牌匾；发放助学贷款4.39亿元，帮助2.24万名困难学子圆“大学梦”。推动脱贫攻坚成果同乡村振兴有效衔接，发放脱贫人口小额信贷540户，金额1675.15万元，贷款覆盖面16.3%，比年初提升10.59个百分点；依托“福农e政”平台，代发各项惠民资金18.43万笔，金额1.29亿元。

（叶筱琛　林艺环）

保险业

【中国人民财产保险股份有限公司安溪支公司】 2022年，中国人民财产保险股份有限公司安溪支公司（简称“人保财险安溪支公司”）承担风险保障金额3805.35亿元，纳税总额2338.78万元。增强服务县域重点项目风险保障能力，相继承保剑斗东阳大桥及连接线、白濑水库等一批具有重要影响力的建设项目。在服务社会治理方面，社会治安综合保险、“执行+救助”系列保险、防贫救助保险实现县域全覆盖。社会治安综合治理保险保障人群超过32万名居（村）民和外来务工人员，防贫救助保险服务人群涵盖县域11571名脱贫户。实行简化理赔流程，延长保险期限等服务，为复工复产企业提供服务保障。

公司形成农村住房、自然灾害公共责任、茶叶、水稻、能繁母猪和育肥猪、森林综合、设施大棚等政策性涉农保险险种以及生猪期货价格保险等新型涉农保险平台，承保安溪县茶叶种植保险、生态林保险覆盖率100%，农业保险保障网基本覆盖县域的主要种植、养殖范围。

（陈玉琼　肖家燊）

【中国人寿保险股份有限公司安溪县支公司】 2022年，中国人寿保险股份有限公司安溪县支公司（简称“安溪国寿”）实现股份总保费4.71亿元，比上年增长0.10%。其中，长险首年期交保费7647.27万元；10年期及以上期交保费4452.02万元；长险首年保费7647.27万元；短期险保费812.95万元，短期健康险保费3173.71万元；长险首年标准保费2292.61万元。续期保费3.55亿元，比上年增长8.32%。

2022年，安溪国寿推广智慧柜员机应用，创优质服务窗口，提升客户临柜体验。开展为特殊需求客户上门服务、培训进职场、“国寿小画家”少儿绘画活动、线上抽奖以及VIP健康体检等活动，推广“寿险”APP“e店保全管家”“e店理赔”“空中客服”远程视频服务等工具，助力销售。空中客服办理330件，柜面总叫号10465件。股份保全E化率98.01%，集团保全E化率93.64%；个单理赔E化率99.84%；团单理赔E化率100%；理赔智能化智代率76.07%；理赔整体情况：总赔付笔数为4595件，赔付金额总计2777.25万元，理赔出险申请付费时效48.27天，理赔申请支付时效2.25天。

（陈晓晴　苏顺良）

农业农村·水利

综述

【农业农村经济指标】　2022年，安溪县统筹疫情防控和农业生产，兑现各项惠农政策，保障农资供应，推广增产增效技术，优化生产服务，做好农业稳产保供，农业生产秩序稳定，农业农村经济稳定发展。全县实现农林牧渔总产值1007433万元，比上年增长5.3%；农业产值819637万元，比上年增长6.0%；实现农村居民人均可支配收入22341元，比上年增长6.8%。

【农业投资】　2022年，安溪县农业资金投入49701万元，其中上级资金29407万元，县级资金20294万元。村集体创收、人居环境改善、产业发展、应急救助等乡村振兴扶贫项目，投入24933万元；高素质农民培训、农技推广体系改革与建设项目，投入554万元。公益事业（“一事一议”）、村级农技员、防疫员、代理会计、村级组织运转保障等项目，投入5816万元；高标准农田建设、新增耕地建设、耕地地力保护、实际种粮农民一次性补贴、粮食生产与安全等项目，投入9750万元；农产品质量安全体系建设、地理标志农产品保护资金、品牌农业、茶叶质量安全检测等项目，投入759万元；生猪规模化养殖、动物疫病防控项目，投入611万元。新型经营主体、农业生产社会化服务、农机购置、贷款贴息、海洋与渔业保护及发展等产业发展项目，投入3810万元；农村小型公益设施、茶叶种植等农业保险项目，投入692万元。气象现代化提升工程建设、县突发事件预警中心运行、气象服务维持等项目，投入309万元；全球重要农业文化遗产地经费、茶叶宣传推介活动及其他项目，投入2467万元。

【高标准农田建设】　2022年，安溪县推进水源工程、渠道工程、排水工程、渠系建筑物和田间道路等农田建设配套设施建设，提高农田灌溉水利用系数和田间道路通达率，提升粮食综合生产能力。安溪县高标准农田建设主要包括新建、改造提升（农田连片整治）和整区域推进示范项目。全年安溪县高标准农田项目新建0.2万公顷、改造提升（农田连片整治）项目153.33公顷和整区域推进示范项目400公顷。

【国有农场改革】　2022年，安溪县做好福前农场、芦田茶场、同美农场开展清产核资、合同清理等工作，推进3个农场公司制改制后并入茶都集团进度，加快国有农场改革，实现国有资产保值增值，国企抱团发展。

【农业领域执法监管】　2022年，安溪县强化农业投入品、农产品质量安全执法监督，开展“治违禁 促提升”行动，对县域内的生产主体、主产品种、用药种类及农资网点等监管，打击农产品质量安全领域出现的违法违规行为。开展农业投入品及农产品质量执法抽检，抽检农业投入品57个，抽检毛茶在制品样品、全县地理标志企业及其他重点茶企生产的茶叶样品等572个。强化动物卫生监督，做好产地检疫工作，各乡镇动物检疫申报点受理辖区内养殖场（户）产地检疫申报，依法依规开展产地检疫，全年产地检疫生猪165110头。做好屠宰检疫工作，规范检疫行为。在城关、官桥、湖头3个定点屠宰场（点），规范生猪入场、宰前检疫和屠宰同步检疫等工作，屠宰检疫生猪113861头，屠宰动物受检率达到100%。推进规范病死畜禽无害化处理工作，全年养殖环节共申报病死猪无害化处理补助8052头。开展动物产品安全监测，加强对生猪定点屠宰场和规模养殖场“瘦肉精”监管，对规模养殖场不定期抽检动物尿样，对进入定点屠宰场（点）的每批生猪进行尿样抽检，全年对养殖场和定点屠宰场点抽检动物尿液1680头（份），检测“盐酸克伦特罗”“莱克多巴胺”“沙丁胺醇”各1680头（份），检测结果为阴性。

【农业专项治理】　2022年，安溪县开展专项治理，制定农资打假专项治理行动方案，开展农资打假专项治理行动，开展高毒高风险农药、兽用生物制品和兽用抗菌药专项执法检查。把好农业投入品使用关，严查违法违规使用农业投入品，杜绝使用禁用药物及非法添加物等违法违规行为。针对农村村民未经批准或者采取欺骗手段骗取批准，非法占用土地建住宅行为，开展宅基地执法专项治理。全年立案查处农资违法案件5件，普通农产品违法案件6件，生猪屠宰环节违法案件3件，动物防疫类违法案件3件，农机违法案件1件，宅基地违法案件10件，移送涉嫌生产、销售有毒、有害食品案件1件，移送生猪屠宰环节涉嫌犯罪案件2件。

【农村宅基地专项治理】 2022年，安溪县印发《安溪县农村宅基地审批“点题整治”工作方案》，到24个乡镇开展农村宅基地规范化审批管理核查指导工作，规范化宅基地审批管理。全年全县审批宅基地2649户，用地面积29.65公顷，其中新建277户，用地面积2.77公顷；翻扩建1556户，用地面积18公顷；翻建816户，用地面积8.88公顷。督促退还违规收取的费用36.53万元。

【农业科技服务】 2022年，安溪县推进基层农技推广体系改革与建设，提升农技推广服务能力。建设长期稳定的农业科技示范基地9个、农民田间学校8个，培育农业科技示范主体530个，推介发布农业主推技术16项，组织167名基层农技推广骨干，参加省市开展的脱产业务培训。

【高素质农民培育培训】 2022年，安溪县开展高素质农民培育培训，提升农民就业创业技能。全年完成中央资金高素质农民培训1127人次、省级资金高素质农民培训5112人次。组织报名参加2023级高素质农民专科学历教育135人，参加全省农村实用人才带头人示范培训班7人，参加高素质农民省级示范培训班10人。

【农业人才助推工程建设】 2022年，安溪县实施农业人才助推工程，提高人才政策精准度。推荐7名农村实用人才申报市优秀农村实用人才、17名涉农人才申报乡村发展振兴带头人“头雁”项目培育人选、1人申报“全国十佳农民”资助项目人选、16名茶企制茶技术人员申报福建省制茶高级工程师职务任职资格、21名申报市高素质农民培训师资库教师。组织评选第四届安溪县优秀农村实用人才。

【农产品质量安全】 2022年，安溪县农产品检测实验室能力验证通过省级考核，开展农产品质量安全定性监测14200批次，定量监测2486批次，部、省、市三级监督抽检合格率100%、全年监测总体合格率99.84%，高于全国、全省平均水平。落实“五查”“四挂钩”机制，推动664家生产主体纳入并行系统监管，农产品赋码准出20535批次。推进标准生产建设。完成国家现代农业全产业链标准化、10家省级优质农产品标准化、7家省级农产品产地初加工中心等创建。开展攻坚行动。开展“治违禁 促提升”行动，围绕11个重点品种，实施精准治理。山格淮山入选国家地理标志农产品保护工程项目全面建设。《安溪铁观音质量安全白皮书（2021）》发布，安溪入选国家现代农业全产业链标准化示范基地创建单位。《安溪铁观音 聚焦地标认证 实施品牌保护》《凭证销售全程追溯 让消费者吃得放心》入选农业农村部典型案例。安溪县“国家农产品质量安全县”通过省级“回头看”线上考评，代表福建省在全国农安县线上交流会作经验发言。

（陈根水　陈美娟　王小鹏）

种植业

【概况】 2022年，安溪县粮食作物有水稻、甘薯、马铃薯、玉米、大豆等，其中以水稻、甘薯、马铃薯为主要粮食作物。粮食作物播种面积1.82万公顷，总产量9.38万吨。其中，水稻种植面积0.95万公顷（早稻0.33万公顷、中稻0.29万公顷、晚稻0.33万公顷），甘薯0.48万公顷，马铃薯0.34万公顷，玉米0.02万公顷，大豆0.03万公顷。

安溪县果园面积1512.8公顷，产量1.74万吨，其中柑橘类面积655.5公顷，产量0.81万吨；热带水果面积576.2公顷，产量0.70万吨；其他水果面积281.1公顷，产量0.23万吨。安溪县属南、中亚热带海洋性季风气候区，适宜种植各种名优特果树，品种结构布局合理。

【粮食生产示范创建】 2022年，安溪县稳定发展粮食生产，提升粮食安全保障能力，全县2022年创建粮食生产示范区0.56万公顷，通过完善农田基础设施，健全农业服务体系，创新生产经营体制，推广科学先进适用技术等措施，推进藏粮于地、藏粮于技，建成基础设施完善、组织化程度较高、生产技术先进、农田环境友好的现代农业示范基地，推动乡村振兴取得新进展、农业农村现代化迈出新步伐。坚持农地农用、粮地粮用。确立底线思维，落实耕地利用优先序，在种植结构调整、发展特色产业方面优先满足粮食生产用地需求，增加粮食作物播种面积和产量。坚持政策引导、农民参与，完善支持政策和制度保障体系，尊重农民自主经营的意愿和保护农民土地的承包经营权，引导农民参与粮食生产示范区建设和管护，发展水稻相关产业，推进甘薯、马铃薯、玉米、大豆等旱粮轮作。坚持完善机制、建管并重，培育和支持粮食新型生产经营主体发展，提升基地化、机械化、组织化、科技化、绿色化水平。

2022年9月22日，安溪县全国绿色食品原料（茶叶）标准化生产基地建设与管理培训会召开
（图/县农业农村局）

【推动农田茶园退茶还耕】 2022年，安溪县坚持农地农用、粮地粮用，构建"五大保障体系"，推动茶粮协同发展，增强粮食综合生产能力。构建规划保障体系，开展农田茶园退茶还耕基本情况调查摸底，做到村有清单、乡有台账、县有总账。县农业农村局及各乡镇按照分类指导、有序推进的原则，引导农户淘汰"三低"（低产、低质、低效）茶园，确保农田茶园退茶还耕任务落到实处。构建政策保障体系，县级对实施农田茶园退茶还耕，种植粮食作物或茭白、花生等非木本经济作物集中连片0.67公顷及以上，每公顷奖励133.33元。对连片种植粮食作物面积3.33公顷及以上示范片，每公顷奖补20元。对偏远山垄田，加大机耕路、排水沟等设施建设力度；对零散耕地，加大小块拼大块格田化平整力度；对缺水旱地，加快建设小型水源、机井、喷灌、滴灌、管灌等高效节水设施；对受污染耕地，提高土壤环境质量，做好安全利用。构建技术保障体系，成立安溪县粮食作物栽培技术专家指导服务小组，到田间地头开展农田茶园退茶还耕技术指导服务，总结推广长卿的水稻与淮山、湖头的水稻与花生、虎邱的水稻与烟叶等轮作模式，扩大粮食播种面积。构建组织保障体系，县级成立贯彻落实粮食安全责任制领导小组，全面加强对粮食安全工作的领导，乡、村主要负责人具体抓落实，推进农田退茶还耕工作。

【食用菌种植生产】 2022年，安溪县加大食用菌生产宣传力度，加强技术服务，巩固安溪县桃舟、龙涓等香菇生产基地规模。在白濑、蓝田、湖上等乡镇引进各种食用菌新品种试验、示范，提升安溪县食用菌生产效益。全县食用菌生产模式以家庭式生产为主，呈零星分布，全年完成食用菌产量鲜菇8478吨。

【龙眼产业化】 2022年，安溪县龙眼果园面积201.6公顷，产量2486吨。完善机耕路，蓄水池及喷灌等配套设施，指导果农做好龙眼控冬梢，防花穗"冲梢"及保花保果、抗旱防涝、防寒防冻及病虫害综合防治等龙眼生产常规管理工作，提高优质果率。引进新品种，调整龙眼早中晚熟品种结构。

【安溪县油柿标准化示范区建设】 2022年，安溪县油柿果园面积177公顷，产量1349吨，年加工柿饼500余吨。落实"安溪油柿标准化示范区"标准实施相关任务，组织技术人员指导果农加强柿园标准化生产，规范柿饼加工技术，提高油柿产业生产管理水平。

【蔬菜播种】 2022年，安溪县蔬菜播种面积15762.6公顷，产量27.47万吨，其中叶菜类1803.6公顷，产量2.98万吨；白菜类2988.4公顷，产量5.25万吨；甘蓝类792.3公顷，产量1.29万吨；瓜类1060.5公顷，产量1.86万吨；根茎类3616.8公顷，产量6.69万吨；茄果类664.8公顷，产量0.98万吨；葱蒜类1196公顷，产量1.78万吨；菜用豆类296.7公顷，产量0.48万吨；水生菜类43.2公顷，产量0.08万吨；其他蔬菜3300.3公顷，产量6.08万吨。

【水稻病虫害防治】 2022年，安溪县气温波动较大，降水比较异常。2—3月降水比往年同期偏多110%—190%；7—8月降水持续偏少，全县气象干旱等级达特旱程度。异常的气候条件使农作物病虫害发生变化。水稻病虫害属偏轻发生年份。稻飞虱，早晚稻偏轻发生，中稻中等发生、局部偏重发生。稻纵卷叶螟，偏轻发生，灯下始见期比上年推迟12天，没有出现迁入峰。纹枯病，中等发生。稻瘟病、南方水稻黑条矮缩病、三化螟、二化螟、细条病属轻发生年份。

【检疫性害虫监测防控】 2022年，安溪县在蓬莱、虎邱、祥华等10个重点乡镇，建立草地贪夜蛾监测点20个。购买第三方社会化服务方式开展统防统治，投入40万元，对龙门镇龙门村、观山村、湖山村、金狮村、山头村和廖山村6个村的红火蚁进行防治，防治面积386.13公顷，平均防效为91.48%。

【茶叶病虫害绿色防控】 2022年，安溪县推广茶叶病虫害绿色防控与统防统治融合技术，对上年实施的智能虫害绿色防控集成项目验收。6月中旬至7月上旬，组织专家对实施智能虫害绿色防控集成的25家实施主体实地验收，防控面积达407.1公顷，投入275.231万元。

（陈根水　陈美娟　王小鹏）

林业

【概况】 截至2022年底，安溪县林业用地面积21.84万公顷，占全县辖区面积的72.9%，其中生态公益林面积 8.73万公顷，商品林面积13.11万公顷。有林地面积21.16万公顷，森林蓄积量953万立方米，森林覆盖率稳定在65.77%。各类自然保护地面积20433.4公顷，其中1个省级自然保护区（云中山省级自然保护区），面积4164.5公顷；26个自然保护小区，面积5043.3公顷；11个省级森林公园（含4个在建），面积7920.6公顷；4个县级森林公园，面积3305公顷。湿地保有量3743.58公顷。陆生脊椎野生动物24目68科258种，其中兽类7目18科38种、鸟类13目34科155种、两栖爬行类4目16科65种，国家一、二级重点保护野生动物31种，省级重点保护野生动物21种。木本植物资源116科411属1005种，其中野生木本植物有102科323属835种。拥有珍稀濒危或特有植物种21种，其中国家一、二级保护植物5种，省级重点保护植物8种，极小种群、地方特有树种8种。

【植树造林】 2022年，安溪县完成植树造林面积861.33公顷，其中，重点区位森林质量精准提升34.93公顷，名特优经济林（木本油料示范迹地）48.8公顷，其他造林更新777.6公顷。实施森林抚育面积3744.67公顷，封山育林面积2062.2公顷。

2022年，安溪县开展国家森林城市创建工作，编制评审通过《福建省安溪县国家森林城市建设总体规划（2021—2030年）》，实施市级乡村绿化提升项目17个村、乡村公园建设项目6个村，创建省级森林城镇1个、省级森林村庄7个，建立古树保护名木管理示范点5个、市级生态文化宣传示范点2个、市级义务植树基地示范点1个，推动“百城千村”绿化美化宜居工程建设。

2022年，安溪县拓展丰富造林绿化社会参与渠道，推广“互联网+种树”公益活动，在祥华乡建设13.33公顷绿色通道工程，开展“植树添新绿 助力碳中和”主题义务植树活动，在蓬莱镇龙居村“大路格”种植乐昌含笑、山杜英、紫玉兰等花卉植物1000多株，引导群众共建绿色家园，保护森林生态环境。

【森林资源管理】 2022年，安溪县加强森林资源管理，保护生态公益林，调整生态公益林布局，区划界定生态公益林199.39公顷，补充重点生态公益林储备库实现生态公益林占补平衡，生态公益林规模、结构、布局更加合理，森林生态功能更加完善。推进天然林保护修复工作验收进程，调查监测林草湿分布情况，建立林草湿图斑监测数据库。完善森林生态效益补偿和天然商品林停伐管护补助机制，实行管护行政责任制，发放森林生态效益补偿补助资金3213.6万元、天然林停伐管护补助资金1207.8万元。加强森林采伐限额使用，年度集体林采伐限额138161立方米。

【林业审核审批】 2021年，安溪县审核同意占用征收林地项目177个，审核同意占用征收林地面积235.0555公顷。办理植物检疫证书2份，新办林木种子生产经营许可证4家，延续林木种子生产经营许可证7家、变更1家。发放林木采伐许可证1280份，其中病虫害采伐542份，征占用林地采伐574份，正常采伐81份，其他采伐83份。批准采伐林木面积3396.46公顷、采伐林木蓄积量137410立方米，实际采伐林木131891立方米。

【森林公园建设】 2022年，安溪县有省、县级森林公园13个，面积11226.4公顷。其中，集体所有制县级森林公园4个，面积3305公顷；集体所有制省级森林公园3个，面积2236公顷；集体所有制在建省级森林公园4个，面积3184公顷；国有所有制省级森林公园2个，面积2501.4公顷。

2022年安溪县森林公园一览表

表2　　　　　　　　　　　　　　　　　　　　　　　　　　单位：公顷

级别	名 称	面积	坐落
县级	安溪县官桥犀山县级森林公园	366	官桥镇善益村
	安溪县凤冠山县级森林公园	2072	城厢镇古垵、员宅、南坪村
	安溪县骑虎岩县级森林公园	362	虎邱镇仙景村
	安溪县清风洞县级森林公园	505	魁斗镇蓬庭村
省级	安溪县龙门省级森林公园	1663	龙门镇桂林、桂瑶村
	安溪县凤山省级森林公园	180	凤城镇先声、上山村
	安溪县阆苑岩省级森林公园	393	城厢镇同美村
	安溪县佛耳山省级森林公园（在建）	163	祥华乡白坂、白行、美西、白玉村
	安溪县护国岩省级森林公园（在建）	429	龙涓乡内灶、灶评村
	安溪泰山岩省级森林公园（在建）	1184	湖头镇前溪、前山、后溪、仙都、横山
	安溪县晋江源县级森林公园（在建）	1408	桃舟乡达新、康随、吾培、桃舟村
国有省级	安溪丰田省级森林公园	1194.7	安溪丰田国有林场
	安溪半林省级森林公园	1306.7	安溪半林国有林场
合计		11226.4	

【野生动植物资源保护】　2022年，安溪县宣传、保护双线加强野生动植物资源保护，组织开展“世界湿地日”“世界野生动植物日”“爱鸟周”“国际生物多样性日”“保护野生动物宣传月”等主题宣传活动，推广安溪县野生动物收容救护中心、云中山省级自然保护区发展中心宣教馆等学习宣传方式，开展“2022清风行动”严厉打击野生动植物领域违法犯罪行为，执法行动237次、出动执法人员628人，检查动物栖息地、人工繁育场所、经营利用场所、交通运输重点部位等368处，收容救护野生动物出警412次。

【森林病虫害防治】　2022年，安溪县“测”“治”“督”严控森林病虫害，开展松林改造提升行动，完成松林改造提升3178.73公顷，提高林分质量，消除松材线虫寄主松墨天牛生存载体空间。对全县松林9.8万公顷，开展松材线虫病春、秋季普查活动。对天然林8.88万公顷，组织普查主要林业有害生物情况，完成除治性采伐任务235.66公顷、菌治虫（白、绿僵菌）防治3733.33公顷，清理松枯死木4.73万株，挂设诱捕器1100套除治松墨天牛虫体13万头，有效降低传媒昆虫的种群密度，减少传播概率。强化森林病虫害防治和检疫执法督导，完善疫区封控措施和疫木监管，专项检查木材加工厂46家，严防疫木被盗伐外流。

【林业产业化经营】　2022年，安溪县出台《深化集体林权制度改革推进林业高质量发展的实施方案》推进集体林权制度改革，明确8项主要工作、16个具体任务、29个重点项目和3项保障措施，推动林业经济产业化、规模化、特色化发展，发挥省、市、县产业政策和补助资金引导扶持和激励发展作用，推行“合作社+基地+农户”利益联结机制，鼓励利用林地立体空间发展林下经济、森林康养（人家）、森林景区景点、种苗花卉、油茶种植等绿色富民经济业态，促进惠民增收。提升新型林业经营主体经营能力，培育省级标准化新型林业经营主体2家、市级林业示范家庭林场2家；发展林下经济，扶持林下经济项目16个，其中林下养蜂项目8个、林下种植项目8个，发放补助资金40万元。加强林业品牌建设，保留国家林业重点龙头企业1家（安溪聚丰工艺品有限公司）、省级林业产业化龙头企业2家（安溪甲龙园艺有限公司、安溪绿如蓝园艺有限公司）。推动花卉一、二、三产融合发展增效，扶持温室改造提升项目+物联网应用等8个市级市种苗花卉发展项目，发放补助资金77万元。新建保障性苗圃1处，扩建改建绿化苗木基地33.33公顷，新增乡土珍贵树种苗木培育50万株。开发森林康养、森林人家良好林业生态体验方式，新增授牌正香1家森林人家，建成国心绿谷1家省级森林康养基地。

【林区安全管控】 2022年，安溪县强化涉林矛盾排查化解、严密防范森林早期火险维护林区平安稳定，增配390名护林员按时进山巡护，调处集体林地承包经营纠纷，化解山林权属积案矛盾，全年受理处置林业领域各类信访事项22起。完善“属地管理、分级负责、全面覆盖、职责到人”的“县—乡—村—护林员”四级森林防火网格化管理体系，落实森林防火地方行政首长责任，完成森林火灾风险综合普查，强化野外火源管控，排查整治林地（林区）野外火源隐患158处，查处野外违规用火11人、罚款0.8万元。

【国有林场】 2022年，安溪县有丰田林杨、半林林场2个国有林场，林场经营总面积1.66万公顷。

丰田林场 2022年，安溪丰田国有林场经营面积1.04万公顷，其中生态公益林面积4340公顷，森林蓄积量102.31万立方米。年度经济总收入668.93万元，年度项目总投资1171.7万元，全年完成木材生产263.53公顷，木材生产12606.9立方米，木材销售12606.9立方米。全面落实林长制，健全完善工作制度、责任分工、考核制度、网格化管理等保护发展森林资源目标责任体系，构建“一园两区”的总体发展布局，白濑片区围绕福建柏良种基地、现代国有林场示范线路、闽南珍贵树种林草科技转化示范基地，建设集资源培育、基地建设、林业科研、科技示范等于一体的现代林业科技示范园。圆潭片区结合松林改造工程，建立以高世代杉木栽培为主的森林资源栽培示范区。白桃片区建立以杉木中大径材、珍贵树种栽培为主的森林资源栽培示范区。围绕珍稀林木培育、科技推广等建设完成“国家木材战略储备林基地”“国家特殊及珍稀林木培育”“中央财政林业科技推广示范”等项目，完成造林绿化169.2公顷、林地准备51.73公顷、中幼林抚育347.67公顷、抚育间伐186.33公顷。推进松林改造优化树种结构，完成松林改造337.93公顷，其中皆伐改造92.53公顷、择间伐改造197.2公顷、带状改造48.2公顷。重视科技研究应用，培育林木良种资源，加强与福建农林大学、福建师范大学、福建林科院等技术支撑单位合作，攻关“刨花楠定向高效培育关键技术研究与示范”“翅荚木高效培育关键技术示范”“福建柏第一代核心育种群体构建”等5个课题项目，其中“福建柏速生优质新品种选育技术与应用”获得2021年度福建省科技进步二等奖。以杉木、福建柏及其他乡土阔叶树种为主要森林资源培育对象，建设完成速生丰产林158.93公顷，造林成活率达到95%以上，1年生福建柏平均树高达0.7米、2年生达1.6米，1年生杉木平均高达0.95米、2年生达2.1米、3年生的达到3.4米。强化福建柏良种基地建设，开展福建柏、刨花楠、杉木子代测定或区域试验，杂交制种试验福建柏40个组合，为改良种子园改造升级提供优良材料。开展“百场带千村”共谋乡村发展，与白濑乡白濑村、下镇村、上格村签订共建协议，扶持白濑乡共建蔗北瀑布景区工程，为150名共建村村民提供林场种苗生产、植树造林、森林抚育、木材生产，森林管护等劳务岗位帮助就业增收。完成“福建北电南送”特高压工程项目临时使用林地、“泉州安溪祥华—福田35千伏线路工程”使用林地等项目的审核报批及采伐工作，推动重点项目建设。

半林林场 2022年，国有安溪半林林场经营面积6233.33公顷，其

2022年8月18日，安溪青阳冶铁遗址矿渣堆修复成1.5万平方米休闲景观草坪。图为休闲景观草坪一角（图／县林业局）

中生态公益林3666.66公顷，森林蓄积量51万立方米，平均亩蓄积量5.5立方米，森林覆盖率81%。年度经济总收入605.59万元，年度营林生产及专项工程投资596.44万元，年度木材生产销售7785.7立方米。提升林分质量，建设健康森林，采取“造”“改”“封”等措施，建立高质量森林生态，完成造林50.46公顷、幼林抚育89.26公顷、松林改造提升93.46公顷，改善林分结构。与虎邱镇湖西、林东2个村签订共建协议开展“百场带千村”活动，为场区周边7个行政村、1个合作社提供8期科技培训、20次“专家送餐”活动，增进场村和谐。开展碳中和试点，项目设计总规模3355.67公顷，推进生态效益与经济收入融合发展。强化木材战略安全保障，建设完成年底国家储备林项目，项目建设总规模145.8公顷、总投资168万元，其中集约人工林栽植50.47公顷、现有林改培95.33公顷；建设完成年底国家特殊及珍稀林木培育项目，项目建设总规模115公顷、总投资132万元。规划建设2022年国家储备林项目，为期2年，建设总规模128.07公顷。加强与福建省林业科学研究院、福建省农林大学等院校、专家在林木良种选育、培育技术研究、良种基地建设的科技合作，福建柏种子园2021年被评为第一批省级珍贵树种和乡土阔叶树采种基地，福建柏良种基地2022年被评为第三批省级林木良种基地。

【林业案件查处】 2022年，安溪县强化林政执法与司法联动，惩处破坏森林资源违法行为，查结林政案件80件，经济处罚金额216万元。其中，擅自改变林地用途72件，滥伐林木3件，盗伐林木1件，森林禁火期间进行野外用火的3件，非法驯养1件。

【林长制推行】 2022年，安溪县推动林长制从全面建立向全面见效转变，执行保护发展森林资源目标责任制，创新搭建“林长+”法院院长、检察长、警长、河湖长的“五长”协作共治机制，构建以县、乡、村三级林长（870人），森林警长和林业技术人员（123人），执法队员，护林员为主体的“两长三员”森林资源源头管护架构，形成“林水政刑司”的林业生态保护新格局和“全域覆盖、上下贯通、穿透到底”的护林治水网络。建设完成林长制巡护调度指挥中心，应用“福建林长智慧管理平台”在线监管系统，借助安溪铁观音1号卫星、安溪铁观音1号卫星和自然资源卫星遥感技术，配套84个“智慧天眼”智能监测系统和42架无人机，形成卫星遥感、飞机巡航和视频监控“空天地”立体监测网络。发布《安溪县总林长令》，推动各级林长开展巡林活动。

【林业行政执法】 2022年，安溪县整合全县林业行政执法队伍结构，强化林业执法体系和能力建设。组建4支林业执法中队，由中心乡镇林业站站长兼任执法中队队长，协调片区林业站、乡镇执法机构开展联合执法，全县50%以上的林政案件查处工作由执法中队承担。融入“林长+”促协作共治。依托“林长+”平台，稳固“执法中队—景区林长—河道专管员—森林资源管护员”的跨部门、多面式、广覆盖巡护查处责任机制，解决早发现、早制止破坏森林资源行为。推行“裁执分离”。对经法院裁定适用“裁执分离”的林业行政非诉行政案件，由乡镇人民政府负责强制拆除违法建筑物、构筑物、设施，林业部门负责代履行补植复绿。

（王星法　王焘宗）

畜牧业

【概况】 2022年，安溪县肉乳蛋总产量4.6637万吨，比上年增长2.76%，畜牧业总产值149332万元，占农林牧渔总产值的14.82%。全年肉类总产量3.0791万吨、乳制品0.0264万吨、蛋类1.5582万吨，比上年分别增长4.08%、72.55%和-0.4%。全县人均占有肉量25.659千克、乳制品0.220千克、蛋类18.699千克。

2022年，安溪县按照“全力保障市民菜篮子供给”的原则，推进畜牧业转型升级，生猪存栏数16.43万头，存栏数上升0.51万头，生猪出栏率139.63%。生猪产肉量1.7635万吨，比上年增长6.32%。牛、羊、家禽和兔的存栏数分别为1.2975万头、2.1359万只、313.4744万羽和6.2203万只，存栏数比上年分别增长1.57%、-0.82%、-0.2%和0.5%。

【开展科学技术培训】 2022年，安溪县畜牧兽医三站举办培训班8期，受训362人次。参加省级培训7人次，参加市级培训65人次。在省级以上专业刊物发表论文5篇。

（陈根水　陈美娟　王小鹏）

渔业

【概况】 2022年，安溪县渔业养殖面积344公顷，全年渔业总产量1637吨，渔业总产值3718.33万元。全年生产各种鱼苗种730万尾，鱼苗总产值203万元。

【陆基工厂化养殖】 2022年，安溪县发展陆基工厂化养殖。福建齐创生态农业旅游发展有限公司位于安溪县城厢镇团结村，占地面积2.85公顷，以发展封闭式循环水工厂化养殖、种植蔬菜和果园为主。公司占地面积0.67公顷、水面积8500平方米，配备进排水系统、管理用房、供电设施、循环水过滤系统、尾水处理、温控、增氧、水质监测监控等系统，主要养殖加利福尼亚州鲈鱼和光倒刺鲃。封闭式循环水工厂化养殖计划分3期建设，2022年完成第一期 1300平方米建设，投入生产，主要养殖加利福尼亚州鲈鱼，结合养殖少量光倒刺鲃。3月放养12万尾加利福尼亚州鲈鱼，11月全部上市销售，鱼产量39.6吨，产值91万元。5月放养7万尾加利福尼亚州鲈鱼，到年底个体规格0.55—0.6千克/尾，达商品规格上市销售，鱼产量24吨。3月放养2万尾光倒刺鲃，至年底个体规格0.25千克/尾。

【光倒刺鲃养殖】 2022年，安溪县发展光倒刺鲃养殖。全县池塘养殖光倒刺鲃面积15公顷、网箱养殖光倒刺鲃面积1500平方米，生产光倒刺鲃73吨，产值290万元。

【休闲渔业】 2022年，安溪县指导福建华农生态农业开发有限公司创建“水乡渔村”休闲渔业示范基地，发展休闲渔业。9月通过省海洋与渔业局和省文化和旅游厅的联合评审，被授予第十五批福建省“水乡渔村”休闲渔业示范基地称号。协助泉州蔡洋生态农业开发有限公司做好休闲渔业示范基地的后期新增项目建设，完成石镜山景区售票处建设、渔业宣传栏建设、餐厅设施提级、渔业养殖基地部分人行道护栏建设、石镜山景区微信小程序开发及OTA（在线旅游）平台建设、石镜山景区内部分景观优化建设，全年投入178万元。

【溪河增殖放流】 2022年，安溪县加强晋江西溪水生生物资源增殖保护，助力晋江水生态环境修复。12月14日，县农业农村局在晋江上游西溪开展鱼类增殖放流活动，在晋江西溪的龙门河段、魁斗河段、湖头河段、桃州河段和福田河段放流鱼种25.5万尾，其中鲢鱼13.4万尾，鳙鱼12.1万尾，投入10万元。

【水生野生保护动物监管】 截至2022年12月底，安溪县持有国家重点保护水生野生动物人工繁育许可证3家，国家重点保护水生野生动物经营利用许可证4家。全年出动80人次，重点对各养殖场养殖的品种、来源、数量、用药等情况监管检查。县农业农村局办理国家重点保护水生野生动物的有关证件6家次，其中国家重点保护水生野生动物人工繁育许可证年审2家（安溪县华荣养殖场、安溪县感德陈在稳龟鳖养殖场），国家重点保护水生野生动物人工繁育许可证年审 1 家（安溪县华荣养殖场），国家重点保护水生野生动物经营利用许可证 1 家（安溪县感德陈在稳龟鳖养殖场）。新增办理国家重点保护水生野生动物物种平胸龟驯养繁殖许可证。新增养殖国家重点保护水生野生动物物种有平胸龟、卡罗来纳箱龟、钻纹龟、草龟、星点水龟、安布闭壳龟。新增养殖国家重点保护水生野生动物数量442只，其中卡罗来纳箱龟2只、钻纹龟5只、草龟15只、星点水龟10只、安布闭壳龟3只、平胸龟57只、黄喉拟水龟200只、黄缘盒龟150只。安溪县国家重点保护水生野生动物养殖数量总数为6063只，其中黄喉拟水龟4057只、黄缘盒龟926只、四眼斑水龟67只、眼斑水龟921只、卡罗来纳箱龟2只、钻纹龟5只、草龟15只、星点水龟10只、安布闭壳龟3只、平胸龟57只。

【水产品质量安全监管】 2022年，安溪县做好水产品质量安全监管，加强对渔业养殖环节的检查、督促和整治，开展水产品药残检测工作。全年出动70人次，对安溪蓝田水库三兴养殖场、泉州蔡洋生态农业开发有限公司、安溪县剑斗兰心家庭农场等渔业养殖生产企业开展重点排查，检查养殖单位17家。在检查中未发现使用禁用药品，依法建立生产记录、用药记录和销售记录等制度。对17家规模养殖场抽取55个样品，开展水产品禁用药物残留快速检测。配合福建省海洋与渔业局抽取8个样品，开展水产品禁用药物残留精准检测。配合泉州市海洋与渔业局抽取50个样品，开展水产品禁用药物残留精准检测，检测结果均无检出禁用药品残留，合格率100%。开展福建省食用水产品合格证/“一品一码”全程追溯系统推广使用工作，组织专业技术人员到水产品生产主体一线，指导养殖户使用福建省食用水产品合格证/“一品一码”全程追溯系统，按照要求上传基础信息管理、生产过程管理、赋码与销售管理和宣传4个部分生产养殖信息，通过网上巡查督促企业做好相关工作。全年出动60人次，指导检查17家规模化水产养殖场使用福建省食用水产品合格证/“一品一码”全程追溯系统。

【渔政执法巡查】 2022年，安溪县强化渔政执法监督，加大对全县溪河水域的渔政管理力度，打击非法电、毒、炸鱼等违法犯罪行为，维护正常的渔业生产秩序。全年，县农业农村局出动渔政执法人员234人次，执法车辆69辆次。现场拆解涉渔简易船只等“三无”船舶41艘，没收违法网具43张、电鱼工具3套。清退规划外网箱养殖，11月清退蓝田水库规划外网箱养殖124口，清退网箱养殖面积8472平方米。

（陈根水　陈美娟　王小鹏）

农业机械化

【概况】　2022年，安溪县农业机械管理站变更为安溪县农业机械化发展中心，主管部门为安溪县农业农村局。安溪县农业机械化发展中心实施农作物全程机械化和补短板推进行动，开展农机专业合作社创建工作，规范落实农机购置补贴政策。截至年底，全县农机总动力79.61万千瓦。

【农机作业】　2022年，安溪县农作物机械化作业水平稳步提高。主要农作物机耕作业面积17810公顷，机插作业面积2213公顷，机收作业面积10333公顷，主要农作物耕种收综合机械化率达57.46%。水稻农作物机耕作业面积9203公顷，机插作业面积1866公顷，机收作业面积6666公顷，水稻耕种收综合机械化率达65.06%，比上年提高1.4%；茶叶初加工机械化率100%。

【农机安全监理】　2022年，安溪县落实农机安全生产责任和监管责任，加大安全生产宣传教育力度，规范牌证管理。换发G类驾驶证107本，检验拖拉机23台。开展拖拉机摸底排查和联合执法，推进拖拉机监管工作，消除安全隐患。开展“平安农机”示范乡镇创建活动，感德镇、桃舟乡通过市级“平安农机”示范乡镇验收。

【农机推广引进】　2022年，安溪县实施农作物生产全程机械化推进行动，创建1个主要农作物生产全程机械化示范基地、1个特色农业产业生产全程机械化示范基地。举办新机具新技术现场示范培训会5场，示范演练水稻无人机直播，示范水稻、马铃薯、花生机械化收获等高效便捷农机具。推广使用山地轨道运输机，解决山区茶园果园运输难题。

【农机购置补贴】　2022年，安溪县规范落实农机购置补贴政策。结算拨付农机购置补贴256.853万元，补贴新购机具1875台，受益1563户，补贴耕整、收获等机械。使用农机购置累加补贴12.778万元，补贴履带拖拉机、轨道运输机等新购机具18台（套）。使用农机报废更新补贴0.42万元，报废补贴多功能拖拉机1台。

【农机社会化服务】　2022年，安溪县开展农机专业合作社创建工作，引导勤耕农机服务专业合作社完成制度化规范化建设，购置粮食耕种收机械，流转连片抛荒地20公顷，配套办理农机购置补贴和累加补贴，争取县财政给予补助10万元，合作社主要从事水稻等粮食作物规模化生产和提供代耕代种代管作业服务。

（陈根水　陈美娟　王小鹏）

农村能源与生态农业

【概况】　2022年，安溪县开展以沼气为纽带，综合利用为重点的生态农业建设，形成上联养殖业、下联种植业的农业循环经济种养模式，推进全县农村能源和生态农业建设。获省级农业绿色发展先行区创建资格，福建安溪裕园茶基地有限公司获评“2022年度国家级生态农场”。

【农村沼气安全生产】　2022年，安溪县开展沼气综合利用，推广“畜牧—沼气—茶（林、果、蔬）”农业循环经济种养模式，指导“三沼”综合利用技术应用。实现沼气安全生产和正常运行目标。做好沼气安全生产情况上报工作。全年全县完成沼气安全生产检查2800户，出台沼气安全生产文件2份，与重点沼气工程业主签订《沼气工程安全生产管理责任书》33份，发放《沼气日常管理和安全使用常识》1150册，发放宣传标语、挂图等1150张，发送沼气安全生产注意事项短信2次、3983条，出具《沼气安全生产责令整改通知书》2份，完成整改。

【“三品一标”认证】　2022年，安溪县新培育“三品一标”农产品18个，其中绿色食品10个、有机食品3个、无公害农产品5个。全国名特优新农产品2个。截至12月底，安溪县发展培育“三品一标”、全国名特优新农产品认证产品132个，其中无公害农产品31个、绿色食品42个、有机食品54个、国家地理标志农产品2个（安溪铁观音授权用标企业159家、山格淮山用标企业12家）、全国名特优新农产品3个。安溪铁观音、山格淮山2个国家地理标志农产品。山格淮山、安溪铁观音被农业农村部确认为全国名特优新农产品。安溪县有安溪铁观音、安溪黄金桂、山格淮山、安溪龙门茭白、福前芦柑、湖头米粉6个地理标志证明商标。

安溪县获新认证的无公害农产品有5家企业5个产品。至年底有效期内，全县获无公害农产品认定31家31个产品，其中种植业16家440.69公顷，养殖业15家31.253万头（羽），产量17385吨。

安溪县获新认证的绿色食品有10家企业10个产品。至年底有效期内，获绿色食品认证有39家企业42个产品，面积2463.73公顷，鲜品产量21039吨，加工产量6070吨。其中，茶叶绿色食品认证有33家企业35个产品，面积2364.4公顷，鲜品产量18054吨，加工产量3063吨。

安溪县获新认证的有机食品3家企业4个产品，其中3家新认证企业共3个产品、1个为原有机认证企业新增产品。至年底有效期内，全县获得有机食品认证有30家企业54个产品，面积1229.89公顷，产量1792.038吨。

（陈根水　陈美娟　王小鹏）

水利

【概况】　2022年，安溪县水利局推进水利项目建设，加强水资源管理，推行河湖长制，加快城乡供水一体化建设，做好安溪县大中型水库移民资金直补对象县级核查工作。全县完成水利年度投48226万元，全县城乡集中供水率88.95%。

【水利项目建设】　2022年，安溪县实施湖上乡雪山溪、参内镇参林溪、感德镇双溪、蓝田乡龙潭溪支流等安全生态水系项目，建成生态河堤20千米；实施城厢镇后垵、龙潭溪长卿镇、金谷镇、城厢镇、蓬莱镇、虎邱镇等河道治理工程，治理河长25千米。完成县城炭坑溪片区治涝工程年度建设任务，下平洞、竖井均实现贯通。推进晋江防洪提升工程安溪段一期前期工作，完成可研报告的行业审查，以及征地移民安置规划方案、社会稳定风险评估批复。推进福潭水库、参林水库前期工作，完成可研报告编制。

【水利行政执法】　2022年，安溪县加强河道采砂管理，原有9个采砂点全部退出。加大巡查执法力度，开展河湖“清四乱”、河道采砂专项整治等行动，派出车辆162辆次、人员421人次，排查整改流域面积50平方千米以上河湖“四乱”4处，查处涉水案件3件，罚款30万元。依法为153家取水单位办理取水许可延续手续，征收年度水资源费609.11万元。组织年轻干部参加行政执法资格考试，聘请福建传志律师事务所1名律师为法律顾问，兼任法治审核员，为行政执法提供法律帮助，对行政处罚决定提供法治审核意见。

【推行河湖长制】　2022年，安溪县围绕“构建安全、健康、美丽、繁荣幸福河”目标要求，压实各级河长责任，推动河湖长制工作。安溪县在全市河湖长制考核中获得良好等次。1月14日，县河长办与县人民法院印发《关于“法护晋江源·助力河长制”十条意见》，在桃舟乡举行“晋江源”生态保护协同共治启动仪式暨“两山”巡回法庭揭牌仪式。4月，完成手机视频彩铃制作，为县河长办工作人员、水利局全体干部职工、各乡镇河长办分管领导、乡镇河长办工作人员、乡镇河湖警长、河道专管员、村级河湖长700人开通视频彩铃。7月，聘任安溪县国公山种植专业合作社负责人为“企业河长”。8月31日，召开“河长+林长+法院院长+检察长+警长”联席会议，推动创新设立“五长联手+部门联动”机制，构建打防结合、处置高效的山河共治新格局。11月，聘任金谷镇金谷村陈文令为“乡愁河长”。11月18日，成立幸福河湖促进会。

【城乡供水一体化建设】　2022年，安溪县按照《安溪县推进城乡供水一体化实施意见》，组建城乡供水

2022年1月14日，安溪县人民法院“两山”巡回法庭揭牌仪式在桃舟乡举行
（图/县水利局）

一体化工作专班，从财政、水利、水务等部门抽调人员推进实体化运作，开展实地调研活动，形成“择优培育、资产整合、抓大带小、统一运维、同频共振”工作思路，上报《安溪县水利局关于加快推进城乡供水一体化建设的请示》，经县政府批复实施。推进“大水网”策划，结合城乡供水一体化建设，提出以福潭水库、参林水库和槐杨水库等7座小型水库为优质水源工程，融合蓝田水库、大白濑水库、大壁水库等工程，形成以库为源、独立成网的“大水网”思路，以保障安溪中长期供水需求。加快先行工程建设，编制完成城乡供水一体化可行性研究报告、安溪县第二水厂工程可行性研究报告，城区近期应急水源（蓝溪干流澳江取水工程）投入使用，建成县自来水厂10.4千米城区给水管网，开工建设剑斗新镇区和仙荣安置区自来水工程。强化农村供水保障，开展“整治农村饮水安全问题，巩固提升农村供水保障水平”专项行动，落实“动态跟踪、动态清零”措施，保障脱贫户饮水安全。实施农村饮水安全巩固提升工程15个，受益1.37万人。

【水利行业监管】　2022年，安溪县举办农村水电站安全生产知识、小型水库3个责任人、水利行业安全生产标准化等培训会，全年参加培训800人次。对水库、山围塘、水电站、在建水利工程等水利行业底数开展排查，督促落实安全生产措施，坚持问题闭环整改、动态清零。推进行业领域安全生产标准化建设，全县水利行业领域完成安全生产标准化提升的企事业单位207家，完成118座水电站压力钢管测试，全年水利行业保持安定稳定。对年度在建的6个河道治理项目、3个生态水系项目、1个中型灌区节水改造项目建设工程开展质量监督，现场检查50次，发放整改通知22次，完成工程实体抽检31处。晋江防洪工程（二期）安溪南翼新城上苑至恒美堤段工程质量优良、建后管护到位，被泉州市水利局列为“泉州市2022年度水利精品工程”。委托第三方统一巡查监督、运行管护全县电站生态泄流设备模式，提高电站生态泄流设备完好率，提升合格率。在晋江防洪工程（安溪段）官桥堤段试点推行“物业化+专业化”管护机制，采取“第三方专业团队+专业化管护手段”方式，提高工程运行管护水平。

【库区移民扶持】　2022年，安溪县发放年度直补资金91.2万元，实施龙门镇桂瑶村、龙门镇翠坑村、蓝田乡蓝田村、蓝田乡蓝二村等8个库区移民后期扶持项目，拨付项目扶持资金523.9万元。向省市争取库区移民后扶示范区项目（项目资金1000万—2000万元），完成“龙门镇示范区方案”的初步设计工作。上年度水库移民后扶资金绩效评价被省水利水电工程移民发展中心评为“优”。

【水电站清理整治】　2022年1月6日，安溪县召开全县水电站清理整治部署会暨工作培训会，对电站清理整治工作进行具体部署。1月19日，安溪县印发《关于加快推进水电站清理整治工作的通知》，建立安溪县水电站清理整治工作联席会议制度。1月20日，安溪县通过公开招投标的方式，确定水利部农村电气化研究所为安溪县水电站清理整治工作服务单位，对全县233座水电站开展清理整治综合评估工作。2月，编制完成《安溪县水电站清理整治核查评估报告》。3月10日，安溪县水电站清理整治工作联席会议办公室组织专家及有关部门通过对《安溪县水电站清理整治核查评估报告》的审核，全县233座水电站划分为3个类别，其中完善类1座、整改类221座、退出类11座。11月7日，编制完成《安溪县水电站清理整治“一站一策”工作方案》。11月21日，《安溪县水电站清理整治“一站一策”工作方案》通过专家组及各职能部门审查。至12月底，全县拆除退出水电站11座。

（王文艺　谢志锋）

茶产业

综述

【茶产业统筹发展】 2022年，安溪县制定《关于统筹做好“茶文化、茶产业、茶科技”这篇大文章 推动茶产业高质量发展的实施意见》，制定《安溪县茶产业链提升行动计划》，策划生成57项茶产业发展重点项目作为具体抓手。印发《安溪铁观音毛茶比赛评审方法（试行版）》，规范举办安溪铁观音茶王赛毛茶比赛。落实“统筹做好茶文化、茶产业、茶科技这篇大文章”，明确“稳一产、强二产、优三产”发展思路，加强基础管理，补齐产业短板，促进三产融合，提升品牌效应，提升茶产业发展新格局。至2022年底，安溪县茶园面积稳定在4万公顷，茶叶总产量6.2万吨，涉茶总产值320亿元。安溪铁观音以1430亿元品牌价值，连续7年名列全国区域品牌价值茶叶类首位。安溪铁观音茶文化系统被联合国粮农组织认定为全球重要农业文化遗产，安溪铁观音参与申报的“中国传统制茶技艺及相关习俗”入选联合国教科文组织人类非遗代表作名录。安溪铁观音茶文化系统发展案例获评第三届全球减贫最佳案例。安溪铁观音作为官方指定用茶亮相2022中国企业家博鳌论坛。安溪县获评全国农产品数字化百强县、2022年度茶业百强县域、2022年度茶业助力乡村振兴示范县域、2022年度茶业科技助农示范县域。安溪铁观音获评2022年农业品牌创新发展典型案例。安溪县各地茶业发展促进会有63个，其中异地茶促会36个、乡镇茶促会22个、专业分会5个。

【安溪铁观音连续7年列全国区域品牌价值茶叶类首位】 2022年9月5日，中国品牌建设促进会联合新华社、中国资产评估协会等单位，举行“2022中国品牌价值评价信息线上发布”活动。安溪铁观音以1430亿元的品牌价值位列区域品牌（地理标志）价值第一，是安溪铁观音连续3年位列区域品牌（地理标志）价值第一，是连续7年名列全国茶叶类区域品牌价值第一。与2021年相比，安溪铁观音品牌价值净增1.54亿元。

【福建安溪铁观音茶文化系统被认定为全球重要农业文化遗产】 2022年5月6日，联合国粮食及农业组织（FAO）对安溪铁观音茶文化系统开展线上考察。安溪县为第一个接受线上考察的重要农业文化遗产候选地。5月20日，联合国粮食及农业组织（FAO）公布，“福建安溪铁观音茶文化系统”被认定为全球重要农业文化遗产（GIAHS）。5月下旬，安溪铁观音茶文化系统被纳入全球重要农业文化遗产名录，受到央视、新华社、《人民日报》《光明日报》《经济日报》等媒体关注报道，报道100多篇，总阅读量超8000万人次。

【首届全球农遗·安溪铁观音茶文化系统保护与发展论坛】 2022年7月28—29日，安溪县与泉州市农业农村局联合主办以“在发掘中保护、在利用中传承”为主题的首届全球农遗·安溪铁观音茶文化系统保护与发展论坛。论坛活动内容包括安溪县铁观音茶文化系统保护与发展主题研讨、安溪铁观音茶文化系统申遗成功总结大会、安溪铁观音茶文化系统保护与发展研究成果发布、启动一批安溪铁观音茶文化系统保护与发展项目。农业农村部国际交流服务中心、新华社民族品牌工程办公室、省农业农村厅、市人大常委会、市农业农村局等单位领导，联合国粮农组织全球重要农业文化遗产科学咨询小组、中国农学会农业文化遗产分会、中国茶叶博物馆、中华全国供销合作总社杭州茶叶研究院等单位多名国内外资深专家出席论坛，为安溪铁观音茶文化系统保护发展把脉献策。

【安溪铁观音获评农业品牌创新发展典型案例】 2022年，安溪县发展茶叶产业，提升茶叶质量，培养茶叶品牌，拓展茶叶市场，延伸茶产业链。强化“安溪铁观音”农产品地理标志的管理，维护“安溪铁观音”农产品地理标志的形象和权威。做好培训，让茶叶从业人员了解“安溪铁观音”农产品地理标志。做好宣传，提高“安溪铁观音”农产品地理标志的知名度。11月，县农业农村局撰写的《安溪铁观音：聚焦地标认证 实施品牌保护》，入选农业农村部农业品牌创新发展典型案例，成为全省唯一入选的农产品区域公用品牌。

【农产品质量安全追溯典型案例】 2022年，安溪县构建一品一码全程追溯体系建设，保障农产品质量安全。做好农产品质量安全追溯的基础工作，督促农产品生产企业和专业合作组织严格落实主体责任，推行食用农产品合格证与一品一码追溯并行制度，实现源头赋码、一品一码、全程追溯。11月，县农业农村局撰写的《凭证销售全程追溯 让消费者吃得放心》入选农业农村部农安追溯典型案例。

【联合国粮农组织支持福建省安溪铁观音茶文化系统发展案例获评全球减贫最佳案例】 2022年，由中国国际扶贫中心联合中国互联网新闻中心、世界银行、联合国粮食及农业组织、联合国世界粮食计划署、国际农业发展基金和亚洲开发银行等7家机构发起全球减贫案例征集活动，推广分享中外减贫成功实践，推动共建没有贫困、共同发展的人类命运共同体。农业农村部国际交流服务中心、福建省农业农村厅、安溪县人民政府联合推荐的“联合国粮农组织支持福建省安溪铁观音茶文化系统发展案例”入选第三届全球减贫最佳案例名录。

（陈根水　陈美娟　王小鹏）

茶业生产

【茶叶种植】 2022年，安溪县茶叶种植面积4万公顷，提升茶山生态0.41万公顷，建成高标准生态茶园0.35万公顷，新增绿色食品茶叶认证0.04万公顷，涉茶总产值320亿元。

2022年安溪县非粮食作物面积产量统计表

表3

茶叶品种	面积（万公顷）	产量（吨）
铁观音	2.57	39886.67
黄金桂	0.45	6923.33
本山	0.47	7336.67
毛蟹	0.29	4546.66
其他品种	0.22	3306.67

【茶叶制作】 2022年，安溪县推进茶叶制作发展，开展茶叶精深加工，开发袋泡茶、速溶茶、茶含片、茶水饮料等快捷茶品。全年全县茶叶产量6.2万吨。

（陈根水　陈美娟　王小鹏）

茶叶科研

【概况】 2022年，安溪县举办首届中国茶科技创新大赛，评选出优质创新成果37项，乌龙茶智能加工等10个项目落地转化，助推多元茶领域技术项目落地聚合。开展茶园管理人工智能试验工作，与华为技术有限公司、合肥工业大学、中电科机器人公司等科研团队试点开展茶园人工智能管理。与福建农林大学、中华全国供销合作总社杭州茶叶研究院、中国科学院城市环境研究所、福建农林大学安溪茶学院等科研单位分别合作开展安溪铁观音和黄金桂优异品质形成的分子机制课题研究、安溪铁观音质量安全状况跟踪研究项目、安溪铁观音“工艺香”来源研究项目、溪铁观音“地域香”来源研究项目、“茶生态医院”项目等一批产业基础研究项目。

【茶树优异种质资源保护与利用】 2022年，安溪县挖掘、鉴定、研究、利用和创新安溪地区优异的茶树种质资源。10月，与福建农林大学签约启动安溪茶树种质资源的研究鉴定与保护创新项目合作，调研安溪茶树种质资源情况，观测鉴定茶树性状，采集鲜叶样品分析鉴定遗传性状，结合种植保存的安溪地方原生茶树种质，分析茶树种质资源的主要功能品质、成分含量，挖掘优异茶树种质，筛选优良亲本材料。完成建设福建省农业种质资源保护与利用项目（安溪县“毛蟹”茶树种质资源保护与利用项目），项目实施面积0.3公顷，对毛蟹发源地保护区进行前埂后沟改造，整理老茶园及茶园生态护坡，保护区周围环境整治，设立茶树品种标识牌等。完成建设泉州市农作物种质资源保护与利用项目（安溪县“梅占”茶树种质资源保护与利用项目），项目实施面积0.27公顷，建设“梅占”资源保护区道路163.02米，护坡砌筑长379.01米，整平、挖沟改造及绿化总面积0.27公顷，设立标志牌等。

【茶园土壤改良研究】 2022年，安溪县做好中国科学院城市环境研究所“安溪铁观音茶园生态系统的多样性与功能调控”项目的跟踪落实工作。完成茶园土壤样品土壤酸碱度pH、相关养分指标和茶园土壤微生物群落结构的分析测定，取得成果。完成安溪铁观音茶园土壤养分状况与肥力质量评价。对安溪县13个主要产茶乡镇38个铁观音茶园开展土壤样品采集，测定土壤酸碱度pH及相关养分指标，包括全氮、全磷、全钾、碱解氮、速效磷、速效钾。安溪县茶园土壤养分整体含量丰富，茶园土壤总体养分状况较好。开展茶园土壤微生物群落结构分析；通过提取茶园土壤的微生物DNA，并对DNA片段进行扩增与测序，开展茶园土壤多样性、微生物群落组成分析。初步得出结论：安溪茶园土壤的微生物多样性丰富且均匀，且不同茶园土壤微生物存在空间异质性。开展安溪铁观音制茶工艺中茶叶微生物与代谢物分析，对安溪铁观音制茶工艺6个过程（采青、晒青、晾青、杀青、揉捻、毛茶）中的茶叶微生物DNA进行提取与扩增测序，进行香气 GC-MS/MS（气相色谱质谱法）检测挥发性代谢物质，对相关结果分析。开展安溪铁观音陈茶微生物与代谢物分析，对不同储存年份（6年、9年、13年、18年、25年、30年）的安铁集团陈茶微生物DNA进行提取与扩增测序，进行香气 GC-MS/MS（气相色谱质谱法）检测挥发性代谢物质，对相关结果分析。

【“茶生态医院”工作】 2022年，安溪县发挥茶生态医院的示范效应，开展全县茶园配方施肥技术服务工作，采集茶园土壤样品90个，形成茶园测土配方施肥技术指导方案45个，分发宣传材料1500份，全年在茶树等不同作物上推广测土配方施肥技术面积6.77万公顷次。

【茶叶病虫害防治】 2022年，安溪县茶叶病虫害属中等偏轻发生。假眼小绿叶蝉春茶轻发生、秋茶高海拔中等发生，春茶百叶虫口比上年同期减少44.6%，秋茶百叶虫口比上年同期减少26.2%；茶饼病春茶中等偏重发生，秋茶偏轻发生，由于2—3月降水量是上年的352%，湿度大，有利茶饼病发生，春茶期间全县各茶区均有发生，发病率为5%—20%，比上年同期增长55%；茶叶螨类春茶轻发生，秋茶中等发生、部分茶园偏重发生；黑刺粉虱春茶轻发生，秋茶中等偏重发生；尺蠖类、茶圆赤星病、茶炭疽病轻发生，全县茶园零星发生。全县茶叶病虫害发生面积2.9万公顷次，防治7.13万公顷次。

（陈根水　陈美娟　王小鹏）

茶业管理

【安溪铁观音地标获欧盟保护】 2022年，安溪县布局欧洲市场，推介安溪铁观音，签订茶叶经贸合作协议，拓展海外销售市场。3月1日起，《中欧地理标志协定》生效，安溪铁观音位列其中。《中欧地理标志协定》实施后，安溪铁观音成为中国和欧盟互认的地理标志产品，在欧洲市场上享受原产地的法律保护，有权使用欧盟官方认证标志，提升欧盟消费者对于安溪铁观音的认知程度。安溪县茶叶外销市场形成以日本、东南亚为主，俄罗斯、欧美为辅的市场网络，产品销往60多个国家和地区。

【“安溪铁观音”地理标志产品国家标准修订】 2022年12月13日，国家标准《地理标志产品质量要求 安溪铁观音》获国标委批准修订。安溪县政府专门成立制标领导小组，搭建制标团队，通过2次答辩和3次汇报获批立项。安溪县茶业发展中心、农业农村局、市场监管局、国家茶检中心共同完成修订工作，标准修订周期16个月。标准的修订规范安溪铁观音的种植管理、加工生产、品质管控，提升安溪茶产业竞争力。

【“安溪铁观音”地理标志证明商标使用管理】 2022年，安溪县茶业管理委员会印发《关于进一步规范“安溪铁观音”地理标志证明商标、“安溪铁观音”农产品地理标志使用管理的通知》，扩大安溪铁观音地理标志证明商标及农产品地理标志准用企业队伍，提升地理标志领域治理能力。全年批准安溪县湖上春逸茶厂、福建醉无双茶业有限公司、安溪县醉山国生态茶业有限公司、安溪源立茶业有限公司、泉州安溪金世缘茶业有限公司、安溪松林头生态茶叶有限公司6家企业为“安溪铁观音”地标准用企业。截至年底，安溪县有安溪铁观音地标准用企业159家。

【安溪铁观音维权中心组建】 2022年8月，安溪县组建安溪铁观音维权中心，以引导认标消费为目标，加大地理标志证明商标准用企业监管力度，依法规范管理、使用、保护安溪铁观音公共品牌。

（陈紫能　刘尾萍　林松洲　苏少民）

茶叶市场

【中国茶都】 2022年，中国茶都集团做好组建大茶都集团的相关工作，参与清产核资、机构设置、专项审计、制度制定等工作。做好中国茶都转型提升各项工作，推进国家级农产品产地（茶叶）交易市场创建项目申报工作，及时跟踪项目申报各环节进展情况。中国茶都市场交易保持稳定，全年市场交易量2.21万吨，交易额23.6亿元。安溪县市场服务中心全年营业收入406.26万元，缴纳税金7.16万元。

【“福茶网”管理】 2022年，安溪县做好中国（福建）茶产业互联网综合服务平台（简称“福茶网”）安溪分中心落地前期准备工作，完成分中心办公场所装修及时交付使用。推动福茶网产业数字科创园项目建设。

【智慧茶都建设】 2022年，安溪县做好智慧茶都建设，推进茶都转型升级步伐。强化管理服务，优化系统功能，提升茶都服务水平。依托“一品一码”管理服务平台数据，与建设银行合作开发“市场+茶农+金融”新型金融惠农产品。依托该服务平台开发物业电子收费系统并投入使用。

（吴小猛　陈加勇）

茶事活动

【县茶促会第三届理事会第二次会议】 2022年12月22日，县茶促会第三届理事会第二次会议在永隆国际酒店召开。县领导洪金城、吕宝贝、卢荣斌、洪天阳、县茶促会会长陈春买，县直有关单位负责人，县茶促会第三届理事会部分成员，各乡镇茶促会和各专业分会的会长、秘书长，县茶促会党委所属各支部书记，2022年秋季安溪铁观音茶王赛获奖人员等出席会议。增设县茶促会监事会，其中监事长1人、监事2人，新增补副会长2人、常务理事 3人、理事6 人，成立安溪石狮茶业发展促进会，指导上海、福州、河南、祥华等茶促会做好换届工作。会议期间，举行由安溪县人民政府主办的2022年秋季安溪铁观音茶王赛颁奖仪式，詹亚清、陈秉怀分别获此次茶王赛的清香型金奖、浓香型金奖。

【茶产业市场调查】 2022年，安溪县在全国范围内开展安溪铁观音市场调查工作，了解安溪铁观音市场现状，了解广大消费者对安溪铁观音的认知、诉求以及消费者构成，通过市场需求导向来指导生产，做好茶产业发展决策，推动安溪铁观音转型升级。县茶促会发动各地茶促会做好茶管委发布的《茶产业市场调查》，全国35个异地茶促会完成2.2万份有效问卷。

【茶叶产销对接大会】 2022年，安溪县做好春茶秋茶产销工作，4月22日、10月13日分别举办春茶、秋茶产销对接大会，助力茶农增收、茶企增效、茶业发展。县茶促会组织山东、福州、河南、吉林、南安5个异地茶促会和12个乡镇茶促会参加签订产销合同，订购茶叶6000吨。山东、福州、河南、吉林、南安5个异地茶促会获“2022年度春茶产销对接工作先进单位”称号。

【两岸斗茶赛】 2022年11月30日，由两岸斗茶组委会、县茶业发展促进会联合举办的2022两岸斗茶茶王争霸赛安溪赛区，在安溪县茶业发展促进会职业培训学校举办。

【宣传会长单位企业品牌】 2022年，安溪县茶促会与县融媒体中心联合策划拍摄县茶促会副会长风采宣传片，通过挖掘副会长的创业经历和心得体会，将副会长奋斗故事与“安溪茶故事”有机融合，反映安溪茶业与茶人的发展变化，各茶促会宣传好安溪茶故事，助力安溪茶产业高质量发展。3月开始，每期（周）选取2—5人拍摄，6月30日开始，每周播出一名副会长的茶故事。

【茶业技能培训】 2022年9月，安溪县茶促会被福建省职业技能鉴定指导中心认定为福建省职业技能等级认定社会培训评价组织，面向社会提供职业技能认定等级服务。安溪县茶业发展促进会职业技能培训学校新增“茶叶加工”专项技能考核，中标安溪县农业农村局的高素质农民培训项目，培训400人。

【线上线下官方体验店】 2022年，县茶促会推进安溪铁观音线上线下体验馆（店）试点建设，出台《关于安溪铁观音体验馆（店）的授权及管理实施办法》，在各地茶促会、知名茶企内打造试点体验店。德志茶业、天进茶业等12家获得首批安溪铁观音体验馆（店）资格。

【各茶促会茶事活动】 2022年，县茶促会统筹指导全国各地茶促会开展茶事活动，发挥辐射带动引领作用。5月17日，福州茶促会联合晋安区王庄街道举办“粽享忘深夏·品茗闻香话传承”暨安溪铁观音大众品茗、斗茶英雄会。6月10—12日，县茶促会茶叶包装分会组团参加在厦门举办的2022年中秋安溪茶叶包装新品发布会，这是以“安溪茶包装”区域品牌首次亮相。6月18日，安溪南安茶促会举行会址揭牌仪式和“星艺佳”杯安溪铁观音清香型品鉴交流会，县委副书记洪金城、县政府副县长洪阳天、县茶促会会长陈春买出席活动。10月30日，安溪南安茶促会举办“海上丝路飘香 英雄故里传韵”第三届“郑成功”杯安溪铁观音茶王赛。10月18日，福州茶促会举行筹备工作会议暨在榕茶商交流会。11月8日，石狮茶促会举办“东方醒狮 狮来韵转”2022年石狮市安溪商会杯铁观音（清香型）茶王赛。11月25日，江苏茶促会举办2022年南京市安溪铁观音发展论坛。县委副书记洪金城和县茶促会会长陈春买通过云端发去祝贺视频。

（陈紫能　林松洲）

【安溪铁观音茶文化系统通过“全球重要农业文化遗产”线上考核】 2022年5月6日，联合国粮农组织对安溪铁观音茶文化系统开展线上考察。安溪县领导向考察组介绍安溪铁观音茶文化系统特征与价值、系统涉及的利益相关方、保护行动计划及实施方案；视频连线西坪铁观音发源地、云岭茶庄园国际友谊林茶园、种质资源圃、茶工坊等安溪铁观音茶文化系统景观现场，在线展示介绍安溪铁观音发源地景观，生态茶园种管模式、茶树品种种质资源保护，安溪铁观音制茶工艺、茶产品，铁观音茶艺文化，民间斗茶文化等。全面展示安溪铁观音茶文化系统特征和内涵。5月20日，福建安溪铁观音茶文化系统被联合国粮食及农业组织（FAO）认定为全球重要农业文化遗产。联合国粮农组织秘书处、农业文化遗产科学咨询小组、农业农村部国际交流服务中心、专家顾问团队和安溪县等候选遗产地的共同推动，首创线上考评，最终确定安溪县为第一个接受线上考察的重要农业文化遗产候选地。

【安溪县茶叶非遗技艺师带徒“长青计划”】 2022年4月，安溪县茶叶非遗技艺师带徒“长青计划”启动实施，采取“师带徒”结对帮扶形式，建立学期考核与奖励机制，每年考核认定40对师带徒。鼓励安溪县市级以上乌龙茶（铁观音）制作技艺非遗代表性传承人、安溪铁观音大师、安溪铁观音制茶工艺大师，帮扶县级乌龙茶（铁观音）制作技艺非遗代表性传承人、茶行业从业人员，提升传统制茶技艺的传承和从业人员技能。

【首届中国茶科技创新大赛】 2022年4月，首届中国茶科技创新大赛在安溪县启动。大赛由中国茶叶学会、中国农业科学院茶叶研究所、中华全国供销合作总社杭州茶叶研究院、福建省科学技术厅、泉州市人民政府、福建农林大学联合主办，安溪县人民政府、福建农林大学安溪茶学院、福茶网科技发展有限公司承办，中科国际协同创新中心（厦门）有限公司负责执行。有来自国内17个省（市）、48家高校院所、近100家企事业单位以及日本、韩国、以色列3个海外国家的245个科研团队报名参赛。经过专家初审，37个优秀项目入围决赛。12月启动决赛评审工作，决赛评审由中国工程院院士刘仲华及茶领域15名专家担任大赛评委，来自全国9个省（市）的近60名项目代表，以在线或现场路演、专家评委现场评议相结合的形式展示参赛项目。12月23日，首届中国茶科技创新大赛在安溪收官，安溪铁观音智能化精加工流水线（大包装和小包装）项目获特等奖，10个项目落地安溪。推进项目合作，“福建数字经济壹号股权投资基金”“安溪茶业‘数字基座’云服务平台”“安溪县人民政府与中国农业科学院茶叶研究所战略合作”等项目达成战略合作签约，中国乌龙茶产业研究院揭牌，国际乌龙茶产业科技创新联盟成立，茶叶精深加工科技特派员工作站授牌。

【安溪开茶节】 2022年4月21日，安溪开茶节在感德镇举办。活动由安溪县政府主办，感德镇政府、县茶管委办、县茶促会承办。位于福建高速感德征管所的主会场上，感德镇茶王公祠举行的敬茶仪式拉开开茶节序幕。随后由感德镇茶企负责人、感德茶师傅、安溪铁观音名匠代表宣读《茶师傅宣言》。开茶节现场，同步启动首届中国茶科技创新大赛、“观音铁韵 健康同行”2022年安溪铁观音短视频大赛、“观音韵 茶乡美”国际摄影大赛等活动。举行开茶节会旗交接仪式，由副县长洪天阳将会旗交接至下届举办乡镇代表手中。

【春茶产销对接大会】 2022年4月22日，安溪县举行2022年安溪春茶产销对接大会，产销大会分别开展线上线下签约，7个异地安溪商会、5个安溪在外茶促会、10家龙头企业以及安溪邮政分公司、新联会、知联会分别与12个乡镇茶促会、24家茶叶合作社，签订春茶采购合同6158吨，占春茶总产量的30%。会上为5家2021年度茶叶产销对接工作先进单位颁发证书。

【“观音铁韵 健康同行”2022安溪铁观音短视频大赛】 2022年4月20日至6月20日，安溪县举办“观音铁韵 健康同行”2022安溪铁观音短视频大赛，征集短视频作品近1000条，作品播放量超2000万次，从茶园生态、制茶工艺、文化习俗等方面，宣传展示全球农遗·安溪铁观音茶文化系统。专业评委组从内容、质量、创意、影响力等方面综合评分，最终选出一等奖1名、二等奖2名、三等奖3名、优秀奖30名、最佳人气奖1名、最佳创意奖1名、组织奖5名。获奖作品在县融媒体中心传播平台展播。

【“观音铁韵 农遗匠心”国际茶日主题活动】 2022年5月21日，“观音铁韵 农遗匠心”国际茶日主题活动在虎邱镇举办。活动由安溪县茶管委主办，县农业农村局、县茶管委办、虎邱镇人民政府承办，安溪茶园生态研究会、安溪茶业职业技术学校协办。活动现场，首届安溪铁观音茶园生态管理论坛举行。论坛以“茶园生态管理 促进质量提升”为主题，在论坛上就安溪铁观音茶园生态管理经验、茶园复合生态系统建设、传统制作技艺的产品市场经验等内容分享。联合国粮农组织全球重要农业文化遗产科学咨询小组副主席、中国农业科学院研究员李先德，福建省种植业技术推广总站教授级高级农艺师苏峰连线现场。活动最后举行2022春季安溪乌龙茶（铁观音）非遗技艺茶叶质量邀请赛决赛，评出金奖3名、银奖5名、铜奖8名。

2022年4月21日，在安溪开茶节上，举行“观音铁韵 健康同行”2022安溪铁观音短视频大赛启动仪式 （图／县茶业发展中心）

【“茶乡购·大师说茶”茶文化推广暨直播带货活动】 2022年6月和11月，安溪县举办春、秋两季“茶乡购·大师说茶”茶文化推广暨直播带货系列活动。6月16日，春季“茶乡购·大师说茶”茶文化推广暨直播系列活动启动，以“清溪茗夜——佳茗共赏话农遗”为主题拉开序幕。直播活动邀请铁观音大师、茶企大咖、名人名匠、直播达人等开展大师说茶带货系列活动。

举行春、秋两季“茶乡购·大师说茶”茶文化推广暨直播带货活动15场。春季直播活动围绕名茶篇、茶园篇、制茶篇、工匠篇、品牌篇、文旅篇、传承篇、创新篇8个主题，分享安溪茶叶品种、茶园管理、制茶工艺、品牌价值、茶旅融合、文化传承等。秋季直播活动以“对接产业链、强化供应链、提升价值链”为主线，联合核心产茶区、制茶大师、知名主播开展，帮助入选商家线上销售茶叶、茶食品及农特产品，以活动促进产业链、供应链、价值链实现“三链同构”。

【首届全球农遗·安溪铁观音茶文化系统保护与发展论坛】 2022年7月28—29日，首届全球农遗·安溪铁观音茶文化系统保护与发展论坛在安溪县举办。此次论坛由中共安溪县委、安溪县人民政府、泉州市农业农村局主办，中国农学会农业文化遗产分会等承办。论坛以“在发掘中保护，在利用中传承”为主题，包含安溪铁观音茶文化系统保护与发展主题研讨、申遗成功总结大会、保护与发展阶段性研究成果发布会、保护与发展系列项目启动仪式4项主题活动。此次论坛解读和研讨安溪铁观音茶文化系统，挖掘农业文化遗产经济、社会、文化、生态、科技等方面价值。

【泉州市（安溪）铁观音茶叶制作技能竞赛】 2022年9月20—23日，由泉州市总工会、市人社局主办，安溪县总工会、县人社局、县农业农村局、县茶业发展中心承办的2022年泉州市（安溪）铁观音茶叶制作技能竞赛在安溪云岭茶庄园举办。此次竞赛以个人赛的方式进行，来自泉州各县（市、区）的30名乌龙茶制作加工从业人员参加。比赛分理论知识和现场技能操作两部分，由组委会组织专家出理论考试试题，现场技能操作由评委会现场考评。参赛选手在2天内各自完成晒青、晾青、摇青、杀青、揉捻、包揉、烘焙、烘干等所有制茶工序。评出一等奖1名，二等奖3名，三等奖4名。安溪县首品家庭农场林阿鹏获一等奖。

【泉州市中国农民丰收节安溪分会场】 2022年9月23日，泉州市中国农民丰收节暨京东农特产购物节安溪铁观音分会场活动、安溪铁观音科技成果专题报告会在安溪县溪禾山铁观音文化园举办。安溪县与京东集团签订《安溪县人民政府北京京东世纪贸易有限公司战略合作框架协议》。启动仪式后，安溪县举办安溪铁观音科技成果专题报告会。会上，福建农林大学资源与环境学院、中国科学院城市环境研究所分别发布《安溪县茶园地理化学特征与铁观音乌龙茶品质关系》《安溪铁观音茶园生态系统多样性与功能调控》研究成果；安溪县与浙江大学签订《安溪铁观音预防阿尔茨海默病人群的肠道健康作用和机理及与微量元素的关系研究》技术开发合同书；举办“探秘茶香 科技赋能”专题圆桌会议。活动期间，举行2022年安溪铁观音短视频大赛、2022年春季安溪铁观音茶王赛、安溪县第13届乌龙茶审评拼配和烘焙技术大赛颁奖仪式；举办全球重要农业文化遗产·安溪铁观音茶文化系统主题图片展。

【第13届乌龙茶审评拼配和烘焙技术大赛】 2022年9月，由安溪县茶管委主办，县茶管委办、县人社局、县总工会、县茶促会承办的安溪县第13届乌龙茶审评拼配和烘焙技术大赛在安溪县华侨职业中专学校举行启动仪式。经过理论考试、审评、拼配、烘焙4个环节比赛，产生16强选手。一、二、三等奖获得者由县人社局授予“茶叶助理工程师”称号；一等奖获得者由县总工会授予安溪县五一劳动奖章。福建安溪高心茶业有限公司高癸壬、福建凤马贸易有限公司王进贤2人获一等奖。

【“茶香农遗·巾帼创业”——女茶师技艺竞赛】 2022年9月15日，“茶香农遗·巾帼创业”——女茶师技艺竞赛暨茶树种质资源保护与利用研讨会举办。在研讨会上，农业农村部全球重要农业文化遗产专家委员会委员、中国农业大学孙庆忠教授，福建农林大学原副校长林文雄教授，先后作题为《农业文化遗产保护与乡村建设》和《生态茶园建设中豆科植物的根际效应及其对茶叶品质的影响机制》的讲座，与安溪铁观音女茶师非遗传习所理事成员围绕茶树种质资源保护与利用进行交流研讨。在女茶师技艺竞赛中，参赛选手通过答辩环节、理论考试、感官审评等系列流程，评选出金奖1人（吕小菊）、银奖2人（肖秀春、李丽娟）、铜奖3人（黄丽凤、陈敏燕、李育辉）。

【春季安溪铁观音茶王赛】 2022年5月，由安溪县人民政府主办，县茶管委会办、县茶促会承办的2022年春季安溪铁观音茶王赛在安溪县茶叶协会职业培训学校举行。此次茶王赛分清香型、浓香型2个系列，收到清香型参赛茶样211份、浓香型参赛茶样303份。大赛设清香型安溪铁观音和浓香型安溪铁观音2个系列奖

2022年9月23日，安溪县举办“探秘茶香 科技赋能”专题圆桌会议
（图/县茶业发展中心）

项，每个参赛茶样净重5千克。其中清香型设金奖1名，奖金10万元；银奖2名，奖金各3万元；铜奖3名，奖金各2万元；优质奖23名，奖金各1.5万元。浓香型设金奖1名，奖金5万元；银奖2名，奖金各2万元；铜奖3名，奖金各1万元；优质奖20名，奖金各6000元。金奖获得者由县总工会授予安溪县“五一劳动奖章”，金奖、银奖、铜奖获得者由县人社局授予“茶叶加工助理工程师”称号。庆尊茶业陈灿煌获得清香型金奖，潘建坤获得浓香型金奖。

【秋季安溪铁观音茶王赛】 2022年10月26—27日，由安溪县人民政府主办，县茶管委会办、县茶促会承办的2022年秋季安溪铁观音茶王赛在安溪县茶叶协会职业培训学校举行，秋季茶王赛奖项设置与奖励与春茶相同。此次茶王赛收到清香型参赛茶样153份、浓香型参赛茶样141份。高瞻祥华、颂匠名茶分别获清香型铁观音金奖、浓香型铁观音金奖。

【安溪秋茶订货会】 2022年10月13日，安溪秋茶订货会召开。在安溪秋茶线上线下签约仪式上，有8个异地安溪商会、4个安溪在外茶促会、9家龙头企业以及安溪邮政分公司分别与7个乡镇茶促会、15家茶叶合作社，签订秋茶订货合同4158吨。会上为14家被评为2022年度春茶产销对接工作先进单位颁发证书。

【2022年第二届“厦门市安溪商会杯”安溪铁观音秋季茶王赛】 2022年11月5—6日，由厦门市工商联（总商会）和安溪县政府联合举办、厦门市安溪商会承办的2022年第二届“厦门市安溪商会杯”安溪铁观音秋季茶王赛在厦门举办。此次茶王赛分清香型铁观音和浓香型铁观音2个类别，每个参赛茶样净重3千克，收到清香型铁观音361份、浓香型铁观音样354份。最终决出清香型和浓香型茶王各1名，以及银奖、铜奖、优质奖各数名。天进茶行、老磨功夫茶分别获清香型铁观音金奖、浓香型铁观音金奖，赢得188888元和88888元茶王奖金。

【第十九届中国国际农产品交易会】 2022年12月22—25日，第十九届中国国际农产品交易会在四川成都举办。县茶管委办携手祥华乡、虎邱镇政府共同组织华源茶业、冠和茶业、素全茶叶研究所、罗岩茶业4家安溪品牌茶企及益酩茶酒入驻安溪铁观音品牌展示馆展示宣传。活动期间，参展企业在安溪铁观音品牌展示馆中央舞台上，以“同享安溪铁观音 共话茶界双世遗”“安溪六大国家级茶树良种宣传展示活动”为主题，开展宣传推介活动，展示祥华乡、虎邱镇区域茶叶产品特色，助推安溪公共品牌与安溪茶叶主产乡镇公共品牌发展。现场组织参展企业开展招商活动，推动参展茶企与意向采购商、加盟商等达成合作。

（刘尾萍　苏少民）

工 业

综述

【工业经济指标】 2022年，安溪县工业增加值395.74亿元（当年价，下同），比上年增长5.5%。规模（2000万元）以上工业企业产值1328.53亿元，比上年增长9.5%。其中，规模以上工业增加值比上年增长7.2%，居全市第2位；工业投资比上年增长12.6%；技改投资比上年增长25.7%，增幅居全市第8位。

2022年，全县有30家年缴纳税金总额超500万元（含国税免抵额，下同）。其中，超1亿元1家，5000万元至1亿元3家，1000万元至5000万元15家，500万元至1000万元11家。被县委、县政府授予“2022年度纳税功勋企业”称号1家、“2022年度纳税明星企业”称号3家、“2022年度纳税优秀企业”称号26家。

【规模以上工业】 2022年，安溪县规模以上工业产值中，按工业类别分：轻工业产值835.68亿元，比上年增长11.5%；重工业产值492.85亿元，比上年增长6.2%。按经济组织类型分：股份合作企业产值10.73亿元，比上年下降2.9%；股份制企业产值1045.5亿元，比上年增长9%；外商及港澳台商投资企业产值174.46亿元，比上年增长10%；其他经济类型企业产值97.84亿元，比上年增长15.8%。按行业分：采矿业产值14.65亿元，比上年下降1%。制造业产值1286.84亿元，比上年增长10.1%，其中农副食品加工业产值10.69亿元，比上年增长19.8%；食品制造业产值9.96亿元，比上年增长3.1%；酒、饮料和精制茶制造业产值321.29亿元，比上年增长7%；纺织业产值0.01亿元，比上年下降97.4%；纺织服装、服饰业产值36.06亿元，比上年下降7.3%；皮革、毛皮、羽毛及其制品和制鞋业产值2.01亿元，比上年增长22.6%；木材加工和木、竹、藤、棕、草制品业产值10.7亿元，比上年增长20.6%；家具制造业产值0.37亿元，比上年下降7.1%；造纸和纸制品业产值59.34亿元，比上年增长12.7%；印刷和记录媒介复制业产值59.32亿元，比上年增长23.7%；文教、工美、体育和娱乐用品制造业产值193.97亿元，比上年增长15.3%；化学原料和化学制品制造业4.39亿元，比上年增长10.8%；医药制造业产值13.33亿元，比上年增长27.7%；化学纤维制造业产值6.81亿元，比上年增长29.6%；橡胶和塑料制品业产值3.27亿元，比上年下降61.2%；非金属矿物制品业产值40.52亿元，比上年增长3.5%；黑色金属冶炼和压延加工业产值151.95亿元，比上年增长0.4%；有色金属冶炼和压延加工业产值0.73亿元；金属制品业产值38.57亿元，比上年增长15.9%；通用设备制造业产值24.83亿元，比上年增长26.3%；专用设备制造业产值35.1亿元，比上年增长10.5%；电气机械和器材制造业产值88.88亿元，比上年增长14.6%；计算机、通信和其他电子设备制造业产值152.33亿元，比上年增长18%；仪器仪表制造业产值21.57亿元，比上年增长10.5%；废弃资源综合利用业产值0.82亿元，比上年下降18.6%。电力、燃气及水的生产和供应业产值27.04亿元，比上年下降10.5%。

【创新转型企业】 2022年，安溪县工信商局做好示范培育促创新转型工作。福建晶安光电有限公司、福建天电光电有限公司入选2022年（第三十六批）福建省企业技术中心名单。福建天电光电有限公司、福建晶安光电有限公司、福建中科三净环保股份有限公司入选2022年泉州市市级工业设计中心名单。

【培育龙头企业】 2022年，安溪县工信商局出台《安溪县加快推动制造业优势龙头企业和小巨人企业高质量发展的行动计划（2020—2022年）》，完善培育龙头企业的动态管理机制，加快培育一批省、市级龙头企业。引导推荐安溪县工业企业申报省、市级产业龙头企业。经过评定，福建泉州闽光钢铁有限责任公司被列为2022年福建省工业和信息化省级龙头企业；福建省闽华电源股份有限公司、福建天电光电有限公司、福建省信达光电科技有限公司、福建晶安光电有限公司、福建八马茶业有限公司、福建省海佳集团股份有限公司、泉州市凯鹰电源电器有限公司7家企业被列为2022年福建省工业龙头培育企业。泉州市凯鹰电源电器有限公司、福建省海佳集团股份有限公司、福建鼎珂光电科技有限公司、福建省闽华电源股份有限公司、福建天电光电有限公司、福建省信达光电科技有限公司、福建晶安光电有限公司、福建八马茶业有限公司、安溪新唐信家俱有限公司、福建泉州闽光钢铁有限责任公司10家企业被列为2022年市级产业龙头企业。涵盖电子信息、食品、工艺制品、冶金4个行业。

泉州市凯鹰电源电器有限公司生产车间 （摄于2022年4月 图/刘伯怡）

【企业技术改造】 2022年，安溪县工信商局以提高质量效益为目标，以项目为抓手，促进工业产业转型升级。全县有57个企业项目列入县级技术改造项目库；16个企业项目被列入市级重点技术改造项目库；15个企业项目被列入省级重点技术改造项目库。县工信商局推进全县技改项目进度，配合省、市工信部门领导及专家组对部分技改项目进行现场核查，争取获得上级资金补助。2022年，安溪县技改企业获得省级技术改造专项奖金70万元、市级技术改造专项奖金50万元。

2022年安溪县规模以上工业主要行业产值情况统计表

表4

指标名称	产值（亿元）	比上年增长（%）
采矿业	14.65	-1
制造业	1286.84	10.1
农副食品加工业	10.69	19.8
食品制造业	9.96	3.1
酒、饮料和精制茶制造业	321.29	7
纺织业	0.01	-97.4
纺织服装、服饰业	36.06	-7.3
皮革、毛皮、羽毛及其制品和制鞋业	2.01	22.6
木材加工和木、竹、藤、棕、草制品业机械制造业	10.7	20.6
家具制造业	0.37	-7.1
造纸和纸制品业	59.34	12.7
印刷和记录媒介复制业	59.32	23.7
文教、工美、体育和娱乐用品制造业	193.97	15.3
化学原料和化学制品制造业	4.39	10.8

续表4

指标名称	产值（亿元）	比上年增长（%）
医药制造业	13.33	27.7
化学纤维制造业	6.81	29.6
橡胶和塑料制品业	3.27	-61.2
非金属矿物制品业	40.52	3.5
黑色金属冶炼和压延加工业	151.95	0.4
有色金属冶炼和压延加工业	0.73	—
金属制品业	38.57	15.9
通用设备制造业	24.83	26.3
专用设备制造业	35.1	10.5
电气机械和器材制造业	88.88	14.6
计算机、通信和其他电子设备制造业	152.33	18
仪器仪表制造业	21.57	10.5
废弃资源综合利用业	0.82	-18.6
电力、燃气及水的生产和供应业	27.04	-10.5

【安溪县上榜“中国工业百强县”】2022年11月25日，中国信息通信研究院主办的中国县域工业经济发展论坛发布《中国县域工业经济发展报告（2022）》，揭晓2022年“中国创新百强县”“中国工业百强县”“中国工业百强区”榜单。其中，安溪县上榜“中国工业百强县”，列全国第82位。

（詹晓莺　王辉荣）

【城镇集体工业资产管理】2022年，安溪县城镇集体工业联合社（简称“县工业联社”）做好租赁承包经营，组织企业展示参评。有县办集体企业5家，包括工业企业4家（县轻工机械厂二厂、县机电厂、县胶合板厂和县二轻造纸厂），商贸企业1家（县二轻供销公司）。企业职工227人，其中在职职工27人、退休职工200人。企业占地面积30955平方米，建筑面积14110平方米。

县胶合板厂　位于凤城镇祥云路凤冠山下，占地面积11000平方米，建筑面积4000平方米，职工50人（在职7人、退休43人），原生产经营木材胶合板，1992年8月停产。2022年，县工业联社配合资产调查，清资核产工作，聘请第三方机构专项审计，推动安置工作。

县二轻造纸厂　位于凤城镇祥云路凤冠山下，占地面积5000平方米，建筑面积2500平方米，职工56人（在职2人、退休54人），原生产经营再生纸。2022年，县工业联社全力配合资产调查，清资核产工作，聘请第三方机构专项审计，推动安置工作。

县轻工机械二厂　位于官桥镇区官郁村牛埔，占地面积11000平方米，建筑面积4000平方米，职工69人（在职15人、退休54人），主要经营小五金修配。2022年，该厂对外租赁经营。

县机电厂　位于湖头镇中山街中部，占地面积3560平方米，建筑面积3050平方米，职工36人（在职2人、退休34人），以生产小型机电产品为主。2022年，由该厂职工承包护厂管理。

县供销公司　位于凤城镇解放路南段，占地面积395平方米，建筑面积560平方米，职工16人（在职1人、退休15人），原主要经营二轻商场。2022年厂房承租方终止合同，重新对外招租。

【惠企政策汇编】2022年，县工信商局贯彻落实惠企政策，收集整理汇编《安溪县惠企政策申报指南（2022年）》，对惠企政策进行宣传解读，让企业了解、掌握和对接省、市、县出台的新政策。

（许伟鑫　李海水）

工艺美术工业

【概况】 2022年，安溪县有家居工艺企业2200多家，产值265亿元。其中，规模以上企业66家，加工点3000多个，从业人员15万多人。3月3日，安溪县藤铁工艺文化产业发展中心揭牌仪式在县青少年宫举行。

【藤铁工艺产业标准化园区建设】 2022年，安溪县推进藤铁工艺产业标准化园区规划建设，承接家居工艺生产制造企业转移，建成集产品研发、加工制造、成品包装、仓储物流于一体的家居工艺制造基地，推动产业集聚发展。配套建设藤铁配件产业园或配件中心，提供铁件、水性漆、木板等配件原材料，完善产业链条，提高生产效率，降低企业生产成本，解决企业生产前端问题。加快推进藤云工艺园二期标准化建设，改造技艺、扩能升级，引导园区企业“油改水”，出台奖励扶持政策，逐步向全行业推广。加快云鹤电商园建设进度，加强配套设施建设，出台招商引资政策，筛选一批有用地需求的优质企业入驻，重新规划聚合、规范布局。

【企业参加供采对接会】 2022年7月15日，2022泉州外贸供采对接会——轻工产品专场在泉州举办。安溪县组织聚丰、恒发、英发、恒鑫、华星、正元、合兴、华艺8家企业参会。此次对接会拓宽企业销售渠道，促进采购意向和新订单成交。10月24—25日，锦汉家居礼品线下采购对接会（福建专场）暨藤铁家居工艺品供采对接会在厦门举行，安溪县组织20家企业参加对接会。

【安溪藤铁家居工艺供采对接拓市场启动会】 2022年11月25日，安溪县举行藤铁家居工艺供采对接拓市场启动会。此次活动有15家藤铁工艺龙头企业参与，通过线上线下联动营销、数万件产品大型展销等方式，引导企业与75家国际客商面对面接洽，实现供货商与采购商对接，帮助企业了解市场消费需求，降低流通成本。

【企业展示参评】 2022年6月30日，“古技今艺——中国（安溪）藤铁艺术展”在晋江五店市传统街区开展，47名工艺美术大师、工艺美术名人180多件（套）作品参展，编辑《古技金艺——安溪藤铁艺术展作品集》。8月18—21日，安溪县组织聚丰工艺、英发工艺、富华工艺、恒发工艺等17家工艺企业参展第二届中国工艺美术博览会，设立20个标准展位合计180平方米展览展销，组织参评“百鹤杯”工艺美术创意设计大赛，其中作品《海丝妙音》获“百鹤杯”新锐奖。11月3—6日，安溪县组织11家企业以“世界藤铁工艺之都——安溪”集体参加2022中国工艺美术产业发展大会（南昌展），设置20个特装展位；会上，中国工艺美术学会与安溪县政府签订战略合作协议，授予安溪县“藤铁产业基地”称号。12月14日，中国工艺美术学会公布“中鼎杯”工艺美术艺术与设计大赛获奖名单，安溪藤铁家居工艺产业获10个奖项，其中获金奖4个、铜奖2个、银奖4个。

2022“中鼎杯”工艺美术艺术与设计大赛获奖一览表

表5

序号	奖项	作品名称	设计人/制作人
1	金奖	《出海》	陈钢将
2	金奖	《机器鸡》	黄金思
3	金奖	《陪伴》	黄碧雪
4	金奖	《私语》	吴美珠
5	银奖	《芭蕾之恋》	黄庆发
6	银奖	《奔月》	吴美玲
7	铜奖	《舞者》	刘　海
8	铜奖	《淑女》	黄种杰
9	铜奖	《梅花壁画》	马勇信
10	铜奖	《呵护》	张清碧

【藤铁工艺行业人才队伍建设】 2022年，安溪县制定《安溪县藤铁工艺大师评选工作方案》《首届安溪县藤铁工艺大师现场创作考评方案》，发展藤铁人才队伍。新增张锦鸿大师工作室、叶振民大师工作室2个市级大师工作室。安溪县家居工艺行业陈明辉、黄庆发、林德时、唐艺森、吴美珠5人获评第六届福建省工艺美术大师。推荐黄连福、黄庆发、唐艺森、林德时、陈明辉、黄春火、刘爱民、吴美珠、吴知贤、叶文土10名省工艺美术大师、名人，进入福建省轻工业联合会工艺美术行业专家库。6月9日，安溪藤铁工艺行业高级工美设计及电商培训班在安溪县华侨职校举办，培训300人。6月16—19日，安溪县举办“传承·创新”藤铁艺术科普教育周论坛，来自藤铁艺术领域的6名专家学者，围绕藤铁工艺传承与创新主题，从学术研究和产业发展两个层面举办讲座，为期4天，举办6场次，直播间在线观看1万多人次。11月，原定于在安溪开展的清华大学深圳国际研究生院“视觉符号设计”课程实验环节教学活动线上举办，为期1个星期，31名同学设计制作完成100多件（套）产品，作品质量实现线上线下实质等效，实现课程教学目的，创建校地企合作远程实验教学新模式。

【安溪藤铁工艺创新发展研究院成立】 2022年12月2日，安溪藤铁工艺创新发展研究院成立仪式暨“设计驱动，数字赋能”主题沙龙举行。活动内容包括举行产业共享品牌溪有好物入驻小米有品上线仪式；邀请专家们围绕“设计驱动，数字赋能”主题，从“设计、品牌、发展”等方面发表主旨演讲。安溪县委书记吴毓舟、安溪藤铁工艺创新发展研究院院长杨学太共同为研究院揭牌。该研究院由安溪县引进迪特国家工业设计中心设立打造，通过工业设计和数字化技术赋能产业发展。

【少儿竹藤编现场赛举办】 2022年6月1日，安溪县工业联社在县第二十小学举办少儿竹藤编现场活动赛，庆祝“六一”国际儿童节，传承竹藤编非遗技艺。比赛评出一等奖1名，二等奖3名，三等奖5名。

（龚学智　许伟鑫　李杰林　李海水）

电力工业

【概况】 2022年，安溪县电网最高负荷809.3兆瓦，全社会用电量45.37亿千瓦时，同比增长2.02%，其中工业用电量25.49亿千瓦时，同比增长-0.72%。县供电公司总购电量37.69亿千瓦时，售电量36.24亿千瓦时，综合线损率3.84%，纳税5497万元。全员劳动生产率70.4万元（人·年）。县供电公司在全国文明单位届中初评成绩位居全市第三，获全国“安康杯”竞赛活动优胜单位、福建省“安康杯”竞赛先进单位等称号。凤城镇供电所获评泉州市“工人（五一）先锋号”、泉州市“安康杯”竞赛先进班组。

【电网投资】 2022年，安溪县统筹各级电网与城乡建设协调发展，推动电网提升。优化外部政企环境，推动行政审批手续简化。推进主网建设，完成特高压项目交地及行政许可手续办理，和属地乡镇政府达成7446平方米房屋拆迁安置意见。北电南送特高压工程（安溪段）工程量：全线222基铁塔、双回线路总长128千米。新开工建设4个输变电项目，投产110千伏举溪变、郭埔变扩建等7个项目。推进配网建设，加强配网建设全过程管控，114个配网项目按期竣工。谋划配网三年提升行动，超额完成年末追加下达的8217万元储备任务；完成2023年配网项目储备目标，预计总投资达1.7亿元。配网标准化建设提高，湖头所D1182台区新建工程获评国网百佳项目；剑斗所T0335台区新建工程获评省公司优质工程。

【电力安全生产】 2022年，安溪

2022年11月，110千伏举溪变电站在实施主变吊罩作业（图/安溪供电公司）

县滚动修编全员安全责任清单，健全并应用部门和个人安全履责量化评价制度。加大现场安全管控力度。全年督查现场1.02万处，查纠违章343起（其中严重违章2起）；应用移动智能终端、布控球等安全数字化手段强化远程监督，作业现场检查覆盖率提高至43.3%，各层级管理人员到岗到位覆盖率为28.7%，上级执规检查违章率同比下降39.7%。防范安全生产风险，管控六级及以上电网风险55项、三级及以上作业风险52项。投入178万元开展变电站防误装置维保等29个“安措”计划项目。推进安全生产专项整治三年行动，开展安全生产大检查、大排查大整治等专项隐患，分层级纳入隐患“一本账”跟踪管理，整改各类隐患2333项，整改率97.3%。深化设备运维管理，输电、配电设备故障停运率同比下降23.5%、31.6%。

2022年12月9日，国家电网福建电力“双满意”共产党员服务队走访龙门镇泰兴特纸有限公司（图/安溪供电公司）

【电力服务】 2022年，安溪县户均停电时长5.16小时，同比下降15.7%，实现“不限电，少停电”目标。完成党的二十大特级保电、国际茶日等重要活动保电37场次，出动4000余人次开展保电特巡特护。实行重点项目领导挂点和分级管理机制，加快兴泉铁路、全球遥感卫星接收站等28个项目送电进度。落实促进经济平稳增长10项措施和复工复产“1+1+8”助企纾困政策，减免小微企业办电成本1840万元，实行“先建设后付费”缓解企业资金压力3487万元。促成政府出台标准化园区红线外延伸投资政策，落地资金812万元。电力“双满意”工程连续2年被县委县政府列为民办实事项目，2个“双满意”实践案例入选市公司十佳实践案例名单。完成4个老旧小区改造工程和35个乡村电网提升工程，超额升级HPLC（高效液相色谱法）智能电表14.5万只，投入2358万元。助推“低碳”生活，投运7个乡镇公共充电设施，完成充电量190万千瓦时，同比增长13.9%；结算光伏扶贫项目上网电量313万千瓦时，实现绿色创收348万元。

（李培杰　林荣仁）

商贸服务·民营经济

国内贸易

【概况】 2022年，安溪县国有商业企业推动流通体制改革和商业企业改革，完善市场体系建设，扩大内需，维护市场稳定，经济运行整体保持良好态势。截至年底，全县国有商贸企业有食品、饮服、五交化、医药、物资5家，集体商业企业（商业综合公司）1家。全年，全县社会消费品零售总额683.16亿元，比上年增长6.4%，其中，限额以上社会消费品零售总额274.81亿元，比上年增长14%。

【国有商业】 2022年，安溪县国有商业企业通过承包、租赁等经营方式完善经营机制。其中，安溪县饮服服务有限公司2022年度营业额40.77万元，利润3200元，税金1.68万元；县五交化公司有职工14人，退休人员29人，靠店面出租维持，年营业额7.8万元，利润1300元，税收4900元；县食品公司主要依靠城区、官桥屠宰场和湖头屠宰点的定点屠宰服务收入来维持日常支出，年营业额539.31万元，利润7.45万元，税金17.88万元。2022年，受安溪县藤铁工艺品内销企业原材料需求锐减的影响，县物资公司各项主要经济指标出现较大幅度下降，全年完成物资销售2133万元，比上年下降54.7%；利润-94.9万元；上缴税金74万元，比上年下降27.45%。

【医药经营与管理】 2022年，安溪县医药公司做好全县防控物资贮备与发放工作。履行与安溪县中医院签订的14个中标中药饮片品种合同；做好下辖11个门市部零售药品管理。盘活闲置国有资产，清偿债权，及时催收应收款。在药品购、销、存、运等环节设置风险点，诚信经营。批发部经营软、硬件到位，经营全过程实行计算机管理；库房储存温湿度实行自动监测调控。全年收入840.06万元（其中药品销售总额463.01万元，医疗器械销售额291万元），实现利润2.5万元，上缴税金30.72万元，年末固定资产3443.29万元。

2022年10月，安溪县医药公司并入“安溪县城建集团”旗下，在编干部职工62人，在职在岗23人，下岗分流39人，缴纳“五险”62人，参加医疗互助23人，退休人员86人，享受遗属补助28人，退休人员社会化管理移交办结86人。取得副高级职称3人，中级职称1人，执业药师资格23人。全年参加内部及省级技术技能和职业道德教育培训44人次。与“福建省安溪华侨职业中专学校”联合成立校企教学培训实习基地，派出3人为职校药学专业兼课老师，受聘3年。

【“菜篮子”基地建设】 2022年，安溪县进一步加强“菜篮子”基地建设，提升市场供应保障和食品安全水平。全县共有“菜篮子”基地73个，其中，蔬菜基地19个（其中省级3个，市级2个），总面积481.33公顷，全年为市场提供蔬菜1.71万吨；养殖基地54个（其中省级2个，市级7个），全年为市场提供商品猪7.51万头、肉禽25.23万羽、鲜蛋1684吨、肉牛628头、肉羊1723只。县级财政专项补贴“菜篮子”基地项目资金300万元，年内完成拨付。

（詹晓莺　王辉荣）

对台港澳贸易

【概况】 2022年，安溪县对台港澳贸易新批企业有8家，其中对台贸易新批企业5家、对港澳贸易新批企业3家。全年安溪对台港澳贸易新批企业合同资金4195万美元。

【对台贸易】 2021年，安溪县对台贸易新批企业有安溪豪棒棒农业科技有限公司、杨山虎生物科技（福建）有限公司、福建省有润科技有限公司、福建省安溪元真号茶业有限公司、福建金美福旅游开发有限公司5家，合同资金1205万美元。

【对港澳贸易】 2022年，安溪县对港澳贸易新批企业有福建省安溪县创展力电子科技有限公司（增资）、福建省安溪瑞之星汽车销售服务有限公司、福建闽港投高速公路有限公司3家，合同资金2990万美元。

（王 敏 王辉荣）

对外经贸

【概况】 2022年，安溪县推动外商投资工作，取得实效。在第二十二届中国国际贸易洽谈会上，安溪县上报签约项目7个，可利用外资13500万美元，项目合同外资7500万美元，邀请客商5人到会洽谈。全县参加2021年度全国外商投资企业数据申报系统的企业有125家。全年全县进出口商品总额 42.67亿元，比上年下降10.56%。其中，出口41.11亿元，比上年增长-8.18%；进口1.56亿元，比上年增长-46.97%。

【利用外资】 2022年，安溪县实际利用外资（验资口径）550万美元，比上年下降57.1%，完成市下达任务1000万美元的55%。外商实际到资的主要企业有凯鹰电源电器增资550万美元。

2022 年，安溪县合同外资 4195 万美元，比上年下降 78.3%。全年新批外资企业 7 家，增资项目 1 家。外商投资企业总产值 220.38 亿元，比上年增长 4.7%。全县历年审批和备案企业 557 家，投资总额 269464 万美元。

【外贸出口】 2022年，安溪县出口企业140家，2022年全县外贸出口41.11亿元，比上年增长-8.18%。其中，商贸业10.78亿元，比上年增长13.75%；服装、鞋帽业4.36亿元，比上年增长0.95%；电源、电池业2.32亿元，比上年增长-19.06%；建材、化工业0.64亿元，比上年增长-57.06%；茶业0.49亿元，比上年增长-8.29%；光伏、电子业5.36亿元，比上年增长-7.33%；机械、五金业1.07亿元，比上年增长309.88%；食品业0.4亿元，比上年增长-27.79%；家居工艺品业15.69亿元，比上年增长-19.43%。

【外贸企业群体发展】 2022年，安溪县落实政策稳增长，兑现省市惠企资金，指导企业用好用足政策，帮助企业减轻负担，增加信心。组织3家企业申报开拓国际市场（省级境外展会及中央中小开）项目资金，组织21家外贸企业申报泉州外贸云展会补助资金。建立29家重点外贸企业库，加强重点企业调研跟踪服务，新备案外贸经营权企业25家，扩大外贸经营主体。

【出口信保参保】 2022年，安溪县指导企业用好出口信保，引导企业投保出口信用保险，指导中小微企业通过“国际贸易单一窗口”参保，鼓励企业参与出口信保，降低企业出口风险。

【外贸辅导培训】 2022年，安溪县举办RCEP专题政策宣讲活动，邀请泉州海关解读RCEP政策规则；借助福建省商务厅“助力万企成长”线上平台，组织企业参加关于RCEP专题培训，帮助企业拓展RCEP市场。

【企业参展和参加对接会】 2022年，安溪县组织企业参展和参加采购对接会。组织20家参加泉州外贸云展会——家居工艺品礼品专场；组织12家企业参加第131届广交会；组织7家安溪代表企业参加2022（福州）中国跨交会，设立“世界藤铁工艺之都——安溪”展示专区，集中展示安溪特色产业和特色产品，利用展会平台开拓新市场。组织8家藤铁家居出口企业参加2022泉州外贸供采对接会——轻工产品专场，通过“一对一”交流洽谈、自由对接、介绍和观看样品等方式，扩大商务联系。组织动员企业参加第22届中国国际贸易投资洽谈会“丝路投资”园区对接会。宣传动员企业参加第132届广交会、第5届中国国际进口博览会、香港国际玩具及礼品展暨亚洲赠品及家居用品展。组织17家企业参加厦门举办的锦汉家居礼品采购对接会（福建专场）暨藤铁家居工艺品线下供采对接会，组织15家藤铁工艺龙头企业参加“双线联动 拓市促销”安溪藤铁家居工艺供采对接会，畅通安溪藤铁家居产品海外销售渠道，助推藤铁家居产品出海。鼓励外贸企业开展市场采购和跨境电商业务，利用外贸发展新业态扩大外贸出口。落实海外抢单专项行动，通过“代参展”“组团”赴境外开展商务活动等方式抢订单扩大出口市场，组织6家企业参加市级组织的“组团”赴海外开拓市场活动。

（詹晓莺 王辉荣）

电子商务

【概况】 2022年，安溪县网络零售额183.59亿元，比上年增长5.2%（家具类103.12亿元，比上年增长0.9%；茶叶类80.47亿元，比上年增长20.3%），全县网络零售额位居全市第4。全县B2C（企业对消费者的电子商务模式）网络零售额223.96

亿元，比上年增长10.8%；全县C2C（个人与个人之间的电子商务模式）网络零售额58.43亿元，比上年下降11.8%。

【电子商务平台建设】 2022年，安溪县出台《扶持民营经济发展若干配套措施》《疫情期间电商保供奖补》《扎实稳经济一揽子政策73条措施》等，帮助企业申报惠企资金318.5万元（其中免申即享县级电商资金294.5万元、省级电商资金24万元），促进电商发展。企业通过淘宝、天猫、京东、拼多多、抖音等主流电商平台销售茶叶、工艺品等产品；引进领秀天地电商园、中国福茶数字科创园等项目；福茶网安溪办挂牌成立，有110家茶叶电商企业和一批各类涉茶企业入驻“福茶网”；建有“农村淘宝”站点33个，促进工业品下乡；建有“快马鲜生”“邮乐购·安溪馆”“禾康优选”“御品龙涓”等本地电商平台，助推农特产品上行；指导禾康优选参与疫情保供工作。利用春节、国庆等节假日和“6·18”“双十一”“双十二”等开展促销，开展或参加“云上跨年购”“爱泉州大乐购”“产业供需对接”“茶乡购·大师说茶”“双品网购节”“网上年货节”“RCEP政策宣讲”等活动；与天猫、淘宝、京东、拼多多、抖音、亚马逊等主流电商平台开展系列产业带招商、实战技能培训等活动64期次，参加2750人次，发展电商人才队伍。“6·18”“双品网购节”“双十一”“大师说茶直播带货”“网上年货节”活动期间网络零售额分别为17.92亿元、13.6亿元、14.8亿元、0.8亿元、22.76亿元。12月12日，福建安溪光电产业线上线下相结合产销对接拓市场暨藤铁家具工艺品供需对接云展会在中国邮政安溪县分公司举办，集聚晶安光电、天电光电、信达光电、中科生物等安溪多家光电企业。此次活动在线下光电企业设置展厅，在线上设全国性购物平台邮乐网主题专区，展示光电、藤铁等产业发展成果。

【直播基地建设】 2022年，安溪县利用“中国茶都直播基地”“邮政惠农直播基地”“弘桥智谷电商基地”“茶乡购”和各企业商家直播间，开展重点产业直播活动，网络直播5.17万场，直播商品销售2575.81万件，直播商品销售额12.13亿元。国家电子商务进农村综合示范县通过省商务厅专项评估验收；县电商公共服务中心固定资产委托第三方清册入库后由县邮政公司托管。全县建有县级电商物流仓储配送中心1个、乡镇级电商物流中转站24个、村级电商物流服务点453个；汇集邮政、顺丰、百世汇通、韵达等快递企业228家，农村电商快递协同发展；全县快递企业业务总量9640.96万件，比上年增长16.05%；全县农产品累计网络零售额85亿元，比上年增长18.1%，全县农产品网零额位居全市第一位；安溪县位列全国“农产品数字化百强县”第一位。全县有淘宝镇10个，淘宝村增至57个；全县电商企业9886家，电商店铺数25123家，限上电商纳统企业260家（新增纳统49家）；安溪县位列全国“2022年度县市电商竞争力百佳样本”榜单第17。

（詹晓莺　王辉荣）

【供销电子商务发展】 2022年，安溪县供销社以供销电子商务公司为依托，开展系统电子商务工作，指导基层企业，推进供销电商（新零售）业务开展，充分利用慧享供销电子商务平台，线上线下推销农特产品，解决农副产品买卖难问题。截至2022年底，慧享供销平台经销商3385个，供货商225家，会员23523人，商品上线1287种，销售全国各地农产品1565种，2022年实现200多个县农特产品产地直销。

（林石塔　陈志安）

2022年12月12日，安溪县光电产业线上线下相结合产销对接拓市场暨藤铁家具工艺品供需对接云展会及茶产业工业企业产销对接拓市场活动举办

（图／安溪邮政分公司）

【弘桥智谷（泉州）电商产业基地】 2022年，弘桥智谷（泉州）电商产业基地规划占地100公顷，建筑面积超100万平方米，拟投资20亿元，投入运营面积26万平方米，建成30栋大楼，包括大型仓储物流22栋，电商运营办公楼4栋、电商O2O展示体验4栋，占地面积33.33公顷，完成投资约7.5亿元。开展电商培训4期，培训学员99人，提供管理咨询服务企业46家。

（詹晓莺　王辉荣）

粮油经营

【概况】 2022年，安溪县粮食安全工作保持平稳态势。做好全年地方储备粮、食用油储备工作。

【储备粮采购与轮换】 2022年，安溪县采取"先出后入"的轮换方式，轮入、轮出粮食。2022年分别与江西省九江市共青城市农业农村水利局、黑龙江省哈尔滨市方正县发展和改革局签订粮食产销合作协议，推进省内外产销协作，确保粮食市场供应。

【粮食保管与检验】 2022年，安溪县储备粮存粮数量真实，质量良好，达到"一符四无"（即储备粮油账实相符，无害虫、无霉变、无鼠雀、无事故）标准，储存安全，管理规范，没有发生粮食安全事故。开展粮食质量抽检，抽取储备粮、应急储备大米、军供粮样本86个，经送检，所有样品品质良好，合格率100%。

【经营机制与管理】 2022年，全县粮食储备充足，粮源调入、粮油销售配送物流畅通，运转有序，粮油市场供应量足价稳。推进"放心粮油"建设，确认国家级"放心粮油示范性销售店"1家、省级"放心粮油示范销售店"1家、市级"放心粮油经销店"3家。

【应急保障体系建设】 2022年，安溪县完善粮食应急供应网点布局，新增29家应急供应网点，新增3家粮食应急储运企业、1家应急配送中心和3家应急保障中心。

【粮库建设】 2022年，安溪县中心粮库（二期）扩建项目完成主体工程建设，通过初步验收，新增标准化仓容数万吨。

（王清沂　魏中南）

供销合作

【概况】 2022年，安溪县供销合作社联合社（简称"县供销社"），有下属企业30家。其中，社有企业8家，即福建安溪县供销集团有限公司及下设5家全资独立运营的子公司（冠盛农资公司、冠盛茶果公司、冠盛土产公司、冠盛贸易公司、冠盛物流公司）、资产管理运营中心、电子商务有限公司。股份合作制企业2家（新合作农业生产资料有限公司、冠盛再生资源有限公司）。基层供销合作社17家（城厢、魁斗、蓬莱、金谷、湖头、尚卿、新溪、龙门、虎邱、龙涓、西坪、芦田、感德、剑斗、长卿、祥华、参内基层供销合作社）；开放办社企业3家（中挪化肥有限公司、龙馨茶业有限公司和年年香茶叶股份公司）。截至2022年12月底，设立经营服务网点355个，农资经营网点170个，全系统账面资产总额1.98亿元。

【供销社综合改革】 2022年，安溪县供销社坚持为农服务的办社宗旨，服务乡村振兴战略，构建为农服务体系，提升服务水平，持续推进供销社综合改革，出台劳动人事、薪酬管理、财务管理、资产管理制度改革配套文件，完善"三会制度"，推动生产、供销、信用"三位一体"综合合作，创新组织体系和服务机制，拓展新零售业务，推进村级供销社和邻里供销建设，打造县城流通服务网络强县，完善经营业绩考评机制，坚持全面从严治党和从严治社，凝心聚力推动全县供销社综合改革创新发展。全年实现商品销售总额32.95亿元，比上年增长20.34%，完成综合经济效益818.36万元，其中提取折旧费362.78万元，利润455.58万元，超额完成市社下达年度指标，在全市供销系统综合业绩考核考评中处于前列。

【"三农"服务】 2022年，安溪县供销社建立农资商品淡季储备，抓好春耕供应服务工作。组织质优价廉农资商品，抓好化肥冬储和农资供应服务工作，储备各种化肥11632.23吨，完成市政府下达冬储计划任务的115%。升级改造和规范化建设庄稼医院，做好新品种、新肥料、新农药、新技术、新机具等"五新"推广应用，全年印发《农资科普简报》12期，指导农民科学施肥、用药，开展测土配方，统防统治综合服务，提高农资供应服务科技含量，打响供销社庄稼医院品牌。全年开展农资科技下乡活动3场，为农民和专业合作社赠送化肥40吨，分发各种宣传资料1000余份。做好"安溪县农资监管与物流追踪平台"日常运营工作，利用现代信息技术和经营网络优势，配备技术先进功能完备的软硬件措施，拓展平台服务功能，开展“三农”综合信息化服务，实现农户APP功能对接，开通农资供应服务热线，对接全县农资直销网点和庄稼医院，通过慧享供销电商平台预约，派送农资商品到农户、到田头。

【村级供销社兴办】 2022年，安溪县供销社联合县委组织部、县脱贫致富办公室、泉州农商银行安溪支行，依托供销集团电子商务公司的慧享供销优选平台和基层供销社实体店，实行“线上(电商)+线下(实体店)+批发+零售+金融服务”模式，按照“村(社区)党组织领导、供销社主导、村民参与”的原则，通过联办、新办、改办等形式，推进村级供销社建设工作。

【经营服务网点建设】 2022年，安溪县供销社推进现代流通网络体系建设提升工程，完善整合供销社农业生产资料、日用消费品、再生资源回收利用、物流配送中心和农副产品流通网络布局，拓展基层企业服务领域，做好“保供促销”工程项目建设，争取省市专项补助资金75.60万元，建设金谷供销社流通网络改造和培育省供销社县域流通网络强县试点工作。

【项目建设】 2022年，安溪县供销社配合安溪县镇区改造，支持推进固定、资产融资改造提升项目建设，已与感德、魁斗、龙涓、蓝田签订供销社片区改造征迁协议，其他乡镇协调推进。感德镇政府在高速出口新片区规划0.8公顷，作为供销社商业用地，建设农贸市场和肥料仓库，龙门供销社改造仙地分销处1500平方米出租，虎邱供销社改造旧茶厂厂房1600 平方米作为超市经营，提升资产效益。

【经营领域拓展】 2022年，安溪县供销社升级城乡服务模式，建设安溪县供销集团物资配送中心，于5月24日举行揭牌仪式，发挥配送中心枢纽作用。实行“统一标识，统一配送，统一标准”管理运营模式，为安溪供销见福综合服务社、爱心超市及邻里供销等社会经营主体2000多个网点，提供日用消费品、农资物流配送和快递分拣服务，日配送量50吨，配送金额30多万元。加强县域商业体系建设，推进作为福建省供销社县域流通服务网络强县试点工作，建设安溪供销见福综合服务站8家和安溪邻里供销社255家，促进农村居民消费，全面打通城乡商品流通渠道，服务农村市场，解决为农服务“最后一公里”问题。

（林石塔　陈志安）

物资流通

【概况】 2022年，安溪县物资公司各项主要经济指标出现较大幅度下降。全年完成物资销售2133万元，比上年下降54.7%；利润–94.9万元；上缴税金74万元，比上年下降27.45%。12月1日，安溪县物资有限责任公司并入安溪城建集团有限公司，为安溪城建集团2级子公司。

【物资供应】 2022年，安溪县物资流通部门跟进全县工艺品行业内销形势发展，到工艺品企业调研，发挥国有物资流通企业的作用，及时供货、即时配送，适价销售，全面保障工艺品原材料的供应。受疫情防控及工艺品行业内销疲软的影响，工艺品原材料需求锐减。

【物资经营管理】 2022年，安溪县物资流通部门投入安全生产费用41万元，改造提升民爆物品仓库的库房安全及视频监控系统，购置配备反恐怖防范设施，提升民爆物品安全管理本质水平。12月，泉州市恒安民爆物品有限公司安溪分公司通过泉州市工信局组织的民爆物品行业国家级安全生产标准化达标考核，达标二级，为全市民爆物品销售行业考核第一名。推进落实公安部及工信部关于“普通工业雷管全面升级为数码电子雷管”的政策目标，工业电子数码雷管推广使用率100%。受民爆物品审批政策改革的影响，县物资流通部门民爆物品销售量呈现上升趋势，但销售价格出现大幅度下跌。县物资流通部门在物资供应方面，全年完成销售钢材（工艺材）5537吨，比上年下降40%；工业炸药2010吨，比上年增长81.9%；工业雷管50万发，比上年增长8.7%。

2022年安溪县物资流通部门各项主要经济指标

表6　　单位：万元

主要经济指标	物资公司	恒安民爆
物资销售总额	2133	2936
实现利润总额	–95	251

续表6

主要经济指标	物资公司	恒安民爆
上缴各种税费	74	222
人均上缴税费	5.3	14.8

（陈友志　林炯琳）

烟草专卖

【概况】　2022年，福建省安溪县烟草专卖局（分公司）做好调状态、稳销量、提结构、增税利各项工作，加强烟草专卖内部监管，开展共育品规营销，完成全年各项目标任务。全年卷烟销售继续保持较快增长，市场净化率、守法经营率均保持在95%以上。

【专卖监管】　2022年，安溪县开展“茶季”市场专项检查行动、“品牌培育”专项护航行动、打击“大户”遏制真烟异常流动。查处违法案件105件，其中假私烟11件，“双5”案件13件，“双30以上”案件4件，“双50以上”案件1件，“双80以上”案件1件。先行登记保存涉案违法卷烟445.9件，比上年减少81.5件，下降15.5%。做好全面排查、摸底建档工作，加强校园内《电子烟管理办法》等法律规章制度的宣传，主动对接公安局、市监局和教育相关部门，利用各部门优势资源，依法开展联合检查。对已申报的17户符合电子烟办证条件的既存户及时给予办理卷烟零售许可证。已审批发放零售许可证8户。通过完善《零售点合理化布局》，优化零售终端布局，开展烟草专卖零售许可证使用状态大排查活动。管控异常客户94户，其中减供限供22户，停止供货72户。10月，《福建省安溪县烟草制品零售点合理布局规定》入选国家局下发的《关于公布烟草制品零售点合理布局规划汇编》。

【卷烟营销】　2022年，安溪县开展共育品规营销、“一月一主题”、烟茶跨界营销、高价位核心客户专题终端陈列竞赛等活动，打造优质高价烟核心客户。优选优质高价烟核心客户参加“营销技能大比拼”活动，3名客户获全市二等奖、1名客户获陈列奖。举办县育重点品规七匹狼（古田金中支）等省产高端烟消费者品鉴会7场次，辅以主题营销、宴席营销、集盒换礼等活动，树立高端品牌形象，激发省产高端烟品牌活力。开展“雪茄文化宣传周”活动，组织营销人员培训4场次，雪茄终端客户培训3场次，提升内外部2支队伍雪茄专业素养。加强雪茄客户终端建设和分类指导，打造雪茄培育阵地、涵养雪茄消费根基。落实动态进退管理机制和季度网建交叉检查验收制度，抽查各类终端物料发放、使用情况，确保资源使用到位，推动现代终端扩量提质，全县有现代终端客户1395户，占比20.55%。海丝新晟有序推进，提升示范引领。建成的4家海丝新晟保持良性、规范运行，示范引领作用凸显。新增建设2家核心终端、1家合作终端、2家达标终端，均完成改造并验收。赋能农网特色终端，助力乡村振兴。按照市公司新网建“城乡一体化”建设实施方案工作要求，挑选党建聚力、政企合作、工商协同、数据智能、旅游民俗农网特色终端各1户，利用终端经费制作店招，客我共同投入，改善终端形象。推进卷非一体，提升客户获利。向辖区零售户广泛宣传非烟各品牌的优惠方案，梳理非烟核心客户名单，邀请参加厚工坊、西凤、晨牧、人民小酒品鉴会、通仙啤酒节活动。开展非烟课题研究，实现营销管理一体化。对外针对营销网建工作薄弱点，横向对标其他县市先进做法，学习德化品牌、泉港终端、永春队伍等的工作亮点，查漏补缺；对内针对短视频制作、雪茄烟等开展知识交流分享，提升营销人员服务技能。采用“多维度评价法”评选2名首席客户经理，发挥引领示范作用。聚焦服务提升客情。利用“意见建议码上说”、诚信互助小组，调查了解客户服务需求，限时妥善处理客户投诉；以“我为烟草服务点个赞”为主题，邀请部分客户参与微视频拍摄，唱响营销服务“好声音”、传播行业“正能量”。

【企业管理】　2022年，安溪县开展以“构建‘1144’高质量发展工作体系”为主题的科技项目。全年有精益改善项目5个，收到合理化建议67条采纳36条。与德化、泉港、南安开展对标结对共建，通过线上和线下相结合的方式，提升安溪的薄弱环节“条均价”“税利增幅”的关键指标。以线上和线下相结合，图文宣传、观看视频、专题讲座等形式，开展“6·29”《中华人民共和国烟草专卖法》实施30周年普法宣传、“12·4”宪法宣传周等普法宣传活动12场次，员工参与率100%。6月，制作的《民法“典”亮夜空》短视频获得由《东南早报》、泉州市司法局、丰泽区司法局等联合发起的泉州市典亮夜空短视频作品活动优秀奖。签订安全责任书104份，开展驾驶员培训11场次，开展各类安全演练2场次。运用安全智能管理平台开展“线上+线下”安全检查工作，排查隐患50条并整改到位。

（刘桂林　黄　龙）

食盐专营

【概况】　2022年，安溪盐业分公司依照《食盐专营办法》，管理安溪、永春、德化三地食盐市场，参与维护盐业市场秩序，保障合格碘盐供给，确保群众用盐安全。全年安溪盐业分公司食盐销售5037.52吨，比上年增长0.26%。

【食盐供应保障】　2022年，安溪盐业分公司开展网格化工作，实现巡访、盐种采集双百任务完成。实现由盐业公司小配送直达销售终端，配送280吨，比上年同期增长120%。全年食盐销售5037.52吨，比上年增加13吨。其中小包装盐3641.68吨，多品种盐1506.32吨，占小包装盐的41.4%，比上年增加347.15吨，完成年计划的100%。食品加工用盐1367.55吨，比上年同期减少235.4吨，完成年计划的77%。受山腰盐场减产提价的影响，盐场春江源订单未按计划完成。其中，电商平台306.46吨，占比10%；小配送自建渠道258.09吨，占比8%。

【食盐安全宣传教育】　2022年，安溪盐业分公司走访市场，开展闽盐宣传，宣传50余场次。5月，安溪盐业分公司举办“科学补碘、健康一生”第28个防治碘缺乏病日活动，安（安溪）永（永春）德（德化）盐政大队现场宣传讲解碘缺乏病、缺碘的危害，分发宣传手册，普及加碘盐与未加碘盐的区别等知识，引导群众从正规渠道购进食盐。

【盐政辅助执法】　2022年，安溪盐业分公司加强与食盐监管部门的配合协作，协调跟踪案件进展。安永德盐政大队及时把市场巡查中发现的重要盐业违法线索向市场监管部门通报，确保市场稳定。安永德盐政大队出动182次、634人次，检查餐饮店1144家、批发零售店1221家，发现食盐违规线索109件、食盐违规销售3.9吨。市场监管部门办结案件1件，没收盐产品0.1吨，罚没款1200元，分发盐政法律法规等宣传材料1200份。

（李爱珍　高秋荣）

民营经济

【概况】　2022年，安溪县加大民营经济政策扶持力度，强化宣传，优化发展环境，发挥民营经济吸纳就业、扩大投资、增加就业的作用。全县民营企业35064家、个体工商户87695家、规模以上民营企业1186家，民营企业注册资本1018.25亿元，分别占全县市场主体总量和资本总额的98.63%和83.06%。全年全县规上民营工业企业实现产值933.2亿元，增长11.8%，占全部规上工业产值的70.3%；民营经济税收收入32.47亿元，占全县税收收入的87%。

【民营经济政策扶持】　2022年，安溪县出台“1+1+8”“一揽子”及扶持民营经济发展等政策措施，开展“政策敲门”行动，兑现各类扶企资金超2亿元、减免税费7.04亿元，帮助企业增强信心、降低成本，更好应对疫情带来的冲击。收集整理汇编《安溪县惠企政策申报指南（2022年）》，对惠企政策进行宣传解读，让企业了解、掌握和对接省、市、县出台的新政策。建立健全县领导挂钩重点企业工作制度，推动企业发展。全年兑现奖励资金4374.44万元。

【民营企业技术改造】　2022年，安溪县抓好57个县重点技改项目，组织福建鼎珂光电科技有限公司的能够提高光源效果的LED封装壳技改项目、福建省信达光电科技有限公司的LED封装改造项目、福建天电光电有限公司的红外光耦技术研发和产业化技术改造项目等13个项目被列为2022年省重点技改项目。组织LED支架封装壳技改项目、年增产15万台铅酸蓄电池项目等16个项目被列为市级重点技改项目。组织鼎珂光电、天电光电、恒信包装3家企业通过省级技术改造项目补助；组织健为、海佳2家企业通过市级重点技改项目补助。

【民营企业转型升级】　2022年，安溪县加快企业智能化改造，天电光电、晶安光电中科三净被认定为市级工业设计中心，推荐晶安光电入选2022年国家级制造业单项冠军企业，组织晶安光电、天电光电申报省级企业技术中心，推荐凯鹰电源申报国家技术创新示范企业，组织八马、海佳申报明星梯队企业管理提升补助项目，推荐安电科技基于5G智能生产及远程智控的轻运维应用。八马茶业自动化数字化智能工厂等5个项目申报省级智能制造试点示范重点项目。做好中小企业纾困贷款工作，推荐超500家企业，获贷款16亿元，位列泉州市第四。新增凯鹰电源入选2022年福建省工业龙头培育名单、新唐信入选市级龙头企业名单，新增海佳集团、正丰数控、金华南实业、圣能电源、群龙开关5家被列为省级专精特新企业。

【民营企业服务保障】 2022年，安溪县引导金融服务民营企业，全年全县各项贷款余额678.61亿元，增长7.07%，其中新增贷款44.77亿元，有70%流向实体企业，为民营经济发展提供资金保障。完善防控金融风险联席会议和预警机制，通过破产重组、清算等方式，推进风险企业不良贷款及万城壹号等烂尾工程处置，帮助8家次企业解决过桥资金1.68亿元，全县不良贷款率为0.36%，居全市最低水平。组织参展和参加采购对接会。组织20家参加泉州外贸云展会——家居工艺品礼品专场。组织12家企业参加第131届广交会，组织全县家居产业集群参加“贸易之桥”——第131届广交会云推介RCEP专场暨福建安溪藤铁家居产业对接会。组织7家企业参加2022(福州)中国跨交会，设立“世界藤铁工艺之都——安溪”展示专区，集中展示安溪特色产业和特色产品，利用展会平台开拓新市场。组织8家藤铁家居出口企业参加2022泉州外贸供采对接会——轻工产品专场，通过“一对一”交流洽谈、自由对接、介绍和观看样品等方式，开展贸易合作交流。组织企业参加第22届中国国际贸易投资洽谈会“丝路投资”园区对接会。宣传动员企业参加第132届广交会。鼓励外贸企业开展市场采购和跨境电商业务，扩大出口市场。举办锦汉家居礼品采购对接会（福建专场）暨藤铁家居工艺品线下供采对接会，为安溪县企业带来外贸订单超500万美元。鼓励企业以代参展方式参加国外重点展会，组织企业组团赴国外开拓市场。

【民营企业人才培训】 2022年，安溪县组织企业人才参加“泉州市职业经理人高级研修班”，省、市系列电子商务培训等系列培训活动。依托县电商协会、弘桥智谷、本地院校等第三方开展电商培训，电商人才队伍不断壮大。全年开展电商培训64期，培训2750人次，加强电子商务人才培养。

（詹晓莺　王辉荣）

交通·邮政·通信

路桥建设

【概况】 2022年，安溪县推进交通基础设施建设，加快高速公路建设，推进“大三环”和泉州白濑水利枢纽工程公路复（改）建工程建设，全县公路总里程达到5465.64千米，其中农村公路5019.86千米，公路密度为178.8千米/百平方千米。

【高速公路建设】 2022年，安溪县推进高速公路建设。大安高速路线总长76.49千米（安溪境内61.35千米），总投资约148.1亿元（安溪境内约121亿元），完成可行性研究、初设审查，进行施工图编制，同时委托第三方进行基本农田调整补划等方案的编制，同步开展用林、环评、水保、压覆矿、地灾评估等相关前期工作。安翔高速路线总长34.58千米（安溪境内7.1千米），总投资约72.96亿元（安溪境内约14.98亿元），完成可行性研究报告并上报省发改委审查审批，项目专班研究多种投融资模式，经与永春县沟通，两县拟成立合资公司作为建设单位负责本项目具体实施。

【国省干线建设】 2022年，安溪县推进国省干线建设。省道217线湖头环城路上跨铁路桥、福寿大桥主体完工。国道358线虎邱至龙涓公路，全长30.154千米，总投资19.32亿元，完成施工图详勘定测，用地预审及选址意见书已核发。国道638线官桥至龙门公路（龙门环西路），项目全长10.752千米，总投资8.67亿元，完成可研报告编制。

【安溪县综合立体大交通（“大三环”）建设】 2022年，安溪县推进“大三环”建设。国道638线雅兴至东坑段公路工程，完成总工程量的55%，控制性工程清水岩隧道双向贯通，蓬莱大桥、金缘大桥的桩基全部完成。国道358线城厢至官桥段公路工程争取到交通运输部的车购税补助资金6.9348亿元，第Ⅴ标段开工建设，完成项目部建设和钢筋预制场建设。东三环罗内段，建成通车。高速公路出口路网工程，完成投资2.83亿元，完成总工程量的70%以上。北三环完成可行性研究报告编制，西三环完成施工图设计。

【福建泉州白濑水利枢纽工程项目省道以下公路复（改）建】 2022年，泉州白濑水利枢纽工程公路复（改）建工程项目11个，总长50千米，总投资27亿元，其中省道以下公路复（改）建项目10个，总长34.082千米，总投资15.552亿元。已开工建设县道340线新镇区至湖上段、县道340线新镇区路段、东阳大桥及连接线工程等3个项目，完成投资3亿元。其余项目打包成一个标进行招标。泉州白濑水利枢纽工程省道217线迁移复建项目（A1、A2合同段），挂网招标。

【农村公路建设】 2022年，安溪县完成新改建农村公路124千米，硬化率88.84%，农村公路20户以上自然村通硬化路水平87.38%。实施养护专项工程118千米，改造危桥10座，建设农村公路安防工程100千米。新建农村公路服务驿站3个，总数达到13个。修复农村公路灾毁水毁路段，投入资金2000万元。启动第二届“交通杯”四好农村路摄影大赛，评选出优秀摄影作品46幅、短视频10部。安溪县获评“四好农村路”全国示范县创建单位，“经兜初心公园至码头码雅文化园”路线获评福建省第二批最美乡村“福”路。

（林秋燕　吴志火）

运输管理

【概况】 2022年，安溪县有道路运输企业82家。其中，客运企业5家，车辆262辆，从业人员272人；专业货物运输企业24家，车辆913辆，从业人员786人（危险货物运输企业2家，车辆106辆，从业人员178人）；非专业货物运输企业48家，车辆144辆，个体货运业户357家、车辆401辆；公交3家，公交车辆167

辆；出租车企业1家，车辆60辆；网约车企业1家，车辆20辆。安溪县以凤城中学为试点，根据学生分布状况，因地制宜，开通凤城中学至北石三江豪苑、凤城中学至宝龙城市广场等2条学校定制公交线路，为学生上下学提供定时、定点、定向精准服务。6月28日，安溪县交通运输局举行交通运输行业“安全生产月”综合应急演练。

【客货运输】 2022年，安溪县有道路客运企业5家，客运车辆262辆、座位6445个，年客运量68.42万人次，旅客周转量4842.42万人千米；客运线路71条，客运网络覆盖24个乡镇438个建制村，实现村村通客车。道路货运（含危货）完成货运量1573.7万吨，货物周转量155619万吨千米。公交企业3家（安溪县公共交通公司、福建安溪泉安汽车运输有限公司、安溪县泉运公共交通有限公司），公交线路26条，公交车辆167辆；全年运营里程699.3万千米，客运量416.55万人次。出租汽车企业1家（安溪县闽兴出租汽车有限公司），出租车60辆，全年营运里程868.05万千米，客运量175.07万人次。网约车企业1家（泉州市奥利云科技有限公司），车辆20辆，客运量3.1万人次。

【客运管理】 2022年，安溪县新增客运车辆10辆。其中，新增农村客运车辆2辆，新增县际客运车辆3辆，新增市际旅游客运车5辆。下拨2021年度农村客运车辆交强险和最低承运人责任险，保险费补助资金25.85万元。推进“四好农村路”运营建设，创新农村客运运营模式，采取镇村客运区域化运营模式，出台县级农村客运运营补助政策（含车辆新购置及客运运营补助）。龙

2022年6月28日，安溪县交通运输行业2022年“安全生产月 党建+安全”综合应急演练举行 （图/县交通运输局）

门、尚卿2个综合运输服务站开展交邮合作，开辟6条合作线路。对22条农村客运（区域运营）线路进行优化提升，再投放9座农村客运车辆1辆，修订出台《安溪县农村客运区域化运营（镇村客运）考核管理办法》。推进客运售票便民化、智能化服务，全县有自助售票机5台，各客运站均实现自助售票、网络售票和移动支付，便利群众出行。开展2021年度客运企业质量信誉考核，其中AAA级4家、AA级1家。

【货运管理】 2022年，安溪县新增专业货运企业1家，新增货运车辆82辆（无危货车辆），其中新增挂车19辆（无危货车辆），提高甩挂车辆比例，降低交通能耗。加强对货运企业的监督管理，保障道路运输安全。开展道路危险货物运输专项整治，加强危险化学品安全生产。开展2021年度货运（含危货）企业质量信誉考核，其中AAA级8家、AA级7家。

【农村物流管理】 2022年，安溪县整合交通、邮政、电商等资源，打造“多网融合+客货邮融合”模式，为茶产业、藤铁家居工艺以及其他农特产品流通搭建快捷通道，实现资源综合叠加利用，推动行业整体降本增效，提升全县乡村邮政快递服务水平。建设1个县级物流仓储配送中心、24个乡镇电子商务物流服务中心、453个村级电商物流服务点，完成6个乡镇综合运输服务站的新建和改造，实现全县三级物流节点全覆盖。全年快递企业业务量9640.96万件，比上年增长16.05%，快递业务量稳居全省第二位。全县农产品网络零售额85亿元，比上年增长18.1%，位列全国“农产品数字化百强县”榜首。

【汽车维修行业监管】 2022年，安溪县开展道路运输车辆技术管理工作，组织人员对全县一、二、三类维修企业的从业条件、安全生产、维修质量等方面进行现场质量信誉考核评分及等级复核，评定为AAA级14家、AA级42家、A级105家。出动检查人员557人次，开展全县已许可或备案维修企业明察暗访208家。其中，一类2家，二类12

家，三类194家，未发现有对货运车辆非法改装对报废车辆非法承接的现象。

【驾培机构监管】 2022年，安溪县采用“双随机”抽查方式，对11家驾培机构加大监管力度，查处违法违规行为，为驾驶员培训营造规范有序的学习环境，全年完成机动车驾驶员培训5147人次，查处驾培案件13件。其中，使用非本机构车辆开展培训活动5件，在许可的训练场地外开展场地训练5件，使用未按照规定配置学时记时仪的车辆开展培训活动1件，使用不符合国家、行业标准规定的车辆开展培训活动2件。

【“两客一危”执法监管】 2022年，安溪县强化数字监管和路面巡查相结合，按照“一数一源”的原则，以月为周期，每月1日对辖区道路运输企业上传的安全生产内业资料自动执行第一次“在线检查”，检查结果通过企业端通知到相应企业，企业对照检查结果进行整改并提交整改情况。每月10日系统进行第二次“在线检查”，企业再次对照检查结果进行整改并提交整改情况。每月20日系统进行第三次“在线检查”并进行人工复核，整改复核不合格的企业将进入重点监管企业名单。全年组织开展“两客一危”（从事旅游的包车、三类以上班线客车、运输危险化学品等道路专用车辆）企业动态监管检查15轮次，抽查检查运输企业50家次，发现并整改完成41个问题，整改率100%。查处“两客一危”运输企业各类违法行为25件，经济处罚8.55万元。

【非法营运整治】 2022年，安溪县开展部门联动执法，在疫情防控服务点、客运站等重点区域布控设点严格执法，整治非法营运车辆。全年查获非法营运案件62件，经济处罚61.94万元。网络车各类违法行为61件，经济处罚24.94万元。发放网络预约出租汽车运输证30本。

【公路货车违法整治】 2022年，安溪县依托重点营运车辆动态监管平台，强化部门联动协作机制，加强货运车辆运行动态监控管理，对发现破坏卫星定位装置以及恶意人为干扰、屏蔽卫星定位装置信号、不能保持在线的仍从事运输经营的等违法行为进行重点监管。全年查获超限超载案件416件（几何超限26件，总质量超限390件），卸载货物吨数2855.19吨；对5家渣土运输企业给予责令停业整顿7天的行政处罚。

【机动车维修业管理】 2022年，安溪县加大对维修企业安全生产的监管力度，打击使用伪劣配件维修、承修报废车辆等违法行为，督促维修企业备案，建立维修配件采购登记台账，提升维修服务质量。依法查处机动车维修经营者未备案的违法行为，对未进行备案登记的2家企业下达《交通运输违法行为责令改正通知书》，要求相关企业限期整改完成备案登记，确保机动车维修行业安全生产。

【路域环境治理】 2022年，安溪县建立路域环境专项整治工作长效机制，重点整治公路两侧摆摊设点、打场晒粮、脱落扬撒、污染公路等公路违法行为，劝导商户、住户清理占道物品，提升茶乡路域环境整体形象。全年清理群众占用公路摆摊设点145处，打场晒粮39处。查处货运车辆没有采取必要措施防止货物脱落扬撒29件，经济处罚2.9万元。渣土车污染公路2件，经济处罚0.1万元。

（林秋燕　吴志火）

公路管理

【概况】 泉州市公路事业发展中心安溪分中心（简称“安溪分中心”）下辖物资供应站和澳江、芳亭、罗岩、深内、芦田、西坪、彭亭、湖上、举口、大格、祥华、科阳、尚卿等13个公路站。配备扫路车8辆、装载机7台、挖掘机1台、振动式压路机3台、沥青路面热再生修补车1辆、轻型自卸货车35辆、双排座小货车6辆、洒水车1辆、高空作业车1辆、水泥路面灌缝机11台、清缝机5台、割草机155台、油锯37台等养护机械设备。主要负责安溪县境内专养公路国道2条、省道3条计348.61千米(含绕行路线)的专养公路的日常养护、路政管理和公路建设等任务，代养13条县道计521.52千米。

【公路养护】 2022年，安溪分中心管养总里程870.13千米。国省干线综合优良路率91.4%，PQI（质量指标值）值87.73，MQI（公路技术状况指数）值90.7。全年日常养护实际投入807.59万元，采购绿化化肥16吨、乳化沥青37吨、路面裂缝贴5000米、扫路车方扫刷2万片，以及割草机、高枝锯、油锯等各类小型养护设备48台。水毁修复投入约750万元，清理国省道溜方164处19616.6立方米，修复挡墙、边沟砼2698.41立方米，修复涵洞9道，抢通公路阻断10次，清理代养县道溜方253处69199.4立方米。

2022年，安溪分中心接报路况

信息 6491 条，事件信息办理完结率 99.91%。全年通过“泉路通”小程序受理事件 45 条，处置率 100%。开展防汛防台风应急演练及培训、驾驶员交通安全教育培训、钢桥架设演练 5 次，充实公路民兵队伍编组，开展集中培训，提高应急抢险效率。

【养护工程项目建设】 2022年，安溪分中心实施355国道魁斗坑尾林桥至芹坑口桥段增设护栏、358国道安溪茶都至湖岭村段增设护栏、217省道长基村至白濑一桥段增设护栏、312省道尚卿桥头至长卿田中村段增设护栏等交通设施完善工程、358国道西坪公路站至西坪巨港段路况提升工程、507省道罗岩水云坡—龙涓玳堤段路况提升工程、358国道深内—华安界段预防养护工程等7个养护工程项目，总投资1857万元。

【路产路权管理】 2022年，安溪分中心办理路政许可案件4件、路产损坏赔偿案件33件、协议式管理案件38件，合计收取赔（补）偿费352246元。全年上路巡查218天/545人次，纠正制止违章44起；联合县交通运输综合执法大队开展巡查34次、78人次。开展“路政宣传月”“宪法宣传周”《中华人民共和国民法典》等法治宣传活动，出动宣传车33辆次/89人次，发放宣传手册1300余份。开展管养国省干线范围内窨井设置情况、路域环境存在问题情况摸底调查工作及涉路工程设施设置情况摸排工作，发函4份。

【“司机之家”建设】 2022年2月，全市普通公路首个“司机之家”——澳江普通公路服务区“司

2022 年 9 月 29 日，国道 358 线西坪公路站至西坪巨港段路况提升工程沥青路面摊铺作业 （图 / 陈顺序）

2022 年 5 月，安溪分中心依托澳江公路服务区“司机之家”，开展“路政宣传月”活动，向过往车辆、群众分发路政宣传手册 （图 / 陈梅凌）

澳江服务区“司机之家”全景 （摄于 2022 年 1 月 图 / 林秋燕）

机之家”，通过交通运输部、全国总工会的验收，成为全国428个验收合格的“司机之家”之一。在服务区原有基础设施上进行“重装升级”，增设停车位、休息室、淋浴房、厕位、洗衣机、热水饮水机等各项便民设施，总投入约50万元；整合中国石油加油站、多星饭店等现有设施资源；设置24小时视频监控，开展日常巡查，确保全天候安保措施到位，让过往货车司机出门在外能够“吃热饭、喝热水、洗热水澡、停放心车”。12月，澳江公路服务区“司机之家”被中华总工会授予“最美工会户外劳动者服务站点”称号。

（林秋燕　吴志火）

邮政

【概况】　2022年，安溪邮政分公司下设25个普遍服务网点、15个邮政储蓄网点、210个便民服务站；全县村级物流服务点453个；城乡投递邮路108条；有从业人员253人。全年安溪邮政分公司实现总收入11912万元。

【邮政储蓄】　2022年，安溪邮政分公司夯实普惠金融服务基础，以送金融知识下乡、生日祝福、节日关怀、特惠专享等活动，为村民提供一系列便民服务。创建37个邮储信用村，在村社举行信用村授牌仪式，做好信用户信息收集，为村民现场提供信贷、第三代社保卡业务办理；推进金融网点服务管理工作，组织开展服务礼仪培训会、每月岗位练工等，增强员工服务意识和优化客户服务体验。截至年底，创收5507万元，收入比上年增长，2项指标完成率均居全市邮政第2位。存款余额35亿元，年增长3.5亿元。全年保险收入588万元，增长76.7%，居全市邮政第3位。发放信用卡1030张，首发卡占比89.7%。

【包裹快递业务】　2022年，安溪邮政分公司打造“小片区化营销+质效收益共享”发展模式，全年寄递业务收入5099万元，完成率84.2%。其中，特快收入1083万元，比上年增长73.9%，完成率135%。推行专业化经营管理模式，根据客户结构、交寄品类和分布情况重新规划县城区域营业部布局；优化众创众享考核内容，增加基础客户、特快考核权重；推行主动客服集中管理和共享内务，盘活现有人力资源。针对电商类高客单价客户群体做好东北、西北及管控地区电商转标工作，开发陆运特快客户 22个，发展陆运特快314.5万元；开展寄递走千访万活动推进特快现费业务发展，针对茶叶交易市场、沿街商铺、重点写字楼宇、商业区开展“本部管理人员+揽投员和客户经理+揽投员”逐街逐区销号营销，以“专属优惠券+周末5折券”等为切入点引导客户使用EMS进行试交寄，全县特快现费累计揽收1.02万件，收入130.3万元，增长 36.29%。围绕安溪茶叶、滕铁、水暖三大电商产业轻小件业务发展，全年0.5千克以内轻小件占比88.38%。

【农村电商业务】　2022年，安溪邮政分公司以惠农为平台，以成熟运营的农村物流网络为竞争优势，强化“内部板块协同、外部政企联动”推进机制。“多网融合+客货邮融合”服务项目成为全省唯一上榜“全国第三批农村物流服务品牌”，入选“第四批全国农村公共服务典型案例”。搭建邮政综合服务体系，推进“场站互用、路网共维、交邮联运、邮快合作”模式，建设龙门、尚卿2个客货邮综合服务站；开通农村公交邮路6条，开展7条农村公路巡路合作，创新“末端投递”“运输+末梢投递”合作模式，开展建制村合作试点308个。通过政企联动，参与2022年安溪县全面推进乡村振兴十三大行动重点任务清单；承接“安溪县光电产业线上线下相结合产销对接拓市场暨藤铁家具工艺品供需对接云展会”。推动“互联网+”农产品出村进城工程实施，带动农产品销售241万元；推荐7个合作社入选福建省农业农村厅2022年“福农优品·邮政惠农”优质农产品生产基地名单；参与2022年春、秋茶产销对接，与老固茶叶、冠和茶叶签约产销合作协议。成为全市首个突破烟商贷，发展128户，贷款净增2286万元，全市首个创建邮银共建农村信用村；打造中国邮政服务农民2家综合示范社（全国级1家、区域级1家）。

【信函广告业务】　2022年，安溪邮政分公司推进“创新服务、跨界融合”发展思路，全年信函广告业务创收331万元，完成率排名全市邮政第一位。打造“互联网+党建”模式，助力24个乡镇完成“智慧党建有声图书馆”建设创收55万元；推进“党建+邻里中心”城东社区、湾美社区示范点建设；开发的安溪湖头镇退役军人有声党建室项目创收31.8万元；双拥模范县城验收服务项目创收15万元；开发的校园平安手册、金榜题名、校园邮资封、校园垃圾分类等项目创收20万元；承接的“安溪县光电产业线上线下相结合产销对接拓市场

2022 年 6 月 7 日，安溪电信做好高考通信保障。图为在铭选中学的校门口进行通信检测

（图 / 安溪电信）

暨藤铁家具工艺品供需对接云展会项目”创收50万元。

【报刊业务】 2022年，安溪邮政分公司推进报刊收订业务，稳固校园客群，拓展政务市场，全年实现流转额1710万元，完成率排名全市邮政第三。借助党的二十大召开契机销售重点政务图书50.12万元，完成率100.24%，借助中高考契机销售《经典作文》系列182套、《意林作文金素材》系列60套等校园图书，实现流转额3.24万元。

【集邮业务】 2022年，安溪邮政分公司围绕集邮题材助力地方经济、人文发展，推动茶乡群众热爱集邮活动，全年创收174.64万元，完成率排名全市邮政第四位。在虎邱镇展销虎年生肖集邮藏品创收7万元；开发《茶韵安溪》个性化邮折1万套；微信营销《壬寅年》邮票金创收14.36万元；“一对一”微信爆破营销发展《金牛盛世》创收9.21万元。

【邮政增值业务】 2022年，安溪邮政分公司发挥邮政渠道网络优势，提供便民服务，全县代开税票点16处，全年实现代开税票13413份，代开金额1.71亿元，代征税款213.5万元。

（林晓云 张兴全）

通信

【概况】 2021年，安溪县推进通信网络建设、数智化服务、村居家庭服务，加快智慧社会建设，开展双向网络提升改造，夯实业务拓展基础，实现所有自然村电信光网全覆盖。中国移动5G网络实现城关连片覆盖以及乡镇热点覆盖。全年安溪通信总收入96403.78万元。

【中国电信集团公司安溪分公司】 2022年，中国电信集团公司安溪分公司（简称“安溪电信”）加强网络资源支撑，推进光网与无线网的同步建设。做好主航道工作，推动5G、天翼、宽带、智慧家庭等重点业务发展；聚焦新兴业务市场，推动安溪“互联网+政务”等信息化发展。全年安溪电信经营收入25735万元；天翼用户数达30.3万户，其中5G在网用户数达7.5万户；宽带用户数20.7万户，其中千兆宽带用户数2.9万户。

电信通信建设 推动有线业务的精确覆盖，全年完成光网建设投资561万元，新增10G PON端口880个，全县所有节点均具备承载万兆带宽能力；新建AP 1327个，新增光端口11426线，全县光网端口数43万线，实现所有自然村光网全覆盖，实现区域具备1000M通信接入能力全网50—1000M带宽以上的通信能力。推进天翼网络的覆盖建设。在4G全县全部覆盖的基础上，全年完成投资1964万元（含5G建设），新增5G站点将近200个，5G站点覆盖区域由县城区域扩大到郊区，重点乡镇扩大到全县所有镇区，扩大政府、企事业单位的室内覆盖面，5G站点与4G站点的占比接近30%；优化4G天翼网络，通过拆闲补盲，新建4G基站63个，盘活4G RRU超63台，解决新区、投诉区的天翼信号覆盖问题。4G基站到达数1586个，5390个扇区，提升城区覆盖。

电信服务网络 安溪电信遍布全县各乡镇的营业网点134家，其中自营营业厅2家、大型连锁渠道14家、合作营业厅18家、其他专营店29家、开放门店71家，形成城乡通信服务网络，结合微信公众号、翼支付客户端等新媒体，拓宽营销服务覆盖范围。

智慧安溪系列工程 安溪电信以信息化应用推进安溪智慧城市建设。智慧政务。续建安溪县工业信息化和商务局政务云平台，依托安溪EC产业园云平台，为政府提供统一的政务云服务，实现政务基础设施的集约化建设、集中式管理和一体化服务。承建民政局殡仪馆智能化项目，为殡仪馆打造包含视频安防监控、出入口门禁、综合布线、信息发布、电子巡更、排队叫号、多媒体会议、停车场管理等功能在内的智能化平台，提高馆内信息化水平，降低人工成本。承建红十字会生命教育体验馆，采用视觉、听觉、语言、动态动作等多层次的表现方法，使理论与实践互相结合，寓教于乐，达到知识与实际生活场景相结合的效果，构建集宣教+体验+培训于一体的完整的生命安全教育基地。承建应急局自然灾害普查项目，实现对学校、医疗卫生机构、提供住宿的社会服务机构、公共文化场所、旅游景区等公共服务设施对象进行公共服务系统数据调查、历史灾害灾情数据调查、综合减灾能力数据调查等，完成成果汇总、审核、上报。智慧住建。承建住建局自然灾害普查项目，完成全县房屋建筑承灾体调查，满足第一次全县自然灾害综合风险普查对房屋建筑承灾体信息需求，支撑全县自然灾害综合风险与减灾能力评估。承建住建局住房专项维修基金管理平台，规范维修资金交存、使用、管理和监督。智慧政法。承建电子警察4期项目，实时采集城市高精度的动态交通信息，为智慧交通系统提供城市交通基础数据；通过采集路口的车辆通行记录和交通违法信息，为规范城市道路行车秩序，缓解城市交通拥堵，提升城市道路交通管理的智慧化水平。智慧医疗。依托EC产业园医疗云平台，扩展医疗云资源池，形成集合城镇一体化的医疗服务能力，打通各医疗单位信息通道，实现全县医疗机构信息数据互联共享，提高卫生服务与管理水平。为第三医院、中医院、疾控联防联控平台提供等保服务。智慧校园。协助整合幼儿园、小学、小升初报名系统，提供二级等保服务。协助建设4所5G专递课堂示范校，实现同步教学。新建安溪茶学院智能道闸系统，方便进出校园管理。承建安溪教育局公文系统，覆盖全县128所中小学幼儿园。智慧企业。助力福建八马茶业有限公司打造“5G”智慧工厂，实现包装产线视觉AI（人工智能）检测、AGV（自动导引运输车）无人物流及能耗管理等应用场景，助力企业提升管理效率和品牌价值。推动恒发家居外贸系统上云，提升系统安全性。推动超弦织造ERP（企业资源计划）系统上云，实现企业APS智能计划、MES智能制造、GSD精益管理、WMS智能仓储等功能。

（柯嘉玲　黄江华）

【中国移动通信集团福建有限公司安溪分公司】 2022年，中国移动通信集团福建有限公司安溪分公司（简称“安溪移动”）下设4个部门、16个网格，有224家服务网点、6家营业厅。无线通信基站总数近5000个，行政村信号覆盖率达100%，其中5G网络实现城关连续覆盖以及乡镇核心区域、景区等高业务区域覆盖，行政村覆盖率近60%。有线宽带端口数超28万个，行政村100%覆盖，全县具备千兆宽带接入能力。移动客户规模超67万户，三家运营商份额占比近70%；宽带用户数超20万户，其中千兆宽带客户数约1.8万户；互联网电视用户数超15万户。全年经营收入超6亿元。

移动通信网络支撑　应急签约承建宫山方仓二期等3个健康驿站超千条宽带建设，交付使用。在安溪铁观音茶文化申遗网络保障方面，安溪移动作为申遗线上考察的通信网络独家提供方，针对主会场和外景会场的特殊场景网络应用，紧急构建专线和5G应急宝双重网络保障，解决因服务器架设在国外引起的时延长问题，改善直播效果，确保现场直播网络的安全顺畅。在助力电商发展方面，加快宽带端口建设，持续推进弱光、质差等专项整治，提升上网品质，满足电商（直播）高带宽、高速率、低时延的网络需求。年新增电商宽带超4000户，比上年提升20%。

数智化服务　在县政府申报省级数字乡村试点县工作中，安溪移动作为项目汇报主体，依托“5G+AICDE”的能力优势，展示在数智农业、数字乡村、智慧茶庄园等方面的探索与应用，围绕“数字茶业”云平台、八马茶业智慧园、虎邱石山数字乡村等项目，做现场专题汇报，助力安溪县成为全市唯一入围首批省级数字乡村试点县。在全县各乡镇建设数千路监控、智慧烟感、数百套云广播，打造数字乡村及党建+邻里信息化标杆示范点。全年投入超200万元为超百家小区建设智能人脸门禁设备，平均每月安全守护50万人次的健康出行。在智慧家庭方面，持续提升千兆宽带接入能力，依托“平台+内容+终端+应用”的智慧家居产品生态服务体系。依托中国移动平安乡村和家亲管理平台，结合居家看护、商铺店面看护、村道社区出入口监控等应用场景，搭建村级/社区平台数百个，服务8100户银发用户，为村（居）委会提供视频监控、入侵监测及实时报警等服务，为超2万户家庭提供全天候安全保障。在数字医疗方面，以“平台+云+网+5G+DICT”创新发展模式，落地医院智能化、5G智慧医疗云、疫情监控平台、安全等保等项目，助推安溪“医共体”的改革实践，加快诊间结算、医疗数据共享、居民健康档案建立等普惠民生的重大转变，服务茶乡医疗数字化转型。

信息安全保障　推进“断卡行动”，加强电话卡、物联网卡、互联网账号实名制管理。通过“技防、人防”双管齐下，“自查、督查”组合运转，加强涉诈电话卡防范治理。全年协助公安部门开展入户反诈宣传数十场、导入关停监控号次3.68万次、关停号码1.67万个。

（朱雅阳　陈文峰）

【中国联合网络通信有限公司安溪县分公司】 2022年，中国联合网络通信有限公司安溪县分公司，参加为民办实事项目建设，包括安溪首批5G专递课堂建设、医院数字化接种门诊建设、卫生院智能系统建设、5G+全连接工厂生产智能化运营以及助力公安开展城安监控建设等。安溪的创新业务整体趋势由差向好，从三类县分跨进二类县分。全年主营收入8883万元，比上年增长26%，其中基础收入3912万元；移网收入3912万元，增长1.2%；固网收入1059万元，增长3.5%。移网用户数78536户，比上年12月增加1023户，增长1.3%。固网用户比上年12月增加821户，增长9.9%。完成创新业务收入1287万元，比上年增长422.3%。基站总规模6637个，行政村及人口覆盖率100%。其中，5G基站1306个，主要覆盖县城主城区、乡镇镇区、主干道、高速高铁、景区、学校、工业园区；室内分布站点556个，集中在城关、乡镇重点区域。

（钟雪美　叶小龙）

【福建广电网络集团股份有限公司安溪分公司】 2022年，福建广电网络集团股份有限公司安溪分公司（简称“安溪广电网络分公司”）全面启动5G业务市场，所放出的“192”号段，拥有700兆赫黄金频段，实现室内、室外的信号覆盖。实现总收入10668.78万元，保有有线电视用户14万余户，连续5年实现总收入破亿元。

2022年，安溪广电网络分公司加强网络提升建设，做好现有双向网格局优化，推进千兆大带宽业务乡镇接入部署。推进光纤入户网络改造，入户带宽从100兆入户逐渐过渡到按300—1000兆入户。在县城主城区和主要乡镇均部署GPON（无源光接入系统）设备，满足1000兆业务推广能力，对新增光改区域全面采用GPON覆盖。在入户网络优化方面，拓宽全县双向业务链路带宽。整治EOC（基于有线电视同轴电缆网使用以太网协议的接入技术）终端链路衰减问题，提升CMTS（电缆调制解调器终端系统）网络综合质量NPI（新产品导入）值及双向终端合格率，提升用户网络使用体验。对全县宽带、互动业务推进万兆链路改造，为FTTH（光纤到户）业务接入量大的乡镇部署大型OLT（光线路终端）30台，提升全县各乡镇宽带设备接入负载能力。完善乡镇双路由和VPN网络独立，保障集客业务专网和宽带业务网的稳定运行。推进乡村振兴杆线整治及老旧小区改造工作，所涉的33个村（居）431个点位完成线路整改，配合政府完成城厢码雅文化园、尚卿冶铁非遗沿线的杆线落地整治。老旧小区改造方面，基本完成全部17个老旧小区的有线电视FTTH改造。

（刘少臻　苏建生）

城乡建设

城乡规划

【概况】 2022年，安溪县推进国土空间规划编制工作，谋划发展空间，保障项目建设。做好城镇开发边界划定工作，争取额外新增用地指标160.66公顷，新增城镇用地866.66公顷，划定城镇开发边界5866.66公顷，保障“一区九园”等用地布局。完成新一轮矿产资源总体规划编制，优化矿业结构和开发布局。

【城区规划】 2022年，安溪县开展中心城区“大三环”沿线各片区控规编制，组织编制大三环沿线提升规划，编制城区停车场专项规划，完成同美高速出口片区、炭坑内片区控规、大三环沿线（涝港—雅兴）地块控规—城厢镇涝港片区控规报批。

【农村规划】 2022年，安溪县统筹县域城镇和村庄规划建设，推进全县应编村庄规划编制工作，完成105个村庄的规划编制报批。

（陈东曲　白文扁）

城市管理

【概况】 2022年，安溪县做好“两违”管控、市容管理、水流域环境巡查等工作，加强城乡综合环境治理，开展安全生产隐患排查整治。全年安溪县城市管理部门实施行政处罚141宗，罚款78.15万元。

【市容市貌整治】 2022年，安溪县集中对乱贴乱画、乱拉乱挂等乱象进行整治，保障城区干净整洁。加强便民摊点和夜市排档管理督促，规范经营秩序。选择36米大街、建安大道等路段作为“示范街”试点，加大占道经营整治力度。全年纠正违规占道经营5448起，取缔流动摊点2667个，清洗违规小广告10万余张。

【渣土运输管理】 2022年，安溪县城市管理部门为抓好渣土运输安全监管工作，在全省首创渣土运输第三方安全监管服务模式。7月，设立安溪县渣土车运输监管技术服务中心，对全县渣土运输安全全程监管。协调交警、交通、住建、资源、水利、应急等部门，开展渣土运输安全整治行动，严查严处滴撒漏、乱倾倒、未办理或者未按照路线行驶等各类违法行为。全年开展部门执法798次，联合执法172次，异地交叉执法4次，查处车辆380辆，罚款68.1万元；查处土方车“滴撒漏”37宗，罚款7.4万元。

【水流域巡查监管】 2022年，安溪县实行水流域巡查管理责任制，有效遏制乱占乱建、乱排乱倒、乱采砂、乱截流等“四乱”问题。采取全覆盖巡查方式对全县流域巡查，将巡查发现问题反馈给所在乡镇和县直主管部门，落实周巡查报告制度（每周向县河长办报告巡查情况）。全年发现查处污染水体行为82宗，其中移交77宗，现场处理3宗，行政处罚2宗（罚款5.5万元）。

【城乡环境综合治理】 2022年，安溪县城管局开展“两违”综合治理。坚持“露头就打、出土就拆”的原则。1—9月，全县处置“两违”建筑42宗，面积1.14万平方米。处置“两违”建筑54宗，面积0.36万平方米。9月“县治违办”由城管局移交至县自然资源局。

推进油烟污染整治。落实中央环保督察反馈要求，聚焦城市餐饮油烟问题，制定下发《安溪县餐饮油烟污染专项整治实施方案》，对城区餐饮店油烟排放情况进行逐一摸排登记造册，建立台账，城区登记台账 532 家。创建建安大道（南门桥头—宝龙路段）、新安路（天桥—颖如桥头路段）为餐饮油烟整治示范街，贵族世家牛排等 20 家为示范点。

【城管执法】 2022年，安溪县城市管理部门实施行政处罚 141 宗，罚款 78.15 万元。其中，滴撒漏37宗，罚款7.4万元；乱倾倒26宗，罚款7.9万元；建筑施工噪声污染15宗，罚款13万元；占道经营2宗，罚款0.03万元；未经核准擅自处置建筑垃圾42宗，罚款23.5万元；损坏城市树木花草2宗，罚款0.15万元；未及时清理无序停放的共享电动车5宗，罚款0.03万元；未取得建设工程规划许可证进行建设3宗，罚款17.64万元；燃气类9宗，罚款8.5万元。

【安全隐患排查整治】 2022年，安溪县城管局开展安全生产专项整治三年行动和城镇燃气安全专项整治行动，抓好城市管理领域安全生产工作。强化安全隐患摸排，成立7个行业领域检查小组，覆盖城管系统所有行业领域，对事故隐患进行"大抄底"，开展督导检查356次，排查出安全隐患413个，完成整改413个，整改率100%；强化安全宣传教育，发送97.9万条安全宣传短信，在306块梯视广告进行安全宣传，开展安全生产业务培训9次，培训200余人次，开展应急处置演练7次，参与300余人次；强化行业主管职责，针对燃气重点行业，立案9件，结案9件，收缴行政罚款8.5万元。

（陈其森　刘艺锋）

村镇建设

【裸房整治】 2022年，安溪县按照上级工作部署，持续推进农村裸房整治。重点抓好24个乡镇中心区、重点村庄（传统村落、乡村振兴试点村、乡村振兴示范线村庄）、城市出入口、主要过境通道两侧（含"两高"沿线、国道、省道沿线及河流两侧）、主要景区景点、城市会客厅（含主要广场、主要大街、主要干道）、山水与平地交接面、高速出入口等重要节点及重要路段裸房整治工作，完成市级下达安溪县5333栋裸房整治任务。城厢镇码头村、龙门镇洋坑村、感德镇龙通村、祥华乡东坑村、白濑乡下镇村、湖上乡盛富村等成为泉州市裸房整治示范村。

（周　亮　谢春楚）

【历史文化名镇、传统村落保护】 2022年，安溪县有1个历史文化名镇(湖头镇)，2个国家级传统村落（西坪镇南岩村、桃舟乡吾培村），15个省级传统村落(湖头镇湖二村、湖三村，蓬莱镇上智村、鹤前村、龙居村、温泉村，西坪镇松岩村、上尧村、龙地村、尧阳村、尧山村，官桥镇善坛畲族村，芦田镇石盘村，祥华乡福洋村，感德镇龙通村），公布认定历史建筑4批次99栋、传统风貌建筑第一批3栋。

2022年，安溪县推进历史文化名镇和传统村落保护提升。湖头镇、西坪镇南岩村、蓬莱镇龙居村被列入2020年省级重点改善提升"十镇百村"项目名单，桃舟乡吾培村被列为2021年市级重点改善提升传统村落，官桥镇善坛畲族村被列为2021年省级重点改善提升传统村落。祥华乡福洋村被列为2022年省级重点改善提升传统村落。

（王金礼　谢春楚）

【特色村镇试点建设】 2022年，安溪县加快尚卿乡藤云特色小镇建设，推进藤云工艺园工业用地连片开发建设，入驻企业20家，建成厂房面积超20万平方米。建成科名卫生院、尚卿消防站，建设福文化广场，打造福文化一条街。围绕虎邱镇乡特色产业，乡村振兴目标，推进"茶旅小镇"建设。完成镇区核心区控制性详细规划和试点村村庄规划编制，为长远发展制定"路线图"、规划"施工图"。以乡村振兴、茶业升级、文化旅游等为重点，谋划"十四五"重大项目和县级重点项目建设，接续高质量项目，推动茶旅小镇业态丰富、配套完善。

（张净霜　谢春楚）

【房屋安全隐患排查整治】 2022年，安溪县通过产权人（使用人、管理人）自查、镇村核查、县级抽查，组织专业技术力量参与，完成经营性自建房排查摸底、登记造册，排查房屋14221栋，一般安全隐患48栋（整治29栋、暂无须处置19栋），全部录入省房屋信息系统，并与国家平台灾普系统的图斑进行关联。开展自经营性自建房安全隐患排查整治工作，通过入户排查，再次对房屋所有者、使用者进行宣传教育，强调其主体责任，提升房屋使用者的意识，推动房屋使用过程中的维护管理。提高镇村干部对房屋结构安全管理的意识，明确职责，推动房屋规范化管理。

（林杨梅　谢春楚）

【城乡建设品质提升】 2022年，安溪县根据《2022年全省城乡建设品质提升实施方案》，策划生成一批城市建设品质提升项目，被列入省城市建设品质提升项目管理系统建设项目88个，包括城市更新、新区拓展、生态连绵工程、交通通达、安全韧性、农村水环境治理、农村居住环境治理、农村风貌管控等8个方面，总投资293.25亿元，年度计划投资72.78亿元。截至2022年底，88个城市建设品质提升项目完成投资80.16亿元，完成投资比例的110.14%。

（林国梁）

【“抓城建提品质”专项行动】 2022年，安溪县制定《安溪县“抓城建提品质”2022年专项行动方案》《安溪县开展城市片区更新改造专项行动方案》《2022年安溪县“抓城建提品质”秋季攻坚行动方案》等文件，从中心城区提质、片区更新、老旧小区改造、综合交通体系提升、生态人文空间提升、村镇建设、县域特色亮点、重要通道重要节点景观风貌整治等方面推进城建品质提升，明确目标任务和具体工作要求，统筹推进“抓城建提品质”工作。全县全年共有“抓城建提品质”建设项目83个，总投资415.55亿，年度计划投资89.03亿元。完成投资98.28亿元。

（林国梁）

建筑业

【概况】 2022年，安溪县建筑业施工企业完成建筑业总产值342.07亿元，比上年增长8.9%，其中外省产值约148.84亿元，比上年下降0.66%。全县新开工建筑项目128个。截至年底，全县取得资质证书的建筑业企业198家，其中施工总承包一级企业7家、二级企业18家、三级企业154家。

7月，安溪县有福建省五洲建设集团有限公司、中晟海峡建设有限公司、砖文建设集团有限公司、福建省八方建筑工程有限公司、福建省安泰建筑工程有限公司5家一级建筑业企业被评为泉州市建筑业“龙头企业”。9月，安溪县有福建省同美建设工程有限公司、福建森宏建设工程有限公司、福建中奥建筑工程有限公司、福建安兆建设有限公司4家一、二级建筑业企业被评为泉州市建筑业“准龙头企业”。12月，福建省五洲建设集团有限公司取得具备省级企业技术中心的科技进步奖励事项，得到申请一次性奖励50万元。

（黄连春　谢春楚）

【招投标管理】 2022年，安溪县加强工程建设领域招投标工作管理，依法依规对招投标活动进行全程监督，严格执行招投标巡查督查制度。全县通过福建省公共资源交易电子行政监督平台进行招标文件备案的房建、市政项目84个。

（杨婉琼　谢春楚）

【安全监督管理】 2022年，安溪县办理建筑工程施工许可证128个，建筑面积约428万平方米，办理工程竣工验收备案67个，建筑面积约261万平方米。县住建局加大质量安全文明施工和建设工程质量安全监管力度，落实各方主体的质量安全责任，全年开展2次全县工程质量安全监督专项检查、2次疫情防控检查、2次混凝土质量专项检查、1次安全生产治理专项检查、1次施工扬尘整治专项检查等，发出“责令改正通知单”485份。做好质量安全动态监管“常态化”工作，强化工程质量安全管控，对施工单位（项目经理）记2158.04分，对监理单位（项目总监）记1701.1分，对施工现场存在较大安全隐患的2家责任单位依法进行处罚，罚款6万元。

2022年，安溪县参岭隧道（东二环—站前大道）工程获2022年度福建省建设工程省级优质工程（闽江杯）省优质工程称号，安溪县古山片区E-2地块(古山花园安置小区）工程获2022年度市建设工程（刺桐杯）市优质工程称号。

（许诗榕　谢春楚）

房地产业

【房地产开发】 2022年，安溪县完成房地产投资96.38亿元，比上年下降4.55%；房地产销售面积156.91万平方米；办理商品房预现售许可证48宗，比上年下降15.79%；批准预现售面积88.37万平方米，比上年下降28.26%。

【房地产交易备案管理】 2022年，安溪县商品房预售合同备案11125宗；办理二手房交易2586宗，面积25.44万平方米；预购商品房抵押备案4655件；均在承诺时限内办结，办结率100%。

【物业管理】 截至2022年底，安溪县有物业服务企业68家、物业小区136个、老旧小区92个，社区及物业管理覆盖率100%。物业服务企业从业人员3197名。成立党支部的企业有10个，物业小区成立兼合式党支部104个，党员379名。成立业委会的小区有63个，业委会成员513人。县住建局制定下发《加强住宅小区公共收益管理的暂行规定》以及《关于缴交住宅小区公共收益的通知》，指导、督促、监督物业服务企业做好公共收益公开公示、按规定分配、及时缴存、使用管理等相关工作。

【保障性安居工程】 2022年，安溪县新开工建设棚户区改造820套，均通过回购商品房安置的方式实施棚户区改造；通过发放租赁补贴、配租保障性住房等方式，保障城镇中低下住房困难家庭户，其中发放租赁补贴36户，公共租赁住房（含廉租住房）保障1745户。

【老旧小区改造】 2022年，安溪县完成19个老旧小区改建、续建项目，启动税务小区等33个老旧小区改造项目，总投资3000万元。

（林锦都　沈旭龙）

园林绿化

【概况】 2022年，安溪县新增城市绿地面积25公顷，完成建设口袋公园15个。截至年底，安溪县城市建成区面积31平方千米，绿地面积1261.78公顷，公园绿地面积395.43公顷，绿地率40.7%。

【园林绿化项目建设】 2022年，安溪县城河滨南路安溪大桥至南门大桥段精品步道提升工程，打造“诗心茶语，韵动水岸”主题和独具茶乡的人文特征。谢氏祖厝边口袋公园，设置艺术与多变的人行空间、休闲空间，创造不同形式“孝”文化景墙和“福”文化，丰富口袋公园的文化内涵。

（刘炳钦　刘艺锋）

【“绿盈乡村”品牌打造】 2022年，安溪县根据《泉州市实施乡村振兴战略乡村生态振兴专项小组关于引发乡村生态振兴2022年度工作要点的通知》，编制《安溪县生态环境保护委员会办公室关于印发乡村生态振兴2022年度工作要点的通知》，下达相关创建任务，推进30个村“绿盈乡村”建设。截至12月，安溪县创建初级版绿盈乡村225个，中级版绿盈乡村108个，申报高级版绿盈乡村52个。

（黄敏敏　徐淑宁）

公用事业

【供水】 2022年，安溪县自来水有限公司有1座水厂，设计供水能力13万吨/日，供水服务区域包括凤城镇、城厢镇和参内镇部分区域，供水服务人口25.48万人，市政供水管网覆盖区域供水普及率99.96%。全年完成供水量3009.26万吨，售水量2598.32万吨。新建、改造供水管网38.9千米，供水管网总长492.07千米，出厂水综合合格率99.9%。6月，完成蓝溪干流澳江取水工程（应急水源建设工程）建设，该工程项目从城厢镇澳江渠取水至城关自来水厂，设计取水规模为每天3万立方米，采用管径为DN700输水管道，全长6.7千米，提升城市供水应急保障能力。

（吴金传　许毅扬）

【供电】 2022年，安溪县开展城乡配电网建设，投资1.35亿元，新开工项目207个，在建项目309个，新建及改造台区201个，在建主干网架52条，加强网架结构，完成17个中高考考点二路电源建设、4个老旧小区改造，提高供电可靠性，供电可靠率提高至99.92%，电压合格率提高至99.89%。强化重点业扩项目管理，完成泉州大白濑水利枢纽工程、兴泉铁路泉州段等28个省、市重点项目工程送电项目，送电容量9.15万千伏安。创新构建工业（产业）园区标准化用电管理体系，在安溪高端制造产业园（龙门园）试点“开关站+公共配电室+专用配电室”供配电模式，实现企业“拎包入住”，创新项目入选为省发改委优化营商环境典型案例。助力绿色出行，投运5个乡村充电基础设施“首桩”项目，与6家属地车企、品

谢氏祖厝边口袋公园　　（摄于2022年12月　图/县城管局）

牌销售商签订电动汽车充电桩联网通办协议，联合推广车电包服务，实现联网通办用户94户，装桩效率提升20%。服务乡村振兴，提前完成全年7个乡村电气化项目，联合县乡村振兴局出台乡村电气化示范镇创建评价标准，参内镇获评泉州市第一批乡村电气化示范乡镇。

（李培杰　林荣仁）

【供气】　2022年，安溪县有燃气管网732千米。其中，中压管网217千米，低压管网515千米。民用户23万户，工商户2609家，全年完成供气天然气2140万立方米、液化气15900吨。安溪新奥燃气有限公司获省工人先锋号、省“安康杯”竞赛先进班组、泉州市模范职工之家、市“安康杯”先进班组、泉州市青年文明号等称号。

（李炳树　吴木容）

【城市供水设施】　2022年，安溪县自来水有限公司落实“最后一公里”供水服务项目，推进基础设施更新改造。完成三德兴大厦周边、新安西路302—338号、太阳湾20—25号、宝龙澳门街、凤声路、凤山路、政府宿舍楼、东门新村、凤仪园、商业城、城厢中学、德苑路87—99号、新安西路161号、南华家园、圳顶巷等老旧管网改造19.4千米。新建市政供水管网，完成新建给水管网19.5千米。建设市政消火栓，新增消火栓35个。

【污水处理】　2022年，安溪县制定《安溪县“抓城建提品质”2022年专项行动方案》，实施城区污水处理配套管网修复改造6千米，投入资金1500万元，全年安溪城市污水处理厂外运处理污泥18333.38吨(污泥含水率79%)，均用于堆肥，无害化处置率100%。污泥无害化处置去向分别委托安溪县力强新型墙体材料有限公司开展制砖处置、漳州市绿川生物科技有限公司开展堆肥处置。

【垃圾处理】　2022年，安溪县餐厨垃圾处理项目设备完成安装调试，投入生产。项目位于安溪县垃圾焚烧发电厂内一厂卸料大厅，餐厨垃圾设计处理规模39吨/日，投资额1692万元，餐厨垃圾处理服务费基准价格186元/吨。安溪县大件（含园林）垃圾处理设备完成安装调试，投入生产。项目建设位于安溪县垃圾焚烧发电厂内一厂冷却塔南侧，大件（含园林）垃圾处理规模10吨/日，投资额678万元，大件（含园林）垃圾处理服务费基准价格245 元/吨。

（张达祥　吴木容）

【垃圾分类】　2022年，安溪县出台《安溪县垃圾分类工作领导小组关于调整安溪县垃圾分类工作领导小组及成立五个职能组的通知》《安溪县垃圾分类工作领导小组关于印发安溪县进一步推进生活垃圾分类工作实施方案的通知》《关于印发安溪县2022年生活垃圾分类工作意见的通知》，落实“一岗双责”责任制，明确相关乡镇、部门工作目标，细化任务分解，为全县垃圾分类工作指明方向和实施路径，确保生活垃圾分类工作顺利开展。新增参内镇（城市）推行生活垃圾分类工作。凤城镇、参内镇等城市示范片区内有27个社区、69个小区，全方位开展生活垃圾分类工作。建设四分类垃圾投放点529个、建设分类垃圾亭79个、分类驿站或分类屋13个、生活垃圾分类宣传栏71个，大件垃圾、建筑垃圾堆放点26处，配置督导队伍29组，建立垃圾分类收运处置量台账和月督导台账表，社区小区覆盖率100%，垃圾分类32546户，参与率90%以上，垃圾投放准确率80%以上。

(李美燕　吴木容)

乡村振兴

【概况】　2022年，安溪县围绕“产业兴旺、生态宜居、乡风文明、治理有效、生活富裕”的乡村振兴目标，推进安溪乡村振兴，全县未出现规模性返贫致贫现象。产业发展联农带农能力增强，脱贫群众就业规模超过上年，2022年度脱贫人口家庭人均可支配收入20314元，比上年增长13%；全县所有村村财均超20万元，新增18个村村财超100万元。安溪乡村发展、乡村建设、乡村治理取得成效，相关做法获国家乡村振兴局专文刊介，其中《福建安溪县：做好“三篇文章”推进强村富民》文章在《中国乡村振兴》刊发，《福建安溪谱写“四个转变”新篇章 探寻乡村振兴奋发路》文章在《乡村振兴简报》刊登。

【乡村振兴试点示范建设】　2022年，安溪县以2个省级乡村振兴特色乡镇（虎邱镇、尚卿乡）、6个省级乡村振兴实绩突出村、8个市级乡村振兴实绩突出村、30个省级乡村振兴试点村、32个市县级乡村振兴试点村为抓手，推进试点示范建设，总结经验模式，强化宣传报道，扩大典型示范带动效应，湖头镇山都村、尚卿乡黄岭村、虎邱镇罗岩村、芦田镇三洋村获评泉州市第三批乡村振兴成效显著村。

【乡村振兴整镇推进】　2022年，安溪县坚持“全域统筹、全员参与、全面振兴”的原则，推进62个省市县级乡村振兴试点示范、6条市级乡村振兴示范线，推进乡村振兴“串点连线成片”，按照“同步启动、分类发展、重点培育、体系引导”的路径，提档升级以乡镇为单位，开展城厢镇、湖头镇、尚卿乡、虎邱镇和祥华乡整镇推进“五好”试点乡镇创建。湖头、祥华、虎邱在乡村振兴整镇推进年度考评中获优秀等次。

【乡村振兴示范线创建】 2022年，安溪县创建6条市级乡村振兴示范线（茶桂禅心、飘香虎邱线，山旅岩田、幸福岭兜城厢参内线，风情原野、藤云尚卿线，原乡西坪、十里茶路西坪线，生态新城、魅力龙门线，山外青山、茶香祥华线）。示范线所在乡镇按照“三有一壮”（有产业、有主题、有项目，壮大集体经济）工作目标，实施“十百千”工程(即平均每条示范线新建重点项目10个，村集体经营性收入100万元以上，投资规模1000万元以上)，实施“三无一改”攻坚（无裸房、无黑臭水体、无凌乱杆线，改变影响农村人居环境的不良习惯），打造“有安溪特色”的乡村振兴示范线试点样板。龙门乡村振兴示范线获评第二批市级精品示范线。

【重点帮扶村建设】 2022年，安溪县有第六批省派重点帮扶村6个(尚卿乡青洋村、金谷镇溪榜村、湖头镇横山村、龙涓乡内灶村、龙门镇洋坑村、芦田镇三洋村)。第十六批市派重点帮扶村16个(蓝田乡乌土村、长卿镇福春村、大坪乡香仑村、祥华乡东坑村、金谷镇丽山村、龙门镇龙山村、福田乡尾洋村、湖头镇半山村、湖上乡格头村、西坪镇珠洋村、龙涓乡连祠村、剑斗镇双洋村、桃舟乡达新村、城厢镇仙苑村、虎邱镇芳亭村、感德镇大阪村)。县派重点帮扶村71个(城厢镇上营村，参内镇镇中村、岩前村，魁斗镇钟山村，蓬莱镇吾邦村、上智村、鸿福村、鹤厅村，金谷镇景坑村，白濑乡寨坂村、上格村、白濑村，湖上乡沙堤村、长林村、飞新村、盛富村，剑斗镇前炉村、潮碧村、云溪村，感德镇尾厝村、炉地村、福德村，桃舟乡南坑村、莲山村、桃舟村，福田乡双垵村，长卿镇小西村、云二村、三村村，蓝田乡进德村、乌殊村、蓝田村，祥华乡福新村、珍山村，西坪镇平原村、龙地村、后格村、留山村、宝潭村、松岩村，大坪乡萍州村、双美村，尚卿乡灶坑村、后福村、圆德村、黄岭村，芦田镇内地村、朝阳村、石盘村、福岭村，龙涓乡龙房村、半林村、鹤林村、培福村、新岭村，虎邱镇双格村、少卿村、石山村、罗岩村、竹园村、湖西村，官桥镇石岩村、石林村、内村村、新厅村，龙门镇大生村、美顶村、仙凤村、翠坑村、龙美村、溪瑶村)。通过帮扶，6个省级帮扶村、16个市级帮扶村、71个县级帮扶村基础设施建设得到改善，特色支柱产业取得发展。

【造福工程易地扶贫搬迁】 2022年，安溪县按照“两不愁三保障”原则，将易地扶贫搬迁工作与贫困户的生活、生产、未来发展统筹考虑，开展帮扶模式，解决贫困户搬迁后的生产、生活、子女就学、就业等方面的问题，做到搬得出、稳得住、能脱贫。对住房条件较差的给予修缮维护，全年为67户脱贫户改善提升住房条件，投入200万元。

【扶贫小额信贷】 2022年，安溪县筹措扶贫小额信贷风险担保金1400万元，杠杆放贷规模7000万元，发放小额贴息贷款1.17亿元，用于扶持脱贫农户发展种植业、加工业、养殖业等，推动茶叶、蔬菜、淮山、茭白、油茶、养殖等优势产业发展，惠及全县24个乡镇2893户脱贫户。

【帮扶到户】 2022年，安溪县过渡期内落实“四不摘”要求，根据人事调整，及时调整挂钩帮扶工作，确保建档立卡脱贫户公职人员挂钩帮扶全覆盖，每季度至少入户帮扶1次，每户落实2项以上帮扶措施，确保稳定脱贫。落实防止返贫动态监测和帮扶机制。开展常态化动态监测，持续跟踪收支变动、“两不愁三保障”巩固等情况。“闽政通”APP受理农户申报监测对象121条，行业部门推送2759条，经组织驻村工作组逐户入户核实，未发现符合监测对象。

（高世伟 陈永春）

应急管理

综述

【应急指挥体系建设】 2022年，安溪县初步建立横向到边、纵向到底的管理体系，县应急指挥中心接入并整合自然灾害、安全生产、应急现场等感知数据，做到上下贯通。实现灾情的现场传输、远程会商、分析研判以及救援指令的接收、发出，提升运行监测、协调指挥和应急调度能力。

【风险监测和综合减灾】 2022年，安溪县加强魁斗镇溪东村、湖头镇福寿村、湖头镇半山村、感德镇洪佑村、感德镇五甲村、蓝田乡乌殊村、祥华乡祥华村、西坪镇上尧村、龙涓乡连祠村、官桥镇官桥村10个避灾点建设，投入50万元。

【救援协调】 2022年，安溪县为做好湖头镇、剑斗镇、感德镇等11个乡镇补充洪涝灾害应急抢险保障物资、开展次生灾害隐患排查和应急整治等工作，投入自然灾害救灾资金170万元。中央自然灾害救灾资金预算（冬春临时生活困难救助资金）和冬春临时生活困难救助资金共9.34万元，保障参内镇、剑斗镇等11个乡镇439名受灾群众冬春期间基本生活。制订年度县级救灾物资储备计划，预算24.9万元，购买棉大衣、雨衣雨鞋、棉被、毛毯等应急救灾物资。开展低温冰冻天气送温暖救助活动，下拨防寒物资棉被528件、毛毯1025件、棉大衣1501件、棉衣865件等物资。接续购买自然灾害公众责任险、农房统保及其叠加险等保险372.19万元，全县得到保险赔偿有681起167.87万元。

【教育训练】 2022年，安溪县开展“5·12”全国防灾减灾日防灾减灾网上有奖知识竞赛活动，参与10万人次。推出“防灾减灾”专栏，发布防灾减灾相关信息200余篇。发送“防灾减灾”宣传短信（微信）20万余条，提升公众灾害风险防范意识和自救互救等应对能力。在“5·12”全国防灾减灾日，开展家庭防震减灾、消防逃生活动，参加活动的家庭1375个学生4800余名。“10·13”国际减灾日组织学习习近平总书记关于防灾减灾重要论述。开展防灾减灾知识培训70余场，群众参与2780人次，排查整改隐患528处。24个乡镇、419个村、2020户、6479人完成危险区域人员自主避险演练，悬挂横幅1000余条，张贴海报500余张。

（李荣裕　陈桂金）

安全生产监督管理

【概况】 2022年，安溪县在重要时间节点、重点行业领域，开展安全生产大检查，打击各类安全生产非法违法行为，防范遏制重大事故灾害。全年完成执法检查227家次，

2022年10月12日，安溪县安全文化公园开园仪式在凤城镇城东社区举行

（图／李荣裕）

行政处罚38次，处罚金额172.57万元。全县安全生产形势总体平稳向好，连续8年未发生以上生产安全事故。

【安全生产宣传教育培训】 2022年，安溪县完成年度省、市、县为民办实事项目（安溪县城东安全文化主题公园）建设，投入120万元。在6月安全生产月期间，发起“安全生产吹哨人”“安全生产大家拍”短视频大赛，举办全县小学生绘画比赛、安全生产咨询日等活动。摄制《火与痛》《3分钟了解安溪安全生产标准化提升》，以及高甲戏风格的《标准化提升，你该这样做》等警示片、宣传片在微信公众号、梯视广告、户外LED大屏等播出。

【安全生产整治】 2022年，安溪县开展标准化提升专项行动，落实“检查、整改、执法、处罚、回头看”闭环链条，做到“检查一批、处罚一批、关闭一批”。召开动员部署会、工作推进会等67场次，树立县级标杆企业18家，部门、乡镇标杆企业145家，全县实际生产经营单位4265家，创建安全生产标准化100%。

【隐患排查治理体系建设】 2022年，安溪县开展安全生产大检查、安全生产百日会战、安全生产专项整治三年行动巩固提升等专项行动，以“四张清单”（排查清单、隐患清单、整改清单、责任清单）动态摸排，滚动整改问题隐患。全年全县排查各类隐患12065条，全部整改完成。

【工贸安全监管】 2022年，安溪县开展全县工贸电力行业安全生产大检查，检查工贸企业156家次，发现隐患935条，整改完成。约谈企业2家，依法处罚企业14家，罚款27.9万元。围绕岁末年初、国庆、党的二十大等时间节点，电话抽查和现场调度工贸领域企业148家次，聘请专家排查重点领域企业42家。

【危险化学品和烟花爆竹监管】 2022年，安溪县有危险化学品经营企业94家、烟花爆竹批发企业3家、烟花爆竹零售店212家。检查危险化学品经营单位和烟花爆竹零售店316家次，发现整改隐患147条，查处违法案5件，行政处罚5.55万元。组织全县危化品经营单位主要负责人和安全管理人员开展培训和警示教育，参加培训492人次。

（龚培伟　谢伟良）

防汛抗旱

【防汛应急救援体系建设】 2022年，安溪县将防汛办、森林防灭火办和应急中心人员合并成立防汛抗旱和防灭火调度中心（应急救援运行中心），增加防汛减灾工作力量。各乡镇、各单位重新梳理各类防汛责任人，逐一核实乡镇、村防汛责任人AB角及水库、山围塘的防汛行政责任人、技术责任人及巡查位责任人，组织修编镇、村级防汛抢险救灾应急预案，上报省村级预案管理系统。

【防汛抗旱应急抢险演练】 2022年7月11日，安溪县举行2022年度防汛救灾应急抢险综合演练，县防指成员单位、各乡镇近200人到场观摩。演练通过县防汛办指挥大厅实时调度，设置队伍集结出动、冲锋舟和皮划艇巡查、冲锋舟解救被困群众、橡皮艇营救孤岛被困群众以及无人机救援5个科目。

【防汛救灾】 2022年，安溪县发布地质灾害风险预警16期、山洪灾害风险预警4期、农业气象灾害风险预警1期，启动防暴雨应急响应次数7次，下沉干部2383人，转移危险区域群众人员10952人，经济总损失超1.6亿元。2022年无台风过境安溪县

2022年7月11日，安溪县在大龙湖举行2022年度防汛救灾应急抢险综合演练
（图／王清火）

辖区。

【防旱抗寒潮】 2022年，安溪县开展低温冰冻天气送温暖救助活动，第一时间下拨防寒物资棉被528件、毛毯1025件、棉大衣1501件、棉衣865件等物资。

（王清火　陈桂全）

消防救援

【概况】 2022年，安溪县消防救援大队有4个消防救援站，分别为凤城消防救援站、城厢消防救援站（与县消防救援大队同址）、湖头消防救援站、南翼新城消防站，有各类消防救援车辆13辆，个人防护装备、抢险救援器材、灭火器材等器材装备1000多套，新增消防灭火侦察机器人、防爆消防高倍数泡沫灭火侦察机器人、消防侦察机器人、消防灭火机器人。全年县消防救援大队接警出动1456起，出动车辆1996辆次，出动消防救援人员13076人次，抢救被困人员87人，抢救和保护财产价值近1267.84万元。处置“4·2”龙门镇溪坂村山娇（泉州）户外用品有限公司厂房火灾、“4·9”政永高速吴同山隧道货车火灾、“4·19”英发工业园厂房火灾、“6·12”城厢镇锦达工艺制品有限公司山体滑坡等事故，完成党的二十大等重大活动和重要节日的消防安全保卫工作。县消防救援大队获第十九届“福建青年五四奖章”集体称号；凤城消防救援站获泉州市“五一先锋号”称号以及安溪县第一届“安溪青年五四奖章”。县消防教育馆被福建省消防救援总队命名为第二批省级应急消防科普教育基地、被评为第十批泉州市科普教育基地。县消防救援大队工会委员会获“泉州市模范职工之家”称号。

【火灾隐患整治】 2022年，安溪县出台《安溪县中心城区消防专项规划（2021—2035）》《安溪县进一步强化消防安全责任制落实坚决防范城市重大消防安全风险若干措施》等。安溪县消防安全委员会定期部署全县消防工作，以县消防安全委员会名义发文5份，县消防安全委员会办公室发文32份，县消防安全委员会办公室组织召开4次联络员会议，协调开展全县消防安全工作。县政府主要领导和分管领导带队到辖区开展消防安全检查工作15次，督促各项消防安全防范措施落实到位。健全消防安全工作机制，创新基层治理，全县24个乡镇100%成立基层消防工作站，专（兼）职在编人员从事防火工作129人，全覆盖排查火灾隐患，提高火灾防控水平。探索消防监管新模式，总结固化“属地+行业+专业”工作机制和“隐患分级分类”治理模式等经验做法，挂牌督办城厢玉田村、尚卿新楼村2处区域性火灾隐患和2家重大火灾隐患单位，指导单位场所落实临时管控措施，加强日常防火巡查，加快推进隐患整改。全年全县检查单位1019家，发现督促整改隐患643处，下发责令改正通知书379份，对存在消防违法行为立案查处101家，罚款82.11万元，责令停产停业13家。

【消防宣传】 2022年，安溪县消防救援大队推进消防宣传“五进”“全生命周期”消防安全宣传教育培训，开展“线上线下”宣传教育。在“119”消防宣传月、防灾减灾等重大节日的宣传工作，依托大队宣讲队和消防志愿者定期开展宣传活动。通过定期开放消防教育馆、消防主题公园，在旅游景点清水岩设立消防执勤点；在商业综合体设置“消防知识普法角”；利用共享广告充电宝大力宣传消防安全知识；依托流动电视消防宣传车开展户外移动宣传等。全年开展消防宣传培训200余场次，发放消防宣传资料5万份，受教育5万人次。

【消防队伍实战能力】 2022年，安溪县消防救援大队从单一灾种向全灾种转变，提升综合救援应急处置能力。通过组建“轻骑兵”前突小队和志愿消防速报队伍，建成高层建筑住宅小区微型消防站110个、重点单位微型站170个，乡镇消防队21个、镇村微型消防站24个，发展社会救援和志愿服务力量。开展大学习、大练兵、大比武，培养地震、火灾、“高低大化”等领域救援专业人才。定期组织战备教育，特别是在重大活动、重要节假日和汛期，随时准备抢大险、灭大火、救大灾。与应急局、自然资源局，气象局等防汛部门建立信息共享和联动机制。完善辖区灾害事故应急联动机制，建立顺畅、高效的联勤联防机制，开展联合演练。推动智慧消防管理与调度系统在全县4个乡镇专职队伍、万达和宝龙广场2个微型消防站投入使用。

【消防基层夯实】 2022年，安溪县消防救援大队围绕全年保障重点工作，推进执勤队站建设及营房改造等工作。推进完成南翼新城、尚卿消防站入驻执勤工作。加强经费保障，对尚卿、南翼新城站改造升级。南翼新城站规划建设“花园式、数字化”消防站，尚卿站推进提档升级工作。加快凤城消防救援站迁建工作，推进消防救援站立体化建设。

（余作锦　马　凯）

森林防火

【概况】 2022年，安溪县辖区总面积3057.28平方千米，辖24个乡镇，为福建省重点林区县之一，森林覆盖率65.77%，林地面积16.65万公顷，境内辖有丰田林场（含白濑林场）、半林林场（含竹园林场）。

【森林防火体系建设】 2022年，安溪县新组建感德应急中队，全县专业森林消防队伍9支、225人，基本实现全县范围1小时内至少到达2支应急中队的救援反应。举办森林防灭火培训班，为期10天，提升队员扑救森林火灾能力。发动全县专兼职护林员559人，全天候、无死角巡护，推广使用“防火码”，设立防火检查站点137个，对建档立卡特殊人群1757人、农事活动重点对象8365人，进行“一人一监护一责任干部”监管。

【森林违规用火整治】 2022年，安溪县开展林地（林区）野外火源治理和查处违章用火行为专项行动，对全县6起野外违章用火进行调查处理。增派镇村干部、乡镇执法大队人员，从源头上消除火灾隐患。

（刘训呈　林华惠）

【森林防火灭火队伍】 2022年，安溪县建设1支专业防灭火队伍41人、6支半专业防灭火队伍共59人，维修生物防火林带110.2千米，更新补充防灭火物资装备300套（把），修建10.3千米森林防火通道，无人机空中巡查、重点卡扣监控与护林员地面巡护宣传相结合，构建天上地下立体式全方位巡护网络。

（王星法　王焘宗）

抗震救灾

【概况】 2022年，安溪县做好地震监测预防、防震减灾等震灾预防工作，推进应急避难场所建设，应急避难场所综合面积27.44万平方米。

【地震监测预报】 2022年，安溪县加强参内、大坪、长卿、安溪第五小学4个地震速报台建设，提高地震速报效率。每日按时报送蓝田水库鱼动物异常观测点和官桥连兜美石鸡湖养猪场动物异常观测点的观测数据，准时率100%。地震监测台站仪器运行稳定，运行率达90%以上，数据完整率90%以上。

【防震减灾】 2022年，安溪县推荐安溪第十二小学申报国家级科普示范学校，指导学校按照申报标准和要求开展地震科普知识宣教、地震应急疏散演练、地震科普知识竞赛等创建活动，收集整理内业资料，形成创建工作报告，报送省地震局。开展防灾减灾科学传播师队伍活动，组建安溪县防震减灾科学传播师队伍，到学校举办防震减灾科学讲座5场。利用科技人才活动周及“5·12”全国防灾减灾宣传日和“7·28”唐山大地震纪念日举行防震减灾宣传活动，宣传《中华人民共和国防震减灾法》《福建省防震减灾条例》等法律法规，发放图册3000册。

【应急避难场所建设】 2022年，安溪县应急避难场所24个，综合面积27.44万平方米，容纳避难人员8.82万人。投入避难场所维护经费12万元。对避难场所开展巡查4次。

（谢晓荣　张玉明）

生态环境

综述

【实践基地创建】 2022年，安溪县在国家生态文明建设示范县的基础上，坚持绿色发展导向，推进“两山”实践创新基地申报创建，打造可推广、可借鉴、可复制的“两山”转化“安溪样板”。6月8日，安溪县申报的“绿水青山就是金山银山”实践创新基地通过福建省生态环境厅组织的省级预审。

【重点项目环评审批服务】 2022年，安溪县建立重点项目环评清单台账，掌握建设项目信息。开展各类项目前期会商会审工作，指导建设单位项目选址优化，开辟“绿色通道”，协助办理相关手续。县级重点项目523个，完成环评审批211个，豁免环评112个；市级重点项目64个，完成环评审批40个，豁免环评19个，其他项目进展均纳入台账。

【排污许可年度审核】 2022年，安溪县开展排污许可证质量抽查、执行报告审核工作，强化管理类别、主要排放口、污染物排放标准及限值、许可量控制因子等内容审核。全年开展家具制造、包装装潢及其他印刷、机动车燃油零售、汽车修理与维护等23个行业88家企业排污许可证质量复核、执行188家企业报告审核工作，针对核查发现的问题建立整改台账，督促企业做好问题整改。

(黄敏敏　徐淑宁)

环境质量

【大气环境质量】 2022年，安溪县空气质量综合指数2.17，二级以上达标天数362天，优良率为99.2%，比2021年提升0.3%；细颗粒物浓度等6项污染物指标达国家二级标准，平均浓度值分别为二氧化硫6微克/立方米，二氧化氮7微克/立方米，细颗粒物15微克/立方米；可吸入颗粒物35微克/立方米，一氧化碳0.8毫克/立方米，臭氧122微克/立方米。全年环境空气质量二氧化硫浓度比上年上升20%，二氧化氮浓度比上年下降50%，细颗粒物浓度比上年下降5.4%，可吸入颗粒物浓度比上年下降28.6%，臭氧浓度比上年下降1.6%，一氧化碳浓度持平，六项污染物呈现“一升四降一持平”。

【水环境质量】 2022年，安溪县辖区内国控、省控各断面水质年度均值达到或优于Ⅲ类标准；城区饮用水水源地（中标大桥）和3个乡镇饮用水水源地（官桥镇自来水取水口、龙门镇自来水取水口、湖头镇自来水取水口）监测断面水质年度均值均达到Ⅱ—Ⅲ类水质标准；6个水功能区国控（代表断面为下镇、罗内桥）和6个水功能区省控断面（代表断面为福田乡下游、美岭村/高层桥、上存水库坝下、上苑村上游/温水溪口、玉湖、桃舟）监测指标年度均值均达到Ⅱ—Ⅲ类水质标准；双溪电站、晒谷坪、金谷大桥、蓬莱溪口、八斗尾、后溪水电站下游、赤坑、双美村、下寨等9条小流域监测断面水质年度均值均达Ⅱ—Ⅲ类水质标准。

【农村饮用水水源地整治】 2022年，安溪县开展3个千吨万人、32个千人以上饮用水水源地巡查，发现环境问题3个，完成整改3个。仑苍饮用水水源地一级保护区内35家企业全部腾空搬迁，完成“两断三清”，采取租用环保处理设备的方式对玉田村污水进行临时收集处理，于3月31日投入使用。

(黄敏敏　徐淑宁)

污染防治

【水污染防治】 2022年，安溪县制定《安溪县2022年农村生活污水提升治理实施方案》，将农村生活污水提升治理40个村整合打包成一个项目委托省环境保护设计院进行规划设计，项目概算投资9800万元，对污水提升治理村庄逐村逐户现场踏勘、合理设计，科学确定厂站选址，绘制勘测定界图，项目涉及9个乡镇全部完工。农村生活污水治理项目获国开行授信金额10亿元，期限30年，为全省金额最大、期限最长、成本最低的项目，为安溪县农村污水提升治理提供资金保障。开展罗内桥国控断面水质提升治理，印发《罗内桥国控断面水质提升整治工作方案》，细化分解提升治理任务，成立工作专班，推动水质得到有效提升，安溪县第二季度罗内桥断面汛期污染强度摆脱全国前50位。

【空气污染防治】 2022年，安溪县深化联防联控，分析和研判轻污染天气，全年发出大气污染预警函2份，实施大气管控22天次，累计实施限产、错时生产、停产等相关应急措施500余家次。加强移动源污染治理，开展柴油货车入户检测抽查以及路检路查工作。严格非道路移动机械监管，对全县行政区域内使用的各类非道路移动机械进行摸排、编码登记和排气抽测，全年完成编码登记429辆、排气抽测110辆。推进工业大气污染精准治理，推动闽光钢铁有限公司、三元集发水泥公司实施超低排放改造，闽光钢铁有限公司料场综合升级改造项目和220平方米烧结改建和5号烧结机改建项目完成建设，完成10个大气环境精准治理减排项目。严格环境准入，城区重点区域禁止新建高VOCs（挥发性有机物）排放的建设项目，其他区域实施消减倍量替代，强化挥发性有机物排放治理。

【土壤污染防治】 2022年，安溪县严格建设用地环境管理，对18个重点建设用地地块土壤污染状况进行调查和评审，保障建设用地安全利用。完成安溪安盈投资有限公司（原天纶纺织公司）地块和安溪县参洋片区J-06-01地块2个建设用地土壤污染情况调查。加强9家土壤重点监管企业环境管理，落实隐患排查和整改。加强农用地土壤镉等重金属污染源头防治，对16家工业企业和3个矿区历史遗留固体废物进行排查整治。

【声污染防治】 2022年，安溪县委托第三方技术机构福州诚盛环保科技有限公司开展声环境功能区划分工作，编制完成《安溪县城区声环境功能区划》，于6月23日经县政府第九次常务会议研究通过，6月29日印发实施。开展“静夜守护”专项行动，强化噪声投诉问题办理，加大涉噪声案件查处力度，全年检查工业企业66家次，口头责令整改12件，处罚工业企业噪声污染行为2件，处罚款4.9万元。

【固体废弃物污染防治】 2022年，安溪县对全县6家重点危险废物产生单位、4家经营单位及32家其他产废企业进行抽查评估，评估结果均达标。健全危险废物管理专家服务指导制度，聘请专家现场指导服务。开展危险废物三年专项整治，出动执法人员58人次，检查企业15家次，督导问题6个，均完成整改。加强废弃危化品环境管理和部门联动，加强监管人员和企业人员培训。至年底纳入福建省固废监管平台的涉危废企业有141家，完成对4家经营单位、139家危险废物产废单位的危险废物申报和管理计划备案，备案率100%。全年安溪县危险废物产生量约4.006万吨，利用处置量（含自行利用处置量）4.005万吨，利用处置率99.98%。

【医疗废物安全处置】 2022年，瀚蓝（安溪）固废处理有限公司启用3台焚烧炉（能力1350吨/日）作为应急处置设施，全年接收处置涉疫生活垃圾553.786吨，一般医疗废物1230.7279吨（含泉州医废中心、永春、德化产生的部分一般医疗废物），涉疫医疗废物436.905吨。

【行业污染整治】 2022年，安溪县开展龙涓乡流域生态环境专项整治，对龙涓乡84家畜禽养殖户开展重点整治。8家规模以上养殖场被列为提升改造类，按要求完善养殖粪污处理设施；42家养殖场被列为整改完善类，基本按要求落实环保措施；34处涉及违法用地用林、整改无望的养殖户（场）关停取缔，里口大桥断面水质稳定到Ⅲ类以上。

（黄敏敏 徐淑宁）

环境监管

【生态环境分区管控】 2022年，安溪县利用“三线一单”（生态保护红线、环境质量底线、资源利用上线和生态环境准入清单）成果，推进建设项目前期选址选线、规划环评、项目环评审批等方面应用，严格落实生态环境分区管控要求，把好规划、项目审批源头关口。全年审批环境影响评价文件47份，对环评文本均按要求进行“三线一单”符合性分析。

【环境督察整改】 2022年，安溪县配合省级生态环保例行督察，办理反馈省督察组交办群众信访件11件，回复市信访工作组11件，实行县领导挂钩、销号制度。至年底受理11件信访件完成销号9件，剩余2件按时序推进整改。

2022年5月20日，福建省2022年地质灾害应急技术演练暨现场观摩会在虎邱镇美亭村举办。图为与会人员合影（图/县自然资源局）

2022年6月5日，泉州市安溪生态环境局开展纪念“六五”世界环境日环保歌曲传唱活动（图/林赐生）

【环境监察执法】 2022年，安溪县开展“清水蓝天”“排污许可”“静夜守护”等专项执法行动，出动执法人员2100余人次，检查企业720余家次，立案查处33件（其中免予处罚2件），处罚金额106.02万元。实施查封扣押5件，移送行政拘留1件，移送涉嫌污染环境罪1件。上报环保网格化日常巡查信息126187条，环境事件信息39951条，其中网格环境事件转执法23件，对排污企业起到有效震慑作用。

【环保执法专项行动】 2022年，安溪县开展“清水蓝天”监督帮扶专项行动，出动执法人员430人次，重点检查企业143家。立案查处30件，责令整改30家，发出处罚决定书27份，处罚款94.67万元，未发出处罚决定书3件，移送公安机关行政拘留1件，查封扣押5件，移送涉嫌污染环境犯罪1件。强化水电站生态下泄流量专项执法，现场检查389家次，完成全县233座在册水电站的全覆盖检查。对未执行最小生态下泄流量规定的水电站下发改正违法行为决定书121份，组织整改情况后督察，查处水电站违法行为5件。

【环境安全隐患整治】 2022年，泉州市安溪生态环境局检查企业86家次，发现24项一般隐患，全部整改到位。生态云平台录入555条现场排查信息，督促指导16家单位完成环境应急预案备案（变更）工作。在福建省闽华电源股份有限公司举行“2022年泉州市突发环境事件应急演练”，提高应急人员在实战中的快速反应和处置能力，提高环境应急管理工作水平。5月20日，福建省自然资源厅、省地质矿产勘查开发局、泉州市自然资源和规划局、安溪县政府联合，在虎邱镇美亭村举办福建省2022年地质灾害应急技术演练暨现场观摩会。

【世界环境日主题宣传】 2022年，安溪县围绕“共建清洁美丽世界”世界环境日主题，在全县范围内开展系列环保宣传活动。安溪县生态环境保护委员会办公室组织多部门联合开展环保宣传进社区、进企业、进学校活动，在城区龙津公园开展“环保普法宣传进社区”普法宣传和巡河宣传活动。组织24个乡镇政府和120多家轻中度污染源重点大气污染源管控企业开展“环保普法宣传进乡镇、进企业”活动，利用宣传栏、LED屏幕播放环保公益广告、宣传标语。组织安溪县实验幼儿园、安溪县第十七幼儿园、安溪华侨职校、安溪茶叶职业学校开展“环保宣传进校园”暨环保歌曲传唱活动，生态环境局还组织局党员干部传唱《让中国更美丽》《环保人之歌》环保歌曲。在安溪县城市污水处理厂、安溪县垃圾焚烧厂、安溪参山空气监测站、安溪砖文空气监测站、安溪县环境监测站分别开展“环保设施公众开放日”活动，为共建美丽清洁家园凝聚社会共识，汇聚力量。

【环保主题志愿服务】 2022年3月9日，泉州市安溪生态环境局在藤云工艺园开展义务植树活动，芒果树和玉兰花纷纷在尚卿藤云工业园“安家落户”，以实际行动推进生态廊道建设。6月15日，在凤城镇祥都社区围绕全国低碳日开展“落实‘双碳’行动，共建美丽家园”志愿宣传活动，向社区居民及过往群众讲解环保低碳理念，分发环保宣传手册、环保袋等，倡导节能、环保、绿色、生态、健康的生活方式。

（黄敏敏　徐淑宁）

节能减排

【环评审批许可】 2022年，安溪县管控高耗能、高排放“两高”项目，加强工业节能管理，从源头把好项目引进关，助推产业结构优化调整。全年办理各类许可事项199件，属环评审批的47件（报告表47件）；属全国版排污许可证办理的152件。加强环评中介机构管理，坚持每月对环评机构的环评报告质量、编制时效等方面进行考核，建立环评机构业务质量考核档案。落实环评信用管理制度，对47份环评文件涉及的16家环评机构开展质量考核，对2家环评机构和2名工程师进行失信记分。

【污染物减排】 2022年，安溪县工业行业项目新增主要污染物总量指标实行排污权交易，按照重点区域和行业新增主要污染物总量指标倍量管理原则，出具总量指标确认意见20份，指导企业及时购买排污指标权。全年企业新增需要购买排污权指标二氧化硫19041千克、氮氧化物44035千克、化学需氧量211千克、氨氮30千克。

【“绿盈乡村”品牌创建】 2022年，安溪县围绕“山更好、水更清、林更优、田更洁、天更蓝、业更兴、村更美”目标，推动富有绿化、绿韵、绿态、绿魂的生态振兴村建设。全年完成创建初级版“绿盈乡村”21个、中级版“绿盈乡村”15个、高级版“绿盈乡村”10个、绿盈乡镇1个（桃舟乡），超额完成年度任务。2022年度高级版、中级版“绿盈乡村”创建完成数、绿盈乡镇创建数全市第一。

（黄敏敏　徐淑宁）

水土保持

【概况】 2022年，安溪县组织实施国家重点工程项目、市重点流域生态补偿项目，推进水土流失治理，加强水土保持监督，水土流失治理面积6866.67公顷。

【水土流失治理】 2022年，安溪县完成治理面积6866.67公顷（其中上级重点项目落实治理面积1526.66公顷），完成目标任务的128.75%。组织实施国家重点工程项目西坪镇西源村小流域水土流失治理和龙涓乡举源茶园坡耕地水土流失治理，建设生态清洁小流域1.2千米；坡耕地治理面积66.67公顷，投入资金660万元，其中争取国家资金400万元。组织实施国家以奖代补项目长卿镇南斗小流域水土流失治理，建设生态清洁小流域0.6千米；投入资金190万元，其中争取国家资金100万元。实施省级水土保持生态村3个，包括龙涓山后村、龙门大生村和芦田三洋村等，投入资金214万元，治理水土流失300公顷。实施市重点流域生态补偿项目，涉及西坪和虎邱等乡镇，治理水土流失733.33公顷，投入资金600万元，其中市级补助400万元。

【水土保持监督】 2022年，安溪县推进水土保持方案的审批、验收和监督工作。全年检查各类生产建设项目73个，审批项目水保方案61个，收取水土保持补偿费136万元，督促生产建设单位投入水土流失防治资金1800万元，防治面积21.33公顷。

（汪文土　刘全能）

综述

【科技经费】　2022年，安溪县对2021年度认定的国家高新技术企业、科技小巨人、众创空间资格等企业奖励，下达2021年度安溪县科技创新扶持资金和2022年度科技工作经费共91项，投入372.9万元。下达安溪县2021年第一批、第二批高新技术企业认定市、县两级奖补资金160万元。引导企业申报获各级科技惠企奖补资金3300多万元。

【科技特派员工作】　2022年，安溪县出台《安溪县科技特派员工作管理服务办法》，从职责任务、日常管理、考核评价、组织保障等方面开展科技特派员的规范管理和服务工作。完成2022年度省级科技特派员选认工作，其中个人科技特派员30人，团队科技特派员8人。备案选认2022年度泉州市个人科技特派员64人、团队科技特派员1人。完成2022年县级个人科技特派员选认111人，新增科技特派员工作站8个。完成2021年度安溪县科技特派员及科技特派员工作站年度考核工作，其中，考核个人科技特派员87人，优秀等次26人，良好35人，合格25人，不合格1人。考核科技特派员工作站7个，优秀等次5个，良好2个。创新工作模式，依托乡镇“党建+人才+产业”的工作模式，促成科技特派员工作站“共建共享”合作签约，打造“共建共享、优势互补、相互促进”的科技服务网络，强化科技特派员工作站优势互补、资源互通，加快农业科技推广和科技成果转化。

【科技项目申报管理】　2022年，安溪县引导企业与国内高校院所开展产学研用，围绕安溪县特色优势产业关键核心技术开展科研攻关，促进科技成果在安溪转移、转化。组织申报省、市级科技计划项目35项，获立项支持13项；推荐省级科技计划“揭榜挂帅”项目需求2项；获市级2022年“揭榜挂帅”重大技术需求2项。开展项目验收工作，市级科技计划项目结题率为97.49%。

【创新平台载体建设】　2022年，安溪县组织推荐6家企业申报省、市级新型研发机构，其中省级2家，市级4家。福建省中科生物股份有限公司建设的“中科生物光生物产业研究院”获省、市级新型研发机构认定，安溪县桃源有机茶厂有限公司建设的“桃源生物科技研究院”获市级新型研发机构认定。创建中国乌龙茶产业研究院、国际乌龙茶产业科技创新联盟，推动科技创新成果与市场需求、企业需求同频共振、同轴共转。新增9家企业被认定为福建省科技“小巨人”企业，总量24家。

【科技宣传】　2022年，安溪县通过科技活动周、全国科技工作者日，宣传科技政策。通过举办业务

省级科技特派员陈加友（右二）到田间地头，指导茶农茶叶采摘技术
（摄于2022年4月　图／县科技局）

培训班、走访调研，发放宣传手册，开展惠企政策宣讲。通过梯视广告和群发短信，宣传科技服务事项。发放《科技政策汇编》、安溪县惠企政策申报指南、研发费用税前计扣除手册1000多本，入企宣传80人次，召开培训会4场。

（高欣薇　林丽艳）

科技创新和高新技术产业

【概况】　2022年，安溪县加强培育引导，壮大高新技术企业群体，高新技术企业数量倍增。加大政策宣传力度，到企业开展科技政策宣传讲解，答疑解忧。联合官桥镇、城厢镇、参内镇、湖头镇开展乡镇专题培训，辅导高新技术企业申报及技术合同认定登记业务4场，参加企业100多家，培训200人次。

【科技创新政策出台】　2022年，安溪县下发《安溪县人民政府办公室关于修改〈安溪县抓创新促应用专项行动方案〉的通知》，从高新技术企业、全社会研发经费投入、高水平科研平台、高层次人才团队、科技成果转化应用5个方面制定。制定《安溪县抓创新促应用专项行动扶持措施》，细化责任分工，优化政策兑现程序，提高政策兑现效率。制定任务分解表和考核奖惩措施，分解下达目标任务，明确考核标准，强化结果应用。

【科技项目成果】　2022年，安溪县开展技术合同认定登记指导，对有登记意向的企业指导。全年安溪县技术合同登记合同数21个，成交额6204.93万元，申请研发经费分段补助资金1746.32万元。

【高新技术企业培育】　2022年，安溪县加强企业调研与培训辅导，建立年度高新技术企业培育库，针对泉州芸台科技有限公司等64家高新技术、规上企业加快培育。新增备案国家高新技术企业21家，净增233%，全县国家高新技术企业保有量增至55家，增长率62%。86家企业被认定为泉州市科技型中小企业。

（高欣薇　林丽艳）

科技服务

【概况】　2022年，安溪县围绕科技赋能，加强政策扶持引导，帮助企业用好用足税收优惠、研发费用加计扣除等各项扶持政策，提升科技惠企金融服务水平。

【科技惠企金融服务】　2022年，安溪县探索科技金融服务模式，鼓励金融机构为科技特派员和服务对象提供金融支持，推动项目落地。福建安溪农业商业银行股份有限公司面向科技特派员、科技企业开发“科特贷”“科技贷”等专属信贷，其中“科特贷”最高授信500万元，用于生产、经营、消费等用途，加大对安溪辖内科技特派员金融支持力度。“科技贷”最高授信1000万元，为符合条件的科技型企业提供流动性融资服务，助力企业创新发展。

【科技市场运营】　2022年，安溪县采购第三方科技服务机构，为企业提供免费服务，针对科技型企业生产经营状况、专利情况、全社会研发投入、科技成果转化等方面进行精准诊断服务，综合分析申报企业各项指标，完善高新技术企业申报条件，提升申报质量。

【企业研发经费分段补助】　2022年，安溪县做好企业研发经费年中研发经费预补助、高研发经费预补助2方面分段补助。年中研发经费预补助，仅限于上一年度研发经费投入1亿元（含）以上的企业申报，按上年度核定补助额实行预补助，由省级财政预拨经费全额垫付。高研发经费预补助，仅限于2022年度单项研发经费投入1000万元以上的企业申报，采用“一事一议”方式，随时申请补助。

【年度研发经费补助】　2022年，安溪县做好基础补助、增长额补助、激励补助3个方面年度研发经费补助（清算）。基础补助。年度研发经费支出额不足1000万元的，按研发经费支出额的5%计算补助经费。年度研发经费支出额超过1000万元（含）、不足2000万元的，对其中1000万元给予50万元补助，超出1000万元的部分，按超出部分的4%给予补助经费。年度研发经费支出额超过2000万元（含）以上的，对其中2000万元给予90万元补助，超出2000万元的部分，按超出部分的2%给予补助经费。增长额补助。按照企业年度研发经费支出较上一年度增加额的6%给予补助经费。对上年度未申报研发费用分段补助或上年度上报地方统计局（或经统计局核定）研发投入统计归集为零的申报企业，不能申请增长额补助。激励补助。对企业年产值在5000万元以上、税收1000万元以上且研发经费内部支出占主营业务收入比重超过5%的高研发投入企业，在享受已有研发经费分段补助政策基础上，按其研发经费内部支出超出上一年度的增量部分，再给予10%的奖励，最高奖励 500 万元。对全县规上企业、高新技术企业，按其研发经费投入增长增量部分，在落实省定企业研发经费分段补助的基础上，市级财政再按市级承担部分的50%给予增加奖励；按县级承担部分的50%给予奖励。对新进入国家研发投入统计口径的规上企业，在落实省定企业研发经费分段补助的基础上，按县级承担部分的50%给予奖励。

【科技创新平台建设奖补】 2022年，安溪县对新认定的国家、省级重点实验室，分别给予补助200万元、100万元。对国内一流高校、大院大所、知名企业到安溪县建立的重点实验室等高水平创新平台，采取“一事一议”方式给予财政经费支持。对新获评省、市级新型研发机构的，分别给予配套补助 30 万元、20万元。对新认定的国家、省、市级孵化器、众创空间、星创天地，分别给予奖励50万元、20万元、10万元。同一企业申报多种平台称号和不同级次的科技创新平台认定，不重复补助。

【高新技术企业奖补】 2022年，安溪县对首次申报并受理的省高或国高企业给予奖励2万元。对新认定的省高、国高企业，在落实省市补助政策的基础上，分别再给予奖励10万元、30万元。对直接认定的国家高新企业给予奖励30万元。对重新认定的国家高新企业给予奖励15万元。

【科技型企业奖补】 2022年，安溪县对首次认定的入库科技型中小企业给予2万元奖励，对列入市级“瞪羚计划”的入库企业给予5万元奖励，对新认定的省级科技小巨人领军企业给予15万元奖励。

（高欣薇　林丽艳）

科技成果

【概况】 2022年，安溪县围绕茶产业高值化应用需求，以茶产业未来发展为导向，“张榜领题”搭建起需求单位与创新创业项目之间的桥梁，推动产业、人才、技术深度融合。以赛促研，促进优质茶科技项目落地，推动茶产业发展。

【科技成果奖励】 2022年，首届中国茶科技创新大赛围绕绿色、生态、安全、智能、健康为项目重点方向进行遴选，设置大赛奖项37名，奖励128万元，包括落地奖52万元，优秀组织奖16万元。获奖项目落地安溪县内，给予创始团队同等优先享受科技、招商、人才、就业、就学、租金等优惠政策；凡参赛项目符合条件可加入“中国乌龙茶产业科技创新联盟”，获得对接当地龙头企业、参与项目对接会、融入其上下游产业链等产业资源。

【科技大赛】 2022年，安溪县承办首届中国茶科技创新大赛，形成科技揭榜制攻关项目榜单，来自日本、韩国、以色列及国内 17 个省（市）、48 家高校院所、近百家企事业单位科研团队参赛，征集到245个参赛项目，包含 1470 个专利。促成六点六茶啤酒、传奇康普茶、闽南乌龙茶智能工厂、智能茶叶炭焙机等10个高科技项目落地安溪。大赛决赛邀请第二十届中央候补委员、中国工程院院士刘仲华担任总评委，茶领域15名专家担任大赛评委，出席决赛项目路演暨颁奖仪式。

【科技人才队伍】 2022年，安溪县引导已认定的高层次人才与企事业单位开展产学研合作，推荐2022年度市级高层次人才创新创业项目7项；推荐福建省中科生物股份有限公司李阳申报福建省第三批“创新之星”人才遴选；组织参加女性科技工作者主题沙龙和人才领域科研项目业务培训等活动；推荐获市级立项资助高层次人才创新项目1项。开发与招聘科研助理岗位。开发适合毕业生就业、见习的岗位，鼓励企业及科研院所招聘符合条件的应届生，在科研项目申报过程中同等对待应届生，鼓励社会资源向创业团队共享开放。招聘科研助理7人，均为2022年高校毕业生，其中4人就业于高新技术企业，3人就业于科技型中小企业。

（高欣薇　林丽艳）

气象科技

【概况】 2022年，安溪县气候总体平稳，年景较好。年内经历3次低温过程、11次高温、14场强对流、6场暴雨过程。全年出现霾3天，雾26天，大风1天（7月31日18.8米/秒，东北偏北风），安溪本站全年≥35℃高温56天。2022年年平均气温正常、降水量偏少，日照偏多。夏季局地短时强降雨强度大，台风季台风影响偏轻。

【气象服务】 2022年，安溪县年平均气温21.7℃，较历年平均值21.6℃，偏高0.1℃。其中，5月、12月气温异常偏低，2月气温偏低，1月气温偏高，3月气温显著偏高，其余月份正常。年极端最高气温

39.4℃，出现在7月23日；年极端最低气温3.0℃，出现在12月19日。

2022年，安溪县年降水量1425.7毫米，较历年平均值偏少248.1毫米，降水距平百分率-14.2%，属偏少，其中冬季显著偏多、春季正常、夏季和秋季偏少。全年大雨及以上日数19天，其中暴雨日数2天。最大日降水量55.1毫米，出现在2月3日。

2022年，安溪县年日照时数1851.3小时，与常年均值相比偏多182.9小时，偏多11%，属偏多；日照年百分率42%。从各月的日照时数来看，11月偏少，1月、2月、5月、6月、7月、10月、12月正常，3月、8月、9月显著偏多，4月异常偏多。冬、春、夏、秋季的日照时数依次为327.2小时、447.3小时、605.0小时、508.5小时。

【人工影响天气】 2022年，县气象局组织开展人工影响天气作业事故应急演练，模拟弹药出入库、装卸，模拟发射操作以及火箭弹留架故障排除处理，应急处置预案的启动和解除等各项操作。演练人员严格按照人工影响天气相关规范和流程，对模拟事故进行处置，并参加全市人影作业的竞赛。在安溪蓝田水库作业点开展人工增雨作业，全年发射火箭弹16枚，作业效果良好，有效缓解旱情。

【茶叶气候品质认证】 截至2022年，安溪县有39家茶企49批次通过“特优”和“优”等级认证。委托第三方开展“茶叶气候品质认证”效益评估，认证后高端茶叶销量增加10%—20%，提升茶叶品牌附加值，提高茶叶知名度和竞争力。

升级改造后的安溪蓝田自动气象站 （摄于2022年12月 图/林添水）

【气象防灾减灾】 2022年，安溪县气象局将防雷和升放气球安全监管工作纳入对地方的绩效考核，建立安全监管长效机制。强化与相关部门协同合作，提高气象社会管理能力和水平。开展“双随机”检查42家，联合部门检查10家，出具整改通知书7份，发现隐患9条，全部完成整改。加大节假日和重大庆典活动气球巡查执法力度，确保不因升放气球影响空中安全，全年开展气球检查12次，排除安全事故隐患。建立“一企一档”台账，督促落实整改，形成闭环管理。编制《企业防雷安全生产主体责任告知书》《企业防雷安全生产主体责任承诺书》，明确企业安全生产主体责任落实情况，2022年防雷监管对象的告知书、承诺书送达签订率100%，告知承诺公示率100%。

【气象观测质量管理体系建设】 2022年，安溪县气象局结合气象观测质量实际，推进气象观测质量管理体系建设，促进体系建设与气象服务、预报预警、防灾减灾、地面气象观测等工作深度融合。推进构建气象观测预报服务业务质量管理体系，推动蓝田自动气象站升级改造。通过微博、微信等融媒体展示气象观测质量管理体系质量方针、质量目标等，向群众科普气象观测质量管理体系的相关知识。

【氧吧品牌宣传】 2022年，安溪县宣传“中国天然氧吧”品牌，组织参加北京国际服务贸易会暨中国天然氧吧文化旅游节推介铁观音，组织召开“氧吧经济”产业发展座谈会等，把氧吧品牌融入地方产业发展，取得成效。协助安溪云岭茶庄园、福田乡、蓝田乡、湖上乡获评福建省“清新福建·气候福地”。

（李宇涵 林添水）

教　育

综述

【教育机构】　2022年，安溪县加大教育经费投入力度，全县教育经费总收入29.43亿元，比上年的28.3亿元增长3.99%，其中地方教育经费29.43亿元，比上年的28.3亿元增长3.99%。

全县各级各类学校436所（不含高等院校），在校生230721人。其中，幼儿园181所（公办79所，民办102所），小学附设班65所，在园幼儿37935人；小学198所（含少体校1所，另有21个教学点），小学在校生102315人；初级中学33所，九年一贯制学校5所，初中在校生56893人（含陈利职校、安溪茶校初中部）；完全中学14所（含民办1所），普通高中在校生24644人；中职学校4所，中职在校生8670人（其中全日制8323人，非全日制347人；慈山农校作为中小学生社会实践基地，无在校生）；特教学校1所，在校生264人（含安溪茶校特教融合班21人）；教师进修学校1所。在编教职工10749人，县聘编外合同教师1178人，校聘编外合同教师1559人。3所省内高校在安溪设分校区（或教学点），其中福建农林大学安溪校区（含安溪茶学院、金山学院），在校生4053人，教职工110人，泉州经贸学院慈山分院，在校生1150人，教职工75人，泉州医高专安溪教学点在校生520人，教职工37人。

【义务教育阶段招生】　2022年4月，安溪县制定下发《安溪县2022年秋季城区小学一年级招生工作方案》《安溪县教育局关于2022年秋季城区初中招生工作的意见》，在《安溪报》和安溪县教育局官方微信公众号开展招生宣传。安溪一中初中部、凤城中学片区学生采用电脑派位方式确定就读对象；恒兴中学初一年级新生由泉州市教育局统一组织电脑派位确定就读；城厢中学、沼涛中学、第二十中学3所学校初一年级的外来务工人员子女，采取自主申请与电脑派位相结合方式安排就读。

【普通高中招生】　2022年，安溪县调整普通高中招生政策。取消普通高中片区招生，各高中校均按达标级别面向全县招生。明确艺术、体育特长生报考条件，考生必须在县级及以上教育行政部门主办或联办的艺术、体育类相应比赛中获奖，才能报考艺术、体育特长生自主招生。调整自主招生录取办法。提高往届生扣分标准，2022年往届生中考10科总分扣20分后再参加普通高中投档和录取。适当调整照顾加分项目，农村独生女和二女结扎户，由照顾2分调整为照顾1分。修订统招生、定向生同分的录取办法。取消安溪一中巩固生源奖励招生。

【教育科研】　2022年，安溪县组织择优选聘幼教专职教研员，聘请一批幼教兼职教研员，定期下园指导，集体诊断，听课研课，规范幼儿园一日教育教学活动安排，提高幼儿园的保教质量。每学期组织教学名师、骨干教师送教送研，开展片区帮扶，结对共建，发挥示范、辐射、引领作用。建立以安溪县实验幼儿园、县第二实验幼儿园、县第三实验幼儿园、培文丽馨实验幼儿园、培文蔼华实验幼儿园、县第六幼儿园6所县直公办幼儿园领衔的6个片区教研共同体，每学期至少组织开展6场幼儿园片区教研活动。开展2022年学前教育宣传月活动，探索形成幼小教师联合教研机制，促进幼小科学衔接。2022年，创建“乡村学前教育标准化办学点”，县实验幼儿园等6所幼儿园帮扶15所小学附设班，助推乡村办学点办园水平和保教质量。

2022年，安溪县教育局加强小学义务教育质量监测学科校际教研组建设，以一线名师、学科带头人、骨干教师作为核心组成员领衔各学科建设，校际教研组组织小学语文、数学、科学、英语、美术等学科全员研训活动，开展学科基地校教研活动，教学业绩优秀教师现场教学比赛及教学展示活动，研究编拟贴近义务教育质量监测理念的练习样题，研究探索适应义务教育质量监测理念的示范课例，完善学科活动。

2022年，安溪县实施普通中学城乡结对共建帮扶（2021—2023年），安溪一中等13所城区中学分别与俊民中学等26所农村中学结对。依托初中9个学科基地校组建9个学科联盟，调整充实学科核心组、研修组及指导组成员，局领导分别挂钩若干学科。各学科联盟集聚学科优质师资团队的力量和智慧，开展常态化“线上”“线下”研磨研训，建立学科磨题工作坊，编拟学科县本练习，向全县各学校推送教研成果。

【“5G+专递课堂”试点】 2022年，安溪县第六中学、城厢中学与泉州一中结为联盟校，参与泉州市“5G+专递课堂”试点；安溪六中与梧桐中学、城厢中学与安溪五中结为联盟校，作为县级“5G+专递课堂”试点。“5G+专递课堂”的试点实施，赋能“双减”工作和教育精准扶贫，推进义务教育优质均衡发展。

【教育重点项目建设】 2022年，安溪县教育系统建设项目任务建设13个，建筑面积11.04万平方米，总投资3.07亿元。城区扩容项目4个，总建筑面积5.59万平方米。“薄弱提升”项目3个，总建筑面积1.99万平方米。“长效机制”项目3个，总建筑面积1.74万平方米。幼儿园项目3个，总建筑面积1.72万平方米。

【学生竞赛获奖成绩】 2022年，安溪县安溪一中许耿阳在2022年第31届全国中学生生物学联赛中获省一等奖；第十二小学女子足球队在2022年泉州市小学生校园足球联赛内陆片区赛中获冠军；恒兴中学在2022年第六届全国青少年无人机大赛上获创意图形编程赛初中组冠军，福建地区首次获该类组冠军。

【“笔架学堂”创设】 2022年，安溪县教育系统党委组织广大党员教师围绕“主动融入、无偿公益、正向激励”三条原则，主动融入“党建+”社区邻里中心建设，打造“笔架学堂”，面向全县学校征集有特色、高水平志愿服务项目，定期到各社区邻里中心开展巡回志愿服务。推动党员教师进社区，利用周末、节假日及寒暑假开展近邻辅学、公益讲座、健康科普、技能培训等志愿服务，统筹融合学校教育、家庭教育、社会教育，让群众享受到“家门口”的教育。全年有3399名党员教师报名参加邻里中心志愿者，推出100多个服务项目“菜单”，开展教育服务场次114场次，服务社区学生、家长和群众5579人次，做法经验在市教育局召开的专项推进会上交流，《人民日报》、新华网、《中国教育报》、中国网等主流媒体刊文专题报道。

【教师进修学校标准化建设】 2022年6月29日至7月1日，安溪县教师进修学校接受省级标准化建设市级初审；8月9—10日，接受省教育评估研究中心专家组省级评估验收并顺利通过。12月，县教师进修学校被福建省教育厅确认为“福建省标准化县级教师进修学校”。

【学生助学金发放】 2022年，安溪县下达学生资助资金（含省上）3251万元，资助规模2.2万人次。其中，学前教育政府助学金201万元，普通高中国家助学金285万元，普通高中免学费73万元，中职国家助学金74万元，中职国家免学费2250万元。

【生源地助学贷款】 2022年，安溪县对符合国家和福建省有关政策规定的安溪籍全日制普通高校学生开展助学工作，落实研究生每生每年不超过1.2万元、本专科学生每生每年不超过8000元的生源地助学贷款政策要求。2022年发放助学贷款首贷和续贷 5677人，贷款金4091.68万元，连续10多年位居全省第一。

【文明校园创建】 2022年，安溪县推进《泉州市高质量推进文明校园创建三年行动计划》落实。开展文明处室、文明班级、文明宿舍、文明食堂创建、宣传，展示文明校园风采，金火完全中学、逸夫实验小学等105所学校被确认为2020—2021年度县级文明校园。

【学校德育】 2022年，安溪县制定《安溪县教育局关于2022年学校德育工作的意见》，指导各级各类学校开展丰富多彩的德育主题教育，提升学校德育工作科学化、特色化、体系化水平，提升育人实效。制定《安溪县学校德育工作“十项常规”（试行）》，推进学校德育工作制度化、规范化、实效化，组织人员对学校开展德育工作督查，抓严常规管理，抓细过程跟踪。组织遴选推荐2022年中小学德育特色项目工作，在学校推荐和基地自荐的基础上，分别评出思政课示范课20节、“一校一案”3个、家庭教育典型案例13个、家庭教育特色学校5所、劳动教育特色项目4个、劳动教育实践基地5个。

【诚信教育】 2022年，安溪县印发《关于全县教育系统持续开展“诚以立德·信以立身”诚信建设工作的实施方案》，推进学校坚持“每周必有诚信教育、每月必有主题活动、每学期必有集中动员、每学年必有总结提升”，把诚信教育贯彻落实到学校教育教学和管理服务各环节。

【心理健康教育】 2022年，安溪县依托学校心理健康教育服务中心，组织做好学生心理健康状况的定期筛查工作，其中，春季普查104449人，秋季普查117421人，完善学校心理危机预防干预体系。遴选推荐第一批中小学标准化心理健康辅导室，其中，市级示范型2所、标准型6所，县级示范型12所、标准型10所。组织开展“心健康 善爱我 共成长”心理健康教育宣传月活动，以及中小学生心理知识竞赛等，其中知识竞赛37416名学生自愿报名参与，扩大心理健康知识在学生中的覆盖面。下发《关于进一步加强青少年学生青春健康教育工作的通知》，推动学校常态化开展青春健康工作。

【全国劳动教育实验区创建工作】 2022年，安溪县教育局印发《关于组织做好中小学生假期劳动教育实践活动的通知》《关于进一步深化全县中小学劳动教育工作的通知》，明确劳动教育主要工作目标和工作思路。组织遴选一批劳动教育基地，其中县级5个，市级3个。组织学校开展劳动教育特色项目建设，其中县级4个，市级3个，省级1个。以安溪六中、第二十小学为示范点，推出一批劳动教育校本课程。加强劳动教育工作展示和交流。组织开展2022年“弘扬劳动精神，奋斗新时代”“劳动教育周”活动，举办各中小学德育共同体劳动教育工作经验交流会。加强校外劳动实践基地建设，开展中小学生“春种秋收·晚稻开镰”劳动教育主题实践活动，《中国教育报》《泉州晚报》《海峡教育报》《东南早报》等主流媒体集中报道。

2022年11月19日，安溪县在城厢镇经兜村开展中小学生“春种秋收·晚稻开镰”劳动教育主题实践活动 （图／县教育局）

【校园安全管理】 2022年，安溪县制定《安溪县未成年人学生保护内控外联工作落实情况“月通报、季考评、年总结”方案》，细化明确各职能部门34项措施、责任，实行每月一通报、每季一考评；下发《安溪县人民政府办公室关于开展暑期学生安全专项治理行动的通知》，就涉生欺凌、交通、防溺水明确各乡镇、各部门综合整治重点、16项具体举措、完成期限；会同县委政法委联合下发《关于做好中小学法治副校长聘任与管理工作的通知》，调整充实中小学校园法治副校长，明确任务、职责、管理与考核等环节，283所中小学校均配齐法治副校长。县财政投入200万元推进校园“人脸识别”“车牌识别”智能感知前端建设，提升校园智慧内保建设管理水平。

【学校安全标准化提升专项行动】 2022年，安溪县出台《全县学校安全标准化提升专项行动方案》《全县学校安全标准化提升专项行动2022年攻坚方案》《安溪县教育系统安全标准化运行提升指南》等，围绕组织领导、安全制度、隐患整治、安全教育、安防配置、建筑安全、消防安全、食品安全、实验室和危化品管理安全、学校设施设备安全、突发事件、综合治理等12个项目、86个提升要求，通过部署发动、打造标杆（全县10所标杆示范校）、全面推广、整体提升，分阶段分批次推进学校安全标准化创建提升，组织专门督导组开展督导评估，所有学校及校外培训机构均完成安全标准化提升。

【学校艺术教育】 2022年，安溪县印发《安溪县教育系统“喜迎二十大 艺体双修显才俊”系列活动方案》，以活动为载体，广泛发动组织师生员工，做到人人都参与、班班有项目、校校有特色，给广大师生员工提供展示才艺、成就自我的宽阔舞台，推动学校体育美育工作健康发展。校园艺术类主要围绕师生秋季启笔、师生合唱、中小学生辩论赛、师生独唱、师生绘画、教师基本功等开展活动；校园体育类主要围绕中小学生足球赛、县运会、师生篮球赛、教职工象棋围棋赛等开展活动。

【配餐企业食品安全管理】 2022年，安溪县出台《关于进一步加强安溪县中小学校校外供餐食品安全管理工作意见》，组织各乡镇和县直相关单位、学校、配餐企业贯彻执行。县教育局、市监局、卫健局、公安局四部门联合制定《安溪县校外供餐企业综合考评奖惩办法》，强化日常监管并进行期末考评。

（林翠萍　陈海清　张炎地　高志强）

教师队伍

【概况】 2022年，安溪县在职公办教职工10703人，其中中职372人、高中1555人、初中3278人、小学4720人、幼儿园735人、特教43人。另有县聘编外教师1176人和校聘编外教师1559人。有名优教师（校长）1227人，包括特级教师9人。县级及以上名师45人，其中省名师2人、市名师29人、县名师14人。县级及以上学科带头人534人，其中省学科带头人20人、市学科带头人143人、县学科带头人371人。市级及以上骨干教师808人。省名校长1人，省名校长后备人选（骨干校长）21人，市名校长14人。

【师德师风教育】 2022年，安溪县教育局在教育系统开展“提士气、抓落实、见成效”干部队伍作风整顿、教师有偿补课和违规收受礼品礼金专项整治、违反教师职业行为十项准则典型案例警示教育等活动，引导广大教师坚守为党育人、为国育才，提升个人师德素养，爱岗敬业、遵纪守法、廉洁从教、依法执教，争做党和人民满意的“四有”好老师。

【教师职称评聘】 2022年，安溪县有157名中小学教师取得高级教师职务任职资格，169名中小学教师取得一级教师职务任职资格，274名中小学教师取得初级专业技术职务任职资格。

【“安溪好先生·十百千万”培养工程】 2022年，安溪县启动实施“安溪好先生·十百千万”培养工程，制定下发安溪县“十四五”中小学教学名师暨骨干教师培养计划实施方案，确定培养县级中小学名师100名、骨干教师1000名，分2批次进行。选派11名完中校正校级后备干部，分别到厦门双十中学、厦门外国语学校进行为期3个月的跟岗研修，通过学习、借鉴厦门名校的办学治校先进经验，推动教育高质量发展。组织7000多名教师参加全员研训活动，构建高效高质的县域“三级”教研新机制，制定并推行教、研、训、导“四四制”，出台《安溪县教育科研“四四制”教研训导工作意见》，深化教学、教研、师训、视导等工作，推动安溪县中小学教育教学质量的提升。

【优秀教育人才引进】 2022年，安溪县完善落实优秀人才相关奖励政策，对招聘入职的硕士研究生、省内应届本科优秀师范生等两类对象发放安家补贴、住房补贴（入职第一、第二年享受）、职称资金补贴（入职第三、第四年享受），让优秀教师走进安溪、留在茶乡。全年引进研究生14人、本科应届优秀师范生50人，推进高素质专业化教师队伍建设，培养储备一批教育高层次人才。

【教师资格认定和定期注册】 2022年，安溪县教育局贯彻落实“放管服”精神，通过“现场确认预约”“即办即走”“延时服务”等多项举措，推进“互联网+政务服务”，落实“数据多跑路，群众少跑腿”，实现教师资格制度实施的“程序简化、效率提升、服务创新”。全年申请教师资格认定1290名，1159名通过认定，100%实现“最多跑一趟”。按照省、市工作部署，指导711名入职满一年的教师开展首次（第五轮）定期注册，635名注册合格。

【教师业务技能竞赛】 2022年5月，安溪县教育局组织小学语文、数学等学科教师开展教学设计及片段教学比赛，经初赛、复赛，有39名教师获得片段教学（说教学）现场赛一、二、三等奖，45名教师获教学设计优秀奖。11月，开展普通中学青年教师业务技能竞赛暨“教坛新秀”评选工作，近300名中学中职教师同场竞技，经评课析课和课堂教学比武，评选出县级教坛新秀39名，一、二、三等奖获者186名。11月，县教育局会同县委人才办、县人社局制定出台《安溪县中小学教师教学技能大赛活动实施方案》，该项赛事定期举行（3年/届），旨在促进中小学教师主动参加教学技能培训，增强课堂教学技能，提高教育教学质量。

（林翠萍　陈海清　张炎地　高志强）

基础教育

【概况】 2022年，安溪县有幼儿园181所（公办79所，民办102所），在园幼儿37935人；小学198所（含少体校1所，另有21个教学点），在校生102315人；初级中学33所，九年一贯制学校5所，初中在校生56893人（含陈利职校、安溪茶校初中部）；完全中学14所（含民办1所），普通高中在校生24644人；特教学校1所，在校生264人（含安溪茶校特教融合班21人）。

【学前教育】 2022年，安溪县新建完成1所公办幼儿园（即凤山幼儿园）并投入使用，新增公办学位720个，缓解城区幼儿学位紧缺问题。2022年创建15所“乡村学前教育标准化办学点”，即参内镇罗内小学附设班、蓬莱镇彭格小学附设班、蓬莱镇温泉小学附设班、湖头镇半山教学点附设班、剑斗镇仙荣小学附设班、剑斗镇御屏教学点附设班、感德镇福德小学附设班、感德镇尾厝教学点附设班、祥华乡珍山小学附设班、罗岩学校附设班、官桥镇上苑小学附设班、龙门镇双桂小学附设班、龙涓乡西兴小学附设班、龙涓乡福昌小学附设班、龙涓乡珠塔小学附设班。

【初等教育】 2022年，安溪县有小学203所，21个教学点，有1所特教学校。其中，198所独立完小（含4所附属小学、1所少体校），5所九年一贯制小学部（陈利、慈山、毓秀、罗岩、庄山），21个教学点；9月，安溪县第十小学永安校区（暂名）更名为安溪县后垵小学；剑斗举口小学、桃舟棠棣小学、官桥仙都小学、大坪福美小学、龙涓碧岭小学5所小学变更为教学点。

【中等教育】 2022年，安溪县完全中学14所，初中校（含九年一贯制初中部、职专初中部）38所。初中在校生56893人，开设1220班；高中在校生24644人，开设494班。其中，民办中学1所（恒兴中学），在校生3285人，初中在校生2168人，开设44班；高中在校生1117人，开设22班。

【特殊教育】 2022年，安溪县特殊教育学生1205人。其中，小学随班就读497人，小学送教上门216人；初中随班就读147人，初中送教上门102人；明德特殊教育学校在校生243人。全县三类残疾学生664人。

【校内课后服务】 2022年，安溪县中小学校开展学校校内课后服务工作，根据《福建省教育厅关于印发整治城区中小学课后服务质效不高问题满足学生和家长多样化需求工作方案的通知》，落实课后服务“2+N”（“2”即作业辅导和体育活动2项基本服务，“N”即学校结合优势特色、学生需求开展科普、文艺、劳动、阅读、兴趣小组及社团活动等拓展服务）模式全覆盖，城区实现“2+3”（2项基本服务+3项拓展服务）课后服务模式的学校100%，全年参加校内课后服务11.11万人次。

【初中教育综合改革新优校培育建设】 2022年，安溪县凤城中学、城厢中学、光德中学、安二十中、官桥中学、东溪中学、安溪九中、龙涓中学、举溪中学9所学校通过市初中教育综合改革新优校培育建设学校遴选。

【义务教育管理标准化建设】 2022年12月，安溪县祥华乡珍山小学、芦田中心小学、感德镇五甲小学等38所小学被省教育厅确认为“福建省2022年义务教育管理标准化学校”。湖上中学、第十九中学、温泉中学、丰田中学、桃舟中学5所学校被确认为省第七批“义务教育管理标准化学校”。截至年底，有43所中学被确认为省“义务教育管理标准化学校”，占全县中学的82.69%。

【省义务教育教改基地校】 2022年，安溪县恒兴中学被福建省教育厅确定为福建省义务教育教改基地校（泉州市中学仅7所），推进义务教育优质均衡发展。

【乡村温馨校园建设评估】 2022年，安溪县启动第一批乡村温馨校园建设评估。按照“县级评估、市级审核”的原则，市教育局组织对县级评估通过的乡村温馨校园进行抽查，确认242所学校为泉州市2022年乡村温馨校园，其中蓝田中学、科名中学、安溪十七中等8所中学、蓬莱中心小学、南翼新城第一小学、白濑中心小学等45所小学入选。蓝田中学、长卿镇第二中心小学被泉州市确定为第一批乡村温馨校园建设典型案例。

【示范幼儿园创建评估】 2022年6月24日，安溪县第十五幼儿园被评估验收确认为市级示范幼儿园，1月11日蓬莱中心幼儿园被评估验收确认为县级示范幼儿园，11月30日安溪县第七幼儿园、第十三幼儿园碧桂园分园、第十六幼儿园、第十七幼儿园、第十九幼儿园、第二十八幼儿园6所幼儿园被评估验收确认为县级示范幼儿园。全县有各级示范园54所，占比49.72%；11月23日至12月2日，组织参加泉州市2022年省级示范幼儿园开放活动。

【教育质量监测】 2022年，安溪县做好义务教育语文、数学、道德与法治学科质量监测。11月24日，举行2022年省级义务教育语文、数学、道德与法治学科质量监测，监测对象为2022年秋季学期义务教育阶段五年级和九年级学生（不含特殊教育学校学生）及样本校校长、五年级和九年级语文、数学、道德与法治教师。实验小学、第三实验小学、第五小学、第六小学、第十小学、第十二小学、第十三小学、第十八小学、第十九小学、第二十一小学、城厢中心小学、城厢玉田小学、湖头慈毅小学、剑斗仙荣小学、尚卿中心小学、西坪西原小学、龙门和平小学、官桥仁峰小学、安溪一中、金火完全中学、凤城中学、金火中学、第二十中学、东方中学、第十五中学、东溪中学等学校被确定为样本校参加现场测试。现场测试项目包括学生学科测试、学生相关因素问卷填答和校长与教师网络问卷填答等。

【民办幼儿园及培训机构审批】 2022年，安溪县审批通过官桥镇晓太阳幼儿园、参内镇丽景湾幼儿园、城厢镇宝龙幼儿园、城厢镇清华苗幼儿园、湖头镇嘉佳幼儿园、凤城镇龙湖蓝星幼儿园、城厢镇宝儿乐幼儿园、城厢镇凤都幼儿园、城厢镇小精灵幼儿园、湖头镇美溪公园幼儿园10所民办幼儿园，给予颁发办学许可证并确认为普惠性民办幼儿园。安溪县实施民办幼儿园分级评定、普惠认定和政府购买服务工作。普惠性民办幼儿园参照公办幼儿园给予生均公用经费补助，每年600元/生。

【民办幼儿园及培训机构管理】 2022年，安溪县开展民办幼儿园办园行为督导评估。3月15日，凤城镇综合幼儿园、蓬莱镇佛具城幼儿园、金谷镇天天幼儿园、湖头镇金宝贝幼儿园、官桥镇双岭幼儿园、虎邱镇清大幼儿园6所幼儿园均通过县级督导评估。11月17日，城厢镇艺校幼儿园、湖头镇金宝贝幼儿园通过市级督导评估，规范办园行为，促进保教质量提升。关停55家证照不齐全的校外培训机构，17家证照齐全的校外培训机构经整治引导后，有8家学科类校外培训机构转向开展非学科培训，1家停止培训，3家由营利性转型为非营利性。整治虚假广告，对发布虚假广告的5家培训机构予以限期整改。证照齐全的校外培训机构收费资金监管实现100%全覆盖。

（林翠萍 陈海清 张炎地 高志强）

职业教育

【概况】 2022年，安溪县中等职业学校5所（华侨职校、安溪茶校、陈利职校、慈山农校、安溪卫校），其中国家中职示范校1所（华侨职校），中职在校生8670人。

【中职学校招生】 2022年，安溪县印发《安溪县2022年职业教育工作要点》《关于认真做好2022年中等职业学校招生工作的通知》《关于做好安溪县2022年中职学校招生录取工作的通知》，规范中职学校招生行为。推进职校扩容提质，华侨职校运动场扩建工程，陈利职校实训大楼、塑胶运动场建成投入使用，安溪茶校学生宿舍楼开工建设。2022年秋季，3所职校约增加2000个学位，缓解学位紧缺。

【职业教育提质】 2022年，安溪县印发《关于做好2022年职业教育活动周相关工作的通知》，开展职业教育活动周活动，营造职教发展良好氛围。3所中职学校特色创建取得成效，华侨职校被确认为福建省示范性现代职业院校建设工程A类培育项目学校，入选福建省高水平中职学校（A类）和高水平建设中职专业群（家居藤铁工艺产业）建设项目；陈利职校被确认为泉州市中等职业学校特色校建设A类校，入选福建省高水平建设中职专业群（工艺美术）建设项目。2022年华侨职校物联网技术与智能应用、家居藤铁工艺产业，陈利职校工艺美术等3个专业入选泉州市教育局公布的首批职业学校产教融合特色专业群立项培育名单。华侨职校家居藤铁工艺产业专业群跨境电子商务获第二批省级示范性虚拟仿真实训基地立项。

【中小学生社会实践基地建设】 2022年，安溪县争取资金1259万元，建成安溪县中小学生社会实践基地实训楼，建筑面积4074平方米。为民办实事项目投入100万元，建设茶艺、竹藤编、木工创客3个劳动实践室，11月底投入使用。县红十字会申请为民办实事资金120万元，在基地建设生命体验馆。

（林翠萍 陈海清 张炎地 高志强）

普通高等教育

【概况】 2022年，安溪县福建农

林大学安溪校区、安溪茶学院按照“一套班子、两块牌子”机制进行运行管理，下设党政办、党委组织员、本科教育办公室、研究生教育办公室、学科科研办公室、后勤保卫办公室、团委、学生工作部8个职能部门，茶学、财务管理、管理科学、商务经济学4个专业系，校部派驻校区监察组、图书馆工作部、医务室3个机构。学院教职工115人，其中，专任教师47人（具有博士学位28人，在读博士11人），双聘院士1人，“闽江学者”讲座教授1人，台湾引进人才6人，国家林草局林业和草原科技创新领军人才1人，入选省高校新世纪优秀人才支持计划1人，福建省高校杰出青年科研人才1人，福建农林大学金山学者创新人才1人，教辅人员10人，行政人员33人，金山学院派驻行政人员19人，图书馆派驻6人。另有校外兼职教师110余人，福州金山校区派驻授课教师100余人。在籍学生4458人，其中安溪茶学院本科生1872人，硕博士研究生132人，金山学院本科生2013人，新型职业农民大专班441人。

2022年10月，安溪县与福建农林大学签约启动安溪茶树种质资源的研究鉴定与保护创新项目合作。图为安溪茶学院茶树种质资源圃

（摄于2022年5月　图／刘伯怡）

【学术科研成果】　2022年，安溪县获批立项科研项目20项，立项经费123万元，其中省部级以上项目7项；以安溪铁观音茶科小院为第一单位发表学术论文62篇，安溪铁观音茶科小院获批中国农技协安溪铁观音茶科技小院；论文获福建省科技进步奖一等奖1项、三等奖1项，福建省自然科学优秀学术论文三等奖，获学校代表性科研成果与重大社会服务贡献奖三等奖2项，获首届中国茶科技创新大赛3项。安溪铁观音茶科小院获批福建省首批现代产业学院建设点，在2022年武书连大学本科专业等级排名中茶学A+、财务管理A、商务经济学B+、管理科学C，《茶树栽培学（教学资源库建设）》获国家级一流本科专业建设点课程资源库试点项目，获批立项教育部产学合作协同育人项目3项。10月，安溪县与福建农林大学签约启动安溪茶树种质资源的研究鉴定与保护创新项目合作。

【人才引进】　2022年，安溪县引进台湾省籍博士教师1人，全职引进985/211院校的优秀博士毕业生2人，柔性引进“闽江学者”讲座教授1人、泉州市“桐江学者”讲座教授1人。

【学生培养】　2022年，安溪县推进大学生创新创业工作，利用好“三茶统筹大讲堂”和“经济学茶座”两个实践平台，助力学生提升创新创业能力，新增大学生创新创业训练计划项目10项，学生参加省级以上竞赛获奖20项，其中国家级C类4项，126名同学在全国高校商业精英挑战赛、跨境电商创新实践大赛等创新创业类大赛中获奖，2022届毕业生就业率90.04%。

【社会服务】　2022年，安溪县实施“产业人才培训”工程，围绕三茶统筹发展和乡村振兴，举办新型职业农民大专班等各类专题培训班6期，培养懂技术、会经营、善管理新型农民778人次。实施“产业振兴特派员”制度，专任教师兼任科技特派员，2022年选派科技特派员14人，其中省级科技特派员5人。举办“三茶”统筹大讲堂数十场，在全国范围获数百万人次关注。

（林翠萍　陈海清　张炎地　高志强）

文化

综述

【文化服务中心建设】 2022年，安溪县建设提升2个乡镇综合文化站和30个村（社区）综合文化服务中心，建设2个新型公共文化空间和2个大众茶馆，支持1个文化产业示范基地建设，支持文创产品开发和“党建+”邻里中心文化文艺活动开展。泉州中山中路23号特色产业文化展示馆“安溪馆”入选2022年乡村公共文化空间设计展示活动“最美乡村空间”基层公共文化空间创新案例。

【文化市场监管】 2022年，安溪县文化市场综合执法大队通过加强监管与执法，依托“双随机、一公开”机制，严厉查处各类违规经营活动，查处一般程序案件14起（其中新闻出版市场2起、文物安全3起、网吧5起、娱乐场所4起）、简易程序案件6起。整治行业乱象，维护全县文体旅市场健康安全发展。联合生态环境、市场监督管理、城市管理等部门开展静夜守护联合执法，重点针对居民聚集区、校园周边开展夜间噪声劝导；坚持教育与执法并重，加强普法宣传提醒，开展市场检查，重点查处噪声扰民、反复投诉、拒不整改的超时经营行为，全年查处在规定的禁止营业时间内营业的案件9起（其中停业整顿2起、警告7起）。加强源头管理，督促娱乐场所、网吧经营者严格落实场内巡查制度，杜绝未成年人进入。依托“双随机”抽查机制，2022年发现违规接纳未成年人4起（网吧3起、娱乐场所1起），对1家接纳3名未成年人的网吧对其作出吊销经营许可证并纳入严重失信主体管理。

【文化市场整治专项活动】 2022年，安溪县文化市场综合执法大队配合县扫黄打非部门，开展“扫黄打非”专项行动，全面加强出版物市场、音像品市场、卫星地面接收设施整治。3月，查处擅自从事音像制品零售的经营单位1家；9月，查处发行非法出版物的经营单位1家。

【文化市场安全生产】 2022年，安溪县紧盯节假日等重要时段、重要节点文旅市场安全，强化日常督导检查及“双随机”抽查，出动检查人员1150人次，检查文旅企业1215家次，发现隐患192处，整改192处。全县文体旅行业开展安全生产标准化提升专项行动，推动230家文体旅行业领域单位完成安全生产标准化提升，其中星级旅游饭店2家、旅行社8家、文化娱乐场所53家、高危险性体育项目经营场所17家；不可移动文物和博物馆146处（点）、图书馆1家、文化馆1家、公共体育场馆2家。编制《全县文体旅行业（领域）安全生产“三张清单”》，督促指导企业结合各自实际，编制本企业安全检查清单；印发《全县文体旅行业安全生产标准化运行指南（试行版）》，督促指导企业认真对照执行，推进企业标准化、规范化运行；召开文体旅行业安全生产标准化提升现场会。

（陈炳洲　杨晓清）

群众文化

【免费培训活动】 2022年，安溪县建成溪禾山和湖头法庭2个“百姓书房”。2022年11月，开启“馆校合作”，安溪县沼涛图书馆在西坪中心小学建设分馆。2022年安溪县沼涛图书馆开展《中国制造 筑梦未来——大国重器背后的创新科技图片展》《乐声动天下　丝竹有知音——音乐艺术普及展》等常态化展览 15场次，举办“大手拉小手 一起向前走——‘幼小衔接，愉悦学习’专题讲座”“‘悦’读启迪童心 书香陪伴成长——书香童年护苗计划”等讲座45 场次。县文化馆共开设14期免费培训班，有南音班2期、陶笛班1期、形体舞蹈班2期、茶乡女子合唱团2期、暑期书法班2期、绘本阅读班2期、竹藤编基础班2期、葫芦丝班1期，惠及600人。安溪县博物馆开展免费研学活动，其中拓印课34场次惠及386人次，传统节日研学14场次惠及510人次。2022年招募2批志愿者，其中第一批志愿者23人，第二批志愿者11人，小志愿者共上岗474人次，开展讲解947场次，开设描红课27场，惠及290人次。

2022年3月7日，安溪县在溪禾山铁观音文化园开展“梨园雅音·茶韵馨香”送文化下基层活动 （图／县文体旅局）

2022年6月2日，“我们的中国梦”——文化进万家之“福在安溪香满城·粽意端午传清溪”系列文化活动在溪禾山铁观音文化园乌龙集镇举行 （图／刘伯怡）

【传统文化活动】 2022年，安溪县博物馆开展春节七天乐系列活动，正月初一拜孔祈福送红蛋、正月初二拓福拓印、正月初三亲子游、正月初四描红研学、正月初五庙会猜灯谜、正月初六茶艺、正月初七DIY汉服文创制作。2月2日，开展“二月二龙抬头”中国龙手工制作活动。2月15日，开展体验元宵圆制作、体验花灯制作等活动。5月31日，县文化馆在城东社区“党建+”邻里中心举办以“粽享安康 幸福邻里”为主题的端午节系列活动。6月2日，由县委宣传部、县委文明办、县文化体育和旅游局等单位主办的“我们的中国梦”——文化进万家之“福在安溪香满城·粽意端午传清溪”系列文化活动在安溪溪禾山铁观音文化园乌龙集镇举行。6月3日，县文化体育和旅游局、凤城镇政府等单位在凤山绿道举办“我们的中国梦”——文化进万家之“端午艾香飘绿道 知联携手健康行”。9月17日，县博物馆开展国风古韵庆中秋研学活动。

【群众文艺活动】 2022年3月7日，安溪县在溪禾山铁观音文化园开展“梨园雅音·茶韵馨香”送文化下基层活动。4月15日，安溪县文化体育和旅游局选送《飘香安溪开新局》《梨园新韵》节目参加2022年度春季新兵欢送大会演出。5月1日，在泉州市艺术馆剧场选送节目参与“疫散花开”泉州“庆五一”原创抗疫歌曲音乐会。7月28日，在福田乡举办2022年福田乡“五福”献礼八一建军节活动。8月30—31日，举办“喜迎二十大 茶乡正春风”主题音乐舞蹈创作比赛暨第十二届安溪县音乐舞蹈节。9月18日，组织戏曲歌舞《群丑献艺》、南音表演唱《千家罗绮管弦鸣》等节目到陈利职校参加新兵入伍欢送会。11月21日，到龙涓乡开展奋进新征程 建功新时代——安溪县文化科技卫生“三下乡”集中服务文艺演出。2022年，安溪县开展送高甲戏“进校园、进乡镇、进社区、进景区”公益演出共计70余场次。开展“我们的中国梦”——文化进万家之“虎”年看“福”戏、“‘艺’心抗疫，宅家看戏”、春回福地“艺”起出发等一系列高甲戏线上展演活动，展播《莫耶·延安颂》、福建省第十五届水仙花戏剧奖获奖节目《李光地》《凤冠梦》《玉珠串》《玉石碑》《万民疏》《缘中缘》《憨生别传》等剧目。

【文化体育惠民项目建设】 2022年，安溪县将“公共文化服务设施建设”列为年度为民办实事项目，建设提升西坪镇、芦田镇2个乡镇综合文化站和凤城镇城东社区等30个村（社区）综合文化服务中心，下达资金230万元。支持沼涛图书馆图书进“党建+”邻里中心，城厢镇和凤城镇城东社区、城厢镇经兜村、官桥镇官桥村、虎邱镇湖西村“党建+”邻里中心文艺活动，下达资金20万元。扶持新型公共文化空间“清溪雅集安溪馆”和溪禾山歇会茶馆、闽台园茶馆2个大众茶馆建设，下达资金30万元。扶持福建聚丰工艺品有限公司建设文化产业示范基地和安溪县家居工艺商会文创产品开发，下达资金30万元。乡村文化故事《公评庵：小庵堂显大公平》《龙藏岩：征集楹联励后人》入选福建省文化和旅游厅编印的福建乡村文化记忆丛书第七辑《乡训乡约》。建设参内镇铁韵书院、福田乡综合文化站2个新型公共文化空间。泉州中山中路23号特色产业文化展示馆“安溪馆”入选由文化和旅游部公共服务司指导，由文化和旅游部全国公共文化发展中心、中国群众文化学会、中国建筑装饰协会、成都市人民政府、新华网联合主办的2022年乡村公共文化空间设计展示活动“最美乡村空间”基层公共文化空间创新案例。

（陈炳洲　杨晓清）

文学艺术

【文艺创作】　2022年，安溪县编排茶艺舞蹈《茶韵飘香》原创作品。主协办10余场文艺活动，参加演出30余场，完成公益演出27场。11月，参加2022中国企业家(海南)博鳌论坛演出。编写出版《炉火照天地》，宣传青阳下草埔作为宋元时期泉州对外重要的铁器产销地，再现其近500年冶炼历史的厚重与辉煌。

【文艺作品成果】　2022年，安溪县推进戏曲人才培养。安溪县高甲戏艺术保护传承中心选送高甲小戏《妗婆打》，入围参加文旅部举办的第四届“梨花杯”全国青少年戏曲教育教学成果展示活动。8月18日，邀请福建京剧院阮学东老师排练传统武戏《三岔口》。11月29日，选送《扈家庄》《妗婆打》2个折子戏参加“礼赞二十大 奋进新征程”2012—2022年泉州艺术学校戏曲教学成果展示录像。12月23日，组织演职员参加第十六届福建省戏剧水仙花奖比赛泉州赛区初赛。有16名选手参赛（专业组9人、院校组7人），经选拔12名选手入围决赛。

（陈炳洲　杨晓清）

电影

【概况】　2022年，安溪县电影服务中心落实省委、省政府为民办实事项目（一村一月一场数字电影放映）电影工程，开展农村电影公益放映5256场。落实县委、县政府为民办实事项目，在城区28个社区完成168场公益数字电影放映任务。公益播放通俗易懂宣传短片，开展放映前政治宣传活动。开展进农村、进社区、进学校送电影“三下乡”放映活动。2月，基层放映队先进事迹在《泉州晚报》《安溪报》等刊登报道；安溪农村电影放映的相关做法在《中国电影市场》杂志宣传推介。

【电影社会服务】　2022年，安溪县电影服务中心21支放映队映前播放防疫宣传短片5746场次，观众37.38万人次。县电影服务中心与凤城镇下西社区党建结对共建，党员干部挂钩联系社区相应微网格，进社区开展优秀电影展映、环境整治等志愿服务，全年服务44人次，累计时长213小时。映前播放宣传移风易俗短片2000场次，观众13.01万人次。播放“光盘行动”“餐桌文明、版权保护”公益短片1894场次，观众18.72万人次。播放扫黑除恶斗争宣传标语5746场次，观众37.38万人次。播放防范电信网络诈骗宣传短片1587场次，观众10.33万人次。播放交通安全公益短片2757场次，观众16.73万人次。开展爱教电影进校园放映活动，龙涓、剑斗等9支放映队为27所边远乡镇中、小学校公益放映爱教影片166场，观影师生2.77万人次。开展送电影上门商业性放映服务，全县21支电影队商业性放映数字电影601场，观众8.12万人次。

【电影公益服务】　2022年1月，安溪县电影服务中心被福建省电影局授予2021年度福建省红色电影展映活动优秀放映单位称号。3月15日至5月15日、10月29日至11月15日全县暂停数字电影放映，全年全县公益放映数字电影5441场，完成率100.46%，观众36.22万人。其中，农村地区放映5267场，观众34.01万人；城区社区放映174场，观众2.21万人。7—12月，开展“福影耀八闽 喜迎二十大”公益电影主题展映活动，张贴主题海报2710份，悬挂主题横幅22条，映前播放党的二十大宣传图片1226场次，观众8.12万人次。8—11月，开展“夜幕下的电教工程”，在全县38个“党建+”邻里中心建设点放映152场次，观影人数1.91万人。

【影剧院服务】 2022年，安溪县影剧院完成政府大型会议6场、演出活动7场，演出累计观众人数1950人。8月2日，庆祝中国人民解放军建军95周年系列活动之2022年度夏秋季大学毕业生专场政策咨询宣传活动举行。12月15日，“观音韵·茶乡美”首届安溪国际摄影大赛颁奖典礼暨“世遗古邑 茶韵安溪”第二届安溪国际摄影大赛启动仪式举行。12月19—22日，县人大十八届二次会议、县政协十三届二次会议在县影剧院举行。承接录制排演活动。1月22日，福建八闽少儿春晚录制；5月19日，县高甲戏剧团录制参赛小戏视频；12月12—31日，县高甲戏剧团排演大型茶文化情景舞台剧。

【影剧院设施建设】 2022年安溪县做好县影剧院消防安全保障工作。6月30日，县委书记吴毓舟到县影剧院调研。7月21日，县委常委、宣传部部长吕宝贝，县政协副主席黄明哲受县委委托，召开安溪县影剧院装修工程消防验收协调会，专题会商、协调大型茶文化情景舞台剧排演设备服务保障有关事项。8月9日，福建省华东消防科技有限公司到现场勘察，下发安溪县影剧院工程现场勘察情况反馈单。8—9月，县影剧院完成反馈单中的室外消火栓管道漏水、室内高空水炮故障、消防应急广播系统故障等项目问题整改，投入9.8万元。10月28日，县住房和城乡建设局出具安溪县影剧院室内装修工程消防验收合格意见书。11月4日，县影剧院公众聚集场所投入使用营业前消防安全检查合格。做好县影剧院设备更新工作。7月，县影剧院为祥华、感德、湖头、剑斗等4支电影队各更换上海文广服务器1套。9—10月，县影剧院新增舞台大型LED屏框架钢构及配套0.4千伏低压进线电缆、更换加固舞台灯杆与桥架、舞台设备维保等排演设备进场安装与使用安全服务保障，投入87万元；10—12月，更换舞台幕布（防火等级B1级），投入25万元；12月，为龙涓、剑斗、湖头等3支电影队各更换优派投影仪1台，为龙美电影队新增独立配备数字电影放映设备1套。

（林川义 李志民）

【中国电影资料馆数字中心建设】 2022年，中国电影资料馆安溪数字资源中心建成投产，推进艺术影院等重点项目建设。影视大数据修复方面，完成全国首部黑白转4K彩色数字修复电影《永不消逝的电波》；运营方面，行业相关资质（ICP经营许可证、文网文、广播电视节目制作经营许可证等）通过审批，申领部分证件。艺术影院（330座艺术影厅、132座商业影厅、20座工作影厅）主体结构竣工，做好编制室内装修方案及预算工作。

（吴美珠 李灿荣）

文化场馆

【图书馆】 安溪县沼涛图书馆现有总藏书（截至2022年底）456918册（其中数字图书252899册、实体书204019册）。数字资源库3个，其中自建特色资源6TB，根据安溪是著名茶乡的具体特点，加强茶叶资料和涉茶资料的采集，设立“芬芳茶叶数据库”，努力形成“茶文化”特色收藏，其中实体书6000多册，数字图书39000多册。2022年完成书刊借还165655册次，达到部颁二级以上标准。

【博物馆】 2022年，安溪县博物馆（安溪县文物保护中心）是国家三级博物馆；是福建省“五古丰登”活动示范点、泉州市社会科学普及基地、泉州市爱国主义教育基地，泉州市国防教育基地、福建农林大学安溪茶学院学生社会实践基地、安溪县中小学生校外教育基地。全年接待观众总数约10.8万人次，举办展览47场次、研学61场次、亲子游28场次、传统节日活动14场次。

【文化馆】 2022年，安溪县文化馆举办各类主题的文化惠民演出20余场、23期免费培训班、8场展览、3次公益性讲座。2021年12月，被文化和旅游部授予国家二级馆称号，是青少年爱国主义教育基地、安溪县新时代文明实践中心服务基地。

【福建省安溪戏曲中心项目建设】 2022年，安溪县戏曲中心项目位于安溪县高甲戏艺术保护传承中心院内，总用地面积7833.46平方米，总建筑面积13410平方米，其中地上计容建筑面积8487.2平方米，地下建筑面积4922.8平方米。观众席有520个座位，占地面积3485.88平方米。主要建设内容包括观众厅905.21平方米、舞台680.4平方米、附属用房4235.41平方米、办公及宿舍楼2666.18平方米、停车位、供配电工程、给排水工程、室外工程及附属工程等。该项目建设2021年10月21日正式开工，2022年9月主体建筑封顶，10月进入砌体、粉刷、屋面网架、幕墙及室外工程，11—12月完成精装修及剧场舞台工艺设备、新增变配电、空调器、电梯、智能化等设备的预算、造价审核及招标工作。该项目建设总投资估算1.45亿元。

（陈炳洲 杨晓清）

历史文化遗产保护和文化遗产

【文物征集】 2022年，安溪县博物馆与县公安局建立联动关系，接收县公安局移交的21件涉案文物，已登记造册入馆。

【藏品管理】 2022年，安溪县博物馆按规范开展文物库房安全巡查，提升文物库房监控保卫管理水平。每月进行1次安全抽查，全年巡检抽查55次，文物盘点2次。对库房及标本室进行整理，实施文物防潮保养。邀请专家对涉茶文物藏品级别鉴定，完成342件涉茶文物定级工作。

【文博展览】 2022年，安溪县博物馆举办43场文博展览。其中，开展固定展览《安溪县古窑址标本》《丝海茶印——安溪茶文化陈列》《安溪记忆》；文博进校园、社区两个主题展览《世界遗产泉州：宋元中国的世界海洋商贸中心》《烽火弦歌——集美内迁史》21场；开展临时展览《泉州学习宣传十九届六中全会精神主题刻字展》《虎跃龙翔 中国虎文化百馆联展》《旺虎载运福满天 中国古代民俗》《2014年度十在考古新发现》《“巾帼风采”一起向未来——第三届女子书法展》《雷锋精神主题展览》《青铜器上的动物》《2013年度考古新发现》《宋元中国的世界海洋商贸中心美术作品展——妙笔丹青、遇见世遗》《安溪土楼专题展》《2012年度考古新发现》《“福在安溪香满城”安溪县喜迎二十大主题摄影作品展》《禁止出国（境）展览文物》《“山水茶香 福见祥华”主题摄影及美术作品展》《青阳下草埔冶铁遗址摄影展》《喜迎二十大茶乡正春风“海丝泉州 茶韵安溪”泉州市2022年新人新作美术作品展》《国家考古遗址公园展》《2011年度全国十大考古新发现》《喜迎二十大系列活动之“茶乡正春风”安溪县中青年文艺家书画摄影作品展》《世界文化遗产——丝绸之路：长安—天山廊道路网》《2010年度全国十大考古新发现》等22场。

【传统文化传承活动】 2022年，安溪县博物馆举办拜孔祈福送红蛋、拓福拓印、庙会猜灯谜、茶艺、DIY汉服文创制作、体验元宵圆制作、体验花灯制作、二月二龙抬头中国龙手工制作、“9·18”第八期第二批优秀志愿讲解员颁奖仪式暨第九期第二批志愿讲解员受聘仪式、“5·20”第八期第一批优秀志愿讲解员颁奖仪式暨志愿者才艺展演、“9·17”国风古韵庆中秋研学活动、“7·25”庆祝泉州申遗成功一周年——志愿讲解员走进下草埔冶铁遗址、“7·23”红二支队在安溪主题故事会、“6·12”文化和自然遗产日系列研学活动等14场传统节日及小志愿者颁奖仪式；开展描红研学27场次、拓印研学34场次、亲子游26场次，2022年共招募培训小志愿讲解员34名。小志愿者们利用周末空余时间进行上岗讲解，截至2022年12月31日，安溪县博物馆小志愿者们共上岗474人次，开展讲解947场次。

2022年，安溪县传承传统文化，在西坪中心小学、湾美社区、感德中心小学、第三幼儿园、第十七幼儿园建立茶文化艺术传习基地。

【文物保护与管理】 2022年，安溪县博物馆开展全县不可移动文物安全巡查总计739点次。协助北大考古队开展青阳下草埔冶铁遗址第四期发掘（遗址核心区东北部）。安溪青阳冶铁遗址展示馆累计开放296天，共计接待游客10万人次。建设安溪青阳冶铁遗址考古公园，该公园被列入福建省第二批考古遗址公园立项名单。7月25—29日，组织开展2022年泉州世界遗产日主题活动安溪分会场活动，举办文化遗产保护法律法规宣传活动、文化遗产知识讲座、文化遗产讲解员培训等活动。组织文物工作会议与培训，举办全县文物工作会暨消防安全培训、湖头镇文物保护工作专题会、文物保护工作联席会议、青阳下草埔冶铁遗址文物保护规划编制工作协调会等。

青阳下草埔冶铁遗址 （摄于2022年3月 图/刘伯怡）

【"非遗"保护】 2022年，安溪县开展茶叶非遗技艺师带徒"长青计划"和县级非遗传承人培训考核工作，培训和考核212名县级乌龙茶制作技艺传承人，促进86对师带徒结对。经考核认定、结果公示等程序，最终认定40对优秀师徒。泉州中山中路23号"清溪雅集·安溪馆"入选全国基层公共文化空间创新案例。5月26日，由县文化体育和旅游局主办、文化馆承办的原生态茶歌演唱培训在文化馆举办。6月10日，在安溪溪禾山铁观音文化园开展2022年非遗日木偶戏展演。8月4日，国家级非遗传承人陈练传承南音80年暨"泉州弦管研究"专家座谈会在中国茶都安溪举行。8月11日，在龙涓乡村振兴发展中心承办首届安溪县龙涓大饼非遗传承制作技艺大赛。11月29日，"安溪铁观音制作技艺"作为"中国传统制茶技艺及其相关习俗"项目之一，被列入人类非物质文化遗产代表作名录。

【"非遗"人才培育】 2022年，安溪县加大非遗人才培育力度，组织申报国家级非遗传承人材料推荐申报非物质文化遗产研究基地、传承示范基地、生产性保护重点单位各1家；组织省级传承人申报国家级非物质文化遗产传承人，经省级专家评审、评委会审议并报厅务会研究审定，乌龙茶制作技艺传承人王启灿、魏贵林被推荐为福建省第六批国家级非物质文化遗产传承人推荐申报名单；组织县级传承人21人申报第七层次人才、市级传承人1人成功申报第六层次人才。

【遗址考古】 2022年7—12月，北京大学考古文博学院、安溪县博物馆开展对下草埔遗址的第四期考古发掘工作。此次发掘位于遗址核心区东北部，考古发掘沿用2019年设立的考古发掘坐标系，采用5米×5米探方法发掘，共计开设探方17个，发掘面积约425平方米（部分探方根据发掘需求扩方）。发掘清理地层堆积根据出土包含遗物类型划分可分为近现代文化层、明清文化层、宋元文化层。出土遗物可大致分为冶炼遗物、生活用具、建筑遗物三类，冶炼遗物以炉渣为主，生活用具以南宋至元代安溪窑青白瓷为主，建筑遗物以建筑用瓦为主。

2022年7月18日，"北京大学2022年优秀中学生暑期课堂（考古学）"开课仪式在安溪举办　（图／刘伯怡）

7月17—23日，北京大学考古文博学院与安溪县文化体育和旅游局联合举办"北京大学2022年优秀中学生暑期课堂（考古学）"。课程为期1周，共分为讲座授课、实验考古、田野踏查、文化体验4个主要环节，分为线下和线上2个部分。此次考古暑期课堂有来自29个省市自治区143所中学的190名高中生参加，北京大学考古文博学院院长沈睿文任领队，30多名学院师生参与服务。

8月2—6日，北京大学考古文博学院与安溪县文化体育和旅游局等单位联合举办"北京大学冶金实验考古 福建安溪"暑期课程。参加此次暑期课程的学员30余名，包括北京大学、人民大学、复旦大学、武汉大学、四川大学、伦敦大学学院、伦敦政治经济学院等24所国内外高校的师生，以及中学教师、企业家等热爱考古的社会人士。

（陈炳洲　杨晓清）

融媒体

【概况】 2022年，安溪县融媒体中心开展新闻网络宣传，传播安溪政经资讯，做好全县新闻网络宣传阵地，促进融媒事业健康发展。安溪县融媒体中心在2022年度全国优秀区域融媒综合创新力评比中位居第十，"安溪融媒"在2022全国优秀区域融媒体抖音号综合影响力评比中位居第十，获2021年度全省供稿工作"十强县级台"称号，获2021年度"村村美·奋进新征程"全省广播大联播宣传报道"创新力合作单位"称号，获评2021年度省级优秀传播机构（三类）、安溪县首届"五四"奖章集体。36件作品在全国、省、市比赛中获奖。83件新闻作品在中央主流媒体刊播，比上年增长56%。

【广播电台栏目拓展】 2022年，

安溪广播电视台综合广播每天播出19小时30分钟，播出节目 986期。自办文学节目《946悦读时光》，每期30分钟，共录制159期，综艺节目《946岁月留声》每期30分钟，共录制159期；应省应急广播平台要求下载播出《二十大精神·主播说》《二十大精神·专家谈》40期；应省应急广播平台要求录制《二十大系列》方言版播出并上传，每期5分钟，录制20期；录播福建省台《山海交响·振兴的力量》系列节目，每期30分钟，录制播出54期；录播《安溪新闻》《一周要闻》365期；录制播出对农节目《我的美丽乡村》159期；下载录制播出《村村福·振兴的力量》微广播剧30期；更新下载公益广告79条。全年编排，播出娱乐音乐等节目7117.5个小时。审核、播放电视剧1460集2190小时（每天4集、每集45分钟，首播1次，重播1次，每天6小时）、电影1095小时（每天1部、每集90分钟，首播1次，重播1次，每天3小时）、科教、少儿等节目304小时（每天50分钟）。

《防疫云课堂　健康我来帮》主题直播活动获 2021 年全国科普日优秀活动，《守艺·蓝印花布》获 2022 年（第七届）全国人才工作新闻摄影暨短视频比赛三等奖，并在 2022 全国优秀区域融媒体纪录片创新发展最具影响力评比中位居第十，《利用全媒直播开展反诈法治宣传》获评首届智能传播创新案例，《“崩岗村”的蜕变》获 2021 年度福建新闻奖二等奖，《鲁迅：以笔代戈的“民族魂”》获 2021 年度福建省广播电视艺术奖二等奖，《散文：一棵树的百年回味》获 2021 年度福建省广播电视艺术奖二等奖，《两个苹果》获评 2021 年度省公益广告广播类三等扶持项目。

【向上级台供稿】 2022年，安溪人民广播电台向泉州广播电台、福建新闻广播提供各类稿件，其中向福建新闻广播供稿成绩在全省所有县级台排名第九位。向省应急广播平台上传视频及其稿件159件，参与省应急广播平台过年《品“福”味·赏“福”宝·游“福”地》大联播供稿6篇。

【安溪报社】 2022年，《安溪报》出刊95期，出稿总字数200余万字，发行238.5万份。开设有“强产业、兴城市”“抓开放招商 促项目落地”“提高效率 提升效能 提增效益”“深入学习宣传贯彻党的二十大精神”等栏目，图文并茂、及时宣传报道茶乡安溪社会经济发展情况，学习贯彻党的二十大精神，报道海内外安溪人热爱家乡、造福桑梓的动人事迹。投用方正全媒体采编系统，支持便捷的协同工作模式，提高采编效率，减少沟通成本。10篇作品获中国城市党报新闻奖，总数位居全市报刊第一位。《安溪报》执行主编徐仰望获评泉州市宣传工作先进个人。

【新媒体发展】 2022年，安溪县融媒体中心设置新媒体部，主要负责各官方新媒体平台的日常运营和管理。机构改革前，安溪报社注册运营“安溪报”微信公众号、头条号、抖音号、微博等新媒体平台，安溪县广播电视台注册运营“安溪电视台”“最安溪”微信公众号，以及“安溪电视台”抖音号、“安溪电台FM946”微博等，开发“最安溪”APP。安溪县互联网新闻报道中心运营 “安溪发布”微信公众号，以及“安溪新闻网”网站。机构改革过程中，根据不同的功能定位，安溪县融媒体中心对各大新媒体平台和账号整合。保留 “安溪报”“安溪电视台”“安溪发布”3个微信公众号，作为新媒体传播的主力军。将“安溪电视台”抖音号更名为“安溪融媒”，主要发布国内、国际新闻资讯，“安溪报”抖音号更名为“最安溪”，专注发布县域内新闻。更名、注册有安溪县融媒体中心微博、头条号和视频号、安溪新闻网网站、“最安溪”APP等，入驻泉州通、海博TV、央视频等上级平台，实现微信公众号、头条号、抖音号、视频号、微博、APP、网站等新媒体传播平台全覆盖。截至12月底，“安溪融媒”抖音号拥有粉丝143.2万人，排名泉州市县域官方抖音号第一位。“安溪报”“安溪电视台”“安溪发布”3个微信公众号合计粉丝27万人。“安溪报”微信公众号2022年在泉州“十佳政务微信公众号”和“最具影响力公众号（宣传）”评比中均获第一名。“安溪县融媒体中心”视频号在2021年度泉州“十佳政务视频号”评比中获第二名。

（林钦固　李锦棍）

档案工作

【概况】 2022年，安溪县档案馆推进抓好县综合档案馆建设、馆藏资源建设，加强档案监督指导、档案安全保障，提升档案公共服务水平。全年接收疫情防控档案1388件，脱贫攻坚文书档案6552卷，县委1488件、县委办档案287件、县人大档案233卷、县应急局档案316卷、县自然资源局档案2357卷、县编办档案99件、县政协档案39卷，图书资料18册，《安溪厚安吴氏族谱》1套10本、《蓝溪蔡氏族谱》3本。

【馆藏资源建设】 2022年，安溪县档案馆开展脱贫攻坚档案和疫情防控档案的归集工作。加强业务指导、督促检查，推进脱贫攻坚档案的收集、整理；对接疫情防控工作临时机构及成员单位，实地调研疫情防控档案归集工作，配合开展业务指导，推进“两类档案”（脱贫攻坚战、疫情防控阻击战）的归集工作，全部完成接收进馆。挖掘档案资源，发挥档案史料价值。在馆藏档案中找到27本茶叶相关文献和15931件茶叶相关档案。强化国家重点档案开发利用。全部完成馆藏民国档案著录工作。向福建省档案局申报2022年福建省国家重点档案抢救和保护费8万元，覆盖10万页馆藏民国档案数字化扫描。提高馆藏档案数字化率。主动申请省级专项补助资金，开展档案数字化扫描工程，提高馆藏档案数字化率，完成馆藏实体档案93%以上数字化档案扫描工作。

2022年6月30日，泉州市档案馆副馆长俞建辉（左五）到安溪县综合档案馆调研档案工作 （图／县档案馆）

【档案安全保障】 2022年，安溪县档案馆强化档案日常保管，完成2022年档案馆基本情况年报表填报和馆藏档案数字化统计工作。强化档案实体安全保障。加强值班值守，确保保安人员24小时在岗在位，开展每日检查消防巡查、月消防检查。落实周巡查制度，每周库房检查，确保温湿度在标准区间。购置防虫药并对馆藏所有档案进行投放，对馆藏民国档案等珍贵特色档案低温消毒。强化档案信息安全保障，每月开展档案信息资源离线备份工作，做好维修检修工作。维护馆“微型消防站”建设，组织保安人员培训、消防演练，落实馆库巡查制度，指定专人负责档案系统维护，确保档案实体、信息安全。

【档案公共服务】 2022年，安溪县档案馆优化查档服务质量，提供暖心、高效服务，为来馆办事群众创造舒适环境，接待档案利用954人，复制利用档案1836卷。做好政府信息公开工作，每月5日、20日分两次接收县直相关单位及24个乡镇政府信息公开文件，提供政府信息公开查询服务。

【档案监督指导】 2022年，安溪县档案馆开展“互联网+监管”事项录入工作。完成监管事项的认领和关联，梳理检查实施清单，及时录入监管行为事项。开展行政审批工作，配合行政服务中心做好公共服务事项的审批工作，梳理行政审批服务自由裁量权，做好省网上办事大厅“五级十五同”标准化事项的梳理工作。配合县司法局开展档案普法、行政执法资格考试以及行政复议和行政应诉案件统计等相关工作。开展普法宣传活动，通过“安溪档案”微信公众号宣传宪法知识和“八五”普法规划系列知识，向来查档的群众发放普法宣传材料954份，宣传档案法律法规和档案知识，增强群众重视档案、利用档案、保护档案的意识。

【综合档案馆建设】 2022年，安溪县档案馆继续抓好县综合档案馆建设。梳理项目竣工验收及投入使用需协调解决问题，与各方配合项目推进协调。完成大楼物业管理费、水电费、消防设施维保费和电梯维保费估算，经县财政局核定，协同县城区开发区、城市管理局、自然资源局等有关部门推进项目竣工验收。

【档案社会功能增强】 2022年，安溪县档案馆科学编制事业发展规划，结合工作实际，编制《安溪县“十四五”档案事业发展规划》。开展档案宣传主题系列活动，围绕“喜迎二十大·档案颂辉煌”主题，采用“线上+线下”模式开展系列档案文化宣传普及活动。广泛利用宣传媒体，在第15个“6·9”国际档案日利用县政府大楼大厅、电梯处的2块LED屏播放档案宣传片，利用“安溪档案”微信公众号发表《档案里的悠悠茶香》，体现茶乡特色，发挥档案的纪实作用。到崇德中学开展档案宣传活动，开设档案讲堂、引导学生有序翻阅、近距离接触历史档案，向学生讲解档案知识。开展档案馆开放日活动，邀请群众参观、体验档案数字化工作，利用馆爱国主义教育基地开展党史宣传教育。

（王晓杰　李革秋）

综述

【概况】 2022年，安溪县主动融入“宋元中国·海丝泉州”发展大局，借助泉州获评世界文化遗产地和安溪获评全球重要农业文化遗产地所带来的机遇和品牌影响，围绕“三铁三世遗”文旅品牌，推进文旅产业发展。推进旅游产品标准化建设，溪禾山铁观音文化园获评国家AAAA级旅游景区，国心绿谷生态茶庄园获评国家AAA级旅游景区，虎邱镇获评省级全域生态旅游小镇，溪禾山乌龙集镇被列入泉州市海丝文化主题街区培育名单。

【虎邱镇获评福建省全域生态旅游小镇】 2022年11月17日，虎邱镇获评福建省“全域生态旅游小镇”。虎邱镇是著名的山水茶乡、重要侨乡和台胞祖籍地，是全国名茶黄金桂和佛手的发源地，拥有全省最大的茶叶出口备案基地和高建发、裕园等12家各具特色的茶庄园。依托始建于宋朝的洪恩岩、骑虎岩、白石岩等名胜古迹及秀丽风光，打响“飘香虎邱”旅游品牌，虎邱镇年接待游客超160万人次，获评2022年全国乡村旅游精品线路。

【华农生态休闲农庄入选为福建省休闲农业示范点】 2022年9月21日，福建省农业农村厅发布2022年福建省休闲农业示范点名单，安溪县华农生态休闲农庄入选为2022年福建省休闲农业示范点。华农生态农业项目创建于2013年，选址虎邱镇竹园村龙潭谷，是一家集农业科研、观光体验、养生度假于一体的农业综合性企业，是县级重点项目之一。该项目建设标准鱼塘2.07公顷，放养光鱼10多万尾；建设生态茶园，种植红心铁观音6.67公顷，完成茶园观光道、林下步行道建设，开展动植物知识科普；建设儿童游乐园等，观光体验与休闲娱乐有机结合；完成“房车露营”项目，有22套独立房车露营民宿。

【尚卿乡黄岭村获评福建省美丽休闲乡村】 2022年9月21日，福建省农业农村厅发布2022年福建省美丽休闲乡村名单，尚卿乡黄岭村获评2022年福建省美丽休闲乡村。黄岭村位于尚卿乡东北部。该村与国心绿谷开创“党建引领，村企共建，全民参与”发展模式，发展文旅产业、特色农业、电商行业，分步流转闲置的林地、田地、民房等资产资源，共建联营绳网部落游乐园、云端诗宿、茶吧驿站、农耕文化体验园等项目；引导村民发展种养业，组织村民到企业投资参股、就业，推动农村一、二、三产业融合，形成“文旅+农业+电商”的农文旅融合产业链条，实现村企“共建、共享、共荣”，实现村财、村民“双增收”。

（陈炳洲　杨晓清）

旅游资源

【概况】 2022年，溪禾山铁观音文化园获评国家AAAA级旅游景区，国心绿谷生态茶庄园获评国家AAA级旅游景区。截至2022年底，全县有清水岩风景区、凤山景区、志闽生态旅游区、洪恩岩景区、溪禾山铁观音文化园、国心绿谷生态茶庄园、花千谷景区7家国家A级景区。

【清水岩风景旅游区】 清水岩风景区位于安溪县蓬莱镇，是一处以清水岩寺为主体，以清水祖师文化为特色，集宗教朝圣、生态旅游、民俗展示、休闲度假于一体的风景名胜区，素有“蓬莱仙境”之美誉。为国家AAAA级旅游景区、全国重点文物保护单位、全国首批涉台文物保护工程、中国华侨国际文化交流基地、中国书法家创作培训基地、福建省级风景名胜区、福建省对台交流基地，清水祖师信俗是国家级非物质文化遗产。2022年，该景区接待游客65.45万人次，旅游收入1216.35万元。

【凤山风景旅游区】 凤山风景区位于安溪县城北郊凤冠山麓，因状如凤凰展翼而得名。宋代理学家朱熹登临标题“凤麓春阴”，冠古“清溪八景”之首。景区内有“八闽第一，五邑无双”之美誉的安溪城隍庙，与“凤麓古刹”东岳寺并肩联臂，形成独具闽南茶乡特色的寺庙建筑群。景区内拥有省级凤山森林公园、茶叶大观园、孔子龛、涵虚阁、明德楼、廖长官纪念馆、詹敦仁纪念馆、凤山大弥佛、革命英雄纪念碑等景点。2022年，该景区接待游客13.49万人次，旅游收入32.1万元。

【志闽生态旅游区】 志闽生态旅游区位于安溪县龙门镇，地处安溪县南面，与厦门同安毗邻，距离泉州80千米、厦门50千米。旅游区南面有厦沙高速莲花口，距离基地12千米；北面有厦沙高速龙门口，距离景区10千米；省道206线穿景区而过。有峡谷观光、户外攀岩、房车露营、帐篷露营、拓展训练、野战游戏体验、高空体验等体育旅游项目。2022年，该景区接待游客10.58万人次，旅游收入908.9万元。

【洪恩岩风景区】 洪恩岩风景区位于安溪县虎邱镇圭峰山，距厦门、泉州、漳州各80千米，省道207线通过镇区。景区面积18平方千米，生态绿化林区超过200公顷，兼有铁观音、本山、黄金桂、毛蟹四大名茶的生产基地。景区有洪恩岩寺、莲花石座、古风佛石、观音潭、学士洞、文化游廊、宋代小木屋等景点。2022年，该景区接待游客28.5万人次，旅游收入30.6万元。

【溪禾山铁观音文化园】 2022年，溪禾山铁观音文化园获评国家AAAA级旅游景区。有百年老茶树等自然景观，有奈厝、迎薰楼、英林钞井、古戏台、闽南布袋戏、非遗传承木偶戏、安溪美食、七茶钉花馆、茶王殿、七茶研究所、先贤纪念馆、溪禾老茶馆、铁韵书院、铁韵戏台等人文资源，是一家以闽南传统文化与茶文化为主题的特色文化旅游景区。以溪禾山·铁观音文化园为组团核心，串联绿道北线、普陀寺、年年香和绿色黄金庄园资源，规划旅游精品线路，以打造“茶文化”为主题，是一个集吃住行游购娱、闽南茶文化体验于一体的度假休闲地，形成传播安溪铁观音文化的名片。2022年，该景区接待游客12.94万人次，旅游收入842.8万元。

【国心绿谷生态茶庄园】 2022年，国心绿谷生态茶庄园获评国家AAA级旅游景区。位于安溪县尚卿乡黄岭村，是安溪十大金牌茶庄园，有生态茶园200公顷。有国心堂茶文化体验厅、花岗岩滑道、玻璃观景台、绳网部落、铁观音文化主题邮局、体验拓展训练基地、登山健身游步道、卡丁车赛场等旅游娱乐项目。经营范围涵盖吃、住、行、游、购、娱的旅游产业链。获评福建省级养生旅游休闲基地、农耕文化实践营地、福建省休闲农业示范点、福建省生态茶园示范基地、福建省森林人家等称号，是实现一、二、三产业融合发展的新模式经济体。2022年，该景区接待游客15.58万人次，旅游收入116.4万元。

【花千谷景区】 花千谷景区位于安溪官桥镇，前身为省级崩岗治理点，经过多年绿化治理，曾经的贫瘠之地重现生机。园区配套有大型活动训练场、闽南土灶区、阳光餐厅、培训拓展区、植物科普区、萌宠乐园等功能区域，可提供场地租赁、活动组织策划、家庭游、团体游等服务。2022年，该景区接待游客2.85万人次，旅游收入38.7万元。

（陈炳洲　杨晓清）

景区建设

【旅游配套完善】 2022年，安溪县打造旅游线路产品，整合县域文旅资源，依托独特“三铁文化”，合理规划旅游线路，“云端踏青，香约茶园”浪漫赏花之旅入选全国乡村旅游精品线路名单，“山水福地 茶韵安溪”入选泉州12条“一县一线”微度假精品体验二日游线路推介名单；打造智慧旅游平台，打造上线“安溪旅游”数字文旅平台，全面推介安溪旅游产品和线路，为游客提供门票、住宿预订等“吃、住、行、娱、游、购”线上一体化服务，实现“一部手机游安溪”；打造旅游伴手礼，八马茶礼的文创作品《八马福气满满·铁观音》获福建省“福茶”评选爆款奖，八马茶礼的文创作品《八马福气满满·茶礼》、刘协宗的文创作品《福坛》和《福光满照》获福建省“福茶”评选优秀奖。

【景区提质升级】 2021年，安溪县文化体育和旅游局指导溪禾山铁观音文化园、清水石镜山按照国家A级旅游景区标准进行建设提升，溪禾山铁观音文化园、国心绿谷生态茶庄园分别获评国家AAAA级旅游景区、国家AAA级旅游景区。

（陈炳洲　杨晓清）

特色旅游

【红色旅游】 2022年，安溪县立

足安溪本地红色旅游资源，加强红色旅游宣传营销，打造红色旅游精品线路，串联安南永德苏维埃政府旧址、莫耶故居、魁斗镇佛仔格中共安溪中心县委旧址、青云楼等红色旅游点，打造“红色苏区之旅”，通过安溪旅游智慧导览平台、宣传折页等形式宣传。做好中共安溪中心县委丽山军政干部训练班旧址、安溪县VR/AR党性教育基地、安溪县政治生态教育馆、长卿党史馆等泉州市党史教育基地的旅游宣传，开发利用好安溪县红色旅游资源。

【茶文化旅游】 2022年，安溪县打造茶文化旅游景点，溪禾山铁观音文化园成功创建国家AAAA级旅游景区，国心绿谷生态茶庄园成功创建国家AAA级旅游景区；策划茶文化精品旅游线路，策划推介海丝寻茶之旅等精品旅游线路，其中“云端踏青 香约茶园”浪漫赏花之旅被列入文旅部评选的全国乡村旅游精品线路；举办茶文化旅游活动，举办“香约茶乡·福满虎邱”庆祝“5·19”中国旅游日系列活动、“福在茶乡 茶歌飞扬”原生态茶歌邀请赛等活动，带动茶文化旅游人气；打造茶伴手礼，推动八马茶礼和刘协宗与富山阁竹业合作的文创产品获福建省“福茶”评选爆款奖、优秀奖。

【乡村旅游】 2022年，安溪县打造乡村旅游品牌，指导虎邱镇成功创建福建省全域生态旅游小镇；加强乡村旅游人才培养，国心绿谷生态茶庄园负责人黄清平被文旅部评为2022年度乡村文化和旅游带头人；开展乡村旅游活动，虎邱镇为主场举办“香约茶乡·福满虎邱”——庆祝“5·19”中国旅游日系列活动，举办湖头荔枝节、福田芦柑节、“党建引领乡村振兴 方寸助力文化旅游”等乡村旅游活动，掀起乡村旅游热潮。

（陈炳洲　杨晓清）

文旅活动

【中国旅游日主题活动】 2022年5月19日，安溪县举办“香约茶乡·福满虎邱”——安溪县庆祝“5·19”中国旅游日主题活动。此次活动旨在宣传推广“海丝寻茶之旅”“世遗铁艺之旅”等6条精品旅游线路，打造集文化、旅游、体育等多位于一体的文旅消费体系，将安溪的“美”、生活的“好”和虎邱的“趣”传递给广大游客，带动安溪文旅市场消费。此次活动采用“线上+线下”双频同步推进，利用微信端直播，主题活动吸引50多万人次关注收看。

【福田芦柑文化节】 2022年11月23日，以“乡村振兴 柑甜与共”为主题的2022年福田乡芦柑文化节开幕式暨“茂雄杯”芦柑王大赛在福田乡举行。此次活动涵盖“福前芦柑”短视频大赛启动、安溪县“福文化”篆刻采风活动、福田乡IP福仔田妹表情包推介、2022年福田芦柑文化节线上线下启动仪式、2022“茂雄杯”芦柑王大赛等内容，推动福田乡柑橘产业与文旅产业深度融合、福田乡“幸福田园建设”。

【湖头荔枝文化节】 2022年7月6日，主题为“乡村振兴 品荔湖头”的第三届湖头荔枝文化节正式开幕，此次活动包括百年荔枝王拍卖、荔枝菜肴制作比拼、现场品尝湖头特色美食等，广大村民和外地游客共同感受湖头荔枝文化，体验采摘乐趣，品尝鲜美的荔枝和美食。此次的湖头荔枝文化节，展示湖头的历史文化、特色小吃、文旅助农、乡村振兴、智慧旅游等，融合文化、商业、旅游等多重业态，助推湖头荔枝产业化发展。

（陈炳洲　杨晓清）

旅游行业管理

【旅游安全管理】 2022年，安溪县开展安全生产大排查大整治，推进旅游行业安全标准化建设，强化安全生产工作宣传和培训，督促行业落实安全主体责任。常态化开展旅行社、星级饭店、国家A级旅游景区等经营单位安全生产检查。

【旅游从业人员管理培训】 2022年，安溪县结合世界遗产日活动内容，开展导游讲解培训，采用线下培训+实地讲解的形式，提高导游（讲解员）及旅游从业人员的整体素质，提高旅游服务水平。

【旅行社管理】 2022年，安溪县规范旅行社质量服务保证金的管理，保障旅游者和旅行社的合法权益，维护旅游市场秩序，提升全县旅游服务水平。截至年底，全县有7家旅行社。

【旅游市场规范管理】 2022年，安溪县旅游业加强市场执法检查，严查旅游市场违法违规经营管理行为，联合相关部门开展“旅游包车”等专项检查，开展春节、国庆等节假日节前检查。

全年，县文化市场综合执法大队出动执法人员1769人次，开展执法检查844次，查处14次，罚款16.5万元。

（陈炳洲　杨晓清）

体育

全民健身

【城乡健身场地设施建设】 2022年，安溪县建设龙门镇洋坑村、参内镇员潭市民广场、参内镇参洋公园茶博汇广场河滨段、城厢镇兰溪西路约克阳光段、凤城镇河滨北路毓秀路口段、金谷镇东洋村、虎邱镇湖西村、城厢镇员宅村篮球驿园、西坪镇镇区、蓬莱镇美滨村和蓬莱镇联中村10个泉州市口袋健身公园建设项目工程（为民办实事市级5个、县级5个），每个项目补助金额10万元。剑斗镇后井村、城厢镇经兜村文化广场、湖头镇浦美村文化广场、金谷镇美洋村、魁斗镇大岭村、蓝田乡益岭村、龙涓乡后井村、龙涓乡福黎村、西坪镇龙地村、西坪镇上尧村10个体育健身工程，每个项目补助金额4万元。县级为民办实事有凤城镇东北社区（县级）、西坪镇老年活动中心（县级）、蓬莱镇老年活动中心（县级）、蓝田乡益岭村（市级）、虎邱镇双格村（市级）5个老年康乐家园（其中市级指标2个，县级3个），每个项目补助金额20万元。

【公共体育场所免费开放】 2022年，安溪县梧桐体育馆全年累计开放330天，接待团队16个，接待近6万人次，其中县少年业余体育学校在做好疫情防控工作措施前提下，免费开放校属体育场馆，全年实际开放293天，接待近1万人次。

【体育社团活动】 2022年，安溪县有60个体育社团和2000多名社会体育指导员，形成覆盖城乡的体育社团、社会体育指导员服务网络，组织和指导服务全民健身运动。全年举办赛事系列活动共计78场，补助赛事活动40场次，补助金额45万元。

【运动强身防疫倡导】 2022年，安溪县倡导居家防疫健身生活方式，组织健身气功体育指导员录制剪辑“健身气功八段锦”等视频，向群众推荐足不出户在家练习“八段锦”，增强免疫力，提倡健康生活方式。印发《安溪县实施“六大工程”全面加强儿童青少年近视综合防控工作实施方案》，以青少年校外体育活动中心为基地，举办各类夏令营、训练营、体育比赛等活动，吸引和动员广大儿童青少年参加体育运动，助力近视预防工作。

【青少年运动】 2022年，安溪县推进青少年校外体育活动中心免费开放工作。全年累计开放近200天。举办“奔跑吧 少年”全县中小学生足球、篮球联赛。

（杨晓清　陈炳洲　陈敬平　林清杰）

竞技体育

【体育后备人才培养】 2022年，安溪县做好运动员选苗、输送工作，夯实训练，组队参赛。2022年派出教练员20人次下乡选苗，遴选进校学训学生16人，输送到上级训练单位12人；2人获得一级运动员等级。组队参加各级各类体育项目赛事，完成年度赛事任务。

【竞技体育比赛】 2022年11月27日至12月4日，福建省第十七届运动会在南平市举行。该届省运会青少部举办29个大项比赛，安溪县少体校培养输送的27名运动员参加田径、举重、摔跤、羽毛球、网球、帆船、皮划艇激流、高尔夫球、篮球9个大项比赛，为泉州市代表团共获得7枚金牌、6枚银牌、5枚铜牌及11个第四名、1个第五名、3个第六名、2个第七名、2个第八名。

2022年，安溪籍帆船队员余雪彬参加杭州亚运会帆船项目选拔赛暨2022年全国帆船冠军赛和队友合作获得女子49erFX级场地赛和长距离赛2项冠军。高尔夫球队员黄凯峰参加全国所有青少年高尔夫球一级赛事，获2022年汇丰全国青少年高尔夫冠军赛广州站冠军；别克全国青少年高尔夫精英赛福建泉州站亚军、浙江湖州站季军。网球队员陈诗涵获2022年福建省少年儿童网球排位赛（福州站）第八名。皮划赛激流项目获个人1项第一名，男子团体第四名、女子团体第二名。举重项目获个人10项第一名，男子团体第三名。羽毛球项目获女子团体第五名。

（杨晓清　陈炳洲　陈敬平　林清杰）

体育产业

【体育旅游项目】　2022年，安溪县推动体旅融合，打造茶乡特色影响力的体育旅游项目。发挥安溪山水自然资源优势，推动山地户外等运动项目发展，支持志闽旅游“国家体育产业示范单位”和省级体育旅游示范基地的发展；支持花千谷“全国青少年体育户外营地”和省级百家青少年体育俱乐部的发展，该企业获省级体育产业示范项目并得到省级体育产业发展专项资金奖励。指导徒步、长跑等相关协会依托青阳下草埔冶铁遗址、湖头历史文化古镇、茶庄园等资源优势，策划打造徒步、骑行、定向等系列赛事活动，促进赛事体验与文化体验和旅游等深度融合，打造具有安溪茶乡特色影响力的体育旅游精品线路、精品赛事。

【体教融合发展】　2022年，安溪县开展体育运动项目进校园，助力课后服务工作开展。网球项目进安溪县第十八小学，开设课后服务体育特色课，服务该校学生50多名；跆拳道项目进安溪县第十小学，开设课后服务体育特色课，服务该校学生60多名，开设1节跆拳道特色公开课；攀岩项目走进培元中学，在2022年福建省第一场省级教育教学开放活动中，开设1节攀岩训练课。赛艇和攀岩教练多次走进安溪一中，协助指导赛艇和攀岩项目的训练。

【体育健身服务】　2022年12月13—15日，福建省奥林匹克体育中心、福建省体育科学研究所、福建省体育科学学会开展的“喜庆二十大、体测惠万家”科学健身八闽行志愿服务活动走进安溪，派出国民体质测试车和技术人员为群众提供国民体质测试和科学健身指导服务。此次活动地点设在县梧桐体育馆，组织20—69周岁及以上健全人群250人，参加人体成分、骨密度、血压心率、国民体质11项（身高、体重、肺活量、握力、选择反应时、闭眼单脚站立、纵跳、坐位体前屈、俯卧撑、仰卧起坐、台阶试验）测试。

【体育赛事品牌打造】　2022年，安溪县续约冠名福建女排，福建安溪铁观音女排取得2022年全国锦标赛第三名，参加2022—2023年中国女排超级联赛以积分第五名进入联赛第二阶段，取得联赛史最佳成绩。

（杨晓清　陈炳洲　陈敬平　林清杰）

学校体育

【学校体育教育】　2022年，安溪县印发《安溪县教育系统“喜迎二十大 艺体双修显才俊”系列活动方案》，推动学校体育美育工作健康发展。校园体育类主要围绕中小学生足球赛、县运会、师生篮球赛、教职工象棋围棋赛等开展活动。

【体育教育质量监测】　2022年5月23—27日和11月27日至12月3日，安溪县第二十中学、墩坂中学、第十二小学、湖头第三中心小学作为义务教育学校样本校分别参加福建省春季和秋季测试，监测对象为2022—2023学年六年级、八年级学生和相关教师及校长。春季学期义务教育学校监测项目为运动技能、健康生活方式（问卷调查）和脊柱

2022年11月13日，在2022—2023年赛季中国女子排球超级联赛第一阶段比赛中，福建安溪铁观音队以3：0战胜河南队。图为福建安溪铁观音队球员在比赛中扣球

（图/李　博）

侧弯；秋季学期义务教育学校监测项目为体适能、视力。安溪一中作为示范性高中样本校参加秋季测试，测试对象为高中二年级的在校学生、相关教师及校长，监测项目为运动技能、健康生活方式（问卷调查）、体适能和视力。

【全县中小学生田径运动会】
2022年11月23—27日，安溪县第48届中学生暨第43届小学生田径运动会在安溪一中城东校区体育场举行。参加比赛的中学生代表队有68队715人，小学生代表队有51队553人。按组分，获团体前三名为高中组：铭选中学、安溪一中、安溪六中；初中组：恒兴中学、安溪一中城东校区、安溪第二十中学；小学组：安溪第十小学、安溪第十二小学、实验小学。铭选中学、安溪八中、安溪第十一中学、蓝溪中学、恒兴中学、华侨职校、安溪第二十中学、城厢中学、安溪一中城东校区、慈山学校、湖上中学、安溪第十七中学、安溪五中、湖头中心学校、剑斗中心学校、感德中心学校、龙门中心学校、实验小学、安溪第六小学、第八小学、第十小学、第二十一小学等学校获“体育道德风尚奖”。

2022年11月23—27日，安溪县第48届中学生暨43届小学生田径运动会在安溪一中城东校区体育场举办。图为跨栏比赛　（图／县教育局）

2022年安溪县第48届中学生暨第43届小学生田径运动会破纪录统计表

表7

序号	项　目	赛次	运动员	学校	成绩	原纪录
1	县高中甲组女子跳高	决赛	陈晋庭	安溪六中	1.51米	1.48米
2	县小学甲组男子跳高	决赛	余少熙	安溪第二十小学	1.50米	1.46米
3	县小学甲组女子800米	决赛	杨银荧	安溪第十二小学	2分30秒88	2分33秒76
4	县小学甲组女子跳高	决赛	郑诗雯	感德中心学校	1.29米	1.27米

（林翠萍　杨晓清　张炎地　陈敬平）

卫生健康

综述

【卫生机构】 至2022年12月31日，安溪县有各级各类医疗机构624所，其中，县级公立医院4家，乡镇卫生院23家（甲类2家、乙类10家、丙类11家），社区卫生服务中心2家，疾病预防控制中心1家，卫生学校1家，民营医院10家，村级卫生所(社区服务站、卫生室)486所，厂、矿、校医务室3所，门诊部14家，血液透析中心1家，个体诊所79所。全县编制床位4662张，实际开放5444张，平均每千人口拥有5.43张，其中民营医院编制691张，实际开放1108张。全县有执业（助理）医师1719人，千人均执业（助理）医师1.71人；注册护士2294人，千人均注册护士2.29人。

2022年安溪县卫生机构人员情况统计表

表8

机构名称	在职职工数(人)	实有床位(张)	卫生技术人员数（人）							
			合计	执业医师	执业助理医师	注册护士	药师	检验技师	影像技师	其他
总计	6310	5444	5369	1414	305	2294	246	211	108	756
一、医院	3025	3554	2625	742	52	1412	104	96	63	126
安溪县医院	1261	1300	1175	390	9	649	40	43	41	0
安溪县中医院	742	630	643	192	5	331	27	27	10	40
安溪县第三医院	210	516	192	27	10	106	8	3	3	24
安溪和兴医院	123	190	84	23	6	29	4	3	1	16
安溪佑康医院	54	40	30	11	1	14	2	1	1	0
安溪新中山医院	45	45	38	9	0	24	3	2	0	0
安溪明仁医院	63	64	50	4	2	24	2	1	5	12
安溪爱尔眼科医院	82	55	50	7	3	26	2	0	0	12
泉州国宇医院	232	360	177	47	9	85	8	11	2	15
安溪一禾综合医院	32	25	28	9	2	11	3	1	0	2
安溪伍兴医院	28	30	24	11	1	10	1	0	0	0
安溪乐康医院	151	299	132	12	4	101	4	4	0	5
安溪城东普爱康养护理站	2	0	2	0	0	2	0	0	0	0
二、基层医疗卫生机构	2580	1540	2238	563	234	688	125	66	35	527
1.卫生院及服务中心(站)	1438	1540	1159	336	82	463	112	60	33	73
城关社区卫生计生服务中心	76	40	58	19	3	23	7	3	2	1

续表8

机构名称	在职职工数(人)	实有床位(张)	卫生技术人员数（人）							
			合计	执业医师	执业助理医师	注册护士	药师	检验技师	影像技师	其他
城西社区卫生服务中心	34	30	29	11	0	13	2	1	1	1
湖头医院	178	292	156	44	3	80	13	10	6	0
官桥医院	180	220	151	46	7	67	12	10	6	3
剑斗中心卫生院	49	65	41	7	4	16	3	3	0	8
龙门中心卫生院	77	110	61	16	5	26	7	4	1	2
西坪中心卫生院	64	65	49	11	6	19	4	2	2	5
龙涓中心卫生院	70	60	54	15	7	19	6	3	1	3
长卿中心卫生院	70	60	53	16	4	19	7	2	2	3
感德卫生院	65	60	46	11	7	19	2	1	2	4
虎邱卫生院	52	53	45	10	4	16	5	2	2	6
蓬莱卫生院	73	100	62	16	3	23	8	4	2	6
金谷卫生院	55	40	39	13	5	13	3	4	1	0
城厢卫生院	68	50	56	27	0	20	4	1	1	3
参内卫生院	58	30	49	9	6	20	7	1	1	5
魁斗卫生院	41	25	28	10	0	10	3	2	1	2
湖上卫生院	25	25	21	5	0	11	4	0	0	1
大坪卫生院	26	20	16	4	1	4	2	1	0	4
尚卿卫生院	48	50	42	15	4	9	5	3	0	6
芦田卫生院	18	20	14	5	1	5	2	1	0	0
桃舟卫生院	23	20	16	7	1	5	1	0	0	2
福田卫生院	15	20	10	2	4	4	0	0	0	0
兰田卫生院	26	40	23	7	3	6	2	1	1	3
祥华卫生院	36	45	29	7	2	12	3	1	1	3
白濑卫生院	11	0	11	3	2	4	0	0	0	2
2.村卫生室	721	0	721	76	128	70	2	0	0	445
3.门诊部、诊所、医务室	421	0	358	151	24	155	11	6	2	9
安溪泉兴口腔专科门诊部	24	0	16	4	4	5	0	0	0	3
安溪惠美中西医结合皮肤专科门诊部	24	0	19	7	1	5	4	2	0	0
安溪联宇口腔专科门诊部	10	0	7	2	2	3	0	0	0	0
安溪美年大健康管理有限公司体检综合门诊部	52	0	36	12	1	13	0	3	2	5
安溪凤城安兴口腔门诊部	6	0	6	1	2	3	0	0	0	0

续表8

机构名称	在职职工数(人)	实有床位(张)	卫生技术人员数（人）							
			合计	执业医师	执业助理医师	注册护士	药师	检验技师	影像技师	其他
安溪恋牙口腔专科门诊部	8	0	5	2	0	2	0	1	0	0
安溪安格尔口腔门诊部	15	0	13	5	0	8	0	0	0	0
安溪贝成口腔专科门诊部	30	0	14	4	3	7	0	0	0	0
安溪波波口腔门诊部	7	0	7	3	0	4	0	0	0	0
安溪齿邦口腔门诊部	6	0	6	3	0	3	0	0	0	0
安溪德弘口腔门诊部	7	0	7	3	0	4	0	0	0	0
安溪煌益口腔门诊部	6	0	6	2	0	4	0	0	0	0
安溪魁斗上特口腔门诊部	13	0	7	3	0	4	0	0	0	0
安溪同欣口腔门诊部	5	0	5	2	1	2	0	0	0	0
安溪参内敦春燕口腔诊所	2	0	2	1	0	1	0	0	0	0
安溪参内黄仙龙中西医结合诊所	2	0	2	1	0	1	0	0	0	0
安溪参内建锦口腔诊所	1	0	1	1	0	0	0	0	0	0
安溪参内刘梓鹤中医（综合）诊所	1	0	1	1	0	0	0	0	0	0
安溪参内闪亮口腔诊所	3	0	3	2	0	1	0	0	0	0
安溪参内周艳超西医内科诊所	1	0	1	1	0	0	0	0	0	0
安溪城厢陈键彬口腔诊所	2	0	2	1	0	1	0	0	0	0
安溪城厢陈金锋内科诊所	5	0	5	2	0	3	0	0	0	0
安溪城厢陈锦德中西医结合诊所	1	0	1	1	0	0	0	0	0	0
安溪城厢陈连德中西医结合诊所	3	0	3	1	0	2	0	0	0	0
安溪城厢陈水木中西医结合诊所	2	0	2	1	0	1	0	0	0	0
安溪城厢陈天德中西医结合诊所	4	0	4	1	1	2	0	0	0	0
安溪城厢何丽水中医（综合）诊所	1	0	1	1	0	0	0	0	0	0
安溪城厢胡雁鹏口腔诊所	3	0	3	1	0	2	0	0	0	0
安溪城厢黄建义中医（综合）诊所	1	0	1	1	0	0	0	0	0	0
安溪城厢李文钦中西医结合诊所	2	0	2	1	0	1	0	0	0	0
安溪城厢李育鹏中医（综合）诊所	1	0	1	1	0	0	0	0	0	0
安溪城厢林成业口腔诊所	1	0	1	1	0	0	0	0	0	0
安溪城厢林江鑫西医内科诊所	2	0	2	1	0	1	0	0	0	0
安溪城厢林景灿中医（综合）诊所	1	0	1	1	0	0	0	0	0	0
安溪城厢刘志芳口腔诊所	3	0	3	1	0	2	0	0	0	0
安溪城厢汪文付中医（综合）诊所	7	0	7	1	0	3	3	0	0	0
安溪城厢王金发中医（综合）诊所	2	0	2	1	1	0	0	0	0	0

续表8

机构名称	在职职工数(人)	实有床位(张)	卫生技术人员数（人）							
			合计	执业医师	执业助理医师	注册护士	药师	检验技师	影像技师	其他
安溪城厢王志忠口腔诊所	3	0	3	1	1	1	0	0	0	0
安溪城厢吴雷雨西医内科诊所	1	0	1	1	0	0	0	0	0	0
安溪城厢吴良滨口腔诊所	1	0	1	1	0	0	0	0	0	0
安溪城厢谢江木西医内科诊所	3	0	3	1	0	2	0	0	0	0
安溪城厢优益口腔诊所	2	0	2	1	0	1	0	0	0	0
安溪城厢增雅口腔诊所	3	0	3	1	0	2	0	0	0	0
安溪城厢张国生西医内科诊所	2	0	2	1	0	1	0	0	0	0
安溪凤城艾美口腔诊所	14	0	14	5	1	8	0	0	0	0
安溪凤城陈聪辉中医（综合）诊所	2	0	2	1	0	1	0	0	0	0
安溪凤城陈瑞真中西医结合诊所	1	0	1	1	0	0	0	0	0	0
安溪凤城陈伟林口腔诊所	3	0	3	1	1	1	0	0	0	0
安溪凤城陈英姿口腔诊所	2	0	2	1	0	1	0	0	0	0
安溪凤城陈志彬口腔诊所	2	0	2	1	0	1	0	0	0	0
安溪凤城陈志伟口腔诊所	2	0	2	1	0	1	0	0	0	0
安溪凤城成真口腔诊所	3	0	3	1	1	1	0	0	0	0
安溪凤城华医视光眼科诊所	2	0	2	1	0	1	0	0	0	0
安溪凤城蒋松波口腔诊所	4	0	4	2	1	1	0	0	0	0
安溪凤城廖志远口腔诊所	2	0	2	1	0	1	0	0	0	0
安溪凤城林钦仕西医内科诊所	2	0	2	1	0	1	0	0	0	0
安溪凤城林生泉中医（综合）诊所	1	0	1	1	0	0	0	0	0	0
安溪凤城林真萍口腔诊所	2	0	2	1	0	1	0	0	0	0
安溪凤城吕三财内科诊所	2	0	2	1	0	1	0	0	0	0
安溪凤城苏童湖口腔诊所	2	0	2	1	0	1	0	0	0	0
安溪凤城苏一辉口腔诊所	2	0	2	1	0	1	0	0	0	0
安溪凤城王金灿口腔诊所	2	0	2	1	0	1	0	0	0	0
安溪凤城王全民中医（综合）诊所	2	0	2	1	1	0	0	0	0	0
安溪凤城王素娟中医（综合）诊所	1	0	1	1	0	0	0	0	0	0
安溪凤城王志伟中医（综合）诊所	4	0	4	1	0	3	0	0	0	0
安溪凤城吴建平口腔诊所	3	0	3	2	0	1	0	0	0	0
安溪凤城吴文晶口腔诊所	3	0	3	2	0	1	0	0	0	0
安溪凤城吴增逵口腔诊所	2	0	2	1	0	1	0	0	0	0
安溪凤城谢育辉中医（综合）诊所	3	0	3	1	1	0	1	0	0	0

续表8

机构名称	在职职工数(人)	实有床位(张)	卫生技术人员数（人）							
			合计	执业医师	执业助理医师	注册护士	药师	检验技师	影像技师	其他
安溪凤城新勇口腔诊所	2	0	2	1	0	1	0	0	0	0
安溪凤城杨革生中医诊所	1	0	1	1	0	0	0	0	0	0
安溪凤城仰杰口腔诊所	2	0	2	1	0	1	0	0	0	0
安溪凤城张春香口腔诊所	5	0	5	2	1	2	0	0	0	0
安溪凤城周秋云口腔诊所	2	0	2	1	0	1	0	0	0	0
安溪感德安德口腔诊所	3	0	3	2	0	1	0	0	0	0
安溪官桥林川强中西医结合诊所	2	0	2	1	0	1	0	0	0	0
安溪官桥林建木口腔诊所	2	0	2	1	0	1	0	0	0	0
安溪官桥王东灿口腔诊所	3	0	3	2	0	1	0	0	0	0
安溪湖头李思任西医内科诊所	2	0	2	1	0	1	0	0	0	0
安溪湖头李云龙中医（综合）诊所	2	0	2	2	0	0	0	0	0	0
安溪湖头王荣茂西医内科诊所	4	0	4	1	0	3	0	0	0	0
安溪湖头许锦森口腔诊所	2	0	2	1	0	1	0	0	0	0
安溪湖头杨青良西医内科诊所	3	0	3	1	0	2	0	0	0	0
安溪湖头朱海波美容皮肤科诊所	6	0	6	2	0	2	2	0	0	0
安溪蓬莱林振成中医（综合）诊所	3	0	1	1	0	0	0	0	0	0
安溪蓬莱唐建裕西医内科诊所	3	0	3	1	0	2	0	0	0	0
安溪蓬莱郑丽爱口腔诊所	1	0	1	1	0	0	0	0	0	0
安溪尚卿黄建阳中医诊所	1	0	1	0	0	0	0	0	0	1
安溪湾美陈振南中医(综合)诊所	2	0	2	2	0	0	0	0	0	0
安溪长卿常乐口腔诊所	5	0	3	3	0	0	0	0	0	0
安溪县第六中学医务室	3	0	3	1	0	2	0	0	0	0
安溪县铭选中学医务室	2	0	2	1	0	1	0	0	0	0
福建省安溪卫生职工中等专业学校医务室	13	0	13	4	0	8	1	0	0	0
三、专业公共卫生机构	693	350	495	107	19	187	15	49	10	103
安溪县妇幼保健院	531	350	418	76	15	186	15	31	8	82
安溪县疾病预防控制中心门诊部	145	0	73	31	4	1	0	18	2	17
安溪县卫生监督所	17	0	4	0	0	0	0	0	0	4
四、其他医疗卫生机构	12	0	11	2	0	7	2	0	0	0
安溪优福血液透析中心	12	0	11	2	0	7	2	0	0	0

2022年安溪县各乡镇卫生事业基本情况统计表

表9

项　目	年末实际数		
	医疗卫生机构个数（个）	病床数（张）	执业（助理）医师（人）
合　计	620	5444	1719
凤城	82	3050	825
城厢	93	974	357
参内	23	30	27
湖头	44	292	79
官桥	31	220	70
龙门	30	110	42
蓬莱	35	100	27
剑斗	15	65	25
感德	20	60	25
尚卿	25	50	27
龙涓	37	60	36
大坪	8	20	6
西坪	25	65	28
长卿	26	60	28
魁斗	13	25	15
金谷	33	40	26
芦田	7	20	7
虎邱	19	53	20
白濑	5	0	6
湖上	13	25	7
蓝田	10	40	11
祥华	13	45	10
桃舟	8	20	8
福田	5	20	7

统计范围：

1. 医院，3 家县级公立医院 +10 家民营医院（登记 11 家，1 家未开业）；
2. 基层医疗卫生机构，23 家乡镇卫生院 +2 家社区卫生服务中心 +485 家村卫生所 +93 家门诊部、诊所、医务室；
3. 专业公共卫生机构，1 家妇幼保健院 +1 家疾病预防控制中心 +1 家卫生监督所，其中卫监所取得法人单位证书，但已并入卫健局；
4. 其他医疗卫生机构，1 家血液透析中心。

【卫生项目建设】 2022年，安溪县策划医疗卫生项目10个，疾病预防控制中心检测能力提升工程、县中医院旧房改造2个项目完成项目建设。总投资15229.76万元，建筑面积19694平方米，建设白濑卫生院综合楼、芦田卫生院综合楼、大坪卫生院综合楼、福田卫生院综合楼4个为民办实事项目和县公共卫生应急暨健康培训中心项目。做好县中医院城东院区、福建中医药大学闽南康复医院、县医院长卿分院等3个项目前期手续办理工作。

【医疗技术项目】 2022年，安溪县提升县医院“五大中心”（肿瘤防治中心、慢病管理中心、微创介入中心、麻醉疼痛诊疗中心、重症监护中心）医疗能力；基本建设完成县医院急救“五大中心”（胸痛中心、卒中中心、创伤中心、危重孕产妇救治中心、危重儿童与新生儿救治中心），其中，胸痛中心在全省质控总分排名第三名，卒中中心在全国综合防治卒中中心综合排名第21。推进具有中医药特色优势的县中医院康复医学、治未病/健康管理、中药代煎、中西医结合微创“四大中心”建设。县中医院卒中中心和胸痛中心通过国家认证，胸痛中心获2021年福建省基层胸痛中心质控考评第一名。

【医院人才队伍建设】 2022年，安溪县创新引才机制，年度招聘医技人才119人（包含30名硕士研究生），其中编制内卫技人员37人，备案制人员82人。定向培养医学人才7人。建立激励机制，举办5场县域医院管理论坛、6场医疗卫生人才交流会、第二届茶乡名医评选等活动，对入选第二届茶乡名医每人给予2万元奖金，入选第二届茶乡医坛新秀、茶乡最美护士、茶乡基层好医生每人分别给予5000元奖金。制定人才合理流动机制，制定出台《安溪县公立医疗卫生单位工作人员合理流动管理办法》，基层医疗单位之间流动88人。构建多元育才模式。柔性、全职引进人才 32人，其中县医院全职引进三甲医院主任医师2人，县中医院柔性引进第三层次人才1人，引进重症医学科副主任医师1人，血透室主管护师1人。创建名医工作室12个，科研工作室1个，新增市级高层次人才89人。选送优秀中青年业务技术骨干到上级医院进修、规范化培训176人。

【民办医院建设】 2022年，安溪县支持社会办医疗机构提供多层次多样化医疗服务。全县有民营医院10家，包括年度新增安溪一禾医院和伍兴医院2家医院。实际开放床位1108张，占全县总床位的20.35%。

【义诊活动】 2022年，安溪县卫健局制定《安溪县卫生健康局关于进一步加强义诊活动管理的通知》，规范义诊活动，鼓励医疗机构开展义诊活动。通过“科技三下乡”“党建+邻里”等形式，开展义诊活动32场，派出医务人员200余人次，派发各类宣传资料2000多份，群众接受健康知识咨询及诊病4660人次。

（吴雪云　柯荣钦）

新冠疫情防控

【概况】 2022年，安溪县落实“疫情要防住、经济要稳住、发展要安全”重要要求，及时科学精准调整措施，实现“保健康、防重症”工作目标。

【医疗救治与院感防控】 2022年，安溪县修订《关于进一步优化就医流程做好当前医疗服务工作的通知》，做好疫情防控期间医疗服务保障工作。做好定点医院建设，确定安溪县医院为县级定点救治医院，投入500万元在安溪县医院感染疾病楼规划建设10张新冠救治ICU（重症监护病房）床位。做好亚定点医院建设，投入900万元对原宫山健康驿站升级改造成亚定点医院，由安溪县中医院整建制接管。做好重症医疗资源准备，2家三级医院在原有ICU基础上，储备一批可转换ICU床位。妇幼保健院、精神专科医院加强重症监护病房的建设。二级及以上医院加强内科、儿科、急诊科等相关专业医务人员培训，上述科室业务人员必要时补充到重症专业队伍。

【农村地区疫情防控】 2022年，安溪县制订发布乡镇卫生院和社区卫生服务中心（站）、村卫生所（室）、个体诊所、家庭医生新冠对症治疗药品配置清单，做好及时调度，指导药品供应企业做好物流配送，确保乡村医疗卫生机构清单药品不断供。第一时间为村卫生所（室）配送“退热药”，开展乡医防控业务培训等，筑牢基层防控网络。为基层医疗卫生机构和家庭医生、村医配齐血氧监测仪、简易吸氧设备等，社区卫生服务中心和乡镇卫生院全部设置氧疗区。全县25家基层医疗卫生机构基本配有氧疗设备、肺功能仪、血氧仪等，有接诊的482家村卫生所全部配备4台以上指夹式脉搏血氧仪，配备1948台。做好重点人群健康服务，组建家庭医生服务团队201支，共674人，每个村都有对应团队提供健康服务。公布签约医生电话，畅通服务渠道，及时回应健康咨询和问题。

（吴雪云　柯荣钦）

医疗卫生体制改革

【医改调研评估交流】　2022年5月25日，安溪县卫健局在省政协召开的“深化我省医改工作，推动‘三医联动’深入发展”专题调研工作座谈会上作发言。7月6日，省政协农业和农村委员会主任刘宏伟带领调研组一行9人到安溪开展“提升农村医疗保障水平”课题调研。8月29日，安溪县医院在2022年全省公立医院改革与高质量发展现场推进会上作典型发言。9月29日，泉州市医改领导小组秘书处领导到安溪县开展2022年医改重点监测指标及医改工作重点任务调研指导。10月19—21日，县政协副主席黄明哲带领部分县政协委员等组成的调研组，采取实地视察、听取汇报、座谈交流等方式对安溪县近三年来医疗卫生服务工作情况进行调研。11月29—30日，县人大常委会副主任黄汉阳带领由部分县人大常委会委员、人大代表等组成的调研组，采取听取汇报、实地调研和座谈交流等方式对全县乡镇卫生院医疗服务水平情况开展调研。

【县域综合医改】　2022年，安溪县坚持高位推动医改，调整由县政府1名副县长分管医疗、医保、医药等“三医联动”工作，形成党政主要领导挂帅、党委专职副书记统筹协调、政府分管领导具体抓落实的工作机制。出台《安溪县贯彻落实中共福建省委 福建省人民政府关于进一步深化医药卫生体制改革的意见工作方案》等医改系列文件。发挥医改重点指标的监测预警和督导推进作用，建立医改重点指标运行情况定期通报约谈、整改提升制度。《以总院改革为抓手逐步实现分级诊疗》《共享药房 打通中医要服务“最后一公里”》相关经验做法入选《医院改革发展与健康中国建设》。

【县域医共体改革】　2022年，安溪县完善医共体内部财务绩效等统一管理制度和医保基金打包支付制度，夯实医共体发展政策基础。启动培育官桥、湖头、长卿、蓬莱、感德、龙涓、西坪7个医疗次中心。完善医共体内部双向转诊管理办法和医技人员进修培训、下派帮扶配套激励约束机制。2022年，总院下转分院患者2643人次，下派医务人员到分院坐诊查房、带教培训等2808人次，接收分院进修人员52人，促进医共体内部优质资源下沉共享，全年基层总诊疗量占比61.06%，比2021年度提升2.04%。《福建省安溪县整合县域医疗卫生资源 深入推进紧密型县域医共体建设》经验做法入选国家卫健委办公厅主办的《卫生健康工作交流》。

【医保支付方式改革】　2022年，安溪县推行以按病种收付费为主的多元复合式医保支付方式，推进疾病诊断相关分组（DRG）支付方式改革三年行动，实施精神类疾病住院按床日付费改革，完善中医特色优势门诊病种医保支付政策。

（吴雪云　柯荣钦）

公共卫生体系建设

【公共卫生应急项目】　2022年，安溪县健全优化公卫服务体系，核增县疾病预防控制中心事业编制至110名，完善疾控中心人员配备，完成疾病预防控制中心检测能力提升工程建设。推进安溪县公共卫生应急暨健康培训中心项目建设，装备县级医学救援队伍，加强培训，提升救援能力。6月，参加福建省高速公路特长隧道危化品运输车辆事故应急演练。

【健康档案管理】　2022年，安溪县建立电子档案993671份，电子建档率97.87%，居民规范化电子健康档案覆盖率92.09%，规范化电子建档率超过上级指标要求。推进居民健康档案查询端口开放，方便辖区居民查询。湖头、西坪、城厢、感德、参内、长卿、虎邱、芦田、湖上、城关、桃舟、龙门、龙涓、大坪、金谷、福田、剑斗17家基层医疗卫生机构完成居民健康档案查询端口开放。

【县域急救体系与重点专科建设】　2022年，安溪县完善急救体系，制定文件规范救护车的使用、调度，采购一批负压救护车。制定群众性应急救护公益培训项目实施方案，推广普及应急救护技能培训，提高群众应急救护能力，年度培训4108人次。重点专科建设方面，县医院儿科被列为市级重点专科，儿科、肾内科被列为福建省县级重点专科。其中，儿科投入资金约170万元，病区整体搬迁至门诊医技楼，总面积约4500平方米；肾内科投入资金127.5万元。

【乡村卫生服务管理一体化】　2022年，安溪县设置一体化村卫生所440个。发放乡村医生保障经费742.89万元。为城区（凤城、城厢、参内）居委会卫生所村医办理团体意外保险财政年投入5万元，每人年保险额度24万元。为乡村医生办理医疗责任险补助、职工医疗互助等，稳定乡村医生队伍。

（吴雪云　柯荣钦）

医政管理

【“暖心服务”行动计划】 2022年，安溪县加大投入力度构建“一站式”服务能力，加强内涵建设，突出医疗窗口“暖心”元素，提升县域医疗质量安全。2022年全省三级医院出院患者满意度测评县医院满意率92.12%、县中医院满意率 91.22%，在2022年全省三级医院出院患者满意度测评中分别位列第27、第46，县妇幼保健院在2022年全省二级医院出院患者满意度测评中满意率90.96%，位列第71。

【医保“村村通”】 2022年，安溪县440所一体化村卫生所全部开通医保专线，实现在村卫生所可即时结报医保费用，相关网络费用由县财政给予补助，全年共计35.2万元。

【乡村医生技能培训】 2022年，安溪县开展乡村医生规范化培训，采取集中面授、网络学习和临床跟班等，强化乡村医生知识与技能培训。对650名乡村医生进行培训，考核合格率100%。将龙岩卫校（安溪）农村医学班2019级毕业学员48人充实到卫生院、村卫生所从事疫苗接种、疫情防控、核酸检测、基本公共卫生服务和家庭医生签约服务等；安排2020级学员共57人进入县级医疗机构和基层实习。

【“优质服务基层行”活动】 2022年，安溪县推进基层医疗卫生机构服务能力建设。2022年，湖头医院通过省级现场复核，服务能力达到国家推荐标准；官桥医院通过省级社区医院建设评估；祥华、虎邱、魁斗、桃舟等4家卫生院通过市级评审，达到国家基本标准。

【无偿献血和国防动员】 2022年，安溪县参加无偿献血5809人，动员RH阴性人员献血，完成9057单位，完成率120.75%，超额完成市下达工作任务。做好征兵体检工作，县卫健局获“泉州市征兵体检先进单位”称号。

【医德医风建设】 2022年，安溪县开展卫生健康领域突出问题专项整治行动、“点题整治”群众腐败和不正之风突出问题及不合理医疗检查专项治理行动等，委托第三方机构通过电话回访、明察暗访等形式开展医疗机构满意度调查。回访出院患者22046人次，总体满意度96.01%。

（吴雪云　柯荣钦）

疾病预防控制

【传染病防控】 2022年，安溪县疫情网络报告质量综合率均为99.89%。报告甲、乙、丙类传染病3790例，其中甲类传染病累计0例；乙类传染病累计2797例，主要为乙肝1488例、梅毒555例、肺结核493例、HIV/艾滋病79例、新冠25例、百日咳23例、出血热6例、布病4例；丙类传染病累计993例，主要为手足口423例、其他感染性腹泻289例、流行性感冒262例、流行性腮腺炎18例。11月29日，县卫健局联合县疾控中心、城西社区卫生服务中心，在金火完全中学开展以“共抗艾滋，共享健康”为主题的第35个“世界艾滋病日”宣传活动。

【免疫规划疫苗接种】 2022年，安溪县接种疫苗208781人次，接种率97.50%。其中乙肝首针及时接种率达98.85%。龙涓中心卫生院、城西社区卫生服务中心、湖头医院确

2022年11月29日，安溪县卫健局在金火完全中学开展第35个“世界艾滋病日”主题宣传活动。图为县疾控中心医师向学生讲授青少年学生艾滋病防治健康教育知识

（图／县卫健局）

认通过泉州市第五批数字化预防接种门诊验收。

【慢性病防治与卫生监测】 2022年，安溪县开展碘缺乏病和饮水型地方性氟中毒监测工作，全县无新发地方性克汀病病人，8—10岁儿童甲状腺肿大率0，小于5%；8—10周岁儿童尿碘中位数210.5微克/升，大于100微克/升；孕妇尿碘中位数144微克/升，大于100微克/升，且孕妇补碘率大于90%；居民户（学生和孕妇）合格碘盐覆盖率94.90%，大于90%，巩固碘缺乏病消除状态；19个饮水型地方性氟中毒病区村全部完成改水，监测52个饮水工程，水氟含量均合格；检查244名8—12周岁儿童氟斑牙，患病率11.89%，低于30%；各病区村8—12周岁儿童氟斑牙患病率均低于30%，达到控制标准。对地方病防治工作组织实施和主要结果等内容开展自查，经评估，饮水型地方性氟中毒达控制标准。

【职业病防治】 2022年，安溪县完成年度辖区内3117人次体检报告的数据审核工作；及时审核63家用人单位职业性有害因素管理报告卡。完成全县20家企业工作场所职业病危害因素监测及上报审核。开展主动监测人数446人，完成数据审核。完成8例职业性尘肺病患者信息核查随访任务。开展32家放射诊疗医疗机构（不含牙科诊所）调查，完成三年全覆盖任务，完成3家非医疗机构放射工作单位基本情况调查。配合福建省职业病与化学预防控制中心和泉州市疾控中心对安溪县医院开展职业健康检查机构质量考核；协助泉州市疾控中心对湖头医院开展放射诊疗设备防护监测和场所监测工作；开展第20个《中华人民共和国职业病防治法》宣传周活动，在泉州市凯鹰电源电器有限公司开展以“一切为了劳动者健康”为主题的健康教育宣传活动。

【检测检验能力增强】 2022年，安溪县完成福建省发改委2021年卫生健康领域第一批中央预算内投资计划，安溪县疾病预防控制中心检测能力提升工程项目的实验室改扩建及仪器设备采购工作，提升县疾控中心实验室检测水平。参加省、市疾控系统组织的各项实验室质控和能力验证活动，提高检测水准。开展疑似流感样品检测1474份、农村饮水工程及城市水龙头水质检测220份。

（吴雪云　柯荣钦）

妇幼保健

【妇幼健康管理】 2022年，安溪县开展妇幼健康基本公共卫生服务项目。妇女“两癌”检查项目：宫颈癌筛查应完成3000人，实际完成3000人，完成率100%；乳腺癌筛查应完成3000人，实际完成3000人，完成率100%；增补叶酸预防神经管缺陷项目应完成5000人，实际完成6366人，完成率127.32%；免费产前筛查血清学项目应完成1000人，实际完成1317人，完成率131.7%；地中海贫血防控试点项目应完成1000人，实际完成1336人，完成率133.6%。

【妇女常见病筛查】 2022年，安溪县把妇女常见病筛查（宫颈癌项

2022年8月6日，安溪县第一届母婴护理师培训班在县妇幼保健院开班。图为学员合影　（图／刘伯怡）

目）纳入县为民办实事项目，在全县范围内为1万名20—64岁适龄妇女（含流人口）免费提供妇女常见病筛查（宫颈癌项目）。

【优生健康检查与儿童早期发展项目】 2022年，安溪县免费孕前优生健康检查应完成1000对，实际完成1381对，完成率138.10%。全面开展儿童早期发展试点工作，完成城厢、凤城、蓬莱、金谷、西坪5个示范乡镇和5个示范村建设。全年举办儿童早期发展亲子班300场，婴幼儿照护托育补助202人次，婴幼儿免费营养干预1921名，视力筛查3944人次，免费完成氟泡沫干预6773人次，儿童早期心理健康筛查3250名。

【婴幼儿照护服务试点工作】 2022年，安溪县引导社会力量发展普惠托育，全年新、改扩建4家民营普惠托育机构。其中，安溪萌贝托育服务有限公司、安溪县皓睿教育咨询有限公司、泉州市地平线教育咨询有限公司等3家公司为省级托育试点单位，纳入省级为民办实事项目，分别新增托位60个、90个、120个；泉州松林托育服务有限公司为市级托育试点单位，新增托位80个。

【“母婴友好医院”建设】 2022年，安溪县妇幼保健院加强孕妇学校管理，配备系统、规范的培训教材及设施，开展孕妇学校主题活动。孕妇学校开展主题活动、抖音直播20余次，孕妇产前健康教育听课率大于80%。加强自然分娩好处宣传，制定降低非医疗指征及首次剖宫产率的制度和措施，开展镇痛分娩、导乐陪伴分娩、宫颈水囊引产术等。设置独立单间产房，制定家属陪产制度及须知，增强孕产妇体验感。整合多学科专家团队组建急危重症孕产妇和新生儿救治、儿童保健等专病协作网络，开展技术支持、人员培训、学术交流、资源共享等协作，提升妇幼医疗技术。8月6日，由安溪县卫健局、安溪县妇女联合会联合主办，中国妇幼保健协会、安溪县妇幼健康协会协办，安溪县妇幼保健院承办的安溪县第一期母婴护理师培训班在县妇幼保健院开班。此次培训邀请中国妇幼保健协会专家、湖里区妇幼保健院护理部主任李春莺，泉州医高专兼职教师、泉州市妇幼保健院产科护士长陈美德，中国妇幼保健协会专家、晋江市中医院妇产科护士长庄艳彬授课。88名妇女参加培训，培训为期12天，共44个学时，含理论和实践课程。

（吴雪云　柯荣钦）

中医药事业

【中医药事业投入】 2022年，安溪县加大财政投入力度，扶持中医药事业发展。加大对中医药传承创新发展支持力度，年度中医药事业及专业人才培养专项经费投入368.12万元。

【县中医院基础建设】 2022年，安溪县将原县妇幼保健院业务用房无偿划拨县中医院使用，投资1亿多元对整体院区服务环境和设施进行改造提升，县中医院床位增加至600张，添置DSA（数字减影血管造影机）、1.5T磁共振、64排CT机等先进诊疗设备，改善中医院的基础设施设备，提升综合服务能力。

【县乡中医药互联服务项目】 2022年，安溪县中医院专家团队分期分批到联盟单位进行学术交流、手术指导、坐诊带徒，教学查房、病历讨论、巡诊义诊、推广适宜技术等，协助基层单位开展中医馆、中医科室建设，实现医疗技术“共提升”。落实双向转诊，借助县域信息一体化平台和通过联盟微信群，及时开通绿色通道，建立起高效便捷的双向转诊机制，方便患者上下转诊。县中医院中药房向全县医疗机构开放共享，全年共享药房配送中药处方15万张、65万帖。

【中医药人才培养和中医药适宜技术培训】 2022年，安溪县柔性引进中医专家在联盟单位内开展师带徒，为全县培养中医专技人才。教授杨叔禹开设“师承班”，为联盟培养中医骨干13人。截至年底，安溪县中医院能提供近100种中医药适宜技术服务。中医联盟每年举办国家级、省级、市级等大中型学术活动10余场，县级学术活动30余场。举办“西学中”培训班，参加培训的联盟单位医务人员有420余人。

【中医药助力新冠疫情防控】 2022年，安溪县组建新冠中医药防治专班，县中医院派送出“守正茶饮”“五叶芦根汤”“益气生津方”等中药防疫汤剂67万袋，提供代煎和配送服务。

【中医联盟建设】 2022年，安溪县构建以“县中医院为龙头，乡镇卫生院为枢纽，村卫生所为网底”的中医药服务网络。全县24家乡镇卫生院全部设置中医馆，全部能够提供6类以上中医药适宜技术服务；大部分村卫生所能开展4类以上中医药适宜技术服务。

（吴雪云　柯荣钦）

爱国卫生运动

【环境卫生整治】 2022年，安溪县爱国卫生运动委员会办公室开展环境卫生整治活动。4月，县财政安排25万元经费用于全县统一采购除“四害”药物。4月7—8日，在全县范围内全面开展除“四害”活动。

【卫生防病知识宣传】 2022年3月，安溪县开展第34个爱国卫生月系列活动，开展“绿色出行”“光盘行动”“分餐公筷”“垃圾分类”“健康乐跑”等行动，动员党员干部带动身边人共同践行低碳环保生活方式，形成爱国卫生运动的社会氛围。

【健康知识与技能普及】 2022年，安溪县爱卫办、县文明办联合印发通知，在全县开展以“文明健康，绿色环保”为主题的第34个爱国卫生月活动，引导群众养成践行文明健康绿色环保生活方式。4月4日，县爱卫办组织召开全面开展第34个爱国卫生月活动培训视频会议。5月7日，县爱卫办、县委宣传部、文明办、县卫健局、城管局、文体旅局在河滨南路茶都三期段开展以“文明健康 绿色环保”为主题的爱国卫生运动暨抓城建提品质专项行动。1个卫生乡镇、82个卫生村获得省级确认命名；县乡两级党政机关建成无烟党政机关；全面开展农村户厕问题摸排整改。

（吴雪云　柯荣钦）

卫生监督

【概况】 2022年，安溪县卫生健康监督信息平台有3281家监督对象，其中公共场所1868家，生活饮用水43家，职业卫生11家，放射卫生46家，学校卫生104家，医疗卫生593家，传染病防治601家，消毒产品单位12家，餐饮具集中消毒3家。

【卫生行政执法】 2022年，安溪县办理卫生行政处罚案件28件，公示28件，罚没金额73.5万余元。立案查处无证行医案件11件，罚没款55.08万元；加强传染病防治，责令整改1家，给予警告3家，罚没款2.9万元；严厉查处抗（抑）菌制剂违法违规行为，检查使用消毒产品的医疗机构24家次，消毒产品经营单位51家次，立案查处9家，罚没款2.9万元；开展医疗卫生专项检查工作，给予警告4家，罚没款12.65万元；录入涉企许可信息453条，涉企行政监管1853条，涉企行政处罚6条。

【公共卫生监督】 2022年，安溪县新办理公共场所卫生监督许可证519户。全年随机抽取6类137家开展公共卫生监督，其中公共场所91家、生活饮用水3家、放射卫生3家、学校卫生16家、医疗卫生10家、传染病防治14家，监督完成率为100%，督促整改单位6家，全部整改完成。

【职业健康监督】 2022年，安溪县落实职业健康监督“双随机”工作，对11家用人单位、1家职业健康检查机构进行职业健康监督执法检查，完成监督单位12家，监督完成率为100%。开展《中华人民共和国职业病防治法》宣传周活动，提高社会对职业病的关注与认识。

【卫生普法培训宣传】 2022年，安溪县做好放射工作人员职业健康培训考核工作。9月15—18日，举办放射安全与防护培训班，加强对新入伍人员或放射安全与防护考核合格证书有效期临近的从事同位素与射线装置使用活动工作人员的培训与考核，开展专项培训3次，参训180余人次。结合宣传日举办宪法及卫生各项法律宣传教育活动，发放各类宣传材料2100余份。召开全县各学校冬春传染病防控工作暨新冠疫情防控业务培训会，培训防控传染病各项措施，加强对学校传染病防控工作技术指导。

【卫生健康系统安全生产检查】 2022年，安溪县卫健系统完成标准化提升建设工作。以安全生产和消防安全标准化专项提升工作为抓手，推进安全生产专项整治三年行动，推动各医疗卫生单位落实消防安全档案标准化、消防设施标识化、宣传培训常态化、预案演练正规化、隐患查改规范化、考核奖惩制度化等。

（吴雪云　柯荣钦）

社会民生

人口与家庭

【概况】 2022年，安溪县总人口1200024人。总户数325123户，平均户人数为3.69人。其中，18岁以下人口数为315699人，占26.31%；18—34岁人口数为263837人，占21.99%；35—59岁人口数为445463人，占37.12%；60岁以上人口数为175025人，占14.59%。初婚2491对，初婚率1.97‰，比2021年下降0.41个千分点。出生10993人，出生率9.13‰，比2021年下降2.53个千分点；出生总性别比115（以女性为100）；政策内出生5765人，政策符合率95.12%，比2021年上升9.4个百分点。死亡人数6352人，死亡率5.29‰。

（吴雪云 张 芸 柯荣钦 吴清河）

【婚姻登记】 2022年，安溪县民政局推进婚姻登记规范化建设，按照《中华人民共和国民法典》等法律法规的有关规定依法行政。办理国内居民结婚登记4390对，补发结婚证979对；国内居民离婚登记1271对，补发离婚证87人；涉外婚姻结婚登记14对，补发结婚证2对。

（林华强 李宝花）

【生育关怀】 2022年，安溪县出台缓解育儿压力、满足生育意愿配套措施。做好婴幼儿照护服务和普惠托育服务试点工作，新改扩建4家民营普惠托育机构。做好2022年县为民办实事0—6岁儿童早期发展服务项目工作，安溪县妇幼保健院开设300场亲子班，为300人提供托育补助，为2500人提供营养干预服务，为1万人提供视力筛查服务，为2万人提供氟泡沫干预服务，为1万人提供儿童早期心理筛查服务，建设5个儿童早期发展示范镇和5个儿童早期发展示范村，投入资金315万元。全县奖励扶助对象15657人（其中低保对象498人），发放奖励扶助金3103.1万元。其中，为10783名农村奖励扶助对象发放奖励金2645.76万元；为404名城镇奖励扶助对象发放奖励金97.32万元；为92名贡献奖励对象发放奖励金5.52万元；为143名特别奖励扶助对象发放奖励金202.04万元；为4235名二女夫妇奖励对象发放奖励金152.46万元。

（吴雪云 柯荣钦）

居民收入支出

【概况】 2022年，安溪县城镇居民人均可支配收入和农村居民人均可支配收入均增加。城乡居民收入的增长总体处于稳定的增长区间，与省、市总体趋势一致，与安溪县社会经济发展水平相匹配。全体居民人均可支配收入29372元，比上年增长5.9%；全体居民人均消费支出20625元，比上年增长5.5%。

【城镇居民收入支出】 2022年，安溪县城镇居民人均可支配收入40472元，比上年增加2013元，增长5.2%。城镇居民人均消费支出25982元，比上年增长5.2%。

【农村居民收入支出】 2022年，安溪县农村居民人均可支配收入22341元，比上年增加1432元，增长6.8%。农村居民人均消费支出17510元，比上年增长5.7%。

（柯汉泉 张婉丽）

劳动就业

【就业和再就业】 2022年，安溪县城镇新增就业人数3072人，城镇失业人员再就业627人；全年求职登记2654人次；全年发放就业困难人员社会保险补贴661人，金额372.8万元；派遣劳务人员220人。

【劳动监察执法】 2022年，安溪县开展劳动法律法规宣传，增强劳动法治意识。开展执法检查82次，监察用人单位200户，涉及职工数20890人，下达劳动保障监察限期整改指令书19份，责令用人单位补签劳动合同127份。协调处理各类举报、投诉欠薪案件135件，涉及劳动者811人，涉及金额956.61万元；受理调处涉及欠薪信访件1605件，涉及劳动者4579人，涉及金额7011.18

万元；参与处置劳资突发事件36起，涉及劳动者261人，涉及金额463.20万元。

【工伤认定】 2022年，安溪县受理工伤案件364件，其中完成工伤认定300件，驳回10件，不予认定9件，撤回14件，中止31件。

【劳动争议仲裁】 2022年，安溪县受理劳动争议仲裁案件176件，已结案190件（包含上期末未结案件19件），其中仲裁调解96件，立案裁决87件，撤诉7件，涉案资金1291.87万元。

【国家职业技能鉴定】 2022年，安溪县参加职业技能鉴定，取得职业资格证书的1657人，获得高级工以上的421人，其中技师48人，高级技师19人。组织机关事业单位工勤人员参加技术等级岗位升级考核和2022年岗位继续教育报名工作，全县有5人通过等级考核（其中高级技师1人）。

（陈世泽　马向阳）

社会保障

【企业职工养老保险】 2022年，安溪县参加企业基本养老保险单位16772家，参保人员108649人，征收保险费43735万元，发放9420名企业离退休人员养老金28977万元。

【机关事业单位社会保险】 2022年，安溪县机关事业单位社会保险参保单位496家，在职参保人数17033人，职业年金缴费收入7527万元，养老保险费收入34268万元，支付6141名离退休人员养老金39491万元。

【城乡居民社会养老保险】 2022年，安溪县城乡居民基本养老保险基础养老金标准提高10元，参加城乡居民社会养老保险613806人，为156657名符合条件的60周岁以上老人发放养老金26892.93万元。建立丧葬补助金制度，自2014年1月1日起实施，丧葬补助金标准为20个月安溪县当年城乡居民基础养老金，2022年支付4224人，金额1162.66万元。

【被征地农民养老保险】 2022年，安溪县按时足额为25250名60周岁以上被征地农民发放养老补助金，发放金额5342.47万元，涉及12个乡镇97个村。

【失业保险】 2022年，安溪县参保人数57980人，参保单位5721家，实际缴费人数53683人，征收失业保险费2579.01万元。发放失业保险待遇失业金586人，累计 648.36万元；失业补助金479人，累计195.6万元；春节价格补贴369人，累计7.38万元。发放稳岗补贴519.1万元，惠及企业1435家，惠及职工人数16449人。

【工伤保险】 2022年，安溪县参加工伤保险单位15850家，参保人员89881人，征收工伤保险基金2229万元，支付298名职工工伤保险待遇2117万元。

（陈世泽　马向阳）

2022年安溪县社会保障基本情况统计表

表10

社会保障项目	单位	2022年	2021年
一、社会救济			
城镇最低生活保障线人数	人	329	361
农村最低生活保障线人数	人	15795	14915
二、福利类收养性单位	个	18	18
年末床位数	床	1472	1472
其中：敬老院	所	14	14
年末床位数	床	820	820
村居便民服务代办点	处	488	488
三、社会保险			
1.养老保险	人	739488	730591

续表10

社会保障项目	单位	2022年	2021年
城镇企业职工	人	108649	97907
机关事业单位	人	17033	16809
城乡居民社会养老保险	人	613806	615875
2.医疗保险	万人	99.01	99.69
职工医疗保险	万人	6.61	6.35
城乡居民基本医疗保险	万人	92.4	93.34
3.失业保险	人	57980	55426
4.工伤保险	人	89881	65410
5.生育保险	人	—	48523

民政事务

【概况】 2022年，安溪县民政工作突出为民主题，发放城乡低保、特困人员、孤儿、残疾人保障金15430.52万元。建成农村区域性养老服务中心、长者食堂等养老服务设施。做好村（居）委会换届选举后续工作。指导488个村（居）开展自治章程、村规民约、居民公约的制定和修订工作。下拨36万元建设市级“共建共享”社区治理和城乡社区服务站建设项目。

【社会救助】 2022年，安溪县享受城乡低保9425户16124人，发放保障金10320.06万元。特困集中供养128人，发放保障金354.12万元；特困分散供养456人，发放保障金622.94万元。孤儿72人，事实无人抚养儿童769人，孤儿助学15人，发放保障金1011.43万元。享受困难残疾人生活补贴10300人，享受重度残疾人护理补贴13327人，发放残疾人“两项补贴”3121.97万元。对个别因病、因灾造成贫困的群众给予临时困难补助，补助6332人次，发放补助金1155.49万元。开展救助管理服务质量大提升专项行动，部署落实街面巡查和夏季送清凉、“6・19”救助开放日、寒冬送温暖等活动。开展街面巡查135次，出动工作人员386人次，发放宣传资料1650份。救助流浪乞讨人员58人次，提供返乡车票11人次，提供食宿42人次，提供护送返乡10人，提供医疗救助9人，办理落户手续并纳入特困3人，寻亲成功7人。

【养老服务】 2022年，安溪县完成省、市长者食堂建设项目15个，市级农村幸福院提升项目3个。完成特定老年人购买居家养老信息服务和上门实体援助服务招投标工作，签订服务合同。出台《安溪县养老领域惠民生补短板专项行动方案(2022—2025年）》。利用地方政府债券资金，推进龙门、官桥、尚卿、剑斗等4个乡镇敬老院建设。完成失能老人护理保险招投标工作以及困难老年人家庭适老化改造工作。

【社会福利中心】 2022年，安溪县社会福利中心做好院内儿童及寄养儿童的春节慰问工作，加强对寄养儿童家庭的指导和监督，强化院内儿童的安全管理和精神关爱，引进专业社工机构，陪伴和引导失能儿童。做好台账记录，保障机构儿童的合法权益。协助公安部门接收、寻亲并送返打拐解救儿童2名。

【基层治理】 2022年，安溪县民政局做好村（居）委会换届选举后续工作，为2118名新一届当选的村（居）委会成员颁发当选证书，为488个村（居）委会换发基层群众性自治组织特别法人统一社会信用代码证书，更新全国基层政权信息系统。1月21日，安溪县召开全县乡镇社会工作服务站建设工作现场推进会，组织2场驻站社工业务知识培训，邀请教授和社工专业人才进行专题授课。举办“提升社区治理和服务水平”专题培训班，以“五社联动”助力基层社会治理创新为主题，培训45个社区居委会主干和全县13个社工机构负责人及部分公益类社会组织。做好全国社会工作者职业水平考试报名工作，2231人报名参加，占全市报名人数的26.7%；通过人数877人，占全市通过人数的35.5%，均位居全市第一。开展24个乡镇社工站规范化评估、督导工作。

【民间组织登记管理】 2022年，安溪县有社会团体794个，民办非企业单位227个，基金会1个。新批准成立登记社会团体54个，民办非企业单位18个，基金会1个。

【地名管理和勘界工作】 2022年，安溪县民政局对全县1636条未命名道路进行命名，在全国地名信息库进行更新，通过省、市审核。对2021年界线联检资料进行扫描归档，并整理成册分别移交市、省档案馆。

【殡葬管理】 2022年，安溪县殡仪馆综合服务功能区扩建项目主体工程建设完成总工程量的70%。完成主体工程地下室（含人防区域）、办公楼主体结构，完成1号守灵厅、2号守灵厅主体结构、综合楼主体结构、火化管理用房主体结构。专项债支出5364.93万元。

【革命老区村建设】 2022年，安溪县下拨市级老区跨越发展、特色产业、赣闽粤原中央苏区振兴发展、革命遗址维修维护、老区村专项资金等项目资金140万元。下拨县级老区扶建资金96万元。

【“五老”人员经济待遇】 2022年，安溪县落实革命“五老”（老地下党员、老游击队员、老交通员、老接头户、老苏区乡干部）人员及遗偶各种优待政策。调整革命“五老”人员定期生活补助标准，定期发放安溪县革命“五老”人员生活补助、高龄、特困补贴。八一建军节等节日期间，开展走访慰问工作。

（林华强　李宝花）

老龄事业

【概况】 2022年，安溪县60周岁及以上老年人口17.5万人，占全县人口数的14%。其中，60—69周岁103094人，70—79周岁53038人，80—89周岁16448人，90—99周岁2807人，百岁以上老人52人。

【为老年人办实事】 2022年，安溪县实施农村80周岁以上老年人高龄补贴制度及购买意外伤害险。为16448名80—89周岁的老年人发放高龄补贴，投入1022.53万元；为2807名90—99周岁的老年人发放高龄补贴，投入368.41万元；为52名百岁老人发放高龄补贴，投入24.06万元。为安溪县户籍80周岁以上老年人购买意外伤害保险全年投入60.74万元。两项共投入资金1475.74万元。

【老年大学】 2022年，安溪县坚持各级老年学校教学活动与现代山水茶乡建设、美丽安溪建设、老区建设有机结合，着力打造茶文化、苏区文化、李光地文化等品牌课程。县老年大学定期组织老年学员参观学习，了解家乡发展变化，如到阆山博物馆参观，了解湖头悠久历史文化，参观三安光电园，了解家乡高科技日新月异发展新情况，各地各基层老年学校形成“一校一特一品”的办学特色。县老年大学为学员提供各种娱乐场所，举办书法笔会、南音演唱会、健身操、跳广场舞等文化艺术活动。

【打击整治养老诈骗】 2022年，安溪县落实打击整治养老诈骗工作，依法严厉查处养老机构内设无资质医疗机构、无行医资质相关人员擅自为老年人开展诊疗活动等违法行为。围绕“宣传发动”“打击整治”“总结提升”等环节，策划组织专题访谈、论坛、调研、采访、栏目等专题活动33次，统一组织宣传教育活动、文艺演出、专家座谈、知识竞猜、路演活动等现场宣传活动50次，分发纸质宣传册8070册，制作电子宣传片50个，张贴海报、标语、横幅等宣传品28740件，利用新媒体平台发布的信息179条，点击量8.89万人次，覆盖人数28.8万人。

（吴雪云　柯荣钦）

慈善事业

【概况】 2022年，安溪县慈善总会做好助学、助医、助困、助残、助老等慈善项目。全年募集善款4296.34万元，主要用于教育、文化、卫生、乡村振兴、疫情防控、扶贫、济困、扶老等公益项目。

【助学慈善项目】 2022年，安溪县慈善总会支出179.5万元，资助529名贫困学生。厦门恒兴集团有限公司定向捐资60万元，资助100名2022级贫困大学生；安溪农商银行定向捐资45万元，资助250名贫困中小学生；安溪县建筑行业协会12家会员单位定向捐资33.3万元，资助111名2022级贫困大学生；安溪县慈善总会德顺赠医施药慈善基金捐资31.2万元，资助48名贫困医学专业大学生；泉州市慈善总会定向捐资10万元，资助20名贫困学生。

【助医慈善项目】 2022年，安溪县慈善总会为全县部分重大疾病患者投保，对患有重大疾病造成家庭经济困难的申请对象进行救助，救助609人，救助金额120万元。德顺赠医施药慈善基金资助贫困重病患者28人，资助金额14.6万元。资助困难医务工作者1人，资助金额1万元。

【助残慈善项目】 2022年，安溪县慈善总会出资6万元，资助30名贫困听障患者佩戴助听器，每人补助2000元。2022年度县慈善总会出资8万元，资助10名贫困肢残者装配假肢，每人补助8000元。6月，县慈善总会与安溪爱尔眼科医院合作实施“点亮光明·与爱同行”慈善公益项目，此项目得到湖南爱眼公益基金会支持，全年帮助64名贫困白内障患者实施复明手术，资助金额7.68万元。

【助困慈善项目】 2022年，安溪县慈善总会在“三八”国际妇女节来临之际，为全县部分城乡困难妇女发放女式休闲鞋1150双。推进慈善安居房项目，落实泉州市慈善总会定向捐赠10万元，资助2户城乡低保户和特困户危房加固修缮、翻建，每户资助5万元。3月，联合县人民检察院设立刑事涉案家庭困境儿童救助专项基金，救助刑事案件留守儿童及其他刑事涉案儿童，在司法救助、民政救济等职能部门救助之外，给予应急性、辅助性的慈善救助，救助8名困境对象，发放救助金6.1万元。6月，联合县人民法院设立执行慈善救助基金，救助3名困难对象，发放救助金1.5万元。

【助老慈善项目】 2022年，安溪县慈善总会满足老年人多层次多样化养老服务需求，帮助困难老年人改善居家生活环境，提升居家生活品质，出资35万元补助350户困难老年人居家养老适老化改造，每户补助1000元。

【春节慰问项目】 2022年，安溪县慈善总会开展慰问百岁老人及特困户的活动共发放慰问金15.04万元。走访慰问200户特困低保户、五保户和残疾人；走访慰问百岁及以上老年人56人，每人发放慰问金900元。

【慈善总会换届工作】 2022年，7月，县慈善总会启动换届工作，多次召开会议进行研究部署，开展换届各项筹备工作，通过召开专题座谈会等形式，征集对换届工作乃至安溪县慈善事业发展的意见建议，提出县慈善总会换届筹备工作各职能小组的工作职责和进度安排方案。7月15日，县委办、县政府办下发《关于成立安溪县慈善总会换届筹备工作领导小组的通知》，县委、县政府主要领导担任县慈善总会换届筹备工作领导小组组长，加强换届工作的组织领导。7月21日，县慈善总会换届筹备工作领导小组向相关单位和各乡镇分配会员代表名额，8月收集整理并初步形成会员名单。

【慈善宣传】 2022年，安溪县慈善总会利用载体传播慈善理念，弘扬慈善精神。联合安溪县融媒体中心、安溪报社等单位，做好慈善活动、慈善事迹的报道。以第七个“中华慈善日”为契机，9月5日在安溪县人民广场，举行“携手做慈

2022 年 9 月 5 日，“携手做慈善 传播真善美”2022 年安溪县慈善活动月启动仪式在县人民广场举行。图为慈善公益组织志愿服务队授旗仪式 （图 / 刘伯怡）

善 传播真善美”2022年安溪县慈善活动月启动仪式，县领导出席活动，为2022年泉州市志愿防控志愿服务优秀典型颁发证书，为救援、乐龄、助残等9支慈善公益组织志愿服务队授旗。县司法局、县民政局、法律援助中心在现场联合开展宣传《中华人民共和国慈善法》和法律援助。县慈善总会、安溪义工协会等23家公益组织开展宣传和志愿服务活动。做好推荐参评活动，县慈善总会组织推荐申报首届“福建慈善奖”评选表彰活动，厦门恒兴集团有限公司获爱心捐赠企业奖。

【慈善公益活动】 2022年，安溪县慈善总会鼓励社会各界向社会公益事业定向捐资。全年社会各界爱心人士定向捐赠支出4688.77万元。其中，用于教育事业支出1624.13万元，用于其他社会公益事业和福利事业支出1603.44万元，用于乡村振兴事业支出796万元，用于卫生事业支出221万元，用于养老事业支出188.9万元，用于社会公共设施建设支出169.88万元，用于新冠疫情防控支出45.42万元，用于文化事业支出40万元。

（叶秋红 林志平）

民族宗教事务

【概况】 2022年，安溪县常住少数民族有畲族、高山族，安溪县有少数民族人口15744人，主要分布在官桥镇善坛畲族村、湖上乡盛富畲族村、湖上乡横坪畲族村、湖上乡长林村白山同、白濑乡寨坂村圆潭子、白濑乡长基村五龙、剑斗镇潮碧村欧树、凤城镇祥云居委会7个行政村、1个居委会，其中官桥镇善坛畲族村、湖上乡盛富畲族村、湖上乡横坪畲族村为少数民族行政村。宗教团体2个，分别是基督教“两会”（安溪县基督教“三自”爱国会、安溪县基督教协会）、安溪县道教协会。登记开放宗教活动场所28处，其中佛教场所9处、道教场所6处、基督教场所13处，民间信仰活动场所有1200多处，其中省、市、县级民间信仰联系点33处。

【民族事务】 2022年，安溪县开展党的民族理论、民族政策和民族法律法规以及民族基本知识的宣传教育，发放宣传资料500余份，开展网络民族知识有奖问答活动；开展安溪县首个“铸牢中华民族共同体意识主题月”活动及安溪县第十五个民族团结进步宣传月活动。1月，盛富畲族村被国家民委命名为“第九批全国民族团结进步示范区”。

2022年，安溪县结合乡村振兴契机，争取各级资金，促进安溪县民族村社会、经济项目落地。投入55万元，开展盛富畲族村村内公路硬化及路灯线路改造；投入24.85万元，完成横坪村支耕路建设；投入20万元，完成白濑畲香油茶基地配套项目；投入58万元，开展善坛畲族村空中自行车项目建设；投入15万元，实施横坪畲族村生姜种植项目。争取上级少数民族项目31万元支持特色村寨建设。投入600多万元，完成建设善坛畲族村畲家寨项目建设；投入500多万元，完成盛富畲族村畲竹园一期、二期建设。投入30多万元，完成善坛畲族村畲族文化馆建设。1月，盛富村畲族家风家训馆被泉州市纪委、泉州市委宣传部、泉州市委文明办、泉州市妇联评为“泉州市家风家训馆”。

【宗教事务】 2022年，安溪县推进宗教场所安全标准化提升创建及消防安全检查工作开展，安溪普陀寺等28个场所通过安全标准化提升创建。宣传贯彻《宗教事务条例》《福建省宗教事务条例》，开展宗教场所“四进”及“安全 生态 和谐”寺观教堂创建活动，推动实施《宗教活动场所财务管理办法》《互联网宗教信息服务管理办法》《福建省宗教活动场所接受捐赠票据使用管理办法（试行）》，依法加强宗教事务管理，指导宗教活动场所建立健全财务管理制度，推动宗教团体建设，规范宗教活动场所事务。召开安溪县进一步加强宗教教风建设工作部署会，宣传贯彻全国性宗教团体《关于崇俭戒奢的共同倡议》。发挥宗教界积极作用，全年宗教界慈善捐款捐物价值200多万元。

（傅庆元 林珠明）

精神文明建设

【概况】 2022年，安溪县精神文明创建工作重点开展省级文明城市创建、群众性创建活动、新时代文明实践、未成年人思想道德建设工作等。安溪县委、县政府表彰县级2020—2021年度 261个文明村、9个文明乡镇、85家文明单位、28个文明社区、105所文明校园和26户文明家庭。组织开展县级2022—2023年度文明村镇、文明单位、文明校园申报工作。组织培育第二批县级文明乡风联系点30个。

【社会主义核心价值观培育和践行】 2022年，安溪县举行第六届安溪县道德模范表彰活动。组织举行第六届安溪县道德模范表彰活动，县委书记吴毓舟、县长刘永强与安溪县第七届泉州市道德模范获得者陈主义、叶昆平、胡秀为，第六届安溪县道德模范代表高永棋、李榕翔、李少帆等座谈。座谈会上，宣读第六届安溪县道德模范表彰决定，表彰助人为乐、见义勇为、诚实守信、敬业奉献、孝老爱亲五类25名道德模范。

开展道德模范学习宣传活动。组织参加泉州市道德模范故事节目评选展播、道德模范故事汇基层巡演等喜迎党的二十大道德模范学习宣传活动，组织创编《不一样的鞭炮声》获全市道德模范故事节目评选三等奖，《诚实守信的陈主义》获道德模范故事宣讲比赛三等奖。组织“我推荐、我评议身边好人”活动，推选安溪先进典型人物参评“好人榜”等活动。

开展“我们的节日”主题活动。春节前夕，开展书赠春联活动。组织慰问道德模范、新时代好少年、文明家庭代表。2月15日，举行“我们的节日·元宵”推广“福”文化社会宣传主题活动。清明节，组织开展“我们的节日·清明”暨“网上祭英烈”主题活动。端午、中秋、重阳期间，文明单位与共建社区纷纷举行形式多样的节日活动，展示闽南茶乡优秀传统节日文化和习俗文化。

开展爱国卫生运动月活动。5月7日，安溪县组织开展2022年安溪县爱国卫生运动暨“抓城建提品质”专项行动，营造“文明健康，绿色环保”良好氛围和干净整洁、健康有序的城乡人居环境，巩固疫情防控成果，深化新时代文明实践乡风文明活动，提升文明城市创建水平。

加强网络精神文明创建。落实意识形态责任制，加强精神文明创建信息工作，办好安溪文明网、“文明安溪”微信公众号。利用中国文明网、福建文明风、泉州文明网、安溪文明网等媒体，宣传报道安溪精神文明创建工作经验和成效，在各级文明网刊发信息稿件300多篇。

【省级文明城市创建】 2022年，安溪县健全省级文明城市创建工作机制。4月，安溪县成立安溪县创建省级文明城市工作指挥部及其办公室，抽调骨干力量组成工作专班。5月，出台《2022年安溪县省级文明城市创建考评办法》，推行文明城市创建月考评，推动创建常态化。

部署创建工作。5月11日，安溪县召开省级文明城市创建暗访反馈问题通报会，通报2021年度省委文明办组织对安溪文明城市创建工作进行暗访测评情况，分析安溪文明城市创建工作存在突出问题、薄弱环节，研究下一阶段工作思路。5月23日，召开安溪县文明城市考评工作业务培训会，邀请市创城办考评工作负责人就创建省级文明城市考评工作开展业务培训。5月23日，召开安溪县城区建筑工地围挡公益广告改造提升推进会，通报城区公益广告社会宣传督查情况。7月11日，召开城市精细化管理暨2022年创建省级文明城市和新时代文明实践工作推进会。通报城市精细化管理、文明城市创建工作情况，分析存在的问题和薄弱环节，部署下一阶段工作。结合“福”文化，委托第三方创作文明城市创建主题系列漫画公益广告，组织在车站、主次干道、公园广场等公共场所，以及通过县融媒体中心全媒体矩阵、安溪文明网、“文明安溪”微信公众号，以及各级单位和乡镇新媒体平台进行广泛刊播展示，营造文明城市创建氛围。

开展文明城市测评。5月起，安溪县创城办推进月考评工作，考评结果纳入绩效管理；7月起，县创城办组成4个督查组，深入各测评点开展多轮创建专项督查，先后以图文形式发出13期督查通报，跟踪督查反馈存在问题的整改落实情况；8月，县创城办先后在凤城镇、城厢镇、参内镇围绕村（社区）的创建任务和新时代文明实践分别举办业务培训会。

2022年7月11日，安溪县城市精细化管理暨2022年创建省级文明城市和新时代文明实践工作推进会举行　（图／刘伯怡）

【群众性文明创建】 2022年，安溪县开展文明村镇文明单位文明校园文明家庭创建。组织做好全国、省级文明单位、文明村镇、文明校园创建届中动态材料申报工作，组织市级文明村镇、文明校园初评材料审核、实地考察和届末总评工作，推荐一批先进典型报市委、市政府表彰。开展“清静车厢”创建活动。3月31日，安溪县印发《关于在全县开展“清静车厢”创建活动的通知》，开展以“文明出行 清静你我”主题的“清静车厢”创建活动，在公交车、长途客运汽车、出租车等公共交通工具内营造清新有序的乘车环境、文明有礼的乘车氛围、安静舒适的乘车体验。

【新时代文明实践中心建设拓展】 2022年，安溪县印发《关于进一步抓好新时代文明实践中心、所（站）建设的通知》《关于拓展建设新时代文明实践点的通知》《关于进一步加强新时代文明实践志愿服务供需对接的通知》，制定重点工作项目清单，常态化推进中心（所、站）建设。县新时代文明实践中心进行提档升级改造，整合各类阵地资源，形成以青少年宫为核心区，覆盖科技馆、妇女儿童活动中心的“小中心、大平台”的格局，功能区面积2200平方米，设施设备配备调试到位，对社会开放服务。建设完成24个乡镇实践所和488个村（社区）实践站，并推进建成50个文明实践点。建立实践中心、实践所、实践站（点）三级联动“接单”服务机制，优化“四单”服务流程，整合安溪新时代文明实践志愿服务力量，逐步实现供需对接，推动新时代文明实践志愿服务活动常态化规范化。

【文明志愿服务】 2022年，安溪县重点围绕疫情防控、创建文明县城等开展志愿服务，通过整合项目活动、整合媒体资源，服务茶乡群众600多万人次。加大社会志愿服务组织培育力度，先后成立安溪义工协会、茜茜公益协会、蓝天救援、现场急救志愿者联盟服务队等多支具有自身特色的志愿服务队。全县12.64万名志愿者在疫情防控、文明创建、学雷锋志愿服务、乡村振兴等中心工作。

【未成年人思想道德建设】 2022年，安溪县加强未成年人思想道德建设，开展“扣好人生第一粒扣子”主题教育实践活动，推进“新时代好少年”学习宣传活动。评选2022年安溪县“新时代好少年”10名。6月16日，安溪县举行“新时代好少年”先进事迹发布仪式，县委常委、宣传部部长吕宝贝参加仪式并为“新时代好少年”颁发荣誉证书。推选先进典型参加省市“新时代好少年”推选活动，安溪一中学生许景鸿获评2022年泉州市“新时代好少年”。6月16日，组织举行“童心向党”歌咏展演活动，来自12支中小学代表队参加展演，录制优秀节目参加全市网络展演。“十一”国庆节期间，组织中小学生参加“向国旗敬礼”网上签名寄语活动。举办“公益九月”心理健康教育公益巡讲10场。举办全县乡村（城市）学校少年宫优秀项目展演，表彰一批优秀项目和优秀辅导员。

【城乡“复兴少年宫”项目】 2022年，安溪县依托新时代文明实践所、站建设5个城乡“复兴少年宫”。印发工作方案，指导凤城镇城东社区、蓝湖社区、文昌社区，城厢镇茗城社区，参内镇湾美社区建立完善工作制度，修缮活动场所、完善硬件设施、设备，建立辅导员队伍，推进项目建设，项目全部建成投入使用。

（叶蔚楠　杨进宝）

乡镇概览

凤城镇

【概况】 凤城镇位于安溪县东南部，东与参内镇、城厢镇接壤，北与魁斗镇交界，西、南紧邻城厢镇。2022年，全镇辖区面积13.26平方千米，辖3个村、25个社区，人口7.11万人，是全县的政治、经济、文化中心。凤城镇有文庙、城隍庙、凤山旅游区、唐代黄纲墓、南宋印书局旧址、中国籍阿拉伯后裔侨居遗址、明代雁塔、先贤廖俨纪念馆、开先县令詹敦仁纪念馆等名胜古迹。

【经济发展】 2022年，凤城镇农林牧渔总产值1712.73万元（现行价）。其中，农业产值819.76万元，林业产值28.8万元，畜牧业产值667.85万元，渔业产值88.32万元，农林牧渔服务业产值108万元。完成一般公共财政预算总收入49359.10万元、一般公共财政预算收入29265.11万元，完成全年任务的102.35%，比上年增长11.06%。完成规模以上工业产值1678267.12万元，增长14.81%；完成限额以上商品销售总额873243.7万元；增长21.3%；完成固定资产投资380000万元。

【招商引资】 2022年，凤城镇高位推动促招商，落实“一把手”带头招商，增强招商合力，构建镇、村（社区）两级的开放招商新格局。探索“飞地招商”，完善现有4个工业园区基础设施配套，盘活闲置厂房、楼宇，提升项目承载能力，做好“引路人”“推车手”“服务员”三个角色。全年招商引资在谈项目13个，完成签约项目5个，开工建设4个，总投资69000万元。

【项目建设】 2022年，凤城镇实施县级重点项目29个，总投资1348900万元，年度计划完成投资394300万元，累计完成投资395100万元。规划建设兴安片区高速路网、天纶纺织一期至四期、武装部新址、城市综合体等10个项目，完成土地征收46.67公顷。推进解放路西片区、沼涛实小、凤山书院、聚丰旧厂房4个片区更新改造，涉及被征迁业主2716户，征迁建筑面积461900平方米。

【城镇建设】 2022年，凤城镇开展老旧小区雨污管网、外立面、道路、管线、消防设施等基础设施改造，涉及居民楼84栋，户数2396户。开展“两违”专项整治行动，紧盯集贸市场、城乡接合部等地段，拆除违规扩建自建房2处，拆除面积200平方米。投入15万元修补吾都饮用水水源地隔离网，保护水源地饮水安全。

【乡村振兴】 2022年，凤城镇开展村庄清洁行动战役，建立农村生活垃圾长效机制，财政专项资金投入19万元。抓好上山村市县级乡村振兴试点村建设，实施上山村幼儿园室外景观工程、绿化建设，总投资43万元；实施上山村小岭角落至贡尾角落主干道拓宽项目，道路全长900米，总投资237万元。开展村集体经济“消薄倍增”计划专项行动，美法村集体经济年收入超200万元，上山村集体经济收入超30万元，吾都村集体经济收入超20万元。

【综合治理】 2022年，凤城镇推进打击电信诈骗、防范治理境外涉诈暨非法出入境违法犯罪专项整治行动，抓获电信诈骗犯罪嫌疑人150人，刑拘33人，劝返滞留境外“红名单”人员21人。落实“八五”普法规划，登科社区获评“全国民主法治示范社区”，全年培养“一般法律明白人”427人、“骨干法律明白人”36人。深化基层矛盾调解化解机制，处理各平台交办单383件，信访事项及时受理率和按期办结率均达100%，调解化解各类矛盾纠纷468件。

【安全生产】 2022年，凤城镇通过召开培训会、集中宣讲、制发编制清单、以点带面等形式，805家企业全部完成市级自评。开展各领域安全生产“百日大会战”专项行动，全年检查各类企业生产经营单位1641家次，发现一般安全隐患1100条，整改1100条。排查房屋结构安全5180宗，整治99宗，转移人员53人，处置建筑面积5.8万平方米。

【社会事业】 2022年，凤城镇完成县医院住院综合楼、县中医院门诊楼改造，满足群众健康需求。新建、扩建幼儿园1所，新增公办幼儿园学位800个。强化城区环境卫生管理，推行生活垃圾分类工作，加大日常巡查和保洁力度，下拨社区卫生费228.5万元，奖励经费23.8万元，卫生考评成绩处于全县前列。推进林业改革，响应四级林长工作责任制，全年完成林分改造提升14.87公顷，封山育林6.67公顷，做好22宗森林督查图斑外业核查工作，做好松枯死木清理及巡查监测。

2022年，凤城镇健全社会救助体系，将全镇31名建档立卡脱贫人口纳入兜底保障范围，全年累计发放低保金245.5万元、救助金32.385万元。落实老年人社会优待服务政策，高龄、病残、特困老人救助扶持制度，建成1个市级社区服务站、2个老年人日间照料中心、2个长者食堂、8个“共建共享”新型示范社区和22个居家养老服务站。

2022年，凤城镇开展道德模范、星级文明等评选活动，推选出6名道德模范，10户“星级文明户”。全镇有5个市级文明社区、17个县级文明社区、3个文明村。建立“文明学堂”、创建新时代文明实践点——“青青护苗园”，组建凤城镇新时代文明实践讲师团，提升公民文明素质。凤城镇党委、政府及蓝湖社区在2022年度安溪县创建省级文明城市工作中获评表现优异单位；凤城镇新时代文明实践志愿服务支队荣获安溪县疫情防控优秀志愿服务组织称号；凤城镇新时代文明实践所开展的“科技小制作创意大赛”“美丽乡村行”交通安全科普宣讲等两场活动分别获评“2021年福建省全国科普日优秀活动”，新时代文明实践所文明学堂、文化服务分别在市委文明办等部门开展的2021年泉州志愿服务项目大奖赛中获三等奖、优秀项目奖。

【基层组织建设】 2022年，凤城镇推进“党建+”邻里中心建设，解决问题12个，推进6个邻里中心建设。全力全面抓好党建引领微网格精细化治理，划定28个村（社区）总网格、549个微网格，全镇3776名党员、700余名“两代表一委员”、党员楼长、街巷长就地编入网格，以志愿服务队、微网格帮帮团等形式配合做好疫情防控、基层治理等工作。筑牢防疫屏障，发挥共建优势。疫情防控期间，美团、饿了么等新业态企业为锦绣家园小区开展配送服务，累计配送各类物资近600趟次，服务居民超2000人次。

（陈培云　林楷强　林华霖）

城厢镇

【概况】 城厢镇位于安溪县东南部，东南与参内镇和南安市仑苍镇、翔云镇接壤，西南和官桥镇毗邻，北与魁斗镇相连，西北与蓬莱镇交界，2022年，全镇辖区面积107.2平方千米，辖25个村、7个社区，人口8.45万人。城厢镇是安溪县“一核一辅多带”县域发展新格局的核心区，也是“大三环”建设的主阵地，初步形成“茶业经济、家居工艺、商务经济、物流经济、水暖卫浴”五大支柱产业，城东与南安市“中国水暖城”接壤，重点发展水暖卫浴产业；城西重点发展藤铁家居工艺产业，有聚丰、英发等家居工艺龙头企业；有中国茶都、过溪茶企总部、特产城等茶叶贸易区；有金融行政服务中心、宝龙广场等商业综合体。城厢镇列“2022年度全国综合实力千强镇”第282位。2022年11月，南京大学空间规划研究中心、阿里研究院公布2022年中国淘宝村及淘宝镇名单，城厢镇继续获评中国淘宝镇。

【经济发展】 2022年，城厢镇农林牧渔总产值23357.85万元（现行价）。其中，农业产值11544.26万元，林业产值127.46万元，畜牧业产值11336.1万元，渔业产值300.03万元，农林牧渔服务业产值50万元。完成规模以上工业产值2934492.96万元，比上年增长12.13%；一般公共预算总收入99998万元，增长4.3%；一般公共预算收入56705万元，增长0.5%；社会消费品零售总额84729万元，增长13.3%。

【项目建设】 2022年，城厢镇实施县级以上重点项目64个，完成投资543182万元。开展项目征迁“夏季会战”、历史遗留问题清理等专项行动，完成征地28公顷，拆除41栋房屋约12500平方米，3座厂房约15000平方米，清零欧洲之星、中标福岗片区改造等9个征迁项目，出让路英片区12-P-02、德苑03-B-02等5个地块。城厢镇获评2022年度安溪县重点项目建设工作表现优异单位。

招商引资 2022年，城厢镇克服疫情影响，利用春节乡贤返乡时机，分片区召开乡贤招商推介会，全年完成招商引资项目5个，涉及基础设施、文旅、服务等行业，签约总投资约115000万元，签约转开工项目3个，开工项目总投资80000万元，年度完成投资18115万元。

【工业】 2022年，城厢镇推进传统产业转型升级、优势产业集群壮大、新兴产业培育，创新“工业上楼”理念，建设领秀云城产业园标准化园区，集新型商业、高端办公、创新生产等功能于一体的“摩天工坊”，占地面积5.83公顷，总建筑面积约20万平方米，总投资150000万元，完成“产业招商中心”建设并投用。完成安溪玉田标准化产业园规划设计，占地面积1.29公顷，总建筑面积3.4万平方米，总投资15000万元，计划建设厂房2栋（1号占地面积2248.24平方米，建筑面积11971.73平方米；2号占地面积2859.09平方米，建筑面积15229.6平方米），办公楼1栋（占地面积706.34平方米，建筑面积5013.91平方米），建成后可为企业提供标准化厂房、办公场所和良好生产环境，搭建中小工业企业集聚发展平台。

【城镇建设】 “大三环”建设 城厢镇辖区“大三环”项目总里程33.205千米，占全县总里程的一半以上，2022年，城厢全面融入安溪“大三环”建设大局，全力征迁，做好用地保障，安溪高速出口路网、铁观音隧道和国道358线城厢至官桥段公路工程第Ⅴ标段等重要节点工程均按进度，提前交地开工建设。

财富中心广场 2022年，城厢镇发挥大型城市综合体辐射带动作用，提升购物、休闲娱乐水平，开展安心商圈创建工作。希尔顿酒店入驻财富中心广场，财富中心广场发展成为集居住、立体商业步行街区、商务办公、高端住宿等于一体的城市综合体，与安溪汽车总站呼应，成为德苑片区繁荣商圈。

商住小区 2022年，城厢镇有百福豪城、隆恩瑞府、新科佳苑、山水叠院、新景龙华城、鼎盛天辰等15个在建（续建）商住项目，年度完成投资191068万元。新景龙华城、祥和花园、银领嘉园等小区完成交房。

【特色产业】 茶产业 2022年，城厢镇发挥茶叶集中销售和茶企总部聚集优势，推动茶叶经济“线上、线下”齐发力。“线下”丰富茶叶经营种类，铁观音、普洱、白茶、岩茶、红茶等各类茶叶应有尽有；“线上”培育茶叶电商企业，涌现出和平百茶供应链管理有限公司、中闽华源茶业有限公司等新型电商茶企。茶叶包装、茶具销售、制茶机械等涉茶产业蓬勃发展。南山文创园、五峰山茶馆、大宝峰有机生态茶园等成为网红打卡点。

商贸服务产业 2022年，城厢镇新增商贸服务企业15家，辖区商贸服务企业达235家，宝龙城市广场、基弘城市广场、财富中心广场等三大城市商业综合体聚集效应凸显，带动周边区域发展。12月，“安溪县行政服务中心”正式更名为“安溪县政务服务中心”。

家居工艺产业 2022年，城厢镇引导辖区家居工艺企业“线上线下、国内国外”同步发展，最大限度减少疫情影响，家居工艺电商产业平稳发展。在雅兴、光德、同美等村建设“直播＋电商”平台，提供直播平台、物流配送等服务，对接淘宝、天猫、京东、拼多多、抖音等主流电商平台，发动企业、商家开展线上促销、直播展示等系列活动。协助家居工艺企业开拓海外市场，支持家居工艺企业加大产品研发力度，融入不同区域文化，满足不同地域需求，产品远销欧美、东亚、东南亚、西亚、中东、非洲、美洲等地。2022年，城厢镇家居工艺销售总额超100亿元（其中线上销售70亿元、出口30亿元）。

水暖卫浴产业 2022年，城厢

城厢镇经兜村乡村新貌 （摄于2022年2月 图/吴耿琛）

镇依托紧邻南安仑苍中国水暖城优势，在玉田、经岭、南英、墩坂等村发展水暖卫浴及相关上下游配套产业。玉田工业园一期、二期阀门基地聚集各类中小企业（含加工点）500多家，其中规上企业8家、高新企业2家，年产值80000多万元。

【乡村振兴】 2022年，城厢镇把握作为安溪县“城乡融合型”重点培育乡镇的有利时机，聚焦“五好”乡镇创建，推进乡村振兴整镇推进工作。城区周边，依托五峰山茶馆、过溪公园、农家乐等大力发展近郊休闲游；城东片区，以经兜为中心建成祥凤·诗香里、后深花海、洋垱农场、乡村记忆馆等，发展乡村休闲农业体验游，上联经岭、下联岩前、田底，丰富提升“山旅岩田 幸福兜岭”市级乡村振兴示范线建设内涵；城西片区，以码雅文化园为中心建成农产品物流园、双铁文创园等，辐射带动周边村居发展“双铁”文化体验游，码头文化园至初心公园公路获评2022年度福建省交通厅“最美乡村‘福’路”，获评2022年度安溪县乡村振兴表现优异工作单位。

【综合治理】 社会治理 2022年，城厢镇构建多元矛盾纠纷化解机制，实现矛盾纠纷“一站式”多元化解。投入60万元建设镇综治中心，建立“一个中心+四个联动+五个对接”调解工作机制，全年按期办结省信访平台转交信访件300件，人民网留言诉求件12件，泉州市“12345”便民服务平台转交诉求件718件，调解各类矛盾纠纷977起，成功率达94%。

打击电信诈骗 2022年，城厢镇保持电信诈骗高压严打态势，创新“个、十、百、千、万”非法滞留境外人员劝返措施，全县率先实现2022年公安部下发2批30人窝点人员“清零”目标。全年劝返边境内外城厢籍人员242人，规劝公安部A级通缉逃犯1人，抓获电信诈骗犯罪嫌疑人55人，涉嫌诈骗网上在逃人员99人。落实“十三个一律”措施，取消优惠性政策补助22人，对5条举报线索兑现奖励金10万元，发送反骗防骗信息100万条。获评2022年度安溪县打击治理电信网络诈骗和偷私渡违法犯罪专项工作表现优异单位。

安全生产 2022年，城厢镇推进8个安全生产百日会战专项行动，创建安全生产标准化企业2200余家，实现实际生产经营单位创建全覆盖；开展安全生产大检查、城镇燃气安全专项整治等行动，检查988次，发现隐患1566个，全部整改完成；开展消防安全演练进企业、进社区31场，安全生产形势持续稳定。城厢镇获评2022年度安溪县安全生产工作表现优异单位。

【社会事业】 民生实事 2022年，城厢镇加大民生补短板力度，从教育改善、人居环境提升等方面，解决群众急难愁盼问题，推进民生实事工程建设。教育方面，永安小学、十九幼儿园等学校建成投用，城厢中学校大门、墩坂中学围墙及运动场、华侨职校教学楼等校园改造扩容改薄。人居环境方面，立足城乡接合部实际，探索镇域环境治理新模式，与瀚蓝环保成立合资公司负责全镇环境清扫保洁与垃圾收运服务，实行全镇统一管理、统一标准，实现“一把扫帚扫全镇”，推进“五美”创建，打造81个“一点一景”美丽乡村庭院等乡村微景观，实现镇域面貌较大提升、人居环境较大改善。

安置房回迁 2022年，城厢镇统筹资源力量，解决“久征未安”等历史遗留问题，加快富源小区、祥和花园、南华嘉园（二期）、古山花园、银领嘉园、涝港等安置小区建设、验收步伐，做好富源小区、祥和花园、银领嘉园等安置工作。祥和花园、富源、银领嘉园、涝港等安置小区完成建设验收；完成祥和花园、富源、银领嘉园等3个安置小区回迁工作，380余户拆迁户回迁入住。

【基层组织建设】 网格化治理 2022年，城厢镇探索形成扁平高效的网格治理模式，按新建小区、老旧小区、城中村、城郊型、混合型等5种类型，划分微网格362个，推行网格公示牌、便民联系卡，发挥村民代表、社区物业参与基层治理的“末梢神经”作用，破解基层治理“最后一米”难题。

“党建+”邻里中心建设 2022年，城厢镇投入1150万元建成砖文、经兜、码头等3个“党建+”邻里中心，设置“1+6+X”功能，建设邻里食堂（长者食堂）、托幼托教中心、惠民健身中心等服务功能区，配套便民服务站、邻里南音室、健康小屋、棋牌室、多功能会议厅等功能，定期举办“邻里文化节”，开展儿童研学、公益践行、邻里互动等活动，全年开展各类活动110余场次，服务党员群众1.9万人次，成为党员群众学习、交流、休闲、娱乐的好去处，深受好评。城厢镇“党建+”邻里中心获评市“五星级”（全县唯一），经兜村“党建+”邻里中心获评市“四星级”。

村级小微权力监督平台建设 2022年，城厢镇推行村级“小微权力”信息化监督平台建设，32个村（社区）建立微信监督群55个，入群总人数

1.66万人，督促各村（社区）对财务收支、资产资源处置、工程项目建设、涉民利益事项等进行全面、规范、及时公开，保障群众知情权、参与权、监督权，激发群众参与监督的热情，从源头上加强对村级小微权力的监督。

（黄锦坤　陈文峰　刘飞鹏）

参内镇

【概况】　参内镇位于安溪县东部，东与南安市接壤，西与凤城镇、魁斗镇毗邻，南与城厢镇隔溪相望。2022年，全镇辖区面积49.94平方千米，辖12个村和2个社区，人口3.3万人。参内镇成为县城“东拓”主战场，融入大县城的核心区，拥有“便捷新城”“教育新城”“商贸新城”“品质新城”“文旅新城”5张名片。2022年，溪禾山·铁观音文化园获评国家AAAA级旅游景区。

【经济发展】　2022年，参内镇农林牧渔总产值10901.02万元（现行价）。其中，农业产值5842.06万元，林业产值158.63万元，畜牧业产值4055.65万元，渔业产值119.68万元，农林牧渔服务业产值725万元。完成规模以上工业产值114305.34万元，增长-3.19%；500万元以上非农户固定资产投入490607万元；社会消费品零售总额91300万元；一般公共预算总收入42100万元，其中一般公共预算收入27900万元。

农业　2022年，参内镇建设年年香、绿色黄金生态茶园，培育名山名茶。扶持家庭农场，种植金线莲、铁皮石斛、黄精等特色农作物。引进芦柑嫁接技术，盘活闲置山地，打造绿优源农业芦柑基地13.33公顷。溪禾山·铁观音文化园承办泉州市农民丰收节活动。

茶业发展　2022年，参内镇与中国农业科学院茶叶研究所、中华全国供销合作总社杭州茶叶研究院、福建农林大学安溪茶学院等科研院校合作，支持直播电商营商模式发展，开展自媒体营销人才培训，提升茶产业数字化营销水平。培育茶叶包装支柱产业，推进茶科网茶空间、闽台园茶馆、茶机具产业园建设，福茶网落户参内镇动车站片区。参内镇获评2022年度安溪县“三茶”统筹工作表现优异的单位。

工业　2022年，参内镇现有在库规模以上工业企业5家。其中，福建中科三净环保股份有限公司，主要从事环境保护专用设备制造、污水处理及再生利用、大气污染治理等；福建省恒发家居装饰品有限公司、福建省安溪智胜装饰品有限公司主要从事家居饰品、家居用品、家具、工艺品生产等；安溪城东水闸桥电站有限公司、福建罗丰集团有限公司主要从事电力、热力生产和供应。

商贸业　2022年，参内镇万达广场入驻品牌158个，年销售额48894.59万元。红星美凯龙入驻品牌149个，年销售额7200万元。两大综合体串联茶博汇形成区域现代商贸中心。

旅游业　2022年，参内镇打造茶乡特色的城市会客厅，国家AAAA级旅游景区溪禾山·铁观音文化园，日均人流量1000人，年营业额229万元，乌龙集镇被评为泉州市旅游特色街区，串联起绿色黄金茶庄园以及茶学院，成为茶乡旅游新网红景点。

集体经济　2022年，参内镇策划2个跨村联建项目、6个壮大集体经济项目，全镇12个村集体经济收入均20万元以上，5个村村集体经济实现增收，其中村集体经济收入超100万元2个（新增1个）。

【项目建设】　2022年，参内镇开展“项目攻坚2022”“拔钉清障”专项行动，攻坚参内中心幼儿园、天湖山庄、卫浴新城、罗内片区安置地等历史遗留问题。实施县级以上重点项目47个，完成投资55亿元。安溪县综合立体大交通（大三环）东三环罗内段建成通车，兴泉铁路安溪站通车运营。完成大唐·国韵春天、阳光城丽景湾A04地块、怡和春天等3个项目，推进大白濑参内安置区、新建中小学幼儿园等重点项目建设，各项工程稳步推进。参内镇获评2022年度安溪县安全生产工作表现优异单位、重点项目建设工作表现优异单位。

【新农村建设】　2022年，参内镇完成14项乡村振兴工程，总投资445万元。推行乡村治理积分制，田底村、岩前村获评“省级乡村治理示范村”。参内镇获评2022年度安溪县乡村振兴工作表现优异单位、创建省级文明城市工作表现优异单位。

【招商引资】　2022年，参内镇推进产城融合、双轮驱动，创新推行“二分之一”工作法，完成投资55亿元，落实签约亿元以上招商项目12个，招商引资66亿元，超额完成招商任务。吸引泉州市千安消防有限公司、福建侯俊建材有限公司、福建茶科网、瑞星奔驰4S项目、巴宝丽卫浴、怡龙包装等项目签约落地。

【综合治理】　2022年，参内镇组建14支69人“红袖标”巡护队伍，开展社会面管控，推进常态化扫黑除恶斗争、防范治理境外涉诈暨非法出入境违法犯罪专项整治行动。全年抓获涉嫌诈骗犯罪44人，其中偷越国边境10人，劝返参内籍境外人员100人。完善信访工作制度，全年受理群众信访291件，及时受理率、按期办结率和满意率分别为100%、100%、98.75%。参内镇获评2022年信访工作表现优异单位、打击治理电信网络诈骗和偷私渡违法犯罪专项工作表现优异单位。

【社会事业】 2022年，参内镇解决困难群众家庭临时救助等急难愁盼问题52个，发放救助资金近30万元。发放低保对象资金近256万元，惠及388人。发放特困供养对象资金近16万元，惠及9人。完成参内中心幼儿园扩容改薄项目，启动城东第二、第三实验小学及第二、第三幼儿园新址建设。规划城东医疗服务中心，推进安溪中医院城东院区和福建中医药大学闽南康复医院（累计投资20亿元）建设，提高区域医疗卫生服务水平。参内镇获评2022年度安溪县“抓城建提品质”工作表现优异单位。

【基层组织建设】 2022年，参内镇推进“党建+”邻里中心建设，投入350万元建设湾美、茶博汇2个社区中心，盘活2600平方米场所，招引专业机构，整合设立医疗、培训、文体等服务点86个，打造“15分钟服务圈”，茶博汇、湾美两个社区集体经济收入分别增收23万元、12万元。创建“红动商圈e家亲”品牌，激活“社区+商圈”党建活力，成立微网格帮帮团，创新“好厝边·四微”近邻党建，营造邻里互助良好氛围。推进“海丝先锋”达标创星专项行动，开展村级换届“回头看”，逐村研判运行情况，打造星级党支部13个，整顿转化软弱涣散党组织1个。参内镇离退休干部支部委员会获评福建省第三批省级离退休干部示范支部。

（林缘缘　范丽华）

魁斗镇

【概况】 魁斗镇位于安溪县西北隅，东邻参内镇，西连蓬莱镇、金谷镇，南接凤城镇与城厢镇，北与南安市诗山镇和蓬华镇交界。2022年，全镇辖区面积55.8平方千米，辖14个村，人口2.41万人。有清风洞风景区，景区内包括大岩山、清风洞、岱屏岩等景点；有融宗教朝圣、生态旅游为一体的石狮岩风景区；有中共安溪中心县委旧址中新厝、中国工农红军闽南游击队第二支队成立旧址贞洋祖厝、闽南工农游击队第二支队成立旧址佛仔格土楼、郭节烈士纪念碑等红色景点。

【经济发展】 2022年，魁斗镇农林牧渔总产值12005.5万元（现行价）。其中，农业产值6025.34万元，林业产值155.57万元，畜牧业产值4018.3万元，渔业产值83.29万元，农林牧渔服务业产值1723万元。规模以上工业产值完成142962.96万元，增长13.79%；500万元以上非农户固定资产投入25816万元，增长-18.3%；限额以上商贸销售额38123.5万元，增长23.8%。

【项目建设】 2022年，魁斗镇推进中国工农红军闽南游击队第二支队贞洋村“红色资源”开发项目、魁星大厦、大岭村乡村振兴项目、魁斗蓬兴小区建设项目等8个县级重点项目建设，完成投资27500万元，完成率111.63%。其中，兴泉铁路（魁斗段）遗留问题得到解决，3个安置区按时序推进，大岭兴安小区基本完成建设；蓬庭村蓬兴小区完成土地平整，统一建设地基；鲁藤村安置区68幢安置房，完成主体建筑建设的70%，完成饮水工程、挡土墙等配套设施建设，开始推进路面硬化、污水工程建设。魁星大厦完成土地划拨批复、控规入库、设计方案、地勘、选址意见书批复、项目立项，正在办理设计方案批复。安南永德苏区中国工农红军闽南游击队第二支队命名地及中心县委扩大会议旧址室内外开始改造。大岭村乡村振兴建设项目完成石狮岩游步道二期、石狮岩生态停车场、主干道道路修复、村容村貌整治等，并建设乡村振兴综合楼。魁斗镇凤山乡村振兴项目已完成乡村规划、测绘、立项、方案设计。安溪县党史军史教育基地及佛仔格生态田园综合开发项目开工建设。安溪县魁斗温泉康养度假中心项目、溪东康养中心项目、安溪县魁斗镇悦品大酒店项目、佛仔格生态田园综合开发项目等4个项目成功签约，总投资82000万元，招商任务数完成率100%，签约项目投资额完成率82%。

【乡村振兴】 2022年，魁斗镇加大省级乡村振兴试点村示范村大岭村及市级乡村振兴试点示范村贞洋村建设力度。启动魁斗镇凤山乡村振兴项目，着眼“小而精”，策划孔子文化园、凤鸣堂、漫步自行车道、茶林迷宫等27个子项目，试点整村打包、整体推进，探索打造乡村振兴魁斗样板。启动安溪县党史军史教育基地建设，整合提升安南永德苏区中国工农红军闽南游击队第二支队命名地及中心县委扩大会议旧址、郭节烈士纪念园等8个红色革命遗址，擦亮魁斗“红色地图”，推动红色文旅经济发展。启动撂荒地整治，完成撂荒地复耕13.07公顷。推动裸房整治及环境卫生综合治理，完成裸房整治75栋。打造富有绿韵的美丽乡村，开展贞洋村、鲁藤村、大岭村、钟山村、凤山村“绿盈乡村”建设。

【综合治理】 2022年，魁斗镇常态化开展扫黑除恶斗争。侦破涉黑恶案件6件，均为开设赌场案件。抓获黑恶犯罪嫌疑人6人，提请逮捕或起诉2人。破获电信网络违法诈骗案件8件，摧毁诈骗团伙3个，抓获诈骗犯罪嫌疑人17人。抓获各类在逃人员15人。织牢防范治理境外涉诈暨非法出入境违法犯罪工作网络，组成劝返专班，形成“驻村领导+驻村干部+村主干+角落干部+派出所干警”的“五包一”劝返机制，对91名滞留境外人员逐一明确劝返责任人，推送相关政策及法律法规，引导滞留境外人员放下思想包袱，通过正规渠道回国。截至2022年底，全镇滞留境外人员273人，劝返182人，其中“红名单”27人，已劝返24人，劝返率88.9%，“红名单”劝返率居全县第一。制定《魁斗镇防范治理境外涉赌诈暨非法出入境违法犯罪专项整治行动考核办法》《魁斗镇2022年重点工作村主干绩效考评办法》，将缅北劝返工作纳入村主干年度绩效考评，设置正反加减分项目，推动奖惩并行。

【社会事业】 2022年，魁斗镇开展文艺文化志愿服务活动，开展活动26场，受众5500人。发展教育事业，落实“双减”政策，巩固义务教育成果，提高教学质量。

2022年3月8日，魁斗镇开展“打击偷私渡”进校园宣传活动（图/黄娟娟）

安全生产 2022年，魁斗镇紧盯重点领域，开展安全生产集中攻坚专项行动，全年开展安全生产大排查66次，排查隐患277处，治理277处。对辖区自建房逐栋排查，辖区自建房防护网落实100%。引导32家企业完成安全生产标准化建设，“三张清单”滚动更新，“四色”风险辨识分组管控、现场“5S”管理、“六有”可视化标识等各项措施落地见效。

生态环境 2022年，魁斗镇实施“河长制”，推行河库流域水环境综合整治。推进文明乡镇创建工作，管控街道违规摆摊设点、占道经营及车辆乱停乱放。加大环境整治基础设施投入力度，在各村设立垃圾定点堆放场所，投入20余万元，增加分类垃圾桶1100个。全年植树造林3.13公顷，封山育林30.67公顷，森林抚育189.33公顷，其中松林择（间）伐抚育168.2公顷、一般森林抚育21.13公顷。

民生工程 2022年，魁斗镇落实各项帮扶措施，实施产业扶助、“雨露计划”补助、低收入户住房修缮、春节慰问、大病补充医疗保险等5个帮扶项目，受益群众70余户。筑牢民生底线，实现全镇低保户246户389人、特困户26人、重度残疾547人、低保边缘家庭65户229人应保尽保。全镇城乡居民养老保险正常参保17365人，医保征缴工作位列全县第一。

【基层组织建设】 2022年，魁斗镇建设魁斗村“党建+”邻里中心，投入30万元，整合周边生活资源，构建15分钟便民服务平台，满足群众需求。全年开展健康宣教服务、独居老人中秋博饼等主题活动15场，开展妇女权益保护法、社会救助等政策宣传18场，低保困难群体走访350余次。推进基层治理网格化，全镇14个村划分66个微网格，配置专兼职网格员330人，在疫情防控、帮困纾难、矛盾纠纷化解等工作中发挥积极作用。做好发展党员工作，全年发展党员9名，整治软弱涣散党组织1个，培育致富带头人3人。

（黄娟娟　李　倩　殷清发）

蓬莱镇

【概况】　蓬莱镇地处安溪县中东部，东与魁斗镇相连，南与官桥镇、城厢镇毗邻，西南与虎邱镇、尚卿乡交界，北与湖头镇、金谷镇接壤。2022年，全镇辖区面积122.86平方千米，辖30个村、1个社区，人口7.87万人，蓬莱镇有国家AAAA级旅游景区清水岩、九峰岩、水美宫、白头格古民居等百处各级文物保护单位。

【经济发展】　2022年，蓬莱镇农林牧渔总产值42939.45万元（现行价）。其中，农业产值29070.53万元，林业产值151.02万元，畜牧业产值10381.47万元，渔业产值227.43万元，农林牧渔服务业产值3109万元。规模以上工业产值20316.1万元，增长17.26%；500万元以上非农户固定资产投入12.32亿元，增长22%；限额以上商贸完成33500万元，增长30.95%；农村居民人均可支配收入20014元，增长1.59%。

【项目建设】　2022年，蓬莱镇推进重点项目建设19个，云鹤电商产业园工业用地获批5.2公顷，配套公路动工建设；推进清水岩温泉度假山庄温泉管道及配套道路建设；联四线安征迁工作进入扫尾阶段；开展招商引资，与金牌橱柜集团、蓬莱商会达成云鹤电商园合作协议，意向投资12亿元，达成温泉康养旅游综合开发、好美田园综合体开发等多个意向项目，年度引资25亿元；组建安溪县蓬莱商会，现场募集会址筹建及启动资金1200多万元，注资10000多万元成立安溪县清水文化旅游发展基金会。

【巩固脱贫攻坚】　2022年，蓬莱镇4个建档立卡脱贫村、419户1232名脱贫户如期实现脱贫目标。蓬莱镇强化帮扶挂钩机制，开展信息采集工作“回头看”，健全防止返贫监测帮扶机制。全年发放入户慰问金25万元，扶持脱贫户178户52.6万元发展种植养殖产业，帮扶脱贫户住房修缮提升5户19万元，开展“雨露计划”资助22人6.45万元。

【综合治理】　2022年，蓬莱镇整合防爆、综合执法、护林员以及应急力量，成立蓬莱镇综合应急队，在疫情防控、安全维稳等方面发挥重要作用。联合各有关部门定期开展安全生产大检查工作，辖区内安全生产形势稳定向好。推进打击偷私渡和电诈工作，全年劝返“红名单”对象64人、“橙黄名单”对象143人、自主摸排对象67人。

【社会事业】　2022年，蓬莱镇医保参保77959人，参保率98.96%。发挥慈善共建优势、引进市场化服务品牌，开展南音、门球、乒乓球等多形式文体活动，使全镇1.3万多名60周岁以上老人“老有所养、老有所娱”。巩固脱贫攻坚成果，发放低收入农户住房改善提升补助资金20万元，新春入户走访发放慰问物资19.5万元。开展庆祝第38个教师节活动，重奖优秀教师、优秀蓬莱籍学子，弘扬尊师重教良好氛围。支持武装部开展工作，征兵、评星挂牌、民兵干部建设均有成效，蓬莱镇人民武装部获评“全县优秀基层武装部”，蓬莱镇获评“县征兵工作先进单位”。推进“我们的节日”系列活动，承办全县老年人门球赛，美滨村被列为安溪县太极拳培训点。重启清水祖师巡境活动，连续3天的巡境活动吸引近4万名信众虔诚随香，提升蓬莱文旅影响力。

【基层组织建设】　2022年，蓬莱镇坚持全面从严治党主基调，“一对一”销号整改县委点评、主体责任检查反馈等问题。开展村级组织换届“回头看”，完成2个重难点村整顿，推进3个村党支部完成升格，健全完善《机关干部绩效考评办法》《村级班子及村干部积分

清水岩温泉度假酒店项目俯瞰图　　（摄于2022年12月　图/蓬莱镇）

制考评办法》等系列制度，严管厚爱一线干部。镇离退休干部党支部被评为“省级离退休干部示范党支部”，统战、疫苗接种、医保征缴等多项工作在县内作典型交流发言。

【安溪县蓬莱商会成立】 2022年2月5日，安溪县蓬莱商会在蓬莱镇政府召开新春座谈会。座谈会就商会筹建工作进程、工作思路、近期目标及更好更快助力蓬莱发展等事宜进行讨论和交流。举行清水岩旧停车场会所赠送签约仪式，就会址筹建进行现场募捐，募集资金907万元。

（陈志坤　李小越）

金谷镇

【概况】 金谷镇地处安溪东北部，东与南安市蓬华镇接壤，西与湖头镇、尚卿乡交界，南与魁斗镇、蓬莱镇相连，北与永春县达埔镇毗邻，莆永、厦沙2条高速穿境而过，境内有安溪东溪和安溪清水岩2个高速互通口。2022年，全镇辖区面积101.6平方千米，辖24个村，人口5.47 万人。金谷镇是安南永德苏维埃政府旧址所在地，革命歌曲《延安颂》词作者莫耶，第九届、第十届全国政协副主席罗豪才的故乡。素有“文明古镇、红色故里”之称。有渊兜蜜柚基地、汤内温泉、菌菇、河美鲜切花等特色产业；有安南永德苏维埃政府旧址、莫耶故居、溪岸艺术公园、太王陵-威镇庙、定明院等景区景点。

【经济发展】 2022年，金谷镇农林牧渔总产值41416.56万元（现行价）。其中，农业产值33685.01万元，林业产值115.26万元，畜牧业产值6286.51万元，渔业产值140.78万元，农林牧渔服务业产值1189万元。规模以上工业完成产值11333.63万元，同比增长1.17%；限额以上商贸销售总额完成5510万元，同比增长2.6%；零售总额完成4397万元，同比增长4.2%；500万元以上非农户固定资产投入完成投资25983万元，同比增长70.5%；农村居民人均可支配收入21150元，同比增长3.2%。全年入库税收820万，同比增长9.5%，增长率居全县第二，其中完成地方级财税收入456万，增长12.9%。

【项目建设】 2022年，金谷镇全年新建、续建镇级以上重点项目71个，其中县级重点项目6个，分别为安溪第九中学新校区建设工程、大润山生态农业园项目（二期）、蓝田中型灌区续建配套与节水改造工程(金谷段)、西溪金谷溪河道治理工程、三元水泥厂高性能复合矿物外加剂技改项目、金谷溪岸艺术公园。年度计划投资24000万元，完成投资27900万元，超额完成16.25%。引进金谷·红色爱国教育军训基地、立林科技泉州分公司项目、金泰富金谷康养项目、正泰屋顶分布式光伏发电站、潮引屋顶分布式光伏发电站6个项目，总投资23亿元，完成全年任务的115%。在谈项目3个，预计总投资9亿元。金谷镇获评2022年度县级重点项目建设工作表现优异单位。

【乡村振兴】 金谷溪岸艺术公园 2022年，金谷镇引导金谷籍著名当代艺术家、雕塑家陈文令返乡独资兴建金谷溪岸艺术公园。该公园依托金谷溪河道、荔枝园等周边景物，融入现代艺术元素，建设雕塑艺术长廊、戏台、溪岸步行道、露天茶室、夜景艺术路灯等景观，成为安溪县的一个网红打卡点。在该公园举行的“溪谷围炉”乡村音乐会影响广泛，引领全市“围炉煮茶”新潮流，全年接待游客逾10万人次。金谷溪岸艺术公园入选福建省乡村“五个美丽”建设典型案例，并获得2022年“陈设中国·晶麒麟奖”。

红色旅游 2022年，金谷镇挖掘辖区红色资源，传承红色基因，

金谷溪岸艺术公园　（摄于2022年6月　图/金谷镇）

赓续红色血脉，投入220多万元，对总占地面积1600多平方米、总建筑面积280平方米的中共安溪中心县委军政干部训练班旧址进行修缮提升，完善红色同心走廊、红色主题公园、红军路、停车场、文化广场等配套工程，在旧址内进行党史教育布展，建成丽山红色党校。以安南永德苏维埃政府旧址、莫耶故居为中心，整合安溪县委旧址、中共安溪中心县委军政干部训练班旧址等红色资源，规划建设安溪县党史教育基地，打造金谷镇红色文化品牌。

人居环境整治　2022年，金谷镇抓好高速沿线、省道沿线以及金谷溪岸艺术公园周边的裸房整治工作，完成3142栋裸房改造任务。抓好旱厕改造、公厕建设、鸡鸭猪圈拆除等工作。金谷村获评2022年度省级乡村振兴实绩突出村，河山村获评2022年度省级乡村治理示范村，金谷镇获评创建省级文明城市工作表现优异单位。

粮食安全　2022年，金谷镇完成9个村200公顷高标准农田建设，完成66.67公顷农田连片整治项目及省级高标准农田示范点项目设计。创新“镇小城投＋土地流转”模式，流转土地33.33多公顷，实施粮食生产，完成全年粮食生产任务，助推农业产业振兴。

【综合治理】　2022年，金谷镇打击境外涉赌诈和非法偷私渡等犯罪活动，劝返红橙名单。深化“矛盾纠纷多元化解中心”建设，健全“信访评理”工作模式，多元化解土地、邻里等群众矛盾纠纷，把矛盾纠纷化解在基层，金谷镇获评县信访领导小组2022年度信访工作表现优异单位。开展法治宣传，推进法律服务“五在场”。做好社区矫正对象和刑满释放人员的管理和教育工作，新建金谷供销社安置帮教基地、山岭村茶叶种植矫正基地就业培训示范点。抓好道路、消防、森林防火、防汛等各项安全工作，金谷镇获评2022年度安溪县安全生产工作表现优异单位。

【社会事业】　*教育医疗*　2022年，金谷镇推进总占地面积3.51公顷、总投资15000万元的安溪九中异地重建工程，6月教学楼、综合楼完成招投标，10月开工建设。发动各界乡贤支持安溪第九中学异地重建，全年认捐资金3500多万元。完成汤内幼儿园装修工程，筹划陈利职校扩容改建。抓好教师队伍建设，提升教育教学质量。2022年，全镇录取到一级达标高中39人（安溪一中17人，铭选中学22人），被清华大学录取3人（本科2人、研究生1人）。芸美小学被列入泉州市唯一的省级小学智慧教育平台建设与应用试点校。抓好健康金谷各项工作，投入200多万元，建设金谷卫生院消化内镜、皮肤门诊等科室，提升医疗保健环境。金谷卫生院获评县级新冠疫情防控工作表现优异单位。

社会保障　2022年，金谷镇抓好城乡居民养老保险及医保征收工作，城乡居民医保参保率95.23%。全年发放城乡低保、特困人员补助资金494.4万元，发放建档立卡户小额贷款125.9万元，为全镇1552名残疾人购买意外保险。全年送达“雨露计划”等助学资金6.45万元。24个村退役军人服务站示范创建通过市级验收，东洋村获评县级征兵工作先进单位。金谷镇获评泉州市人口普查先进单位。

【基层组织建设】　2022年，金谷镇根据《中国共产党章程》和《中国共产党支部工作条例（试行）》，规范和优化基层党组织建设，金谷村、金东村、元口村等3个村党支部升格为二级党委，汤内村、金山村、华芸村、芸美村、河山村、美洋村、溪榜村、东洋村、洋中村、三元村、洋内村、中都村、渊兜村等13个村党支部升格为党总支。

2022年，金谷镇投入50余万元，改扩建东溪老年学校为党建＋邻里中心，整合金谷卫生院东溪分院、东溪养老中心、东溪美食街、东溪供销社等服务资源，拓展“1+6+X”功能，服务辖区内广大人民群众。整合东溪5个村党组织、卫生分院、东溪学校、高速卡口临时党支部，构建“大党委”工作格局，推动基层治理走深走实。

2022年，金谷镇按照“一个网格一个党小组”原则，成立79个网格党小组，配备党员网格员172名，推动党建网格与治理网格的有机融合，助力乡村善治。在全县率先开展“田间党课”活动，邀请温文溪、张顺儒等专家讲授粮食安全党课和粮食生产技能，创新农村党员教育管理。

（李艺芳　柯伟源　刘攀月　杨生财　李凝苏）

湖头镇

【概况】　湖头镇位于安溪县北部，北与永春县、白濑乡、湖上乡接壤，东与金谷镇交界，西与长卿镇、尚卿乡相邻，南与蓬莱镇相接。2022年，全镇辖区面积100.03平方千米，辖29个村、5个社区，人口9.21万人，是安溪的交通枢纽和商贸重地。湖头镇是“一代名相”李光地故里，著名侨领李尚大、李陆大的祖籍地，有文物保护单位103处，其中全国重点文物保护单位1处4点，省级文物保护单位2处9点，省级涉台文物保护单位7点，以李光地故居、贤良祠、问房大厝等为典型。湖头小吃100多种，以湖头米粉、鸡卷、养脾散等闻名。湖头镇通过打造历史文化街区、湖滨商贸新区、北部物流港区、光电产业园区以及朝圣旅游景区的“五大片区”，完善城市功能和产业布局，形成光电光植物、建材冶炼、商贸房产、特色旅游等产业格局。在“2022全国综合实力千强镇”列第198位。“十四五”以来，湖头镇在安溪县域发展新格局中被定位为“安溪县城市副中心”，设有安溪县行政服务中心第二中心。

【经济发展】 2022年，湖头镇农林牧渔总产值23423.88万元（现行价）。其中，农业产值17473.27万元，林业产值168.67万元，畜牧业产值5252.11万元，渔业产值142.83万元，农林牧渔服务业产值387万元。规模以上工业产值2934813.8万元，同比增长6.6%；500万元以上非农户固定资产投入459303万元，同比增长-24.9%；城镇（农村）居民人均可支配收入30361元，同比增长7%。

特色农业 湖头镇构建以粮食种植、米粉加工为主导，湖头荔枝、盐水花生等优势农业为辅的发展模式。湖头米粉被农业农村部认定为农产品地理标志产品；湖头米粉专业合作社荣获全国示范合作社、福建省示范合作社等一系列荣誉；湖头米粉品牌及产品通过农业农村部无公害农产品产地认证，先后获评泉州市知名商标、福建省金牌老字号、福建省名牌农副产品。2022年，粮食播种面积824公顷，粮食产量4220吨。全镇湖头米粉个人作坊3000多户，年产量1.43万吨，产值约28601.2万元。荔枝种植面积266.67公顷，产量1000多吨，产值10001.4万元。

工业 2022年，湖头镇有规模以上工业企业14家，规模以上工业产值2934813万元。湖头镇立足资源优势、产业基础，培育做强泉州芯谷安溪分园区、闽光钢铁产业园、绿色食品产业园、安溪2025产业园湖头园等“四大园区”，促进产业集聚、产能释放。推进福建泉州闽光钢铁有限公司40亿元产能置换及配套项目，智能立体库项目建成并投入使用，推动企业智能化转型升级。推动泉州芯谷安溪分园区光电园二期标准厂房建设，截至2022年12月，A地块厂房施工完成进度50%，B、C地块完成土地成片开发方案编制，配套酒店项目完成主体设计方案，与其他基础配套设施、人才公寓等建成投用后，可实现人气聚集，推动园区发展，带动产业振兴、商贸发展。安溪2025产业园湖头园重点引进高端智能制造、再生资源等高新产业，有5家企业入驻。其中，湖头佳亿工程建设项目综合楼及3号厂房基本建成，设备进场调试；湖头锦龙金属制品加工项目综合楼封顶装修，钢构厂房设备进场；安溪恒佳新材料科技生产项目1号、2号、4号厂房建成。

【项目建设】 2022年，湖头镇推进“项目攻坚2022”，实施重点项目69个（其中泉州芯谷安溪分园区10个），完成投资746681万元，完成年度计划投资的111.75%，涵盖产业、基础设施、教育、医疗、文旅、生态环保等领域。其中，环城路建设项目第Ⅰ标段、第Ⅱ标段建成通车，上跨铁路桥、福寿大桥工程基本建成；完成立体停车楼项目、X339（后溪二环路口至湖头大桥）交通安全设施建设，并投入使用；推进李光地宅和祠修缮工程、湖头污水处理厂提标及配套污水收集管网工程、镇区道路改造提升（一期）工程等项目建设。

【历史文化名镇建设】 2022年，湖头镇推进李光地宅和祠系列保护修缮工程，问房大厝盘与厝完成4间店面搬迁工作，对一至五落进行修缮，开展李光地宅和祠（新衙、旧衙、贤良祠）展示利用工程设计方案编制；湖头李氏宅祠建筑（四衙）保护修缮工程于9月进场施工。林氏大宗、霞东、宗兴堂等10栋传统古建筑完成内部整体杂物清理和整修。对全镇96个文物保护单位进行常态化安全巡查，及时发现问题、迅速督促整改，消除文物建筑消防安全隐患。在阆湖博物馆负一层空间建设924平方米的阆味堂——湖头美食文化展示馆，将湖头小吃历史、湖头小吃风俗、湖头小吃风味等方面内容充分融入展示、体验、销售全过程，吸引游客了解湖头小吃文化、品尝湖头小吃美味、购买湖头小吃产品，促进湖头小吃兼具高文化价值和高消费产值。湖头美食文化展示馆项目完成编制。与厦门邻家餐饮集团旗下公司达成投资协议，计划投资20亿元建设湖头特色美食产业基地，用地约2.43公顷，落地后将有效破解湖头小吃“藏在深闺人未识”的发展瓶颈，推动小吃产业化、工厂化、规模化发展。打造湖一村—湖二村—横山村—山都村集李光地文化、教育研学、湖头小吃、光植物、水果采摘体验、特色小流域等旅游资源于一体的精品旅游路线，并延伸至泰山岩、三平观等宗教朝圣区域，塑造文旅融合“新热点”。《湖头镇志》被列为“中国名镇志文化工程”培养对象，2022年对《湖头镇志》稿件进行多次校核、补充、修改。2022年，湖头镇吸引游客不少于11万人，比上年增长33.33%。

【招商引资】 2022年，湖头镇完成泉州闽光钢铁扩建、精品酒店、湖头特色美食产业基地、米粉产业示范区建设、安盈环保科技产业园项目等10个项目签约，投资额67.7亿元，其中超20亿元以上项目2个。截至2022年底，开工项目4个，分别为泉州闽光钢铁扩建项目、安盈环保科技产业园项目、四美精品酒店项目、泉州闽光物流园库区扩建项目。

【乡村振兴】 2022年，湖头镇整镇推进“五大工程”和“五好任务”，制定印发《安溪县湖头镇乡村振兴整镇推进的实施方案》，细化20项重要任务、88个评价指标，明确时间表、路线图和责任人，“挂图作战”高效推进，较好完成创建目标。引导辖区泉州闽光、天电、晶安、中科等企业优先聘用本地村民，推动农村人才“回流”，截至2022年底，解决就业需求5000余户。湖头镇在2022年泉州市乡村振兴整镇推进“五好乡镇”创建考评获“优秀”等次，山都村被列为泉州市第三批乡村振兴成效显著村。开展人居环境集中整治攻坚行动，先后整治人居环境问题超2万个，建立日常巡逻制度，常态化开展整治，实现镇区面貌明显改观。扶持水稻产业发展，建设高标准农田118.27公顷，申报以水稻为主导的农业产业强镇项目，总投资300万元，获批市级资金150万元。开展撂荒地整治，湖头镇现有耕地面积933.33公顷，实现“零撂荒”。成功举办第三届湖头荔枝文化节，荔枝价格提高30%，助推荔枝产业发展和荔农增收致富。通过整镇组建“强村公司”、盘活集体资产、村企抱团发展、开发旅游服务等模式，推动村级集体经济发展，2022年，湖头镇29个村集体经济收入均20万元以上。

【综合治理】 2022年，湖头镇开展安全生产大检查、城镇燃气安全专项整治等行动，聘请安全专家对企业安全生产标准化创建、运行等进行指导，完成安全生产标准化创建企业74家，完成率100%，排查发现并整改隐患400余条。开展房屋结构安全隐患排查整治“回头看”，排查复核农村经营性自建房1221栋，完成农房抗震改造33户，整治危废旧空心房18栋。推进防范治理境外涉赌诈暨打击偷私渡违法犯罪活动，严明奖惩考核办法，打击电信网络诈骗违法犯罪活动。构建多元矛盾纠纷化解机制，按期办结省信访平台转交信访件、市“12345”便民服务平台转交诉求件，调解各类矛盾纠纷576起，调解成功率100%。

【社会事业】 教育医疗 2022年，湖头镇第五中心小学投入使用，第六中心幼儿园基本建设完成。开展俊民中学与泉州五中共建帮扶项目，与名校名师结对共建、跟岗互学，实现教育资源共享，提升俊民中学教育管理实践能力和办学水平。推动俊民、慈山、前进、东方4所中学联合成立“湖头镇初中学科教研共同体”，成立东方中学片区教育基金会，募集130多万元，举办湖头镇首届教师教学技能大赛，参赛教师500余人，发放奖金近20万元，重教奖学，促进教师专业成长，提升教学质量。推动把湖头医院发热门诊规范化建设列为2023年县委县政府为民办实事项目，提升湖头医院医疗技术和健康服务水平，实行患者就诊满意度评价考核机制，设置住院部、门诊门禁系统，增设住院部药房，实现各区域闭环管理，提高院感防控能力。

社会保障 2022年，湖头镇通过大数据比对、摸底调查、“漏保漏救”点题整治等方式，落实困难群众救助工作，强化社会保障。2022年新增低保208人，特困供养人员10人，孤儿1人，事实无人抚养儿童36人，低保边缘对象647人，发放镇级临时救助38人次7.37万元，县级临时救助49人次62.54万元。湖头养老院正式投入使用，入住老年人21人。完成镇级长者食堂建设，为80户困难老年人家庭进行适老化改造，改善提升10个村（社区）居家养老服务站（农村幸福院），总资金投入96.5万元。推行建房指标公开摇号机制，对符合建房条件的成员采取现场集中摇号确定建房名单，确保指标分配更加公平、公正，2022年受益群众663户。

行政服务 2022年，湖头镇保障安溪县行政服务中心第二中心落地，总建筑面积近4200平方米，设置41个窗口，配套引导咨询区、24小时自助服务区、办事等候区、投诉受理区、管理办公区、配套用房等功能区域，免费复印机、饮水机、母婴室、便民药箱、无障碍通道等设施和标识一应俱全，可满足群众多元化需求。首期入驻发改、公安、民政等14个部门和水、电、气、广电网络及印章刻制等5家公共服务配套单位，可受理98%以上县级事项，辐射12个乡镇约40万人，2022年2月10日运行以来，为企业、群众受理数十万个办件。

【基层组织建设】 2022年，湖头镇活用李光地文化、故居、博物馆等资源，开展学习活动69次，严肃党内政治生活和各项制度，引领湖头镇党员干部领悟“两个确立”的决定性意义，增强“四个意识”、坚定“四个自信”、做到“两个维护”。完成对东埔村软弱涣散党组织的整顿转化。完成山都村、宗城社区、新都社区“党建+”邻里中心建设，满足群众需求。

2022年，湖头镇巩固干部队伍作风整顿活动成效，抓实平时考核和年度考核工作，制定出台村级干部管理办法，树立实干担当的选人用人导向。创新实行“阆湖青年思享汇”制度，探索“党建+人才”工作新路径，增强湖头青年凝聚力和向心力。

2022年，湖头镇搭建村级小微权力信息化监督平台，规范村级事务财务公开，解决群众诉求82条，2022年在建房审批、“三资”管理、疫情防控、党风廉政等方面开展常态化督导检查66次，督促整改问题92个，廉政谈话162人次，调查处理信访32件，处理违纪党员5人。落实意识形态工作责任制，把握网络意识形态工作着力点，处理网络舆情事件5起。落实《中国共产党宣传工作条例》，投入近200万元构建宣传阵地，开展宣传、宣讲、宣教活动。

【湖头米粉产业发展交流品鉴会】 2022年8月17日，湖头米粉产业发展交流品鉴会在福寿村举办。来自福寿、汤头、溪美三大米粉村以及福建省福寿湖头米粉发展股份有限公司的8款米粉，交给现场嘉宾品鉴。此次品鉴活动，从外观、口感、色泽等多方面品评，并邀请湖头米粉非遗传承人以及湖头小吃同业公会代表，对米粉制作技艺分析交流。与会代表围绕湖头米粉产业发展发表意见，探讨湖头米粉地理标志证明商标和品牌运作提升、米粉产业转型升级、非遗制作技艺传承、提升产品附加值。

【第三届湖头荔枝文化节】 2022年7月6日，湖头镇举办第三届湖头荔枝文化节，推动荔枝产业发展。荔枝文化节活动内容包括舞蹈表演、“百年荔枝王”拍卖、荔枝美食鉴赏、湖头小吃自助餐等，“百年荔枝王”以61888元被拍下。

【《湖头镇志》编纂】 2022年，湖头镇推进《湖头镇志》编纂工作。3月，完成该志初稿后，继续做好稿件修改、资料补充后，形成送审稿送审。6月，按照泉州市委史志室审稿意见要求，对该志稿件核实、修改补充相关资料。截至12月，该志稿件基本完成资料修改补充工作。

（吴晓斌 王谋扬）

官桥镇

【概况】 官桥镇地处安溪县南部，东与城厢镇毗邻，东南和南安市翔云镇交界，南与龙门镇相连，西与虎邱镇互接，北与蓬莱镇接壤。2022年，全镇总面积105.43平方千米，辖29个村、1个社区，人口8.41万人。辖区拥有花岗岩、稀土、高岭土、石英砂、辉绿岩等矿种，其中以花岗岩为多，储量1亿多立方米，产有“安溪红635号”石板材。有官桥豆干、山珍豆签、成珍桔红糕等传统特产。官桥镇共有港澳台和海外侨胞35万人。

【经济发展】 2022年，官桥镇农林牧渔总产值32929.85万元（现行价）。其中，农业产值21193.46万元，林业产值71.89万元，畜牧业产值9340.51万元，渔业产值245.99万元，农林牧渔服务业产值2078万元。完成规模以上工业产值874491.37万元，增长8.58%；固定资产投资30.15亿元，一般公共预算总收入3.38亿元，其中一般公共预算收入1.88亿元。

【项目建设】 湖里园 2022年，安溪县引进企业42家，计划总投资91.711亿元以上。投产企业24家，其中规模以上企业有芸台科技、健为医疗、雅斯达智能、国缆电缆、君诺美等10家。

思明园 2022年，安溪县引进企业30家，计划总投资40.7亿元以上。投产企业27家，其中规模以上企业有牡丹饲料、启邦食品2家。

南方食品园 2022年，安溪县入驻企业10家，计划总投资20.15亿元以上。其中，开工建设企业有安恒、腾龙、万寿谷、港安等7家，在建厂房约36.43万平方米，进行挂牌手续企业2家。

弘桥智谷（泉州）电商园 2022年，安溪县入驻企业近百家，主要涉及茶叶、铁艺、家居、仓储物流等，年度交易额近10亿元，园区入驻率保持在90%左右。

【招商引资】 2022年，官桥镇在全县率先提出“零地招商”模式，盘活闲置厂房5.8万平方米，引进森纳电子、固克节能科技等8个优质项目，总投资14亿元，相关经验由县委主要领导签批全县推广。签约项目20个，完成年度任务的200%；计划总投资119.2亿元，完成年度任务的149%。其中，超亿元项目19个，完成年度任务316%；20亿元以上项目2个，完成年度任务100%；“一把手”招商10个，计划总投资69.1亿元，完成年度任务的500%。

【乡村振兴】 2022年，官桥镇围绕习近平新时代中国特色社会主义思想、乡村振兴、农村基层组织建设等内容，结合重点工作业务，组织开展培训8场次。投入464万元推进省、市级乡村振兴试点村项目建设，成立“强村公司”，启动湖里园占地2公顷的“乡村振兴标准厂房”建设，28个参股村平均每村每年获得经营性收入11万元。推动“万企兴万村”政策落地，全年有6个村与企业签订共建协议，落实土地流转20余公顷，增加村财收入10余万元。

【精准扶贫】 2022年，官桥镇落实干部挂钩帮扶工作，帮扶建档立卡贫困户90户275人，发放帮扶资金45.95万元，加强住房安全、控辍保学、医疗卫生、产业发展等各方面保障。利用信贷支撑，为16户脱贫户提供51万元扶贫小额信贷资金支持。推进巩固脱贫成果项目建设，发放61.864万元，扶持石林、石岩、新厅、内村、洪塘等村村级集体经济发展，完成新厅村农业生产化共富联合体和草坂村农业生产化共富联合体产业项目建设，带动低收入户8户。

【综合治理】 2022年，官桥镇破获40起涉诈案件(其中本地被骗24起)，抓获犯罪嫌疑人69人；破获偷私渡案件1起；劝返非法滞留境外官桥籍人员233人。落实安全生产“党政同责、一岗双责”和“三个必须”要求，以安全生产专项整治三年行动为载体，以安全生产标准化和百日会战为抓手，采用“专家+执法+服务”模式，开展安全生产大检查。全年排查各类隐患1384处，全部整改完成，整改率100%；完成322家企业标准化创建，其中标杆企业11家。

【社会事业】 城镇建设 2022年，官桥镇投入3500万元实施思明园、龙桥园4千米市政道路白改黑，投入1200万元对镇区5千米污水管道进行提升改造，投入400万元实施镇区景观亮化提升工程，在镇区、园区主干道，河滨休闲大道两岸新增3000对中国结景观灯，在晋江防洪堤沿溪两岸11千米范围内新增350杆太阳能路灯及中国结景观灯。

民生事业 2022年，官桥镇投入7000万元推动蓝溪中学新宿舍楼建设工程，推进二十一小学（二期）和毓秀幼儿园建设，启动二十二小学前期报建手续。开展“名医下乡”，上级医院专家在基层坐诊60人次，诊疗患者528人次，开展培训指导163人次。举办健康教育大讲堂5场，培训健康生活方式指导员42名。增设健康宣传栏和健康小屋，创建健康社区6家，新增体检点5个。

社会保障 2022年，官桥镇城乡基本医保缴费率97.76%，位列全县第七。实施城乡低保689户1139人，落实低保金796万元；低保边缘家庭认定351户1410人；特困供养人员26户26人，落实供养金47万元；一户多残225户476人，落实生活困难补助金42万元；残疾人生活补助997人148万元，护理补助1204人141万元；临时救助240人136万元；实施2户住房困难残疾人户低保户“安居工程”。

【基层组织建设】 2022年，官桥镇推进官桥村、驷岭村“党建+”邻里中心示范点建设，整合周边教育、医疗、助老、兴业、商贸、文体6类39家便民利民惠民服务功能和优势资源，召开征求意见会2场次，发放问卷调查1500余份，收集意见建议57条，掌握群众需求。搭建“党课直播间”，打造“农产品直播间”，推动官桥镇“一村一品”（官桥豆干、豆签、芒果、香蕉等）特色产业发展。推行邻里文化节，结合重要节日开展各类邻里活动开展养老、教育、医疗、文体等活动20余场。开展“党课进邻里”，支部书记带头讲党课2次，利用“党员固定学习日”，结合“夜幕下的电教工程”，组织200余人观看《喜盈代村》《闽山闽水物化新》《足迹》等影视作品。深化微网格治理，全镇划分30个大网格、210个微网格。配备专职网格员210名，兼职网格员350名。实行“双网格长”制度，组建“邻里社群”210个。摸排新业态就业群体情况，整理造册，打造“党建+”邻里中心爱心驿站，配备充电装置、饮水机、雨伞、药品等硬件设施，为外卖员、快递员等就业群体提供免费休息场所。组建一支新业态群体志愿服务队伍，签订战时志愿服务承诺书。

（曾斯颖　郑凯宏）

龙门镇

【概况】 龙门镇位于安溪县南部，东邻泉州南安市翔云乡，南连厦门市同安区汀溪镇，西与虎邱镇、大坪乡交界，北和官桥镇接壤。全镇辖区面积156.33平方千米，辖1个社区、31个村，人口约7.11万人。2022年，龙门镇列全国综合实力千强镇第277位。

【经济发展】 2022年，龙门镇农林牧渔总产值29342.76万元（现行价）。其中，农业产值19389.32万元，林业产值111.5万元，畜牧业产值5667.33万元，渔业产值299.61万元，农林牧渔服务业产值3875万元。实现一般公共预算总收入3.35亿元，比上年增长5.3%，一般公共预算收入1.68亿元，比上年增长3.2%；完成规上工业产值1686439.76万元，比上年增长17.19%；固定资产投资30.35亿元，比上年增长2.3%；限额以上社会消费品销售额42621.3万元，比上年增长17.3%。

农业 2022年，龙门镇完成粮食产量3900吨，茶青产量1100吨。推进两个高标准农田建设项目，创建654.67公顷粮食生产示范区。完成撂荒地复耕、退茶还耕约92公顷，打造2.5千米“零撂荒”示范线。依托现代茭白产业园，打造茭白、番石榴、火龙果等特色产业基地。

工业 2022年，龙门镇签约超亿元以上招商项目21个，完成年度任务目标210%，新引进项目投资总额174.85亿元，完成年度任务目标218.56%。以高端装备制造产业园为支撑，发展规上工业企业2家、限上商贸企业3家、建筑业企业5家。园区建设提质升级，园区物理空间拓宽近16.67公顷，园区标准化建设完成投资11.83亿元，超额完成年度任务目标，形成新材料、新型显示、新制造、新能源、数控装备5条特色产业链。获评安溪县2022年度“工业（产业）园区标准化建设”工作表现优异单位。

旅游业 2022年，龙门镇围绕“绿色生态示范区、数字经济引领区、高新制造创新区”战略定位，建设“数智新城 魅力龙门”。利用信息、科技、影视等资源，推动空天科技旅游研学基地项目、中国电影资料馆落地建设。发挥信息技术产业园国家级攀岩基地、八马茶业观光工厂、志闽生态游和运动拓展等优势，打造龙门运动休闲小镇。

【项目建设】 2022年，龙门镇实施县级重点项目60个，总投资3252450万元，完成投资882237万元，完成年度计划的116.5%。其中13个省、市重点项目完成投资370326万元，完成年度计划的126.6%。开展“破难攻坚、拔钉清障”专项行动，征收土地22.67公顷，完成龙泉、龙城安置小区收尾，回迁安置户200多户。

【特色小镇建设】 2022年，龙门镇推进美丽乡村建设，完成整治既有裸房（含平改坡）任务，完工率100%。投入运营资金13.6万元，实现16座农村生活污水处理设施运行。全年完成造林绿化和森林经营386.2公顷，开展义务植树活动，种植树木12万株。推进龙门镇自来水依仁溪水源保护区环境整治及大生村小流域综合整治、洋坑村生活污水提升治理。

【乡村振兴】 2022年，龙门镇开展“晒成绩、兑承诺、做表率”村级项目建设成果实地参观拉练3次，组织村主干参观学习7次，策划“村书记领办项目”89个，总投资1.3亿元。实行“上级专项资金+镇级配套核拨资金”奖励模式，相关做法在《安溪快讯》刊发。实施“党建+强村公司+村集体”模式，31个村实现村财收入超20万元，和平、龙门、榜寨3个村超100万元。实施跨村联建，推动洋坑村与祥华乡东坑村、云南省富恒村签约乡村协同战略合作联盟，助力乡村振兴区域优势互补。乡村振兴项目完工15个，总投资870万元。全镇投入环卫经费600万元，推进人居环境整治工作。翠坑村获评“福建省森林村庄”，洋坑村获评“福建省卫生村”。

【综合治理】 综治维稳 2022年，龙门镇开展打击治理电信网络诈骗和偷私渡违法犯罪专项工作，成效位列二类乡镇前列。做好党的二十大安保维稳工作，调解矛盾纠纷496件。

安全生产 2022年，龙门镇开

龙门镇村内水库 （摄于2022年2月 图/谢旭东）

展每月安全隐患大排查大整治，排查整改隐患900余条，整改率100%。全县安全生产标准化现场会、粉尘防爆重点企业专项整治“百日清零行动”现场推进会在龙门镇召开。

【社会事业】 医疗卫生教育 2022年，龙门镇推进县直23小项目，完成投资7650万元。依托“党建+”邻里中心，在洋坑村创建“儿童之家”。城乡居民基本医保参保率97.29%。提升妇幼健康服务水平，发放叶酸，完成免费孕前优生筛查任务数150对、免费婚前优生检查任务数150人。开展公共卫生工作，居民健康档案规范化电子建档率100%。加强老年人保健和慢性病管理工作，65岁以上老人、高血压、糖尿病患者全部纳入公共卫生规范管理服务，开展健康教育、义诊活动。

基础设施 2022年，龙门镇完成龙腾花园G地块4号楼安置房主体工程。推进龙门镇污水管网提升改造工程，建设一期项目5.8千米，二期项目处于施工阶段。完成龙门旧街改造、纪念碑公园、金龙公路、龙门大桥拓宽等项目前期工作。

社会保障 2022年，龙门镇全年发放低保金(含补助金)1.35万人次、775万元。优化城乡困难家庭临时救助服务，乡镇全年救助91人次、17.62万元。推进城乡居民养老保险工作，城乡居民基本养老保险参保率65.28%。新增公益性岗位9处，清欠农民工工资50万元。关爱女性健康，为低保、贫困等特殊女性316人购买安康保险。

【基层组织建设】 2022年，龙门镇打造洋坑村、龙门村（滨江社区）2个“党建+”邻里中心示范点，开展共建活动60余场次，开展

2022年7月8日，龙门镇洋坑村“党建+”邻里中心揭牌仪式举行

（图/谢旭东）

“露天电影进邻里”等活动50余场次，相关做法获中国网、《泉州晚报》等媒体报道。实行“网格化+数字化”基层治理模式，打造2个乡村治理信息化平台，“数字山头”入围全市十佳数字抗疫案例，积分制做法获省、市、县电视台报道。统筹抓好党管武装、离退休干部、妇联、团委等工作，龙门镇获评“全省基层武装工作先进单位”“全省示范离退休干部党支部”，并获评“全市涌泉·扬帆大学生实习基地”等。

（陈彩霞　胡晓萍）

虎邱镇

【概况】 虎邱镇地处安溪中南部，东与官桥镇、龙门镇接壤，北与尚卿乡交界，南临大坪乡。2022年，西接西坪镇，西南毗邻龙涓乡，全镇辖区面积161.77平方千米，辖18个村，人口5.58万人。虎邱镇是安溪铁观音、本山、黄金桂、毛蟹“四大名茶”的主产区域，全国名茶黄金桂和佛手的发源地。茶叶种植是当地农民主要经济来源，兼有土烟、桂花等特色农作物。全镇境内有洪恩岩、骑虎岩、白石岩等宗教朝圣景区，有布袋戏，太祖拳等非物质文化遗产。2022年，虎邱镇乡村振兴、茶旅产业融合、基层治理等工作的优秀经验做法被省市县各级媒体宣传报道。

【经济发展】 2022年，虎邱镇农林牧渔总产值81855.13万元（现行价）。其中，农业产值75467.26万元，林业产值97.16万元，畜牧业产值4791.94万元，渔业产值158.77万元，农林牧渔服务业产值1340万元。规模以上工业产值379870.79万元，增长4.24%；500万元以上非农户固定资产投入33158万元，完成全年任务的154.68%。城镇（农村）居民人均可支配收入2.27万元，增长2.7%。

【项目工作】 2022年，虎邱镇落实“一企一策”帮扶措施，培育限上企业7家，推进9个县级重点项目建设，全年完成投资3.62亿元，超额完成年度任务18.3%。引进招商项目9个、投资额20.42亿元，超额完成全年20亿元的任务。其中，2个项目投产，5个项目开工。

【党建引领】 2022年，虎邱镇推进党建基础工作，压实党建工作责任，抓好基层党组织书记、基层党员骨干2支队伍，推动基层党组织政治功能、服务功能提升，3个党支部被评为县级先进优秀党组织。打造湖西村“党建+”邻里中心，辐射服务群众近2万人，相关做法被《人民日报》、人民网等各级主流媒体报道。创建全县首个老党员工作室，依托林瑞温酒瓶盆景文化艺术园，为老党员提供传播茶文化、布袋戏文化、茶歌等非遗文化平台，开展非遗传承活动50多场、接待参观人员1000多人次，做法被《中国老年报》、福建省离退休干部微信公众号等报道。

2022 年 1 月 10 日，虎邱镇湖西村乡村振兴系列项目竣工仪式举行
（图 / 虎邱镇）

2022 年 5 月 19 日，安溪县庆祝“5 · 19”中国旅游日主题活动启动仪式在竹园村华农生态农业园举行
（图 / 虎邱镇）

【茶产业】 2022年，虎邱镇成为全球重要农业文化遗产——安溪铁观音核心区之一，举办“茶王赛”，组织茶企参加展会，建设罗岩、双都、双格等重点产茶村12座茶叶集中初制加工厂房，完工4座。坚持绿色种管，配合县农业局完成12家茶园去化学农药智能虫害绿色防控集成项目，引进福建乌龙茶智能加工创新中心，将5G物联、人工智能、传感控制等现代信息技术与乌龙茶非物质文化遗产技艺融合，提升裕园、小罐茶等茶庄园，形成茶旅产品矩阵。裕园茶基地获评2022年度国家级生态农场、省级农产品产地初加工中心、省级气候优质农产品，香都茶叶专业合作社获评2022年度省农民专业合作社示范社、省级农产品产地初加工中心，罗岩茶叶专业合作社、安溪淬香堂茶叶专业合作社获评2022年度省级农产品产地初加工中心。

【休闲旅游产业】 2022年，虎邱镇挖掘各景区景点文化内涵，提升配套设施，推出旅游活动。在全县率先开发运营“虎邱智慧导览”微信小程序、推出全省首个镇级IP形象“小虎仔”，编纂虎邱民俗文化书籍，举办安溪“5 · 19”中国旅游日活动。“安溪县洪恩岩—华农生态农庄—铁观音发源地—云岭茶庄园”线路入选为2022年全国乡村旅游精品线路。推进湖坵长潭十里芬芳、七彩石山、双格十里樱花等项目。

【基础设施】 2022年，虎邱镇推进镇区主干道立面整治、湖西党建公园等项目。镇区8个村裸房整治率90.3%，基本实现镇域中心“无裸房”，推进乡村“五个美丽”建设，打造61户“美丽乡村庭院”、18处微景观建设、3个美丽乡村小公园（小广场）、1片美丽田园、1处美丽乡村休闲旅游点。实施芳亭、竹园、湖西、湖东、湖坵5个村的农村污水提升治理项目，改善蓝溪虎邱段流域水质。建设镇域IP形象“小虎仔”微景观、村标微景观。县级杆线整治示范段、湖西村杆线落地及品质提升项目完工。实施4个村24条错车道建设，3座危桥改造全部竣工验收。

2022年，虎邱镇加强植树造林，完成造林20.53公顷，实施村庄绿化0.67公顷，森林质量精准提升5.6公顷，松林改造提升87.93公顷，封山育林153.33公顷。蓄积量达23.47万立方米，林地保有量10565公顷，天然乔木林保有量406.67公顷，全镇森林保护与管护良好，森林覆盖率65.23%。2022年10月，芳亭村通过高级版“绿盈乡村”省级实地核查。实行“户投放、村集中、镇转运、县处理”垃圾处理模式，推进垃圾分类工作，打造干净整洁、宜居宜游的农村人居环境。

【综合治理】 综治工作 2022年，虎邱镇开展平安乡镇、平安村居活动，强化矛盾纠纷化解，创新法治宣传教育。为群众供给法律接洽120余人次，为村供给法律观法270条。连续3年考评均获得“A”等次，综治“三率”测评成绩位列全县前列，2个村获评市移风易俗典型村，5个村获评“诚信村”，11个村获评“平安村”。调解矛盾纠纷225起，成功率100%；办结信访件208起，办结率100%。强化治安防控体系，做好境外劝返、打击养老诈骗、扫黑除恶斗争等工作，维护辖区和谐稳定。做好防范治理电信网络诈骗暨非法出入境违法犯罪专项行动工作。全年劝返滞留境外人员111人，其中“红名单”22人、“橙黄名单”49人、自主摸排名单40人。

【社会事业】 2022年，虎邱镇落实“四个不摘”要求，制定和落实帮扶措施，稳固脱贫成果。新增低保28户45人，特困39户39人，急难救助95人。实施为民办实事项目，补齐教育、医疗、养老等短板。虎邱镇开展新时代文明实践志愿服务等活动40余场次，开展各类宣讲活动10余次。建设酒瓶盆景文化艺术园，编撰虎邱民俗文化书籍《茶旅小镇虎邱纪事》。加强农耕文化宣传，编撰《闽茶史三记》。开展布袋戏、茶文化艺术等特色教育进小学生课堂活动，举办“福在茶乡·茶歌飞扬”——2022年安溪原生态茶歌邀请赛。落实20个不可移动文物点、3家县级文物保护单位的日常巡查保护，做好节假日文物安全保护。湖西村建成含党员宣誓广场、红色书屋、芳厚堡遗址、游击队联络点等红色阵地的党建主题公园。

（陈家驰　刘祯哲）

西坪镇

【概况】 西坪镇位于安溪县中南部，东南与虎邱镇接壤，西与芦田镇、龙涓乡毗邻，西南与龙涓乡相连，北与蓝田乡、尚卿乡交界。2022年，全镇总面积145.5平方千米，辖26个村、1个社区，人口6.18万人。西坪镇是铁观音发源地、安溪县重点产茶乡镇，是国家级闽南文化生态保护核心区和世界重要农业文化遗产核心保护区。有茶文化古遗址日寨、月寨，有聚斯楼、泰山楼和映宝楼。

【经济发展】 2022年，西坪镇农林牧渔总产值85020.3万元（现行价）。其中，农业产值73762.63万元，林业产值89.79万元，畜牧业产值7106.9万元，渔业产值158.98万元，农林牧渔服务业产值3902万元。规模以上工业产值869550.53万元，增长6.94%；500万元以上非农户固定资产投入36700万元。

【项目建设】 2022年，西坪镇列入县2022年重点项目6个，总投资5.85亿元，年度计划投资2.8亿元，建设西坪中心小学学生宿舍楼、镇区提级改造等2个社会事业项目，推动崇德茶厂扩建工业项目，启动赤石原生态茶庄园、西坪铁观音茶文化旅游景区基础设施建设、德茗茶庄园等3个旅游项目。

【招商引资】 2022年，西坪镇签订招商选资项目投资意向协议4个，投资额12.1亿元。

【特色产业】 铁观音文化系统核心区保护建设 2022年，以西坪镇为核心区的“安溪铁观音茶文化系统”正式认定为全球重要农业文化遗产，引进专家团队编制《茶文化核心步道优化提升方案》《“世农遗”地标方案》等，统筹资金使用，投建发源地景观提升、农遗文化驿站、茶文化交流中心等13项茶旅项目，完成月寨古街巷修缮保护，启动“全国文保”安溪土楼消防工程建设，编制《铁观音茶文化旅游景区基础设施建设可研报告》，完善茶旅基础配套。

茶文化 2022年，西坪镇举办“聚斯寻韵”“匠造农遗”茶王赛以及“围炉煮茶”等茶事活动，拍摄《走读泉州之乌龙圣地、香飘西坪》系列专题报道，改造低效茶园4公顷，打造复合生态景观模式茶园示范片。组织拍摄的铁观音宣传视频获《2022安溪铁观音》短视频大赛二等奖。

5月18日，举办2022年春季“铁观音发源地”杯茶王赛（清香型），择优选取的90份茶样进入决赛。5月20日，以西坪镇为核心区的“安溪铁观音茶文化系统”被联合国粮农组织（FAO）正式认定为“全球重要农业文化遗产（GIAHS）”。6月16日，举办2022年春季“铁观音发源地”杯（浓香型）茶王赛，近300个参赛茶样角逐奖项，比赛采取暗码淘汰制审评，经初赛、复赛和决赛三轮，评选出金奖1名、银奖2名、铜奖3名、优质奖6名。10月23日，在西坪镇茶禅寺举行2022年秋季“铁观音发源地”杯（浓香型）茶王赛，比赛现场同步直播，推介好物，送出茶礼，观看2.11万人次。12月23日，“走读泉州”主题融媒体报道开机仪式在聚斯楼举办，现场授予西坪镇“走读泉州”首批推荐名镇的荣誉牌匾，并进行西坪系列报道。

2022年5月18日，2022年国际茶日活动“铁观音发源地”杯茶王赛在西坪镇举办
（图/西坪镇）

【乡村振兴】 2022年，西坪镇创建“原乡西坪、十里茶路”市级乡村振兴示范线和省市县示范试点村，盘活各类专项补助资金1600余万元，年度实施并完工乡村振兴建设项目26个，完成西坪公路站至后格巨港路段沥青路面改造，完工验收裸房整治239栋，南岩村获评市级乡村振兴实绩突出村。引进淮山、香菇、茯苓种植，建设竹笋初加工基地，村集体经营性收入超20万元达到100%，2个村超50万元。发力粮食生产，实施退茶还耕50.67公顷，撂荒地复耕26.67公顷，高标准农田建设200公顷，创建粮食生产示范区52.95公顷，完成全年粮食播种面积和总产量目标任务。

【社会事业】 教育医疗 2022年，西坪镇启动西坪中心小学学生宿舍楼建设，实施安溪五中300米塑胶运动场项目，解决校舍不足、硬件有限难题。推进中小学课后服务、校外培训机构规范管理等工作，安溪五中中考成绩攀升，录取安溪一中15人，录取一级达标校31人，高中录取人数219人。启用基层医保经办服务窗口，改善医疗环境，医保参保率98.5%。

镇区改造 2022年，西坪镇推进镇区提级改造系列项目，安平A地块（镇政府旧址）挂牌出让并开工建设、预售开盘，西坪粮站食品厂片区提级改造完成地上建筑物拆除，编制安平B地块收储出让成片开发方案，总投资3亿元的传奇会茶叶电商总部运营中心签约落地。深化流域水环境综合整治，镇区西源小流域水土流失综合治理列入国家水土保持重点建设工程项目，完成2.67千米安全生态水系（亲水步道）建设。

【综合治理】 综治工作 2022年，西坪镇深化“平安西坪”建设，推进常态化扫黑除恶斗争、防范治理境外涉诈暨非法出入境违法犯罪专项整治行动，运用“十三个一律”措施，劝返“红名单”25人、“橙黄名单”99人，涉诈重点人员劝返核减工作取得阶段性成效。创新矛盾纠纷排查化解机制，新增城安监控探头，加强电子巡查盯防，预警防范恶性案件发生。

安全生产 2022年，西坪镇开展安全生产大检查、自建房加工场所消防安全检查、燃气安全专项整治等行动，完成25家企业安全生产标准化创建。开展“回头看”，巩固61家自建房加工场所消防评查成果，责令停业整顿自建房加工场所3家。排查整改各类安全生产隐患369条，实施乡镇防汛标准化创建试点以及2个村级试点建设。

【基层组织建设】 2022年，西坪镇邀请县委党校高级讲师、党的二十大代表温文溪现场辅导授课3次，镇村校协同举办党的二十大精神主题党日、文艺演出、征文比赛等活动12场。开展村“两委”换届“回头看”，优化调整村级党组织书记1人次。西源村“党建+”邻里中心投入使用。新增高层次人才15人，培养传统技艺制茶能手，助推茶产业发展。

（王耀鑫　黄荣杰　叶展峰）

芦田镇

【概况】 芦田镇位于安溪县西南部，东北与西坪镇、蓝田乡接壤，西北与祥华乡交界，西南与龙涓乡毗邻。2022年，全镇辖区面积91平方千米，辖10个村、1个社区，人口1.77万人。芦田镇前身为国营芦田茶场，属于镇场合一，是安溪较早创建的国营茶场，全镇以茶产业为主，拥有茶园1220公顷，属安溪县茶业重镇。2022年度，芦田镇获评全县乡村振兴表现优异单位、招商选资先进单位、“三茶”统筹先进单位、征兵工作先进单位。

【经济发展】 2022年，芦田镇农林牧渔总产值34508.97万元，其中，农业产值31617.21万元，林业产值56.68万元，畜牧业产值2649.59万元，渔业产值98.49万元，农林牧渔服务业产值87万元。完成规模以上工业产值21792.3万元，比上年增长16.53%；一般公共预算总收入378万元。

特色农业 2022年，芦田镇完成退茶还耕43.73公顷，完成撂荒地整治26.27公顷，创建粮食生产示范区78.73公顷，创建“投资方+合作社+基地+农户”模式。推动“全球重要农业文化遗产——安溪铁观音茶文化系统”申报工作，建设“福建省茶树优质种质资源保护区——梅占”，核心保护区2667平方米。成立芦田镇茶史迹调查工作领导小组，寻得涉茶物品27样。开展制茶全链培训，举办6场春、秋两季民间斗茶赛，提升茶农茶园管理、评茶技术。9月，举办“助力‘农遗’”工作，推选“最美茶园”茶园管理评选活动，评出“最美茶园”8处（户）。10月，举办“‘喜迎二十大 奋进新征程’芦田镇红村村民间斗茶赛暨茶产业链链主企业与制茶大户能手产销合作签订仪式”，搭建产销合作平台。推动安溪县茶生态医院土壤检测服务，抽检合作社、产茶大户的茶园土壤30份，向茶农移送茶园施肥建议卡23份。协助上级开展春、秋两季茶叶抽检工作，抽检茶农和其他茶叶种植主体2村6户，“三品一标”认证茶样企业4家，县级示范社1家，市级监督抽检2家，其他茶叶种植主体1家，全部检测合格。

【项目建设】 2022年，芦田镇承接省级项目芦田段项目2个，实施县级重点项目3个、镇村两级项目26个，实施基础设施建设项目25个，全年完成投资12450万元。自来水厂扩建工程、十七中花园工程等18个项目竣工投入使用。组成专班，推动“北电南送”特高压和农村污水处理全村提升工程2个省级重点项目。制定实施项目包干负责制度，主管带领项目工作专班每周定期下沉督查，确保工程质量。

【乡村振兴】 2022年，芦田镇完善基础设施配套，建设“四好农村路”，投入250万元建设完成芦田村危桥改造1座、鸿都村错车道配套10处、三洋村角落公路拓宽0.8千米、红村村湖上角落公路拓宽1.2千米。投入资金48万元组建专业养护队伍1支，开展道路养护。投入1105万元建设卫生院大楼。投入50万元建设镇区自来水厂。治理生态环境，投入280万元实施芦田村农村生活污水提升治理项目，完成三洋村农村生活污水设施翻修。完成石盘村中级版、鸿都村高级版“绿盈乡村”创建。实施植树造林13.33公顷，森林抚育120公顷，封山育林154.67公顷。深化人居环境整治，投入30万元完善生活垃圾治理、分类和转运工作。推动各村主干道、镇区重点区域周边率先动工，全年裸房整治开工98栋，开工率97%，居全县前列。

聘请国家注册规划师黄桂利为乡村振兴发展顾问，邀请其团队到芦田实地规划。整合政策资金1500余万元，培育省级试点村福岭村、市级成效显著村三洋村、市级试点村芦田村。成立强村公司10家，流转土地、山林、茶园、水库等闲置资源，发展特色农茶产业12个。

【社会事业】 医疗卫生 2022年，芦田镇推进芦田卫生院综合楼及附属工程项目建设，提升基层医疗卫生条件硬件水平。邀请知名专家坐诊，改善患者就医条件。

教育事业 2022年，芦田镇支持安溪十七中、中心学校、三洋小学教育发展促进会，全年奖学奖教35.3996万元。

【综合治理】 综治工作 2022年，芦田镇将辖区内精神障碍患者68人纳入网格化管理，组织综治办、司法所、卫生院人员入户走访。与3级以上患者监护人22人签订以奖代补协议。加强重点社区矫正人员、重点刑满释放人员安置帮教对象管控，组织社区矫正人员、刑满释放人员，到镇政府开展学习、劳动等活动。加强吸毒人员管理，将辖区内吸毒人员，建档造册，纳入网格化系统管理，每月电话访查，掌握动态。推进反走私综合治理，组织召开反走私工作会议，组织人员对加油站、快递站等进行检查。深化扫黑除恶斗争，召开常态化扫黑除恶斗争领导小组成员工作会，破获涉嫌开设赌场5起，抓获犯罪嫌疑人8人。深化打击治理电信网络诈骗犯罪，每月召开打击电信诈骗工作协调会，推送85万条防范电信诈骗短信，劝返65人，其中“红名单”10人。排查化解矛盾纠纷，排查民事纠纷148起，调解成功148起，成功率100%。

【基层组织建设】 2022年，芦田镇组织召开中心组学习会12次、党建专题会议6次、主题党课3次。投入资金160万元，建设崇信社区“党建+”邻里中心，完善“1+6+X”功能服务体系，打造“5分钟服务圈”。加强党员干部队伍建设，对全镇482名党员实行积分制管理，开展“回头看”工作，巩固村（社区）“两委”换届成果。举办10期专题学习会和4期村主干“拉练”活动。深化小微权力监督，党政主官加入13个村级小微权力监督群，推送315条公开内容，收集群众诉求44件，办结率100%。开设纪检监察干部访民情板块，开展入户访查54次，解决实际问题4件。

（林杰贤 张菊芳）

剑斗镇

【概况】 剑斗镇位于安溪县北部，东与白濑乡、永春县坑仔口镇相接，西承感德镇，南与湖上乡、长卿镇接壤，北与永春县横口乡、一都镇交界。2022年，全镇辖区面积121.41平方千米，辖16个村，人口5.56万人。漳泉肖铁路、省道307线以及莆永高速公路横穿而过，晋江西溪、双溪、坑子口溪在剑斗交汇。

【经济发展】 2022年，剑斗镇农林牧渔总产值44944.89万元，其中，农业产值39593.43万元，林业产值199.12万元，畜牧业产值4472.68万元，渔业产值154.66万元，农林牧渔服务业产值525万元。规模以上工业产值39259.1万元，增长-6.13%；500万元以上非农户固定资产投入50743万元，增长11.8%。

【项目建设】 白濑水利枢纽工程 2022年，剑斗镇在建移民安置工程19个，完成年度投资124000万元，累计完成投资362000万元。其中，基本完工项目5个，在建项目17个，前期项目14个。全年完成漳泉肖铁路9.66公顷、废弃地场0.41公顷，东阳大桥项目8公顷，弃土场1.13公顷的临时用地交付，交付使用县道340湖上段、县道340镇区段红线内地块及C2标段二期导流截流房屋腾空167宗。

“福星花园”安置区 2022年，剑斗镇“福星花园”安置区98%以上业主完成主体结构施工并封顶，95%以上业主完成外立面装饰。完成福星花园供电标准化台区工程、月星源饮水工程及福星花园E区污水处理工程建设，开始向业主供水供电。9月，完成剑斗镇福星造福工程安置区场地平整（二期）工程财审工作。

【特色产业】 2022年，对原来是耕地现具有耕作条件的茶园，剑斗镇鼓励农民退茶还耕，修复茶山生态，遴选示范户。全镇建有生态茶园400公顷，无公害茶叶基地333.33公顷，建设高标准示范茶园13.33公顷，完成土壤改良40公顷，退茶还耕10公顷。推进禁用压茶机和除草剂工作，未发现压茶机复用。举办第三届“剑斗新城杯”铁观音茶王赛，弘扬工匠精神，向爱茶人分享剑斗铁观音。

【乡村振兴】 2022年，剑斗镇及县直6家单位115名在编干部挂钩帮扶全镇156户建档立卡脱贫户，每户脱贫户配备一名村级干部共同帮扶，落实“四个不摘”要求，推行“1338”防返贫动态监测帮扶工作机制，镇村两级干部采取全面入户、电话咨询、微信沟通等方式，完成两轮防止返贫监测帮扶集中排查，全年排除大额医疗支出人员63人，未发生返贫致贫现象。下拨资金20.7万元，扶持99户脱贫户发展产业。实施“雨露计划”，下拨资金4.65万元，补助16名职专学生。实施住房提升工程，下拨资金3万元，补助1户脱贫户进行住房提升建设。

2022年，剑斗镇省、市、县乡村振兴示范村建设完成项目7个，总投资700余万元。开展既有裸房专项整治工作，全年完成整治59栋，完工率131%。探索乡村有效治理制度，双洋村获评2022年市级乡村振兴实绩突出村和省级乡村治理示范村。

【综合治理】 2022年，剑斗镇开展赴境外诈骗窝点作案人员流出地整治工作，常态化推进扫黑除恶斗争，打击各类违法犯罪活动。破获涉诈案件24件，抓获44人（其中偷越国边境罪2件，抓获9人）；抓获涉诈在逃人员27人。开展维护社会和谐稳定宣传，在微信公众号“剑斗新城”发布反骗防骗信息15条，发送短信12万条以上，悬挂横幅50余条，发放各类宣传品单1000余份，开展禁毒知识宣传11次。落实“一历五单”，建立信息台账，执行“以奖代补”，与严重精神障碍患者监护人57人签订以奖代补监护协议，发放监护资金，强化严重精神障碍患者救治管理。为全镇12947户群众办理社会治安综合保险投保，投保金额258940元。

【社会事业】 公共服务 2022年，剑斗镇投入教育经费100余万元，筹集社会资金10万元，开展考取重点院校奖励、“义务教育管理标准化”创建、小学“劳动实践基地”建设、食堂修缮。控辍保学，小学阶段入学率100%。推进基础设施建设，全镇投入98万余元，开展村道C172线、C164线、C165线建设。投入14.19万元，完成C167线前炉至国光尾路段防护工程建设。完成7个村级公益事业项目，总投资191万元。

社会保障 2022年，剑斗镇低保345户683人、特困供养17户17人、低保边缘家庭441户1512人、新增事实无人抚养儿童12人。扶持残疾人就业创业补助10人，每人5000元；办理居家托养补助15人，每人2000元；办理贫困重度肢体残疾居家养护补助46人，每人1000元；扶残助学大专以上8人18500元；镇级临时救助37人75000元。

【基层组织建设】 2022年，剑斗镇履行全面从严治党责任，开展党的二十大精神学习，严格党员教育管理，开展党员培训和远程教育“固定学习日”活动。实施定期考察和动态监管相结合的管理机制，全年新发展12名党员，中专以上学历9人，平均年龄29岁。依托省级乡村振兴试点村御屏村，打造综合邻里中心，解决“服务群众最后一公里”，打造家门前的15分钟生活圈，辐射周边云溪村和尚山坑村，全年开展各类活动20余场次。在16个村划分微网格120个，配备微网格管理人员262人，组建邻里社群120个，开展3次网格员培训，制发网格管理服务公示牌、便民服务卡，开展“精准敲门”行动、送医送药暖心服务等。推动党建引领乡村振兴，由支部牵头、党员干部带头，培育带富先锋36人。成立强村公司，发展有机油茶、菌草等特色产业，延伸农产品产业链，促进村集体经济增收，16个村全年集体经济收入均达20万元以上。

（邱莉莉　易雷冰）

感德镇

【概况】 感德镇地处安溪县西北部，东与剑斗镇毗邻，南与长卿镇、祥华乡、福田乡相连，西与桃舟乡、福田乡互邻，西北与桃舟乡接壤，北与永春县一都镇、横口乡交界。2022年，全镇辖区面积221.78平方千米，辖22个村，人口6.59万人。

【经济发展】 2022年，感德镇农林牧渔总产值83084.17万元，其中，农业产值74481.05万元，林业产值146.53万元，畜牧业产值8304.74万元，渔业产值65.85万元，农林牧渔服务业产值86万元。规模以上工业产值141004.51万元，增长25.63%；财政总收入3875万元，一般公共预算收入2025万元，固定资产投资5.7亿元。

【项目建设】 2022年，感德镇县级重点项目9个，完成投资37000万元。槐植茶果场、茶叶公园两个新农村社区项目，槐植茶果场新农村社区完成认购70%，进行挡土墙、市政道路等施工；茶叶公园新农村社区完成规划方案和林地报批，进行“农转用”组件申报。高速路口北片区项目建设（一期），获得自然资源部15.33公顷国土空间规划审批，并办理控规入库及成片开发规划编制。白濑水利枢纽工程项目，完成感德镇范围内土地交地，涉及剑斗车站迁建房屋54宗，完成腾空52宗。第三中心幼儿园项目，完成主楼主体封顶，进行内部装修。高速槐植铁观音服务区改造项目，总投资5000余万元，以铁观音茶文化作为主题元素，设有茶艺展示区、茶文化传承公园、茶博景观区、商业步行街等四大功能板块，在国庆期间投入运营，服务区里的“老茶仓”“感德茶馆”成为感德镇对外宣介的亮丽名片。

【乡村振兴】 2022年，感德镇坚持“三茶统筹、振兴乡村”，推进茶产业发展。沃田源、溯茗源、庆芸、怡芳多个超千亩茶园基地+初制厂，深耕细作，保障茶叶品质。佛罗花茶业开展茶叶精深加工，全年实现产值2364万元，收购夏暑茶青2000多吨，提高茶农收入。成功承办“2022安溪开茶节”，举办“春季感德铁观音武林大会”“春季感德铁观音商品茶争霸赛”“秋季感德铁观音茶王赛”等赛事。承接厦门安溪商会媒体记者游茶乡活动感德场，提升“游茶乡”社会热度。

【综合治理】 2022年，公安部下发“红名单”118个，感德镇全年劝返境外高危人员96人，综合劝返率81.4%，位居安溪县一类乡镇前三。联合公安机关赴广西打击涉诈犯罪团伙2个，犯罪人员55人。

【社会事业】 2022年，感德镇推进乡村治理，被省委农村工作领导小组办公室、组织部、宣传部等6个部门认定为“省级乡村治理示范乡镇”，福德村、尾厝村获评“省级乡村治理示范村”。推进乡村振兴项目建设，完成全镇生态护岸4.15千米，乡村道路提级32千米；完成洪佑村、槐东村、大格村等8个村裸房整治730栋，整治面积21.3万平方米。拓宽村财增收途径，指导各村成立“抱团自强型”强村公司1家（德峰投资有限公司）和“合作社型”强村公司1家（安溪崇墉永峙乡村旅游专业合作社），2022年全镇各村村集体经济收入均20万元以上，其中2个村收入达到百万元。

【基层组织建设】 2022年，感德镇紧扣“古韵新风、飘香龙通”的发展目标，挖掘土楼文化、大会堂旧址、芹前古厝等资源，建设龙通村“党建+”邻里中心，推出“我在感德有亩茶园”“花果龙通”“乡村记忆体验”等项目。在感德茶师傅技艺传承创新中心融入党建元素，挖掘陈两固、陈庆芸等党组书记，“以老带新”传承技艺，为茶农助产助销。发挥感德乡村振兴茶业培训基地作用，定期举办茶叶培训，帮助茶农提高制茶品质，促进茶农增收。组建102个微网格、63个网格党小组、102个“帮帮团”，配齐网格员、志愿者，开展送药上门、发放防寒物资等志愿服务活动上百次，打通服务群众的“最后一米”。推行事在格中办，镇村两级网格员下压一线开展境外打诈等工作，网格社会治理效能切实提升。

【首届桑葚采摘节】 2022年4月23日，由感德镇龙通村委会、安溪崇墉永峙乡村旅游专业合作社主办，中国邮政安溪分公司协办的首届桑葚采摘节在龙通村举行。龙通村桑葚园区占地约3.33公顷，在采摘的基础上，推出桑叶茶、桑葚酒，提高桑葚附加价值。龙通村以党建为引领，成立安溪崇墉永峙乡村旅游专业合作社，通过合作社，以土楼文化为引，借山水林田之优势，策划形成一系列乡村旅游发展项目，包括土楼茶文化博物馆、党史主题公园、有机茶园定制、龙泉谷乐园以及涉及六种品类的花果园。这些项目串点成线，初具规模，广大游客慕名而来。

（郑美燕　李捷熹）

长卿镇

【概况】 长卿镇地处安溪县西北部，东与尚卿乡交界，南与蓝田乡相连，西与祥华乡相接，北与感德镇毗邻，东北与剑斗镇、湖上乡接壤。2022年，全镇辖区面积192.16平方千米，辖26个村和1个居民组、1个茶场，人口8.03万人。长卿镇是中共安溪中心县委会、安溪县人民民主政府机关旧址所在地，安溪规划建设的八大中心城镇之一，定位“一核一辅多带”中的新兴产业培育带。有“一院”（崇德书院）、“三岩”（达摩岩、补陀岩、泰湖岩）、绵远堂、源远土楼等名胜。

【经济发展】 2022年，长卿镇农林牧渔总产值98535.31万元。其中，农业产值81088.38万元，林业产值86.48万元，畜牧业产值15901.36万元，渔业产值109.09万元，农林牧渔服务业产值1350万元。完成限额以上社会消费品零售总额177407.9万元，比上年增长26.76%；社会消费品销售总额211804.1万元，增长25.57%；规模以上工业总产值88483.1万元，增长2.76%；固定资产投资39765万元，增长24.7%；地方级税收收入805万元，增长3.8%。

【项目建设】 2022年，长卿镇实施县级重点建设项目7个，总投资86280万元，完成年度投资26000万元。其中，龙潭溪河道治理项目完成征地、招投标、清淤等工作；长卿翰苑项目完成主体建筑、内外装修及配套的水电、绿化、道路、围墙设施建设；巫湖农场项目（续建）完成生猪养殖区扩建，开始培育仔猪。策划生成村级公益事业项目16个，总投资超3000万元。其中，公路建设项目涉及9个村，总长7.09千米；防洪溪堤建设项目涉及2个村，改造建设溪堤总长411.54米。

【招商引资】 2022年，长卿镇发挥泉州安溪商会、石狮安溪商会、福州安溪商会等在任长卿乡贤作用，洽谈意向回归或设置子公司电商企业5家，成功引进安溪县同发山创业园、长卿镇林光互补等3个项目，总投资165000万元。其中，安溪县同发山创业园项目拟建于大叶乌龙茶树的发源地——同发山，规划建设大叶乌龙种质资源保护基地、大叶乌龙观光园、大叶乌龙制作体验区、电商产业园等，依托周边民俗文化景点，同步打造同发山文化旅游区；安溪县长卿镇林光互补项目拟建于珊屏村，规划建设光伏装机容量100兆瓦，储能10兆瓦，建设完成后预计年发电量1亿千瓦时；长卿镇低空飞行训练体验基地拟建于玉美村，规划建设直升机起降点、低空飞行培训基地及低空飞行体验服务等项目，配套办公、飞行公寓、酒店等服务设施，建成集住宿、培训、应急救援等于一体的综合性拓展训练体验基地。

【镇区改造】 2022年，长卿镇以“小步快走、分层推进、自助运作”的模式，推进“三步走一园区”建设。全县首个乡村振兴服务中心项目，3栋主体建筑全部封顶，完成内部砌体工程，进入外装和消防水电安装阶段；长卿镇新型公共农贸市场建设项目，通过“公益性项目，市场化运作”，完成土地出让和方案设计；霞美安置小区项目，完成用地报批和风格设计，部分楼栋开始动工。

【乡村振兴】 2022年，长卿镇分类推进，探索乡村振兴长卿路径。通过盘活资源、入股分红等措施拓宽增收渠道，实现26个村村集体经济收入超20万元，衡阳村步入“百万村财”大关。成立镇级强村公司——安溪县长农农业发展有限公司，实现抱团发展，通过土地“预流转”形式，推进镇区周边6个村3.67公顷撂荒地整治和退茶还耕，完成粮食示范区建设738.91公顷。推广西溪村“党支部+乡贤”的模式，完成4个村级公园建设，推进山格村水口角落至三跳石溪堤改造、小西村草墩至朴崃段小流域整治二期等4个项目建设。推动省道、县道两旁及乡村振兴实绩突出村248栋裸房整治工作，开工率93.54%、完工率81.45%。开展90多场环境卫生保洁大扫除行动，清理河道约100千米，建成农村人居环境整治提级1.0版10个、2.0版11个、3.0版6个。投入30万元建设西溪村长者食堂，为70岁老人提供免费午餐，每月组织为当月生日的老人过“集体生日”活动。山格村获评省级乡村治理示范村。

【特色产业】 淮山产业 2022年，长卿镇举办第八届安溪县淮山文化节系列活动，建成山格淮山品牌体验馆、山格淮山中小学劳动实践基地，发布国家地理标志农产品“山格淮山”卡通吉祥物，打响品牌影响力，纵深淮山产业“朋友

2022年12月28日，安溪县举行“相见不如淮念”淮山新品暨网络传播视频发布仪式（图／长卿镇）

圈”。镇域内淮山种植面积400公顷，年产量12000吨，淮山系列产品15种，涉淮山产业年产值20000万元。

茶产业 2022年，长卿镇举办春、秋两季铁观音茶王赛，组织茶农茶商参加各类茶叶赛事，推动茶农传承发扬传统制茶技艺。围绕“同发山”——大叶乌龙发源地，引入茶庄园、茶叶直播基地项目，发挥辖区内1名铁观音大师、2名铁观音名匠的引领作用，打响“长韵卿香”茶叶区域公用品牌。长卿镇获评2022年度安溪县“三茶”统筹工作先进单位。

【社会事业】 卫生医疗 2022年，长卿镇卫生院引进DR（数字化X射线摄影机）、电子胃肠镜等设备，完成胸痛救治单元的建设，通过中国胸痛中心联盟的认证。安溪县医院长卿分院项目，完成用林用地报批、建筑方案设计、施工图编制、工程招标等前期工作。

教育发展 2022年，长卿镇撤并文坪小学、月眉小学2所基层校，辖区内有中小学11所（完中校1所、小学10所），幼儿园3所。推进崇德中学硬件设施提升改造项目，完成1栋教师宿舍楼改造。对长卿镇中心幼儿园进行装修，完善教育教学配套设施。

【基础设施】 2022年，长卿镇投入1386万元，建设玉湖村村部至蓝田乡乌殊村道路工程项目，完成道路拓宽改造3千米，路基宽6.5米，路面硬化宽6.5米及配套排水、绿化等设施。投入2155万元，完成福春村至感德镇领西村公路5.8千米、云一村至云集村公路3千米提级改造。投入46.4万元，对道路路口、红绿灯路口、中小学门口等重点区域进行安全隐患整改。

【综合治理】 2022年，长卿镇结合消防安全百日攻坚行动、安全生产专项整治三年行动和标准化提升专项行动等，组织安全生产检查19次，景区、非景区检查4次，排查出消防隐患55项、隐患点8处，全部完成整改。通过民间场所“公评庵”，完善“宗亲+”治理模式，推进各类矛盾纠纷化解，完成矛盾

纠纷化解140件，成功率98%。开展“八五”普法宣传活动，推进法治建设，组织13场法治教育反诈、禁毒等专题讲座，发放、张贴普法宣传资料1万余份，悬挂法治宣传横幅、标语200多幅，多次在“崇德长卿”微信公众号发布普法宣传文案。推进打击治理电信网络诈骗和偷私渡违法犯罪工作，劝返“红名单”人员137人、“橙黄名单人员”324人，摸排上报线索14条，查处偷越国边境人员6人，协助抓获公安部认定的“拔钉”对象3人。获评安溪县2022年度打击治理电信网络诈骗和偷私渡违法犯罪专项工作先进单位。

【基层组织建设】 2022年，长卿镇划分微网格102个，组建网格党小组93个，配备微网格长102人，兼职网格员273人，形成“镇—村—党小组—微网格—户”的治理体系。建成长卿镇镇级以及南斗村、衡阳村“党建+”邻里中心，集产业发展、便民服务、创业培训等多项服务于一体，形成“镇村联动、条块结合、多网合一”格局，争取资金100万元对衡阳村党群服务中心进行翻建。长卿党史馆入选第四批“泉州市党史教育基地”，据统计，接待党政机关、学校、企事业单位、社会团体等参观学习近百场次，受众5000多人次。建设山格淮山党建公园、山格淮山非公党建馆等，构建多元化党建文化“生活圈”。中共安溪中心县委旧址被确定为福建省离退休干部党员传承红色基因教育基地。聘任6名离退休党员为镇“强基促稳”宣传员，发挥“银发力量”，助力基层稳定发展。深化妇联组织“强基增效”工程，为党夯实执政的妇女群众基础，长卿镇妇联入选全省达标的乡镇（街道）妇联名单。

【文明建设】 2022年，长卿镇开展精神文明工作，实现辖区内1个新时代文明实践所、26个村新时代文明实践站全覆盖。盘活长卿党史馆、长卿镇打击电信诈骗宣传教育馆、长卿镇禁毒宣教室、党群服务中心、农家书屋等资源，打造五大服务平台，拓展建设长卿镇崇德书院家风家训展示馆文明实践点，在中秋、重阳、国庆等时间节点，举办送春联下乡、慰问困境儿童、“诚信与青春同行”主题系列教育、青年趣味运动会、邻里南音、金婚庆典等各类活动。

【长卿党史馆开馆】 2022年7月，长卿党史馆开馆。长卿党史馆地处长卿镇山格村，占地面积300平方米，主要项目有党史馆、非公党建馆、党员活动中心等，通过文字资料、历史图片、实物展出、情景再现等形式，展示长卿人民在新民主主义革命时期的光辉革命历程，以及改革开放以来长卿建设“崇德长卿 西翼新城”的发展成就。

（唐艺梅 谢昆明 王东凯）

龙涓乡

【概况】 龙涓乡位于安溪县西南部，东与大坪乡、虎邱镇、西坪镇接壤，北与芦田镇、祥华乡交界，西与华安县相邻，南与长泰区毗邻。2022年，全乡辖区面积372.92平方千米，辖36个村，人口7.74万人。有半林、水云波两大国有林场，华祥苑茶庄园、高鼎茶庄园、中闽魏氏茶庄园、正香茶庄园4座茶庄园，济芳楼、辉斗楼2座土楼，护国岩、石钟山、仙峰岩、进宝双塔、皇斗岩、凤山岩、石鼓亭等自然风景点。

【经济发展】 2022年，龙涓乡农林牧渔总产值111052.59万元，其中，农业产值91942.95万元，林业产值265.08万元，畜牧业产值18579.42万元，渔业产值165.14万元，农林牧渔服务业产值100万元。规模以上工业产值11185.19万元，比上年下降73.7%；500万元以上非农户固定资产投入40056万元，农村居民人均可支配收入22865万元。

【项目建设】 2022年，龙涓乡有县级重点建设项目10个，总投资12.43亿元。完成招商签约金额11.9亿元，签约项目5个，即福建省佑新发展有限公司生猪养殖场、九星生态农业生猪养殖场建设项目、南崎茶叶粗制加工厂建设项目、举源茶叶粗制加工厂、150千瓦茶光互补光伏电站项目。谋划项目1个，龙涓乡美岭石钟山茶旅项目。

【乡村振兴】 2022年，龙涓乡培育两个省级乡村振兴示范村，新岭村培育“绿色乐活、茶香文旅”文旅康养试点村，培福村培育“村民的幸福家园”试点村。建设10个中高级版“绿盈乡村”，对珠塔、宝都等5个村进行整体规划。整合盘活各村集体资源，采取“公司+合作社+村集体”模式投资特色产业、入股茶溪和坪塔电厂、成立物业管理公司等方式，实现100%村集体经济收入超20万元以上。建设龙涓乡村振兴服务中心，成立安溪县乡村振兴学校（龙涓），成立龙涓商会，挖掘各村资源潜力，36个村实现抱团发展。

推进高标准农田建设。完成撂荒地复耕186.67公顷，完成农田茶园退茶还耕75.47公顷，创建529.13公顷粮食示范片区。推进裸房整治。改善农村人居环境和群众住房条件，裸房（含平改坡）开工1342栋，完工1150栋。改善生态环境。分类整治生猪养殖污染问题，提升改造高层溪（龙涓溪）流域范围内规模以上养殖场8家，整改完善养殖户42家，关停取缔养殖户34家。在里口断面（省控断面）安装自动检测站，每两小时对流域水质实施监测，采样监测水质，结果达Ⅲ类以上。通过省生态环境厅九龙江大队实地验收，解除挂牌督办。

2022年11月21日，安溪县文化科技卫生“三下乡”活动在龙涓乡举行（图/龙涓乡）

【特色产业】 茶业 2022年，龙涓乡改善茶山生态环境，建设高标准茶园133.33多公顷，建设3个茶园管理示范村。开展顶尖茶师傅评选活动、长青计划铁观音大师技艺传帮带活动。依托华祥苑等3座茶庄园为引擎，结合“线下茶企”“线上茶商”和家庭农场，打造“茶庄园+”现代化茶产业体系。

“一村一品” 2022年，龙涓乡支持红酒、龙涓大饼、龙涓米粉、贡糖、香菇等传统产业转型升级，发展红酒曲、食用菌、肉鸽养殖、水果玉米等。挖掘“土特产”价值链条，打造龙涓“一香”（茶叶）、“二甜”（大饼贡糖、水果玉米）、“三清”（虎尾轮、风鼓草、黄花菜）、“四补”（红酒、老鸽、鸡鸭、牛羊）等农业特色品牌。

【综合治理】 综治工作 2022年，龙涓乡建设“综治+”治理中心，建成数字监控研判中心、维稳分析研判室、群众来访接待室、矛盾纠纷多元调处（信访评理）室、公共法律咨询宣传服务室和集中办公区等功能区。实施村级视频监控系统联网四期项目。投入40万元为辖区户籍人口办理社会治安综合保险，30多名群众获得综治保险理赔，理赔金额10万元。深化网格化管理，健全综治网格管理体系，全乡划分为240个网格。建立三级网格管理员队伍，一级网格长45人、二级网格长50人、三级网格员190人。常态化开展黑除恶斗争，深化防范治理境外涉赌诈及非法出入境违法犯罪专项整治、打击治理电信网络诈骗犯罪、打击整治养老诈骗、防范打击邪教组织等专项行动。建立乡村两级联合调解网络体系，排查各类矛盾纠纷235件，调处成功235件。完善“一村一法律顾问”制度，开展“法律顾问进村”、线上法律咨询活动。

【社会事业】 教育事业 2022年，龙涓乡加大教育资金投入力度，完善中、小学校园基础设施。完善和规范各村教育促进会，开展助学奖教活动，弘扬尊师重教传统美德。

医疗保障 2022年，龙涓乡完善医疗保障体系，扩大城乡居民医疗保险覆盖面，2022年度城乡居民医疗保险农民参保率90%。完善临时救助、大病救助、救急难救助等社会救助制度，实施“低保”“残疾人”及“二女户”安居工程和五保户修缮工程。

养老服务 2022年，龙涓乡城乡居民养老保险全覆盖，老人基础养老金发放率和身故后丧葬补助金支付率100%。加大养老事业投入力度，完善敬老养老配套设施及扩展养老服务功能。建立农村留守老人信息台账和定期探访制度，加强农村留守老人关爱服务。

巩固脱贫攻坚成果 2022年，龙涓乡按照“四个不摘”要求，聚焦“两不愁三保障”、饮水安全等政策，巩固237户建档立卡贫困户和62户边缘贫困户脱贫成效。与安溪县乡村振兴学校开展合作，提供农特产品销路和100多个就业岗位。

【基层组织建设】 2022年，龙涓乡建设下洋村“党建+”邻里中心，搭建制茶交流平台，开展爱心义诊等活动20多场次，服务下洋、山后等5个村8000余人。注重网格化治理，精细划定网格85个，成立

110个网格党小组，宣传疫情防控、“两保”征缴等工作。注重拓展阵地，以内灶村乡村振兴文化广场为平台，建设“一心两叶”特色党建馆，助力内灶茶叶专业合作社发展成为国家级示范合作社。

【首届红曲酒品鉴大赛】 2022年12月22日，龙涓乡在乡村振兴服务中心举办首届安溪县龙涓红酒品鉴会。选送龙涓红酒品鉴会酒样68个，经过初赛、决赛和网络评选等环节，选出龙涓红酒样品金奖1个、银奖2个、铜奖3个、优质奖4个。

【水云波乡村振兴文化广场项目开工】 2022年7月13日，龙涓乡水云波乡村振兴文化广场项目开工。该文化广场位于龙涓乡内灶村，项目总投资300万元，占地面积0.8公顷，规划集建设党建文化长廊、红色记忆体验地、梯田茶园景观、文体健身场所等配套设施，构建多元素于一体的乡村振兴沉浸式文化体验广场。

（杨志宝　谢泽滋）

尚卿乡

【概况】 尚卿乡地处安溪县中部，东与蓬莱镇接壤，西与长卿镇、蓝田乡相连，南与西坪镇毗邻，北与湖头镇、湖上乡交界。2022年，全乡辖区面积116.42平方千米，辖18个村，人口4.33万人。尚卿乡获评“中国藤铁工艺第一乡”、福建省乡村治理示范乡镇、福建省文明村镇、福建省扫黑除恶先进集体、福建省特色小镇、全国乡村特色产业超十亿元镇、泉州市第七次全国人口普查突出贡献集体等。辖下国心绿谷获评农业农村部农耕实践文化营地、国家AAA级旅游景区，翰卿村获评第二批省级乡村治理示范村。

【经济发展】 2022年，尚卿乡农林牧渔总产值23889.62万元，其中，农业产值15879.1万元，林业产值125.78万元，畜牧业产值6622.63万元，渔业产值96.11万元，农林牧渔服务业产值1166万元。规模以上工业产值592089.68万元，增长15.33%；500万元以上非农户固定资产投入97040万元，城镇（农村）居民人均可支配收入2.5345万元。18个村集体经济收入均超20万元。

【项目建设】 2022年，尚卿乡有重点招商项目9个，签约9个，总投资36.4亿元。实施1个市级、25个县级、51个村级重点项目攻坚。藤云工艺园建设，自来水厂、污水处理厂、园区道路、园区亮化等基础配套设施建成并投入使用。新增入驻企业5家，建成厂房46栋24万多平方米。

2022年，尚卿乡完成退茶还耕20公顷，创建14个粮食类经营主体家庭农场，完成粮食播种面积649.87公顷，粮食产量3308吨。14个村建设高标准农田，占比77.7%。完成青洋—灶坑村高标准农田建设项目240.47公顷。全乡春粮播种120.47公顷和夏粮播种151.33公顷，超额完成任务；完成380.73公顷粮食生产示范片任务。发放种粮补贴，提高群众种粮积极性。

【乡村振兴】 2022年，尚卿乡引导各村创新增收思路，灶坑、新楼等村级强村公司承接道路养护、园区管护、零星工程项目，黄岭村和誉丰国心共建星空民宿、绳网部落等旅游项目，全乡18个村集体经济收入均超20万元，其中3个村突破100万元，超额完成百万村财攻坚行动任务。发挥电商党委引领作用，打造共享直播基地，签约主流平台电商导师团队开展“直播+短视频”专题培训40场次，培育电商专业人员418名。在“618”“双十一”“双十二”电商营销节点抱团宣传，“十一”宣传片《当藤铁工艺碰上新潮rap》全网浏览量超2.5亿次，全乡“淘宝村”增至10个。依托信和水性漆专家工作站，培育水性漆喷涂工匠136人，60%的木制家居工艺品完成技术转型，产品市

尚卿乡翰苑村福文化广场　　（摄于2022年12月　图/阮学敏）

场满意率98%。引进陈文令大师带头设“哲匠”美术馆，招引工艺类高校开办专业实践基地，增加产品设计人才。深化“党建+金融”双基联动，与县农商行党委强化党建共建，召开党政银企座谈会，发放藤飞贷、园区贷等产品，新增授信2.63亿元，用信金额2.1亿元，发放纾困贷4350万元。

【特色产业】 藤铁家居工艺业 2022年，尚卿乡有各类藤铁家居工艺企业980多家，规模企业39家，各类加工点2000多个，从业人员近万人，形成从产品设计、模具加工、铁艺生产、木材制作、防锈喷漆、抛光打磨到电商营销、包装物流的完整产业链条。推广“跨境电商+海外实体店”的模式，引导3家外贸企业跨境经营，打通双边市场发展。

数字茶业 2022年，尚卿乡国心绿谷茶庄园借助智能物联网茶园环境监测系统，实现病虫害防控，茶叶抽检合格率100%，做法被人民日报头版关注。

文旅产业 2022年，尚卿乡抓住青阳冶铁申遗成功、国心绿谷获评国家AAA级旅游景区、黄清平当选全国乡村文化和旅游带头人的契机，改造旧竹编厂为世界藤铁工艺之都·卿创馆，集中展示藤铁家居工艺，打造“赏藤铁工艺—读青阳冶铁—品铁观音文化”文旅路线。招引万树“三铁荟萃”文旅产业园项目，总投资20亿元，建设游客中心、龙章书院、邻里中心、“三铁”博物体验馆、康养社区、度假酒店等。

【综合治理】 综治工作 2022年，尚卿乡深化“平安尚卿”建设，推进常态化扫黑除恶斗争、防范治理境外涉诈暨非法出入境违法犯罪专项整治行动。实施“八五”普法。推进“互联网+政务服务”一体化平台应用，受理140件，办结140件，办结率100%。深化“雪亮工程”“一村一警务助理”等制度，培育农村“法律明白人”187人、“法治带头人”109人，参与基层治理。建立“N+1”联动调解机制，针对因房屋拆迁、邻里纠纷、历史遗留问题等引发的矛盾纠纷，调动相关村调解委员会、综治办、司法、派出所、信访、国土、村建等相关部门，依托尚卿司法所调解中心，“一站式”协调化解矛盾纠纷。提升“12345”政务便民服务热线，解决群众诉讼192件。健全各项应急预案体系和运行机制，建设综合应急物资储备点19个、避难场所18个。发挥乡执法队、尚卿志愿消防队作用，常态化开展企业消防、密闭空间防控等专项检查。

【社会事业】 镇区治理 2022年，尚卿乡争取龙潭溪流域整治专项债8000万元，开展科名、福林、徐州、灶坑、灶美等溪流域整治，开展科山至青洋沿线、市级乡村振兴示范线、省县道沿线“三线”环境整治，建设桥梁3座、拦污坝2个、停车场2个、游步道3条。实施镇区道路“白改黑”3条，开展镇区占道经营专项治理、农贸市场整治、312省道沿线环境治理、镇区村裸房整治。建成福文化广场。深化“绿盈乡村”建设，翰苑村获评“中级绿盈乡村”。整治农村公共空间和庭院环境，创建美丽庭院50户。

养老服务 2022年，尚卿乡提升居家养老服务站和老人活动中心，规划建设尚卿乡老年大学，建设尚卿养老院、科名村“长者食堂”，开展敬老爱老活动。

【基层组织建设】 2022年，尚卿乡推行党政领导“一对一导师制”帮带模式，定期举办青年干部座谈会、村支部书记述职汇报会，8名年轻干部到驻村一线锻炼。建立“支部+中心+网格”工作机制，组建18个网格党支部、104个网格党小组。建立18个村公开群。依托纪委小微权力监督平台，每月对公开内容进行监督，回复办理“群众诉求”。结合产业园区、藤铁企业分布，划分111个微网格、21个专属网格，配备专职网格员111人、兼职网格员240人，开展邻里互助、纠纷调处。建成运营灶美村“党建+”邻里中心，建设翰苑福文化广场，提升4个村级党群服务中心，尚卿竹编厂改建为电商党委综合服务中心即卿创馆。

（黄泽尧　吴东碧）

大坪乡

【概况】 大坪乡位于安溪县南部，东连龙门镇，西、北两面与虎邱镇毗邻，南与长泰区、厦门市同安区交界。2022年，全乡辖区面积78.65平方千米，辖7个村，人口1.83万人。大坪乡素有“茶海明珠”“古老茶乡”之称，是著名的“茶叶之乡”，安溪四大名茶“毛蟹”的发源地，产有“肉桂”“乌旦”等珍稀茶种。是著名的“生态之乡”。大坪乡是著名的“台胞之乡”，2022年底有台胞60多万人。

【经济发展】 2022年，大坪乡农林牧渔总产值41919.13万元，其中，农业产值37899.64万元，林业产值87.99万元，畜牧业产值3619.88万元，渔业产值62.62万元，农林牧渔服务业产值249万元。规模以上工业产值476297.74万元，比上年下降11.74%。

【项目建设】 2022年，大坪乡投入1800万元在大坪村建设大坪卫生院综合楼项目，项目用地面积约929.77平方米，建筑占地面积约456.06平方米，总计容建筑面积3532.84平方米，主要建设内容为门诊、住院综合楼、医用电梯及配套附属工程。投入1760万元开展大坪乡农村生活污水治理提升项目，在九龙江上游流域，进行管网建设，将生活污水引入污水处理站，实现生活污水无害化处理。投入1950万元开展镇镇有干线（林大公路段）及辖区公路提升工程项目，主要建设内容为虎邱林东至大坪公路路段亮化、各路段水土保持、护坡及安保、亮化等工程建设以及征迁扫尾。

【乡村振兴】 农村人居环境整治 2022年，大坪乡开展“三拆一清”“一革命四行动”专项整治，整治裸房213栋，拆除“两违”建筑6处。实施生活污水管网设施建设，提高污水排放管理水平，实现污水治理常态化。搭建“大学生+党员+群众”乡校合作共建平台，用墙绘艺术为乡村面貌增添色彩。香仑村、萍州村被评为“第二批省级乡村治理示范村”。

生态建设 2022年，大坪乡完成林业图斑整改33个，造林绿化面积16.67公顷，治理水土流失50公顷。投入1250万元实施福美溪安全生态水系项目建设，推进双美村、福美村的小流域整治工作，提升流域水环境和生态景观，九龙江支流内枋溪（大坪段）断面水质稳定达到Ⅲ类合格以上。香仑村荣获泉州市“绿盈乡村”称号。

农业生产 2022年，大坪乡完成退茶还耕24公顷和撂荒复耕10.5公顷，建设高标准农田69.73公顷，新增耕地面积5.4公顷。引入无人机水稻播种等现代科学技术，建设福美生姜种植基地4.6公顷、前洋新型无公害蔬菜基地20余公顷，推动现代农业产业化、集约化发展。全乡粮食播种面积稳定在211.47公顷以上，粮食总产稳定在1116吨以上。

【特色产业】 茶产业 2022年，大坪乡实施茶山生态提升行动计划，举办第七届“茶海明珠杯”毛蟹茶王赛暨肉桂、乌旦品鉴会，推进萍州村肉桂茶叶集中加工区等项目建设，“大坪毛蟹”“大坪肉桂”“大坪乌旦”等名片初显成效。全乡茶叶总产量3998吨，比上年增长10%；涉茶总产值14000万元，增长11%。

旅游业 2022年，大坪乡完成马峰山观光步道、鹅头山道路等基础设施建设，美化亮化环境，旅游景观品质显著提高。以“茶海明珠·初心广场”党建公园起点，借助同安小坪村、军营村和白交祠村“红色”资源，推广“大坪+”旅游名片。

【综合治理】 2022年，大坪乡推进平安建设，开展“公共安全领域突出问题大排查大化解大整治攻坚行动”“防范治理偷私渡违法犯罪暨境外，破获刑事案件17件，破获行政案件23件。

【社会事业】 社会保障 2022年，大坪乡投入90余万元建设大坪村“党建+”邻里中心，提供老有所养、幼有所育、事有所办等各类优质服务。为全乡低保户、特困人员发放保障金132万元。

医疗卫生 2022年，大坪乡深化“乡村流动医院”服务，开展巡回诊疗、公共卫生、签约服务、送医上门等服务。为低保户、困难群众、65周岁以上老年人等对象免费配送“健康防疫包”2361份。

文化教育 2022年，大坪乡大坪中心幼儿园投入使用，实现大坪公办幼儿园“零”的突破，增加学位180个。开设厚德载物等国学课程，聘请离退休干部党支部党员为100余名儿童授课。举办青年读书分享会等活动4场次。

【基层组织建设】 理论学习 2022年，大坪乡开展党委中心组理论学习27次、专题党课2次，以上率下推动全乡党员干部深学细悟。组织乡村讲师团开讲“田间党课”22场，解决工学矛盾。推行党员固定学习日，通过“送学上门”，让流动党员、退休老党员学习教育“不打烊”。结合“三再”活动，举办宣讲会、分享会等4场，增强学习吸引力。

组织建设 2022年，大坪乡开展“海丝先锋”达标创星活动，离退休干部党支部获评“福建省离退休干部示范党支部”。以换届“回头看”为契机，通过导师帮带、季度拉练等帮带20名“新手”村干部进入角色。

集体经济发展 2022年，大坪乡成立茶海明珠投资公司，带动萍州村等盘活闲置资源成立强村公司，7个村集体经济收入全部达20万元以上。

特色品牌创建 2022年，大坪乡深化与厦门莲花镇“高山共建”特色党建，互聘乡村振兴导师，联合举办活动17场次，打造党建公园、竹园溪溯源游等旅游精品路线，促进文旅合作交流。

【电影《双美寻梦》开机】 2022年3月1日，电影《双美寻梦》开机仪式在大坪乡双美村举行。电影讲述在全面实施乡村振兴战略的大背景下，广大茶乡人民大力发展茶产业以及基层工作者们积极奉献、服务群众、振兴乡村的故事，诠释茶乡人民“靠自己的骨头长肉”的精神。

（陈嘉楠 陈贵建）

白濑乡

【概况】 白濑乡地处安溪县西北部，东连湖头新城，西接剑斗古镇，南依湖上乡村，北靠永春玉斗。2022年，全乡辖区面积45.16平方千米，辖5个村，人口1.2万人。白濑乡森林资源丰富，水域面积广，水资源充足，水电、林茶、生态旅游构成白濑乡三大支柱产业，有“白濑溪声”“白濑瀑布”“石莲开花”“王帽山”“石臼”“羊麻山”等景点。

【经济发展】 2022年，白濑乡农林牧渔总产值11583.49万元，其中，农业产值9073.66万元，林业产值207.27万元，畜牧业产值1430.37万元，渔业产值49.19万元，农林牧渔服务业产值823万元。规模以上工业产值5571.5万元，比上年增长1.31%；500万元以上固定资产投入74965万元，比上年下降0.3%；农村居民人均可支配收入1.5万元，比上年增长9%。水利资源充足，水域面积110公顷，有水电站7座，总装机容量3.5万千瓦，年发电量12000万千瓦时，年创税600多万元。

【项目建设】 2022年，白濑乡完成大白濑水利枢纽工程涉及的304户157座房屋、160多公顷土地的征迁工作，确保C1标、大坝和铁路改复建等项目的无障碍施工。完成大白濑水利工程征迁扫尾工作“清零”目标，完成铁路改复建项目151户60座房屋腾空拆除和28.67公顷红线外用地征地工作，确保项目顺利实施。推进总投资6498万元的全域土地综合整治试点项目，全年完成5个村村庄规划、国土空间规划和土地综合治理编制方案。

【乡村振兴】 2022年，白濑乡邀请中国农业发展银行安溪县支行和永安市安溪商会来调研乡村振兴工作，深化结对帮扶，筹集乡村振兴帮扶资金。推进白濑村“乡村振兴试点村”建设，建设安溪县白濑乡白濑村红色文化教育基地二期项目、安溪县白濑乡白濑村果园提级改造项目，投资300万元。落实“雨露计划”补助政策，支持脱贫户子女接受职业教育12人。开发公益性岗位，解决就业问题，帮助就业困难人员7人。

【特色产业】 2022年，白濑乡构建“茶油林果蔬”5个产业“党建+”合作社模式，逐步形成“一村一品”。创新“强村公司+土地流转”模式，在长基村、寨坂村引进社会资本，以土地流转方式盘活铁路28.67公顷红线外土地，解决工程征地困难，每年为2个村增加集体收入各20多万元。整合白濑瀑布资源，由第三方承包，带动周边果园发展，每年增加白濑村集体收入5万元；选取3个茶园作为试点，邀请制茶大师陈清元指导，茶叶价格从每千克80—100元提升至240—300元。

【综合治理】 2022年，白濑乡开展平安建设、打击偷私渡、打击电信诈骗、扫黑除恶斗争、社会治安

大白濑水库C1标段 （图/白濑乡）

专项治理工作，设定社会治安专项治理观测点5个，建立村巡逻队伍5支，推进平安白濑建设，维护社会和谐稳定。

【社会事业】 2022年，白濑乡完善基础设施建设。新改建公路6.4千米，投入400多万元；建设白濑中小学操场、实验室，修缮教学楼和宿舍投入410万元；重建白濑卫生院，当年投入建设资金1000万元；破解农村水费收缴难题，长基村、下镇村安装智能水表900多户；预计总投资350万元的骨灰堂，已完成设计和征地，即将开工建设；加强环境卫生整治、生态环境建设，引入第三方专业保洁公司，开展露天垃圾围堤级改造行动，2022年度市级环境卫生综合考评位列全县第一。

【基层组织建设】 2022年，白濑乡开展党的二十大精神宣讲，把牢意识形态阵地。成立网评员队伍，发扬文明新风。强化党风廉政建设，全年提醒谈话5人，通报批评2人，扣除绩效2人。组建党员先锋队，设立共享药箱，开展送“苗”入户，汇聚多方力量参与防疫。开展党员“带富先锋”培育行动，党员领办合作社模式不断成熟。建立邻里中心城区“分中心”，村“两委”轮流进驻，服务城区常住乡民。聚集各方资源，推动微网格治理精细化，治安监控、智能饮水系统等依托微网格进行管理。

（陈麒聪　张金涛　苏清江　章东霞）

湖上乡

【概况】 湖上乡位于安溪县中北部，东北与白濑乡相连，南与湖头镇、尚卿乡毗邻，西与长卿镇接壤，北与剑斗镇交界。2022年，全乡辖区面积49.04平方千米，辖13个村，人口2.93万人，其中盛富村、横坪村为少数民族村。畲族人口5226人，是安溪县畲族的主要聚居地。

【经济发展】 2022年，湖上乡财税收入总量完成1115万元，其中地方级任务数1307万元，完成657万元，完成任务数的50.3%，比上年下降45.4%；规模以上工业总产值完成3069.11万元，比上年下降87.27%；固定资产投资完成21147万元，比上年增长53.09%，完成任务指标的128.95%；限额以上商贸完成51942.1万元，比上年增长25.5%，完成任务指标的110.79%。湖上乡农林牧渔总产值30594.13万元，其中，农业产值22689.48万元，林业产值202.85万元，畜牧业产值5360.66万元，渔业产值65.14万元，农林牧渔服务业产值2276万元。

2022年，湖上乡立足资源优势，推动休闲农业发展壮大。依托盛富村大坑底休闲农场，种植畲药13.33公顷、水产养殖1.6公顷、养殖珍珠鸡2000只，促进村集体经济、村民增收。

【项目建设】 2022年，湖上乡5个县级重点项目（雪山听泉康养休闲农业项目、安溪五阆山生态庄园项目、湖上乡盛富村畲竹园建设项目、湖上乡爱普香料产业园项目、湖上乡矿产品加工项目）完成投资15450万元，建设进度在全县前列。招商签约项目5个[福建省安溪万重再生资源加工项目、泉州安溪今世缘茶业有限公司精深加工基地项目、惠州市浩明科技股份有限公司环保型高阻隔膜及纵向PETG（聚对苯二甲酸乙二醇酯）膜自主国产化生产基地项目、德泰灰岩矿开采项目、湖上乡欣盛生态农业综合开发项目]，总投资103000万元，超额完成任务指标。在谈项目1个，为华能湖上智慧能源项目，预计总投资67000万元。

【乡村振兴】 2022年，湖上乡推进“4个+”建设（“生态农业+乡村旅游”“品牌带动+文旅活动”“党建引领+设施完善”“文化宣传+自愿服务”），以试点建设为样板，培育特色农业，盘活13.33公顷野生茶园，制作销售高品质的五阆山茶，促进茶业提质增效。优化产业结构，挖掘台湾红藜麦、山油茶等特色农产品。

【特色产业】 茶产业　2022年，湖上乡建立大师名匠帮带机制，推动湖上茶叶质量提高，茶农收入比上年增长10%。通过举办茶王赛、品鉴交流会等茶事活动，营造浓厚茶文化氛围，为安溪茶产业高质量发展贡献湖上力量。

2022年5月25日，由泉州市安溪生态环境局、中共安溪县湖上乡委员会、安溪县湖上乡人民政府主办，安溪五阆山生态茶庄园、岩香茶行承办，安溪农商银行湖上支行协办的2022年“云端湖上·香飘五月”春季铁观音品鉴交流会在湖上乡茶香人家举办。安溪农商银行湖上支行行长余海铭为种植大户代表颁发贷款授信牌匾，解决种植大户资金需求。

2022年11月16日，由中共安溪县委统战部、泉州市安溪生态环境局、中共安溪县湖上乡委员会、安溪县湖上乡人民政府联合主办，安溪县双旅茶业发展有限公司承办，安溪县茶业职业技术学校协办的2022年秋季湖上乡“民族团结杯”安溪铁观音茶王赛在湖上乡沙堤村举办。收到参赛茶样110个，评选出金奖1名、银奖2名、铜奖3名和优质奖

18名。活动现场举行产销对接签约仪式，50克金奖茶拍出288888元。

文旅业 2022年，湖上乡以历山茶庄园、瑞和园家庭农场、五阆山生态茶庄园等景点为依托，发挥盛富村、横坪村畲族特色，扩大湖上乡“文旅+”影响力。抓好雪山听泉康养、湖上乡民俗文化中心（悬钟岩）、五阆山生态庄园、畲竹园建设，打造“云香湖上，康养福地”区域农特产品和旅游品牌，让乡村文化和旅游有机融合。

“小、特”产业 2022年，湖上乡盛富村以畲竹园项目建设为契机，提升竹编产业，探索畲药种植技术，发展畲药产业。横坪村坚持宜农则农，利用闲置土地种植小黄姜、油茶，探索食用菌种植技术和生姜产业链延伸。格头村、湖上村培育油茶产业。

【综合治理】 **安全生产** 2022年，湖上乡开展房屋及工程施工、人员密集场所、危险物品、工矿企业、道路交通、消防安全及自然灾害等各行业领域安全检查，出动检查人员135人次，开展各项执法检查65次，检查企业、单位385家次，整治安全隐患问题110项。全年未发生重大安全生产事故。

治安管理 2022年，湖上乡常态化推进扫黑除恶斗争，立案九类涉恶案件11件，抓获涉诈嫌疑人13人。打击电信网络诈骗和偷私渡违法犯罪活动，全年劝返滞留境外涉赌诈人员126人，相关经验做法在县委常委会上作典型发言2次。建立矛盾纠纷多元化解机制，排查化解各类矛盾纠纷218件，调处成功率100%。

法治建设 2022年，湖上乡开展“千人送万企·送法护企促发展”、“美好生活·民法典相伴”、“三八”女性社区矫正对象帮教活动等各类普法宣传，强化对企业、农民工、学校学生、社区矫正人群等对象的普法宣传教育，提高全民知法守法用法意识。相关做法在福建司法、安溪新闻网、安溪县人民政府等网站上报道。

【社会事业】 2022年，湖上乡坚持绿色发展，落实“三长制”，抓好矿山生态修复、水土流失治理、绿化补植等工作，厚植生态文明。深化“我为群众办实事”实践活动，建设湖上乡供水工程、修缮16座农村供水站，解决7000余人饮水难题。投入2000万元，提级改造公路2.8千米、拓宽硬化角落公路13.5千米、修复水毁公路近6000平方米。提升农村幸福院、居家养老服务站2所，举办象棋赛等各类老年人体育活动，获评泉州市老年人体育强乡镇。开展医农保收缴工作，筑牢群众医疗、养老保障，医保收缴完成率96.12%，相关经验做法在县级工作会议上作经验交流3次。

【基层组织建设】 2022年，湖上乡抓好班子建设，主持召开党委会、党政联席会专题研究党建工作13次，提振干部精气神，前三个季度绩效考核均为优秀等次。加强村干部队伍建设，开展10场村干部专题培训会、4场村主干“拉练”活动；通过村级换届“回头看”，调整村支部书记1名、村干部2名；通过导师帮带、跨村联建等方式，完成软弱涣散基层党组织飞新村的整顿工作。

2022年，湖上乡建设党员法官工作室、青年人才之家，打造性价比高、功能性强的湖上村“党建+”邻里中心。全年开展民俗节日主题活动、政策理论宣讲等志愿服务活动23场次。

2022年，湖上乡划分65个微网格、11个专属网格。配强76名专职网格员、104名兼职网格员，全面摸清网格“底数”。发挥网格员户熟人熟优势，助推乡村治理，组织宣传教育27场、化解矛盾纠纷15起。

2022年，湖上乡探索“党建+金融”模式，与安溪农商银行加强共建共享，结合湖上实际，首发乡

2022年7月7日，湖上乡在湖上中心小学开展“民族团结一家亲 同心喜迎二十大”主题系列活动 （图/湖上乡）

情贷、竹编贷、民族融合贷、民族同心卡等乡村振兴专项贷款产品，全年授信8650万元，发放各类贷款产品81笔915万元，促进村民、村集体经济增收，13个村村集体经济收入均达20万元以上。

【“民族团结一家亲　同心喜迎二十大”主题系列活动】　2022年，湖上乡联合集美大学师范学院开展为期五天的“民族团结一家亲　同心喜迎二十大”主题系列活动。7月3—4日，集美大学暑期“三下乡”社会实践队到湖上乡少数民族村落横坪村和全国文明村、省级乡村振兴试点村盛富村，开展民族文化调研，通过观赏特色畲族服饰、手工竹编制品和民俗文化用品，感受畲族悠久文化、风土人情。7月5—7日，青年社会实践队在湖上中心小学为40名小学生开展民族团结系列课程，培养民族团结意识。通过“民族团结一家亲　同心喜迎二十大”主题系列活动，激昂青春力量，助力民族团结。

【湖上乡湖上村“党建+”邻里中心揭牌】　2022年9月30日，湖上乡湖上村“党建+”邻里中心举行揭牌仪式，开展“我们的节日·情暖邻里　爱在重阳”系列主题活动。湖上村“党建+”邻里中心按照“1+6+X”模式进行资源整合，配备满足辖区群众基本需求的便民服务区域、养老服务区域、文体活动区等基本功能区，创新性设置安溪县人民法院共享法庭（党员法官工作室）、青年人才之家等功能区，将儿童之家并入幼儿园进行提升建设，致力将邻里中心打造成“性价比高”“功能性强”，群众愿意来、主动来、经常来的服务阵地。

（蔡丽锦　陈丽珠）

祥华乡

【概况】　祥华地处安溪县西北部，东与长卿镇、蓝田乡接壤，南与芦田镇、龙涓乡接壤，西与华安县湖林乡、仙都镇交界，北与感德镇、福田乡毗邻。2022年，全乡辖区面积258.34平方千米，辖20个村，人口3.67万人。祥华乡是安溪开先县令詹敦仁的隐居地、清文渊阁大学士李光地的诞生地，是第十二批全国“一村一品”示范村镇、泉州市乡村振兴整镇推进“五好”乡镇、农业产业强乡。祥华乡是铁观音最早主产地，生态茶园4000余公顷，茶叶年产量6000吨。祥华乡拥有佛耳山、敕敉灵惠庙、冶银冶铁遗址、“垂裕堂”土楼、明代古寨堡遗址等名山古迹。

【经济发展】　2022年，祥华乡农林牧渔总产值61697.6万元，其中，农业产值57347.66万元，林业产值131.94万元，畜牧业产值3962.43万元，渔业产值47.57万元，农林牧渔服务业产值208万元。财政总收入1135万元。其中，上级补助收入530万元，一般公共预算收入605万元。规模以上工业产值167229.62万元，比上年增长13.94%；固定资产投资18000万元，增长26.03%；限额以上社会消费品销售额108221.6万元、零售额88100万元，分别增长30%、21.54%。20个村村级集体经济收入均超20万元，其中珍山村超100万元。

【项目建设】　2022年，祥华乡推进乡村振兴基础配套及公共服务提升（一期）、祥华乡Y009线石牌格至福洋公路工程、祥华富源茶叶建设等县乡重点项目23个，总投资18700万元，其中县重点项目4个，总投资8950万元，全年任务完成率111.9%。招引祥都置业综合体等4个大项目，总投资155000万元，全年任务完成率155%，其中阳光新视界集团生物科技数字经济产业园项目，异地落户厦门泉州（安溪）经济合作区湖里园，实现同年招、同年产，预计年销售额可达10000万元，纳税超500万元。

【乡村振兴】　2022年，祥华乡践行“三茶统筹”，秋茶产销两旺、价升市活，毛茶均价87元，同比上涨45%，带动茶农增收近32000万元，全年涉茶产值超250000万元。

2022年，祥华乡启动全乡国土空间规划、福洋村传统村落保护规划编制，完成8个村村庄规划并通过专家评审，实现乡村治理从“设计图”向“施工图”有效转变。实施天心路、祥地至小道“党建+”茶文化景观提升工程2.6千米，完成旱厕、口袋公园等小微绿化改造45个。启动裸房整治集中攻坚月、镇区清零行动，开展杆线整治、沥青路面改造、环境卫生大整治，解决“空中蜘蛛网”“脏乱差”等顽瘴痼疾。将每月3日定为全乡环境卫生集中整治日，通过评比、挂牌、奖补等方式，实施治理提升，打造“最美厨娘庭院”“茶旅小院”“农耕文化庭院”等23个特色美丽乡村庭院，其中7个获评省级美丽庭院示范户。实施19.3千米农村公路改造提升，投入6000多万元。启动20公顷“林、茶、粮”彩虹谷特色农业园建设，实施4个村农田连片整治项目。

2022年，祥华乡搭建“1+4+N”强村公司矩阵，清理“三资”合同100份，收回土地86.67公顷，推动全乡资源、资产、资金再整合、再利用。建成高标准农田347.26公顷、农田示范区133.33公顷，整治、流转撂荒地和茶园58.67公顷，提升土地综合利用率、流转率，释放土地红利，带动创业就业岗位350个。7月11日，安溪县“茶香农遗 赋能乡村振兴”主题推介暨祥华茶旅品牌发布会在溪禾山铁观音文化园乌龙集镇举行。引导乡村致富带头人回归反哺，汇聚资金5000多万元推进全乡交通、教育、宗祠建设，一批“古树新园”“古祠新貌”“古庙新风”在施工阶段。盘活闲置厂房、土地3.17公顷，零地招商引进富源茶厂、茗山茶旅综合体、祥都置业商业综合体、茶业精深加工标准化园区等项目，带动全乡发展。

【特色产业】 一村一品 2022年，祥华乡深挖各村绿色产品、特色资源，探索打造“1+20”（茶业加各村特色产业）“一村一品”的圈状产业集群，引导红米、山药、山茶油、蜂蜜、碳菇等特色农业规模化发展、产业化经营，建成专业合作社164个、家庭农场40个，结合“祥大师”主题IP打造“公卿”“铁如意”“阿蔬公”等农特产品品牌9个，其中山药产值超1500万元、红米产值超500万元。

旅游业 2022年，祥华乡以安溪名茶山——佛耳山为核心圈层，策划形成“山之灵”“水之秀”“古之风”“茶之韵”四条精品旅游路线，交叉串联“一茶、两山、三村”（“一茶”即茶业，“两山”即佛耳山、抱紫尖山，“三村”即福洋村、珍山村、东坑村），同步推出主题IP、主题MV、形象宣传片、招商宣传手册、旅游宣传手册，推动辖区内种茶人书院、佛耳云舍等民宿集中托管运营，打造全时全季全域茶旅新业态。

2022年5月17日，“祥华味·福生活”安溪县祥华乡“最美厨娘”厨艺比赛在祥华乡白玉村福星土楼举办 （图／詹翠芬）

【综合治理】 安全生产 2022年，祥华乡开展岁末年初安全生产百日攻坚专项行动、城镇燃气安全排查整治、安全生产大检查等工作，排查整治安全隐患48处。开展安全生产进校园、进企业活动10余场，印发宣传资料6000余份、张贴及悬挂宣传标语500余幅、发送安全相关短信10万余条。关闭1家非法黑气点、2家非法烟花爆竹零售点，完成自建房加工厂房评估及整改10家。联合县交通局、乡派出所上路执法百余次，检查车辆1000余台次，劝导群众2000余人，查获酒驾2起，无证驾驶20余起。完成20个村避灾点建设，开展自然灾害综合风险普查，提升抵御自然灾害的综合能力。

防汛 2022年5—6月连续强降雨期间，祥华乡发生公路溜方、塌方78处（溜方60处2.9万立方米、塌方15处0.49万立方米、路面损毁3处），房屋倒塌23处（约1200平方米）、受损49处，农作物及农田设施受损3.2公顷，饮水工程、拦水坝、灌溉水渠、河岸等受损35处，直接经济损失超1500万元。祥华乡189名乡村两级干部始终严阵以待，转移群众220人（投亲靠友131人、避灾点27人、自建新房18人、外出44人）。

综治维稳 2022年，祥华乡查处涉诈骗类案件41件，刑拘93人次；查处涉赌案件25件（刑事9件，行政案件16件），刑拘10人次，行政处罚77人次；抓获偷越国边境人员26人（其中偷渡团伙5个、20人），刑拘26人；劝返滞留境外逃犯6人、“红名单”71人、“橙黄名单”640人；捣毁地下钱庄窝点1处，抓获省厅认定金主2人、县局认定金主1人；开展斩链拔钉行动，抓获经上级审核认定拔钉对象1人；摸排涉诈风险人员157人，通过签署告知书、承诺书等方式，内防输出。

【社会事业】 便民服务 2022年，祥华乡整合民政、医保、残联、宅基地等政务服务，完成乡便民服务中心提升改造，实现一窗受理、集成服务。汇聚镇区及周边资源合力建设祥华村“党建+”邻里中心，打造“15分钟邻里服务圈”，促进乡村片区组团式发展。投入资金35万元改造建设祥华乡消防站，配齐消防人员、物资、器材，完善消防制度，提升应急备战能力。

惠民工程　2022年，祥华乡成立全县首家乡级茶业学校，聘请中国制茶大师、铁观音名匠、高级制茶工程师、非遗传承人定期座谈交流，组建3支祥大师茶业发展服务队，通过“师带徒”分片指导、挂钩传承，培育更多“田秀才”“土专家”，打造茶产业人才梯队。投入4000多万元，完成祥地隧道交叉口隐患整治等3项工程建设，加快推进旧寨至郑坑等3条公路改造工程。启动裸房整治集中攻坚月、镇区清零行动，完成裸房整治821栋、22.5万平方米。发放低保金426.8万元，保障全乡低保户334户588人、特困人员22户22人生活。推进九龙江流域综合治理5千米，筹备建设祥地至东坑漂流项目，唱响生态宜居品牌。

【基层组织建设】　2022年，祥华乡先后召开党建工作专题会议24次、开展警示教育6场，整顿基层党组织软弱涣散。开展“喜迎二十大，同心谱新篇”文艺演出、“祥大师”主题IP系列海报宣传、“山药丰收节”等活动，汇聚党心民意。推动党史学习教育常态化，开展理论学习中心组学习9次、线上线下宣讲学习13次。2022年，祥华乡离退休干部党支部获评“省级离退休干部示范党支部”。建设祥华村“党建+”邻里中心，并以“祥大师”IP主题，添置“一村一品”特色农业展厅，开展义诊、宣讲等活动11次，服务群众800多人次。全乡划分微网格100个、专属网格19个，联合派出所、卫生院、村志愿者等组建微网格“帮帮团”，畅通服务群众“最后一米”。

【“一村一品”示范村镇建设】　2022年11月7日，第十二批全国“一村一品”示范村镇名单公示期满，祥华乡正式获批第十二批全国“一村一品”示范村镇（乌龙茶）。

【铁观音毛茶赛】　2022年，祥华乡探索形成新的茶叶赛制——铁观音毛茶斗茶大赛。赛事限定参赛主体为茶农、参赛茶样为自制毛茶，深挖挖掘民间制茶高手，联合县农商行对获奖给予最高30万元贷款授信额度，用于茶园管理、加工场所改造提升。赛事通过提前报名、村级推荐、乡级审核，确定符合条件对象，促进前期针对性初始培训、中期跟踪和后续提升，组织专业人员对参赛人员茶园实地勘察，指导茶农高标准管理，对验收合格的给予1200元/亩茶园管理专项奖补资金，并授予“祥华乡高标准示范茶园”荣誉称号。赛事采用毛茶（带梗）进行评审，直观鉴定参赛茶样的品种及其在种植、病虫害防治、采摘、初制等加工环节技术水平，推动工艺回归传统。

【安溪县“茶香农遗 赋能乡村振兴”主题推介暨祥华茶旅品牌发布会】　2022年7月11日，祥华乡在安溪县溪禾山铁观音文化园乌龙集镇举办“茶香农遗 赋能乡村振兴”主题推介暨祥华茶旅品牌发布会。发布祥华乡镇域形象IP和祥华铁观音主题曲、主题语、主题LOGO入围作品以及祥华乡主题形象宣传片《我和我的家乡·祥华》，与县生态环境局、文旅公司、安溪农商行及阳光新视界集团等单位签订祥华乡整镇推进乡村振兴共建协议、“万企兴万村”结对共建协议、投资合作协议。

【最美厨娘】　2022年5月17日，祥华乡党委、政府联合县乡村振兴局、文体旅局、妇联等县直有关单位，在祥华乡白玉村福星土楼举办“最美厨娘”厨艺比赛，挖掘祥华本地特色饮食文化、推广铁观音茶文化、创新开发茶餐，发挥妇女在和美乡村建设中的独特作用，发展特色民宿和农家乐。

【《珍山村志》编纂启动】　2022年7月29日，安溪县祥华乡《珍山村志》编委会召开第一次会议，启动该志编纂工作。泉州市直机关工委原副书记陈炯仁、县委史志室、祥华乡党委政府有关负责人、《珍山村志》编委会成员和部分珍山村村民代表参加会议。会议围绕编纂方案、村志体例、资料收集、内容撰写、用语规范、入志标准等方面开展研讨。

（郭鑫权　吴云城）

蓝田乡

【概况】　蓝田乡地处安溪县中部偏西，东与尚卿乡毗邻，西与祥华乡接壤，南与西坪、芦田两镇相连，北与长卿镇交界。2022年，全乡辖区面积99.77平方千米，辖16个村，人口3.04万人。蓝田乡是“中国团餐之乡”发源地，是传统农业乡镇、国家级生态乡镇、革命老区乡镇。蓝田乡拥有全县最大的红豆杉群，全县面积分布最广的桫椤群，全县连片面积最大的“竹海”。全县投入使用的最大水利工程蓝田水库电站，拥有乌土红豆杉和进德黄檗两株福建省“树王”。蓝田乡人文景观众多，有县级文物保护单位瑞云廊桥和白云亭，有宝云殿、福顶岩、安福堂等多处宗教朝圣建筑。蓝田牌楼灯，是泉州市第四批非物质文化遗产。张氏毛笔制作技艺被列入第七批福建省级非物质文化遗产代表性项目名录。

【经济发展】 2022年，蓝田乡农林牧渔总产值43281.7万元，其中，农业产值35192.18万元，林业产值297.17万元，畜牧业产值3695.82万元，渔业产值403.53万元，农林牧渔服务业产值3693万元。财税总收入484万元，其中地方级任务数398万元，完成358万元，完成任务数的89.95%，比上年下降2.3%。规模以上工业总产值58906.19万元，比上年增长22.64%；500万元以上固定资产投资完成33547万元，比上年增长178.9%；商品销售总额10653万元，比上年增长15.3%，社会消费品零售额10653万元，比上年增长15.3%。

【项目建设】 2022年，蓝田乡实施县级重点项目4个，计划总投资112000万元，完成投资16455万元。镇区提级改造项目，分两期建设，一期商会大厦完成相关手续，开展地质钻探、土地平整等前期工作。朝天山旅游景区项目，分两期建设，一期天宁岩项目完成地基平整和基础浇筑，开展主体建设；景区二期及总体项目组织申报省级森林公园。金山珍豆制品生产项目，分二期建设，一期厂房建设和工厂设备完成回迁并投入生产；二期工厂增资扩产厂房加层项目开展施工。综合智慧能源（光伏发电）项目，包含分布式光伏和集中地面光伏电站，推进部分农户屋顶分布式光伏施工，集中地面光伏电站完成设计，提交省发改委批复。

2022年，蓝田乡农村公路改造提升项目4个，总长17.04千米，通达6个村，蓝二村至内春村公路完工，推进安保水沟建设；乌土村至黄柏村公路改建工程4.8千米，完成3.8千米路面硬化；后清村公路改建工程5.65千米，完成路面硬化约4.8千米；山内寨村温宅至大衫脚公路工程1.91千米，完成路面硬化，推进安保施工。镇区公路破板修复完成，环乡公路养护竣工。危桥改造4座，九礤溪龙桥、蓝田华章1桥、蓝田宝云桥完工，九礤坑内桥处于施工阶段。

【乡村振兴】 2022年，蓝田乡坚持走“团餐立乡，产业兴乡”道路，建设团餐食材基地，发展淮山、玉米、佛手瓜、蜜薯及蔬菜干品等，打造“一村一品”特色产业。以蓝田小城镇开发建设有限公司为抓手，打造“强村公司”，建设团餐食材基地12片66.67公顷，助力村集体经济、村民双增收。

2022年，蓝田乡坚持“文旅融合”发展战略。用好红色历史文化资源，建成“打响解放安溪第一枪”暗坑岭爱国主义红色文化教育基地，蓝田乡被列为第三批“泉州市党史教育基地”；与县委史志室共建史志学习园，组织学习35批次，打造集文旅研学和党性教育于一体的红色产业新地标。挖掘朝天山森林公园、蓝田水库、九礤瀑布群等特色旅游资源，完成九礤瀑布沿线步道设计和朝天山旅游景区项目概念设计，打造集旅游、餐饮、休闲、垂钓于一体的生态旅游区，打造“全域生态旅游小镇”。创新“支部引领＋团餐文化＋民宿体验”模式，围绕“知团餐、赏风光、品美食、摘果蔬、钓鲜鱼、住民宿”，打造集社会实践、亲子活动、拓展培训等于一体的乌殊村“团餐文化游”精品路线，吸引各地游客上万人次。

2022年，蓝田乡加强生态环境保护，开展生活垃圾治理和生活污水治理等，1—4季度的流域水质评比中，河湖水质持续保持在三类以上。蓝田乡龙潭溪支流安全生态水系建设项目计划总投资1130万元，完成方案设计和财审等前期工作，开展招投标。

2022年，蓝田乡开展农村垃圾处理、旱厕改造、危旧房清理、庭院绿化等。投入20万元，设置多处建筑垃圾点，发动评选卫生先进户和卫生文明户。发挥妇女在社会家庭中积极作用，引导广大家庭主动参与农村人居环境整治，共同打造“美丽庭院”，11户示范户被省妇女联合会、省农业农村厅列入省级美丽庭院示范户名单。

2022年，蓝田乡深入推进网格精细化管理，将全乡划分为67个“微网格”，以民情茶室、“田头夜话”为载体，组织共商共议，发挥党员先锋作用，及时化解矛盾纠纷。发挥微网格员队伍、新时代文明实践站志愿者队伍和社会工作者队伍等3支队伍作用，开展疫情防控、政策宣传、志愿服务等活动，解决群众急难愁盼问题。

【特色产业】 团餐产业　蓝田乡是“中国团餐之乡”发源地，蓝田籍人士在外创办团餐企业500多家，每天服务超过800万人次，营业额达670亿元，业务遍布全国各地。2022年，中国饭店协会发布2021年度中国团餐企业TOP100榜单，其中前35强中有3家蓝田籍团餐企业，前50强中有5家，领跑团餐行业。

【综合治理】 2022年，蓝田乡接到警情277起，办理案件66件，其中刑事24件、行政42件；抓获各类违法嫌疑人79人，打掉犯罪团伙5个、23人；交通纠违986件，查处酒驾38件。开展防范治理境外涉赌诈暨非法出入境违法犯罪专项整治行动，劝返（核减）境外“红名单”58人，其中拔钉斩链对象1人；市级下发名单核减154人，自主摸排境外人员返回境内118人，上报金主线索2条，提交云南工作专班协助函2份。蓝田司法所、派出所与乡综治办、湖头法庭等基层政法部门共同协调，创建“三所一庭一中心+N”联调机制，包括矛盾纠纷联调室设立、领导小组联席会议召开、矛盾纠纷预警研判、矛盾纠纷联防联调、预防信息共享、调解司法确认、业务交流培训等7项机制。2022年，蓝田司法所组织开展联合调解5场次，化解疑难复杂矛盾纠纷5件，其中信访积案1件，调解成功率和履约率均为100%，1起调解案例成功入选司法部调解案例库。

2022年6月1日，安溪县蓝田乡莲花明欣希望小学落成仪式暨“希望学子心向党”福建希望工程一堂课活动举行（图／吴圣莹）

【社会事业】 教育事业 2022年，蓝田乡蓝一村徐福南向中心小学捐赠图书、体育用品、学习用品等爱心物资；进德村李露清捐资7万元，助力蓝田中学“晚餐工程”。6月，安溪县蓝田乡莲花明欣希望小学举行落成仪式。12月，蓝田中学被泉州市教育局评为市级乡村温馨校园，蓝田中心学校、蓝田中学选送的论文《“双减”政策下农村小学留守儿童家庭教育面临的困境及应对策略》《家校协同共育，学生健康成长——初中家庭教育指导策略探究》分别荣获2022年福建省家庭教育优秀论文二等奖、三等奖。

粮食安全 2022年，蓝田乡举办“我在蓝田有亩田”活动，开展退茶还耕和撂荒地复耕工作。推进高标准农田建设，2021年进德村高标准农田项目完成乡镇自验，推进问题整改；2022年蓝田村等9个村高标准农田项目，完成工程量约55%。

社会保障 2022年，蓝田乡城乡居民医疗保险参保人数28971人，参保率95.18%；城乡居民养老保险参保人数9242人，参保率78.13%；有农村低保户252户441人，发放低保金493530元；特困人员7户7人，发放资金356500元；为29名群众申请临时救济金和医疗救助资金21.6万元。

【基层组织建设】 2022年，蓝田乡采取“1+6+X”工作模式，推进乌殊村“党建+”邻里中心，开展活动25场次，服务1000余人次。建设“长者食堂”，每月为老人举办集体生日宴。设置“蓝田好货”农产品展示柜，打造集党建成果展示、发展村集体经济、扶农助农和文旅宣传于一体的平台。开展“千堂党课进邻里”“夜幕下的电教工程”“南音进邻里”等系列活动，丰富群众精神文化生活。

2022年，蓝田乡引导广大党员发挥“头雁”效应，培育“党员创业致富示范基地”4片，挖掘、宣传农村党员致富带富典型，鼓励党员致富能手带头“亮身份、亮承诺”，分享致富经验、传授实用技能，激发党员群众创业热情，为200多户群众提供就业岗位、发放产业分红。《福建日报》报道“党员引路 群众致富”典型做法。

2022年，蓝田乡通过全县首聘“银发微网格员”、组建微网格“帮帮团”等方式，帮助群众化解矛盾纠纷、解决困难80多个，经验做法在中国网、《福建老年报》等媒体报道。联合县委老干局共同拍摄的微视频《从退休教师到村支书的初心之路》，获评全省离退休干部最喜爱的“学示范 做先锋 跟党走”主题十佳微视频。蓝一村党支部书记徐荣周获评泉州市首批“刺桐银发头雁”。

2022年，蓝田乡实施年轻干部培养工程，创设“紫气蓝田”讲坛，聘请专家、学者及乡贤走进讲坛授课宣讲，举办“读书荐书会”“青年悦谈会”活动，干部交流读书心得，以读带悟、以悟促进，掀起学习党的二十大精神热潮，全年举办学习活动15期，参与学习1500余人次。定期组织乡、村两级干部“拉练”学习，观摩学习经验做法，激励担当作为；创新“红黑榜”，公开晾晒，推动干部下沉一线抓落实。

【河湖长制主题公园建设】 2022年，蓝田乡践行“绿水青山就是金山银山”发展理念，以河湖长制工作为主题，依托蓝田村古樟树公园，建成全县首个乡镇河湖长制主题公园。

【省级乡村治理示范乡镇】 2022年，蓝田乡加强乡村治理体系和治理能力建设，推进乡村振兴，推动形成治理有效、充满活力、和谐有序的乡村善治格局。10月，蓝田乡被福建省农业农村厅授予第二批省级乡村治理示范乡镇称号。

【安溪蓝田商会成立】 2022年8月5日，蓝田乡举行安溪蓝田商会第一次会员大会暨成立庆典大会，打造蓝田籍企业家合作交流、互通友谊、加快发展的重要平台。启动“金凤还巢”计划，中电智慧（泉州）能源有限公司、江苏明月轩食品科技有限公司、中膳食品科技有限公司等多家企业引进注册落户蓝田。拓展“万企兴万村”项目，探索乡村振兴致富新路径，带动农民增收致富。

【蓝田伏击战遗址揭牌】 2022年11月24日，蓝田乡举行第三批“泉州市党史教育基地”——蓝田伏击战遗址揭牌仪式。市委史志室主任周顺安，县委常委、组织部部长李安辉共同为蓝田伏击战遗址揭牌。仪式后，与会领导、嘉宾参观学习蓝田伏击战遗址。

（林辉灿　谢华云　陈永忠）

桃舟乡

【概况】 桃舟乡位于安溪县西北部，东南与感德镇接壤，西与漳平市象湖镇毗邻，北与永春县一都镇交界，距安溪县城88千米。2022年，全乡辖区面积128.26平方千米，辖8个村，人口1.32万人。

【经济发展】 2022年，桃舟乡农林牧渔总产值18491.18万元，其中，农业产值14105.75万元，林业产值594.59万元，畜牧业产值2215.03万元，渔业产值69.81万元，农林牧渔服务业产值1506万元。规模以上工业产值23895.3万元，同比增长19.57%；500万元以上非农户固定资产投入43159万元，比上年增长79.2%；一般公共预算收入308万元，比上年下降1.9%；社会消费品零售总额10392万元，增长29.7%；农村居民人均可支配收入21688元，同比增长6.5%。

粮食生产　2022年，桃舟乡完成1022户193.27公顷、169011.7元的实际种粮农民一次性补贴资金的兑付；完成333户45.5公顷的水稻保险投保；创建粮食生产示范区151.228公顷，完成退茶还耕23.6公顷、撂荒地复耕32.6公顷；8个村创建10家粮食类生产经营主体。

村集体经济发展　2022年，桃舟乡培植光伏发电、林地承租等集体收入来源，所有村集体经济收入20万元以上。其中，桃舟村25.98万元、下格村20.76万元、莲山村31.28万元、达新村22.38万元、吾培村23.17万元、康随村25.82万元、南坑村23.64万元、棠棣村28.21万元。

【项目建设】 2022年，桃舟乡建设县级重点项目6个，分别是晋江源头旅游基础提升工程、安溪桃舟乡吾之茗生态文化旅游项目、佛罗花（桃舟）茶叶加工产业基地项目、唐小六安溪南坑茶园套种青钱柳项目、桃舟乡公路安全防护及养护工程项目、桃舟乡会场修复项目，年度计划投资18500万元，全年投入项目建设资金19065万元，完成年度任务的103.05%。

【乡村振兴】 2022年，桃舟乡立足山地资源多、林地面积广森林覆盖率高等生态优势，实施“生态+碳

蓝田伏击战遗址　　（摄于2022年11月　图/县委史志室）

汇交易、生态+特色产业、生态+全域康养”，推进绿色产业振兴，2月15日，《福建振兴乡村简报》第3期以《融合生态产业　绘就富民蓝图》为题刊发桃舟乡发展生态产业经验做法。2月1日，举办“万企兴万村　蓉城安商在行动”活动莲山村调研座谈会，安溪县委常委、统战部部长肖印章，泉州市政府驻成都办事处主任杨群晖，自贡市航空产业园管委会党工委委员、副主任林凯，安溪县委统战部副部长、县工商联党组书记张金波等到会指导。桃舟乡莲山村与官桥镇、下格村与龙门镇开展结对帮促，发展光伏产业等项目，促进村集体经济增收。全年投入产业扶贫发展资金20.2万元，基础设施建设资金55万元。

2022年2月1日，成都安溪商会莲山村产业振兴调研考察活动座谈会召开。图为与会人员合影　　（图/张兴良）

【特色产业】　2022年3月，桃舟乡莲山村成立强村公司——源头水农业综合开发专业合作社，探索“商会+村委会+农户”三方共赢新公益模式，发展淮山种植2.13公顷，村民增收20多万元。10月27日，安溪县桃源有机茶场有限公司牵头制定的《青钱柳茶加工技术要求》由福建省市场监督管理局《关于批准发布〈技术转移机构评价准则〉等21项福建省地方标准的公告》（〔2022〕第3号）发布，填补福建省青钱柳茶加工技术标准空白。

【综合治理】　综治维稳　2022年，桃舟乡党委、政府与辖区内8个村签订《桃舟乡2022年度平安建设工作责任书》《桃舟乡2022年度打击偷私渡违法犯罪行为工作责任书》，投入综治经费69.09万元。出台《桃舟乡防范治理境外涉诈暨非法出入境违法犯罪专项整治行动激励办法》《桃舟乡境外人员劝返奖惩办法》，开展涉赌诈境外人员分级管控、护照持有情况摸排和管理、巡护队日常巡护工作、境外人员入户访查及“敲打”等各项工作措施。桃舟派出所联合感德派出所在广西南宁抓获涉诈嫌疑人2人；劝返金三角“红名单”4人、库存3人，劝返缅北窝点“红名单”3人、库存2人，摸排劝返重点国家“橙黄名单”35人。

安全生产　2022年，下发《桃舟乡开展城市燃气行业领域安全生产隐患排查整治工作实施方案》《桃舟乡道路交通隐患大排查大整治工作实施方案》《桃舟乡2022年地质灾害应急预案》等文件，全年开展9次安全检查专项行动，成立各类专项检查小组21个，排查整改一般隐患407个，整改率100%。开展培训5场次，参训人员206人次。张贴各类标语256幅，分发各种宣传材料5000多份。完成标准化提升创建企业40家，完成率100%。

【社会事业】　卫生健康　2022年，桃舟乡65岁以上老年人建档1299人，开展老年人健康体检1016人，规范管理922人。高血压患者建档730人，规范管理578人，规范管理率92.19%。糖尿病患者建档231人，规范管理186人，规范管理率84.16%。重性精神病患者建档72人，规范管理72人，规范管理率100%。0—6岁儿童建档957人，孕产妇健康管理85人。

教育　4月26—29日，桃舟中心学校组织2022年第一场省级小学教育教学开放周线上观摩活动；8月投入资金2522878元，完成桃舟中学教学楼电气线路修缮工程；12月23日，桃舟中学入围省教育厅拟通过义务教育管理标准化学校评估学校公示名单。

裸房整治　2022年，桃舟乡裸房整治任务121栋，全年整治裸房159栋，完成年度任务的131.4%。

民生保障　2022年，桃舟乡城乡居民基本养老保险参保6075人，征缴率63.97%。城乡居民基本医疗保险参保12787人，参保率97.27%。城乡居民最低生活保障178户285人（其中特困人员10人）。

【基层组织建设】　2022年，桃舟

乡发展基层一线党员，优化队伍结构，全年发展党员5名，其中大学文化程度3人、35周岁以下4人。开展4次村主干季度拉练，组织村书记到先进典型进行观摩，实地考察学习，推动“书记讲给书记听”，提升村支书实际能力。采用“一心多点”的运作模式，投入100多万元对桃舟旧会场进行重新修缮，改造提升建成桃舟村“党建+”邻里中心，打造“15分钟便民服务圈”。推进党建引领乡村治理，加强微网格精细化治理，全乡划分微网格30个，配备兼职网格员52人、5支志愿服务队，助力疫情防控、卫生保洁、打击涉赌诈等乡村治理工作。8月9日，《中共福建省委离退休干部工作委员会　中共福建省委老干部局关于命名第三批省级离退休干部示范党支部的通知》下发，中共安溪县桃舟乡离退休干部支部委员会入选。

【晋江源生态保护】　2022年，桃舟乡践行“两山”理念，封山育林170公顷，植树造林95.33公顷，联合县法院成立福建省首个“两山”巡回法庭，加大“晋江源”水流域的监管和保护力度。1月14日，安溪法院联合县河长办等单位在桃舟乡举行“晋江源”生态保护协同共治启动仪式暨全省首个“两山”巡回法庭揭牌仪式。12月13日，县法院、县检察院、县河长办、泉州安溪生态环境局、县农业农村局、县林业局等单位联合在桃舟乡舟岛开展“法护晋江源”主题宣传周启动仪式，启动仪式结束后，安溪法院“两山”巡回法庭在舟岛巡回审理被告人李某危害珍贵、濒危野生动物罪案，向现场群众分发宣传材料，引导群众革除陋习，不买卖野生动植物制品。

（张新泉　林艺川）

福田乡

【概况】　福田乡位于安溪县西北部，地处龙岩、漳州、泉州三市交界处，西与漳平市芦芝镇相邻，南与华安县湖林乡接壤，东北与感德镇相连，东南与祥华乡毗邻，是安溪乃至泉州的西北门户。2022年，全乡辖区面积162.65平方千米，辖5个村、1个社区，人口0.9万人。该乡经济以茶果业、林业和水电为主。

【经济发展】　2022年，福田乡农林牧渔总产值15431.59万元，其中，农业产值13453.54万元，林业产值186.14万元，畜牧业产值1724.95万元，渔业产值51.96万元，农林牧渔服务业产值15万元。规模以上工业产值9702.42万元，增长10.22%。

【项目建设】　2022年，福田乡谋划重点项目31个（其中市级1个、县级3个），完成投资19793万元。完成“党建+”邻里中心、双垵村家风家训馆、农村公路安全生命防护工程、省道312边坡治理、龙潭湾绿道工程等项目建设。引进一加兴柑橘深加工项目（落地官桥），洽谈引进龙潭湾生态休闲康养度假区、福果农业综合开发二期、柑橘产业园等项目，总投资105000万元。

【特色产业】　2022年，福田乡发展本地特色产业，11月23日，成功举办第二届“乡村振兴　柑甜与共”福田芦柑文化节，举办“茂雄杯”芦柑王大赛、福前芦柑短视频大赛等，大赛视频播放量达257.5万次。开发福田IP形象（福仔田妹）表情包及其周边产品，表情包累计使用超5万人次。建设“福文化”微景观及主题展馆，丰富柑橘品牌文化内涵。挖掘林下经济，发展以用材林、油茶产业以及金线莲、灵芝和铁皮石斛等名贵中草药材为主的林下作物种植，尾洋村（金线莲）登上市级平台。

【乡村振兴】　2022年，福田乡成立强村公司6个，打造福前芦柑、丰都水果玉米、尾洋中草药种植等“一村一品”，所有村集体经济收

2022年11月23日，第二届“乡村振兴　柑甜与共”2022年福田芦柑文化节在福果茂雄有限公司举办

（图／福田乡）

人均在20万元以上，其中丰田村集体经济收入达50万元。完善基础设施建设，福前社区格口、石狮角落路灯照明增补工程、龙潭湾休闲步道工程等基础设施完工；投入67万元，建设白桃安全生命护栏工程，覆盖公路总里程12千米，建设生命护栏5千米；推进省道312边坡治理，解决省道312路面塌方问题。完善全域旅游，举办乌龙茶（铁观音）非遗技艺交流会、“五福”献礼八一建军节等活动；立足福田生态优势，塑造乡愁品牌，推广“幸福田园”的自然美，推介“云间氧吧”生态之旅、“田间时光”漫游之旅、“心间福业”寻梦之旅等三条乡村游精品线路，打造文旅融合的生态宜居综合发展模式的和美乡村。福田乡获评安溪县2022年乡村振兴工作表现优异单位。双垵村获评福建省森林村庄、省级乡村治理示范村，福前社区入选为市级美丽乡村休闲旅游点。

【综合治理】 2022年，福田乡深化平安福田和法治福田建设，创新社会治安综合治理，做好党的二十大期间安保维稳等工作。开展防范治理境外涉赌诈暨非法出入境违法犯罪专项整治行动，劝返境外滞留人员，全年劝返“红名单”6人、“橙黄名单”25人、自主摸排上报12人。

2022年，福田乡结合安全生产三年行动，通报安全生产隐患排查整治12期，落实隐患整改，形成闭环，推进企业100%完成安全生产标准化创建。福田乡获评安溪县2022年度安全生产工作表现优异单位。

【社会事业】 2022年，福田乡开展“我为群众办实事”实践活动，完善中小学校基础设施、建设“长者食堂”。组织脱贫户挂钩帮扶责任人每季度集中开展走访慰问活动，走访脱贫户22户。领导干部慰问优抚对象、“五老”人员、残疾人及困难群众20人。引进安溪县阳光社工站和安溪县蒲公英服务中心，开展周末课堂19次、进校园活动10场次、冬夏令营2场次、志愿服务活动11场次。

【基层组织建设】 2022年，福田乡投入50万元新建“党建+”邻里中心，紧扣“1+6+X”模式，拓展“福芝林民情茶室”、惠农展厅、动植物宣教馆、知青岁月馆等点位的内涵和外延。完善党建微网格，划分微网格27个，任命第一总网格长6人、第一副总网格长10人、微网格长22人、兼职网格长51人、和网格志愿者90人，形成“人在网中走，事在格中办”的工作格局，推动乡村善治。加强干部培养，开展21期的“智青汇”交流活动，常态化开展“乡智汇”分片区参与社会治理工作，开展“每月一写”“每季一说”和“每人一项”活动。

【生态建设】 2022年，福田乡打造空地联动智慧林业，整合丰田林场、云中山自然保护区、乡政府6台无人机，联合开展无人机巡查，通过林长+警长+护林员，增强人防网格化，以“无人机巡航+护林巡山”的空地联动模式，构建森林资源防护网。

2022年，福田乡开展全乡流域环境管理。开展“一日一巡查”工作，推进洛溪流域环境综合整治、污染源整治、水土保持和河道生态修复等工程，全面保持河段“水清、河畅、岸绿、景美”的风貌。

2022年，福田乡推进农村生活垃圾分类。推行“1+3”（“1”：党建引领工作机制，“3”：奖励激励创建先行、设施智能管理先行、内外联动带头先行）垃圾分类的工作模式，购置垃圾桶1500个，电动垃圾收集车4辆，压缩式垃圾转运车1辆。以村居为单位组建环卫队伍，做到生活垃圾日产日清，集中处置。

【集镇建设】 2022年，福田乡发挥泉州市市级集镇环境整治示范点作用，做好乡、村两级国土空间规划和村庄规划，为发展腾空间，科学布局镇区、中心村的生产生活生态空间，高位谋划龙潭湾生态休闲康养度假区，推进镇区污水集中处理、环境卫生整治、河道整治、知青岁月馆建设升级、市级公共文化空间示范点建设，完成裸房整治22栋。福田乡获评安溪县2022年度抓城建提品质工作表现优异单位。

【山海协作】 2022年，福田乡强化山海交流，组织乡、村两级干部走访晋江经验馆、五店市传统街区、晋江国际鞋纺城、晋江第二体育中心等地学习考察，增进交流、开阔思路、取长补短。邀请晋江市陈埭镇班子成员、陈埭商会、鞋材商会骨干到福田乡“党建+”邻里中心、知青岁月馆、云中山宣教馆、初心公园等地调研。策划推介6个“山海协作·埭田情深”帮扶项目，促进乡村业态引进、产业培育、挂钩帮扶等方面交流，结合“山”的资源和“海”的优势，互学互鉴，激发乡村发展活力。

（陈鸿儒　蔡雅娟）

2022年安溪县辖区面积与行政区划一览表

表11

名称	辖区面积(平方千米)	类别	个数(个)	社区居委会、村民委员会名称
安溪县	3057.28	社区居委会	45	—
		村民委员会	443	—
凤城镇	13.26	社区居委会	25	下西 祥都 祥云 凤山 东岳 朝阳 先声 凤明 东北 小东 上西 南街 龙湖 北石 华新 朝凤 湖滨 城东 文昌 登科 华凤 兴安 蓝湖 清水湾 华龙
		村民委员会	3	美法 吾都 上山
城厢镇	107.2	社区居委会	7	茶都 龙凤 茗城 建安 五峰 城西 德苑
		村民委员会	25	光德 仙苑 团结 霞保 中标 古山 南坪 土楼 路英 石古 砖文 员宅 过溪 涝港 墩坂 玉田 经兜 经岭 南英 雅兴 码头 上营 同美 勤内 冬青
参内镇	49.94	社区居委会	2	茶博汇 湾美
		村民委员会	12	镇中 镇东 祜水 美塘 大厝 参山 员潭 罗内 坑头 岩前 田底 洋乌内
魁斗镇	55.8	村民委员会	14	魁斗 镇西 贞洋 钟山 佛仔格 尾溪 凤山 奇观 鲁藤 蓬庭 溪东 大岭 翁后 大黎
蓬莱镇	122.86	社区居委会	1	蓬莱镇街道
		村民委员会	30	上西 上智 上东 福山 登山 鸿福 蓬星 植洋 岭美 岭南 岭东 彭格 中芹 竹林 蓬溪 联中 美滨 鹤前 联盟 蓬新 新林 新美 新坂 寮海 礤内 鹤厅 龙溪 吾帮 龙居 温泉
金谷镇	101.6	村民委员会	24	金谷 金东 金山 汤内 华芸 芸美 尚芸 景坑 河山 河美 美洋 东洋 深洋 洋中 溪榜 元口 三元 洋内 丽山 渊兜 中都 田头 山岭 大演
湖头镇	100.03	社区居委会	5	宗城 下东 四角井 江滨 新都
		村民委员会	29	湖四 大埔 半岭 溪美 福寿 前山 汤头 横山 前溪 后溪 埔美 山都 高山 云林 郭埔 许前 东埔 产贤 桥头 竹山 上田 美溪 半山 下坑 登贤 美坂 湖一 湖二 湖三
官桥镇	105.43	社区居委会	1	新溪
		村民委员会	29	仁峰 碧一 碧二 仙都 吾宗 岭头 燎原 恒美 草坂 洪塘 赤岭 驷岭 善坛 内村 新春 石岩 石林 上苑 山珍 马狮 善益 新厅 益林 芹石 官桥 官郁 仁宅 莲美 莲兜美
龙门镇	156.33	社区居委会	1	滨江
		村民委员会	31	龙门 龙山 龙美 翠坑 金狮 洋坑 桂瑶 桂林 观山 湖山 炙坑 溪坂 溪内 溪瑶 仙地 仙东 仙西 仙凤 和平 白芸 榜头 大生 后坂 山美 光孝 寮山 榜寨 美卿 美顶 美内 山头

续表11

名称	辖区面积(平方千米)	类别	个数(个)	社区居委会、村民委员会名称
虎邱镇	161.77	村民委员会	18	湖坵 湖东 湖西 竹园 芳亭 金榜 仙景 美亭 福井 文美 少卿 林东 高村 石山 双格 罗岩 美庄 双都
西坪镇	145.5	社区居委会	1	西华
		村民委员会	26	百福 湖岭 尧阳 南岩 上尧 松岩 留山 平原 赤水 宝潭 珠洋 柏溪 柏叶 龙地 龙坪 西源 宝山 大垅格 内社 盖竹 赤石 西坪 阳星 内山 尧山 后格
芦田镇	91	社区居委会	1	崇信
		村民委员会	10	芦田 鸿都 招坑 内地 红村 朝阳 三洋 云山 石盘 福岭
剑斗镇	121.41	村民委员会	16	红星 月星 福斗 前炉 双洋 东阳 剑斗 后井 圳下 仙荣 御屏 潮碧 云溪 举口 小礤 尚山坑
感德镇	221.78	村民委员会	22	潘田 华地 大坂 福德 炉地 岭西 尾厝 洪佑 洋山 五甲 大格 槐川 槐东 槐植 槐扬 霞云 霞中 霞春 霞庭 岐阳 石门 龙通
长卿镇	192.16	村民委员会	26	南洋 衡阳 西溪 小西 青苑 云集 云一 云二 南斗 玉美 玉南 扶地 月眉 山格 水缸 长坑 华美 下林 文坪 珍田 福春 珊屏 田中 玉湖 三村 祥泉
龙涓乡	372.92	村民委员会	36	下洋 山后 西兴 福昌 福都 福黎 培福 玳堤 黎山 钱塘 宝都 吉山 后田 长塔 举源 举溪 安美 长新 内灶 灶坪 赤片 美岭 山坛 芹山 鹤林 半林 龙房 碧岭 珠塔 石塔 湖陵 新岭 新民 庄灶 连祠 崎畲
尚卿乡	116.42	村民委员会	18	科洋 科山 科名 黄岭 青洋 银坑 中山 中兴 后福 园德 灶坑 灶美 翰苑 翰卿 新楼 尤俊 福林 徐州
大坪乡	78.65	村民委员会	7	大坪 萍州 福美 双美 前洋 香仑 帽山
白濑乡	45.16	村民委员会	5	白濑 上格 下镇 长基 寨坂
湖上乡	49.04	村民委员会	13	珍地 雪山 湖上 横坪 盛富 上路 黄武 格头 沙堤 飞新 飞亚 长林 湖新
祥华乡	258.34	村民委员会	20	祥华 河图 福新 和春 祥地 福洋 东坑 小道 后洋 珍山 崎坑 白坂 白玉 白珩 美仑 美西 新寨 石狮 旧寨 郑坑
蓝田乡	99.77	村民委员会	16	益溪 益岭 内春 蓝二 蓝田 蓝一 尚忠 乌殊 进德 后清 黄柏 乌土 九礤 湖坂 山内寨 蓝东
桃舟乡	128.26	村民委员会	8	桃舟 下格 莲山 达新 吾培 康随 南坑 棠棣
福田乡	162.65	社区居委会	1	福前
		村民委员会	5	丰田 白桃 丰都 尾洋 双垵

先进人物

【林小玲】 笔名林筱聆，1975年2月出生，女，安溪西坪人，省委党校研究生社会学专业毕业，1994年8月参加工作，中共党员，第十届中国作家协会全国代表大会代表。现任福建省作家协会副主席、泉州市文联副主席（兼）、安溪县社会科学界联合会主席。获评2023年度中国作家协会“深入生活、扎根人民”主题实践优秀作家、2013—2015年度全省文联系统先进个人。著有长篇小说《故香》《茶王》《心弈》《女镇长》，以及中短篇小说集《橘子不是橙色的》《佛跳墙》《秘密》等11部文学专著，发表出版作品200多万字。作品主要发表于《人民文学》《中国作家》《北京文学》《啄木鸟》《芳草》《作品》《山花》等刊，多部作品被《小说选刊》《中篇小说选刊》等刊转载，茶文化长篇小说《故香》获省政府百花文艺奖一等奖。

创作多部茶文化长篇文学作品。林筱聆长期致力于弘扬茶文化，致力于本土题材的文学创作，特别是茶文化主题的长篇文学创作。2016年创作出版长篇小说《茶王》，讲述安溪茶商以茶抗日的故事；2019年创作长篇小说《香见》，讲述安溪茶人在市场经济浪潮中拼搏的故事。该小说被列入中国作家协会2017年定点深入生活项目，发表在《百花洲》；2022年创作出版长篇小说《故香》，在对150年前英国盗取中国茶去印度种植的历史回溯中，映照当下安溪茶人让中国茶重振世界雄风的决心与思索。该小说被列入2020年中国作家协会重点作品扶持项目，小说近6万字节选以同名中篇在《人民文学》首发，被《小说选刊》转载，其余二十几万字以《远芳》首发在《中国作家》。另有多篇长篇茶文化散文在国内名刊发表，《嫁茶》发表于《广州文艺》，《酪奴》发表于《人民文学》。

多部作品获省政府及全国性表彰嘉奖。2022年，林筱聆创作的中篇小说《故香》获《小说选刊》杂志社评选的第二届曹雪芹华语文学大奖·中篇小说奖，颁奖词说，“林筱聆以浪漫的历史想象与扎实的考据功夫精心打造了安溪茶乡的历史文化名片”。2023年，同名长篇小说获福建省人民政府第十届百花文艺奖一等奖，这是泉州市文学类作品在该奖项上的历史性突破。同年，该小说被推荐参评第十一届茅盾文学奖。林筱聆另有多部作品获得省级以上表彰和嘉奖。长篇小说《嫁给女人的男人》获得中国作家协会2012年第14届中国人口文化奖优秀奖；中篇小说《一夜青藤》获得2011年福建省青年中短篇小说奖；中篇小说《老宅》《杨柳依依》和长篇小说《故香》被福建省文联评选的首届、第二届和第四届福建省中长篇小说双年榜中篇提名，并获评长篇上榜作品；短篇小说《被判处死刑的鸭子》获评《啄木鸟》杂志2018年“我最喜爱的年度佳作”；报告文学《南山愚公》获得福建省总工会、省文联“劳动最美丽”征文一等奖；中短篇小说集《佛跳墙》获首届（2020—2021）朱自清小说奖“入围奖”，获评第五届福建省文学好书榜“推荐图书”。

作品多次被国内名刊推荐名家好评。有鉴于林筱聆在文学创作上的成就，2022年《都市》文学期刊为林筱聆做专访，大版面刊发访谈稿《林筱聆：如果文学有底色，那我的一定是茶》。2023年《芳草》文学期刊为林筱聆作品做小辑，邀请评论家邱婕点评其小说作品。邱婕评价，“致力于‘立足中国大地，讲好中国故事’的作家们，更是以极为开阔与敏锐的书写视野持续着返乡知识青年形象的书写流脉，林筱聆的作品便是其中的重要创作实践”；在此之前，茅盾文学奖获奖作家周大新评价：“林筱聆的小说对人的精神世界有精彩的展现，叙述从容而充满张力。”。同为茅奖获奖作家的徐则臣评价：“在悬念丛生的叙述中，林筱聆为你剥开层层表象，露出内里直达心灵。”鲁迅文学奖获奖作家江子评价，“（林筱聆）作品的结构是独具匠心和极其稳健的”；著名评论家王干评价，“（林筱聆的）小说情节生动，叙述讲究层次，闽南文化色彩鲜明”。著名评论家贺绍俊评价，“林筱聆就像一名高明的制茶师，摇青、炒青，再文火慢慢烘焙，最后为我们泡上了一壶浓酽的铁观音，我们品出了它的铮铮骨气，它的绵绵柔情”。著名评论家王春林评价说，“林筱聆成功地书写表达了一种深刻的罪与罚以及人性救赎的思想内涵”“（林筱聆）把以铁观音为代表的茶叶作为重要‘人物形象’”；评论家兼出版人李昌鹏评价：“她的小说有根有韵，极具辨识度。她的作品，根扎在福克纳所说的‘邮票般大小的地方’——福建安溪，深具闽派韵味。她写的，是她再熟悉不过的那片土地上的茶人或市民。她以‘制茶’对自己的小说创作进行自喻——她已把创作交托给了自己生活的一方水土。”

（陈晓霞　苏锦生　吴剑宝）

【黄伟福】 1973年5月出生，男，安溪湖头人，福州大学水利水电工程建筑专业毕业，1996年8月参加工作，中共党员，安溪县交通运输局党组书记、局长。2022年8月，被中共中央、国务院授予全国“人民满意的公务员”称号。

2012年9月，黄伟福担任县交通局副局长，2021年6月转任局长，始终工作在茶乡交通战线最前沿。2019年8月，安溪县创建“四好农村路”省级示范县；2021年4月，安溪县交通运输局获评“全国交通运输脱贫攻坚成绩突出集体”；2022年7月，安溪县获评“全国农村物流服务品牌县”；2022年12月，安溪县被确定为“四好农村路”全国示范县创建单位。

黄伟福围绕全面建设具有茶乡特色的现代化中等城市目标，带领工程技术人员深入一线调研，积极向人大代表、政协委员、社会贤达请益，与专家组深入研讨，提出具有实用性和前瞻性的建设方案，主持编制《安溪县“十四五”综合交通运输专项规划》，规划建设“大三环”、“大安高速”、“安翔高速”、“大白濑”库区路网、国道358线虎邱至龙涓公路、“四好农村路”等重大交通民生工程，为安溪“一核一辅多带”县域发展新格局作出贡献。

在农村公路建设中，黄伟福创新用活融资、审批、建设、管理、养护等“工程包”，筹措资金23亿元，对全县700千米主要通村公路进行提级改造，全县90%以上的建制村通村公路实现“双车道”，为脱贫攻坚、乡村振兴提供交通支撑。在普通国省干线建设中，他坚持规划引领、全域统筹，多维规划、多方协同、多元比选，实现项目建设综合效益最大化。在项目推进上，他认真践行简约高效的“大部门小办公室”模式，打造“安溪速度”，普通国省干线建设、农村公路提级改造等特色做法在全省现场会交流推广，深受好评。

他以线网优化、运营提速、运力提升为抓手，对全县公共交通线路进行调整规划，远期规划至2030年，规划公交线路43条，运营线路里程592.6千米。城区公交全部实现新能源化。为解决边远山区群众出行难问题，他在全省创新实施“区域化”“微循环”镇村客运模式。为破解农产品出村进城和工业品下乡进村双向流通瓶颈，他牵头整合邮政快递、农村客运、农村电商等资源，在全省首创“多网融合+客货邮融合”运输模式，农村物流整体成本降低15%以上，派送时效提升30%以上，快递业务量跃居福建省前列。

他注重提升治理能力，努力推进行业治理体系现代化。黄伟福大力推行“以身作则带动干部、大胆使用激发干部、关心爱护感动干部”等以人为本的管理理念，通过开展素质大练兵、履职大比拼、典型大展示等系列活动，让干部职工在工作业绩中增强成就感，在人文关怀中增强归属感，在交通发展中增强自豪感。他严格落实“一岗双责”主体责任，统筹抓好安全生产、交通执法、运输管理、行政审批、疫情防控等交通主业主责，全县交通运输行业治理体系和治理能力逐步实现现代化。

（叶鹏贵　陈艺锋　苏锦生　吴剑宝）

【温文溪】 1978年9月出生，男，安溪县金谷镇人，中共党员，中共二十大代表，退伍士兵。泉州市安溪铁观音制作技艺传习所主任。2020年被国务院农民工工作领导小组授予全国优秀农民工称号；2021年作为全国先进模范人物代表受邀进京参加庆祝中国共产党成立100周年系列活动；2022年当选为中共二十大代表。

温文溪潜心研究制茶理论和技术改良。为克服茶叶烘焙后需要长时间摊晾冷却的难题，发明茶叶烘焙快速散热机，实现在两分钟内完成冷却的同时，让茶叶含水量从6%降到1.8%；做青是乌龙茶最关键、最烦琐、耗时最长的工序，现有技术中“摇青”和“摊青”只能采取人工方式，不但耗时耗力，而且效率低下。温文溪记录不同鲜叶、不同温度、不同湿度、不同做青环境等与做青有关的数据，把数据输入到设备中，经过十年的实践改进，最终发明一种自动做青机。该创新项目在2020年5月取得发明专利证书，获福建省百万职工“五小”创新大赛一等奖、全国发明展“发明创业奖·项目奖”金奖。此后，温文溪又先后申请《一种烘焙茶叶快速散热机》《一种半发酵蒸青茶的加工方法》等多项发明专利。

温文溪有一身制茶本领后，开始向茶农传授制作铁观音的技艺和发明的专利，增加茶农收入。2013年4月，温文溪加入安溪县农民讲师团，开展无偿培训，足迹遍布安溪每个角落，培训人数2万多人次。2016年10月，温文溪被确认为乌龙茶（铁观音）制作技艺非遗传承人，依托华侨职校建立大师工作室暨安溪铁观音制作技艺传习所，开展制茶技术培训和带徒授艺，培养56名高技能人才。温文溪把平时的经验积累编成“乡土教材”，2015年12月在科学出版社出版《茶叶基础与茶文化》一书，在《农村工作通讯》《福建茶叶》等杂志发表论文5篇。在茶乡以及省内外其他产茶地区普及茶叶知识。2018年主持省级课题《安溪县农民讲师团在助力乡村振兴战略中作用研究》成果等次优秀，2022年，温文溪参与的《助双遗产业振兴，为民生支柱添彩——县域中专提升服务发展能力的研究与探索》获福建省教学成果奖一等奖，先后被福建农林大学安溪茶学院、福建船政交通职业学院聘为客座教授，被聘为泉州市“乡愁河长”，被福建省退役军人事务厅聘为“学习贯彻二十大精神 激励老兵永远跟党走”巡回宣讲活动宣讲团成员。2021年被福建省委宣传部、福建省退役军人事务厅、福建省军区政治工作局授予福建省“最美退役军人”称号。

2016年，温文溪创办安溪铁观音制作技艺传习所，构建“传习所＋茶农＋茶企”的多方共赢帮扶模式，结对广大贫困户，与省级建档立卡贫困村石山村结对有效进行茶园土壤改良与生态修复。2017年以来，温文溪通过技艺传授让100多户低收入茶农收入翻番，帮助十几户省级建档立卡贫困户成功脱贫致富，被评为2020年度安溪县脱贫攻坚表现优异个人。2020年参加第四届“中国创翼”创业创新大赛扶贫专项赛荣获福建赛区第一名、获全国赛优秀奖，被人力资源和社会保障部授予全国优秀创业创新项目。

温文溪的个人先进事迹曾在央视一套《新闻联播》和福建省委组织部、福建电视台《时代先锋》栏目中播出，并被市纪委、泉州电视台、泉州晚报以《温文溪：匠心逐梦 做有理想信念的茶人》为题刊（播），被市委组织部、泉州电视台录制成《基层一线好支部 群众身边好党员》等专题报道。被泉州市党内政治生活馆选入身边的好党员影视学习资料。

（林育全　林百兰　苏锦生　吴剑宝）

荣　誉

2022年安溪县获全国表彰的单位（项目）一览表

表12

获表彰单位	荣誉称号	授予单位	授予时间
安溪县电影服务中心	第九届全国服务农民、服务基层文化建设先进集体	中共中央宣传部、文化和旅游部、国家广播电视总局	2021年12月
安溪县人民法院官桥法庭	入选最高法《新时代人民法庭建设案例选编（二）》	最高人民法院	2022年1月
安溪县	入选2021年全国“农产品数字化百强县”第一	农业农村部管理干部学院、阿里研究院	2022年4月
安溪县农业农村局	山格淮山入选全国名特优新农产品名录	农业农村部农产品质量安全中心	2022年5月
安溪铁观音茶文化系统	获评全球重要农业文化遗产	联合国粮农组织	2022年6月
安溪县公安局公安局经侦大队	“猎狐2021”专项行动成绩突出集体	公安部	2022年8月
国网安溪县供电公司	全国“安康杯”竞赛活动优胜单位	全国“安康杯”竞赛组委会办公室	2022年10月

获表彰单位	荣誉称号	授予单位	授予时间
安溪县	《安溪铁观音 聚焦地标认证 实施品牌保护》入选农业农村部农业品牌创新发展典型案例	农业农村部办公厅	2022年10月
安溪县誉丰国心茶业实践基地	全国第一批农耕文化实践营地	农业农村部、共青团中央、全国少工委	2022年10月
安溪县	《凭证销售全程追溯，让消费者吃得放心》入选农业农村部农安追溯典型案例	农业农村部农产品质量安全中心	2022年11月
安溪县感德镇	2022年全国乡村特色产业超十亿元镇	农业农村部	2022年11月
安溪县尚卿乡	2022年全国乡村特色产业超十亿元镇	农业农村部	2022年11月
安溪县	藤铁产业基地	中国工艺美术学会	2022年11月
安溪县科学技术协会	全国科普日优秀组织单位	中国科学技术协会办公厅	2022年12月
安溪县人民法院	第九届“金法槌奖”微电影三等奖	最高人民法院政治部、新闻局、人民法院新闻传媒总社	2022年12月
安溪县	获评2022全国县域农业农村信息化发展先进县	农业农村部	2022年12月
安溪县	获评第四批全国农村公共服务典型案例	农业农村部办公厅、国家发展改革委办公厅、国家乡村振兴局综合司	2022年12月
安溪县农业农村局	安溪铁观音入选全国名特优新农产品名录	农业农村部农产品质量安全中心	2022年12月
安溪县医院	第六届县域医疗榜样力量系列评选——最佳管理团队奖	中国县域卫生发展研究中心	2022年8月

2022年安溪县获全国表彰的个人一览表

表13

姓名	性别	工作单位	职务（职级）	荣誉称号	授予单位	授予时间
刘继伟	男	安溪县人民检察院	检察委员会专职委员	全省检察机关普通犯罪检察人才库	最高人民检察院	2022年1月
叶筱琛	女	安溪农商银行	办公室科员	2021年度“全国优秀共青团员”	共青团中央	2022年4月
彭英容	女	安溪县人民法院	法官助理	全国法院第34届学术讨论会三等奖	最高人民法院	2022年12月
黄　磊	男	安溪县人民法院	副院长	全国法院系统2022年度优秀案例分析优秀奖	最高人民法院	2022年12月
汤丽萍	女	安溪县人民法院	法官助理	全国法院系统2022年度优秀案例分析优秀奖	最高人民法院	2022年12月
李程荣	男	安溪县农业农村局	局党组成员、副局长（副主任）	2022全国县域农业农村信息化发展水平评价工作先进个人	农业农村部信息中心	2022年12月
黄清平	男	福建省誉丰国心茶业有限公司	董事长	2022年度乡村文化和旅游带头人	文化和旅游部办公厅	2022年12月
陈鑫坛	男	安溪县医院	院长	第六届县域医疗榜样力量系列评选——优秀院长奖	中国县域卫生发展研究中心	2022年8月

2022年安溪县获省级表彰的单位（项目）一览表

表14

获表彰单位	荣誉称号	授予单位	授予时间
安溪县电影服务中心	2021年度福建省红色电影展映活动优秀放映单位	福建省电影局	2022年1月
安溪农商银行	福建农信2021年度“经营管理十强”	福建省农村信用社联合社	2022年1月
安溪农商银行	福建农信2021年度“业务增长十佳”	福建省农村信用社联合社	2022年1月
安溪县人民检察院	打击非法出入境犯罪案件办案组获评全省检察机关优秀办案团队	福建省人民检察院	2022年1月
安溪县农业农村局	2021年度全省农业农村系统绩效评估优秀单位	福建省农业农村厅	2022年1月
《莫耶·延安颂》获得优秀剧目奖	第八届福建艺术节高甲戏《莫耶·延安颂》获得优秀剧目奖	福建省文化和旅游厅	2022年1月
安溪县委老干部局	全省老干部信息工作先进单位	福建省委老干部局	2022年2月
安溪县委老干部局	全省老干部宣传工作先进单位	福建省委老干部局	2022年2月
福建省安溪华侨职业中专学校	家居藤铁工艺产业专业群跨境电子商务荣获第二批省级示范性虚拟仿真实训基地	福建省教育厅	2022年4月
安溪农商银行团委	2021年度“福建省五四红旗团委”	共青团福建省委	2022年5月
安溪县市场监督管理局行政审批股	福建省五一先锋号	福建省总工会	2022年5月
安溪县工商业联合会	全省工商联系统先进集体	福建省人力资源和社会保障厅、福建省工商业联合会	2022年7月
安溪县金谷镇退役军人服务站	省级百家红色退役军人服务站	中共福建省委退役军人事务工作领导小组办公室	2022年7月
安溪县总工会	“安康杯”优秀组织奖	福建省总工会、福建省应急管理厅、福建省卫生健康委员会	2022年7月
安溪县	“省级双拥模范县”	中共福建省委、福建省人民政府、福建省军区	2022年7月
凤城镇、湖头镇、金谷镇、福田乡退役军人服务站	“省级百家红色退役军人服务站”	中共福建省委退役军人事务工作领导小组办公室	2022年7月
国网安溪县供电公司	福建省“安康杯”竞赛先进单位	福建省总工会、福建省应急管理厅	2022年7月
福建省安溪县烟草专卖局	2021年度福建省‘安康杯’竞赛先进单位	福建省总工会、福建省应急管理厅、福建省卫生健康委员会	2022年7月
安溪县湖头镇退役军人服务站	福建省省级百家红色退役军人服务站	中共福建省委退役军人事务工作领导小组	2022年7月
中共安溪县芦田镇离退休干部支部委员会	省级离退休干部示范党支部	中共福建省委离退休干部工作委员会、中共福建省委老干部局	2022年8月
安溪县公安局	福建省第七次全国人口普查突出贡献集体	福建省统计局、福建省第七次全国人口普查领导小组办公室	2022年8月

续表14

获表彰单位	荣誉称号	授予单位	授予时间
安溪县公安局交通警察大队	集体二等功	福建省公安厅	2022年8月
安溪县湖头镇人民政府	福建省第七次全国人口普查突出贡献集体	福建省统计局、福建省第七次全国人口普查领导小组办公室	2022年8月
福建省安溪陈利职业中专学校	第八届福建“互联网+”大学生创新创业大赛职教赛道优秀组织奖	福建省教育厅	2022年8月
安溪县看守所	全省公安监管部门抗击新冠肺炎疫情成绩突出集体	福建省公安厅	2022年9月
安溪县公安局凤城派出所	全省公安机关夏季治安打击整治“百日行动”成绩突出集体	福建省公安厅	2022年9月
安溪县公安局湖上派出所	全省公安机关夏季治安打击整治“百日行动”成绩突出集体	福建省公安厅	2022年9月
安溪县公安局法制大队	全省公安机关夏季治安打击整治“百日行动”成绩突出集体	福建省公安厅	2022年9月
福建省安溪华侨职业中专学校	全省职业教育改革发展典型案例	福建省职教中心	2022年9月
福建省安溪华侨职业中专学校	福建省退役军人就业创业园地	福建省退役军人事务厅	2022年9月
安溪县委老干部局	全省老干部工作先进集体	福建省委组织部、福建省委老干部局、福建省人力资源和社会保障厅	2022年9月
安溪县行政服务中心管理委员会	第五届“推进机制活、建设新福建”全省机关体制机制创新优秀案例三等奖	福建省直机关工委 福建省委深改办 福建省发改委 福建省效能办	2022年10月
安溪县金谷镇河山村	2022年度省级乡村治理示范村	福建省农业农村厅	2022年10月
安溪县芦田镇内地村、石盘村	第二批省级乡村治理示范村名单	中共福建省委农村工作领导小组办公室、中共福建省委组织部、中共福建省委宣传部、福建省农业农村厅、福建省民政厅、福建省司法厅、福建省乡村振兴局	2022年10月
安溪县医疗纠纷人民调解委员会	全省人民调解先进集体	福建省司法厅	2022年10月
福建省安溪华侨职业中专学校	《助双遗产业振兴　为民生支柱添彩——县域中职提升服务发展能力的研究与实践》荣获2022年福建省职业教育教学成果一等奖	福建省教育厅	2022年10月
安溪县感德镇	第二批省级乡村治理示范乡镇	中共福建省委农村工作领导小组办公室	2022年10月
安溪县感德镇福德村	第二批省级乡村治理示范村	中共福建省委农村工作领导小组办公室	2022年10月
安溪县感德镇尾厝村	第二批省级乡村治理示范村	中共福建省委农村工作领导小组办公室	2022年10月

续表14

获表彰单位	荣誉称号	授予单位	授予时间
安溪县长卿镇山格村	省级乡村治理示范村	福建省农业农村厅	2022年10月
安溪县虎邱镇	福建省“全域生态旅游小镇”	福建省文化和旅游厅	2022年11月
安溪县库区移民服务中心	2021年度水库移民后扶基金绩效评价“优”	福建省水利水电工程移民发展中心	2022年11月
安溪县	国家现代农业全产业链标准化示范基地创建单位	福建省农业农村厅、福建省市场监督管理局	2022年11月
安溪县人民政府	第44届世界遗产大会暨泉州项目成功申遗工作先进集体	福建省文化和旅游厅、福建省文物局、福建省住房和城乡建设厅、福建省林业局	2022年11月
安溪县长卿镇妇联	省级达标基层妇联组织	福建省妇女联合会	2022年11月
安溪县虎邱镇人民政府	2022年度护林联防工作先进单位	福建省第一护林联防区委员会	2022年12月
安溪县金谷镇金谷村	2022年度省级乡村振兴实绩突出村	中共福建省委扶贫开发成果巩固与乡村振兴工作领导小组办公室	2022年12月
安溪县金谷溪岸艺术公园	福建省乡村“五个美丽”建设典型案例	福建省乡村振兴局	2022年12月
安溪县西坪镇人民政府	2022年福建省全国科普日优秀活动	福建省科学技术协会	2022年12月
安溪县科学技术协会	2022年福建省全国科普日优秀活动单位	福建省科学技术协会	2022年12月
安溪县教师进修学校	福建省标准化县级教师进修学校	福建省教育厅	2022年12月

2022年安溪县获省级表彰的个人一览表

表15

姓名	性别	工作单位	职务（职级）	荣誉称号	授予单位	授予时间
李福财	男	安溪县人民法院	四级高级警长	荣誉天平奖章	福建省高级人民法院	2021年12月
刘雅芬	女	安溪县人民法院	民二庭庭长	荣誉天平奖章	福建省高级人民法院	2021年12月
谢奕清	男	安溪县人民法院	生态庭庭长	荣誉天平奖章	福建省高级人民法院	2021年12月
林建全	男	安溪县人民法院	民二庭副庭长	荣誉天平奖章	福建省高级人民法院	2021年12月
王荣兴	男	安溪县人民法院	政治部副主任	荣誉天平奖章	福建省高级人民法院	2021年12月
陈旭东	男	安溪县农产品质量安全中心	安溪县农产品质量安全中心负责人	2021年“最美农安卫士”个人称号	福建省农业农村厅	2022年1月
易曙峰	男	安溪县博物馆	馆长	第44届世界遗产大会暨泉州项目成功申遗工作先进个人	福建省文化和旅游厅、福建省文物局、福建省住房和城乡建设厅、福建省林业局	2022年11月

续表15

姓名	性别	工作单位	职务（职级）	荣誉称号	授予单位	授予时间
郭宗华	女	安溪县高甲戏艺术保护传承中心	演员	高甲戏《莫耶·延安颂》饰莫耶荣获第八届福建艺术节暨第二十八届戏剧会演表演奖一等奖	福建省文化和旅游厅	2022年1月
张晓灿	男	安溪县高甲戏艺术保护传承中心	演员	高甲戏《莫耶·延安颂》饰陈仓荣获第八届福建艺术节暨第二十八届戏剧会演表演奖二等奖	福建省文化和旅游厅	2022年1月
吴秋芬	女	安溪县高甲戏艺术保护传承中心	演员	高甲戏《莫耶·延安颂》饰秀花荣获第八届福建艺术节*第二十八届戏剧会演表演奖二等奖	福建省文化和旅游厅	2022年1月
陈全守	男	安溪县委组织部、县委离退休干部工委、县委老干部局	副部长 书记 局长	全省老干部信息工作突出个人	福建省委老干部局	2022年2月
林玉婷	女	安溪县委老干部局	副局长	全省老干部宣传工作突出个人	福建省委老干部局	2022年2月
林懿娴	女	安溪县人民法院	蓬莱法庭庭长	2021年度全省法院优秀司法建议	福建省高级人民法院	2022年3月
刘继伟	男	安溪县人民检察院	检察委员会专职委员	全国检察机关普通犯罪检察人才库	福建省人民检察院	2022年3月
陈江城	男	安溪县公安局祥华派出所	四级警长	个人三等功	泉州市公安局	2022年3月
吴祥平	男	国网安溪县供电公司	职工	2021年度“福建省优秀共青团员”	共青团福建省委	2022年5月
陈红萍	女	安溪华侨职校	教职工	福建省五一劳动奖	福建省总工会	2022年5月
林进旺	男	福建省安溪第一中学	副校长、生物教师	福建省五一劳动奖	福建省总工会	2022年5月
林添才	男	安溪沼涛中学	校长、副书记	福建省中小学第二批名校长	福建省教育厅	2022年5月
陈碧瑜	女	安溪县人民检察院	党组成员 政治部主任	全省检察机关第一批涉台港澳涉外法治人才库	福建省人民检察院	2022年6月
周安耿	男	工商银行安溪支行	行长	五一劳动奖章	工商银行福建省分行	2022年6月
陈小春	男	安溪县委政法委	综治管理股负责人	福建省平安建设先进个人	福建省平安建设领导小组、福建省人力资源和社会保障厅	2022年6月
吴文锋	男	安溪县金火中学	高级教师	优秀支教教师	宁夏回族自治区教育厅	2022年7月
吴成土	男	中共安溪县虎邱镇委员会	党委书记	福建省第七次全国人口普查突出贡献个人	福建省统计局、福建省第七次全国人口普查领导小组办公室	2022年8月
苏亚东	男	安溪县人民法院	感德法庭副庭长	全省法院系统首届年度优秀案例分析评选活动二等奖	福建省高级人民法院	2022年8月
刘雅芬	女	安溪县人民法院	民二庭庭长	全省法院系统首届年度优秀案例分析评选活动二等奖	福建省高级人民法院	2022年8月

续表15

姓名	性别	工作单位	职务（职级）	荣誉称号	授予单位	授予时间
黄　磊	男	安溪县人民法院	院党组成员、副院长	全省法院系统首届年度优秀案例分析评选活动优秀奖	福建省高级人民法院	2022年8月
汤丽萍	女	安溪县人民法院	法官助理	全省法院系统首届年度优秀案例分析评选活动优秀奖	福建省高级人民法院	2022年8月
王丁全	男	安溪县公安局西坪派出所	所长、一级警长	个人二等功	福建省公安厅	2022年8月
谢志能	男	安溪陈利职业中专学校	教师、专技九级	第八届福建“互联网+”大学生创新创业大赛职教赛道优秀创新创业导师	福建省教育厅	2022年8月
叶淑琛	女	国网安溪县供电公司	职工	“强国复兴有我——喜迎二十大建功新福建”全省青年职工演讲银奖	福建省总工会	2022年9月
宋姝缈	女	国网安溪县供电公司	职工	福建省第十七届运会“中国银行杯游泳”项目赛100米蝶泳亚军、50米蝶泳季军	福建省人民政府	2022年9月
黄东强	男	安溪农商银行	信息科技部科员	“福建省金牌工匠”称号	福建省总工会	2022年9月
黄　磊	男	安溪县人民法院	院党组成员、副院长	“福建省审判业务专家”	福建省高级人民法院	2022年9月
陈华强	男	安溪县看守所	副所长	全省公安监管部门抗击新冠肺炎疫情成绩突出民警	福建省公安厅	2022年9月
李君扬	男	安溪县拘留所（抽调增援看守所）	副所长	全省公安监管部门抗击新冠肺炎疫情成绩突出民警	福建省公安厅	2022年9月
白章场	男	安溪县看守所	二级警长	全省公安监管部门抗击新冠肺炎疫情成绩突出民警	福建省公安厅	2022年9月
唐晓培	男	安溪县看守所	三级警长	全省公安监管部门抗击新冠肺炎疫情成绩突出民警	福建省公安厅	2022年9月
张艺斌	男	安溪县看守所	辅警	全省公安监管部门抗击新冠肺炎疫情成绩突出辅警	福建省公安厅	2022年9月
易瑞明	男	安溪县看守所	辅警	全省公安监管部门抗击新冠肺炎疫情成绩突出辅警	福建省公安厅	2022年9月
谢章鑫	男	安溪县看守所	辅警	全省公安监管部门抗击新冠肺炎疫情成绩突出辅警	福建省公安厅	2022年9月
吴志强	男	安溪县看守所	辅警	全省公安监管部门抗击新冠肺炎疫情成绩突出辅警	福建省公安厅	2022年9月
周　倩	女	安溪县看守所	辅警	全省公安监管部门抗击新冠肺炎疫情成绩突出辅警	福建省公安厅	2022年9月
林坤炜	男	安溪县看守所	辅警	全省公安监管部门抗击新冠肺炎疫情成绩突出辅警	福建省公安厅	2022年9月

续表15

姓名	性别	工作单位	职务（职级）	荣誉称号	授予单位	授予时间
谢泽源	男	安溪县公安局虎邱派出所	三级警长	全省公安机关夏季治安打击整治“百日行动”成绩突出个人	福建省公安厅	2022年9月
叶永祥	男	安溪县公安局西坪派出所	三级警长	全省公安机关夏季治安打击整治“百日行动”成绩突出个人	福建省公安厅	2022年9月
林文艺	男	安溪县公安局治安管理大队	副大队长、二级警长	全省公安机关夏季治安打击整治“百日行动”成绩突出个人	福建省公安厅	2022年9月
谢团成	男	安溪县公安局刑事侦查大队	法制中队中队长、二级警长	全省公安机关夏季治安打击整治“百日行动”成绩突出个人	福建省公安厅	2022年9月
柯森丁	男	安溪县公安局巡特警反恐大队	警务辅助人员	全省公安机关夏季治安打击整治“百日行动”成绩突出个人	福建省公安厅	2022年9月
刘华琼	女	安溪华侨职校	政教处副主任	福建省特级教师	福建省人民政府	2022年9月
谢日钦	男	安溪县司法局	安溪司法局党组书记、局长	全省人民调解先进个人	福建省司法厅	2022年10月
高清良	男	安溪县人民法院	院党组成员、执行局局长	全省三十四届学术讨论会一等奖	福建省高级人民法院	2022年11月
黄小丹	女	安溪县人民法院	院党组书记、院长	全省三十四届学术讨论会二等奖	福建省高级人民法院	2022年11月
魏　薇	女	安溪县人民法院	政治部副主任	全省三十四届学术讨论会二等奖	福建省高级人民法院	2022年11月
李珍珍	女	安溪县人民法院	湖头法庭副庭长	全省三十四届学术讨论会二等奖	福建省高级人民法院	2022年11月
李晓萍	女	安溪县人民法院	综合办公室负责人	全省三十四届学术讨论会二等奖	福建省高级人民法院	2022年11月
彭英容	女	安溪县人民法院	法官助理	全省三十四届学术讨论会二等奖	福建省高级人民法院	2022年11月
林小云	女	安溪县人民法院	法官助理	全省三十四届学术讨论会优秀奖	福建省高级人民法院	2022年11月
苏明坡	男	安溪县人民法院	审管办副主任	全省三十四届学术讨论会优秀奖	福建省高级人民法院	2022年11月
苏亚东	男	安溪县人民法院	法官助理	全省三十四届学术讨论会优秀奖	福建省高级人民法院	2022年11月
苏火儿	男	安溪县虎邱镇政府	林业工作站站长	福建省2022年度护林联防工作先进个人	福建省第一护林联防区委员会	2022年12月
吕建册	男	安溪县纪委监委	第一纪检监察室主任	全省纪检监察系统先进工作者	福建省纪委监委、福建省人社厅	2022年12月

续表15

姓名	性别	工作单位	职务（职级）	荣誉称号	授予单位	授予时间
白剑峰	男	安溪县纪委监委	驻县委组织部纪检监察组组长	省纪委监委嘉奖	福建省纪委监委	2022年12月
陈琳冰	女	安溪县人民法院	立案庭副庭长	全省法院党的二十大期间信访安全保障工作成绩突出个人	福建省高级人民法院	2022年12月
廖明河	男	安溪县水利局库区移民服务中心	助理工程师	党的二十大期间移民信访维稳保障工作成绩突出个人	福建省水利厅	2022年12月
黄泗敏	男	安溪县公安局蓬莱派出所	副所长、三级警长	党的二十大安保维稳成绩突出个人	福建省公安厅	2022年12月
吴伟翔	男	安溪县公安局刑事侦查大队	三级警长	党的二十大安保维稳成绩突出个人	福建省公安厅	2022年12月
孙志谦	男	安溪县公安局参内派出所	三级警长	党的二十大安保维稳成绩突出个人	福建省公安厅	2022年12月
翁聪宝	男	安溪县公安局龙门派出所	三级警长	党的二十大安保维稳成绩突出个人	福建省公安厅	2022年12月
黄志勇	男	安溪县公安局城厢派出所	三级警长	党的二十大安保维稳成绩突出个人	福建省公安厅	2022年12月
黄少伟	男	安溪县公安局交通警察大队	警务辅助人员	党的二十大安保维稳成绩突出个人	福建省公安厅	2022年12月
郭彰凤	女	安溪县委办	县委办党建股负责人	全省党办系统先进工作者	福建省委办、福建省人社厅	2022年12月
许琳娜	女	安溪县应急管理局	安全生产执法大队负责人	福建省应急管理系统先进工作者	福建省人力资源和社会保障厅、福建省应急管理厅	2022年12月

2022年安溪县获市级表彰的单位（项目）一览表

表16

获表彰单位	荣誉称号	授予单位	授予时间
安溪农商银行	2021年度民营经济纳税超1亿企业	泉州市人民政府	2022年2月
安溪县卫生健康局	福建省第七次全国人口普查突出贡献集体	福建省统计局、福建省第七次全国人口普查领导小组办公室	2022年8月
安溪县人民政府	2021年度安全生产目标责任优秀单位	泉州市人民政府	2022年10月

2022年安溪县获市级表彰的个人一览表

表17

姓名	性别	工作单位	职务（职级）	荣誉称号	授予单位	授予时间
徐仰望	男	安溪县融媒体中心	指挥中心负责人	泉州市宣传工作先进个人	中共泉州市委、泉州市人民政府	2022年5月
刘捷婷	女	安溪县高甲戏艺术保护传承中心	演员	泉州市宣传工作先进个人	中共泉州市委、泉州市人民政府	2022年5月

2022年安溪县参加全省竞赛（评比）获奖单位一览表

表18

获表彰单位	荣誉称号	授予机关	授予时间
安溪县委老干部局	调研报告《银辉聚力当先锋 党建融合谱华章》获评全省老干部工作调研文章三等奖	福建省委老干部局	2022年1月
安溪县妇联	全省妇联系统先进集体	福建省人力资源和社会保障厅、福建省妇女联合会	2022年7月
安溪县科学技术协会	2022年福建省全民科学素质网络竞赛优秀组织单位	福建省科学技术协会	2022年11月
安溪县委老干部局	拍摄微视频《茶园里的梦》获评全省离退休干部最喜爱的主题十佳微视频	福建省委老干部局	2022年11月
安溪县委老干部局	拍摄微视频《退休不褪色 带富显本色——从退休教师到村支书的初心之路》获评全省离退休干部最喜爱的主题十佳微视频	福建省委老干部局	2022年11月
安溪县医院	“7S精益管理–用电安全”优秀奖	福建省人民政府安全生产委员会办公室	2022年12月
安溪县公安局祥华派出所	全警实战大练兵第三批省级标兵集体	福建省公安厅	2022年12月

2022年安溪县参加全国竞赛（评比）获奖个人一览表

表19

姓名	性别	工作单位	职务（职级）	荣誉称号	授予单位	授予时间
刘继伟	男	安溪县人民检察院	检察委员会专职委员	2021年度全国“平安之星”	中央政法委	2022年1月

2022年安溪县参加全省竞赛（评比）获奖个人一览表

表20

姓名	性别	工作单位	职务（职级）	荣誉称号	授予单位	授予时间
林克龙	男	安溪华侨职校	教师、专技七级	福建省第七届中小学生艺术节艺术表演类优秀创作奖	福建省教育厅	2022年1月
刘华琼	女		政教处副主任			
许志勇	男		书记			
林克龙	男	安溪华侨职校	教师、专技七级	福建省第七届中小学生艺术节艺术表演类戏剧（中学甲组）一等奖	福建省教育厅	2022年1月
刘华琼	女		政教处副主任			
许志勇	男		书记			
林克龙	男	安溪华侨职校	教师、专技七级	福建省第七届中小学生艺术节艺术表演类器乐（中学甲组）三等奖	福建省教育厅	2022年1月
王晓鹏	男		政教处主任			
王大治	男		专技八级			

续表20

姓名	性别	工作单位	职务（职级）	荣誉称号	授予单位	授予时间
刘华琼	女	安溪华侨职校	政教处副主任	福建省第七届中小学生艺术节艺术表演类舞蹈（中学甲组）一等奖	福建省教育厅	2022年1月
刘　璐	女		教师、专技十一级			
刘华琼	女	安溪华侨职校	政教处副主任	福建省第七届中小学生艺术节艺术表演类优秀创作奖	福建省教育厅	2022年1月
刘　璐	女		教师、专技十一级			
胡巧娜	女	安溪县人民检察院	第五检察部主任（一级检察官）	网课《民法典中未成年人权益保护》获全省检察机关精品网课	福建省人民检察院	2022年5月
汪志辉	男	安溪县人民武装部	政治工作科科长	福建省军区参谋集训第一名	福建省军区	2022年6月
孙惠惠	女	安溪县大坪乡人民武装部	部长	福建省军区民兵政治教员授课比武二等奖	福建省军区	2022年7月
陈碧瑜	女	安溪县人民检察院	党组成员政治部主任	获第二届“天山论检”检察理论研讨交流活动二等奖	新疆维吾尔自治区人民检察院	2022年7月
陈碧瑜	女	安溪县人民检察院	党组成员政治部主任	获第二届东南法治论坛征文活动三等奖	中共福建省委政法委员会、福建省法学会	2022年8月
涂兴炎	男	安溪县人民检察院	检察委员会专职委员	获第二届东南法治论坛征文活动三等奖	中共福建省委政法委员会、福建省法学会	2022年8月
傅新艺	男	安溪县人民检察院	一级检察官	获第二届东南法治论坛征文活动三等奖	中共福建省委政法委员会、福建省法学会	2022年8月
吴丽霞	女	安溪县人民检察院	五级检察官助理	获第二届东南法治论坛征文活动三等奖	中共福建省委政法委员会、福建省法学会	2022年8月
谢美育	女	安溪华侨职校	教务处副主任	2022年福建省职业院校技能大赛教学能力比赛三等奖	福建省教育厅	2022年8月
林小红	女		教师、专技十二级			
李　静	女		教师、专技十二级			
林添才	男	安溪沼涛中学	校长	福建省教育厅关于公布2022年省级教学成果获奖二等奖	福建省教育厅	2022年10月
苏茂林	男		副校长			
许梅菊	女		办公室主任			
林晓芳	女		教师			
柯永忠	男		副校长			
汪彩凤	女		教研室主任			

续表20

姓名	性别	工作单位	职务（职级）	荣誉称号	授予单位	授予时间
雷茂珩	女	安溪县第十九小学	教师、专技十一级	“人与自然和谐共生”主题国画征集评选活动一等奖	福建省生态环境厅	2022年11月
陈艺琳	男	安溪县公安局森林警察大队	副教导员	全警实战大练兵第三批省级标兵个人	福建省公安厅	2022年12月
易耀伟	男	安溪茶校	教师、专技十二级	全国评茶员技能竞赛福建选拔赛金奖	福建省人社厅	2022年12月
许奋勇	男	安溪县医院	无	“大黄配伍芒硝混合外敷促进剖腹产切口愈合和减少感染率”一等奖	福建省总工会	2022年
黄惠珠	女	安溪县医院	产科主任	“大黄配伍芒硝混合外敷促进剖腹产切口愈合和减少感染率”一等奖	福建省总工会	2022年
叶丽梅	女	安溪县医院	无	“慢性病高血压管理创新与探索”三等奖	福建省总工会	2022年
易娜苓	女	安溪县医院	慢病管理中心护士长	“慢性病高血压管理创新与探索”三等奖	福建省总工会	2022年
李珊娜	女	安溪县医院	工会副主席	“慢性病高血压管理创新与探索”三等奖	福建省总工会	2022年

在2022年安溪县三级干部会议上的讲话

（2022年2月11日　根据记录整理）

中共安溪县委书记　吴毓舟

今年这个春节不同以往，大家都没怎么停，将很多精力花在保稳定、促发展上，除夕那天，还有不少干部为做好协查人员的摸排管控，忙到快天亮；正月初四，县里就召开打击偷私渡的全县视频调度会；正月初六，市里召开了民营经济发展大会；正月初八，市里召开了“强产业、兴城市”双轮驱动动员大会。可以说，很多工作还没正式上班就已经正式启动了，广大干部“假期不休息”，用辛苦指数换来了茶乡群众的幸福指数、换取了安溪大地的祥和指数，很不容易，在这里也向大家表示感谢和慰问。

受疫情影响，今年的三级干部会主会场搬到县公务大楼102会议室，虽然会场变了，但是我想会议的初衷没有变：①会议的形式没有变，直接开到村一级，打通抓落实的“最后一米”；②重视实体经济、礼遇企业家的传统没有变，依然将25名纳税超千万的企业家代表请到主席台就座；③拼搏奋进的精气神没有变，看到线上线下的大家精神饱满、状态良好，相信只要广大干群持续发扬抗疫精神，没有什么困难，是安溪不能破解、不能战胜的。希望大家锚定全面建设具有茶乡特色的现代化中等城市目标，聚焦提高效率、提升效能、提增效益，坚持“强产业、兴城市”双轮驱动，推动安溪经济社会发展如虎添翼、全面超越。刚才刘县长对全年工作作了全面部署，思路清晰、措施管用、要求具体，我都同意，请大家抓好落实。这里，我再强调五点意见：

一、强支撑。今天的项目，就是明天的投资，后天的产业，是经济发展不折不扣的压舱石。

1. 强化招商比武竞赛。①要强化领导带头，今年县四套班子领导也明确了招商任务，县领导带头招商，既是担当，更是示范，希望各乡镇、各部门紧随其后，共同凝聚全县招商强大合力。②要强化开门招商，秉持“泉州以外就是开放”理念，坚持“走出去、引进来”，开展“敲门招商”专项行动；要进一步完善招商选资顾问团队，加快设立招商联络处并真正发挥作用。③要强化理念更新，既要招企业引项目，也要招平台引服务，引进一批创新平台、公共技术服务平台、“小专特”平台；同时，要坚持“引新不忘旧”，完善招商考核标准，把存量企业增资扩营视同为招商引资。

2. 开展安征迁拔钉清障“春季攻坚”行动。今年拟开工项目，涉及安征迁的，要全部纳入“春季攻坚”行动，确保上半年全部完成。此项工作，由王礼藕常务副县长牵头。

3. 开展安置房建设“安心”行动。对全县尚未建设的安置房进行摸底造册，逐一分析原因，提出处置意见，尽快启动建设；同时要制定全县拆迁安置指导意见，城区拆迁安置一律采用安置型商品房，其他乡镇也要明确标准、形成规范。此项工作，由李树明副县长牵头。

4. 建立“慎重单独供地”机制。探索制定我县“慎重单独供地”工作规范，明确可以直接供地项目的类型、规模、效益，否则，原则上采用“先租、后售、再供地”的招商落地模式，这样既解决项目快落地问题，也避免了土地闲置风险，同时企业也能轻装上阵，一举多得。

5. 优化重点项目跟踪调度机制。推行重点项目问题调度单机制，所有滞后项目都要生成问题调度单定期调度，调度单问题落实情况，县纪委监委要跟进监督。接下来，还要开展几轮业务培训，提升各级抓项目前期工作水平。

二、壮筋骨。企业是筋、产业是骨。要坚持“以产兴城”，加快培育工业、数字、民生、文旅四种经济，构建具有茶乡特色的现代产业体系。

1. 培育工业经济新动能。工业经济是顶梁柱，要以链长制、园区化等为抓手，绿色技改、数字技改为重要手段，加快推动产业集群发展壮大。当前很重要的一项工作就是要推进工业（产业）园区标准化建设，具体方案即将下发，大家要认真对照、抓紧实施，确保高质量完成各项目标任务，特别要坚持两个导向：一方面，要坚持问题导向。按照“缺什么建什么、差什么补什么、弱什么提什么”，加快完善生产生活配套、推进三生融合，打造一批产业综合体、创新综合体，当然建设要尽力而为、量力而行，先急后缓、多元参与，部分配套可引入社会资本或探索企业提供、园区共享等模式，减轻财政投入压力。另一方面，要坚持效益导向。突出“亩均论英雄”，对吾都、美法、光德、玉田等“老工业区”要分期分批改造提升、退二进三，一并解决安全生产、生态环保等问题；对低效、闲置的用地厂房，要下定决心，严格落实对赌条款，依法依规予以处置乃至收回，决不允许一边好项目急得跳脚、一边好地块长满杂草。同时，要继续紧抓“四上”企业培育，着力推动企业上市，不断增强龙头企业引领力。

2. 壮大数字经济新引擎。市委刘建洋书记到安溪调研时，对安溪数字经济的巨大潜力与独特优势给予了高度评价，要求我们要坚持像做茶业一样培育发展数字经济。安溪数字经济最大的优势在于空天和影视两大产业链，要紧抓这两大产业链，举全县之力穿透性地予以打造，尽快将比较优势转化为发展优势，两个层面工作要抓好：一方面要盯政策。县数字办要牵头组织相关部门，成立政策研究专班，会同相关企业，向上找政策、抢政策，为产业发展赢得更多支持。另一方面要促应用。空天产业链要依托地面接收站网，抓紧开展“卫星+”智慧城市、智慧应急、数字乡村、环保监测等方面的应用业务，力争今年实现产值3亿—5亿元；影视产业链要打造“忆库喜马拉雅内容研发基地”，抢占数字记忆生产服务市场，要加紧与哔哩哔哩、腾讯视频等沟通洽谈，成立电影修复基金，开展老电影修复及发行。

3. 厚植民生经济新优势。茶业、家居工艺业两大民生支柱产业，在加快新发展、凝聚新优势的过程中，有“三大共性问题”亟待破解，必须作为今年的重点课题全力攻克：一是品牌问题。两大产业都是强品类、弱品牌，龙头品牌不多、产品附加值不高、受市场波动影响大，今年要加强政策引导，下大力气培育一批企业品牌。二是链条问题。“双铁”产业都缺发展空间和载体、缺标准厂房，目前已出现不同程度的企业外流。有恒产才有恒心，接下来要抓紧推进藤云工艺园、云鹤电商园建设，上半年就要启动茶叶加工园区建设。同时县级国企建设的标准厂房要为茶业、家居工艺业预留一定空间，具体请洪金城副书记牵头提个意见报县委、县政府研究。此外，要抓紧推进工业设计中心建设，为提升两大产业链工业设计水平赋能。三是市场问题。要大力扶持农村电商发展，全力争取建设县级物流分拨中心；要大力发展跨境电商、布局海外仓。

4. 深挖文旅经济新潜力。这几年因为疫情，文旅产业受到很大影响，但疫情终究会过去，接下来文旅产业将迎来爆发式增长，我们要在风口到来之前提前做好准备。接下来我们将召开一场文旅产业发展务虚会，几个文旅资源丰富的乡镇进行PPT路演，谈自身发展思路、谈各点串联办法、谈县级支持路径等等。此项工作，由卢荣斌副县长牵头，提个工作方案。

三、攻重点。围绕强产业、聚人气，进一步提升城市功能品质，以城带乡、留人促产。为主要抓好三件事：

1. 抓风貌整治。一要大处着眼。聘请高水平团队编制城区规划，一手抓砖文、炭坑内、同美等片区大更新，一手抓老旧小区微改造，特别要树立精品意识，高标准做好“大龙湖”城市中轴的设计，加强中轴两侧城市天际线塑造，做足配套、植绿、亲水、留文文章，有机植入茶艺、铁艺元素，彰显茶都、艺都的城市个性。二要小处入手。深化“大城管”工作机制，加强智慧城管平台建设，着力解决交通拥堵、乱停乱放、占道经营、城市内涝等问题，让城区干干净净、清清爽爽。三要细处打磨。对高速、国省干道等城市主要进出通道及“市民常走、客人常到”的重要点位，开展环境综合整治，美化亮化、改造提升，打造独具安溪标识的城市门户形象。

2. 抓乡村建设。一要有看点。提升2个省级乡村振兴特色乡镇、30个试点村和9条示范线建设，突出“一村一品、一村一韵”，着力在增加“吃住行游购娱”六要素、吸引周边游客留住过夜上下功夫，尽早实现由投入到产出的转变，真正为村民带来实惠。二要有重点。坚持“先规划后建设、无规划不建设”，持续推进70个重点村实用性村庄规划编制，宜工则工、宜农则农、宜游则游，注重保护好古厝、特色建筑、红色遗迹等，最大限度保留村庄原始风貌；同时，要以4031栋裸房整治为重点，健全群众参与的长效常治管护机制，深化人居环境整治提升。三要有特点。挖掘培育一批拿得出、叫得响的“特产”，包括特色产业、特色村落，特别是特色产业这块，要积极探索村办企业发展新模式，鼓励通过村集体独资、多村联合投资、国有资本投资、社会资本入股等方式组建强村公司，把特色产业做大做强做久，真正成为乡村振兴主力军，具体请洪金城副书记、洪天阳副县长牵头抓好落实。

3. 抓营商环境。着力抓好“三个心”：一是省心。大力推进“不见面服务”，深化拓展“局长走流程”，全力创建便捷高效的政务环境，特别是行政服务中心湖头第二中心，昨天已正式对外开放了，要紧盯服务质量，确保一炮打响、形成口碑。二是放心。就是要有公开透明、诚实守信的社会环境，让企业来安溪投资有明确的预期，不用去考虑找关系、找熟人，也不用担心受到不公待遇。三是暖心。要在落实市里“1+1+13”政策大礼包的基础上，结合我县实际，出台一批管用实用的配套叠加政策，提升扶持政策的精准度和有效度，常态化开展“政策敲门”行动，推动更多政策“免申即享”“即申即享”，让市场主体感受到浓浓暖意。

四、优保障。坚持发展为民、节用裕民，持续增进民生福祉，兜牢稳定底线。几项工作点一下：

1. 抓牢疫情防控。略。

2. 强化基层治理。主要是推进邻里中心建设，这是今年党建工作的“头号工程”。要对标“1+6+X”模式，以党建为引领，加快打造15分钟便民生活圈。这块，城区的三个乡镇有基础，要出典型、出经验，6月底前，完成城东、茗城、湾美、经兜4个样板中心，到时，我们再开个现场会，让大家互学互鉴。

3. 破解民生难题。健全“为民办实事”长效机制，统筹抓好19件为民实事项目，升级硬件、提升软件，解决教育、卫生、养老等群众“急难愁盼”问题。要加快推进大安高速前期，加强与市里对接，尽快确定融资模式，力促开工建设。

4. 高压严打电诈。压实属地责任，一手控出境增量，盯死看牢有诈骗前科、偷越国边境和频繁往返重点国家等“三类人员”，确保“零新增”；一手减境外存量，想方设法把“红橙黄名单人员”劝导回来。

5. 守牢稳定底线。两大块：①安全生产。节后复工复产是各类安全生产事故的易发高发期，机器设备重启不规范、新人上岗流程不熟悉、“假期综合症”导致安全措施不到位等等，都可能造成事故。县安办牵头，组织开展一轮安全隐患大排查大整治，压实企业主体责任，牢牢守住安全生产红线。②信访。冬奥会还在进行中，接下来马上就是全国两会，要盯住重点人员，加强源头化解，做好上访排查化解工作。

五、抓落实。总的是按照省委提出的“快、优、实”上下功夫，三个层面的要求：

1. 想干事。干部干部，干字当头，无论怎么干事，首先要有积极性。同样一项工作，有的乡镇部门做得有声有色，有的这也不行、那也不行，不是想着怎么解决问题、怎么干好，而是想着怎么左躲右闪、蒙混过关，说到底还是责任心的问题、不在状态。今年市里将开展“解放思想大讨论”，解放思想，要先放下“私想”、摒弃自己的“小九九”，调整状态、发挥主观能动性，不躲事、不怕事、不推事，扎扎实实做好自己的事。

2. 干成事。就是要提高执行力。一方面，戒“虚”，深入具体、不能浮在面上，每项重点工作都要定人头、定任务、定标准、定时限，有没有完成、完成了多少、有什么困难问题，都要及时报告，这样才能形成完整的工作闭环。另一方面，戒“浅”，就是要勤学习，加快弥补知识弱项、经验空白，增强工作的预见性、适应性；组织部门、各行业主管部门也要有针对性地开展业务培训，切实提升干部的专业化能力和水平。

3. 不出事。这是干事创业的基本要求。在座的都是“关键少数”，要心存敬畏、自警自律，管好自己的腿，管好自己的嘴，管好自己的手，本分做人、干净做事，带头树好清风正气。特别是年轻干部，成长的空间还很大、路也还很长，要自重自省自爱，看清哪些事情能做、哪些事情不能做，不要在起步阶段就摔跤。接下来，县里将结合换届“回头看”，适时激励一批、调整一批、问责一批，以正确用人导向引领干事创业导向。

总之，今年的发展任务依然很繁重，没有一项工作轻松，我们的各级干部要统筹协调、善弹钢琴，苦干、实干、抓紧干，以优异成绩迎接党的二十大胜利召开。

政府工作报告

——2022年12月20日在安溪县第十八届人民代表大会第二次会议上

安溪县人民政府县长　刘永强

各位代表：

现在，我代表县人民政府向大会作工作报告，请予审议，并请政协委员和其他列席人员提出意见。

2022年工作回顾

2022年，是本届政府的开局之年，在省委省政府、市委市政府和县委的坚强领导下，在县人大、县政协的监督支持下，县人民政府坚持以习近平新时代中国特色社会主义思想为指导，做好迎接党的二十大和学习宣传贯彻党的二十大精神各项工作，坚定拥护“两个确立”、坚决做到“两个维护”，坚决落实“疫情要防住、经济要稳住、发展要安全”重要要求，坚持稳中求进工作总基调，完整、准确、全面贯彻新发展理念，深入实施“提高效率、提升效能、提增效益”行动和“强产业、兴城市”双轮驱动战略，统筹抓好经济社会发展各项重点工作，经济运行延续平稳发展态势，主要指标保持在合理区间。但由于受国内外经济环境和疫情影响，各项主要经济指标预计完成情况与县十八届人大一次会议审议通过的预期目标存在一定差距，本着实事求是的原则，经科学测算，对相关指标做出适当调整，并依法报请县十八届人大常委会第七次会议批准。全年完成GDP 920亿元（预计数，下同），增长5%左右；规上工业增加值增长8.9%；一般公共预算总收入45.4亿元，同口径下降5.6%；一般公共预算收入31.5亿元，同口径下降1.5%；社会消费品零售总额增长7.5%；居民人均可支配收入增长5.3%。综合实力位列全国百强县（市）第53位、较2021年度提升4位，最具投资潜力位列第11位、提升7位，绿色发展位列第51位、提升1位，科技创新位列第73位、提升2位；获评省经济发展“十佳”县（市）。一年来的主要工作和成效是：

一、有力有为稳增长，高质量发展基础进一步巩固

因时因势调整工作着力点和应对举措，以工作的确定性应对外部环境的不确定性。精准高效防疫情。多措并举稳主体。深入开展“万名干部进万企一企一策促发展”专项行动，推行领导干部挂钩服务重点企业全覆盖工作制度，及时帮助企业协调解决困难和问题198个；出台稳住经济、“1+1+8”① 等一揽子政策措施，制定惠企政策申报指南，上线“惠企政策查询匹配”平台②，累计下达各类惠企资金1.3亿元、减税降费7.13亿元，帮助318家（次）企业争取纾困贷7.02亿元。在全市率先推行市场主体歇业备案制度，新增市场主体1.8万户，增长16.8%。系统思维守底线。深入开展安全生产大检查、城镇燃气安全专项整治等行动，实现实际生产经营单位安全生产标准化创建全覆盖，安全生产形势持续稳定向好，在全市年度安全生产目标责任考核中位列第一名。清溪新城一期顺利交房，成为全省首个房地产开发企业破产清算重整并同步实现“交房即交证”③ 项目；天将御园、茶叶包装城等项目破产重整工作有序推进。加大对重点企业债务、非法集资等风险排查化解力度，处置不良贷款2.5亿元，全县辖内不良贷款率0.38%，保持全市最低水平。

二、聚焦聚力扩投资，高质量发展动能进一步增强

坚持项目为先、项目为基、项目为要，统筹抓好存量优化和增量招引，切实以项目引领投资，以投资带动发展。项目攻坚提速增效。深入开展“项目攻坚2022”，创新项目服务员、问题调度单等推进机制，推动项目建设全面提速，523个县级重点项目完成投资475亿元。泉州白濑水利枢纽工程大坝主体进入碾压混凝土施工阶段，剑斗新集镇幼儿园等7个先行工程进入收尾阶段，官桥安置区主体工程全部封顶，参内安置区全面开工，统规统建安置区建设有序推进；综合立体大交通（大三环）东三环罗内段建成通车，清水岩隧道双向贯通，高速安溪出口路网工程等项目加快推进，国道358线城厢至官桥段开工建设；兴泉铁路安溪段已经建成，即将通车运营；大安高速正在进行施工图设计；安翔高速可研报告上报省发改委审查；福建“北电南送”特高压工程④

正式开工。招商引资再掀热潮。扎实推进“抓开放招商促项目落地”专项行动，组建招商中心，成立30个异地商会招商工作联络处，全面开展以链招商、以商招商、以情招商，引进星座计划总部基地、稻兴光启等项目200个、总投资1300亿元，其中超20亿元项目17个、超亿元项目170个。出台招商激励、项目履约管理等一系列办法，建立重点项目梯度供地机制，项目履约率、开工率分别达90%、40%以上。要素保障持续加强。深入开展安征迁拔钉清障“春季攻坚”行动，完成房屋征迁4.8万平方米、土地征收2199亩。深入推进盘活利用低效用地试点工作[⑤]，完成城镇低效工业用地调查评价，推进白濑乡全省全域土地综合整治试点；全县处置批而未供土地940亩、闲置土地1566亩。多渠道做实做细重点项目资金拼盘，争取各类债券资金16.98亿元；银行业金融机构各项贷款余额700亿元，增长10.5%。

三、稳扎稳打优产业，高质量发展支撑进一步筑牢

开展“重龙头、强品牌、铸链条”等一系列专项行动，现代产业格局更加健全完善。产业生态不断优化。深入实施产业链链长制，培优育强八大产业链，新增产业链项目86个、完成投资452.41亿元，产业链供应链韧性持续增强。藤铁家居工艺产业加快集群发展和创新转型，获评中国藤铁产业基地；启动藤铁工艺产业园规划建设，成立安溪藤铁工艺创新发展研究院；建设信和水性漆专家工作站，指导推广“油改水”工艺[⑥]；举办“古技今艺——安溪藤铁艺术展”等展示展销活动8场次，加快国内外市场拓展，行业产值达265亿元。光电产业引进粒量科技、三荣科技等8个产业链项目，不断补齐链条关键环节。信息技术产业深化多领域、多元化融合应用，安溪铁观音一号、二号卫星[⑦]升空入轨并实现对地组网观测，全球商业遥感卫星地面接收站网福建站一号、二号接收天线完成数据接收调试；引进航天科技教育华东南区域总部等13个项目；建成中国电影资料馆安溪数字资源中心，联合修复的老电影《劳工之爱情》在意大利博洛尼亚探佚电影节首映，赵龙省长到安溪调研时给予充分肯定，鼓励我们把“电影修复技术在安溪”的品牌打出去。数字福建（安溪）产业园获评省网络安全产业示范园区。高端装备制造、建材冶炼建筑、食品、健康卫品等重点产业集群规模和业态能级稳步提升。此外，18家企业获评省、市级工业龙头企业，新增“四上”企业[⑧]207家。空间载体重构提能。推进“工业（产业）园区标准化建设”专项行动，新增厂房面积45.75万平方米，全县规上工业企业入园率50.5%，园区内规上工业增加值占比68%。市第一批“四个一批”项目[⑨]建设有力推进，安溪芯园首批4幢标准厂房主体全部封顶，引进灏谷科技合作打造集招引、孵化、培育为一体的高端平台，对接项目25个，厂房意向入驻率达66.7%以上，四美酒店项目动工建设；领秀云城产业园运营中心主体封顶，意向入驻企业70家；高端装备制造产业园进一步完善供电、市政等生产性配套，入驻企业增至30家，大成智能等6家企业正式投产；藤云工艺园加快推进新材料应用标准厂房建设，入驻企业20家，美尔惠等6家企业投产。创新要素加快汇集。深入开展“抓创新促应用”专项行动，R&D经费[⑩]投入强度持续提升。57个县级以上重点技改项目完成投资55.9亿元、增长11.9%。实施省、市级科技计划项目28个、组织申报“揭榜挂帅”项目4个；新增国家级制造业单项冠军企业（产品）1家、国家知识产权优势企业1家；深入开展“涌泉”行动[⑪]，新增院士（专家）工作站1个、博士后科研工作站1个；认定省级科技特派员30人、团队8个。组建城建、茶都、文旅三大集团公司，国企市场化运作迈出实质性步伐。三产潜力持续释放。开展出口市场突围拓展行动，出台外贸扶持政策，积极应对国际市场变化。落实消费需求激活扩张行动，开展“双品网购节”等线上促销活动16场次，全县网络零售额突破280亿元，位列全国县（市）电商竞争力百佳样本第17位。引进中闽百汇商业综合体项目，加快佰乐国际酒店、珍珠酒店建设；虎邱镇入选全省全域生态旅游小镇，溪禾山铁观音文化园创建国家AAAA级景区，国心绿谷茶庄园获评国家AAA级景区。“安溪旅游”数字文旅平台上线服务，整合推介6条精品旅游线路，接待游客超610万人次，旅游收入达62亿元。

四、精美精细建城乡，高质量发展格局进一步优化

坚持城乡统筹、建管并重，“一核一辅多带”[⑫]县域发展新格局加速构建。城市功能日趋完善。实施83个“抓城建提品质”项目，完成投资96亿元。加快解放路西等片区改造及33个老旧小区改造提升，炭坑溪片区治涝工程、高速安溪出口路网景观提升、河滨南岸精品步道等市政工程全面推进，新增15个口袋公园、904个智慧停车位、35个公共充电桩，完成大同路等4条城区道路“白改黑”，打通3条断头路。建立城区市政公用设施管护维修快速反应机制；开展“八化”专项行动[⑬]，新增绿化12万平方米，拆除“两违”2.04万平方米。加快南翼新城污水管网等市政配套设施建设，扎实推进仁桥花园安置房续建、官桥中山路老街危旧房改造等项目建设。湖头辅城环城路第Ⅰ、Ⅱ标段建成通车，立体停车场投入使用，李光地宅和祠修缮工程有序推进。湖头、龙门、城厢、官桥、凤城入选全国综合实力千强镇。乡村品质提档升级。巩固拓展脱贫攻坚成果同乡村振兴有效衔接。全力扶持“一叶五金五银”[14]特色农业发展壮大，山格淮山被列入国家地理标志农产品保护工程，创建省级国际标准农产品示范基地1个，培育新型农业经营主体示范社（场）34个，荣登全国“农产品数字化百强县”榜首；在全省首创“多网融合+客货邮融合”发展模式，入选“全国农村物流服务品牌”；祥华乡入选全国“一村一品”示范村镇。建成高标准农田4.4万亩，完成撂荒地整治1.24万亩、退茶还耕1.29万亩，创建粮食生产示范区8.33万亩；启动粮食加工厂建设，完成中心粮库二期扩建工程，实现24个乡镇应急供应网点全覆盖，持续夯实粮食安全保障。镇区改造有力推进，长卿镇乡村振兴服务中心项目主体完工，西坪、金谷、龙涓等乡镇镇区改造项目动工建设。试点整村推进土地经营权“预流转”[15]，分类建设26个强村公司。大力实施乡村建设行动，高标准抓好2个省级特色镇、6条市级示范线和5个整镇推进试点镇、62个试点村建设，完成裸房整治5333栋；蓝田乡乌土村入选中国传统村落。新改建农村公路134公里，改造危桥10座，入选“四好农村路”[16]全国示范县创建单位；完成全省首个以茶命名的高速服务区——槐植铁观音服务区改造升级。建成7个乡村电气化示范工程。推进陈文令“金谷溪岸”艺术园建设。生态质量稳步向好。建立“五长”[17]协作共治机制，推进山水林田湖系统治理。纵深推进空气污染综合治理，空气优良天数比例达99%。深化河湖长制，完成河道治理14公里，建成安全生态水系15公里，推进40个农村生活污水提升治理项目；完成水电站清理整治销号工作；持续推进仑苍饮用水源地安溪境内环境整治和龙涓溪里口大桥、罗内桥断面水质提升工作，主要流域水质达到或优于Ⅲ类标准。全面落实林长制，造林绿化1.29万亩，治理水土流失面积10.3万亩；扎实推进国家级森林城市创建，打造省级森林城镇1个、森林村庄7个，建成全省首个林长制主题公园。推进“静夜守护”城市夜间噪声污染整治专项行动。高标准做好省生态环境保护例行督察相关工作。

五、用心用情惠民生，高质量发展成果进一步共享

始终坚持以人民为中心的发展思想，完成19件为民办实事项目，不断提升群众幸福指数。教育事业加快发展。完成凤山幼儿园、龙涓下洋幼儿园等8个扩容改薄项目，支持西坪中心小学等42所农村学校校舍、运动场等改造提升，新增学位3200个。新增普惠性民办幼儿园67所、学前教育普惠率达96.8%。43所学校通过义务教育管理标准化学校评估，安溪一中入选首批省级示范性高中，教师进修学校通过省级标准化评估验收。启动“安溪好先生·十百千万”培养工程。推进中小学课后服务、校外培训机构规范管理等工作，不断优化校园育人环境。健康服务便民暖心。推进县公共卫生应急暨健康培训中心、芦田卫生院等项目建设。持续深化综合医改，全省首创药品、医疗器械监管“三医联盟”[18]；推动湖头、官桥医疗次中心二级达标建设，基层诊疗人次占比达61%，双向转诊患者3536名。灵活采取柔性、全职等方式引进人才33名，创建名医工作站12个。完善“一老一小”服务体系，新增普惠托位350个，老年人健康管理率达74.82%；创建农村儿童早期发展试点工作示范乡镇5个、示范村5个。社会保障扩面提质。建设6个未成年人关爱服务站，持续推进“福蕾行动计划”。加快推进龙门等4个敬老院建设，建成15个长者食堂；在全市率先推行失能老年人护理保险和困难老年人家庭适老化改造。县殡仪馆综合服务功能区扩建项目主体工程完工。发放城乡低保、特困供养等各类保障金1.6亿元。全面启用乡镇基层医保经办服务窗口，推进多元复合型医保支付方式改革，不断提高群众报销比例。城镇新增就业3500人。文化体育协调创新。建设提升新型公共文化空间等文体活动场所67个；开展文化下乡活动120余场次。推动图书馆、博物馆、文化馆与凤山书院融合使用，戏曲中心主体工程封顶，青阳冶铁考古遗址公园获省级立项。创编茶文化主题舞台剧《铁观音》，现代高甲戏《莫耶·延安颂》荣获第28届全省戏剧会演优秀剧目奖。安溪健儿在第17届省运会上荣获7枚金牌。治理体系健全完善。深化“平安安溪”建设，纵深推进常态化扫黑除恶、防范治理境外涉诈暨非法出入境违法犯罪专项整治行动。全面实施“八五”普法。创新矛盾纠纷排查化解机制，深入开展信访积案化解攻坚；归并优化12345政务服务便民热线，受理群众诉求1.4万个。推进38个“党建+”邻里中心[19]、513个新时代文明实践中心（所、站）建设，实现乡镇社会工作服务站全覆盖。建成2个市级职工疗休养基地。

完成1636条道路命名工作。国防动员、退役军人事务等工作扎实推进，实现省级双拥模范县“四连冠”。入选福建省高质量气象现代化建设先行试点县。同时，民族宗教、侨台外事、防灾减灾、食药监管、科普、档案及工青妇、社会团体等工作取得新成效。

六、赋能赋势强茶业，高质量发展特色进一步凸显

着力构建文化铸魂、科技赋能、产业融合的发展格局，全面促进“三茶”统筹。持续做活茶文化。安溪铁观音茶文化系统被联合国粮农组织认定为全球重要农业文化遗产，铁观音制作技艺作为“中国传统制茶技艺及其相关习俗”被列入联合国教科文组织人类非物质文化遗产代表作名录，“联合国粮农组织支持福建省安溪铁观音茶文化系统发展案例”荣获第三届全球减贫最佳案例，举办首届全球农遗·安溪铁观音茶文化系统保护与发展论坛等大型活动6场次，以福建安溪铁观音农业文化遗产乡村游为主题的茶旅线路入选“农遗良品”十佳旅游线路，“双世遗”效应不断放大。启动茶史迹专项调查；安溪茶厂入选全国首批“大思政课”工业文化专题实践教学基地。实施茶叶非遗技艺师带徒“长青计划”，传承传统制茶工艺。举办“商会+茶王赛”“茶乡购·大师说茶”等茶文化宣传推介活动50场次；创评星级“安溪茶空间”10家，茶文化影响力进一步扩大。持续做强茶产业。立体提升茶山生态6.1万亩，建成高标准生态茶园5.2万亩，新增绿色食品茶叶认证0.56万亩、茶叶气候品质认证13家；安溪铁观音国家地理标志产品保护示范区、全国绿色食品原料（茶叶）标准化生产基地创建工作有序推进。举办大宗茶、毛茶等专项比赛5场次，举行春茶产销对接会、秋茶订购会等市场拓展活动9场次，茶叶质价齐升。数字福茶项目落地运营，中国福茶数字科创园启动规划建设。全县涉茶总产值达320亿元，安溪铁观音品牌价值达1430亿元，连续3年位列中国区域品牌（地理标志）价值第一。持续做优茶科技。设立百万重奖举办首届中国茶科技创新大赛，评选出优质创新成果37项，乌龙茶智能加工等10个项目落地转化；举办中国茶产业人工智能应用论坛，与中科院、浙江大学等科研机构、高校深入开展茶产业课题研究，发布研究成果3项，茶产业“含新量”不断提升。《地理标志产品 安溪铁观音》国家标准修订通过立项。

七、从严从实转作风，高质量发展活力进一步迸发

持续推进政府职能转变，加快建设有为政府。严格依法行政。认真贯彻落实习近平法治思想，自觉接受人大法律监督、政协民主监督和社会各界监督，办结人大代表建议187件（另有1件为闭会期间代表建议，正在办理中）、政协提案176件，满意率和基本满意率达100%。出台《安溪县人民政府工作规则》，推进行政工作制度化、规范化发展。深入推进“一支队伍管执法”改革，赋予乡镇首批93个行政执法事项。严抓服务效能。推出“不见面审批”事项24个，新增“一件事”集成套餐服务改革[20]7项；实现商品房分户登记全程网办；大力推进工建项目审批“集中办公、统一管理”[21]“模拟审批”[22]等模式改革，审批用时缩短至15个工作日。县政务服务中心第二中心正式投入使用，受理群众办件超10万件。推深做实“局长走流程、走基层”等活动，行政审批“安溪效率”等获评全省机关体制机制创新优秀案例。严肃政风政纪。严格落实中央八项规定及其实施细则精神，驰而不息纠治“四风”，全年会议、文件分别压减62.5%、13%。进一步树牢“过紧日子”的思想，压缩一般性支出0.23亿元。扎实推进党风廉政建设和反腐败工作，处理违反效能建设规定9人。

进取点点星铺路，步履稳踏自昂扬。各位代表，过去一年的发展成绩来之不易，这是以习近平同志为核心的党中央坚强领导的结果，是省委省政府、市委市政府正确领导的结果，是县委团结带领全县人民勠力同心、攻坚克难的结果。在此，我谨代表县人民政府，向全县干部群众、人大代表、政协委员、离退休老同志、部队官兵、企业界人士和“新安溪人”，向关心支持安溪发展的海内外乡亲和各界朋友，表示衷心的感谢和崇高的敬意！

稳不忘忧怀远虑，好中知难慎始终。在看到成绩的同时，必须清醒看到我们的工作还存在一些不足、面临不少问题和困难，主要有：经济运行不够协调，个别指标低于年度预期；龙头企业偏少、创新能力不强等产业短板亟待补齐；发展空间不足，土地等资源要素日趋紧张；城乡发展不平衡问题仍然存在，教育、医疗、养老、托幼等优质公共服务供给与人民群众的期盼还有差距；少数干部应对复杂局面、防范化解风险的能力还有待提升，等等。对此，我们将坚持问题导向，发扬斗争精神，逐一加以解决，努力把工作做得更好。

2023年主要工作安排

2023年是全面贯彻落实党的二十大精神的开局之年，是实施“十四五”规划承上启下的关键之年，也是安溪全方位推进高质量发展的重要之年。政府工作的指导思想是：坚持以习近平新时代中国特色社会主义思想为指导，全面贯彻落实党的二十大精神，坚持稳中求进工作总基调，完整、准确、全面贯彻新发展理念，服务和融入新发展格局，传承弘扬“晋江经验”，贯彻落实“强产业、兴城市”双轮驱动战略，推深做实“1+3”专项行动[23]，埋头苦干、奋勇拼搏，全方位推进高质量发展，更好统筹疫情防控和经济社会发展，更好统筹发展和安全，加快建设具有茶乡特色的现代化中等城市。全县经济社会发展主要预期目标：GDP增长6.5%左右，规上工业增加值增长10%，第三产业增加值增长6.2%，一般公共预算总收入增长6%，一般公共预算收入增长6%，固定资产投资增长6.8%，社会消费品零售总额增长8%，全体居民人均可支配收入增长6.5%。围绕以上目标任务，重点抓好七方面工作：

一、坚持全员上阵，在项目建设上取得更大突破

项目是安溪发展的明天，抓项目没有旁观者、也没有局外人。我们将利用一切可以利用的资源、采取一切可以采取的措施，人人重视项目、人人服务项目。

科学精准谋项目。开展项目谋划专项行动，抢抓国家专项债券、中央和省级预算内投资等政策窗口机遇，坚持科学性与引领性相结合、现实性与前瞻性相统一，既重点谋划一批具有全局性、标志性的重大工程项目，也主动向上沟通对接一批教育、医疗等重大民生项目，力争全年策划储备项目200个以上。

质量并重招项目。全面梳理八大产业链招商项目库，精准锁定招商方向和目标企业，发挥港澳台侨商及异地商会等作用，用好招商选资数字化平台，坚持“走出去”“请进来”相结合，广交新朋友、深交老朋友，力争新招引和增资扩营项目160个、总投资1100亿元以上，其中，超20亿元项目15个、超亿元项目110个。开展招商亲商服务年活动，确保项目履约率、开工率分别达90%、40%以上。

统筹要素推项目。建立健全专班抓项目、专员跟企业、专项解难题的工作机制，全面推进“模拟审批”改革，穿透式解决好项目建设“一慢三难”[24]问题，集中清理闲置土地800亩，完成土地报批1000亩以上，确保完成499个县级以上重点项目年度投资488亿元任务。

二、坚持全链协同，在产业集群上凝聚更大优势

产业是安溪发展的根基，也是安溪弯道超车的动力所在。我们将坚持把发展经济的着力点放在实体经济上，深化产业链链长制，着力建链、补链、强链、延链，加快构建现代化产业体系。

打造传统产业升级版。深入实施“绿色数字技改”专项行动，加快建材冶炼、食品、纺织等传统优势产业数字化转型、智能化改造，滚动实施闽光钢铁产能置换、臻璟新材料扩建等50个县级以上重点技改项目。实施龙头企业培优扶强工程，新增省级产业龙头企业1家、专精特新企业2家、“四上”企业200家；集中资源力量支持中科三净等企业上市。加快藤铁工艺产业园、配件中心及藤云工艺园、云鹤电商园规划建设；推进“油改水”等行业技艺改造提升；举办中国（安溪）藤铁工艺设计大赛，评选首届安溪藤铁工艺大师，策划组织藤铁工艺作品进国家博物馆展览，力促安溪藤铁工艺创新发展研究院与企业对接协作；注册“安溪藤铁工艺”地理标志，不断提升品牌效应和产品附加值。力争藤铁家居工艺产业行业产值达300亿元。

跑出新兴产业加速度。明确“一业一策”发展路线图，加快从关联企业集聚向个性品牌成长、再向区域品牌提升的梯次迈进，打造高层次新兴产业集群。光电产业重点围绕小间距LED、MicroLED以及半导体外延制造和芯片制造等领域，引进龙头企业3家，延伸做强光电产业链条。信息技术产业重点加快数字福建（安溪）产业园建设，推动中科卫星遥感、国电高科卫星通信、中国电影资料馆电影修复、中科曙光超算中心、中关村创新中心等项目释能增效，举办中国金鸡百花电影节安溪分会场和空天产业高峰论坛活动；提升“智慧安溪”城市实景三维云平台能级，打造“城市大脑”，拓展更多数字经济应用场景。高端装备制造产业重点推动春田科技、鑫荣精工等项目建设，力促剑桥阀门等7个项目建成投产，引进碳纤维复合材料研究院等6个项目，加快形成规模效应。助推人工智能、生物技术、新能源、新材料、绿色环保等战略性新兴产业发展。

培育第三产业增长极。以制造业主辅分离[25]为切入点，加快发展商贸物流、金融服务、知识产权等生产性服务业。围绕“三铁”打造“溪有好物”城市共享品牌，举办海峡两岸（安溪）设计节。聚焦“逛遍安溪、吃遍安溪”等主题打造2个特色商圈街区；开展主题促销活动20场次以上，进一步释放节庆消费、夜间消费、线上消费等潜力。深挖世遗茶香、红色人文、科技研学等文旅资源，发展精品旅游；推进青阳冶铁考古遗址公园、“三铁荟萃”文旅产业园等项目建设，完善游客服务中心、智慧旅游等基础配套设施，深化与携程、中青旅、建发国旅等企业合作，持续优化“吃住行游购娱”产品供给，打响“三铁三世遗”文旅品牌，做大做强文旅经济。

构建现代园区生态群。深入实施“工业（产业）园区标准化建设”专项行动，全速推进安溪芯园、领秀云城产业园等在建项目建设，推动稻兴光启超高清视频产业园、中关村领创信息产业园等项目开工建设，新增标准厂房70万平方米。统筹推进“建园区、招项目、用金融、搭平台”，全面补齐园区基础设施短板，不断提升园区服务能力，规上工业企业入园率达51%，园区内规上工业增加值占比69%以上。

三、坚持全域统筹，在城乡环境上实现更大改善

环境是安溪给人的第一印象，也是群众高品质生活的内在要求。我们将紧扣国土空间规划和“一核一辅多带”县域发展新格局，突出城乡融合、区域协调，全力绘就“大美安溪”靓丽画卷。

建设现代宜居的魅力城市。树牢“精心规划、精致建设、精细管理、精美呈现、精明增长”理念，高水平编制“一核”“一辅”发展规划。接续推进60个“抓城建提品质”项目建设，加快兴安新区建设和城东中心、龙门旧街等片区改造提升，推动动车站TOD枢纽片区和大白濑参内、官桥移民安置区建设，实施18个老旧小区改造项目，支持符合条件的城镇既有住宅加装电梯；新建口袋公园5个、智慧停车位400个、公共充电桩30个，推进城厢仙苑等农贸市场建设；完成炭坑溪片区治涝工程；加快城东污水处理厂规划建设，新建城镇污水管网6公里，推进雨污分流改造，城市生活污水处理率达95%。延伸“智慧城管”应用触角，积极推行“网格化+数字化+智慧化”城市管理新模式，不断提升城市精细化管理水平。坚持“房住不炒”定位，深入推进保障性安居工程建设，新建保障性住房1066套。

建设振兴发展的和美乡村。坚持农业农村优先发展，进一步巩固拓展脱贫攻坚成果，全面推进乡村振兴，高质量打造2个省级特色镇、6条市级示范线和8个整镇推进试点镇、62个试点村。深化“一镇一业”“一村一品”建设，因地制宜推进特色现代农业产业设施化、规模化发展，加快中国团餐食材基地建设，支持祥华乡创建国家农村产业融合发展示范园；规范提升强村公司、农民合作社、家庭农场等利益联结机制，完善现代农业经营体系。提级推进乡村建设行动，推深做实乡镇镇区改造，整治裸房4100栋。加强农村宅基地审批管理和建筑风貌管控，推进农村宅基地“多户”联建审批；加快城乡供水一体化，推进蓬莱、虎邱自来水厂改造提升和蓝田水库供水分区自来水厂建设，提升农村饮水安全保障水平；加强电力基础设施提升建设。深化农村集体产权制度改革。落实粮食安全主体责任，改造提升高标准农田0.86万亩，粮食播种面积稳定在27.27万亩、总产量稳定在9.21万吨以上。稳步推进乡镇科技特派员工作站建设，服务乡村振兴、助力产业转型。

建设高效便捷的交通网络。全面加快综合立体大交通（大三环）建设，做好北三环、西三环、国道358线官桥至虎邱段、南翼新城环西路等项目前期工作，推进国道358线城厢至官桥段、国道638线（原联四线省道217线）雅兴至东坑段等项目建设，高速安溪出口路网工程第Ⅰ标段（迎宾大道、高速安溪出口新连接线）建成通车，景观提升工程全面完工；高标准编制三环与二环、高速公路、城区各片区之间交通组织专项规划，进一步提升区域路网整体性和通达性。推动国道358线虎邱至龙涓段及“大白濑”公路复（改）建项目开工建设，推进湖头环城路等区域通道建设，支持乡镇实施通村、通自然村道路提档升级工程，完成农村公路提级改造30公里以上，改造危桥7座，完成城区中山路和省道312、省道507线等6个沥青路面改造工程，不断提升城乡道路通行质量。

四、坚持全心为民，在品质生活上创造更大福祉

让安溪群众的幸福生活更有质感，是政府的头等大事。我们将扎实办好21件为民办实事项目，切实解决好群众急难愁盼问题，实现好、维护好、发展好广大茶乡人民的根本利益。

办好人民满意教育。理直气壮开好思政课、诚信课，深化“全国中小学劳动教育实验区”建设，构建德智体美劳全面培养的教育体系。推进安溪九中、城东二小、建安幼儿园等12个教育扩容项目建设，实施35所农村学校改薄提升工程；安溪一中城东校区启动高中部招生。加强“名优校+”教育发展共同体建设，深化“5G+专递课堂”试点工作，扩大优质教育资源覆盖面。开展教师全员轮训，深入推进名师“青蓝工程”[26]，助力教师专业化成长。统筹高等教育、职业教育协同创新，推动福建农林大学安溪校区由茶学专业拓展至光电科技、数字经济领域，鼓励企业与职业学校合作开展“二元制”人才培养模式，构建产教融合培养体系。筹办安溪开放大学；办好特殊教育、继续教育、老年教育。

倾力打造健康安溪。健全完善公共卫生体系，继续做好常态化疫情防控工作，不断提升重大疫情防控救治和应急能力。大力推动县中医院城东院区等15个医疗卫生项目建设，促进优质医疗资源合理扩充和均衡布局。对标“千县工程”[27]标准提升县医院综合能力，支持县中医院创建三级甲等中医医院，创建全国基层中医药工作示范县。深化县域紧密型医共体建设，支持长卿、感德医疗次中心二级达标建设和湖头医院创建二级医院，推动优质医疗资源下沉。加强县“120”指挥调度系统建设，新增配置AED 44台，健全完善群众自救互救网络体系。积极推进心理科门诊建设。进一步规范民营医院发展。

完善社会服务体系。创编高甲戏《林嗣环》；开展高甲戏、茶文化艺术进景区、进乡村、进校园公益演出90场次；图书馆和戏曲中心投入使用；建设提升镇村文化设施工程44个，新建体育健身场所24处，不断扩大文体服务供给。办好第六届县运动会。加强职业技能培训和公益性岗位开发，组织各类招聘活动40场次以上，促进农民工、就业困难人员等重点群体高质量充分就业，城镇新增就业2500人以上。优化收入分配结构，持续推进“漏保”“漏救”专项整治，保障困难群众基本生活，扩大中等收入群体，扎实推进共同富裕。深入实施全民参保计划，全面推进城乡居民基本养老保险参保扩面，基本医保参保率达96%。全面提升养老服务保障水平，持续推进乡镇敬老院、长者食堂等一批养老服务设施建设；支持县未成年人救助保护中心、乡镇社会工作服务站和乡镇未成年人保护工作站规范化建设；加强对妇女、儿童、残疾人、流浪乞讨人员等群体的关爱帮扶，依法落实各项福利待遇。

聚力建设生态文明。深入推进环境污染防治，持续打好蓝天、碧水、净土保卫战。全面开展大气污染治理，加强建筑工地扬尘等污染源管控，确保空气质量稳定达标。深化河湖长制，推进晋江防洪提升工程、安全生态水系等水利基础设施建设，治理河道20公里，实施农村生活污水提升治理项目90个，打造水土流失治理示范片5个，力争创建国家水土保持示范工程。完善生活垃圾分类收集、分类运输体系。深化林长制，造林绿化5500亩。推广应用清洁能源，创新发展各类碳汇产品。积极创建“绿水青山就是金山银山”实践创新基地。持续抓好各级生态环境保护例行督察反馈问题整改。

提升基层治理效能。坚持和发展新时代“枫桥经验”[28]，强化初信初访首办责任，完善信访积案化解机制，创建全国信访工作示范县。强化社会治安整体防控，常态化开展扫黑除恶斗争，严厉打击治理偷私渡、电信网络诈骗、涉毒涉赌等违法犯罪活动。深入开展“安全生产标准化提升”专项行动，全力打造标准化建设2.0版本；推进重点行业领域专项整治，坚决遏制重特大事故发生。深化移风易俗，巩固提升省级文明县城创建成果。坚决落实“四个最严”，筑牢食品药品安全防线。建成民兵综合训练基地，持续推动国防动员高质量发展，推进双拥共建，做好退役军人服务保障工作。

五、坚持全茶发展，在“三产”融合上迈出更大步伐

茶是安溪的名片，如何让这片神奇的叶子持续焕发生机，政府和群众一直在努力。我们将坚持“稳一产、强二产、优三产”，全力做好“三茶”统筹文章，全面推进茶产业高质量发展，力争全县涉茶总产值增至360亿元。

固本强基稳一产。持续加强茶园生态提升、茶叶质量安全管控、传统技艺回归、种质资源保护，开展“十佳生态茶园”“金牌茶庄园”评选，积极推进碳汇型茶园建设。深入实施高素质农民培训，鼓励开展系列技能赛。用好设施农业用地政策，建设茶叶初制标准化加工中心（场、所）20个。支持示范茶叶专业合作社发展，推动茶叶规模化种植、加工。发布《安溪铁观音质量安全白皮书（2022）》，推进《地理标志产品 安溪铁观音》国家标准修订工作。扶持黄金桂、本山、梅占、毛蟹、大叶乌龙等特色名优品种发展。

集聚链条强二产。聘请智纲智库专业团队对安溪茶产业发展进行战略性策划和定位。培育壮大茶都集团涉茶板块，引领带动茶产业发展。建设中国乌龙茶产业研究院，促成更多科技成果落地转化。出台支持茶产业链龙头企业发展、总部回归激励措施，全力推进中国福茶数字科创园建设，力促八马茶业数字化茶叶生产线和老茶陈化仓储、小罐茶现代化智能化茶叶生产线等项目建成投产，推动茶叶生产和加工机械标准化、数字化；推进禅心缘基底茶、添寿福地功能性茶产品等项目建设，推动茶叶精深加工取得新进展；举办茶包装展销会，加快茶机械规模化发展，进一步做强茶产业链配套。

多维拓展优三产。加强安溪铁观音茶文化系统保护与发展，积极筹办“三茶”统筹等国家级会展、论坛、活动；支持溪禾山农遗文化馆建设；接续推进茶史迹专项调查，推动茶文化系统LOGO、主题语等植入实际应用场景，激活“双世遗”多元价值。持续开展“年年有主题·月月有活动”安溪铁观音品牌推广活动，进一步提升品牌美誉度。做好以茶促旅、以旅兴茶文章，打造一批特色茶产品和文旅产品。制定鼓励茶叶电商落户优惠政策，完善提升茶叶电商产地仓、供应链和仓储物流体系；全力推进中国茶都交易市场申报省部共建茶叶产地交易市场项目，加快“线上茶都”建设。

六、坚持全面深化，在改革创新上释放更大活力

安溪发展，一路走来，一直在改革中创新、在创新中改革。我们将始终坚定改革自信、持续增强创新思维，在深化改革创新上下功夫、求突破，加快实现新旧动能转换。

扎实推进综合改革。传承弘扬“晋江经验”，健全完善政企沟通长效机制。持续深化“放管服”改革，不断打造市场化法治化国际化营商环境，力争更多营商环境监测指标进入市标杆行列；用好投资项目在线审批监管平台，全面实行行政许可事项清单管理；推行“网上办、掌上办、就近办、一次办”政务服务[29]，拓展“一件事一次办”事项范围以及数字化营商环境应用场景。实行“园区管委会＋运营公司”的模式，推动城建集团成立园区开发公司，全过程参与园区开发建设、运营管理，全面提升园区专业化运营管理服务水平。积极开展金融产品创新，对接招商资本等头部基金管理人，推动创立信息技术、半导体、茶科技等产业投资基金。加快城建、茶都、文旅三大集团公司运行管理体系建设，鼓励拓展业务领域，推动县属国企提质增效、做大做强。推深做实盘活利用低效用地试点工作，支持白濑乡等乡镇开展全域土地综合整治，推进城镇低效用地再开发，确保全年处置率不低于20%。

扎实推进科技创新。加快实施创新驱动发展战略，全面融入福厦泉国家自主创新示范区建设，积极有效承接科创外溢资源。深入实施科技创新“四个倍增”[30]计划，新增高新技术企业20家以上、高层次人才团队1个。鼓励龙头企业组建技术联盟、“揭榜破题”，推动规上工业企业研发活动全覆盖，力争全年R&D经费投入增长20%以上。积极搭建各类科技创新平台，强化政产学研用金协同创新，谋划举办高水平科技创新赛事，推动更多重大科技成果落地转化。深入实施人才“溪引行动”[31]，持续打造高品质的人才生态系统。

扎实推进对外开放。主动服务和融入双循环新发展格局，积极参与全国统一大市场建设。深入开展“外资攻坚”专项行动，推动实际利用外资稳步增长；出台跨境电商专项扶持政策，支持鼓励外贸企业组团参加海外展会、布局海外仓，积极参与产业链供应链国际竞争，力争全年外贸出口增长5%以上。用好清水岩“海峡两岸交流基地”、台湾人才之家等平台载体，深化对台文化、经贸、人才等领域交流合作，引进台湾光群光电等龙头企业，鼓励旺旺食品等台资企业增资扩产。加强对外通道建设，力促大安高速实质性开工、安翔高速取得新进展，提升湖里园、思明园等园区能级，加快打造闽西南协同发展试验区。

七、坚持全力以赴，在勤勉履职上展现更大作为

安溪新一轮的发展，既有机遇，更有挑战，需要乘势而上、迎难而进。我们将躬身实干、不懈奋斗，努力打造人民满意的服务型政府。

坚定忠诚之志。把学习宣传贯彻党的二十大精神作为当前和今后一个时期的首要政治任务，深刻领悟“两个确立”的决定性意义，增强“四个意识”、坚定“四个自信”、做到“两个维护”，以实际行动践行对党忠诚。坚持把党的全面领导贯穿政府工作全过程，确保党中央国务院、省委省政府、市委市政府和县委各项决策部署落实到位。

锤炼勤政之功。传承弘扬“四下基层”“马上就办、真抓实干”等优良作风，把全部心思和精力用在干事创业上、用在企业发展上、用在为民谋利上，以求真务实的工作作风，服务好企业、项目、基层和百姓。加强学习型政府建设，着力提升政府工作人员的综合素养、业务水平和创新能力。持续深化拓展基层减负工作，让干部集中精力抓落实、出成效。

履好法治之责。全面贯彻习近平法治思想，严格遵守宪法和法律规定，确保各项工作在法治轨道上运行。深入推进“八五”普法。认真执行县人大及其常委会决议决定，依法接受法律监督，自觉接受县政协民主监督，高质量办好建议和提案。深化政务公开，主动接受社会和舆论监督。坚持民主集中制，健全依法决策机制，促进行政决策科学化、民主化、法治化。

筑牢清廉之基。深入落实全面从严治党要求，扎实推进政府系统党风廉政建设和反腐败工作，强化重点领域廉政风险防控，不断提高不敢腐、不能腐、不想腐的综合功效。严格落实中央八项规定及其实施细则精神，驰而不息纠治“四风”，力戒形式主义、官僚主义，带头过“紧日子”，严格压控一般性支出，真正把每一笔钱都用在刀刃上、紧要处。

凤山巍峨扬壮志，清溪浩荡奔新程。各位代表，让我们更加紧密地团结在以习近平同志为核心的党中央周围，在县委的坚强领导下，在县人大、县政协的监督支持下，紧紧依靠全县人民，不忘初心、牢记使命，踔厉奋发、勇毅前行，奋力推进中国式现代化的安溪实践，为全面建设具有茶乡特色的现代化中等城市而努力奋斗！

《政府工作报告》注释

①“1+1+8”。指为积极应对新冠疫情影响，在执行泉州市抗疫助企33条措施和安溪县促进工业、服务业发展46条政策措施的基础上，及时叠加用电用气奖励等8条政策措施，全力帮助市场主体纾困解难。

②“惠企政策查询匹配”平台。指在县联防联控办公协同平台上，增加惠企政策查询模块，并将我县现行有效的政策导入，企业可直接在平台上输入关键词，匹配适用的惠企政策。

③交房即交证。指在新建商品房交房前，提前介入完成房屋首次登记和分户转移登记，业主在交房的同时，即可同步交付不动产权证书，实现“住权产权零距离，交房交证无时差”。

④福建“北电南送”特高压工程。即福州-厦门1000千伏特高压交流线路，是加强和完善华东特高压交流主网架、促进福建电网北电南送输电能力提升的重点工程。

⑤盘活利用低效用地试点工作。指国务院同意以泉州市为试点范围，在5年试点期限内，开展以统筹优化配置空间资源、积极推进全域土地综合整治、大力推进城镇低效用地开发、深化农村集体经营性建设用地入市试点、妥善处理各类历史遗留建设用地问题为主要内容的试点工作。

⑥“油改水”工艺。指油漆改水漆，油性漆改水性漆，油性油墨改水性油墨，油性涂料改水性涂料等。水性漆以水、醚类等环保溶剂做体系溶剂和稀释剂，挥发性有机溶剂（VOC）排放量比油性漆可降低60%—70%。

⑦安溪铁观音一号、二号卫星。指我县与中科星桥、长光卫星共同合作发射的商业遥感卫星，分辨率分别达到0.75米、0.5米。

⑧“四上”企业。指规模以上工业企业、有资质等级的建筑业企业和房地产企业、限额以上批发零售住宿餐饮企业、规模以上服务业企业。

⑨市第一批“四个一批”项目。即泉州市2022年“工业（产业）园区标准化建设”专项行动第一批“四个一批”项目；四个一批包含开工一批、在建一批、投用一批、谋划一批，我县安溪芯园、领秀云城产业园、高端装备制造产业园、藤云工艺园等4个项目列入。

⑩R&D经费。即研究与试验发展经费，具体指的是企业在产品、技术、材料、工艺、标准的研究、开发过程中发生的各种费用。

⑪“涌泉”行动。指泉州市出台涉及就业岗位、住房保障、子女教育、创业支持、引才奖励等方面的20条政策“干货”，旨在吸引和集聚国内外高校毕业生、我市经济社会事业发展紧缺急需人才竞相涌入泉州创业就业。

⑫一核一辅多带。“一核”，即以城区为基础的大三环核心圈，建设富有竞争力的城市中心；“一辅”，即以湖头镇为依托的北翼新城，打造城市副中心；“多带”，即规划建设“环大白濑生态产业带、新产业培育带、文创电商产业带、现代茶产业和康养旅游带”等多个功能组团，打造特色鲜明、差异发展的城镇绵延发展带。

⑬“八化”专项行动。指“序化”“优化”“净化”“美化”“亮化”“绿化”“智化”“规范化”等“八化”专项行动，旨在全面提升城市精细化管理工作。

⑭一叶五金五银。“一叶”指茶叶；“五金”指金线莲、山茶油、柿饼、芦柑、官桥豆干；“五银”指淮山、茭白、麻笋、湖头米粉、面线。

⑮土地经营权“预流转”。指由村委会针对青壮年劳动力外出务工、部分土地急需代耕代种和单个农户承包地块零散、细碎，以及土地流转招租难等情况，遵循自愿、平等、公平、诚实、信用的原则，动员村民与村级股份经济合作联合社签订土地预流转意向协议书，提前将土地收储到村级股份经济合作联合社，在没有企业或个人投资进驻前，村民可以继续经营使用。

⑯四好农村路。指把农村公路建好、管好、护好、运营好。

⑰五长。指河长、林长、法院院长、检察长、警长。

⑱三医联盟。指医药、医疗、医保三部门联合监管机制。

⑲“党建+”邻里中心。指依托党群服务中心建设，面向“15分钟服务圈”的各类党组织、企事业单位和党员、群众等群体，以坚持党建引领基层治理主线，集成“老有所养、幼有所育、病有所医、食有所安、居有所乐、事有所办”和若干项其他群众所需所盼服务的“1+6+X”服务功能为一体，具备开放、集约、共享等特点的区域化党群公共服务设施综合体。

⑳“一件事”集成套餐服务改革。指以企业和群众办理的“我要办×××”主题“一件事”为中心，推行“一件事一次办”服务模式，由一个窗口统一收取一次材料，通过表单整合、多部门并联审批，缩短办理时限，切实降低企业群众办事时间和成本。

㉑集中办公、统一管理。指工程建设项目审批涉及的人、事、权全部进驻工程建设项目审批服务中心实行一站式办公，通过集中办公，当面沟通，及时会商，最大程度提高审批效率。

㉒模拟审批。指审批部门对已明确土地取得主体和项目用地规划条件的建设项目，视同已取得土地批准手续，对建设单位提交的申请材料进行模拟审批，并按现行审批要求对申请材料进行实质性审查，出具模拟审批意见。供地手续完成并达到其他法定审批条件后，将模拟审批转化为正式审批的一种审批模式。

㉓“1+3”专项行动。“1”指项目攻坚；“3”指“抓城建提品质”专项行动、“抓开放招商促项目落地”专项行动、“工业（产业）园区标准化建设”专项行动。

㉔一慢三难。“一慢”指前期慢；“三难”指征迁难、融资难、要素保障难。

㉕主辅分离。指企业将生产经营过程中的原材料采购、产品运输、安装、包装、营销等非核心辅助性的业务从其主营业务中分离出来，集中力量发展主业的做法及模式。

㉖青蓝工程。指由作风正派、责任心强、工作经验丰富的骨干教师担任新教师或青年教师的导师，按照“一带一、一帮一、新老结对”的形式，促进其提高师德修养和教育教学水平。

㉗千县工程。2021年11月，国家卫生健康委印发《“千县工程”县医院综合能力提升工作方案（2021—2025年）》，明确要求到2025年全国至少1000家县医院达到三级医院医疗服务能力水平。

㉘新时代“枫桥经验”。指“矛盾不上交、平安不出事、服务不缺位”。

㉙“网上办、掌上办、就近办、一次办”政务服务。指通过网办平台、乡镇或村居便民服务站点、共享营业厅以及24小时自助服务区等为群众提供“一趟不用跑”或就近办理的政务服务，方便群众一次办结。

㉚四个倍增。指全社会研发经费投入倍增、高新技术企业数量倍增、高水平科研平台数量倍增、高层次人才团队数量倍增。

㉛溪引行动。指安溪县实施“人才引领发展”战略的一项人才培养行动，以吸引高水平高校毕业生专项行动和高层次人才师带徒行动为抓手，引导青年学子来安溪就业创业。

2022年安溪县国民经济和社会发展主要指标情况统计表

表21

项目	单位	2022年	2021年	增长（%）
人口				
年末户籍人口	人	—	1207234	—
其中：城镇人口	人	—	362739	—
乡村人口	人	—	844495	—
其中：男	人	—	644041	—
女	人	—	563193	—
国民经济核算				
地区生产总值	万元	9071772	8456095	4.3
第一产业	万元	611944	569905	4.7
第二产业	万元	4708644	4350192	4.9
第三产业	万元	3751184	3535998	3.5
主要行业				
# 工业	万元	3957356	3604965	5.5
建筑业	万元	752918	746850	1.9
财政				
一般公共预算总收入	万元	458747	501425	-4.7
其中：一般公共预算收入	万元	315321	329445	-1.5
一般公共预算支出	万元	699397	657572	6.3
农业				
农林牧渔业总产值	万元	—	937974	—
主要农产品产量				
粮食	吨	—	92281	—
蔬菜	吨	—	265953	—
茶叶	吨	—	78715	—

续表21

项目	单位	2022年	2021年	增长（%）
水果	吨	—	16455	—
肉、蛋、奶	吨	—	45520	—
食用菌	吨	—	7607	—
工业				
规模以上工业产值	万元	—	12042815	—
规模以上工业增加值	万元	—	—	—
规模以上工业经济效益综合指数	%	—	398.8	—
进出口				
实际利用外资（验资口径）	万元	—	13618	—
合同外资	万元	—	121873	—
经济贸易				
社会消费品零售总额	万元	6831573	6421753	6.4
投资				
固定资产投资	万元	3251226	—	1.1
其中：项目投资	万元	2287464	—	3.7
房地产开发投资	万元	963762	1009784	–4.6
工业投资	万元	992606	—	12.6
商品房销售面积	万平方米	—	165.17	—
居民生活				
全体居民人均可支配收入	元	29372	27738	5.9
城镇居民人均可支配收入	元	40472	38459	5.2
农村居民人均可支配收入	元	22341	20909	6.8
城镇登记失业率	%	—	1.94	—
供电				
全社会用电量	万千瓦时	453749	444784	2.0
其中：工业用电量	万千瓦时	254916	256754	–0.7
金融				
金融机构本外币各项存款余额	万元	6372967	6088630	4.7
其中：人民币存款	万元	6346166	6059781	4.7
金融机构本外币各项贷款余额	万元	6786322	6315071	7.5
其中：人民币贷款	万元	6784205	6313721	7.5
交通运输、邮电				
公路通车里程	千米	—	5457.29	—

续表21

项目	单位	2022年	2021年	增长（%）
其中：高速公路	千米	—	132.56	—
邮政业务收入	万元	—	11828	—
电信业务收入	万元	—	24372	—
旅游				
接待国内外旅客	万人次	—	607.8	—
旅游总收入	亿元	—	61.5	—
教育				
各类学校数	所	—	459	—
其中：普通中学	所	—	52	—
小学	所	—	212	—
各阶段在校学生数	人	—	233651	—
其中：幼儿园	人	—	41763	—
小学	人	—	106672	—
初中	人	—	58457	—
高中	人	—	19529	—
中专	人	—	7003	—
特殊教育学校	人	—	227	—
科技				
年专利授权量	项	—	3590	—
文化				
博物馆	个	—	1	—
文化馆	个	—	1	—
公共图书馆	个	—	1	—
公共图书馆藏书量	万册	—	45.7	—
影剧院	个	—	1	—
高甲剧团	个	—	1	—
剧团演出场数	场	—	92	—
有线电视用户	户	—	149300	—
广播综合人口覆盖率	%	—	99.92	—
电视综合人口覆盖率	%	—	99.93	—
社会保障				
城镇居民最低生活保障	人	329	361	—
农村居民最低生活保障	人	15795	14915	—

续表21

项目	单位	2022年	2021年	增长（%）
卫生				
卫生机构数	个	—	611	—
卫生机构床位数	张	—	5411	—
卫生机构技术人员数	人	—	5227	—
气象、资源、环境、安全				
年平均气温	℃	21.7	22.4	—
年平均相对湿度	%	75	73	—
年日照时数	小时	1851	2112	—
年平均风速	米/秒	2.1	2.2	—
年降水量	毫米/年	1425.4	1373.9	—
辖区土地面积	平方千米	—	3057.28	—
自然保护区面积	公顷	—	4164.5	—
森林面积	万亩	—	327.63	—
森林覆盖率	%	—	65.77	—
城镇垃圾无害化处理率	%	—	100	—
发生各类事故数	起	—	81	—

注：产值绝对数为当年价格，增长速度按可比价格计算。
一般公共预算支出2021年为剔除权责决算数。
财政总收入、一般公共预算收入增幅按同口径计算
发生各类事故数中消防火灾2021年统计口径改变。

2022年安溪县户籍人口及其变动情况统计表

表22　　单位：户、人

项目	年末户数	年末总人口									出生人口			死亡人口			迁入人口		迁出人口		
		合计			性别		年龄														
		总人口	城镇人口	乡村人口	男	女	0—17岁	18—34岁	35—59岁	60岁及以上	合计	男	女	合计	男	女	省内迁入	省外迁入	迁往省内	迁往省外	多报删除
安溪县	325123	1200024	361305	838719	641072	558952	315699	263837	445463	175025	10993	5992	5001	6352	3814	2538	4868	1813	15016	3283	234
凤城镇	23293	71109	71109	0	36817	34292	21032	15444	26271	8362	915	518	397	337	216	121	1273	135	1490	125	16
蓬莱镇	21841	78684	27415	51269	41901	36783	18763	16192	30526	13203	582	326	256	445	253	192	310	86	1216	131	11
湖头镇	24453	92086	55791	36295	49423	42663	24971	19504	34759	12852	765	438	327	493	268	225	238	105	1159	181	8
官桥镇	24421	84092	33599	50493	44518	39574	20348	18559	31436	13749	707	403	304	502	303	199	193	117	1018	207	11
剑斗镇	12958	55580	12320	43260	29070	26510	16776	13457	19018	6329	580	325	255	247	158	89	118	73	534	38	27

续表22

项目	年末户数	年末总人口									出生人口			死亡人口			迁入人口		迁出人口		
		合计			性别		年龄														
		总人口	城镇人口	乡村人口	男	女	0—17岁	18—34岁	35—59岁	60岁及以上	合计	男	女	合计	男	女	省内迁入	省外迁入	迁往省内	迁往省外	多报删除
城厢镇	21564	84517	58678	25839	44379	40138	21751	19676	30996	12094	806	442	364	413	239	174	617	174	657	216	11
金谷镇	14500	54652	9845	44807	29441	25211	13889	11474	20638	8651	458	237	221	310	197	113	121	63	590	385	7
龙门镇	20889	71129	35416	35713	37584	33545	17077	15794	26645	11613	565	305	260	426	263	163	142	94	913	173	10
虎邱镇	13726	55812	5675	50137	29981	25831	14652	12289	20674	8197	502	256	246	312	185	127	122	75	491	207	6
芦田镇	4661	17742	2740	15002	9827	7915	4682	3936	6584	2540	171	97	74	86	57	29	52	39	130	116	0
感德镇	15326	65583	8035	57548	35889	29694	20169	14785	22836	7793	651	337	314	275	159	116	133	81	762	98	16
魁斗镇	8017	24110	4832	19278	12475	11635	5686	4576	9262	4586	203	112	91	162	108	54	112	45	364	86	2
西坪镇	15650	61838	8811	53027	33665	28173	16177	14774	22209	8678	604	332	272	328	179	149	115	80	610	180	4
参内镇	9891	32992	19476	13516	17371	15621	8127	7265	12538	5062	355	188	167	166	89	77	302	89	287	131	8
长卿镇	23495	80299	7563	72736	42453	37846	20797	16837	29970	12695	729	391	338	409	257	152	301	146	1677	245	57
白濑乡	2961	12044	0	12044	6409	5635	3567	2613	4486	1378	117	62	55	59	35	24	28	22	113	11	2
湖上乡	7678	29331	0	29331	15887	13444	8539	6400	10661	3731	282	148	134	131	91	40	111	56	291	30	5
尚卿乡	11680	43331	0	43331	23084	20247	11865	9324	15793	6349	539	312	227	237	154	83	160	86	548	62	10
大坪乡	5164	18329	0	18329	10233	8096	4277	3791	7156	3105	122	60	62	141	85	56	43	36	205	97	3
龙涓乡	19144	77448	0	77448	41474	35974	17796	18083	29969	11600	560	301	259	434	261	173	118	86	887	300	4
蓝田乡	8479	30435	0	30435	16558	13877	8981	6283	10890	4281	304	154	150	123	69	54	110	39	326	173	6
祥华乡	9270	36725	0	36725	20328	16397	10086	8100	13549	4990	299	155	144	200	114	86	71	51	405	58	7
桃舟乡	3428	13151	0	13151	7375	5776	3554	2804	5011	1782	110	58	52	69	44	25	41	14	183	16	2
福田乡	2634	9005	0	9005	4930	4075	2137	1877	3586	1405	67	35	32	47	30	17	37	21	160	17	1

2022年安溪县财政收入完成情况统计表

表23　　单位：万元

预算科目	2022年	2021年
一、公共财政预算收入	315321	329445
其中：税务部门征收	208683	249172
财政部门征收	106638	80273
（一）税收收入	204929	244337
增值税（50%）	56050	79080

续表23

预算科目	2022年	2021年
企业所得税（40%）	47758	43811
个人所得税（40%）	4537	10110
资源税	484	934
城市维护建设税	6289	8027
房产税	9115	8665
印花税	2820	3319
城镇土地使用税	4927	6192
土地增值税	44878	43438
车船税	3786	3937
耕地占用税	1677	1437
契税	21534	34622
环保税	423	498
（二）非税收入	110392	85108
专项收入	20079	21384
其中：教育费附加收入	3754	4835
行政事业性收费收入	14511	11910
罚没收入	15131	17127
国有资本经营收入	0	
国有资源有偿使用收入	39690	30141
捐赠收入	26	21
政府住房基金收入	0	13
其他收入	20955	4512
二、上划中央收入	143426	171980
增值税50%	56050	79080
消费税100%	3550	4079
所得税60%	78442	80882
车辆购置税100%	5384	7939
三、财政总收入	458747	501425
其中：税务部门征收	352109	421152
财政部门征收	106638	80273
四、基金收入	184083	324760

2022年安溪县财政功能类支出情况统计表

表24　　　　　　　　　　　　　　　　　　　　　　　　　　　单位：万元

项目	2022年	2021年
一、公共财政预算支出	699397	657748
一般公共服务支出	64050	67350
国防支出	729	312
公共安全支出	42798	39270
教育支出	240446	240598
科学技术支出	2414	7862
文化体育与传媒支出	9898	8172
社会保障和就业支出	91262	72644
卫生健康支出	54967	51909
节能环保支出	10905	6536
城乡社区支出	25610	23154
农林水支出	63766	55988
交通运输支出	30851	20099
资源勘探信息等支出	21755	28698
商业服务业等支出	2299	1640
金融支出	358	287
自然资源海洋气象等支出	0	
住房保障支出	4604	4313
粮油物资储备支出	4765	2150
灾害防治及应急管理支出	1137	1788
预备费	5652	5142
其他支出	0	
债务付息支出	363	98
债务发行费用支出	20667	19651
二、基金支出	101	87

注：公共财政预算支出2021年为剔除权责决算数。

2022年安溪县农业产值及主要农产品产量情况统计表

表25

指标名称	单位	2022年	增长(%)
一、农业产值			
农林牧渔业总产值	万元	1007433	5.3
其中：农业	万元	819637	6.0
林业	万元	4194	-7.4
牧业	万元	149332	2.3
渔业	万元	3700	3.3
农林牧渔服务业	万元	30570	3.9
二、主要农产品产量			
粮食作物种植面积	亩	274106	0.3
其中：稻谷种植面积	亩	143900	0.3
粮食作物总产量	吨	93810	1.7
其中：稻谷产量	吨	55628	1.6
茶园总面积	亩	653289	-0.1
茶叶总产量	吨	82749	5.1
水果总产量	吨	17435	6.0
肉蛋奶总产量	吨	46638	2.5
淡水产品总产量	吨	1637	0.5

2022年安溪县规模以上工业产值情况统计表

表26

指标名称	单位	2022年	增长(%)
一、按经济类型分			
其中：轻工业	万元	8356790	11.5
重工业	万元	4928540	6.2
其中：股份合作企业	万元	107309	-2.9
股份制企业	万元	10455027	9.0
外商及港澳台商投资企业	万元	1744565	10.0
其他经济类型企业	万元	978430	15.8
其中：民营工业产值	万元	9332545	11.8

续表26

指标名称	单位	2022年	增长(%)
二、按行业类别分			
1.采矿业	万元	146535	-1.0
2.制造业	万元	12868424	10.1
#农副食品加工业	万元	106874	19.8
食品制造业	万元	99597	3.1
酒、饮料和精制茶制造业	万元	3212942	7.0
纺织业	万元	113	-97.4
纺织服装、服饰业	万元	360588	-7.3
皮革、毛皮、羽毛及其制品和制鞋业	万元	20123	22.6
木材加工和木、竹、藤、棕、草制品业	万元	107025	20.6
家具制造业	万元	3684	-7.1
造纸和纸制品业	万元	593444	12.7
印刷和记录媒介复制业	万元	593234	23.7
文教、工美、体育和娱乐用品制造业	万元	1939722	15.3
化学原料和化学制品制造业	万元	43908	10.8
医药制造业	万元	133328	27.7
化学纤维制造业	万元	68137	29.6
橡胶和塑料制品业	万元	32675	-61.2
非金属矿物制品业	万元	405231	3.5
黑色金属冶炼和压延加工业	万元	1519531	0.4
有色金属冶炼和压延加工业	万元	7284	—
金属制品业	万元	385692	15.9
通用设备制造业	万元	248298	26.3
专用设备制造业	万元	350995	10.5
电气机械和器材制造业	万元	888839	14.6
计算机、通信和其他电子设备制造业	万元	1523281	18.0
仪器仪表制造业	万元	215671	10.5
废弃资源综合利用业	万元	8206	-18.6
3.电力、燃气及水的生产和供应业	万元	270372	-10.5

2022年安溪县各乡镇规模以上工业产值情况统计表

表27

乡镇名称	单位	2022年	增长(%)
凤城镇	万元	1678267	14.8
城厢镇	万元	2934493	12.1
参内镇	万元	114305	-3.2
湖头镇	万元	2934814	6.6
官桥镇	万元	874491	8.6
龙门镇	万元	1686440	17.2
蓬莱镇	万元	20316	17.3
剑斗镇	万元	39259	-6.1
感德镇	万元	141005	25.6
长卿镇	万元	88483	2.8
西坪镇	万元	869551	6.9
尚卿乡	万元	592090	15.3
龙涓乡	万元	11185	-73.7
虎邱镇	万元	379871	4.2
祥华乡	万元	167230	13.9
魁斗镇	万元	142963	13.8
金谷镇	万元	11334	1.2
白濑乡	万元	5572	1.3
湖上乡	万元	3069	-87.3
桃舟乡	万元	23895	19.6
福田乡	万元	9702	10.2
蓝田乡	万元	58906	22.6
大坪乡	万元	476298	-11.7
芦田镇	万元	21792	16.5

2022年安溪县各乡镇限额以上社会消费品销售额完成情况统计表

表28

乡镇名称	单位	2022年	2021年	增长(%)
凤城镇	万元	873244	720076	21.3
城厢镇	万元	1130542	984891	14.8
参内镇	万元	93550	76788	21.8
湖头镇	万元	102321	84469	21.1
官桥镇	万元	73133	60615	20.7
龙门镇	万元	42621	36339	17.3
蓬莱镇	万元	34313	33260	3.2
剑斗镇	万元	37082	30113	23.1
感德镇	万元	276266	241570	14.4
长卿镇	万元	211804	169647	24.8
西坪镇	万元	209545	183663	14.1
祥华乡	万元	108222	83243	30.0
虎邱镇	万元	206714	155404	33.0
尚卿乡	万元	183587	146402	25.4
龙涓乡	万元	46324	37504	23.5
魁斗镇	万元	38124	30800	23.8
金谷镇	万元	5510	5370	2.6
白濑乡	万元	7387	7193	2.7
湖上乡	万元	51942	41403	25.5
桃舟乡	万元	10392	8015	29.7
福田乡	万元	5511	4088	34.8
蓝田乡	万元	10653	9236	15.3
芦田镇	万元	12995	9017	44.1
大坪乡	万元	36762	30809	19.3

（吴潇哲　陈思臻）

2022 年安溪县县（处）级领导干部名录

吴毓舟	县委书记，市委委员
刘永强	县委副书记，县政府党组书记、县长
梁金良	县人大常委会党组书记、主任、一级调研员，县委委员
陈剑宾	县政协党组书记、主席，县委委员
叶睿葆	县委副书记（正处长级）
洪金城	县委副书记、三级调研员
吕宝贝（女）	县委常委、宣传部部长、三级调研员
肖印章	县委常委、统战部部长、三级调研员，县政协党组副书记，县政协常委
叶文德	县委常委、政法委书记、三级调研员
林曙铭	县委常委，县政府党组成员、副县长（兼）
曾惠彬	县委常委、纪委书记、三级调研员，县监委主任
王礼藕	县委常委，县政府党组副书记、副县长、三级调研员，县委国企党工委书记
邱志民	县委常委、组织部部长，县直机关党工委书记，县委党校（行政学校）校长
赵超群	县委常委
叶海强	县人大常委会党组副书记、副主任
汪礼才	县人大常委会党组成员、副主任
陈清芳（女）	县人大常委会副主任
黄汉阳	县人大常委会党组成员、副主任，县委办公室主任、国家保密局局长、县委保密委员会办公室主任，县直属机关党群系统党委书记，县委委员
林毅敏（女）	县政府副县长、三级调研员，县残联主席
李树明	县政府党组成员、副县长，县委委员
卢荣斌	县政府党组成员、副县长，县委委员
洪天阳	县政府党组成员、副县长，县委委员
谢建新	县政府党组成员、副县长，县委委员
杨剑扬	县政府党组成员、副县长，县公安局党委书记、局长、督察长，县委政法委副书记（兼）
王刚刚	县政府党组成员、副县长（挂职）
黄明哲	县政协副主席、三级调研员
王文礼	县政协副主席、福建八马茶业公司董事长
陈振仕	县政协党组成员、副主席
李瑞谦	县政协党组成员、副主席
许锦青	县委原常委、二级调研员，南翼新城管委会主任
林荣超	县委原常委、二级调研员
郑清花（女）	县政府原副县长、二级调研员
丁建铭（回族）	县政府原副县长、三级调研员
黄小丹（女）	县法院党组书记、院长、审委会委员、审判员、四级高级法官，县委政法委副书记（兼），县委委员
施文凭	县检察院党组书记、检察长、检委会委员、检察员、三级高级检察官，县委政法委副书记（兼），县委委员
张文深	凤城镇党委书记（副处长级），县委委员
林华霖	凤城镇党委副书记、政府镇长(副处长级）

2022年安溪县县直机关正科级领导干部名录

刘金顺　县纪委副书记，县监委副主任，县委委员

邱世平　县纪委副书记，县监委副主任

徐朝根　县委宣传部常务副部长、一级主任科员，县直属机关宣传系统党委书记

林珠明　县委统战部常务副部长、县民宗局局长，县直属机关统战系统党委书记，县人大常委会委员

叶连芳　县委政法委常务副书记、四级调研员，县直属机关政法系统党委书记，县委委员

郑紫文　县委编办主任

陈友智　县直机关党工委常务副书记（正科级），县纪委委员

章添才　安溪县委巡察办主任，县纪委常委

陈全守　县委老干部局局长，县委离退休干部工委书记，县委组织部副部长、部务会议成员

杨进宝　县委文明办主任、县精神文明建设指导委员会办公室主任，县委宣传部副部长（兼）

柯诏晖　县委党校(行政学校)常务副校长(正科级)，文旅集团董事长（挂职），县委国企党工委委员，县委候补委员

谢柏坚　县委党史和地方志研究室主任

李革秋　县档案馆馆长，县档案局局长

林凌霜（女）　县融媒体中心主任

郑植阳　县人大常委会办公室主任，县人大常委

王佳敏　县人大常委会教科文卫工作委主任、一级主任科员，县人大常委

孙素凤（女）　县人大常委会农村工作委主任，县人大常委

谢建来　县人大常委会内务司法工作委主任、一级主任科员

蔡财强　县人大常委会财经工作委主任，县人大常委

李清两　县人大常委会人事代表工作委主任，县人大常委

苏绫丽（女）　县人大常委会环城工作委主任

白世杰　县政府党组成员，县政府办公室党组书记、主任，县直属机关政府系统党委书记，县效能办主任（兼），县委委员

魏中南　县发展和改革局党组书记、局长、四级调研员，县粮食和物资储备局局长，县委委员

高志强　县教育局党组书记、局长、县教育系统党委书记

龚福安　县科学技术局党组书记

林丽艳（女）　县科学技术局局长，县政协常委

王辉荣　县工业信息化和商务局党组书记、局长，县直属机关经贸系统党委书记，县委委员

洪钦如　县公安局党委副书记、政委、四级高级警长，县委政法委委员（兼）

赵崇宏　县民政局党组书记、一级主任科员，县社会组织综合党委书记

李宝花（女）　县民政局局长，县革命老根据地建设办公室主任

谢日钦　县司法局党组书记、局长，县委政法委委员

李森有　县财政局党组书记、局长、四级调研员，县委国企党工委副书记

马向阳　县人力资源和社会保障局党组书记、局长，县委候补委员

白文扁　县自然资源局党组书记、局长

谢秦楚　县住房和城乡建设局党组书记、局长，县人防办主任，县直属机关城乡建设系统党委书记，县物业服务行业党委书记（兼）

黄伟福　县交通运输局党组书记、局长，县直属机关交通运输系统党委书记

王小鹏　县农业农村局党组书记、局长，县委农办主任，县直属机关农业系统党委书记，县委委员

余木水　县林业局党组书记、三级调研员

王春宗　县林业局党组副书记、局长

谢志锋　县水利局党组书记、局长
林清杰　县文化体育和旅游局党组书记、局长，县委候补委员
柯荣钦　县卫生健康局党组书记、局长，县红十字会副会长（兼），县卫生健康系统党委书记，县委候补委员
黄永岗　县退役军人事务局党组书记、局长、县双拥共建工作领导小组办公室主任
杨南山　县应急管理局党委书记、局长
谢祥明　县审计局党组书记、局长，县纪委委员
许锦斌　县市场监督管理局党组书记、局长、县直属机关市场监管系统党委书记、县知识产权局局长，县个体私营经济党委书记（兼），县委候补委员
陈思臻　县统计局党组书记、局长
杨炳福　县人民政府信访局党组书记、局长
刘艺锋　县城市管理局党组书记、局长、四级调研员，县市政公用事业管理局党组书记、局长
陈建安　县行政服务中心管理委员会主任，县行政服务中心机关党委书记
周毅林　县城区开发区管委会主任
白劲松　泉州半导体高新技术产业园区安溪分园区管理委员会党委书记、主任
许奇树　中国国际信息技术（福建）产业园管委会主任
李海水　县城镇集体工业联合社主任、县工业信息化和商务局二级主任科员
陈志安　县供销合作社联合社党组书记、主任，县司法局二级主任科员
潘江明　县政协党组成员、办公室主任，县政协常委
苏纪云　县政协台港澳侨联络委办主任、一级主任科员，县政协常委
陈德诚　县政协提案法制委办主任，县政协常委
吴凯敏　县政协文史资料委办主任，县政协常委
李小强　县总工会党组书记、常务副主席（正科长级），县委委员
林水能　团县委书记，县委候补委员
林艺娟　县妇联主席，县委候补委员
张金波　县工商联（总商会）党组书记、第一副主席（副会长），县委统战部副部长（兼），县政协常委
陈俊能　县科协主席，县政协常委
李宏鸣　县侨联主席、四级调研员，县政协常委
林小玲　县文联主席，县委宣传部副部长（兼）
陈悦生　县残联执行理事会理事长
章宝芳　县社科联主席，县人大常委
李文师　县贸促会会长

2022 年安溪县乡镇党政正职名录

张文深　凤城镇党委书记（副处长级），县委委员
林华霖　凤城镇党委副书记、政府镇长（副处长级）
高显达　城厢镇党委书记
刘飞鹏　城厢镇党委副书记、政府镇长
杨文武　参内镇党委书记，县委委员
龚金山　参内镇党委副书记、政府镇长
殷清发　魁斗镇党委书记，主持镇政府工作（2022年1月）
陈菁菁（女）　魁斗镇党委副书记、政府镇长，挂职任晋江市池店镇党委副书记、唐厝村党总支第一书记（2022年1月至2023年1月）
李首烜　蓬莱镇党委书记
叶政贤　蓬莱镇党委副书记、政府镇长
杨生财　金谷镇党委书记
李凝苏　金谷镇党委副书记、政府镇长
黄文楷　湖头镇党委书记，县委委员
王文龙　湖头镇党委副书记、政府镇长人选
苏清江　白濑乡党委书记
章东霞（女）　白濑乡党委副书记、政府乡长
吴清远　湖上乡党委书记
周少辉　湖上乡党委副书记、政府乡长
易雷冰　剑斗镇党委书记

白泽峰　剑斗镇党委副书记、政府镇长
高刚福　感德镇党委书记
林连根　感德镇党委副书记、政府镇长
李进发　桃舟乡党委书记
陈钦儒　桃舟乡党委副书记、政府乡长
蔡雅娟（女）　福田乡党委书记，主持乡政府工作（2022年1月）
苏杜松　福田乡党委副书记、政府乡长，挂职任晋江市陈埭镇党委副书记、江头回族村党总支第一书记（2022年1月至2023年1月）
谢昆明　长卿镇党委书记
王东凯　长卿镇党委副书记、政府镇长
陈永忠　蓝田乡党委书记
黄炯镇　蓝田乡党委副书记、政府乡长
陈培源　祥华乡党委书记
陈鸿鹏　祥华乡党委副书记、政府乡长
叶展峰　西坪镇党委书记
陈贵建　大坪乡党委书记
谢铵煌　大坪乡党委副书记、政府乡长
赵金忠　尚卿乡党委书记
吴东碧　尚卿乡党委副书记、政府乡长
张菊芳（女）　芦田镇党委书记
林少斌　芦田镇党委副书记、政府镇长
林勇平　龙涓乡党委书记
徐龙虾　龙涓乡党委副书记、政府乡长
吴成土　虎邱镇党委书记，县委委员
陈智锋　虎邱镇党委副书记、政府镇长
陈生来　官桥镇党委书记，县委委员
郑凯宏　官桥镇党委副书记、政府镇长
陈伟尧　龙门镇党委书记，县委委员
李福清　龙门镇党委副书记、政府镇长

（县委组织部提供）

2022 年安溪县完全中学、中职学校及公立医院负责人名录

黄耀卿　安溪一中校长、副书记
颜古城　安溪一中书记
蔡鹏图　铭选中学校长、书记（至2022年7月）
赵志敏　铭选中学书记、主持工作（2022年8月任）
张清平　安溪六中校长、副书记
陈良图　安溪六中书记
林添才　沼涛中学校长、副书记
严志强　沼涛中学书记
刘培德　安溪八中校长、副书记
张朝阳　蓝溪中学校长、副书记
赵志敏　俊民中学校长、副书记（至2022年7月）
赵志良　俊民中学校长、副书记（2022年8月任）
陈福裕　梧桐中学校长、书记
陈哲恒　培文中学常务副校长、副书记
陈建全　龙门中学校长、副书记（至2022年7月）
吴文龙　龙门中学书记、校长（2022年8月任）
肖剑章　崇德中学校长、副书记
龚德美　安溪十一中校长、书记
郭汉生　金火完全中学校长、副书记
黄世群　金火完全中学书记
林曲尧　华侨职校校长、副书记
许志勇　华侨职校书记
徐清渊　陈利职校校长、副书记
谢春苑　陈利职校书记
李瑞章　安溪茶校校长、副书记
王金山　慈山农校校长、书记
陈传昌　县医院总院党委书记、县医院党委书记
陈鑫坛　县医院总院院长，县医院院长
黄海松　县中医院总院党委书记，县中医院党委书记
李朝晖　县中医院总院党委副书记、院长，县中医院党委副书记、院长
林重庆　县妇幼保健院（妇女儿童医院）党支部书记
廖梦颖（女）　县妇幼保健院（妇女儿童医院）院长
汪健康　县第三医院党支部书记
李生勇　县第三医院院长

2022 年度安溪县专业技术任职资格名录

高级职称

副主任医师

安溪安溪县医院

谢娜娜(女) 林学堂 张志扬
刘庆丰 林素琴(女) 陈琦东
李华良 林赐福 陈文杰
王见文 郭志坂

安溪县妇幼保健院

廖瑞碧 何琼凤(女) 傅小兰(女)

安溪县疾病预防控制中心

李猛进 吴炳疆

安溪县城关社区卫生计生服务中心

高森娟(女)

安溪县长卿中心卫生院

何少强

安溪县西坪中心卫生院

苏顺水

安溪县龙门中心卫生院

王民扬

安溪县剑斗中心卫生院

李笔灵

安溪县城厢卫生院

陈福根

安溪县金谷卫生院

赵志莲(女)

中医副主任医师

安溪县中医院

梁培榕 林培坚

安溪县魁斗卫生院

林新疆

中西医结合副主任医师

安溪县医院

傅飞还(女)

安溪县长卿中心卫生院

柯荣根

副主任技师

安溪县医院

许佰专 陈艳萍(女) 李剑颖(女)

安溪县疾病预防控制中心

杨志强

安溪县西坪中心卫生院

林松水

副主任药师

安溪县医院

洪小凤(女)

安溪县湖头医院

黄丽云(女)

安溪县城关社区卫生计生服务中心

陈文锋

副主任护师

安溪县中医院

廖丽恩(女)

安溪县城关社区卫生计生服务中心

苏凤英(女)

安溪县西坪中心卫生院

黄小丽(女) 张小红(女)

安溪县龙门中心卫生院

王培玉(女)

安溪县城厢卫生院

谢宝端(女)

安溪县金谷卫生院

李桂花(女)

中药副主任药师

安溪县西坪中心卫生院

谢艺铮

基层副主任医师

安溪县芦田卫生院

陈金城

高级教师

安溪县第一中学

王贵枝 李雪红(女) 陈雅鹏
黄世贤 林华英(女) 刘法宝
林伟煌 林文聪 许永顺
林少伟 肖江波 林永慧(女)
许圣娇(女) 汪民英(女) 谢志祥
易应富 王明华

安溪县第一中学城东校区

李吉生 何丽芳(女)

安溪县金火完全中学

许弘焜(女) 廖水金 林惜芬(女)
陈木森 陈国怀 李毅生
许仁艺 李朝霞(女)

安溪县城厢中学

赵惠凌(女)

安溪县第二十中学

张鹏忠

安溪县东溪中学

谢东清

安溪县凤城中学

杨文全

安溪县官桥中学

王祖钦 林释能

安溪县举溪中学

肖茂松 陈和杰

安溪县前进中学

苏 江

安溪县温泉中学

林国发

安溪县由义中学

王新文

安溪县庄山学校
陈宗木
安溪县第五中学
廖建敏(女) 高河水
安溪县崇德中学
李海龙 王枝数
安溪县第八中学
赵新锋 刘锦鹏
安溪县第九中学
林敏琼(女)
安溪县第六中学
林银法 赵秋色 李志士
王志彬 陈建勋 陈晓娟(女)
谢小玲(女) 曾灿丽(女) 姚友气
陈小云 吴卫平
安溪县第七中学
王应稀
安溪县第十一中学
陈天来
安溪县恒兴中学
黄秀香(女) 李丙周 林明风
柯美红(女) 邓赛英(女) 蔡世泉
安溪县俊民中学
林自敏(女) 郑明川 陈月根(女)
林伯城 吴福居 刘景平
李根山 郑育艺
安溪县蓝溪中学
林志福 黄世杰 林志阳
安溪县龙门中学
王建山 陈伯超
安溪县铭选中学
周软水 陈元章 王继发
王金城 林炳锋 李祖杰
林根火 柯秋燕(女) 林泽炜
安溪县梧桐中学
柯志强 柯伟隆 王红灿
苏海炎 谢菊珠(女) 李国应
刘培挺
安溪县沼涛中学
苏茂林
泉州师范学院附属培文实验高级中学
李秀美(女)

安溪培文师范附属小学
陈巧梅(女) 徐淑英(女)
安溪县白濑中心学校
陈荣治
安溪县参内中心学校
陈志珍(女)
安溪县第八小学
林荣莉(女) 廖银银(女)
安溪县第二十小学
王美雪(女)
安溪县第二十一小学
林娴娟(女)
安溪县第六小学
张猛将 刘锦荣
安溪县第七小学
黄焕斓 陈子燕(女)
安溪县第三实验小学
郑素华(女)
安溪县第十二小学
谢湘云(女) 陈珠凤(女)
安溪县第十九小学
谢景琳(女)
安溪县第十六小学
陈亚敏(女)
安溪县第十七小学
吴巧妙(女) 林培治(女)
安溪县第十五小学
沈黎水 詹桂真(女)
安溪县第十小学
吴美丽(女) 陈碧云(女) 黄志华(女)
安溪县第十一小学
谢燕斌(女) 林钦耀
安溪县第五小学
黄明全 余淑芬(女)
安溪县感德中心学校
苏茂盛
安溪县官桥中心学校
谢静秋(女) 林丽娟(女)
安溪县湖头中心学校
李雅琴(女) 余双福 黄江准
李巧珍(女)
安溪县虎邱中心学校
王云晖

安溪县剑斗中心学校
苏地良 苏春生
安溪县教师进修学校
蔡燕丽(女)
安溪县金谷中心学校
李玉华(女)
安溪县魁斗中心学校
王再兰(女)
安溪县龙涓中心学校
杨丽珠(女) 肖福良
安溪县龙门中心学校
廖辉煌
安溪县明德特殊教育学校
谢文瑜
安溪县蓬莱中心学校
林自在
安溪县尚卿中心学校
廖军纪 廖建业
安溪县实验小学
郑文忠 龚艺超(女)
安溪县梧桐中学附小
林晓霞(女)
安溪县西坪中心学校
王朝娥(女) 杨地坤 龚永权
安溪县逸夫实验小学
上官培杰
安溪县沼涛实验小学
王劲草
安溪县慈山幼儿园
董艺红(女)
安溪县第九幼儿园
李晓燕(女)
安溪县第十二幼儿园
谢颖馨(女)
安溪县第十幼儿园
陈秀丽(女)
安溪县培文丽馨实验幼儿园
苏碧莲(女)

副研究馆员

安溪县政协机关服务中心
曾彩真(女)

安溪县人才和就业服务中心
林仲城

高级工程师

福建省极铁茶业有限公司
谢振邦
福建省安溪茗聚茶业有限公司
李木菊（女）
福建省安溪县冠和茶业有限公司
吴世能
安溪县致源茶叶专业合作社
詹朱祥
安溪县祥华吴建法茶叶专业合作社
吴建法
福建省安溪县湖美峰茶叶专业合作社
王木辉
安溪县峰格茶叶专业合作社
上官宏耿
安溪县凤马茶叶专业合作社
王建全
安溪日月升茶业有限公司
王天升
安溪县琪湖茶叶专业合作社
上官万福
安溪县溪水生态茶场
林溪水
安溪县新芳春农业科技有限公司
高进忠
安溪天福茶业有限公司
李志芳
福建省极铁茶业有限公司
谢春茹（女）
福建省安溪县罗岩茶叶专业合作社
林海城
安溪县致源茶叶专业合作社
詹文章
安溪县感德古今韵家庭农场
陈志鹏
安溪县感德正清心茶厂
陈清标
安溪县感德祯清香茶业有限公司
吴光研
福建闻弦茶业有限公司
陈文贤
安溪县村镇建设服务中心
黄清跃
福建省安泰建筑工程有限公司
叶德全
安溪县大坪林业工作站
赵锦河
安溪县芦田林业工作站
黄火炼
安溪县森林动植物病虫害防治检验检疫站
傅祝安

高级农艺师

安溪县茶叶技术推广站
曾经得
安溪县茶叶科学研究所
赵锦花（女）
安溪县西坪镇社会事务服务中心
廖彩虹（女）
福建八马茶业有限公司
林荣溪

中级职称

讲师

中共安溪县委党校
陈美凤（女）

一级教师

安溪一中
陈文娣（女） 谢静红（女） 陈玉成
翁燕霞（女） 杨梅琴（女） 王艳芳（女）
许家华（女） 苏灿华（女） 蔡燕燕（女）
许剑波 周丽冰（女） 陈艺敏（女）
陈达良
铭选中学
李伟忍（女） 史芳芳（女） 李苇菱（女）
张清珠（女） 林翠琳（女） 廖晓红（女）
黄婷莲（女） 洪燕红（女） 王翠芬（女）
陈小凤（女） 廖晓宇（女） 廖慧儒（女）
沼涛中学
唐秋菊（女） 钟丁富（男、畲族）
谢燕玲（女） 施清旺 洪春绵（女）
安溪六中
许奄花（女） 李淑娟（女） 林巧云（女）
许焕文 张珩珩（女） 李国辉
裴贵如 凌伟明
金火完中
周梦龙 刘海燕（女） 高海咏
苏朝晖 陈晓贤 甘舒敏（女）
王秀锦（女） 白婉平（女） 祝华荣（女）
安溪八中
沈巧萍（女） 刘婷婷（女）
蓝溪中学
林斌斌
俊民中学
谢志群 苏清松 林秀美（女）
李丽红（女） 许艺红（女） 叶景林
黄建山 王金镖 陈世全
梧桐中学
王明传 郑巧娟（女） 廖江城
王德全 林亚丽（女） 施小洪（女）
崇德中学
陈贻滨 王文参 林丽妍（女）
安十一中
谢锡治（女） 颜龙泉 王泽锦
恒兴中学
黄晓燕（女） 温培琼（女） 谢佳丽（女）
李淑娥（女） 谢惠燕（女） 王姿容（女）
凤城中学
廖银燕（女） 李文献 廖燕云（女）
金火中学
朱燕清（女） 陈佳菊（女）
安二十中
陈锦茹（女） 苏丽花（女） 郑培婷（女）
胡智源
城厢中学
刘振斌 黄金坤
墩坂中学
孙志强
安溪七中
黄美发

东溪中学

蔡远贵

慈山学校

李金水(女) 李鹏举

东方中学

胡炳桂 李虎子

前进中学

叶海源

由义中学

徐少梅(女)

霞春中学

傅希哲

蓝田中学

廖宝仪

金榜中学

周水才

罗岩学校

高小梅(女)

安十九中

廖志永 张贻木

龙涓中学

林奇鸿

崇文中学

叶晓日

举溪中学

林小燕(女) 张艺辉

安溪五中

王永凉 林素珍(女) 许毓南(女)

王伟岩

安十四中

谢永和 胡志强

参内中心学校

苏小凤(女)

湖头中心学校

陈志雄 陈艺生 白俊鸣

剑斗中心学校

陈小卿 吴文水 李清杰

感德中心学校

郑素娟(女) 汪雷振 翁爱花(女)

蓝田中心学校

李美发

龙涓中心学校

蔡娇蓉(女) 王添顺 杨美玲(女)

王泽贤 刘灿彬 郑耀宗

温少群

西坪中心学校

林秋月(女)

第三实小

廖桂兰(女)

第五小学

王碧珠(女) 李蓝溪

第七小学

李小桂(女)

第八小学

陈英华(女)

第十小学

唐碧真(女)

第十六小学

谢瑞凤(女) 谢白琰(女)

第十七小学

林济东 陈剑军 苏丽红(女)

第十八小学

陈巧玲(女) 黄培珍(女) 王龙武

陈滨灿 董坤泽 陈莉莉(女)

第十九小学

陈巧娥(女)

第二十小学

黄安娜(女)

明德特教

江 妍(女) 谢海宁(女)

培文附小

李巧红(女) 谢雪妍(女)

实验幼儿园

刘连治(女)

培文丽馨实幼

张桂莲(女)

培文霭华实幼

周晓燕(女)

第七幼儿园

陈少敏(女)

第十幼儿园

李婷娟(女)

第十二幼儿园

谢晓芳(女) 林艺萍(女) 谢宝凤(女)

第十六幼儿园

陈晓珍(女)

第二十八幼儿园

林慧棉(女) 吴慧敏(女)

城西幼儿园

吴碧珠(女)

凤城中心幼儿园

陈春芳(女)

陈利职校

谢小玲(女)

馆员

安溪县茶文化艺术中心

杨爱红(女)

魁斗镇社会事务服务中心

张水源

参内镇社会事务服务中心

谢建斌

龙门镇社会事务服务中心

林阿娥(女)

安溪县城市建设档案馆

谢淑香(女)

安溪县融媒体中心

李振辉

安溪县卫生健康信息中心

肖金碧

安溪县医院

马永辉

农艺师

安溪县茶叶技术推广站

苏培凌(女)

安溪县农业综合执法大队

潘怀阳(女)

安溪县水产技术推广站

史龙洲

安溪县农村生态能源站

谢晓玲(女)

虎邱镇社会事务服务中心

温少娇(女)

畜牧师

安溪县畜牧站
苏益薪

兽医师

安溪县农业综合执法大队
陈德根

工程师

福建省五洲建设集团有限公司
陈桦深　黄靖航　林燕青（女）
张月里（女）吴金海
砖文建设集团公司
杨江生
福建省八方建筑工程有限公司
蔡银珠（女）叶杰毅
安溪县森林资源站
冯火财
安溪县芦田林业工作站
谢朝财
安溪县云中山省级自然保护区管理处
卢敏勇

三级演员

安溪县茶文化艺术中心
李晓文（女）

非公有制茶叶工程师

安溪县峰格茶叶专业合作社
上官素真（女）
安溪县虎邱隆泉家庭农场
林森泉
泉州象广茶业有限公司
林艺辉
福建省中科生物股份有限公司
谢辉煌
安溪县杨木山茶叶专业合作社
杨木山
福建省安溪县茶都绿如蓝茶业有限公司
陈宝玉（女）
安溪县城厢中闽宝鼎茶行
黄汝楠
安溪县茶都宝鼎茶行
朱美珍（女）
福建省安溪县湖山堂茶业有限公司
陈玉燕（女）余裕贤
福建省安溪县德茗茶厂
王黄燕（女）
福建省泉州市慢艺茶业有限公司
姚巧玲（女）
福建小提茶业有限公司
刘杨坤
福建省安溪县乾煌茶厂
王添福　张炳煌
安溪县龙涓乡举源茶叶专业合作社
郭光候　陈秉怀　林丽真（女）
安溪县茶都德苑茶行
王再德
福建省极铁茶业有限公司
姚　梅（女）
安溪县城厢茶都秋明茶庄
肖木杰
泉州市峰盛阁茶业有限公司
肖炳树
福建泉州代代香茶业有限公司
杨　杰
安溪铁观音女茶师非遗传习所
肖秀春（女）
福建安溪顺记茶业有限公司
林俊杰　易江堤
福建八马茶业有限公司
王文吉
安溪县龙涓李加鸿家庭农场
陈彩菊（女）
安溪县参内老固茶叶店
陈凤哲
安溪县城厢林来兴茶行
林来兴
福建省安溪凤岩保健茶有限公司
陈英勇
安溪县尚龙茶叶专业合作社
谢海石
安溪县城厢茶都崇泰茶店
张长庆
安溪县感德祯清香茶业有限公司
林志艺　李修远　曾良发
福建省安溪双旅茶业发展有限公司
吴灿艺
安溪县唐韵茶业有限公司
王坤艺
安溪县湖上乡茂发茶叶专业合作社
柯艺贵
福建安溪岐山魏荫名茶有限公司
苏龙海
安溪县城厢豪香园茶庄
王志伟

非公有制企业建筑工程师

福建省五洲建设集团有限公司
林燕青（女）
中晟海峡建设有限公司
吴其美　谢志坡　林祥伟
福建文兴建设有限公司
谢鸿展
砖文建设集团有限公司
林雅斌（女）谢娇华（女）
胡志龙　苏大全　陈金山
福建国鹏建设有限公司
王伟伟
泉州市安旭交通工程有限公司
林家振　郑元树　张　燕（女）
福建省八方建筑工程有限公司
何培铭
福建省龙洲建筑工程有限公司
王小云（女）
福建棋菱建设有限公司
林美婷（女）

（陈世泽　马向阳）

2022 年安溪县百岁老人一览表

表29

姓名	性别	出生年月	居住地址
童长顺	男	1917年9月	凤城镇凤城下西新华路357号二楼
刘 买	女	1922年1月	凤城镇上西13组
陈 的	女	1919年5月	城厢镇冬青村1组
陈莲花	女	1919年7月	城厢镇丁琳边66号
石 绸	女	1921年8月	城厢镇过溪村3组
洪 红	女	1922年10月	城厢镇墩坂村18组
谢 朕	女	1922年1月	参内镇田底村1组
赵 秤	女	1922年6月	参内镇美塘村4组
洪 看	女	1922年8月	参内镇岩前村1组
陈雪白	女	1921年12月	魁斗镇15组
刘 要	女	1922年9月	魁斗镇新街107号
李 菊	女	1917年6月	蓬莱镇植洋村大石脚11组
傅温真	女	1918年10月	蓬莱镇蓬星7组
林玉梅	女	1920年11月	蓬莱镇彭格村土楼33号
林 县	女	1922年6月	蓬莱镇岭美村13组
陈 皆	女	1922年7月	蓬莱镇街道内8号
郭 笑	女	1920年5月	金谷镇芸美村15组
余 肯	女	1921年8月	金谷镇洋内村3组
洪玉兰	女	1922年10月	金谷镇河山村5组
林 卯	女	1918年9月	湖头镇湖二村问房10-7号
李 对	女	1920年7月	湖头镇竹山村2组
蔡连生	女	1922年10月	湖头镇美溪村罗源12号
林银英	女	1917年6月	官桥镇善坛村二选6组
林文行	男	1921年6月	龙门镇光孝村2组
白 桃	女	1921年8月	龙门镇榜寨村12组
林 蜜	女	1921年9月	龙门镇寮山村寮头尾街74号
施 茶	女	1922年9月	龙门镇榜寨村12组
白 稿	女	1922年11月	龙门镇美顶村9组
林 妹	女	1913年11月	西坪镇南岩村十一组
吴连花	女	1921年3月	西坪镇龙坪村八组
林金枝	女	1921年6月	西坪镇上尧村25组湖珍
潘启樟	男	1921年6月	西坪镇留山村庵尾60号
王 幼	女	1922年7月	西坪镇龙坪村六组
章 高	女	1918年1月	感德镇五甲村6组五甲4号
杨立永	男	1918年6月	感德镇槐扬村4组
吴 奶	女	1919年2月	长卿镇福春村西岭29号
陈 克	女	1920年1月	长卿镇文坪村双溪23组
苏东元	男	1921年1月	长卿镇玉美村村上13号
杨秀花	女	1915年1月	龙涓乡下洋村
王添丁	女	1916年11月	龙涓乡黎山村13组
林树枝	女	1917年11月	龙涓乡赤片村12组
肖水生	男	1921年2月	龙涓乡福黎村10组
陈银花	女	1921年2月	龙涓乡玳堤村9组
王金英	女	1922年9月	龙涓乡内灶村
刘绵瓜	男	1922年9月	龙涓乡山后村9组
廖 尾	女	1922年7月	尚卿乡翰苑1组
余 年	女	1919年9月	湖上乡湖上村6组
陈 为	女	1922年11月	湖上乡盛富村12组
陈 送	女	1921年2月	祥华乡祥华村
吴清水	男	1922年1月	祥华乡祥地村8组
王 密	女	1920年2月	蓝田乡蓝二村3组
王 凉	女	1921年10月	蓝田乡尚忠村12组

（吴雪云 柯荣钦）

2022年安溪县委、县政府为民办实事项目落实情况一览表

表30

项目名称	责任单位	工作内容	完成情况	备注
实施方舱医学观察点（一期）项目	兴泉铁路开发有限公司	建设安溪县方舱医学观察点（一期），主要包括隔离间、宿舍、办公楼及配套用房等，将更好地保障人民群众的身体健康	该项目一期工程及其配套附属工程、智能化工程全部建设、安装完成，共配备482间隔离房间、52间工作人员宿舍及办公楼用房。总投资4500万元	完成
实施道路交通提升工程	县公安局（交警大队）	新建5个信号灯、电子警察及相关配套交通设施	组织对全县交通事故隐患点及交通出行需求进行全面排查汇总，完成5个信号灯、电子警察及相关配套交通设施。总投资300万元	完成
	县交通局	实施50千米以上农村公路养护专项工程，主要有：路面翻修、置换、重铺；排水设施修复；标志标线完善；灾毁修复等	实际完成养护专项工程122.074千米，修复路面10.2万平方米、水沟1.1万平方米、增设标线2万平方米，增设护栏7081米等。总投资4405万元	完成
实施电力“双满意”工程	国网安溪县供电公司	新增、改造35个及以上供电台区，重点解决供电设施重过载、线路“卡脖子”、用户“低电压”等问题，提升供电可靠性。改造10万只HPLC智能电表，提升群众用电报修感知和主动响应水平，持续深化居民智能用电服务。完成3个及以上老旧小区供配电设施升级改造，从根本上提高老旧小区供电可靠性，助力城乡建设品质提升，更好服务城市更新行动	新增、改造35个供电台区；完成HPLC智能电表14.65万只；完成凤明南小区、原政府宿舍楼、河滨北453—500片区、凤茂新村等4个老旧小区供配电设施升级改造。总投资4809.6万元	完成
实施儿童早期发展服务项目	县卫健局	以政府购买服务方式为安溪县0—6岁儿童提供300场免费儿童早期发展亲子班、300人次婴幼儿照护托育补助、2500名婴幼儿免费营养干预、1万名免费视力筛查、2万名儿童免费口腔氟泡沫干预、1万名儿童早期心理健康筛查等儿童早期发展项目；建设5个0—6岁儿童早期发展服务项目示范镇和5个示范村。以切实做好安溪县儿童早期发展服务，补齐民生短板，最大限度地实现“幼有所育”	完成300场免费儿童早期发展亲子班、300人次婴幼儿照护托育补助、2500名婴幼儿免费营养干预、1万名免费视力筛查、2万名儿童免费口腔氟泡沫干预、1万名儿童早期心理健康筛查；建设金谷镇、蓬莱镇、城厢镇、西坪镇、凤城镇等5个0—6岁儿童早期发展服务项目示范镇和金山村、联盟村、土楼村、西坪村、文昌社区等5个示范村。总投资315万元	完成
实施妇女常见病免费筛查	县卫健局	对全县1万名20—64岁妇女进行妇女常见病进行免费筛查（宫颈癌）项目（据实结算），逐步健全安溪县妇女健康管理服务档案，动态掌握全县适龄妇女常见疾病谱，科学制定有效的预防干预措施，提高全县妇女健康水平	截至2022年12月31日，完成9941例县妇女病免费筛查任务。总投资99.41万元	完成
实施社会心理服务体系建设	县卫健局	结合安溪县的实际情况，目前基层社会心理服务平台少，呼吁政府层面搭建基层社会心理服务平台，依托卫生所、学校、基层综治中心或城乡社区综合服务设施试建2—4家公益性心理咨询辅导站，开展宣传—评估—预防、干预—反馈—关注—建档等心理服务	完成安溪县第十一中学、金谷卫生院、凤城镇文昌社区、泉州半导体高新技术产业园安溪分园区等4家公益性心理咨询辅导站示范点单位的硬件建设、设施配备、人才队伍建设等。截至2022年12月底，各个示范点单位共开展心理测验评估10814人次，心理干预828人次；开展心理健康教育、咨询义诊等活动24场，共4500余人次参加。初步探索形成符合安溪县实际的社会心理服务模式，打通茶乡百姓社会心理服务的“最后一公里”，为促进健康安溪发展提供保障。总投资150万元	完成

续表30

项目名称	责任单位	工作内容	完成情况	备注
实施基层卫生服务能力提升工程	县卫健局	实施白濑乡卫生院改造提升，拟对白濑乡寨坂村客运站进行改造装修，建设白濑乡卫生院，并配备基本设备，总投资1000万元（县级资金900万元，乡镇100万元）；建设大坪乡卫生院综合楼，2022年完成主体工程封顶，建筑面积4002.55平方米（包括不计容的地下室），总投资1800万元（县级资金1620万元，乡镇180万元）；建设芦田镇卫生院综合楼及附属工程，2022年完成主体工程封顶，建筑面积2995.91平方米，总投资1200万元（县级资金1080万元，乡镇120万元）；建设福田乡卫生院综合楼，2022年完成主体工程封顶，建筑面积2500平方米，总投资700万元（县级资金630万元，乡镇70万元）	4个卫生院均开工建设。其中，白濑卫生院急诊综合楼和门诊楼正在做室内精装修、涂料，完成投资260万元；大坪卫生院综合楼完成主体楼封顶，完成投资820万元；芦田卫生院综合楼正在四层梁板模板安装，完成投资532万元；福田卫生院正在进行地基施工	完成
实施城乡社区居家养老服务	县民政局	以“特困供养人员、低保对象、建档立卡的贫困人口、重点优抚对象、计划生育特殊家庭成员、重度残疾人、农村三留守”中的老年人和80周岁以上的老年人为基数，按照每人每月20元实施政府购买基础养老服务	对“特困供养人员、低保对象、建档立卡的贫困人口、重点优抚对象、计划生育特殊家庭成员、重度残疾人、农村三留守”中的老年人和80周岁以上的老年人等，实施基础服务数量224033个，实体服务工单46750单。总投资681.462万元	完成
		补贴村、社区居家养老服务中心（站）运营	对凤城镇文昌社区、城厢镇员宅村等15个运营情况好的照料中心，参内镇岩前村、金谷镇芸美村、蓝田乡乌殊村等190个农村幸福院，凤城镇东北社区、城厢镇城西社区、龙门镇滨江社区等25个居家养老服务站运营进行补助。总投资175万元	完成
		为全县4053名重度贫困残疾人和3800名散居特困、低保老年人办理长期护理保险，每人每年投保300元。被保险人经鉴定符合重度失能标准的，生活不能自理、需要长期接受居家、机构或者医疗等护理的，可申请享受护理保险待遇	为全县3800名散居特困、低保老年人及4012名重度贫困残疾人等人群提供每人每年投保300元长期护理保险。总投资234.42万元	完成
		为困难老年人家庭提供住房适老化改造，包括：①对易绊脚的地面进行处理，消除（或减缓）高低差；②在坐便器、浴室、通道等安装安全扶手；浴室加装安全浴凳或助浴椅；蹲坑加装坐便椅或更换坐便器；③对厨房、卫生间等有需要的地面进行防滑处理；④对老旧的厨房操作台进行改造；⑤对卫生间洗脸台进行低位改造	为城厢、魁斗、参内、湖头、蓬莱等乡镇共350户困难老年人居家养老适老化改造。总投资35万元	完成
实施“儿童之家”项目	县妇联	通过往年县级“儿童之家”示范项目建设的经验与模式，再建设15个基层“儿童之家”，进一步拓展儿童公益活动阵地，为广大儿童（特别是留守流动儿童）及其家长提供儿童成长关怀、儿童课外辅导、困境儿童关爱、家庭教育指导等公益性服务，促进儿童权利保护和儿童发展	完成凤城镇凤山社区、城厢镇经兜村、参内镇岩前村、官桥镇官桥村、龙门镇洋坑村、西坪镇西源村、芦田镇崇信社区、龙涓乡石塔村、金谷镇美洋村、金谷镇元口村、湖头镇山都村、白濑乡下镇村、剑斗镇御屏村、长卿镇南斗村、蓝田乡乌殊村等15个基层“儿童之家”建设。总投资75万元	完成
实施“安居工程”	县残联	补助困难残疾人建设“安居工程”，每户6万元，户数30户（具体根据实际申报确定户数）。为农村二女结扎户建新房7座（含购安置房）	完成30户困难残疾人“安居工程”建设。总投资180万元	完成
	县计生协会	—	完成7户农村二女结扎户房屋建设。总投资84万元	完成

续表30

项目名称	责任单位	工作内容	完成情况	备注
实施校园提升工程	教育局	实施安溪十四中、安溪八中、第十五小学、举溪中学、蓝田中学、龙门仙地小学、龙门中学、虎邱罗岩学校、尚卿中心小学、祥华聪明学校、长卿第三中心小学等11所学校学生宿舍改造、食堂改造、设备更新	完成龙门中学、安溪十四中、第十五小学、长卿第三中心小学、安溪八中、蓝田中学、举溪中学、虎邱罗岩学校、龙门仙地小学、祥华聪明学校、尚卿中心小学等11所学校学生宿舍改造、食堂改造、设备更新。总投资482万元	完成
		实施安溪十九中、安溪七中、白濑中心小学、陈利职校、崇文中学、慈山学校、东方中学、丰田中学、福田中心小学、感德霞庭小学、官桥中学、湖上慈恩小学、湖头郭埔小学、剑斗福斗小学、金谷中心小学、蓝田中心幼儿园、龙涓长塔小学、培文中学、蓬莱新林小学、大坪萍州附小、湖头前进中学、安溪实验小学、桃舟中学、西坪中心小学、感德霞春中学、剑斗由义中学等26所中小学旧教学楼修缮及电力线路改造	完成慈山学校、培文中学、金谷中心小学、剑斗镇福斗小学、蓝田乡中心幼儿园、丰田中学、官桥中学、蓬莱镇新林小学、白濑中心小学、龙涓乡长塔小学、萍州附小、安溪七中、陈利职校等26所中小学旧教学楼修缮及电力线路改造。总投资1893万元	完成
		开工建设龙门中学、实验小学、安溪五中、安溪茶校等4所中小学校运动场	实验小学运动场完工；安溪茶校运动场正施工中；龙门中学、安溪五中2所学校运动场建设前期准备中。完成投资500万元	
		开工建设城东第二幼儿园、城东第三幼儿园等2所公办幼儿园项目	截至2022年12月底，城东第二幼儿园项目正在财政审核阶段，城东第三幼儿园正在招投标阶段。完成投资2500万元	
		全县学校安全及灾情应急修缮项目	对沼涛中学、蓝溪中学、培文中学、第二十一小和龙涓中心小学等5所学校项目完工，西坪中心小学宿舍楼项目封顶装修中。总投资208万元	完成
		实施慈山农校实训基地建设	完成安溪县慈山农业学校实训基地建设，项目包括木工学生实践室、茶艺学生实践室、藤编学生实践室等。总投资120万元	完成
		全县学校学生心理健康服务	完成全县221870人次的学生心理普查任务，做好528人次的学生危机干预服务；推进全县学校保安员、司机及随行人员心理普查工作并出具报告，共计1932人次；组织开展全县中小学生心理知识竞赛，共发动37416名学生自愿参与；开展线下咨询99次，线上咨询124次，热线电话696次，推送15场相关心理讲座。总投资50万元	完成
		全县学校电脑（pc）政府购买服务	根据省市上级部门通知要求，本招标项目与上级关于教育、医疗领域信息化建设新要求有出入，招标工作须暂停，待上级新政策发布后方可推进	
实施城乡“复兴少年宫”项目	县委文明办	依托新时代文明实践中心（所、站），遴选建设5个城乡“复兴少年宫”	5个“复兴少年宫”全部建成，其中，凤城镇文昌社区完成设施整合改造，设置8个活动项目；城东社区设置10个活动项目；蓝湖社区设置高甲戏、剪纸等活动项目；城厢镇茗城社区积极整合社会资源，与第十小学、少体校等单位开展共建活动；参内镇湾美社区活动场所建成投入使用，开设古筝、经典诵读、乒乓球等公益项目。总投资50万元	完成
实施食品药品放心工程	县市监局	在全县基层市场监管所设置食品安全快速检测室，构建食品安全初级“过滤网”，营造食品安全监管在身边的社会氛围，保障已建成的29家食品安全基层便民检测室正常运行	2022年全县29家食品安全基层便民检测室全年正常运行，累计完成食品快速检测95663批次，筛选问题食品19批次。总投资87万元	完成
		实施农村集体聚餐食品安全责任保险。开展食品安全责任险投保工作，有利于提高农村集体聚餐食品安全责任事故的救助水平，推进食品安全社会共治，保障广大人民群众的身体健康	完成2022—2023年农村集体聚餐食品安全责任保险投保工作。总投资60万元	完成

续表30

项目名称	责任单位	工作内容	完成情况	备注
实施食品药品放心工程	县市监局	在全县范围内遴选出15个有场所条件、有建设需求的乡村，进一步推进农村家宴中心建设，补齐农村集体聚餐基础条件短板，验收合格后每家给予10万元奖补	完成龙涓乡福黎村、金谷镇汤内村、龙门镇桂林村、蓬莱镇鸿福村、白濑乡白濑村、长卿镇珊屏村等15家宴中心建设。总投资150万元	完成
		补助药化械不良反应监测工作上报任务1200例。药化械不良反应监测工作是药品安全监测的重要环节，可以有效监测上市产品的危害性，有效管控药化械安全	出台《2022年安溪县药化械不良反应监测工作方案》，持续开展药械化不良反应监测工作，完成1202例。总投资12万元	完成
实施文化体育惠民工程	县文体旅局	公共文化服务设施建设：乡镇文化站提升（2个*10万元，共20万元）；村和社区文化服务中心（30个*7万元，共210万元）	完成西坪、芦田等2个乡镇文化站和虎邱镇湖西村、凤城镇城东社区、城厢镇建安社区、参内镇湾美社区等30个村（社区）综合文化服务中心改造提升。总投资230万元	完成
		文化遗产保护：非遗文化保护传承和闽南文化生态保护	健全非遗保护传承体系，11月29日“中国传统制茶技艺及其相关习俗”成功列入人类非物质文化遗产代表作名录，安溪县乌龙茶制作技艺属于中国传统制茶技艺的六大茶类之一；推荐申报非物质文化遗产研究基地、传承示范基地、生产性保护重点单位各1家；组织省级传承人申报国家级非物质文化遗产传承人，安溪县乌龙茶制作技艺传承人王启灿、魏贵林被推荐为福建省第六批国家级非物质文化遗产传承人推荐申报名单；拍摄3个县级非物质文化遗产代表性项目，将古老技艺数字化，永久保护，更方便宣传和传承。加大非遗人才培育，为加大茶叶非物质文化遗产的保护和传承力度，使乌龙茶（铁观音）制作技艺薪火相传，培养一批高素质的县级乌龙茶制作技艺传承人。县文体旅局、茶管委办联合开办关于乌龙茶（铁观音）制作技艺代表性项目等系列活动。总投资100万元	完成
		城乡文化振兴：支持群众文艺活动和比赛20万元；建设新型公共文化空间1个和大众茶馆2个共30万元；扶持1个文化产业示范基地建设10万元；扶持文创产品开发20万元	开展“我们的中国梦”——文化进万家”、“喜迎二十大 茶乡正春风”主题音乐舞蹈创作比赛暨第十二届安溪县音乐舞蹈节、“童心迎国庆 喜迎二十大 共绘茶乡美”绘画比赛“我们的节日——重阳”暨“金秋话金婚 传承好家风”主题活动、奋进新征程 建功新时代——学习宣传贯彻党的二十大精神·安溪县文化科技卫生“三下乡”集中服务活动文艺演出等各类主题的群众文艺演出20余场；建设参内镇铁韵书院、福田乡综合文化站等新型公共文化空间和金融行政中心龙尖1号茶馆、溪禾山歇会茶馆等2个大众茶馆；扶持聚丰工艺文化产业示范基地建设；扶持文创产品开发。总投资80万元	完成
		体育健身设施建设：口袋健身公园（5个*20万元，共100万元）；健身工程建设（建设10个*4万元，共40万元）	完成龙门镇洋坑村、参内镇员潭市民广场、参内镇参洋公园茶博汇广场河滨段、城厢镇兰溪西路约克阳光段、凤城镇河滨北路毓秀路口段等5个口袋健身公园选址规划设计，体育器材采购完成意向公告进入招投标程序；完成龙涓乡福黎村、龙涓乡后田村、魁斗镇大岭村、剑斗镇后井村、湖头镇埔美村、蓝田乡益岭村、城厢镇经兜村、金谷镇美洋村、西坪镇龙地村、西坪镇上尧村等10个健身工程建设。总投资140万元	完成

续表30

项目名称	责任单位	工作内容	完成情况	备注
实施文化体育惠民工程	县文体旅局	县级公共体育场馆免费开放：用于梧桐体育馆、少体校(青少年校外体育活动中心）免费开放、赛事活动；安全运营管理。其中，县体育中心50万元，少体校40万元	体育场馆免费开放按年初公布免费开放方案、公告，全年累计开放近200天，有近5000人次进校健身。承办全县中小学生足球、篮球联赛近200场次，近千名中小学生参加联赛。配合县重要文化项目排练，支持高甲传承中心排练。加强安全管理，完成综合球馆屋面等加固改造和羽毛球馆墙面灯光改造。	完成
实施文化体育惠民工程	县文体旅局	全民健身活动：组织全民健身运动会和各体育赛事、健身项目活动；扶持指导体育社团参与省、市比赛和组织专项比赛	全年举行全民健身活动赛事涉及篮球、足球、羽毛球、乒乓球、门球、地掷球、气排球、太极拳、游泳、举重等10余项，共33场，有750人次各年龄群体参加。指导排球协会代表泉州市参加第福建省第十七届运动会群众组气排球比赛，共获得2个一等奖、1个二等奖、1个三等奖；超额完成市体育下达指标。总投资50万元	完成
		文艺精品创作：文化馆、高甲戏、茶文化艺术精品创作	完成高甲戏《穆桂英下山》、《林嗣环》剧本第三稿和喜迎二十大文艺作品创作；完成“福在茶乡 茶歌飞扬”主题原生态茶歌邀请赛；筹备“喜迎二十大 茶乡正春风”主题音乐舞蹈创作比赛；完成10首“飘香的歌”伴奏带制作；完成情景舞蹈《茶韵飘香》、舞蹈《唐印》创作，筹备党的二十大宣传工作项目（校园快闪、创编歌舞《绿水青山江山笑》等）。总投资260万元	完成
		文化惠民演出：邀请省内外著名文艺团体演出4场，文化馆演出12场、茶文化艺术团公益演出12场，高甲戏演出40场	完成高甲戏剧团全年开展文化惠民演出40场；邀请高山导演一行到安溪采风——民间艺术展演；开展“我们的中国梦”——文化进万家”、“福在茶乡 茶歌飞扬”——2022年安溪原生态茶歌邀请赛、“粽享安康 幸福邻里”端午节系列活动、奋进新征程 建功新时代——学习宣传贯彻党的二十大精神·安溪县文化科技卫生“三下乡”集中服务活动文艺演出等各类主题的文化惠民演出12余场；开展公益性演出12场。总投资120万元	完成
		文化场馆免费开放和培训：文化馆、博物馆、图书馆等场所免费开放、展览、讲座、培训等	图书馆常年对外免费开放。讲座、培训45场；文化馆常年免费开放，举办16期免费培训班；博物馆共举办展览44场，开展社会教育研学活动85场，其中拓印研学34场、亲子游25场、描红研学26场，接待团队讲解61场，2022年共招募培训小志愿讲解员34名，共上岗463人次，讲解925场次。总投资60万元	完成
		建设3个老年活动中心康乐家园场地	完成凤城镇东北社区、西坪镇老年活动中心、蓬莱镇老年活动中心等3个老年活动中心康乐家园场地建设。总投资60万元	完成
	县委宣传部（新闻出版广电局）	数字电影免费放映工程：农村电影全年放映5256场，城区电影全年放映160场	超额完成数字电影免费放映工程，农村电影共放映5267场（占比100.2%），观众数34.01万人；城区电影共放映174场（占比108.8%），观众数2.21万人。总投资115万元	完成

续表30

项目名称	责任单位	工作内容	完成情况	备注
实施安溪烈士纪念馆项目	县退役军人事务局	建设安溪烈士纪念馆，拟选址在安溪县凤山公园旧管理房一、二楼空置房，将烈士的事迹展示出来，激励全体党员干部和广大群众传承红色基因、赓续红色血脉。总投资400万元	由于该项目房屋屋顶存在漏水和裂痕现象，聘请房屋可靠性鉴定检测机构进行安全等级鉴定为B级，同时，根据省、市要求和有关文件精神，不能新建纪念馆，所以致使该项目一直无法建设。根据省、市要求，计划将烈士纪念馆项目变更为“安溪县红色信仰思政教育基地”，按照项目建设要求，做好项目前期设计咨询业务。现设计初稿由泉州邮政公司设计完成，正修改完善	正推进
实施“菜篮子”工程及副食品基地建设	县工信商局	重点扶持70个基地建设。加强对生产供应的指导，突出副食品生产与供应，探索突发事件下的社会生活必需品的保障工作	2022年共扶持建设16个县级蔬菜基地、21个生猪养殖基地、6个蛋禽基地、18个肉禽基地、7个肉牛羊基地、2个生猪活体储备项目、7个市场供应保障项目、18个后备基地，获得县级“菜篮子”补助资金。总投资3892万元	完成
实施生命教育体验馆项目	县红十字会	在慈山农中（青少年社会实践基地）实训综合大楼二楼，建设县生命教育体验馆，以提高茶乡群众特别是青少年儿童对生命安全健康意识和救护技能为目标，兼具生命安全体验和培训教学两大功能，为茶乡群众提供应急救护培训、讲座、体验等活动，让其掌握防灾避险和应急救护知识与技能	县生命教育体验馆项目现场装修完工，灯具、展面资料、设备全部安装完成。总投资120万元	完成
实施人行天桥工程	县城管局	建设安溪县东二环茶学院人行天桥工程，人行天桥初步方案为跨径1.36米（悬臂）+9.5米（边跨）+30.5米（主跨）+11.0米（边跨）+1.36米（悬臂）、宽度4.4米	推进县东二环茶学院人行天桥工程建设。总投资600万元	完成
实施“爱心助残驿站”建设	县残联	参照《福建省残联 福建省民政厅 福建省财政厅关于开展“爱心助残驿站”试点的通知》要求，在全县有条件的乡镇、村（社区）创建8个“爱心助残驿站”	完成金谷、城厢经岭、蓬莱、魁斗、龙门、官桥、湖头、福田等8个驿站点建设。总投资40万元	完成

报道选录

安溪打造闽西南数字“大脑”

数字经济，不仅是提升传统产业的支点，也是新的经济增长点，正成为构建现代化产业体系的重要引擎。

近年来，安溪县借势登梯，依托数字福建（安溪）产业园，引进中科数遥、中关村领创中心、中科曙光等一批数字经济头部企业，建立数据中心、创新中心，培育发展空天大数据、影视大数据、电子商务等三大数据产业链。

对此，安溪县有关领导表示，安溪将利用“数字福建”建设契机，发挥产业园区优势，围绕三大数据产业链，按照“一产一策一专班”要求，培育壮大龙头企业，引入上下游协作企业，补链强链，打造创新策源地，提速数字经济大发展，全力打造闽西南数字“大脑”。

大数据运用，赋能传统产业升级

以往，植物病虫害防治，大多依靠人工或机器喷洒农药的化学防治方式。如今，利用物联网平台防御植物病虫害悄然盛行。

在位于数字福建（安溪）产业园的福建司雷植保技术有限公司，记者见到一套智能虫害防治系统。该系统在远程控制下会发出特制声波和光波，干扰害虫的视觉、听觉，破坏雌雄虫之间的信息链，阻断交配繁殖，从而降低田间次代害虫的虫口数量。司雷公司董事长万佳告诉记者，司雷公司还通过田间设备收集环境数据、虫情数据，预测虫情爆发周期，并加以主动防御，把虫情扼杀在萌芽阶段。目前，该公司已与安溪、福鼎、政和等地的茶企合作，受益茶园面积达10万多亩。

“大数据助力茶园生态管理，归功于数字福建（安溪）产业园的数据中心存储、处理能力等。”万佳说，“单个企业做一个数据中心，成本太高，而具备优质的软硬件基础和运营商网络环境的产业园，可以把企业信息存储到数据中心，并代为管理，高效低廉。”

数字福建（安溪）产业园管委会副主任李灿荣介绍，产业园大数据中心按照国际最高等级标准设计施工，规划建设2万个标准机柜，投产8000个标准机柜，目前已投用4600个标准机柜。

“产业园除了提供海量数据存储、数据交换等专业数据服务外，还依托大规模、多等级数据中心，已引进中国国际电子商务中心等50多家企事业单位入驻，大力发展云计算、大数据、数字媒体等产业，打造信息产业的全产业链。”李灿荣告诉记者，司雷公司就是产业园的服务对象之一，去年底已发展壮大成为国家级高新技术企业，数字农业正成为产业园新的增长点。

补链强链，培育壮大三大数据产业

在产业园数据中心的磁吸效应以及便捷交通、良好营商环境作用下，空天大数据产业在安溪应运而生。

2020年8月，总投资5亿元的全球商业遥感卫星地面接收站网福建站项目落地安溪后，已吸引7家产业链上下游企业入驻运营。“目前，第一座卫星接收塔已安装完成，预计3月份开始调试，5月份可投入使用，其余3座接收塔建设也正有序推进。”项目方泉州中科星桥空天技术有限公司总经理郭海良说。

目前，我省第一颗商业遥感卫星“安溪铁观音一号”已制造完成，预计将于近期发射升空。这颗卫星由安溪县政府与中科星桥和长光卫星共同合作，分辨率0.5米，每天可获取19.6万平方公里全球对地观测数据。后续将以该星为首发星，设计商业遥感卫星星座，可为全省乃至周边地区的城市规划、工程勘察、智慧城市、农业防虫、应急救灾等提供空天链路支撑和空天数据服务。

如今，在安溪，基于数字福建（安溪）产业园大数据中心，崛起的不仅有空天大数据产业，还有影视大数据产业。

2020年12月，总投资5亿元的中国电影资料馆安溪数字资源中心项目落地安溪，将建成包括中国电影资料数字备份库、国家影像修复基地、融媒体制作基地、艺术影院（安溪店）、龙门镇土楼园区、影像记忆训练营、电影剧本孵化园等在内的新型体验和生产综合体。

一个项目，带动一个全新的产业链。在中国电影资料馆安溪数字资源中心带动下，安溪加大招商引资，发力影视大数据产业。

“眼下，我们正在按照记忆资产的开发模式全程记录和拍摄‘安溪铁观音一号’卫星的研发和发射过程。”中国电影资料馆安溪数字资源中心的运营方——忆库（安溪）数字传媒有限公司总经理王亮说，今后将发力电影修复、记忆资产信托、融媒体、培训等方面内容。目前已将快手融媒研究院项目引入安溪，还将开办跨境电商训练营等。

此外，围绕电商产业链条，安溪还打造总投资7.5亿元的弘桥智谷电商基地，现有入驻电商企业及产品深加工工厂92家，年网络交易额近10亿元。2021年，安溪全县电商企业达9092家，全年网络零售额268.34亿元，同比增长25.7%。

“人才+资本”，激发产业发展原动力

如何提速三大数据产业“起跳”？安溪县有关领导告诉记者，县里已成立空天大数据产业专班、影视大数据产业专班，并成立专家顾问团，聚焦产业关键领域和创新链缺少环节，推动科研平台与企业联合共建新型研发中心，释放创新“引力波”。

国富瑞（福建）信息技术产业园副总经理谢扬海说：“通过专班形成产业发展图谱，让每个产业链的上游、中游、下游企业实现纵向贯通，让涉及的部门单位实现横向协同，助力产业发展。”

聚集行业领军专家，让科技特派员服务延伸至新兴产业。目前，安溪已在数字福建（安溪）产业园设立信息技术运用科技特派员工作站、高企培育科技特派员工作站，并从空天、影视等产业链龙头企业中选定10名专家担任科技特派员，为三大产业提供智力服务。

红色电影《永不消失的电波》，在中国电影资料馆安溪数字资源中心筹建现场负责人、教授级高级工程师左英协助下，经过细致修复，由黑白胶片变身为彩色数字化电影，色彩明亮，清晰而有质感，去年在全国各地热映，反响良好。

下一步，园区将建设中国第二个艺术电影放映中心，计划建设安溪县沉浸式互动电影文化博物馆，并开启艺术电影高等研学中心等建设。

高层次人才也是数字经济发展的重要保障。近年来，安溪县委人才办开辟人才专窗，实行“三个‘Dai’办”服务，即“等待办结”“代为办理”“带领办理”。

国影佳映（北京）文化传播中心专家陈新宪从北京来到安溪，开启人生的“下半场”，感慨人才政策的贴心：“这里的人才优惠政策，超乎我们的想象，有津贴补助、住房保障，还有孩子入学的诸多优惠……”

“发展空天大数据、影视大数据产业，破解融资难是个关键。”安溪县科技局副局长余君伟说，因应信息企业的自身特性，需要通过持续投入，推动企业的创新研发，激发企业生命活力。

近日，安溪工商银行、农商银行、邮储银行现场为安溪县“科技贷”授信20亿元，助力科技型企业加大研发投入和开展生产经营，开辟科技创新与金融相互转化的新路径。下一步，安溪县还将推动设立新兴产业股权投资基金，专项用于高科技企业发展。

（《福建日报》2022年1月20日头版）

藤铁为桅　茶为帆　安溪驶向星辰大海

——写在“安溪铁观音一号”卫星发射之际

从太空中的卫星轨道向下望去，安溪数万亩碧绿的茶园，万里绿波迤逦展开，镶嵌在中国版图上的东南沿海地带。千百年来，祖祖辈辈的安溪人就是在这片土地上耕作、培育，用心血和汗水浇灌出了闻名世界的安溪铁观音。

坐落在泉州腹地的安溪县，同样深受航海文化的熏陶，藤铁工艺产品畅销世界60多个国家和地区，深受国际市场的青睐。

从饮茶、植茶到以茶兴县，从脱贫摘帽到“全国百强”，从源远流长的海洋文化到敢拼会赢的福建精神，安溪人从未停歇脚踏实地的苦干，也从未停止过对于伟大事业的渴望。

一颗卫星，点亮新时代安溪人迈向星辰大海的新步伐。

2022年2月27日11时06分，“安溪铁观音一号”卫星于中国文昌卫星发射中心搭载长征八号遥二运载火箭发射升空。这颗具有高分辨率、高集成度和智能化特点的卫星，由安溪县人民政府与中科星桥和长光卫星共同合作发射，是福建省第一颗亚米级地面分辨率的商业光学遥感卫星，也是我国第一颗以茶叶品牌冠名的遥感卫星。

以铁观音命名的卫星，寄托着安溪人对茶产业高质量发展的期许。茶产业，见证着安溪人的苦难辉煌。

敢拼会赢　安溪一叶兴而百业兴

安溪，全县总面积3057.28平方公里，是中国乌龙茶的故乡和世界名茶铁观音的发源地，却也曾是福建全省最大的国定贫困县，一个令域外人士望而却步的贫瘠之地。

地处东南沿海的泉州，得改革开放风气之先，安溪人也逐渐清醒，立志走上致富路。安溪人民不再喊山高，不再叫路远，在县委、县政府领导下，摘穷帽，奔小康，实现了从国家级贫困县到全国百强县的转身。

茶产业，见证了安溪人的致富梦。

从唐代以来，茶叶便是安溪的重要作物之一，到了明清时期，安溪茶业生产更加趋向成熟，饮茶、植茶、制茶风靡全县各地，茶业成为当地的一大产业。“清水高峰，出云吐雾，寺僧植茶，饱山岚之气，沐日月之精，得烟霞之霭，食之能疗百病。”这是明代所修安溪县志《清水岩志》中对安溪茶的记载，足见茶已融入安溪人的日常生活。

在“与茶共生”的岁月里，安溪茶人逐渐积累了宝贵的制茶经验，他们在旧有的茶叶品种之上推陈出新，取众方之精炮制新茶，于是“铁观音”应运而生。谁都料想不到，这一片小小的乌龙茶叶，竟蕴含着改变一个县域命运的力量。

将时间拉回到现代，安溪县结合当地实际，扬长避短，充分发挥资源禀赋，倾力发展茶叶经济。在县委、县政府领导下，在全境人民的共同努力下，安溪不仅成功打造出惠及几十万安溪茶农的乌龙茶产业，更孕育了良好的市场经济环境和创业氛围，走出了一条“以农促工”的发展新路径。乌龙茶产业的迅速成熟，更带动了安溪上下游产业链的协同发展，以印刷包装、茶叶机械、食品加工为代表的新型产业在安溪大量崛起，短短数年间，安溪的工业产值成倍增长。如今，全县涉茶总产值增至280亿元，安溪铁观音以1428.46亿元的品牌价值连续两年位列中国区域品牌（地理标志产品）价值第一。

随之而来的，是一个贫困县走上全国百强县的荣耀。2020年10月9日，安溪被生态环境部授予第四批国家生态文明建设示范市县称号。2021年，安溪县被评为全国综合实力百强县市第57位、全国投资潜力百强县市第18位、全国绿色发展百强县市第52位、全国科技创新百强县市第75位、中国工业百强县（市）第75位。

如果说以铁观音为代表的茶产业，代表了安溪人迎难而上、脚踏实地的一面，那么藤铁工艺则展现了安溪人敢于冒险、放胆开拓的另一面。

山藤竹木、铁线钢板，寻常的材料，在一代代手工艺人的传承与创新下，安溪藤铁工艺从一根不起眼的藤条裂变为一件件精美的家居工艺品，飞进了千家万户，更飞进了全球市场。

据悉，安溪现有家居工艺企业2200多家，从业人员15万人，产品远销世界60多个国家和地区。2021年，安溪藤铁家居工艺品实现产值230亿元，居全国同类产品县（市）之首。

茶与藤铁，成为安溪两大具有地方特色的代表性产业。对于安溪而言，随着中国经济走向高质量发展新阶段，如何促进产业转型升级、提高安溪铁观音和藤铁工艺核心竞争力、持续助力区域经济的高质量发展，是安溪县面临的崭新课题。

寻求高质量发展，脚踏实地和放胆开拓的精神不可或缺。因地制宜、扬长补短，结合实际情况，才能走出适合本地区实际的高质量发展之路。“十四五”时期，是开启全面建设社会主义现代化国家新征程的第一个五年，也是安溪实现产业转型升级的关键时期。

“安溪铁观音一号”卫星的发射，便是对高质量发展这一时代课题的呼应。无论是茶产业，还是藤铁产业，过往的历史中浸染着敢拼会赢的福建精神，也成为安溪人脱贫致富、敢于创先的时代坐标。

卫星闪耀　高质量发展走向新征程

卫星出征，安溪沸腾。

在短视频平台有关“‘安溪铁观音一号’卫星出征”的视频下，网友满怀激动地留言：“安溪铁观音[赞][赞][赞]”“给太空送茶喝！”“给空间站送铁观音！”……自豪感溢于言表。

对于安溪而言，“安溪铁观音一号”卫星的发射，极具现实意义。

在安溪，农民人均纯收入中有56%来自于茶业，正所谓“一叶兴则百业兴”，安溪茶业事关安溪经济社会发展。近年来，安溪县以供给侧改革为抓手，深入落实脱贫攻坚、乡村振兴等战略，誓让安溪茶产业高质量发展。

2020年，安溪县出台《安溪县扶持茶产业高质量发展暂行规定》，从绿色发展、转型升级、人才培育、科技创新、三产融合、品类多元发展、金融支农、品牌强茶、市场拓展、茶企打造等十个维度出台针对性扶持措施，旨在为安溪县茶产业高质量发展输入新动能。《规定》中指出，安溪茶园下一步要全域范围打造智慧茶园，依托新技术进一步提高茶园的种植水平，维持当地经济稳定高速发展。其中，在茶园管理、灾害预警、土地利用管理、产业政策制定等方面具有突出作用的遥感监测技术，便是安溪县下一步打磨的重点。

2020年8月，海西唯一的商业遥感卫星站——全球商业遥感卫星地面接收站福建站落户数字福建（安溪）产业园。该站的落地，大大提升了安溪县在中国数字经济发展领域的地位和影响力，吸引了一批高科技企业、高质量项目入驻安溪产业园区，更对安溪县卫星应用产业发展产生了推动作用，为“安溪铁观音一号”卫星的研发与应用提供了支撑平台。

在技术上，“安溪铁观音一号”卫星将赋予茶产业数字化建设的新动能。根据介绍，“安溪铁观音一号”卫星拥有各类先进成像模式，除了常规成像模式外，还具有非沿轨灵巧成像模式，可直接获取“准正射”原始图像；低照度夜光成像模式可获取城市夜间灯光图像。依托高分辨率、高集成度和智能化特性，“安溪铁观音一号”卫星能够从高空轨道对茶园中每一株茶树的长势进行监测，并进行病虫害监测、茶树生命周期的质量溯源，为铁观音茶叶的品质、铁观音品牌的“硬实力”提供了保障。

在产业协同上，“安溪铁观音一号”卫星将成为数字福建（安溪）产业园建设新基点，“安溪铁观音一号”卫星的发射，不仅能够极大地鼓舞“安溪人”的茶业发展士气和热情，而且能够提升铁观音在国内外的品牌影响力，由卫星带来的企业、技术、人才、资金等产业集聚效应将极为明显，为“数字福建”的建设注入鲜活动力。

“数字福建”的重大决策影响深远，近年来，福建省始终把“数字福建”作为战略工程持续推进。“安溪铁观音一号”卫星的发射，是安溪县响应“数字福建”工程的重大举措，也必将成为福建省大力发展特色高新技术产业、创新发展机制、完善基础设施、加强创新能力、培育应用市场、打造产业链条、推动产业集聚的重要一环。未来，安溪还将筹划举办铁观音茶衍生品研发创新大赛，以赛事为载体，调动茶叶生产主体、科研机构参与研发创新的积极性，拓展铁观音茶应用领域，不断挖掘安溪县茶业发展的N种可能。

随着“安溪铁观音一号”卫星的升空，我们已然能够想象这颗卫星完全投入使用后的图景：苍穹之上，卫星注视着万亩茶园，来自天空的信号闪烁着技术的光芒，将安溪茶产业的数字化宣言带向太空，带向全球。

茶产业腾飞、藤铁出海，国内国际双循环相互促进的新发展格局下，安溪的产业路径，以茶为帆，以藤铁为桅，迎接数字时代的东风，驶向星辰大海。

（陈勇敢　辛　玥　张锦川）

（新华财经2022年2月27日）

安溪：“三茶”统筹　书写乡村振兴新篇章

2022年，安溪县被列为福建省高质量气象现代化建设先行试点县；首届中国茶科技创新大赛在安溪县启动；“安溪铁观音茶文化系统”被联合国粮农组织认定为“全球重要农业文化遗产”；安溪铁观音品牌价值1430.00亿元，连续七年名列全国茶叶类区域品牌价值第一……安溪县茶产业持续交出亮丽“成绩单”。

一叶兴，百姓富。成绩的背后是安溪坚定信心、久久为功、赓续奋斗的结果。一年多来，安溪县坚持“三茶”统筹理念，以创建国家首批农业现代化示范区为契机，为茶文化强载体、拓窗口，为茶产业夯基础、延链条，为茶科技提标准、强支撑，奋力谱写生态宜居、产业兴旺、百姓富足的乡村振兴新篇章。

文化引领　农遗故事巧传承

今年5月20日，“安溪铁观音茶文化系统”被正式认定为“全球重要农业文化遗产”，成为我国18处全球重要农业文化遗产中的一员，安溪再添一张世界级“金名片”。

为更好传承和弘扬茶文化，安溪县委县政府内外发力，汇聚茶业专家就保护传承弘扬茶文化出谋划策，加大国际宣传力度，引导各乡镇开办形式多样的茶事活动，不断提升安溪茶文化影响力和竞争力。

7月，以“在发掘中保护 在利用中传承”为主题的首届全球农遗·安溪铁观音茶文化系统保护与发展论坛举办，来自全国各地的茶业专家学者结合各自研究领域，围绕如何保护发展全球重要农业文化遗产把脉开方、共享经验，为安溪更高水平做好茶文化传承弘扬提供崭新视角和创新思路。

与此同时，安溪县各乡镇也精心策划，助推农遗文化传播。虎邱镇举办“观音铁韵 农遗匠心”国际茶日主题活动，线上线下展示非遗传统技艺魅力；祥华乡举办“我为祥华铁观音代言”系列视频展播活动，全方位推介祥华乡产业资源特色；湖上乡举办春季铁观音品鉴交流会和高层次人才茶话会，掀起非遗宣传热潮……一场场茶事活动，一方面展示、解读、传播安溪铁观音300多年的发展史、讲述有趣的茶文化故事，一方面也提高了全社会对农业文化遗产的认识和保护意识，推动农遗故事走进千家万户。

借助茶香农遗，安溪铁观音走出去之路越来越通畅。越来越多的茶企走出去，开拓国际市场，寻求国际合作；“以侨为桥”，发挥“侨力”，安溪铁观音走出去的渠道不断扩大，时尚健康的“中国茶饮”生活方式日益深入人心；合作领域持续拓宽，打造一批国际研学基地，在海外举办茶叶品鉴、茶道表演等茶文化交流活动，安溪铁观音的世界影响力不断扩大……

产业赋能　延链补链增活力

日前，由八马茶业股份有限公司（简称“八马茶业”）承担的福建省区域发展科技项目“基于化学成分变化的铁观音精制加工技术研究与应用”通过专家组验收。这标志着八马茶业在茶叶精加工数字化领域取得新突破，持续助推传统茶企数字化变革。

这也正是安溪县稳一产、强二产、优三产思路带来的可喜变化。近年来，安溪县持续推动茶产业工业化进程。大力发展茶叶精深加工，开发袋泡茶、速溶茶、茶含片、茶水饮料等快捷茶品，壮大茶机械、包装、器具、物流等产业，培育文化创意、健康养老等新兴业态，不断更新茶叶产品和茶叶配套。目前，安溪新茶饮基底茶年供应量2万吨以上，供应链初步形成，成为全国重要基底茶供应基地；茶叶机械年产值4亿元；茶包装年产值近40亿元，成为重要的茶叶包装生产地和集散地。

做大做强茶产业，还需融合文旅来支撑。借助得天独厚的旅游资源，安溪积极探索茶庄园业态，学习葡萄酒庄园经营模式，发展集生产、加工、休闲、旅游和文化展示等于一体的茶业综合体，并串点成线、整合推介，释放茶乡文旅经济新潜力。目前，安溪已建成22家茶庄园，各类茶事体验载体、体验活动广受欢迎，茶产业蓬勃发展。安溪县茶庄园每年吸引游客120万余人次，年旅游收入达12亿元。

文旅融合带动茶产业和旅游产业发展，也直接带动当地餐饮、农副产品零售等行业发展，促进村民就业，激发经济活力，推动整村产业转型升级。

科技赋力　提质增效强动能

今年4月，以“三茶统筹 科技赋能”为主题的首届中国茶科技创新大赛启动，这是首次举办的全国性茶科技领域大赛。大赛发挥“磁吸”效应，从绿色生产技术、智能装备技术、茶叶深加工技术、包装储运技术四个方向，助推多个茶领域技术项目落地聚合，引领安溪茶产业创新变革。

依托气象科技，在全县建设74套自动气象观测站，将全县659家茶业专业合作社和3000多家茶企纳入服务对象数据库。同时，开展茶叶气候品质认证工作，在全县8个茶园不同海拔高度安装13套茶园小气候站，将茶园小气候实时气象要素融入安溪“数字茶业”云平台，为茶叶提质保驾护航。截至今年5月，已为八马茶业等35家茶企开展45批次认证。

借助人工智能，安溪与华为技术有限公司、合肥工业大学、中电科机器人公司等科研团队试点开展茶园人工智能管理，团队试验机器狗于3月12日在安溪县年年香茶庄园进行试运用，测试对茶园地形的识别能力和机器续航能力，加快茶园管理新旧动能转换，提高生产效率。

布局“卫星+”。今年2月27日，“安溪铁观音一号”卫星成功发射，加速安溪茶产业的数字化进程；62天后，“安溪铁观音二号”卫星再次出征，与“安溪铁观音一号”卫星进行组网。依托“双星”特性和组网优势，可高效获取精准图像数据，有效实时监测茶园各项指标，升级优化茶园管理，提高茶叶品质，助推茶产业发展。

在销售渠道上，推动626家农产品生产主体纳入福建省食用农产品承诺达标合格证与一品一码追溯并行系统平台管理，携手京东、抖音等电商平台，提升安溪铁观音品牌美誉度和品牌附加值，拓宽消费者购买安溪铁观音的通道，促进国内国外市场并进，加快形成线上线下融合发展新格局。

（《人民日报》2022年09月29日第16版）

安溪茶文

香韵染芳华·安溪茶艺之三十年

茶是一种既神奇又美妙的东西，它可以是“琴棋书画诗酒茶”里的雅趣，又可以是“柴米油盐酱醋茶”里的烟火；它为人类所用已逾千年，却依然在当今保持着青春之态。它生性随和，无论遇到什么，总是能找到自己合适的位置。和文化在一起，创造出“茶文化”；用故事讲述，形成了“茶历史”，以哲学思之，称为“茶道”；进了宗教，它叫“禅茶”；与艺术牵手，就有了“茶艺”。

给“茶艺”下定义的不少，我比较认同这么说：茶艺是泡茶技能展示和品茗美感体验的综合，是涵盖了选茶、择具、用水、布置环境、营造氛围而享受一杯茶的过程，是生活的艺术。安溪是历史悠久、名闻海内外的中国乌龙茶（名茶）之乡，泡好一壶茶是安溪人日常生活里的基本技能，太过于平常，因此，多年前，并没有人说：这叫“茶艺”。

有资料表明，将泡茶正儿八经称“艺”是始于1994年。1994年初，安溪组织一些茶企到上海参加展销会，几位职校女生在现场演示了泡好安溪铁观音的技巧和流程，并介绍说是“安溪茶艺”。到了10月中旬，正值第二届世界安溪乡亲联谊大会召开，海内外千余名安溪乡贤齐聚安溪，叙乡情，谋发展，其间，“安溪茶艺”为一些侨领、嘉宾作了表演。

那些天，安溪城乡比过年还热闹，晚间，上百盏形态各异的花灯将刚大修完成的安溪文庙装点得流光溢彩，百姓扶老携幼观赏。大成殿的门是关着的，偶尔会有轻柔乐声传出，那就是“安溪茶艺”正在演示。

那时，我任县文联主席兼文化局副局长，因担心人流量太大会有安全隐患，每天晚上都在文庙值守，也观看了几场茶艺表演。作为观众，我欣赏这种方式，它是在探索、尝试，从某种意义上说，也是创新。而作为文化艺术从业者，又觉得她们的表演有几个方面需要改进提升。

1996年，安溪要在铁观音主销区——广州举办一场较大规模的茶事活动，决定组建“安溪茶艺表演队”，届时为来宾演示安溪铁观音的冲泡品尝方法。

我当时的想法是，表演应该呈现安溪“茶香人和”形象，故对身高、学历提出了比较一致的要求，尽量从体制内选，比如教育、卫生系统，这样好协调借用，接受过艺术教育或经常参加文艺活动的优先考虑。由此，11名年轻女性和指导老师、伴奏人员组成了第一支茶艺队。

训练排演是封闭式的，她们需掌握铁观音茶的基本知识和冲泡技巧，然后用艺术方式给予展示。当这支队伍亮相于广州中国大酒店“丽晶”厅时，用“惊艳”形容绝对是恰当的。千余人屏息观赏，酒店服务生静静站立，没有走动，也许是被吸引，抑或是担心干扰了演示。“茶艺”的最后环节是“香茗敬宾”，姑娘们端着托盘，款款走下舞台，向前排嘉宾奉上现场泡出的铁观音，这时，大厅里爆发出热烈持久的掌声。在各大媒体的新闻报道中，“气定神闲”“温婉精致”“仪态端庄”“优雅雍容”等词汇频频出现，有一位接受电视采访的嘉宾则直接说：从没见过像安溪茶艺这么美的表演。

广州茶事活动后，“安溪茶艺”就以这样的架构和模式频繁在各种场合表演，赞誉之声迅速传扬。不可否认的是，安溪茶艺演示让消费者加深了对安溪铁观音的了解和喜爱。

茶业兴，茶艺随之热。除了服务于安溪茶产业，“安溪茶艺”还多次参与国际文化交流，2002年，在“中日邦交正常化三十年”旅游互访中受到热捧；2004年，中国与法国建交四十周年，文化部推荐“安溪茶艺”出访法国，“安溪茶艺”被纳入“中法文化年”的活动内容，五天中十五场表演，观众不计其数。此外，韩国、比利时、科威特、南非、马来西亚、土耳其、阿联酋迪拜、沙特、保加利亚、塞尔维亚乃至联合国，都有“安溪茶艺”的倩影。

“安溪茶艺”声名鹊起，却依然是支临时抽调的队伍，队员们分散于各自单位，有的甚至是在内安溪任教。种种困扰，诸多不便，终于在2005年得以解决。2005年9月20日，安编委发了〔23〕号文，决定成立“安溪县茶文化艺术团”，确定为全民事业单位。这是一个推动安溪县茶文化艺术发展的重要举措，当时是全国首创，至今仍然是唯一。

正式建团，人员到岗，而难题还是有。单位较小，经费较缺，暂时没有合适的办公场所，只能向别单位借用。尽管如此，我印象中，茶艺团在完成日常任务的同时，还是做了两件比较有影响的事。

第一件，精心排练了融茶艺茶歌茶舞为一体、时长约五十分钟的节目，在“安溪铁观音神州行”中演出，丰富了宣传推广安溪铁观音的样式和内容。十几个人，队伍精干，多才多艺，用现在的话讲是：有颜值，能担当。三年“神州行”，东西南北中，行程上万里，“安溪茶艺”影响力之广之深达到了又一个高度。

第二件，为开展茶艺活动的中小学校和社区、茶企提供帮助，指导排练。安溪有几支像模像样的“娃娃茶艺队”，有的在各种艺术活动中获赞得奖。做这件事的意义在于，将一种很生活化的美育手段向社会传递，男女老少都可以参与。无论独处还是聚会，能不慌不忙、不急不躁地泡茶喝茶，有礼貌有仪式感地同品共鉴，是一种身心修为，假以时日，人文素养、创造能力和欣赏美的能力都会提高。

“安溪茶艺”让看过的人都赞“美”。从1996年参与组队，到2010年退休离职，我与“安溪茶艺”有许多交集，其间，对这种艺术形式如何表达安溪茶文化理念，有过一些思考、探寻、交流和磨合。十几年间，赴日本，飞法国，去了中国二十几个大、中城市，跨山越海，一路同行。无数次的观察欣赏，让我觉得“安溪茶艺”确实带给人一些别样美感。

首先是朴素纯真之美。安溪创编的这套茶艺源于民间工夫茶，因此，它带着朴素基因。选择的茶具以白瓷为主，盖瓯晶莹透亮，小杯精巧玲珑，配上银灰色水壶，竹制茶斗、茶匙、茶夹，台面干净协调，犹如日常居家泡茶，淳朴守真。服装则以中国传统的简约式旗袍为主，偶尔也穿上斜襟短袖小上衣搭配同色系长裙，得体修身，淡妆素手，像邻家女孩，清纯安矜，温润如玉。

其二是静雅娴淑之美。茶艺流程款款有序，舒缓优雅，赏心悦目。乐声轻柔，宾主“渐入茶境”；表演者端正己容，沉心凝神；展示茶具，热瓯烫杯，悬壶高冲，行云流水，斟茶留香。整个过程完全是为了让铁观音香韵充分释放而设定的，含蓄内敛，恰到好处，不夸张，不扭捏作态，涵“艺”而非炫“艺”。可谓：娴静若兰，恬淡似菊，尽显安溪铁观音茶性平和、品质高贵、包容宽厚之内在魅力。

其三是崇礼和谐之美。崇尚礼节、谦逊友善是中华传统文化中的重要内容之一，有道德规范，有社会行为准则，还有一些恰当的仪式，茶亦如是。从古至今，安溪人在日常生活中就有许多茶礼，红白喜事，祭祖敬神，各有各的习俗，尤以泡茶待客的礼数最有讲究，比如斟茶点茶，每一小杯茶汤浓淡要一致，以示平等待人，于是就有了俗称“关公巡城”“韩信点兵”的手法；敬茶时长者、尊者、贵客为先；奉茶时态度谦和，要有眼神示意。“安溪茶艺”将生活中的茶礼提练演示，“观音出海”“点水流香”，杯中茶汤浓淡均匀；向嘉宾敬茶时眼波含笑，流转自然，仪态谦恭，品茶情趣与艺术愉悦，人与人的友情、人与自然的和谐尽在其中。

从1994年至2024年，“安溪茶艺”已历经三十个春秋。从单一茶艺到歌舞齐全，再到融入书法，创编情景茶艺，“安溪茶艺”一直保持鲜活多姿，被中国茶界称为“绚丽、独特的安溪名片”。2020年，安溪县茶文化艺术团更名为“安溪县茶文化艺术中心”，承担“研究、传播、创作茶文化艺术”职责，人员增加，设施更齐备，创作条件改善，任务也更多元。下乡村，进社区，参与公益，建立了不少茶文化艺术传习基地，也常在电视台或各类晚会上参演节目，传播文化，助力产业，成绩斐然。一批批女孩在风华正茂时与茶艺结缘，青春之页霑上铁观音香韵，活力风采在安溪茶产业辉煌中绽放，值得褒奖，值得礼赞。2022年，中宣部表彰全国文化科技卫生“三下乡”活动优秀团队，“安溪县茶文化艺术中心”光荣上榜。

从1994年至2024年，三十而立，三十而已，前路漫漫，前景亦可期，“安溪茶艺”应该成为熠熠生辉的“恒星”。任何艺术都不能固步在原地，唯有创造才有生命力的长久旺盛。美，应该是成长的，她需要不断地提升层次。生活是艺术创作的源泉，安溪悠久的茶历史，厚重的茶文化积淀，丰富多彩的茶故事，专业又敬业的安溪茶人，为“安溪茶艺”提供了取之不尽的创作元素，掘取的深度、广度决定了创作的高度、美誉度。打开视野，拓展思路，放下荣耀，鼓劲再出发，一代代接棒人持续努力，勇于创新，“安溪茶艺”必定会带着铁观音香韵永远芬芳。

花开花落岁月长，只此茶情勿相忘，茶，是能让人享受到物质和精神双重愉悦的国饮。“以一叶之轻，牵众生之口”，说的是茶，也有句话说众口难调，而安溪铁观音的独特性、丰富性让不同年龄、不同职业、不同体质的茶客都能喜爱，它调了众口。2010年上海世博会评选中国十大名茶时，安溪铁观音居于榜首，组委会给予的授牌词说：“夫安溪铁观音，品立乌龙，质冠百茗……”用心去找，一定能有适合你的那泡安溪铁观音与你对话，滋养你的人生。欣逢盛世，茶和天下，安溪茶艺，再续华章。

（宋丽珍）

（本文作者系安溪县人民政府原副县长、正处级干部，安溪县茶业管理委员会原副主任，安溪县慈善总会创会副监事长）

2022年安溪县主要文件目录

2022年中共安溪县委主要文件一览表

表31

发文时间	发文字号	文件名称
1月12日	安委〔2022〕4号	关于印发《安溪县关于统筹做好“茶文化、茶产业、茶科技”这篇大文章推动茶产业高质量发展的实施意见》的通知
1月12日	安委〔2022〕5号	中共安溪县委关于2021年度安溪县宣传思想文化工作情况的报告
2月24日	安委〔2022〕15号	关于对安溪县“百企联百村帮千户”先进集体通报表扬的决定
3月12日	安委〔2022〕18号	印发《关于实施“提高效率、提升效能、提增效益”行动方案》的通知
4月28日	安委〔2022〕26号	关于成立安溪县大安高速、安翔高速工程建设领导小组的通知
7月1日	安委〔2022〕30号	关于成立创建2021—2025年度第二批全国科普示范县领导小组的通知
7月18日	安委〔2022〕34号	关于落实加强村级项目资金使用监管工作情况的报告
7月27日	安委〔2022〕36号	关于调整充实安溪县关心下一代工作委员会组成人员的通知
9月25日	安委〔2022〕45号	关于成立安溪县传承弘扬“晋江经验”建设21世纪“海丝名城”工作领导小组的通知
11月11日	安委〔2022〕53号	关于认真学习宣传贯彻党的二十大精神的通知
12月26日	安委〔2022〕66号	关于印发《铁观音茶文化系统保护与发展规划》的通知
12月27日	安委〔2022〕67号	关于2023年兴办二十一个为民办实事项目的决定
12月30日	安委〔2022〕69号	关于印发《全球重要农业文化遗产 安溪铁观音茶文化系统管理暂行办法》的通知

2022年安溪县人民政府主要文件一览表

表32

发文时间	发文字号	文件名称
1月1日	安政〔2022〕1号	关于印发《安溪县人民政府工作规则》的通知
1月7日	安政〔2022〕9号	关于提请审议2021年安溪县财政收支决算草案的议案
12月1日	安政〔2022〕18号	关于提请审议2022年地方政府债务限额及新增债券资金安排使用方案（草案）的议案
12月1日	安政〔2022〕19号	关于提请审议2022年国民经济和社会发展计划主要经济发展预期发展目标调整方案（草案）的议案
12月1日	安政〔2022〕20号	关于提请审议2022年县财政预算调整方案（草案）的议案

2022年中共安溪县委办公室主要文件目录

表33

发文时间	发文字号	文件名称
1月11日	安委办〔2022〕1号	关于印发《安溪县茶产业链提升行动计划（2021—2025）》的通知
1月10日	安委办〔2022〕2号	关于印发《2022年度县委党建工作重点项目及挂钩县领导安排表》的通知

续表33

发文时间	发文字号	文件名称
1月29日	安委办〔2022〕6号	关于印发《安溪县“项目攻坚2022”专项行动计划》的通知
1月29日	安委办〔2022〕7号	关于印发2022年全县主要经济指标预期目标指导方案的通知
2月10日	安委办〔2022〕10号	关于印发《安溪县开展“万企兴万村”行动实施方案》的通知
2月11日	安委办〔2022〕11号	关于印发《安溪县“抓开放招商促项目落实”2022年专项行动方案》的通知
2月16日	安委办〔2022〕12号	关于印发《安溪县加快工业（产业）园区标准化建设专项行动方案》的通知
2月18日	安委办〔2022〕13号	关于印发《安溪县“抓城建品质”2022年专项行动方案》的通知
2月11日	安委办〔2022〕14号	关于印发《安溪县招商工作2020年考评细则》的通知
2月21日	安委办〔2022〕17号	关于印发《安溪县2022年度重点项目督查工作方案》的通知
2月28日	安委办〔2022〕18号	关于印发《安溪县2022年春季“拔钉清障”征迁攻坚专项行动方案》的通知
3月3日	安委办〔2022〕20号	关于做好2021年度安溪县党政领导生态环境保护目标责任书存在问题整改工作的通知
3月5日	安委办〔2022〕21号	关于下达《安溪县主要生态环境问题责任分解表》的通知
3月11日	安委办〔2022〕26号	关于印发《安溪县发展壮大村（社区）集体经济激励办法（试行）》的通知
3月11日	安委办〔2022〕27号	关于进一步提升村级组织建设保障水平强化抓基层强基础固基本工作的通知
4月5日	安委办〔2022〕30号	关于印发《在应急处突情况下统筹调度全县党员干部资源的工作机制》的通知
4月23日	安委办〔2022〕31号	关于印发《安溪县政协2022年协商工作计划》的通知
4月25日	安委办〔2022〕32号	关于印发《2022年安溪县直单位半年绩效评估工作方案》的通知
4月29日	安委办〔2022〕33号	关于实行重点项目问题调度单机制的通知
5月20日	安委办〔2022〕37号	关于印发《2022年安溪县督查检查考核年度计划》的通知
5月25日	安委办〔2022〕38号	关于进一步严肃会风会纪的通知
5月11日	安委办〔2022〕40号	关于印发《贯彻落实〈中共安溪县常委会2022年工作要点〉重点工作分工方案》的通知
6月1日	安委办〔2022〕41号	印发《关于做好2022年整治形式主义为基层减负工作的实施方案》的通知
6月16日	安委办〔2022〕44号	关于认真组织学习《闽山闽水物华新——习近平福建足迹》等四部图书的通知
6月23日	安委办〔2022〕46号	关于印发《安溪县未成年人学生保护内控外联工作落实情况“月通报、季考评、年总结”方案》的通知
7月12日	安委办〔2022〕48号	关于印发《省纪委监督组反馈对泉州市2022年度第一季度政治监督有关情况》整改落实情况的通报
7月22日	安委办〔2022〕49号	关于印发《安溪县开展“万名干部进万企一企一策促发展”专项行动工作方案》的通知
8月1日	安委办〔2022〕50号	关于印发《安溪县农村人居环境整治提升行动实施方案（2022—2025）》的通知
8月4日	安委办〔2022〕52号	关于印发《2022年度安溪县经济社会运行和高质量发展监测暨绩效评估工作方案》的通知
8月12日	安委办〔2022〕54号	转发《县委宣传部、县委组织部关于认真组织学习〈习近平谈治国理政〉第四卷的通知》的通知
8月31日	安委办〔2022〕57号	关于印发《2022年度安溪县直机关党群系列经济社会运行和高质量发展监测暨绩效评估工作方案》的通知

续表33

发文时间	发文字号	文件名称
9月2日	安委办〔2022〕58号	关于印发《安溪县贯彻落实“提高效益、提升效能、提增效益”优化营商环境攻坚行动方案》的通知
9月15日	安委办〔2022〕60号	关于做好迎接2022年市委全面从严治党主体责任落实情况检查有关工作的通知
9月9日	安委办〔2022〕61号	关于印发《关于进一步构建村级“小微权力”信息化监督平台推动监督落地的实施方案》的通知
9月22日	安委办〔2022〕65号	关于印发《关于进一步推动全县老年教育事业高质量发展的实施方案》的通知
9月28日	安委办〔2022〕67号	关于印发《2022年度安溪县乡镇绩效评估工作方案》的通知
10月13日	安委办〔2022〕68号	关于印发《省委移交的泉州市2022年落实全面从严治党主体责任问题清单整改方案》的通知
10月14日	安委办〔2022〕69号	关于印发《安溪县2022年落实市委全面从严治党主体责任问题清单整改任务分工方案》的通知
10月17日	安委办〔2022〕71号	关于开展县领导挂钩联系服务高层次人才工作的通知
11月17日	安委办〔2022〕79号	关于对《中共福建省委福建省人民政府关于传承弘扬“晋江经验”支持泉州建设21世纪“海丝名城”的意见》进行细化分工的通知
11月17日	安委办〔2022〕80号	关于印发《安溪县传承弘扬“晋江经验”加快融入建设21世纪“海丝名城”2022年工作要点》的通知
12月5日	安委办〔2022〕85号	关于加强对村（社区）干部特别是“一肩挑”人员管理监督的通知
12月4日	安委办〔2022〕86号	关于印发《鼓励企业2023年春节不停产不停工对省外务工人员留安过年发放节日补贴的工作方案》的通知
12月14日	安委办〔2022〕88号	关于成立安溪县世界文化遗产保护管理领导小组的通知
12月29日	安委办〔2022〕89号	关于落实2023年县委县政府为民办实事项目责任分工的通知
12月29日	安委办〔2022〕90号	关于印发《安溪县支持企业稳岗稳产冲刺“开门红”十五条措施》的通知

2022年安溪县人民政府办公室主要文件一览表

表34

发文时间	发文字号	文件名称
1月24日	安政办〔2022〕1号	关于成立安溪县农村生活污水提升治理领导小组的通知
1月10日	安政办〔2022〕2号	印发安溪县改革完善社会救助制度具体措施的通知
1月11日	安政办〔2022〕3号	关于安溪县绿色数字技改专项行动方案的通知
1月13日	安政办〔2022〕4号	关于建立安溪县粮食安全行政首长责任制联席会议制度的通知
1月14日	安政办〔2022〕5号	关于印发2022年度安溪县促进工业企业“新上规”激励措施的通知
1月22日	安政办〔2022〕6号	关于印发《安溪县加快推进农村公共基础设施管护体制改革实施方案》的通知
1月24日	安政办〔2022〕7号	关于成立安溪县工业园区标准化建设工作领导小组的通知
1月24日	安政办〔2022〕8号	关于印发安溪县“中国天然氧吧”品牌标志使用管理办法（试行）的通知
1月26日	安政办〔2022〕9号	关于印发《南安市仑苍镇饮用水源地保护区安溪境内环境整治方案》的通知

续表34

发文时间	发文字号	文件名称
2月20日	安政办〔2022〕10号	关于印发在《安溪县“十四五”水土保持规划》的通知
2月4日	安政办〔2022〕11号	关于印发《安溪县2022年春节后招工用工工作方案》的通知
2月16日	安政办〔2022〕12号	关于切实抓好2022年造林绿化工作的通知
2月21日	安政办〔2022〕13号	关于印发《安溪县城区重点村居市容环境卫生差异化考评方案》《安溪县城区主次干道市容环境卫生考评方案》的通知
2月21日	安政办〔2022〕14号	关于印发安溪县养老领域惠民生补短板专项行动方案（2022—2025年）的通知
2月22日	安政办〔2022〕15号	关于实施工业增产增效用电奖励措施的通知
2月28日	安政办〔2022〕16号	关于印发安溪县农村污水治理项目运营考核办法（试行）的通知
2月28日	安政办〔2022〕17号	关于印发安溪县高质量气象现代化建设试行方案的通知
3月9日	安政办〔2022〕20号	关于印发安溪县农村污水提升治理五年行动方案（2021—2025年）的通知
3月10日	安政办〔2022〕21号	关于印发安溪县贯彻落实国家发展和改革委等部委员促进工业经济平稳增长、服务业领域困难行业恢复发展的若干措施的通知
3月24日	安政办〔2022〕22号	关于印发安溪县2022年农田茶园退茶还耕实施方案的通知
3月29日	安政办〔2022〕23号	关于申请设立安溪县12345政务服务便民热线中心的请示
4月2日	安政办〔2022〕24号	关于印发安溪县应对新冠肺炎疫情进一步帮助市场主体纾困解难“1+1+8”政策措施的通知
4月8日	安政办〔2022〕26号	关于印发安溪县2022年粮食生产示范区创建实施方案的通知
4月17日	安政办〔2022〕28号	关于印发安溪县扶持特色现代农业发展暂行规定的通知
3月17日	安政办〔2022〕29号	关于上报安溪县水电站清理整治核查评审结果的报告
4月27日	安政办〔2022〕30号	关于印发《安溪县乡村振兴专项行动方案（2022—2025年）》的通知
5月10日	安政办〔2022〕33号	关于印发安溪县中心城区消防专项规划（2021—2035）的通知
5月11日	安政办〔2022〕34号	关于进一步加强教师进修学校建设的意见
5月12日	安政办〔2022〕35号	关于成立福建省北电南送特高压线路工程（安溪段）指挥部的通知
5月17日	安政办〔2022〕36号	关于安溪县造林绿化检查验收管理办法的通知
5月17日	安政办〔2022〕37号	关于成立安溪县纺织鞋服产业发展小组成员的通知
5月26日	安政办〔2022〕38号	关于印发《安溪县标准化园区供电配套及用户红线外部公共电力设施建设实施方案》的通知
6月2日	安政办〔2022〕39号	关于印发安溪县全民科学素质行动规划纲要实施方案（2021—2025年）的通知
5月26日	安政办〔2022〕40号	关于印发安溪县“十四五”卫生健康事业发展规划的通知品牌标志使用管理办法（试行）的通知
5月31日	安政办〔2022〕41号	关于修改《安溪县抓创新促应用专项行动方案》的通知

续表34

发文时间	发文字号	文件名称
6月9日	安政办〔2022〕42号	关于林苗聘同志调入县政府办工作的请示
6月13日	安政办〔2022〕43号	关于成立安溪县党政机关和国有企事业单位培训疗养机构改革联合工作专班的通知
6月20日	安政办〔2022〕44号	关于成立汇中普惠信息咨询服务（北京）有限公司涉嫌非法吸收公众存款案处置领导小组的通知
6月22日	安政办〔2022〕46号	关于印发《2022年城乡居民基本养老保险征缴工作方案》的通知
7月28日	安政办〔2022〕49号	关于2022年6月份我县12345热线群众诉求满意率落后有关情况的通报
8月22日	安政办〔2022〕50号	关于成立安溪县企业上市推进工作领导小组的通知
8月18日	安政办〔2022〕51号	关于成立福建中科三净环保股份有限公司上市工作领导小组的通知
9月30日	安政办〔2022〕52号	关于成立安溪县第三次全国土壤普查领导小组的通知
8月30日	安政办〔2022〕53号	关于2021年度安溪县抓创新促应用专项行动考评及奖励情况的通报
9月2日	安政办〔2022〕54号	关于印发《安溪城管污水处理提质增效实施方案（2022—2025年）》的通知
9月5日	安政办〔2022〕55号	关于印发安溪县2021年耕保督察反馈问题整改工作方案的通知
9月5日	安政办〔2022〕56号	关于成立安溪县农村产业融合示范园创建工作领导小组的通知
9月5日	安政办〔2022〕57号	关于进一步加强安溪县中小学校外供餐食品安全管理工作意见的通知
9月5日	安政办〔2022〕58号	关于印发安溪县农村供水突发事件应急预案的通知
9月7日	安政办〔2022〕59号	关于印发2022年度安溪县直机关政府系列绩效评估目标考评工作方案的通知
8月24日	安政办〔2022〕60号	关于建立安溪县工业稳定增长协调工作机制的通知
10月14日	安政办〔2022〕61号	关于印发安溪县森林火灾应急预案的通知
10月14日	安政办〔2022〕62号	关于印发进一步加强农村自建房质量安全管理工作方案的通知
10月15日	安政办〔2022〕63号	关于安溪县县直机关文印站的资产清算报告
10月27日	安政办〔2022〕64号	关于成立凤山书院融合使用工作专班的通知
1月11日	安政办〔2022〕66号	关于成立安溪县地方政府专项债券申报和使用工作专班的通知
1月11日	安政办〔2022〕67号	关于印发《安溪县食品生产经营主体B级包保分配清单》
11月25日	安政办〔2022〕69号	关于印发安溪县加快推进21世纪“海丝名城”建设工作计划（2022—2026年）的通知
12月9日	安政办〔2022〕70号	关于印发《建立安溪县城区市政公共设施管护维修快速反应机制工作方案》的通知
12月21日	安政办〔2022〕71号	关于印发2023年县《政府工作报告》目标任务责任分解表的通知
12月28日	安政办〔2022〕72号	关于印发安溪县行政许可事项清单（2022版）的通知

中国地方志指导小组办公室贺信

中国地方志指导小组办公室

贺 信

中共安溪县委、安溪县人民政府：

党的十八大以来，党中央、国务院高度重视地方志工作，为包括年鉴事业在内的地方志事业发展提供了重要战略机遇。2017年起，中国地方志指导小组及其办公室启动实施中国年鉴精品工程。六年多来，该工程成功打造了一批中国精品年鉴，也成功打造出一系列具有全国影响力的重要年鉴品牌，为引领带动全国年鉴质量建设、推动包括年鉴事业在内的地方志事业转型升级作出了重要贡献。

近日，经过多轮严格评审，《安溪年鉴（2022）》成功入选第七批中国年鉴精品工程“中国精品年鉴”，成为中国精品年鉴大家园的一分子，成绩来之不易，特此致以热烈的祝贺！

根据国务院《地方志工作条例》“对在地方志工作中作出突出成绩和贡献的单位、个人，给予表彰和奖励”的规定，建议对该年鉴编纂单位和相关人员给予表彰和奖励。

希望中共安溪县委党史和地方志研究室再接再厉，编修出更多经得起时代和历史检验，具有鲜明时代特征、年度特点和地域特色的精品年鉴，持续深化精品年鉴建设，为推动全国年鉴事业高质量发展创造更多经验、发挥更大作用、作出更大贡献。

中国地方志指导小组办公室

2023年3月10日

中共福建省委党史方志办贺信

贺 信

中共安溪县委、安溪县人民政府：

2023 年 12 月 29 日，中国地方志工作办公室通报表扬第九届全国地方志优秀成果（年鉴类），《安溪年鉴（2022）》通过层层筛选，从全国各县级综合年鉴中脱颖而出，获评特等年鉴。这既是安溪县委、县政府高度重视支持党史方志工作的结果，也是全县党史方志工作者努力拼搏、服务社会的突出成效。我们谨表热烈祝贺，期待贵县继续在习近平新时代中国特色社会主义思想的指引下，深入贯彻落实党的二十大精神和习近平文化思想，踔厉奋发，勇毅前行，推动党史方志事业再上新台阶、再创新业绩，为奋力谱写全面建设社会主义现代化国家福建篇章做出新的贡献。

建议按照《地方志工作条例》相关规定，给予获评单位精神和物质奖励。

中共福建省委党史方志办

2024 年 1 月 3 日

索 引

说 明

一、本索引采用内容分析法。

二、本索引按主题词首字汉语拼音字母（同音字按声调、多音字按其所在词发音）顺序排列。

三、每个检索词条后的数字表示该词条所在页码，页码后的字母 a、b、c 分别表示对应的左、中、右。

四、本索引检索范围不包括“专记”“大事记”“人物荣誉”“重要文献”“统计资料”“综述”“概况”及“附录”。

A

G

H

J

K

L

Q

R

S

T

W

X

Y

Z